발해의 고분 문화 I

– 흑룡강성 –

진인진

중앙문화재연구원 편

진인진

총　괄 · 조상기
기　획 · 권오영, 오재진

책임연구원 · 권오영
공동연구원 · 성정용

연구원
　중앙문화재연구원 · 오재진, 이현우, 오준혁, 김경동
　한신대학교 · 이동규, 심환석, 신화영
　충북대학교 · 박찬호, 김하늘, 김성은

교정 · 교열　권오영, 오재진, 이동규, 박한울

발해의 고분 문화 I -흑룡강성-

초판 1쇄 발행 2014년 6월 30일

집필인 · (재)중앙문화재연구원
발행인 · 김영진
발행처 · 진인진
등　록 · 제25100-2005-000003호
표　지 · 정하연
본문 편집 · 배원일
주　소 · 경기도 과천시 별양동 1-14 과천오피스텔 614호
전　화 · 02-507-3077~8
팩　스 · 02-507-3079
홈페이지 · http://www.zininzin.co.kr
이메일 · pub@zininzin.co.kr

ⓒ 진인진 2014
ISBN 978-89-6347-179-2　94900
ISBN 978-89-6347-178-5　94900 (세트)

책을 펴내며

우리 연구원에서는 그동안 연구·학술지원 사업의 일환으로『동아시아의 고분문화』,『한국 신석기문화 개론』,『아시아의 고대 문물교류』,『한국 신석기문화의 양상과 전개』등과 같은 시대 개론서나 한국 고고학의 다양한 주제를 선정하여 학술총서를 간행한 바 있습니다. 또한『고구려의 고분 문화 I -한반도-』와 함께『마한·백제의 분묘 문화』를 계속해서 간행하여 고구려의 고분과 마한·백제의 분묘에 좀 더 쉽게 접근하여 그 문화상을 이해할 수 있도록 하고 있고, 그에 대한 연구도 진행하고 있습니다.

우리나라 역사에서 중요한 위치를 차지하는 고구려·발해에 대한 연구는 그동안 지리적·정치적인 한계로 인해 그에 대한 연구가 다른 분야에 비해 상대적으로 미약하였고, 이러한 여건으로 조금은 등한시한 측면도 적지 않았습니다. 특히 2000년대부터 진행되어온 중국의 동북공정이나 요하문명론으로 인해 국내 연구자의 연구를 방해하는 측면도 많았던 것이 사실입니다.

이러한 상황을 공감한 우리 연구원과 한신대학교는 고구려·발해 고분에 대한 자료를 5년에 걸쳐 집성하고자 계획하였고, 두 기관의 연구자 외에 충북대학교 연구자들을 포함시켜 연구진을 구성하였습니다. 그리고 첫 결과물로 2013년 5월『고구려의 고분 문화 I -한반도-』를 간행하게 되었습니다.

2013년도에는 중국에 산재하고 있는 발해 고분을 대상으로 정리하였습니다만, 우리에게 다소 생소한 중국 용어들과 발해 고분과 요·금·말갈 고분과의 분류 등 많은 어려움이 있었습니다. 또한 방대한 분량을 한 권에 모두 담아내기에 역부족이어서 부득이 두 권으로 분권을 결정하게 되었습니다. 먼저『발해의 고분 문화 I -흑룡강성-』편을 간행하게 되었고, 곧이어『발해의 고분 문화 II -길림성-』을 간행할 예정입니다. 이번 학술총서에도 고구려와 마찬가지로 중국 흑룡강성의 발해 고분과 유물에 대한 기술 내용을 일목요연하게 표로 처리하였고, 관련 도면과 사진을 최대한 수록하여 연구자들의 이해와 연구에 도움을 주고자 노력하였습니다.

아무쪼록 이 학술총서를 계기로 발해에 대한 관심과 연구가 활성화되고, 발해 고분 문화에 대한 연구자께 많은 도움이 되기를 기대합니다. 이번 학술총서에서 누락되었거나 새롭게 조사되는 유적에 대해서는 보유편에 수록할 것을 약속드립니다. 또한 우리 연구원에서는 앞으로도 다양하고 심도 있는 주제를 선정하여 학술총서를 발간하여 한국고고학의 발전에 이바지하고자 합니다.

끝으로 전체적인 윤곽을 그릴 수 있도록 자문하여 주신 강현숙·전호태·최종택 선생님과 중국에 소재하고 있는 발해 고분 답사를 함께해 주신 연변대학교 정영진·정경일 교수님, 인제대학교 조윤재 교수님, 서울대학교 양시은 선생님께 진심으로 감사드리고, 이 학술총서가 간행될 수 있도록 책임연구를 맡아 주신 한신대학교 권오영 교수님과 공동연구자인 충북대학교 성정용 교수님께 진심으로 감사드립니다. 또한 어려운 여건에서도 자료 집성에 적극적으로 참여해 주신 한신대학교와 충북대학교, 중앙문화재연구원의 여러 연구자들을 비롯해 이 학술총서의 간행을 맡아주신 김영진 사장님과 진인진 관계자 여러분께 감사드립니다.

2014년 6월

중앙문화재연구원장 조 상 기

책을 출간하며

시민대중의 학문적 호기심에 비해, 정작 학계에서의 연구가 미흡한 분야 중의 하나가 발해고고학이다. 중국의 동북공정에 대응하기 위한 논리의 개발, 한국사의 공간적 외연의 확장, 최초의 통일국가와 남북국시대론의 정합성 등 연구의 필요성은 묵직하게 다가오지만 발해의 역사와 문화에 대한 전문적인 연구성과는 매우 부족하다. 비슷한 상황에 놓여 있는 고조선이나 고구려에 비해서도 훨씬 열악한 상태에 놓여 있다. 그 원인은 대략 두 가지로 정리할 수 있다.

우선 연구자 집단의 문제의식이 희박하다는 점이다. 실물 관찰을 기초로 진행되는 고고학 연구의 특성상 유적, 유물을 접하기 어려운 발해고고학에 대한 관심이 낮은 것은 당연하다. 자신이 몸담고 있는 지역을 주된 연구대상으로 삼는 현재의 연구경향을 고려할 때 앞으로도 발해고고학에 대한 관심이 높아질 가능성은 높지 않다.

그 다음은 자료의 문제이다. 발해와 관련된 고고학적 자료는 모두 국외에 분포하며 일제강점기에 발굴된 약간의 유물이 국내 몇몇 기관에 보관되어 있는 정도에 불과하다. 게다가 외국에서 발간된 발굴보고서와 연구성과를 습득하고 소화하는 것도 쉽지 않다.

사회적인 필요성과 학문적인 중요성에도 불구하고 미진한 발해고고학 연구의 진작을 위하여 "발해의 고분문화"를 출간하기로 결정한 중앙문화재연구원측의 결단에 감사를 표하고 싶다. 조상기 원장님을 비롯한 여러 연구원들의 학술사업에 대한 확고한 원칙이 없었다면 이 연구물은 세상에 나올 수 없었을 것이다.

복잡한 중국어 보고서와 해상도 낮은 도면, 도판을 최대한 정리하여 깔끔한 자료집으로 탈바꿈시킨 이동규, 심환석, 신화영(이상 한신대 박물관), 박찬호, 김하늘, 김성은(이상 충북대 박물관) 등 연구원과 교정을 도와준 박한울(한신대 박물관)의 노고가 가장 컸다. 연구의 초기부터 시종일관 작업을 함께 한 공동연구원 성정용(충북대학교)교수님, 그리고 오재진, 이현우, 오준혁, 김경동(이상 중앙문화재연구원) 등 여러 선생님의 도움이 없었다면 이 책의 출간은 불가능하였을 것이다. 편집의 방향과 구체적인 내용에 대해서 자문해주신 강현숙(동국대), 전호태(울산대), 최종택(고려대) 자문위원님, 필요한 자료와 정보를 제공해주신 송기호(서울대)교수님, 현지답사를 도와주신 정영진, 정경일(이상 연변대) 선생님, 답사에 동행하여 많은 도움을 주신 조윤재(인제대), 양시은(서울대) 선생님에게도 고마움을 표하고 싶다.

마지막으로 표와 도면, 도판을 일일이 손보아야 하는 복잡한 과정을 불만 없이 완수해준 진인진의 담당자들에게도 고마움을 표한다. 이 자료집의 출간을 계기로 우리 학계에서 발해에 대한 연구가 진작되기를 기대해 본다.

2014년 6월 연구진을 대표하여 권오영 올림

일러두기

1. **집성 대상** : 중국의 흑룡강성, 길림성에서 발견된 발해 고분 중 도면, 사진을 확인할 수 있거나 유적의 내용을 조금이라도 알 수 있는 것들은 최대한 수록하였다. 여기에서 누락된 고분은 보유편에서 다룰 예정이다.

2. **도면의 방위** : 각도를 최대한 상세하게 표현하고자 하였으나 여의치 않을 경우에는 대략적인 방위만 한글로 표현하였다.

3. **축척** : 도면의 기본적인 축척은 아래와 같이 하였다.
   1) 유구 : 1/40과 1/60을 기준으로 삼았으나 유구의 규모에 따라 1/30, 1/80, 1/100, 1/120도 병행하였다.
   2) 유물 : 토기류 1/6, 금속기류 1/4. 장신구류 1/2, 구슬류 1/1을 기준으로 삼았으나 경우에 따라 다른 축척이
      사용된 경우도 있다.
   3) 원보고서에 축척이 기재되지 않은 경우, 특기사항에 서술하였다.

4. **유적개요표**
   1) 조사연혁 : 지표조사와 발굴조사를 망라하여 조사가 이루어진 시점을 최대한 기재하였다.
   2) 유적위치 : 현재의 중국 지명에 따라 작성하였으며 간자체로 기재하였다.
   3) 유적입지 : 보고서나 각종 문헌의 내용을 분석하여 유적의 입지를 최대한 확인하였으나 통일된 형식을
      갖추지 못하였다.
   4) 조사현황 : 조사된 유구의 개체수, 조사 당시의 상황, 현재 상황 등을 최대한 추적하였으나 통일된 형식
      은 갖추지 못하였다.
   5) 내용·성격 : 각 유적별로 유구의 구조, 연대 등을 요약하였다.
   6) 주요유물 : 유구별로 중요한 유물을 기재하였다.
   7) 참고사항 : 지명과 유구명칭, 호수 등이 변동된 경우 그 내용을 정리하였다.
   8) 참고문헌 : 유적의 내용을 가장 잘 반영하고 있는 것이라면 발굴보고서나 단행본, 논문을 구분하지 않고
      모두 기재하였다.

5. **유구제원표** : 기본적으로 석실묘에 적합한 유구제원표를 사용하였고 석관(곽)묘, 토광묘에서는 별도의 유구제원표를 사용하였다.

1) '(수치+)'는 잔존길이, '(수치)'는 추정길이이다.

2) '?'는 유구의 유실 등으로 현상을 정확히 알 수 없는 경우이다.

3) '-'는 해당사항이 없는 경우이다.

4) 유구 및 유물의 제원의 수정 : 보고서에 서술된 내용과 도면, 사진의 내용이 일치하지 않을 경우 최대한 조정을 시도하였으나 여의치 않을 경우는 특기사항에 명기하였다.

5) 석재종류는 가공의 정도에 따라 구분하였으며 암질을 알 수 있는 경우는 추가하였다.

6) 횡혈식석실묘의 장단비는 연도가 있는 전벽부터 후벽까지를 길이로 하고 좌·우벽을 너비로 하여 계산하였다. 0.8:1~1.2:1 범위를 방형, 1.2:1~3:1 사이를 장방형, 3:1 이상을 세장방형으로 구분하였지만 약간의 출입은 있다.

7) 횡혈식석실묘의 연도 위치는 연도 밖에서 석실을 바라보는 것을 기준으로 하여, 오른쪽에 있는 경우 우편재, 좌측에 있는 경우 좌편재, 가운데 있는 경우 중앙으로 기재하였다. 현실과 연도가 너비의 차이 없이 그대로 이어지는 경우 일체형이라고 표현하였다.

8) 횡혈식석실묘의 천장형태는 평천장은 평, 삼각고임천장은 삼각고임, 평행고임천장은 평행고임, 궁륭형천장은 궁륭으로 표기하였다. 복수의 천장형태가 결합되어 있을 때에는 아래에서 위를 바라보며 +기호를 사용하여 표현하였다.

9) 고분구조, 출토유물과 관련된 용어는 한국학계에서 일반적으로 사용하는 용어로 최대한 변경하였으나, 발해 고유의 묘제, 유물에 관한 명칭은 보고서의 내용을 존중하였다.

10) 발해고분에서 보이는 특수한 장법인 이차장에 관한 내용은 최대한 상세히 기재하였다. 일차매장이 종료된 후 복수의 인골이 유물, 목탄과 섞인 채 현실 내부에 흙으로 채워진 경우가 많은데 이를 중국학계에서는 "塡土"라 명명하고 있다. 국내학계에서는 적합한 대체어가 없어 그대로 "塡土"라 표현하였다.

목 차

흑룡강성 동녕현 대성자 고분군 黑龍江省 東寧縣 大城子 古墳群

조사연혁	1977. 07. 05.~1977. 07. 28. 발굴(黑龙江省文物考古工作队 · 吉林大学历史系考古专业)
유적위치	흑룡강성 동녕현 대성자(大城子)에 위치한다.
유적입지	대성자(大城子)에 소재하는 대성자고성(大城子古城)의 남동쪽으로 4km 떨어진 지점에 입지한다.
조사현황	4기의 고분이 조사되었다.
내 용	이 고분군의 연대는 대성자고성과 밀접한 관련이 있는데, 발해 중기 상경 용천부로 천도한 이후 시기에 해당된다. 1 · 2 · 3호묘는 봉토석실묘이고, 4호묘는 토광묘이다.
주요유물	-
참고사항	-
참고문헌	黑龙江省文物考古工作队 · 吉林大学历史系考古专业, 1982, 「黑龙江东宁县大城子渤海墓发掘简报」, 『考古』 1982-3期, 科学出版社. 사회과학원 고고학연구소, 2009, 「발해의 무덤」, 『조선고고학전서』42, 진인진. 양시은, 2009, 「대성자 고분군」, 『한국고고학전문사전-고분편』, 국립문화재연구소.

1호묘

(단위 : cm)

봉토	크 기 (길이×너비×높이)	?	연도	크 기 (길이×너비×높이)	?×92×?
	평면형태	방형		연도위치	중앙
현실	장축방향	N-35°-E		두 향	서향 / 남향
	규 모 (길이×너비×깊이)	312×300×(70+)		바닥시설	-
	평면형태	방형		천정형태	?
	시상/관대크기 (길이×너비×높이)	-		석재종류	할석·천석
유물	토도기	심발(1)			
	금속기	-			
	옥석기	-			
	기 타	인골(16)			
	특기사항	인골은 총 16개체분으로 이차 혹은 삼차에 걸쳐 매장된 것으로 추정되는데, 순서에 따라 4개의 그룹으로 나누어 볼 수 있다. 우선 무덤의 축조와 동시에 3개체분의 인골(H~J)이 현실 중서부에 앙신직지로 안치되었으며, 이후 6개체분의 인골(K~P)과 4개체분(D~G)의 인골이 각각 현실 북부와 현실 동·서부에 추가장되었다. 6개체분의 인골은 '서→동'순으로 2개체씩 3쌍으로 배치되었으며, 4개체분의 인골은 각 2개체씩 현실 동벽과 서벽에서 확인되었다. 이 4개체분의 인골 상층에서 심발과 탄화된 관재, 3개체의 화장된 인골(A~C)이 확인되었다. 일부 인골(A~G)은 유구 도면에서 누락되었다.			

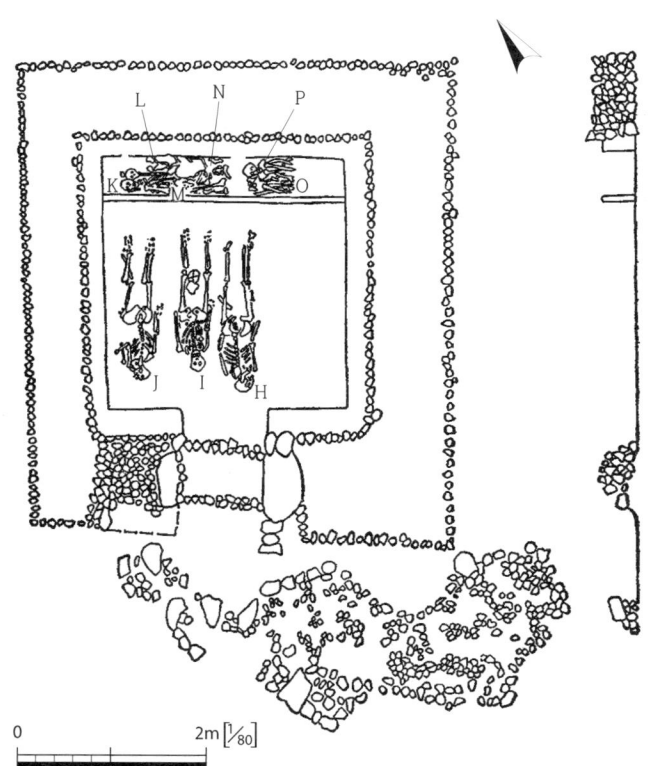

인골 속성표

	성별	연령		성별	연령
A	여	25~30	I	여	45~50
B	남?	45~50	J	여	25±
C	남	50+	K	여	50±
D	여	12~13	L	남	40~45
E	남	50+	M	?	2~3
F	남	55+	N	?	35~40
G	?	?	O	여	25±
H	여	45~50	P	?	?

0   2m [1/80]

[출토유물] ———

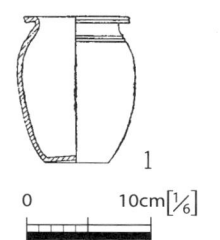

1

0   10cm [1/6]

2호묘

(단위 : cm)

봉토	크 기 (길이×너비×높이)	?	연도	크 기 (길이×너비×높이)	?
	평면형태	?		연도위치	중앙
현실	장축방향	N-35°-E		두 향	북향
	규 모 (길이×너비×높이)	270~280×120~140×?		바닥시설	?
	평면형태	장방형		천정형태	?
	시상/관대 (길이×너비×높이)	-		석재종류	할석
유물	토도기	심발(2)			
	금속기	철제 관정(1)			
	옥석기	-			
	기 타	인골(6)			
특기사항		인골은 총 6개체분으로 이차에 걸쳐 매장된 것으로 추정되는데, 순서에 따라 2개의 그룹으로 나누어 볼 수 있다. 우선 2개체분의 인골(C~D)이 매장되었으며, 이후 4개체분의 인골(A~B, E~F)이 추가장되었다. 현실 서북벽에서 관정이 확인되었으나, 관의 주인이 누구인지는 알 수 없다.			

인골 속성표

	성별	연령		성별	연령
A	여	50+	D	남	55+
B	여	20+	E	?	?
C	?	?	F	?	?

0   2m[1/60]

[출토유물]

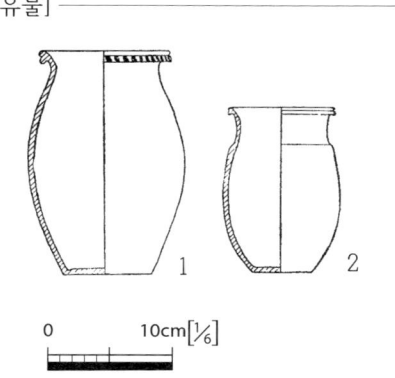

0   10cm[1/6]

3호묘

(단위 : cm)

봉토	크 기 (길이×너비×높이)	?	연도	크 기 (길이×너비×높이)	?
	평면형태	장방형		연도위치	?
현실	장축방향	?		두 향	북향
	규 모 (길이×너비×높이)	150×50×?		바닥시설	황사토
	평면형태	장방형		천정형태	?
	시상/관대 (길이×너비×높이)	-		석재종류	?
유물	토도기	호(2), 토기편(1)			
	금속기	철제 도(2)			
	옥석기	-			
	기 타	인골(7)			
	특기사항	유구 도면 없음. 7개체분의 인골이 출토되었는데, 그 중 3개체는 일차장, 나머지는 이차장이다.			

[출토유물]

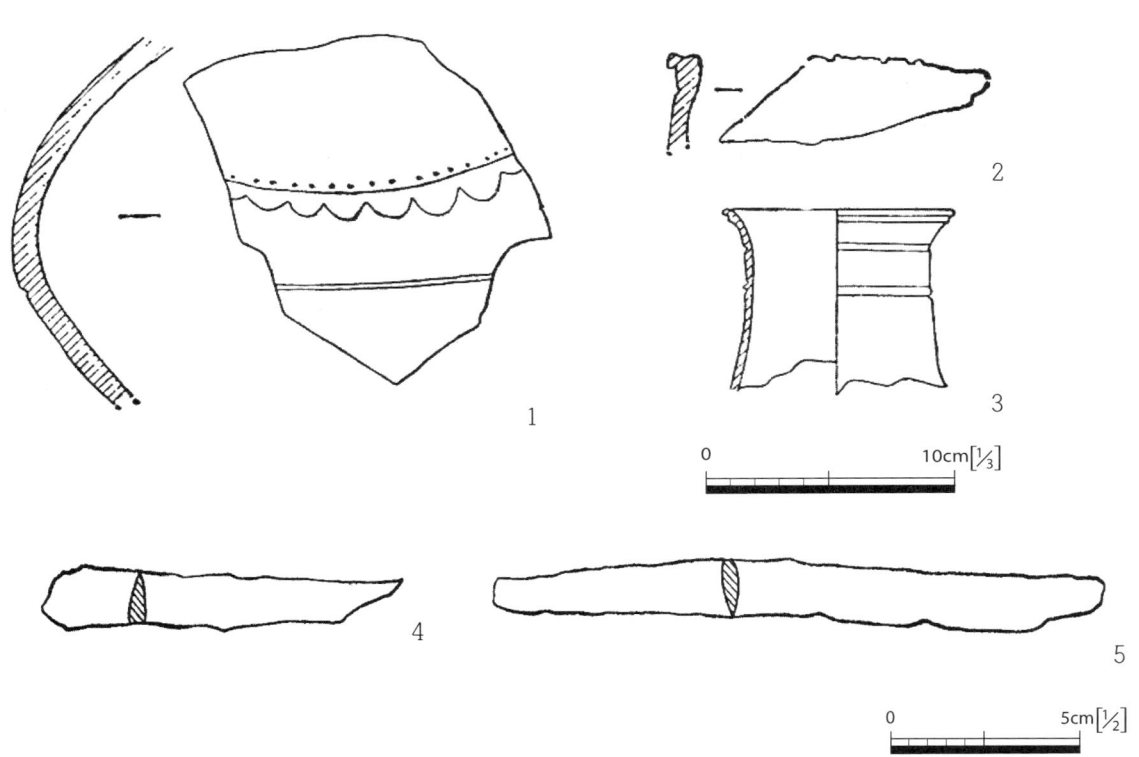

4호묘

(단위 : cm)

묘광	크 기 (길이×너비×깊이)	-	석관	크 기 (길이×너비×높이)	?
	장 폭 비	-		장 폭 비	?
	장축방향	N-28°-E	석곽	크 기 (길이×너비×높이)	240×105×60
	두 향	남향		장 폭 비	2.29:1
유물	토 도 기	심발(1)			
	금 속 기	철제 관정(3), 미상 철기(1)			
	옥 석 류	-			
	기 타	인골(1)			
	특기사항	묘광 내부에 흙을 채워 넣은 후 묘광 상면에 가공되지 않은 판석을 이용하여 덮었다.			

[출토유물]

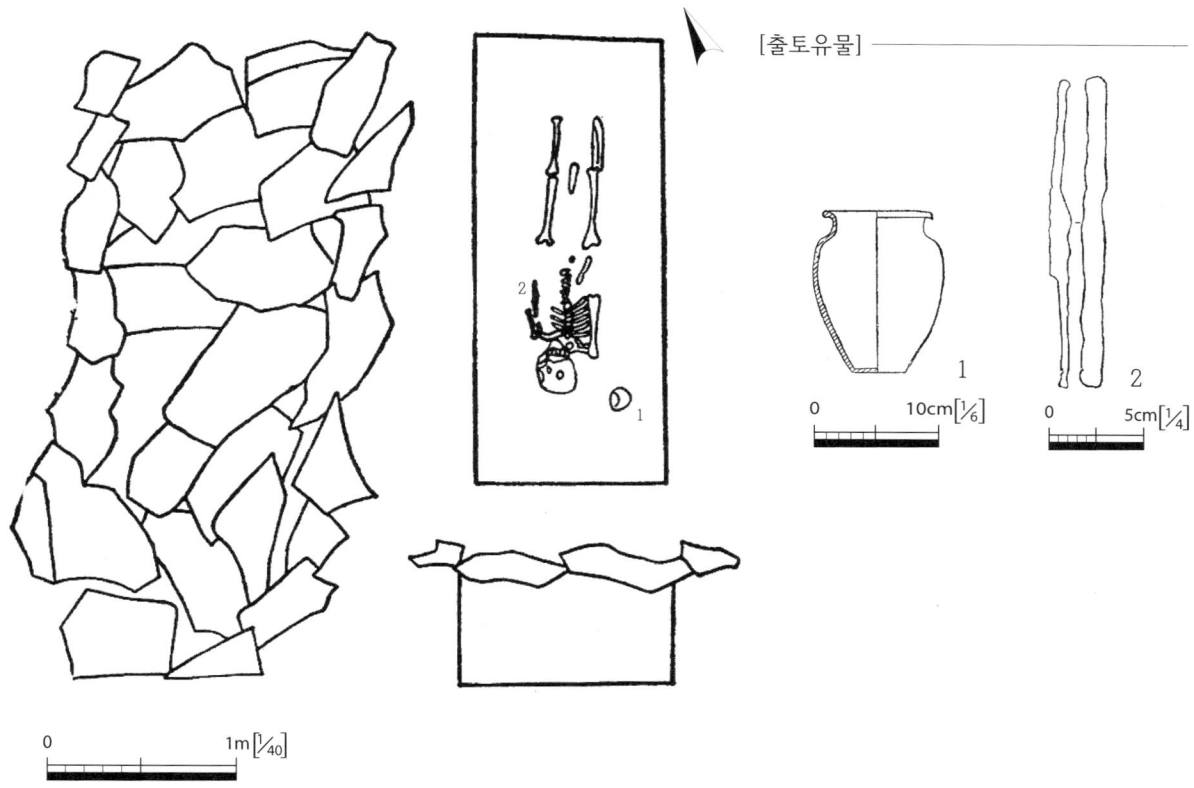

흑룡강성 목단강시 석장구 고분군 黑龍江省 牡丹江市 石場溝 古墳群

조사연혁	1982. 08. 발굴(黑龙江省文物考古工作队) 1984. 07.~1984. 08. 발굴(黑龙江省文物考古工作队)
유적위치	흑룡강성 목단강시 교외의 화림공사(桦林公社) 석장구촌(石场沟村) 서남쪽에 위치한다.
유적입지	산사면에 입지하고 있는데 서북쪽으로는 남성자고성(南城子古城)이 있다.
조사현황	고분군은 3개의 구역으로 나뉘며 그 가운데 18기가 조사되었다.
내 용	석장구 고분군의 구조는 현문과 연도가 있는 것, 현문은 있지만 연도가 없는 것, 현문과 연도가 모두 없는 것, 특이한 형태 등 4가지로 분류된다. 동제 이배, 마노제 구슬 등 다양한 유물 등이 출토되었다.
주요유물	철제 집게, 동제 이배, 마노제 구슬, 섬유
참고사항	-
참고문헌	黑龙江省文物考古研究所, 1991, 「黑龙江省牡丹江桦林石场沟墓地」, 『北方文物』1991-1期, 北方文物出版社. 양시은, 2009, 「석장구 고분군」, 『한국고고학전문사전-고분편』, 국립문화재연구소.

[유적 위치도]

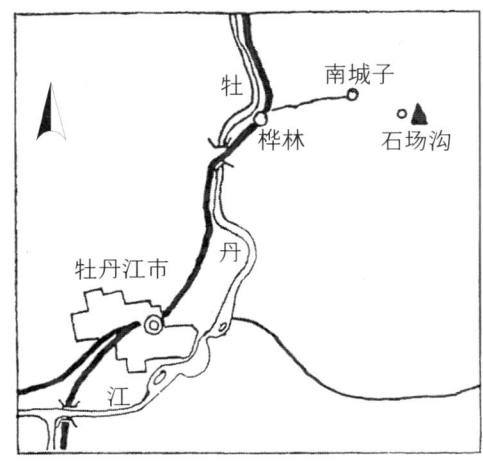

[유구 배치도]

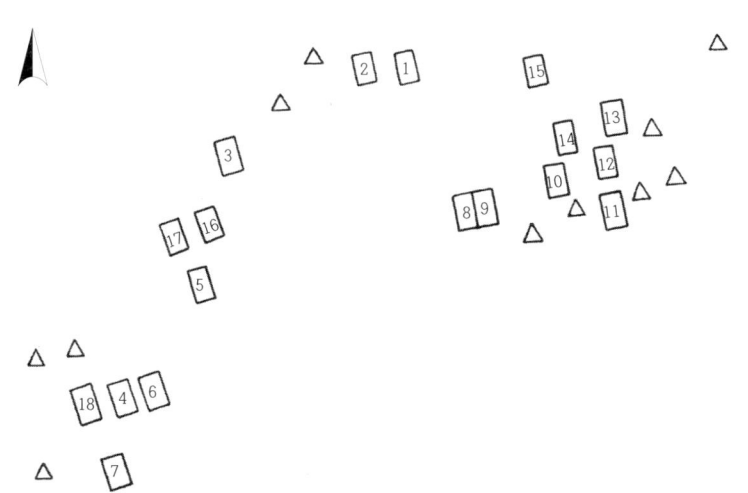

3호묘

(단위 : cm)

봉토	크 기 (길이×너비×높이)	?	연도	크 기 (길이×너비×높이)	?
	평면형태	?		연도위치	?
현실	장축방향	N-14°-W		두 향	?
	규 모 (길이×너비×높이)	335×106×72		바닥시설	(황사토)
	평면형태	장방형		천정형태	?
	시상/관대 (길이×너비×높이)	-		석재종류	판석
유물	토 도 기	심발(1)			
	금 속 기	철제 집게(1)			
	옥 석 기	숫돌(1)			
	기 타	인골편			
	특기사항	유구 도면 없음. 2개의 사지골 및 盆骨이 확인되었으며, 앙신직지로 안치되었고 단인 이차장으로 보인다.			

[출토유물]

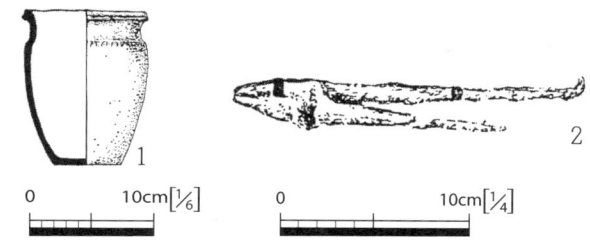

0	10cm[1/6]		0	10cm[1/4]

4호묘

(단위 : cm)

봉토	크 기 (길이×너비×높이)	?	연도	크 기 (길이×너비×높이)	?
	평면형태	?		연도위치	?
현실	장축방향	?		두 향	?
	규 모 (길이×너비×높이)	?		바닥시설	?
	평면형태	?		천정형태	?
	시상/관대 (길이×너비×높이)	?		석재종류	?
유물	토 도 기	심발(1)			
	금 속 기	동제 방울(1)			
	옥 석 기	-			
	기 타	-			
	특기사항	유구 도면 없음.			

[출토유물]

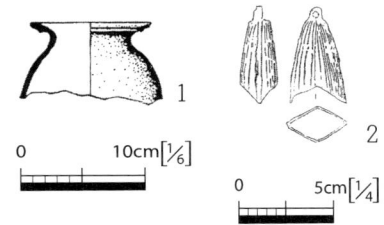

1

0   10cm[⅙]

2

0   5cm[¼]

5호묘

(단위 : cm)

봉토	크 기 (길이×너비×높이)	?	연도	크 기 (길이×너비×높이)	?
	평면형태	?		연도위치	?
현실	장축방향	N-15°-W		두 향	?
	규 모 (길이×너비×높이)	234×100×60		바닥시설	부석
	평면형태	장방형		천정형태	?
	시상/관대 (길이×너비×높이)	-		석재종류	판석·할석
유물	토도기	심발(2)			
	금속기	동제 방울(1), 철촉(1)			
	옥석기	-			
	기 타	인골(3+)			
특기사항		현실 중앙 상단에 묘갱(55×50×?)이 있으며, 묘갱에서 심발 1점과 소량의 인골이 확인되었는데, 이 인골은 추가장에 의한 것으로 보인다. 추가장으로 인해 1차로 매납된 인골은 위치가 교란되었다. 일차장 인골은 2개체이며 모두 앙신직지로 안치되었다.			

[출토유물]

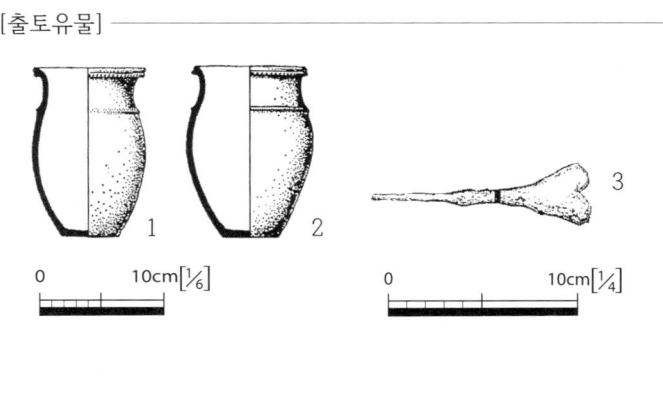

0   10cm[1/6]

0   10cm[1/4]

0   1m[1/40]

6호묘

(단위 : cm)

봉토	크 기 (길이×너비×높이)	?	연도	크 기 (길이×너비×높이)	(40×50×60)
	평면형태	?		연도위치	중앙
현실	장축방향	N-18°-W		두 향	남향
	규 모 (길이×너비×높이)	205×140×65		바닥시설	판석
	평면형태	장방형		천정형태	(평)
	시상/관대 (길이×너비×높이)	-		석재종류	판석·할석
유물	토 도 기	심발(1), 토기편(2)			
	금 속 기	-			
	옥 석 기	-			
	기 타	인골편			
	특기사항	1개의 두개골과 복수의 사지골이 각각 현실 내 남쪽과 사방에 흩어져 확인되는데, 이는 이차장과 관련된 것으로 보인다.			

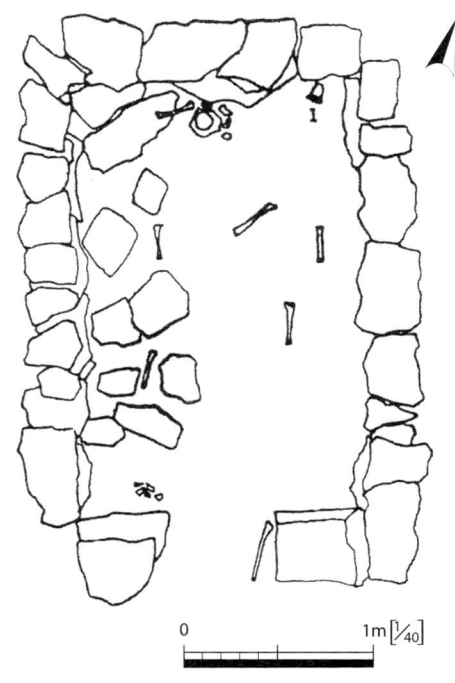

[출토유물]

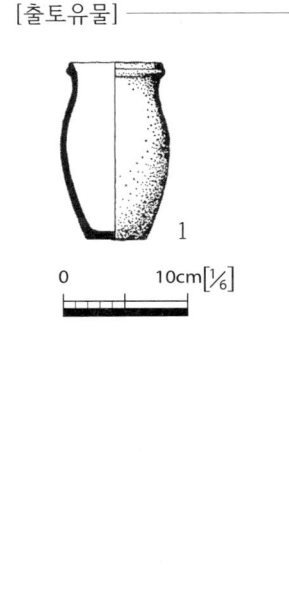

1

0   10cm[⅙]

0   1m[1/40]

8·9호묘

(단위 : cm)

봉토	크 기 (길이×너비×높이)		?		연도	크 기	8	–
							9	–
	평면형태		?			연도위치	8	–
							9	–
현실	장축방향	8	N-81°-E		두 향		8	?
		9	N-81°-E				9	?
	규 모 (길이×너비×높이)	8	235×110×95		바닥시설		8	황사토
		9	235×80×95				9	황사토
	평면형태	8	장방형		천장형태		8	?
		9	장방형				9	?
	시상/관대	8	?		석재종류		8	판석·할석
		9	?				9	판석·할석
유물	토도기	8	–					
		9	호(1)					
	금속기	8	철제 도(1)					
		9	–					
	옥석기	8	마노제 구슬(1)					
		9	마노제 구슬(1)					
	기 타	8	인골(1)					
		9	–					
특기사항			2개의 큰 판석을 기준으로 8호묘와 9호묘의 현실이 나뉘어져 있는 쌍실묘이다.					

[출토유물]

(8호묘 출토유물) (9호묘 출토유물)

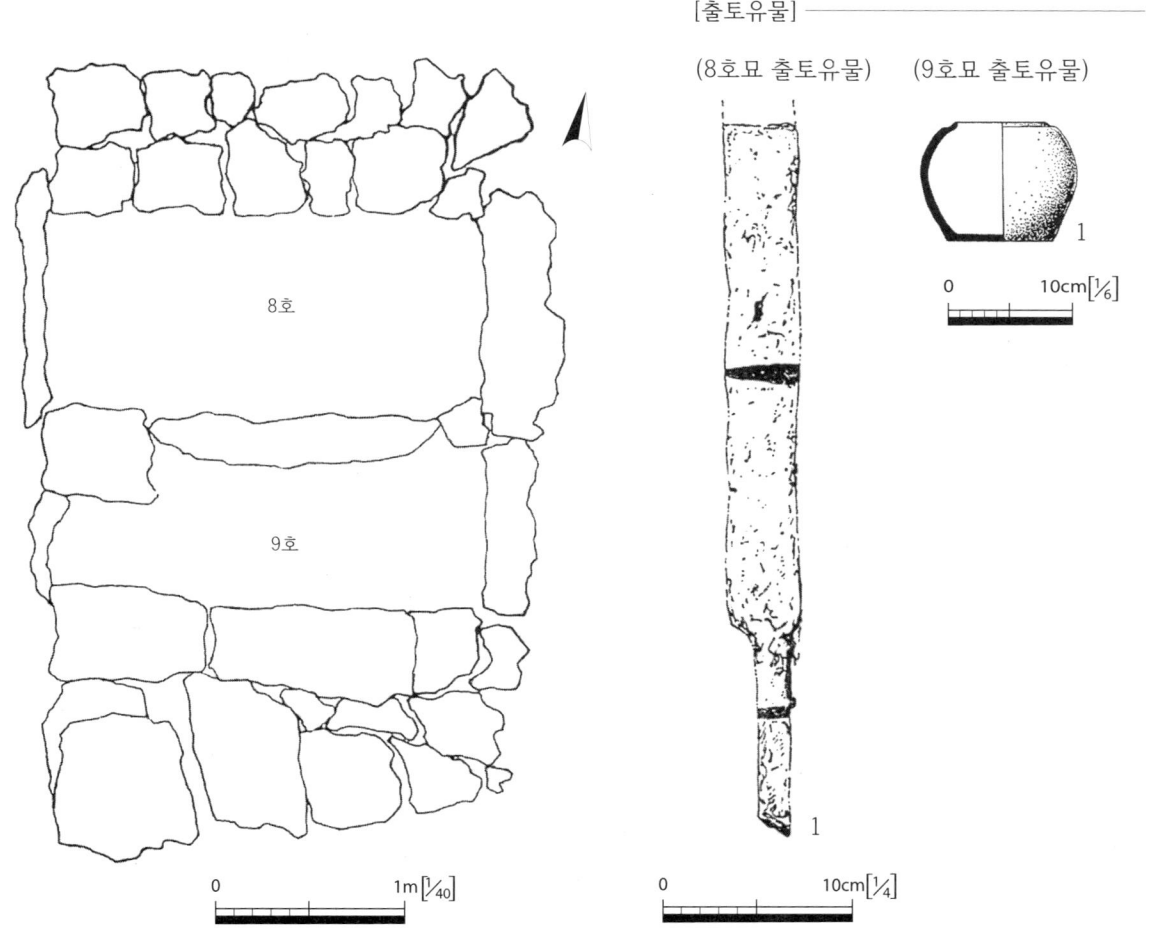

0 1m[1/40]

0 10cm[1/4]

0 10cm[1/6]

8호

9호

1

1

1

10호묘

(단위 : cm)

봉토	크 기 (길이×너비×높이)	?	연도	크 기 (길이×너비×높이)	?
	평면형태	?		연도위치	중앙
현실	장축방향	N-8°-W		두 향	?
	규 모 (길이×너비×높이)	216×120×85		바닥시설	?
	평면형태	장방형		천정형태	?
	시상/관대 (길이×너비×높이)	-		석재종류	판석·할석
유물	토도기	심발(2)			
	금속기	동제 귀걸이(1), 동제 패식(2), 철촉(2)			
	옥석기	-			
	기 타	인골편			
	특기사항	복수의 온전치 못한 뼈들이 흩어져 있는데, 이차장으로 보인다.			

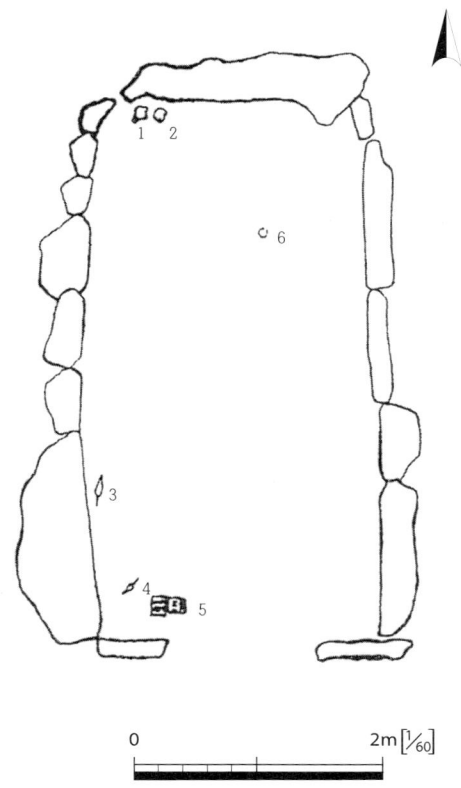

[출토유물]

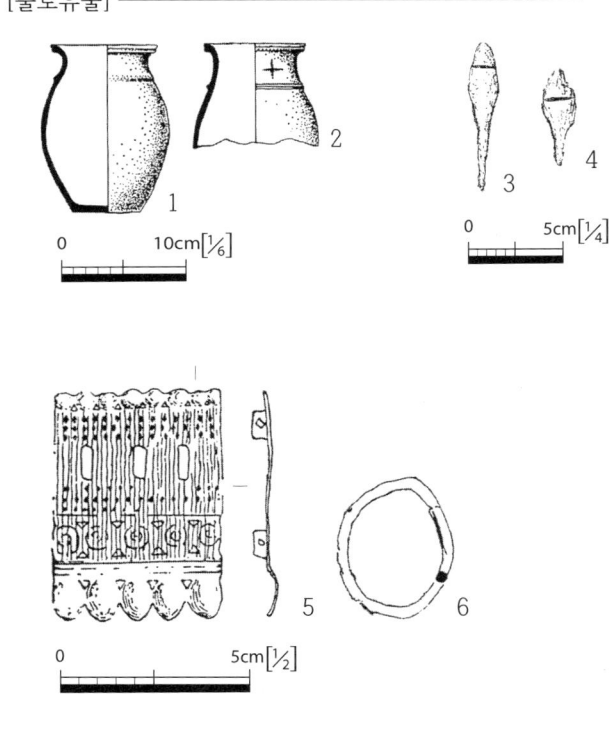

발해의 고분 문화 I - 흑룡강성 -

11호묘

(단위 : cm)

봉토	크 기 (길이×너비×높이)	?	연도	크 기 (길이×너비×높이)	55×55×40
	평면형태	?		연도위치	좌편재
현실	장축방향	N-10°-W		두 향	북향
	규 모 (길이×너비×높이)	200×130×68		바닥시설	?
	평면형태	장방형		천정형태	(평)
	시상/관대 (길이×너비×높이)	–		석재종류	판석·할석
유물	토도기	호(1), 심발(1), 토기편(1)			
	금속기	–			
	옥석기	–			
	기 타	인골(1)			
	특기사항	현실 동벽에 인접하여 1개체분의 인골이 앙신직지로 안치되어 있었는데, 일차장으로 보인다.			

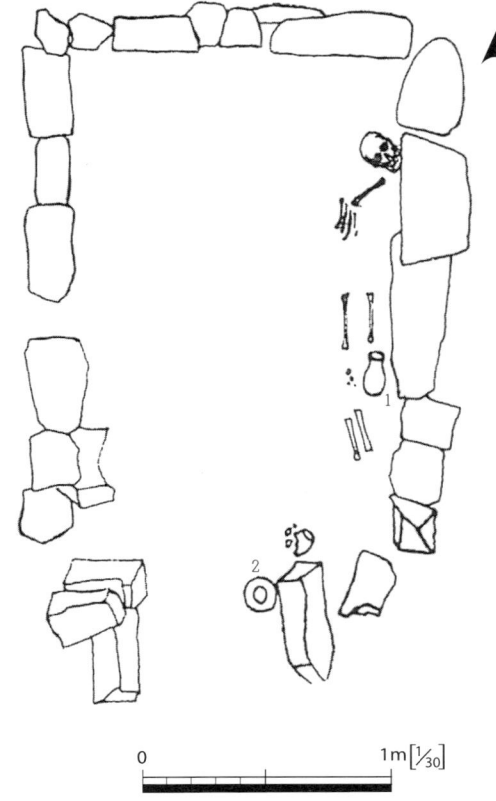

[출토유물]

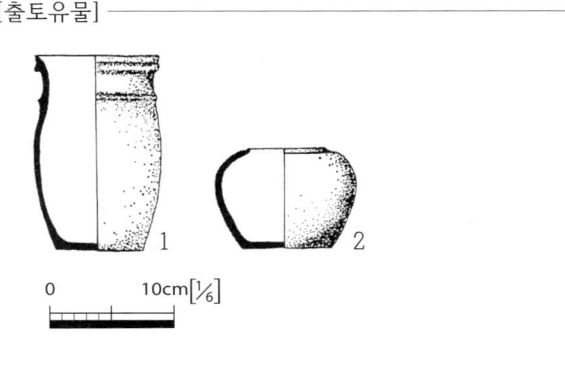

0   10cm[1/6]

0   1m[1/30]

12호묘

(단위 : cm)

봉토	크 기 (길이×너비×높이)	?	연도	크 기 (길이×너비×높이)	-
	평면형태	?		연도위치	-
현실	장축방향	N-10°-W		두 향	?
	규 모 (길이×너비×높이)	240×70×50		바닥시설	부석
	평면형태	장방형		천정형태	(평)
	시상/관대 (길이×너비×높이)	-		석재종류	판석·할석
유물	토 도 기	심발(2), 발(1)			
	금 속 기	은제 귀걸이(3), 동제 귀걸이(2), 동제 팔찌(1)			
	옥 석 기	마노제 구슬(16)			
	기 타	인골(2), 섬유(1)			
	특기사항	두개골 1개, 하지골 2개 및 소량의 인골이 확인되었으며, 단인 이차장으로 보인다.			

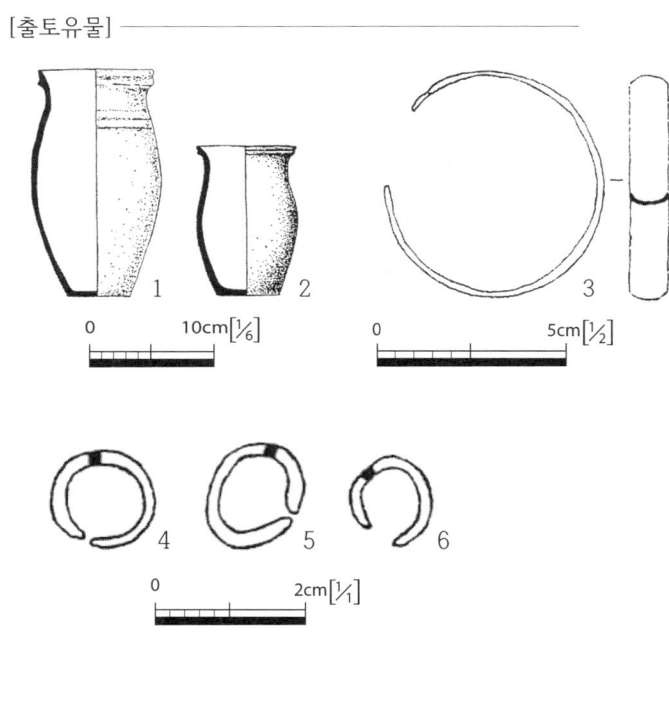

[출토유물]

15호묘

(단위 : cm)

봉토	크 기 (길이×너비×높이)	?	연도	크 기 (길이×너비×높이)	?	
	평면형태	?		연도위치	?	
현실	장축방향	N-9°-W		두 향	북향	
	규 모 (길이×너비×높이)	225×180×65		바닥시설	?	
	평면형태	장방형		천정형태	?	
	시상/관대 (길이×너비×높이)	-		석재종류	판석·할석	
유물	토 도 기	호(1), 심발(2)				
	금 속 기	동제 손잡이(1), 동제 방울(1), 철제 도끼				
	옥 석 기	-				
	기 타	인골(3+), 목제 자루(1), 목관, 목판				
특기사항		현실 동북벽 및 북벽에서 장구로 쓰인 목판 2점 및 호, 인골 1개체가 확인되었는데 모두 탄화흔이 관찰되었다. 서북벽에서 출토된 유물에서는 탄화흔이 관찰되지 않으며 호에서 화장된 인골이 출토되었다. 이를 종합해 보면 탄화흔이 확인된 동북벽의 유물 및 인골은 1차로 매장된 것이고, 서북벽의 유물 및 인골은 이차장에 의한 것으로 보인다.				

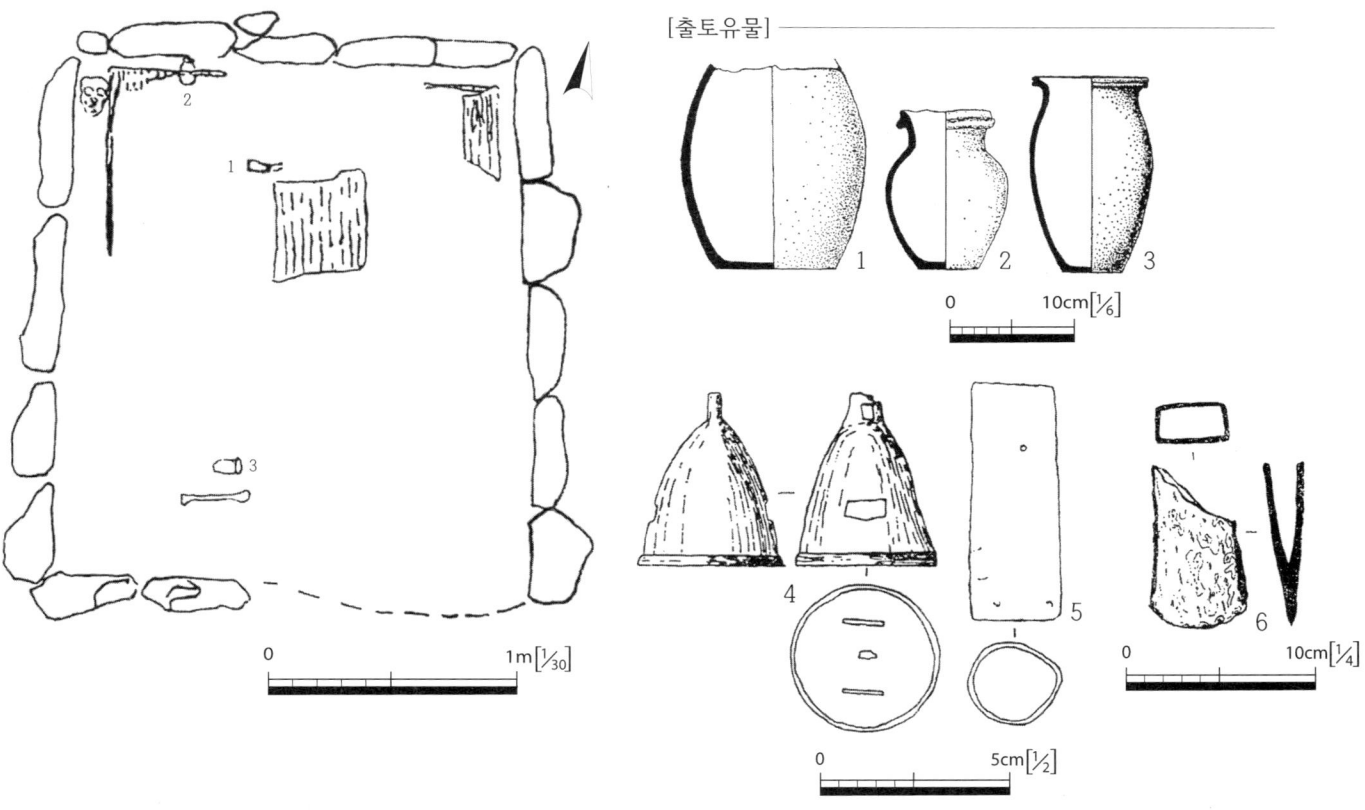

[출토유물]

16호묘

(단위 : cm)

봉토	크 기 (길이×너비×높이)	?	연도	크 기 (길이×너비×높이)	60×70×62
	평면형태	?		연도위치	중앙
현실	장축방향	N-20°-W		두 향	?
	규 모 (길이×너비×높이)	230×130×50~90		바닥시설	부석
	평면형태	장방형		천정형태	(평)
	시상/관대 (길이×너비×높이)	-		석재종류	판석·할석
유물	토 도 기	심발(4)			
	금 속 기	開元通寶(1), 철제 관정(1)			
	옥 석 기		-		
	기 타	인골(2+)			
	특기사항	서벽 가까이에서 화장흔이 확인되었으며, 이차장으로 추정된다. 연도에서 開元通寶가 발견되었다.			

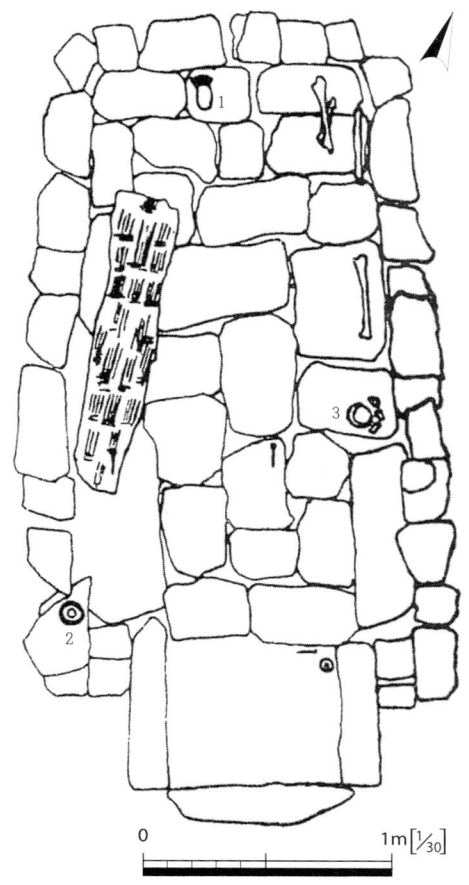

[출토유물]

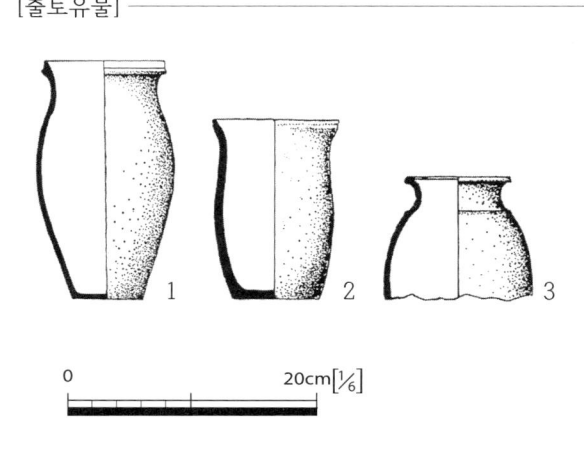

0   20cm[⅙]

0   1m[⅟30]

17호묘

(단위 : cm)

봉토	크 기 (길이×너비×높이)	?	연도	크 기 (길이×너비×높이)	?
	평면형태	?		연도위치	?
현실	장축방향	N-20°-W		두 향	?
	규 모 (길이×너비×높이)	230×115×75		바닥시설	부석
	평면형태	장방형		천정형태	(평)
	시상/관대 (길이×너비×높이)	?		석재종류	판석
유물	토 도 기	심발(1)			
	금 속 기	-			
	옥 석 기	-			
	기 타	인골(3)			
	특기사항	유구 도면 없음.			

[출토유물]

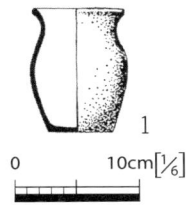

1

0   10cm[⅙]

18호묘

(단위 : cm)

봉토	크 기 (길이×너비×높이)	?	연도	크 기 (길이×너비×높이)	?
	평면형태	?		연도위치	?
현실	장축방향	?		두 향	?
	규 모 (길이×너비×높이)	?		바닥시설	?
	평면형태	?		천정형태	?
	시상/관대 (길이×너비×높이)	?		석재종류	?
유물	토 도 기	심발(3)			
	금 속 기	-			
	옥 석 기	-			
	기 타	-			
	특기사항	유구 도면 없음.			

[출토유물]

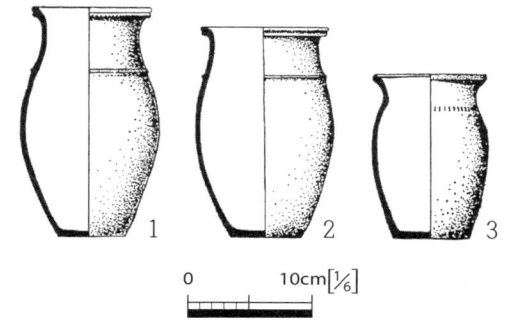

1   2   3

0   10cm[⅙]

흑룡강성 영안시 대주둔 고분군 黑龍江省 寧安市 大朱屯 古墳群

조사연혁	1960. 발견(黑龙江省博物館) 1960. 발굴(黑龙江省博物館) 1963. 10. 21.~1963. 10. 26. 발굴(黑龙江省博物館) 1981. 05. 23.~1981. 06. 30. 발굴(黑龙江省文物管理委員会 考古调査对)
유적위치	흑룡강성 영안시 동경성진(东京城镇) 부근 대주둔(大朱屯)의 서북쪽 약 2km 지점에 위치한다.
유적입지	서쪽이 높고 동쪽이 낮은 구릉지대에 입지하고 있다.
조사현황	모두 400여 기가 존재하는데 상태가 양호한 것은 30여 기에 불과하다. 1960년에 5기(석곽묘 2기, 석관묘 1기, 쌍실묘 2기), 1963년에 2기(석실묘 1기 포함), 1981년에 석실묘 14기가 조사되었다.
내　용	화장흔이 확인되지 않는 점은 육정산 고분군과 유사한 양상을 보인다. 유적의 연대는 발해 건국 초기에 해당될 것으로 생각된다.
주요유물	옥기
참고사항	-
참고문헌	呂遵祿, 1962, 「黑龙江宁安 林口发现的古墓葬群」, 『考古』1962-11期, 科学出版社. 黑龙江省文物考古工作队, 1983, 「宁安县镜泊湖地区文物普查」, 『黑龙江文物丛刊』1983-2期, 黑龙江文物出版社. 中国社会科学院考古研究所, 1997, 「大朱屯渤海墓葬」, 『六顶山与渤海镇』, 中国大百科全书出版社. 송기호, 1999, 「만주의 발해, 부여 유적 답사 보고」, 『한반도와 중국 동북 3성의 역사 문화』, 서울대학교출판부. 조선유적유물도감편찬위, 2002, 「대주둔무덤떼」, 『발해의 유적과 유물』, 서울대학교출판부. 사회과학원 고고학연구소, 2009, 「발해의 무덤」, 『조선고고학전서』42, 진인진. 양시은, 2009, 「합달전창 고분군」, 『한국고고학전문사전-고분편』, 국립문화재연구소.

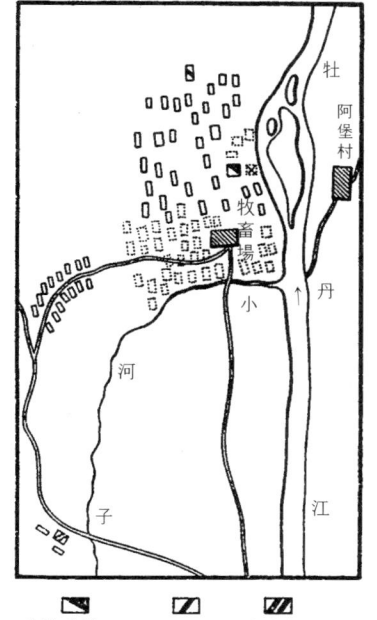

대형 적석묘　소형 적석묘　쌍실석묘

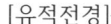
[유적전경]

소형묘

(단위 : cm)

묘광	크 기 (길이×너비×깊이)	?	석관	크 기 (길이×너비×높이)	–
	장 폭 비	?		장 폭 비	–
	장축방향	N–11°–E	석곽	크 기 (길이×너비×높이)	150×40×?
	두 향	?		장 폭 비	3.75:1
유물	토 도 기	–			
	금 속 기	–			
	옥 석 류	–			
	기 타	–			
	특기사항	'고고 1962-11'에서의 내용과 '조선고고학전서 42'에서의 내용이 다른데, 도면으로 보아 '조선고고학전서 42'의 내용이 옳은 것으로 보인다.			

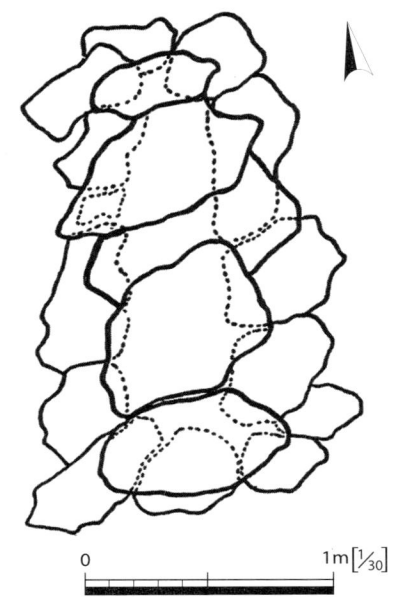

0   1m[⅟₃₀]

쌍실묘

(단위 : cm)

봉토	크 기 (길이×너비×높이)		?		연도	크 기 (길이×너비×높이)	①	60×60×?
							②	60×60×?
	평면형태		?			연도위치	①	중앙
							②	좌편재
현실	장축방향	①	N-22°-W			두 향	①	?
		②	N-22°-W				②	?
	규 모 (길이×너비×높이)	①	200×150×95			바닥시설	①	?
		②	200×100×95				②	?
	평면형태	①	장방형			천장형태	①	평
		②	장방형				②	평
	시상/관대 (길이×너비×높이)	①	–			석재종류	①	판석·할석
		②	–				②	판석·할석
유물	토 도 기			–				
	금 속 기			–				
	옥 석 기			–				
	기 타			–				
	특기사항		중앙의 석벽을 기준으로 두 칸으로 나뉜다.					

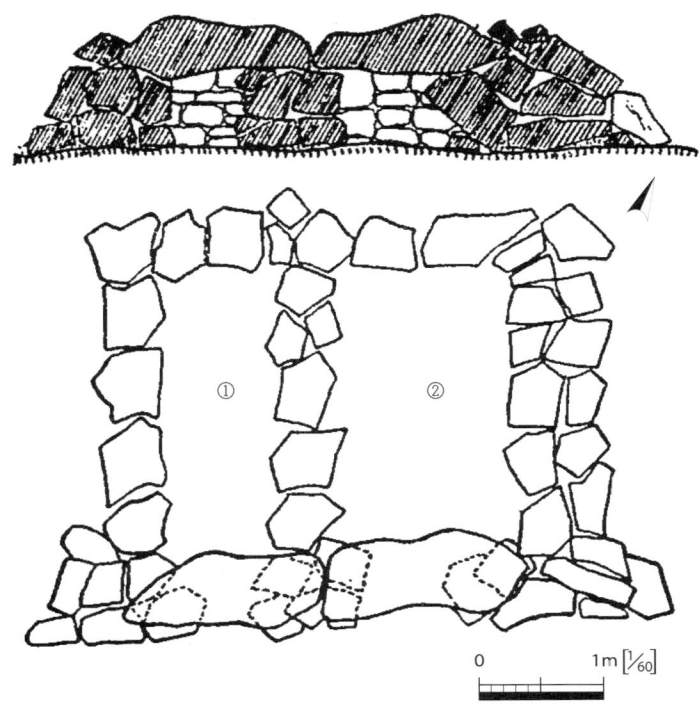

0   1m [1/60]

대형적석묘

(단위 : cm)

분구	평면형태	?	크 기 (길이×너비×높이)	?
	기단有無	?	계단단수	?
주체부	장축방향	?		
	기 수	?	크 기 (길이×너비×높이)	580×460×?
	바닥시설	?	장 폭 비	?
	두 향	?	석재종류	?
유물	토 도 기	?		
	금 속 기	?		
	기 타	?		
특기사항		본 고분에 대해서 '고분군 동쪽은 강가에 인접해 있고, 1기의 이미 파괴된 대형적석묘가 있다.'라는 언급만 있을 뿐, 도면과 설명이 없어 구체적인 사실은 알 수 없다.		

적석묘

(단위 : cm)

분구	평면형태	?	크 기 (길이×너비×높이)	?
	기단有無	?	계단단수	?
주체부	장축방향	?		
	기 수	?	크 기 (길이×너비×높이)	?
	바닥시설	?	장 폭 비	?
	두 향	?	석재종류	?
유물	토 도 기	?		
	금 속 기	?		
	기 타	?		
특기사항		본 고분에 대해서 '대형적석묘 서쪽에 1기의 비교적 큰 적석묘가 인접해 있는데...'라는 언급만 있을 뿐, 유구 도면과 설명이 없어 구체적인 사실은 알 수 없다.		

1호묘

(단위 : cm)

봉토	크 기 (길이×너비×높이)	?	연도	크 기 (길이×너비×높이)	150×85×?
	평면형태	?		연도위치	중앙
현실	장축방향	N-S		두 향	?
	규 모 (길이×너비×높이)	300×165×(110+)		바닥시설	?
	평면형태	장방형		천정형태	삼각고임
	시상/관대크기 (길이×너비×높이)	-		석재종류	?
유물	토 도 기	토기편			
	금 속 기	동편(1), 동제 고리(1), 철제 고리(1), 철제 관정(4), 철편(4), 미상 철기(4)			
	옥 석 기	옥기(1)			
	기 타	인골(8), 골기(1), 패각(1)			
	특기사항	유물 도면 없음. 모두 8개체분의 인골이 발견되었다. 동쪽에 있는 인골(B)는 두향은 북쪽, 얼굴은 동쪽을 향하고 있으며, 서쪽에 있는 인골(C)는 두향은 남쪽, 얼굴은 동쪽을 향하고 있는데, 모두 약 35세 정도의 남성으로 신전장을 했다. 둘의 주위에서 철제 관정이 발견되어 목관을 사용하였음을 알 수 있다. 현실 동벽에 붙어 있는 인골(A)는 21세 이상의 남성으로, 몸을 옆으로 곧게 누였고, 두향은 남쪽, 얼굴은 동쪽을 향하고 있다. 현실 서벽에 붙어 있는 인골(D)는 21세 이상의 여성으로, 두개골은 사라졌고 다리가 남쪽을 향하고 있다. 이 2개체분의 인골 주위에서는 철제 관정이 발견되지 않았다. 인골(E)는 중년 남성, 인골(F)는 중년 여성. 인골(G)는 약 25세 정도의 여성, 인골(H)는 중년(36~55세) 남성이다. 이들은 모두 현실 북벽 주위에 모아 놓았는데, 사지골은 중첩되고, 주위에 철제 관정이 없어서, 이장한 것으로 추정된다.			

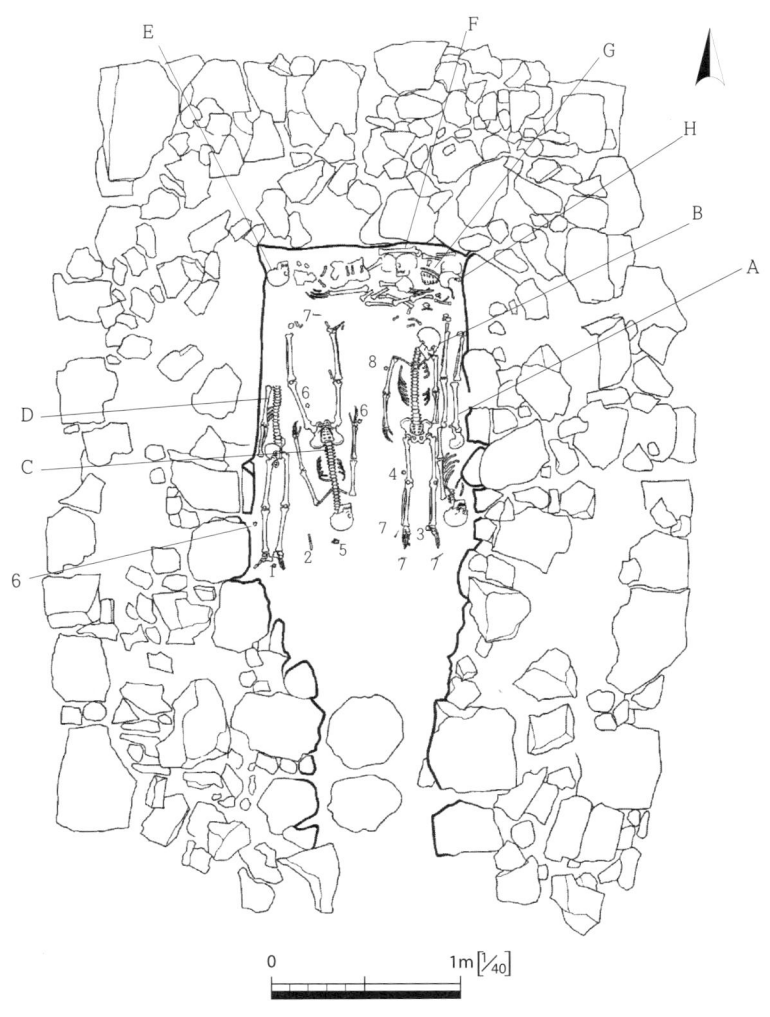

A~H. 인골 1. 옥기 2. 골기 3. 동편 4. 동제 고리 5. 패각 6. 토기편 7. 철제 관정 8. 철편

[유구사진]

2호묘

(단위 : cm)

봉토	크 기 (길이×너비×높이)	?	연도	크 기 (길이×너비×높이)	?
	평면형태	?		연도위치	?
현실	장축방향	?		두 향	?
	규 모 (길이×너비×높이)	1,000×1,000×?		바닥시설	?
	평면형태	방형		천장형태	?
	시상/관대 (길이×너비×높이)	–		석재종류	?
유물	토 도 기	?			
	금 속 기	?			
	옥 석 기	?			
	기 타	?			
	특기사항	유구 도면 없음.			

3호묘

(단위 : cm)

봉토	크 기 (길이×너비×높이)	?	연도	크 기 (길이×너비×높이)	?
	평면형태	?		연도위치	?
현실	장축방향	?		두 향	?
	규 모 (길이×너비×높이)	320×320×?		바닥시설	?
	평면형태	방형		천장형태	?
	시상/관대 (길이×너비×높이)	–		석재종류	?
유물	토 도 기	?			
	금 속 기	?			
	옥 석 기	?			
	기 타	?			
	특기사항	유구 도면 없음.			

4호묘

봉토	크 기 (길이×너비×높이)	?	연도	크 기 (길이×너비×높이)	?
	평면형태	?		연도위치	?
현실	장축방향	?		두 향	?
	규 모 (길이×너비×높이)	430×380×?		바닥시설	?
	평면형태	장방형		천장형태	?
	시상/관대 (길이×너비×높이)	–		석재종류	?
유물	토 도 기	?			
	금 속 기	?			
	옥 석 기	?			
	기 타	?			
	특기사항	유구 도면 없음.			

5호묘

봉토	크 기 (길이×너비×높이)	?	연도	크 기 (길이×너비×높이)	?
	평면형태	?		연도위치	?
현실	장축방향	?		두 향	?
	규 모 (길이×너비×높이)	800×560×?		바닥시설	?
	평면형태	장방형		천장형태	?
	시상/관대 (길이×너비×높이)	–		석재종류	?
유물	토 도 기	?			
	금 속 기	?			
	옥 석 기	?			
	기 타	?			
	특기사항	유구 도면 없음.			

6호묘

(단위 : cm)

봉토	크 기 (길이×너비×높이)	?	연도	크 기 (길이×너비×높이)	?
	평면형태	?		연도위치	?
현실	장축방향	?		두 향	?
	규 모 (길이×너비×높이)	400×400×?		바닥시설	?
	평면형태	방형		천장형태	?
	시상/관대 (길이×너비×높이)	–		석재종류	?
유물	토 도 기			?	
	금 속 기			?	
	옥 석 기			?	
	기 타			?	
	특기사항	유구 도면 없음.			

7호묘

(단위 : cm)

봉토	크 기 (길이×너비×높이)	?	연도	크 기 (길이×너비×높이)	?
	평면형태	?		연도위치	?
현실	장축방향	?		두 향	?
	규 모 (길이×너비×높이)	340×340×?		바닥시설	?
	평면형태	방형		천장형태	?
	시상/관대 (길이×너비×높이)	–		석재종류	?
유물	토 도 기			?	
	금 속 기			?	
	옥 석 기			?	
	기 타			?	
	특기사항	유구 도면 없음.			

8호묘

(단위 : cm)

봉토	크 기 (길이×너비×높이)	?	연도	크 기 (길이×너비×높이)	?
	평면형태	?		연도위치	?
현실	장축방향	?		두 향	?
	규 모 (길이×너비×높이)	400×300×?		바닥시설	?
	평면형태	장방형		천장형태	?
	시상/관대 (길이×너비×높이)	–		석재종류	?
유물	토 도 기			?	
	금 속 기			?	
	옥 석 기			?	
	기 타			?	
특기사항		유구 도면 없음.			

9호묘

(단위 : cm)

봉토	크 기 (길이×너비×높이)	?	연도	크 기 (길이×너비×높이)	?
	평면형태	?		연도위치	?
현실	장축방향	?		두 향	?
	규 모 (길이×너비×높이)	370×300×?		바닥시설	?
	평면형태	타원형		천장형태	?
	시상/관대 (길이×너비×높이)	–		석재종류	?
유물	토 도 기			?	
	금 속 기			?	
	옥 석 기			?	
	기 타			?	
특기사항		유구 도면 없음.			

10호묘

봉토	크 기 (길이×너비×높이)	?	연도	크 기 (길이×너비×높이)	?
	평면형태	?		연도위치	?
현실	장축방향	?		두 향	?
	규 모 (길이×너비×높이)	370×220×?		바닥시설	?
	평면형태	장방형		천장형태	?
	시상/관대 (길이×너비×높이)	–		석재종류	?
유물	토 도 기	?			
	금 속 기	?			
	옥 석 기	?			
	기 타	?			
특기사항		유구 도면 없음.			

흑룡강성 영안시 삼릉둔 고분군 黑龍江省 寧安市 三陵屯 古墳群

조사연혁	1931. 조사 및 시굴(东省特区文化发展所研究) 1933.~1934. 조사 및 정리(日本 東亞考古學會) 1956. 조사(黑龙江省博物館) 1963.~1964. 조사(북한·중국 연합 조사단)
유적위치	흑룡강성 영안시 삼릉향(三陵乡)에 소재하며, 상경 용천부(上京 龙泉府) 유적에서 북서쪽으로 약 5Km 떨어진 지점의 목단강(牡丹江) 북안에 위치한다.
유적입지	북으로는 청산(靑山), 남으로는 상경성(上京城)을 바라보는 입지로서 북쪽인 고분군 뒤는 그늘지고 남쪽인 앞은 양지바른 지형조건이다. 고분군의 좌측에 도랑, 우측에 계곡이 위치하고 있다.
조사현황	5기의 대형 고분이 발견되어 조사가 진행되었으나, 상세한 내용은 소개되지 않았다.
내 용	고분군 내에 3,4개의 독립된 능원이 있었던 것으로 생각된다. 고분의 정상부에 제사 건축물이 세워졌고, 외곽에는 담장이 있어 명확하게 묘역을 구분하고 있다. 현실 연도의 벽과 천장에 벽화를 그렸지만, 현재 대부분 벗겨진 상태이다.
주요유물	사자석상
참고사항	"三陵"의 "陵"자가 "灵"자로 잘못 발음되어 "三灵"으로 불리기도 함. 4호와 5호도 조사되었다는 언급은 있으나, "4호묘는 1호묘의 서쪽 1,200m 지점에 위치하고 5호묘는 4호묘 서쪽 1,200m 지점에 위치하며 각각 능원이 있었을 것으로 추정된다"는 이외에는 다른 언급이 없다.
참고문헌	黑龙江省博物館, 1960, 「牡丹江中下游考古调查简报」, 『考古』1960-4期, 科学出版社. 刘晓东·付晔, 1992, 「试论三灵坟的年代与墓主人身份」, 『北方文物』1992-1期, 北方文物出版社. 鄭永振, 1994, 「1991年에 發掘한 三陵屯渤海壁畵墓와 高句麗壁畵墓와의 關係」, 『한국상고사학보』16, 한국상고사학회. 全虎兒, 1998, 「발해의 고분벽화와 발해문화」, 『발해건국1300주년』, 고구려연구회. 송기호, 1999, 「만주의 발해 부여 유적 답사 보고」, 『한반도와 중국 동북 3성의 역사 문화』, 서울대학교출판부. 조선유적유물도감 편찬위, 2002, 「삼령둔무덤」, 『발해의 유적과 유물』, 서울대학교출판부. 송기호, 2009, 「삼릉둔고분군」, 『한국고고학전문사전-고분편』, 국립문화재연구소.

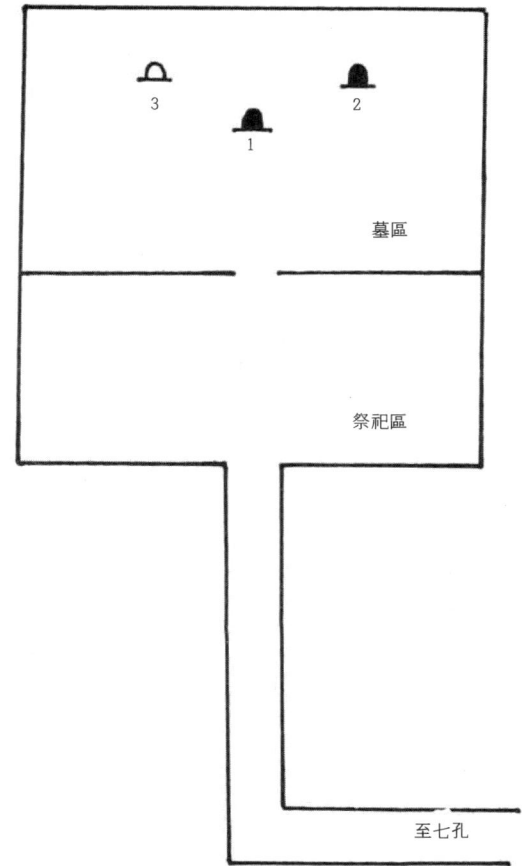

墓區

祭祀區

至七孔

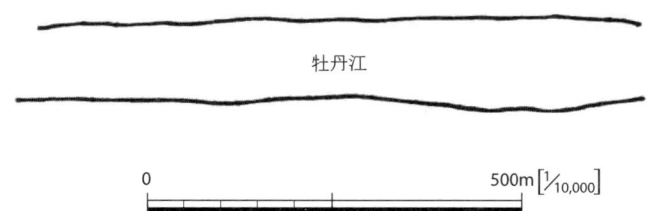

牡丹江

0   500m [1/10,000]

1호묘

봉토	크 기 (길이×너비×높이)	1,230×1,210×?	연도	크 기 (길이×너비×높이)	400×?×?
	평면형태	?		연도위치	중앙
현실	장축방향	(북쪽)		두 향	?
	규 모 (길이×너비×높이)	400×220×240		바닥시설	?
	평면형태	?		천장형태	(말각)
	시상/관대 (길이×너비×높이)	–		석재종류	현무암
유물	토 도 기	명문와(?), 녹유와(?)			
	금 속 기	–			
	옥 석 기	석사자상(1)			
	기 타	벽화(4면)			
	특기사항	유구·유물 도면 없음. 봉토 기단부에서 초석이 확인되었다.			

[유구사진]

2호묘

(단위 : cm)

봉토	크 기 (길이×너비×높이)	?	연도	크 기 (길이×너비×높이)	연도	270×140×170
					묘도	980×200×?
	평면형태	?		연도위치		중앙
현실	장축방향	N-S	두 향			남향
	규 모 (길이×너비×높이)	330×330×245	바닥시설			?
	평면형태	방형	천장형태			삼각고임
	시상/관대 (길이×너비×높이)	-	석재종류			현무암 판석
유물	토도기	짐승머리(?), 분(?), 명문와(?)				
	금속기	철촉(?)				
	옥석기	석사자상(1)				
	기 타	인골(10+), 벽화, 패각				
	특기사항	유물 도면 없음. 묘도는 13칸의 계단식 시설로 조성됨. 현실·묘도벽·천정에 백회를 바르고 벽화를 그림. 10여구 이상의 남녀 인골이 발견되었으나, 일차장인지 이차장인지 확인할 수 없다.				

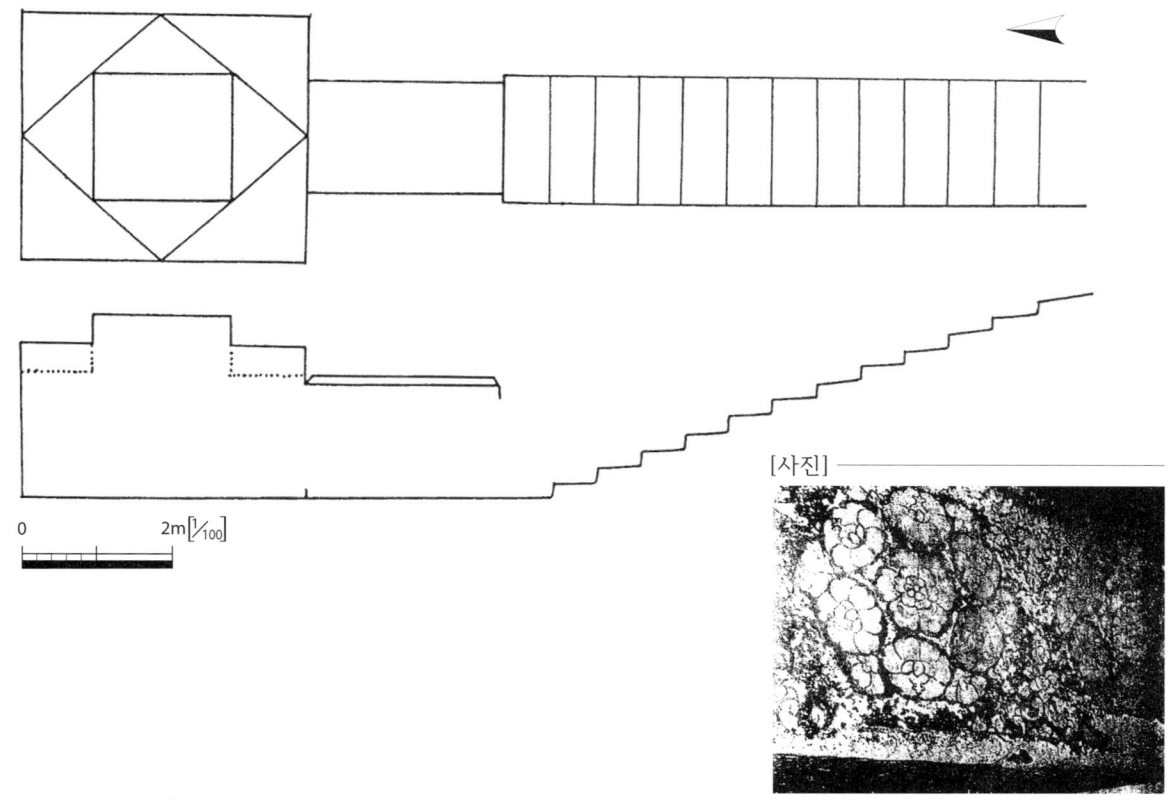

0   2m 1/100

[사진]

삼령둔 무덤

(단위 : cm)

봉토	크 기 (길이×너비×높이)	?	연도	크 기 (길이×너비×높이)	400×209×158
	평면형태	?		연도위치	중앙
현실	장축방향	N-S		두 향	?
	규 모 (길이×너비×높이)	390×210×240		바닥시설	?
	평면형태	장방형		천장형태	?
	시상/관대 (길이×너비×높이)	-		석재종류	절석
유물	토 도 기	기와(?)			
	금 속 기	-			
	옥 석 기	-			
	기 타	-			
	특기사항	주변에서 초석이 발견되었다.			

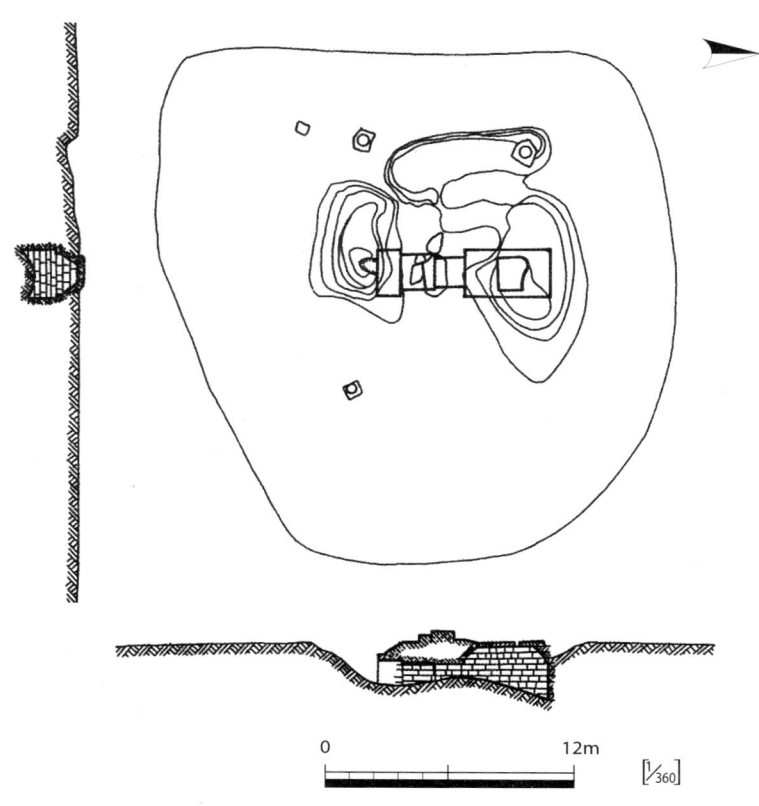

0   12m

1/360

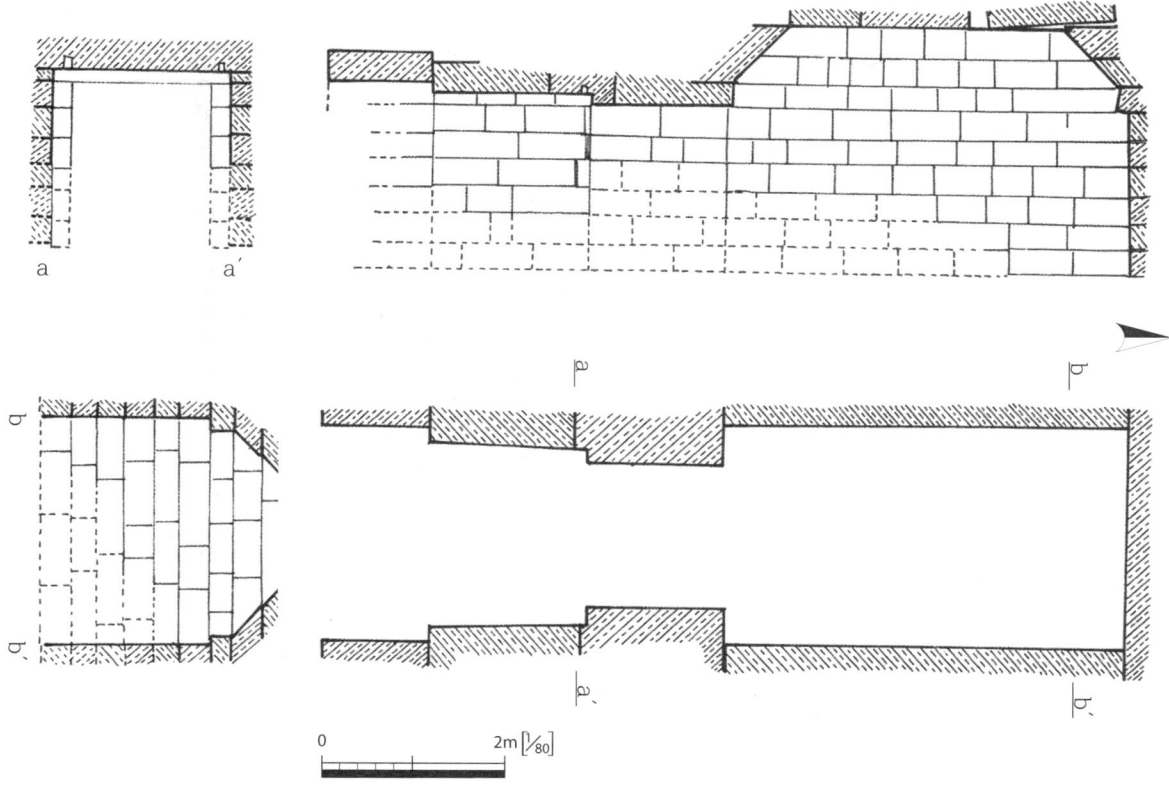

[유구사진]

현실 내부

연도 입구

초석 1

초석 2

초석 3

흑룡강성 영안시 열수갱 고분군 黑龍江省 寧安市 熱水坑 古墳群

발해의 고분 문화 I - 흑룡강성 -

조사연혁	1990. 10. 문물보호단위안전검사 도중 발견(牡丹江市文物管理站·宁安市文物管理所) 1991. 조사(牡丹江市文物管理站·宁安市文物管理所)
유적위치	흑룡강성 영안시 사란진(沙兰鎮) 양초구촌(羊草沟村) 동쪽 2.5km 지점에 위치한다.
유적입지	용암대지 위에 입지하며 남쪽으로 7km에는 경박호(鏡泊湖) 북변의 댐이 있다.
조사현황	적석묘 1기가 보고되었다.
내　용	적석묘가 있다고 언급되었지만 상세한 내용은 알 수 없다.
주요유물	-
참고사항	-
참고문헌	牡丹江市文物管理站·宁安县文物管理所, 1998, 「黑龙江宁安沙兰热水坑熔岩石穴遗址调查」, 『北方文物』 　　　1998-4期, 北方文物出版社. 양시은, 2009, 「열수갱고분」, 『한국고고학전문사전-고분편』, 국립문화재연구소.

흑룡강성 영안시 합달전창 고분군 黑龍江省 寧安市 哈達博廠 古墳群

조사연혁	1981. 05. 23.~1981. 06. 30. 조사(黑龙江省文物考古工作队)
유적위치	흑룡강성 영안시 경박호(鏡泊湖) 자연환경 보호구역에 위치한다.
유적입지	목단강(牡丹江) 우측 단구에 입지하고 있는데, 북쪽과 동쪽은 모두 목단강에 의해 침식된 절벽과 강변이 이어진다.
조사현황	1981년 경박호수지구 일대의 전면 발굴조사 당시에 확인된 유적으로서, 범위가 반경 20~40m라고 언급되었을 뿐 구체적인 내용은 알 수 없다.
내　　용	인근에 "원시사회 후기 유적 32곳, 발해(渤海) 건물지 5곳, 발해 적석묘군 4곳, 발해고성(渤海古城) 2곳, 요금고성(遼金古城) 2곳이 있다"고 언급된 것으로 보아 이러한 유적들과 관련된 것으로 추정되지만, 본 유적에 대한 설명은 봉토가 불분명한 적석묘가 남아있다는 내용뿐이어서 구체적인 사실은 알 수 없다.
주요유물	-
참고사항	해림시 합달둔 고분군과는 별개의 유적이다.
참고문헌	黑龙江省文物考古工作队, 1983, 「宁安县镜泊湖地区文物普查」, 『黑龙江文物丛刊』1983-2期, 黑龙江文物出版社. 양시은, 2009, 「합달전창고분군」, 『한국고고학전문사전-고분편』, 국립문화재연구소.

흑룡강성 영안시 홍준어장 고분군 黑龍江省 寧安市 虹鱒魚場 古墳群

조사연혁	1960년대. 발견 (?) 1981. 조사 (黑龙江省文物考古研究所, 吉林大学 历史系 考古专业) 1922~1995. 발굴 (黑龙江省文物考古研究所) 1984. 발굴 (黑龙江省文物考古研究所) 1992. 07. ~ 11. (黑龙江省文物考古研究所) 1993. 06. ~ 11. 발굴, 시굴 (黑龙江省文物考古研究所) 1994. 06 ~ 11. 조사 (黑龙江省文物考古研究所) 1995.04. ~ 10. 발굴 (黑龙江省文物考古研究所)
유적위치	흑룡강성 영안시에서 서남쪽으로 약 45km 떨어진 발해진(渤海镇) 홍준어장(虹鱒鱼场)에 위치하는데, 상경 용천부(上京 龙泉府)와는 6km, 삼릉둔(三陵屯) 고분군과는 4km 정도 떨어져 있다.
유적입지	목단강(牡丹江) 서쪽의 사구에 입지하는데, 남쪽 사구는 남쪽이 비교적 완만한 반면 북쪽은 가파르고, 북쪽에 위치한 사구는 남쪽이 비교적 완만하며 북쪽은 모래 채취로 절벽을 이룬다.
조사현황	총 323기의 고분, 7기의 방단, 1기의 주거지를 발굴 조사하였다. 고분군은 크게 1구역과 2구역으로 나뉘어 있는데, 1구역에는 총 39기가 있고 2구역에는 284기가 분포한다.
내 용	흑룡강성 소재 발해고분군 중 최대규모이다. 횡혈식석실묘가 주류를 이루지만 이외에 전실묘, 석곽묘, 석관묘 등 다양한 묘형이 존재한다. 장법 역시 일차장, 이차장, 화장 등 매우 다양한 모습을 보인다. 유물의 종류와 양도 풍부한 편이어서 발해의 묘제, 장제, 물질문화의 내용을 파악하는 데에 가장 유효한 자료이다.
주요유물	금동제 관정, 금동장식, 금동제 대금구, 은제 팔찌, 은제 비녀 등
참고사항	-
참고문헌	黑龙江省文物考古研究所, 1997, 「黑龙江寧安市虹鱒鱼场墓地的发掘」, 『考古』1997-2期, 科学出版社. 黑龙江省文物考古研究所, 2009, 『寧安虹鱒鱼场 : 1992~1995年度渤海墓地考古发掘报告』上下, 文物出版社. 송기호, 2009, 「홍준어장고분군」, 『한국고고학전문사전-고분편』, 국립문화재연구소.

[유적 위치도] ────────────────────────

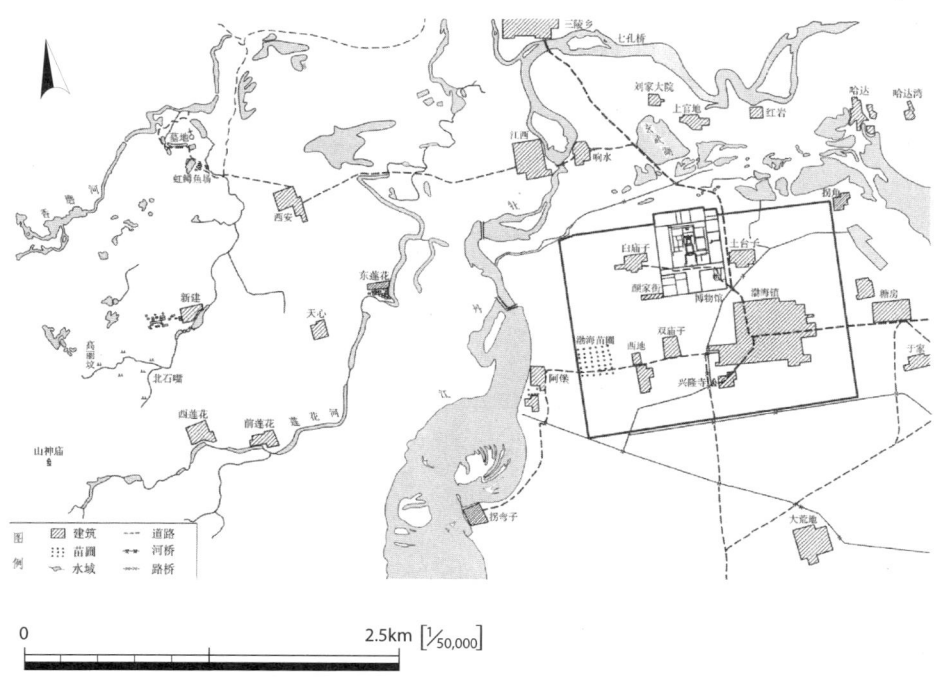

0   2.5km [1/50,000]

[유구 배치도] ────────────────────────

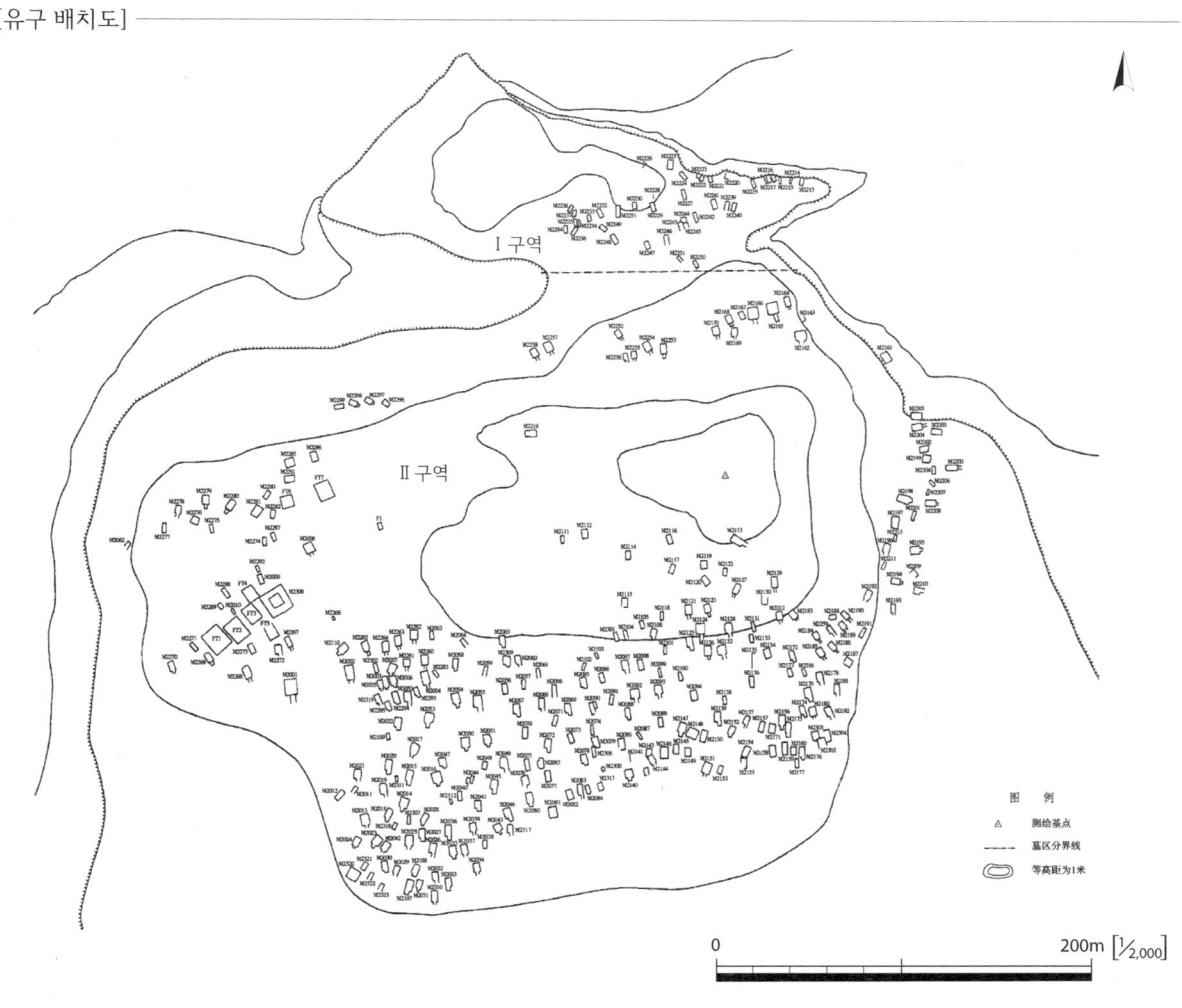

0   200m [1/2,000]

[전경]

[북에서 바라본 모습]

[서북쪽 구역]

[동쪽 구역]

[2구역]

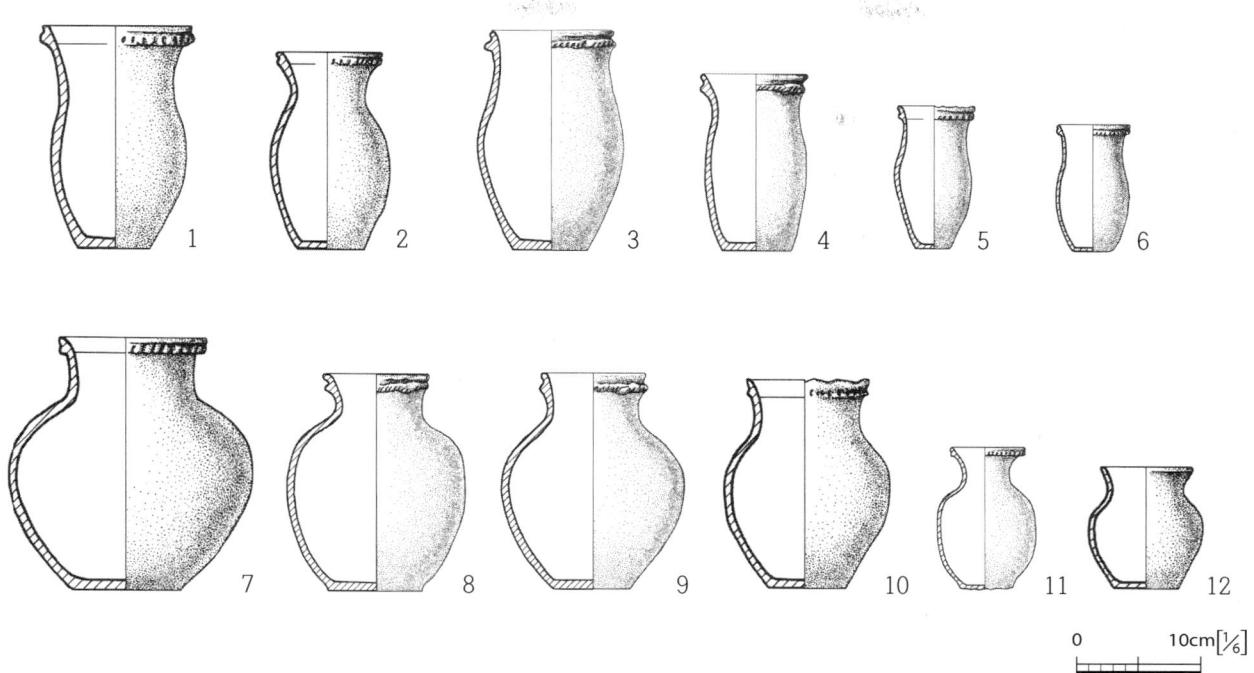

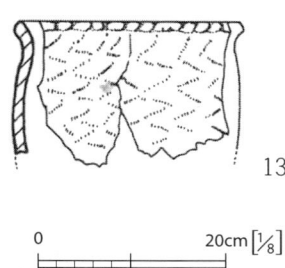

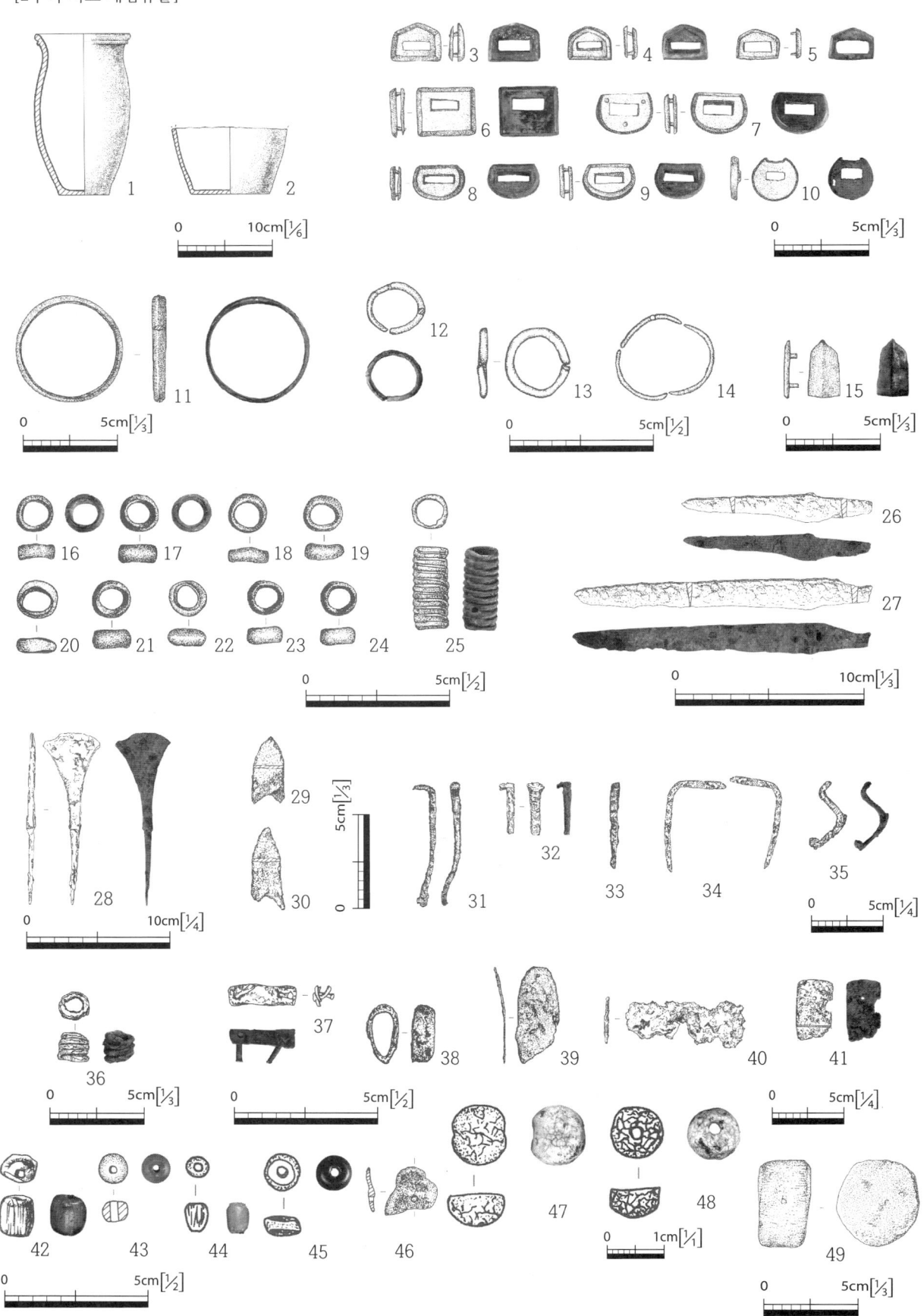

2001호묘

(단위 : cm)

봉토	크 기 (길이×너비×높이)	146×146×264	연도	크 기 (길이×너비×높이)	264×130×83
	평면형태	원형		연도위치	중앙
현실	장축방향	N-7°-W		두 향	?
	규 모 (길이×너비×높이)	413×330×140		바닥시설	?
	평면형태	장방형		천장형태	?
	시상/관대 (길이×너비×높이)	-		석재종류	현무암 판석·할석
유물	토 도 기	병(1), 심발(2), 장경호(2), 호(1)			
	금속기	금동제 관정(9), 금동제 장식(11), 금동제 교구(3), 금동제 대금구(3), 금동제 귀걸이(1), 은제 사미(2), 은제 조두식(2), 은제 팔찌(1), 동제 사미(2), 동기(3), 철제 찰갑편(44), 철제 관정(49), 철촉(6), 철제 조(1), 철제 고리(2), 철편(8), 철제 구(1), 철제 비녀(1), 철제 대금구(2), 철제 포수(1), 철제 고리(2), 철제 재갈(1), '8'字형 철기(2), 철제 교구(5), 철제 사미(1), 철 덩어리(2)			
	옥 석 기	마노제 구슬(5), 흑색 구슬(1), 회색 구슬(1), 남색 구슬(1), 관옥(2)			
	기 타	자작나무 껍질, 칠기편, 삼 밧줄, 골기(9), 갑골편(2), 패각(3)			
	특기사항	대부분의 두개골과 사지골들은 현실의 동쪽에 중첩되어 쌓여 있으며, 이외의 지점에서 발견된 작은 뼈는 모두 이차장이다. 서남쪽 모서리에 있는 두개골(A)는 30세 정도의 남성이고, 그 북쪽에 있는 2개의 두개골 중 오른쪽(B)는 25~30세의 남성, 왼쪽(C)는 성인 여성인데 둔기의 흔적이 확인됨. 현실 동남쪽에서 발견된 1개의 두개골 조각(D)는 성인 여성임. 묘실 중앙에서 약간 동쪽으로 치우친 곳에서 2개의 두개골 조각(E, F)를 발견했는데 모두 성인이며 성별은 알 수 없음. 서쪽에 사지골 한 무더기가 있었는데 그 중에서 생전에 가장 컸던 사람은 약 170cm 정도로 보인다. 현실의 북벽과 남벽, 연도에 칠한 백회가 아직도 남아 있으며 두께는 2cm 정도이다.			

[석실 내 유물 위치도]

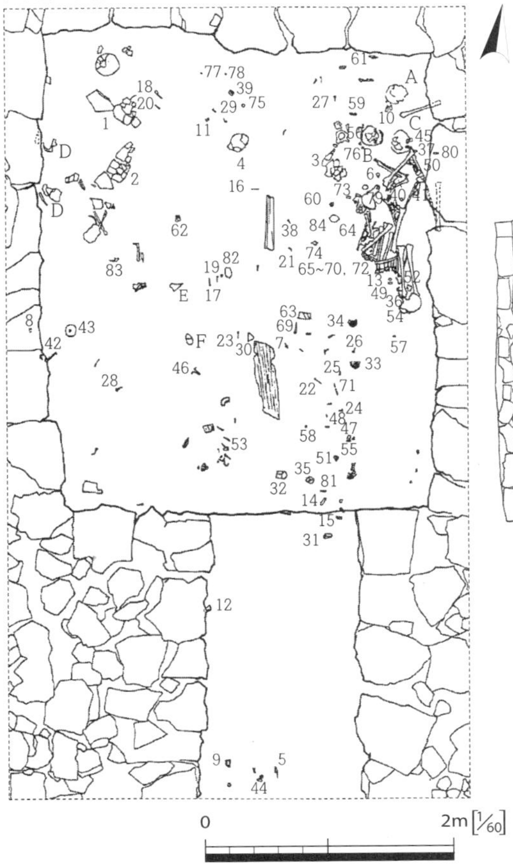

0   2m [1/60]

0   2m [1/100]

[유구사진]

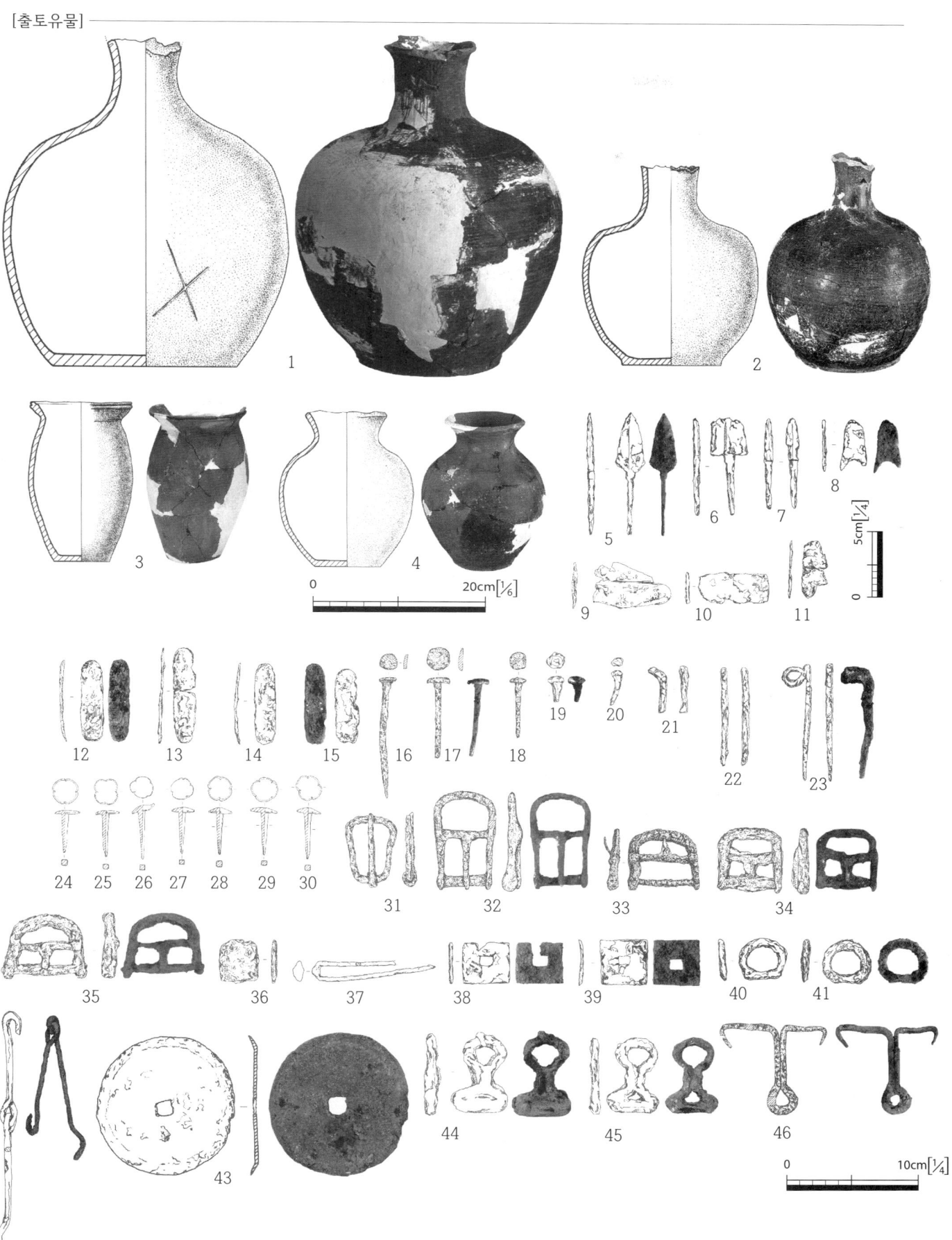

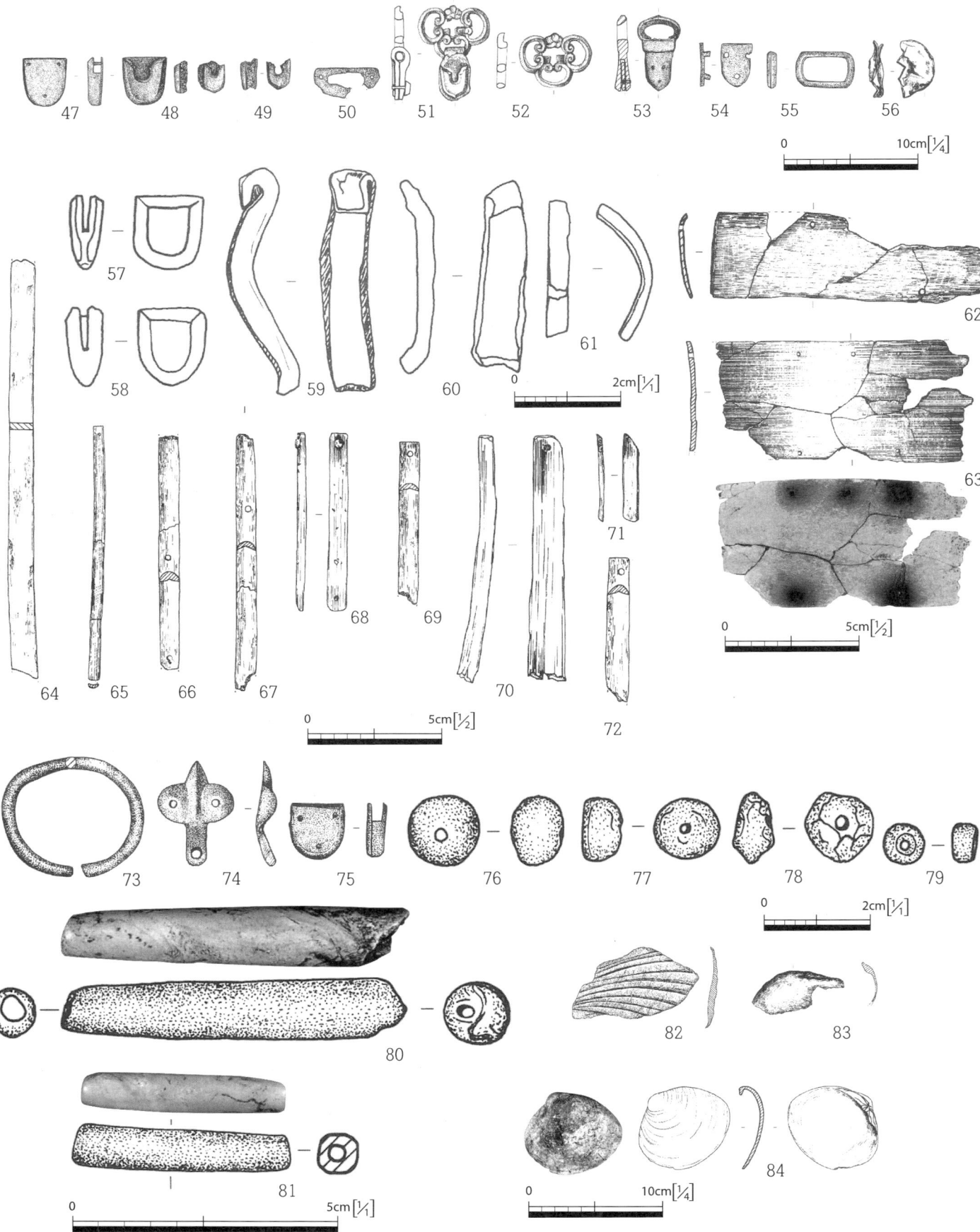

47 48 49 50 51 52 53 54 55 56

0   10cm[¼]

57

58

59 60 61 62

63

64 65 66 67 68 69 70 71 72

0   5cm[½]

0   5cm[½]

0   5cm[½]

73 74 75 76 77 78 79

0   2cm[¼]

80

81

82 83

84

0   5cm[¼]

0   10cm[¼]

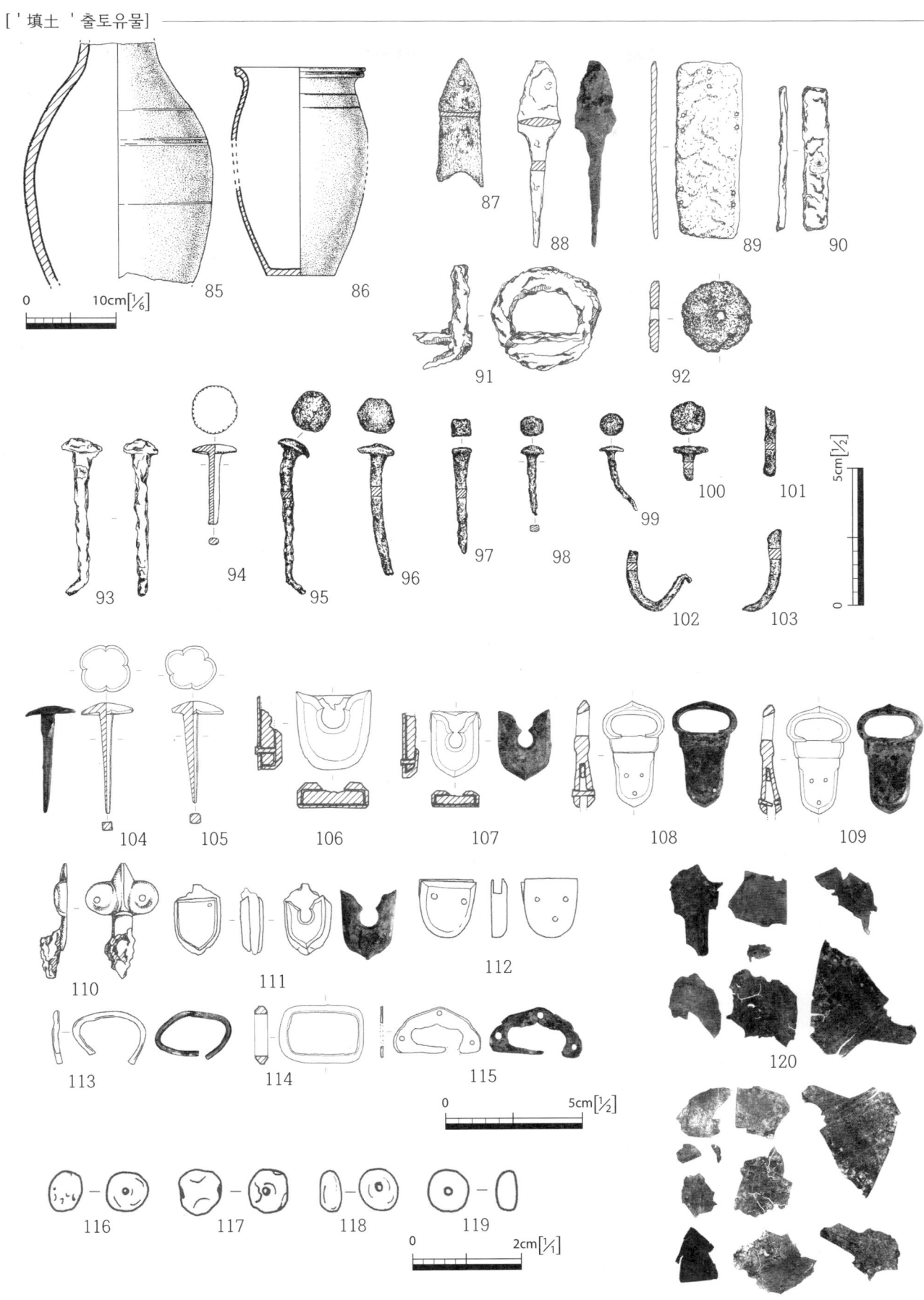

2002호묘

(단위 : cm)

봉토	크 기 (길이×너비×높이)	?×?×(100+)	연도	크 기 (길이×너비×높이)	170×98×42
	평면형태	?		연도위치	우편재
현실	장축방향	N-15°-W		두 향	?
	규 모 (길이×너비×높이)	392×212×76		바닥시설	황색 니질토
	평면형태	장방형		천장형태	?
	시상/관대 (길이×너비×높이)	-		석재종류	판석·할석
유물	토 도 기	심발(2), 토기 저부(1)			
	금 속 기	금동제 심엽형 장식(1), 동제 대금구(1), 철촉(2), 철제 갑옷편(16), 철제 관정(6), 철제 장식(1), 철제 막대(1)			
	옥 석 기	-			
	기 타	인골(3)			
	특기사항	발견된 인골 3개체는 모두 남성으로, 현실 중앙에 있는 인골(A)는 30세 정도, 서쪽에 있는 인골(B)는 45~50세 정도, 서벽에 접해 있는 인골(C)는 성인이며, 모두 이차장으로 판단된다.			

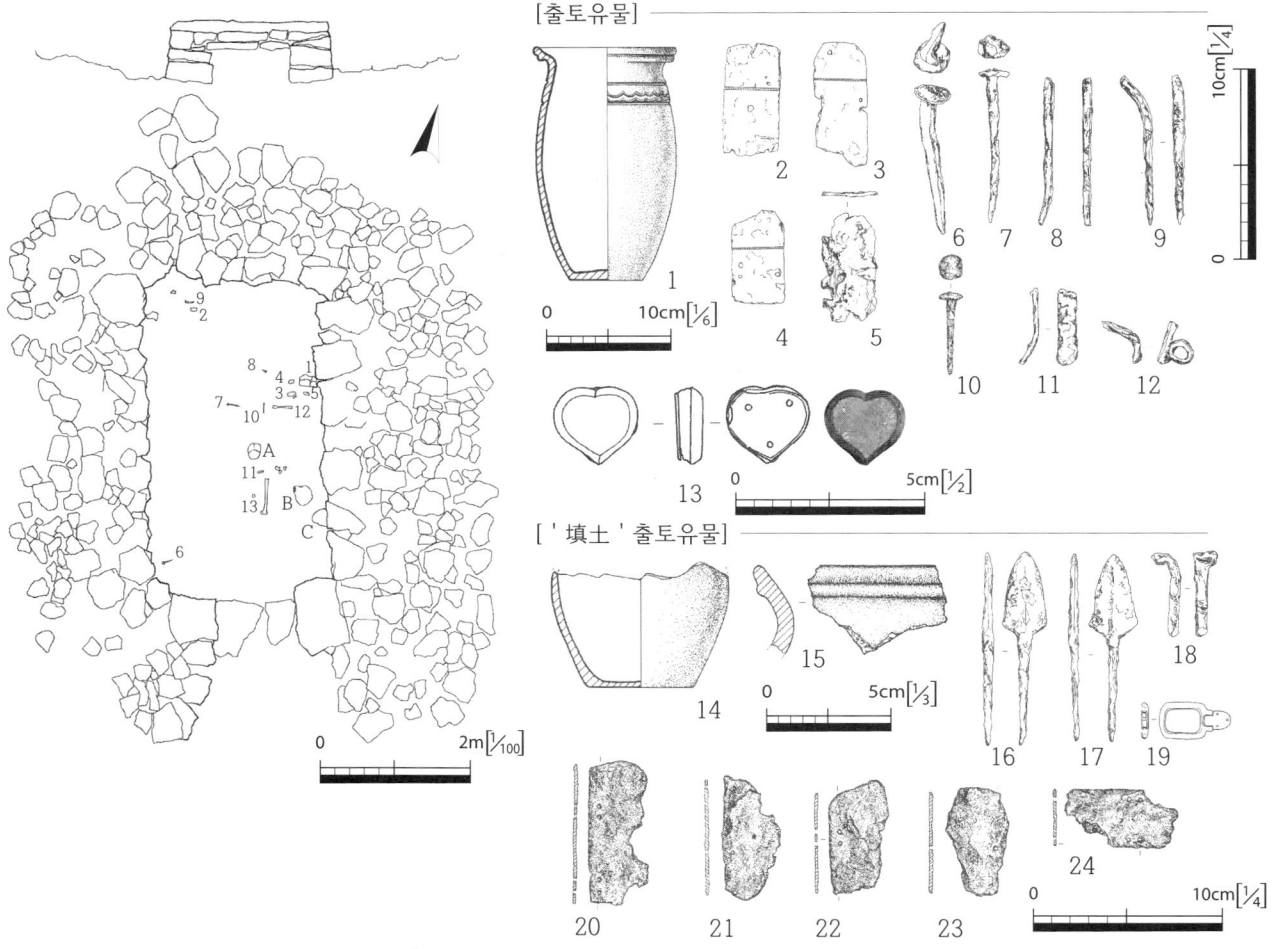

[출토유물]

0   10cm[1/6]

0   5cm[1/2]

10cm[1/4]

['塡土' 출토유물]

0   5cm[1/3]

0   10cm[1/4]

2003호묘

(단위 : cm)

봉토	크 기 (길이×너비×높이)	?×?×(80+)	연도	크 기 (길이×너비×높이)	66×70×?
	평면형태	?		연도위치	우편재(중앙)
현실	장축방향	N-10°-W		두 향	?
	규 모 (길이×너비×높이)	300×135×68		바닥시설	?
	평면형태	장방형		천장형태	?
	시상/관대 (길이×너비×높이)	-		석재종류	현무암 판석·할석
유물	토 도 기	홍갈색 토기편			
	금 속 기	-			
	옥 석 기	-			
	기 타	인골(?)			
	특기사항	유물 도면 없음. 현실 내에 잔뼈 조각들이 흩어져 있다.			

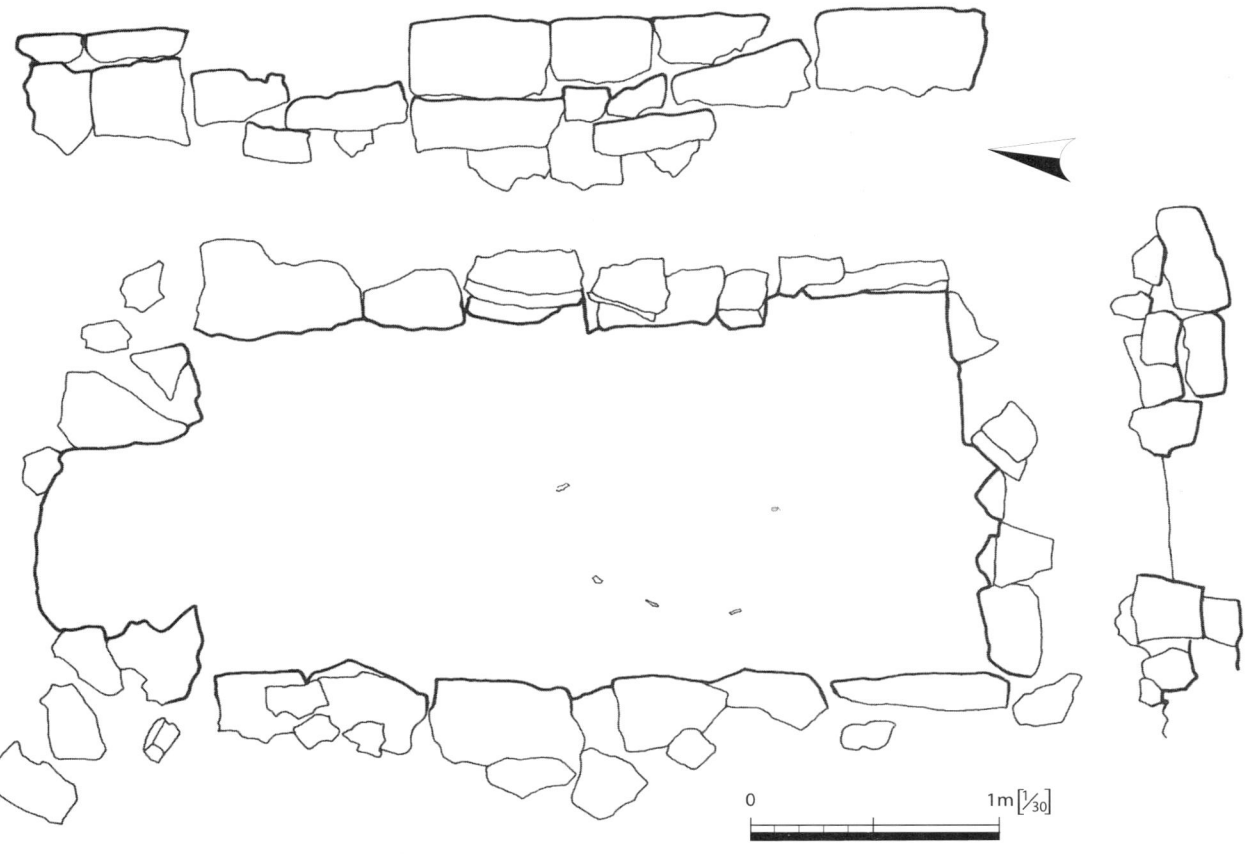

0   1m [1/30]

2004호묘

(단위 : cm)

봉토	크 기 (길이×너비×높이)	?×?×(50+)	연도	크 기 (길이×너비×높이)	124×74×?
	평면형태	?		연도위치	중앙
현실	장축방향	N-20°-W	두 향		?
	규 모 (길이×너비×높이)	310×180×68	바닥시설		?
	평면형태	장방형	천장형태		?
	시상/관대 (길이×너비×높이)	-	석재종류		현무암 판석
유물	토 도 기	심발(1), 대상파수부호(1), 홍갈색 토기 저부편(1), 직구호 구연부편(1)			
	금 속 기	철촉(1)			
	옥 석 기	-			
	기 타	인골(1)			
	특기사항	현실 동쪽에서 1개분의 상지골이 발견되었는데, 성별과 나이는 알 수 없다.			

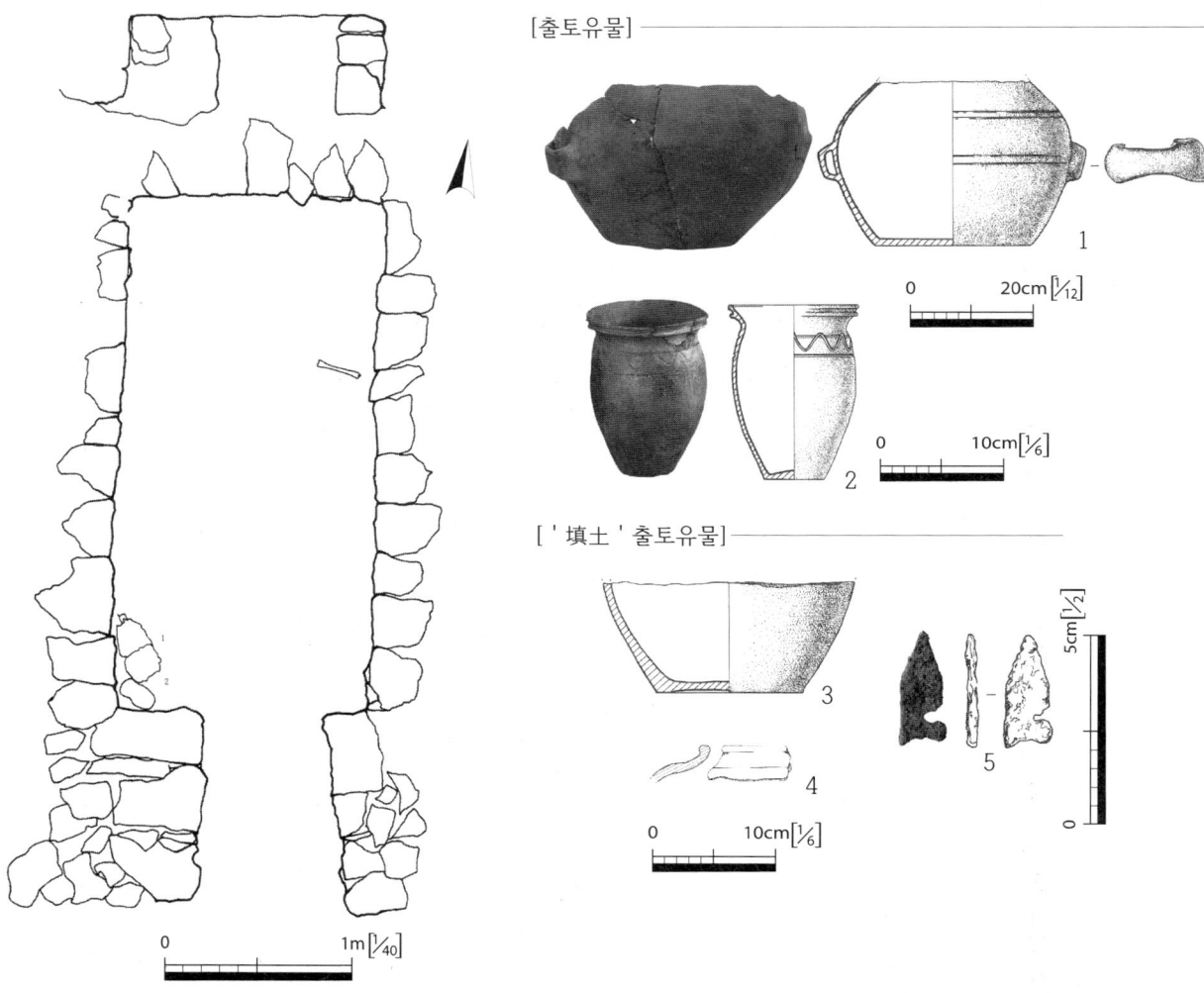

[출토유물]

1

0   20cm[1/12]

2

0   10cm[1/6]

['塡土' 출토유물]

3

4

5

0   10cm[1/6]

5cm[1/2]

0

2005호묘

(단위 : cm)

봉토	크 기 (길이×너비×높이)	?	연도	크 기 (길이×너비×높이)	84×80×22
	평면형태	?		연도위치	중앙
현실	장축방향	N-25°-W		두 향	?
	규 모 (길이×너비×높이)	240×130×38		바닥시설	삼각형 전돌을 깔았음.
	평면형태	장방형		천장형태	?
	시상/관대 (길이×너비×높이)	-		석재종류	전돌
유물	토도기	심발(1), 단경호(1), 뚜껑(1), 심발편(1), 단경호편(1)			
	금속기	동제 찰갑편(1)			
	옥석기	남색 구슬(1)			
	기 타	인골(3)			
	특기사항	인골은 모두 이차장인데, 현실 동쪽의 인골(A)는 성인 남성, 동북쪽의 두개골(B)는 성인 여성, 서북쪽의 사지골(C)는 성인 남성으로 판단된다.			

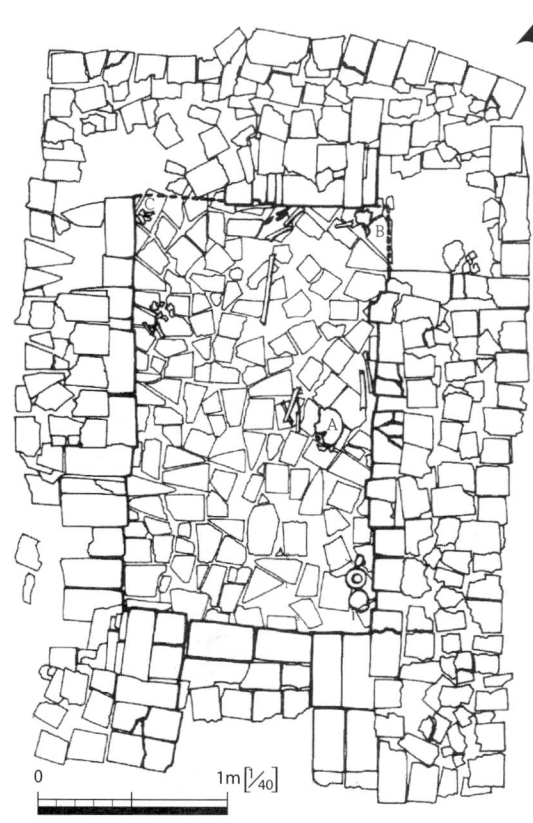

0   1m [1/40]

[유구사진]

[출토유물]

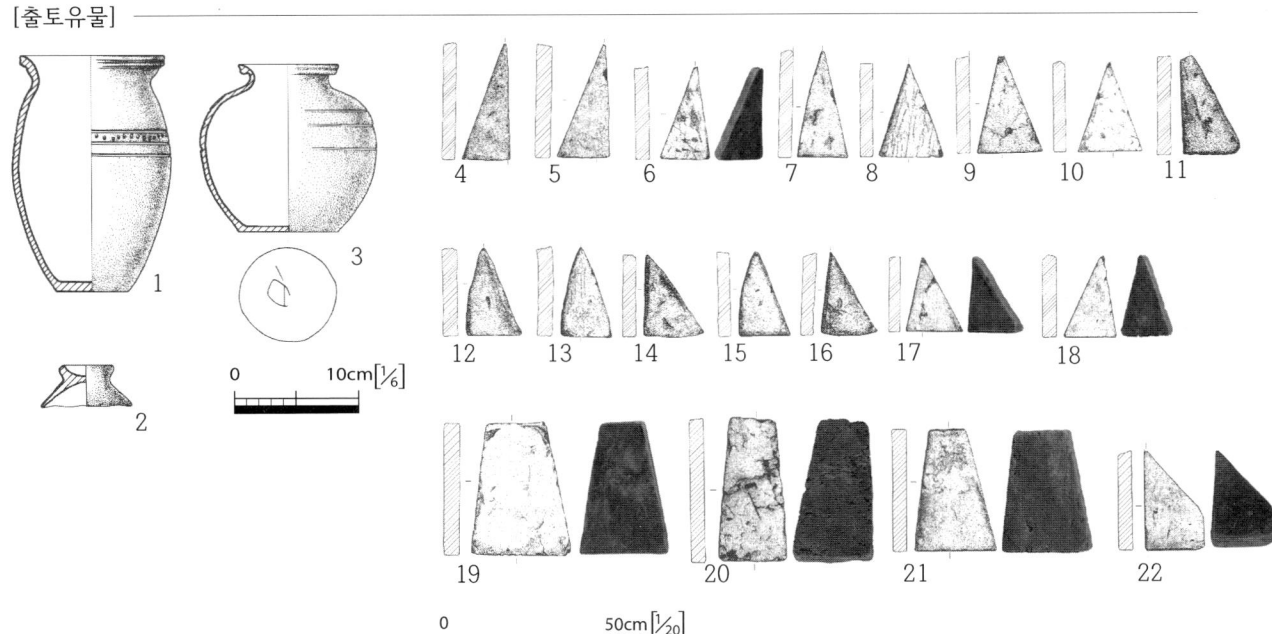

1

2

3

0   10cm[⅙]

4 5 6 7 8 9 10 11

12 13 14 15 16 17 18

19 20 21 22

0   50cm[1/20]

['塡土' 출토유물]

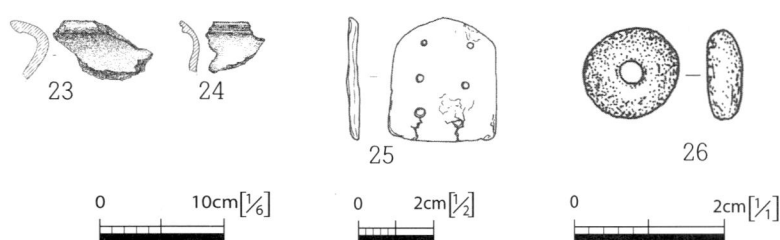

23 24 25 26

0   10cm[⅙]   0   2cm[½]   0   2cm[1/1]

2006호묘

(단위 : cm)

봉토	크 기 (길이×너비×높이)	?×?×(40+)	연도	크 기 (길이×너비×높이)	58×70×?
	평면형태	?		연도위치	중앙
현실	장축방향	N-25°-W		두 향	?
	규 모 (길이×너비×높이)	254×170×34		바닥시설	?
	평면형태	장방형		천장형태	?
	시상/관대 (길이×너비×높이)	-		석재종류	현무암 판석·할석
유물	토 도 기	심발편			
	금 속 기		-		
	옥 석 기		-		
	기 타		-		
특기사항		유물 도면 없음.			

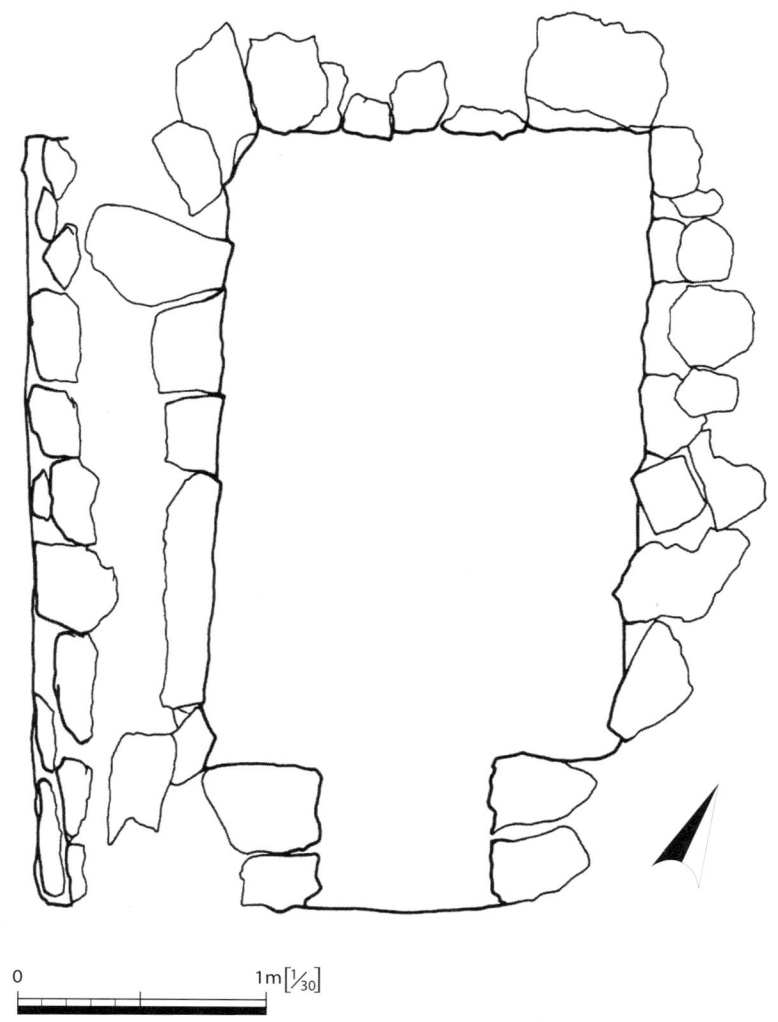

0   1m[1/30]

67

2007호묘

봉토	크 기 (길이×너비×높이)	?	연도	크 기 (길이×너비×높이)	62×70×36
	평면형태	?		연도위치	중앙
현실	장축방향	N-20°-E		두 향	?
	규 모 (길이×너비×높이)	260×184×52		바닥시설	황사토
	평면형태	장방형		천장형태	?
	시상/관대 (길이×너비×높이)	-		석재종류	판석
유물	토도기	심발(5), 단경호(1), 옹 구연부편(1), 심발 구연부편(1)			
	금속기	동제 대금구(1), 철제 관정(7), 철제 말뚝(2)			
	옥석기	마노제 구슬(1)			
	기 타	인골(3)			
	특기사항	현실 서쪽에서 2개의 두개골(A, B)가 발견되었는데, A는 성인 남성이고 B는 30세 정도의 여성이다. 동남쪽에서 발견된 사지골(C) 한 더미는 성인 남성의 것이다.			

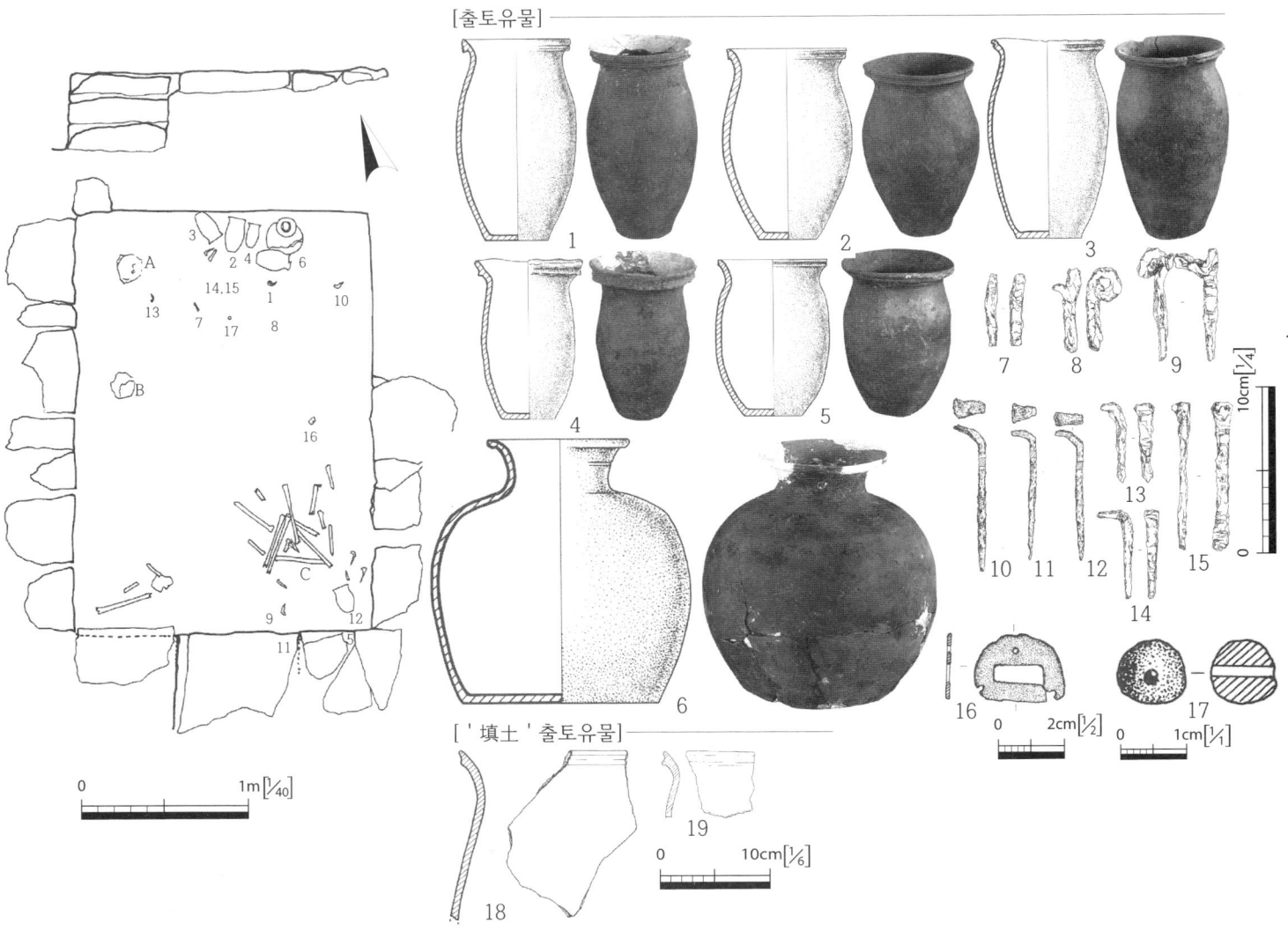

[출토유물]

['填土' 출토유물]

2008호묘

봉토	크 기 (길이×너비×높이)	700×700×150	연도	크 기 (길이×너비×높이)	194×83×71
	평면형태	원형		연도위치	중앙
현실	장축방향	N-25°-W	두 향		?
	규 모 (길이×너비×높이)	284×225×140	바닥시설		사질토
	평면형태	장방형	천장형태		말각조정
	시상/관대 (길이×너비×높이)	?	석재종류		현무암 판석
유물	토 도 기	뚜껑(1), 호 구연부편(1)			
	금 속 기	-			
	옥 석 기	마노제 관옥(1)			
	기 타	인골(1)			
	특기사항	1개의 하악골과 3개의 잔뼈들이 발견되었는데, 20세 정도의 여성으로 추정된다. 일부 벽에 황색 진흙을 발랐던 흔적이 남아 있다.			

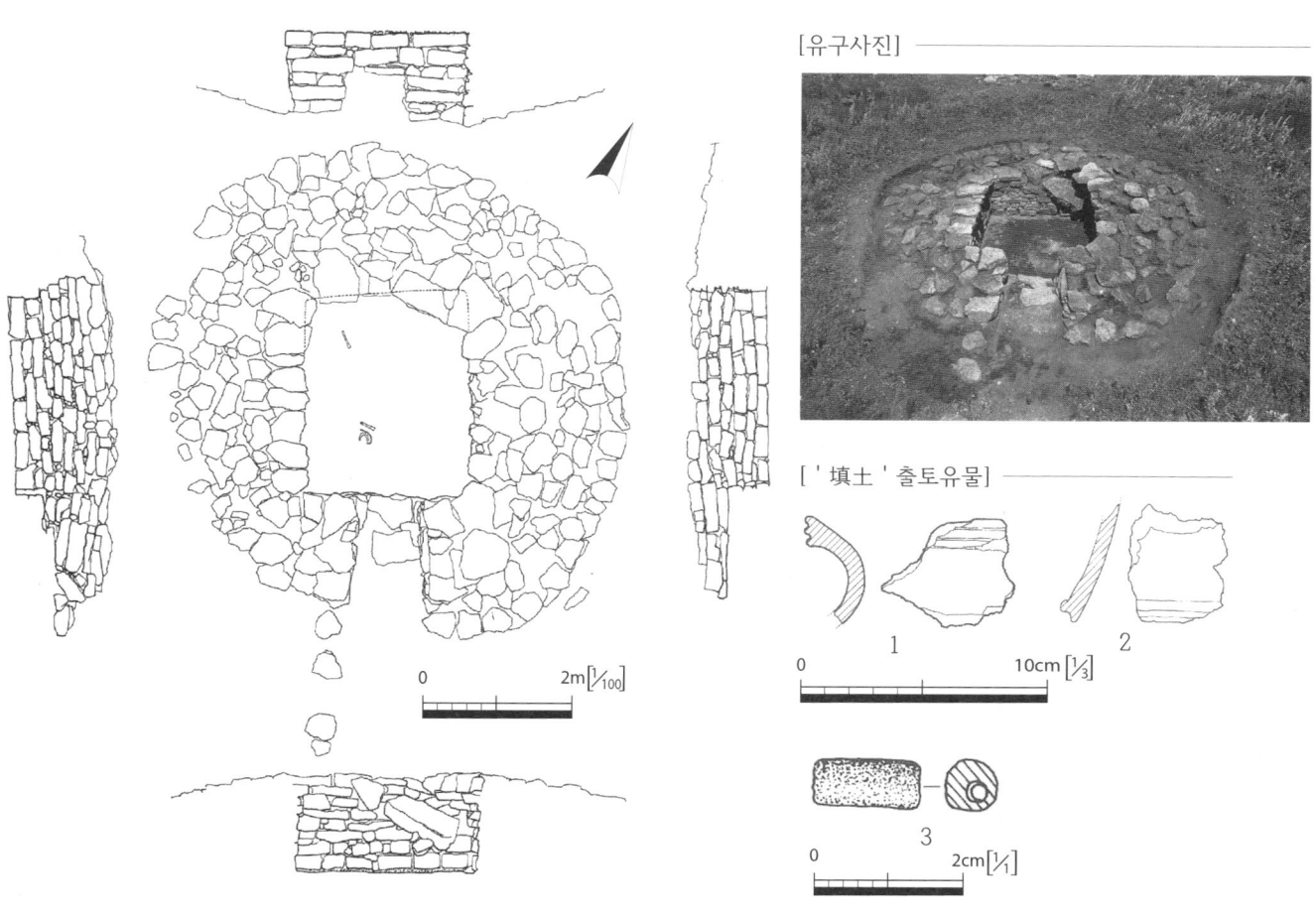

[유구사진]

['塡土' 출토유물]

1
2
3

0   2m[1/100]

0   10cm[1/3]

0   2cm[1/1]

2009호묘

(단위 : cm)

봉토	크 기 (길이×너비×높이)	?×?×(30+)	연도	크 기 (길이×너비×높이)	?
	평면형태	장방형		연도위치	?
현실	장축방향	N-35°-W		두 향	?
	규 모 (길이×너비×높이)	258×92×84		바닥시설	자갈생토층
	평면형태	장방형		천장형태	?
	시상/관대 (길이×너비×높이)	-		석재종류	판석·할석
유물	토도기	호(1)			
	금속기	철제 관정(2)			
	옥석기		-		
	기 타	인골(1)			
특기사항		현실 서남쪽에 약간의 성인 인골이 발견되었는데, 그 성별과 연령은 분명하지 않다.			

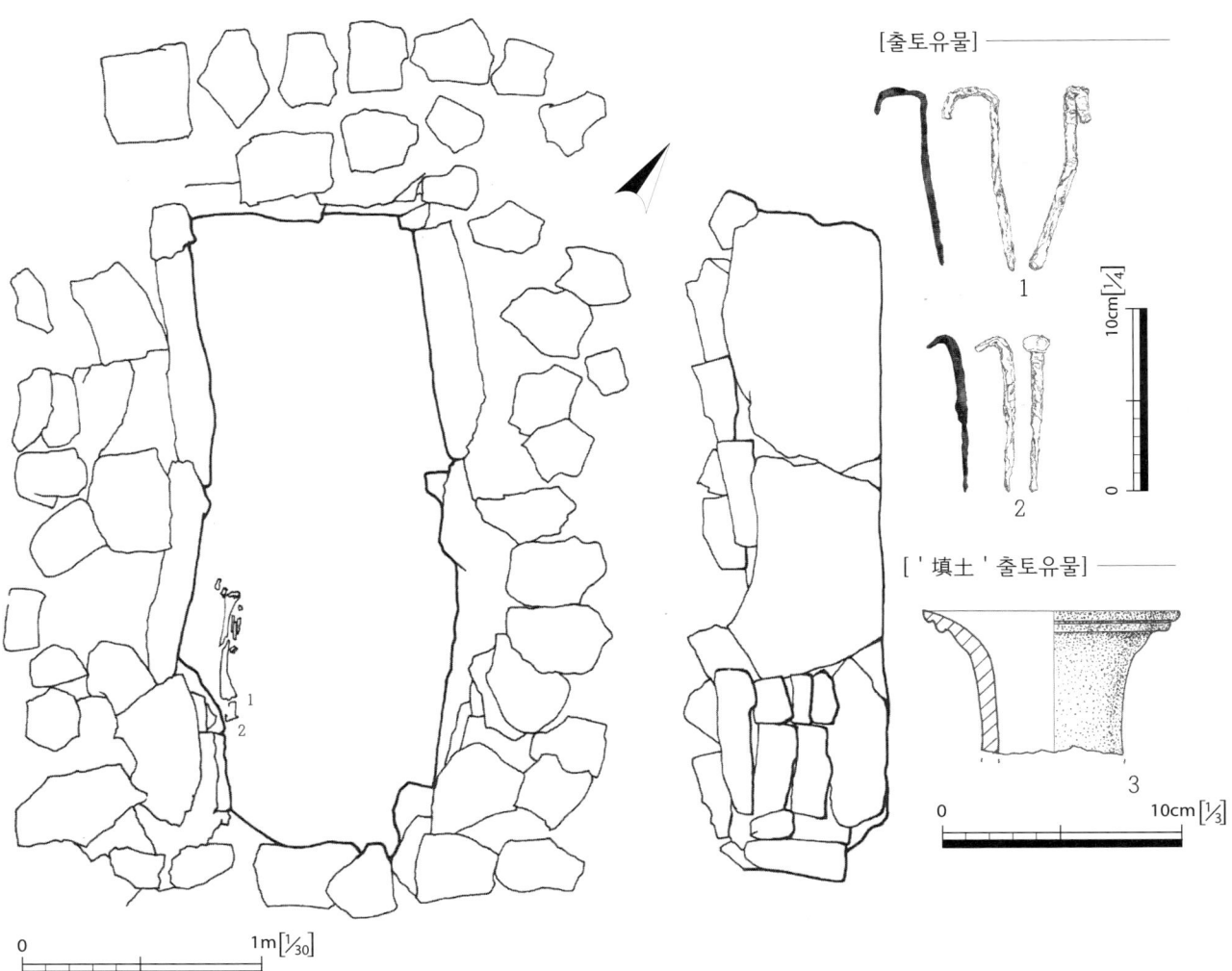

[출토유물]

1

2

10cm[¼]

0

['塡土' 출토유물]

3

0   10cm[⅓]

0   1m[1/30]

2010호묘

(단위 : cm)

봉토	크 기 (길이×너비×높이)	?	석관	크 기 (길이×너비×높이)	172×58×35
	평면형태	?		장 폭 비	2.97:1
	장축방향	N-25°-W	석곽	크 기 (길이×너비×높이)	-
	두 향	?		장 폭 비	-
	벽석종류	할석			
유물	토도기	발(1)			
	금속기	-			
	옥석기	-			
	기 타	-			
	특기사항	-			

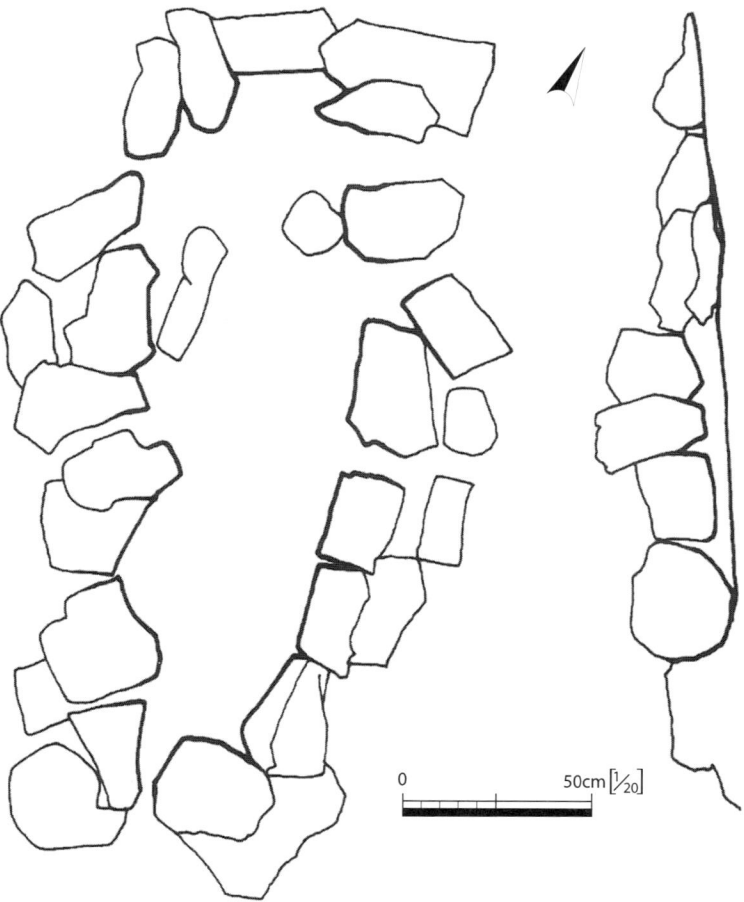

['塡土' 출토유물]

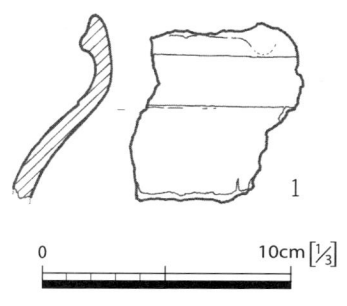

1

0   10cm [⅓]

0   50cm [1/20]

2011호묘

(단위 : cm)

봉토	크 기 (길이×너비×높이)	?	연도	크 기 (길이×너비×높이)	?
	평면형태	?		연도위치	?
현실	장축방향	N-15°-E		두 향	?
	규 모 (길이×너비×높이)	213×104×70		바닥시설	흑토층
	평면형태	세장방형		천장형태	?
	시상/관대 (길이×너비×높이)	-		석재종류	현무암
유물	토 도 기	-			
	금 속 기	-			
	옥 석 기	-			
	기 타	인골(2)			
특기사항		유구 도면 없음. 두개골 1점과 일부 사지골만 남아 있으며, 모두 이차장이다. 동쪽 가장자리에 있는 두개골(A)는 성인 남성이고, 서쪽에 있는 뼈(B)는 성별이 분명치 않으며 나이는 15~16세이다.			

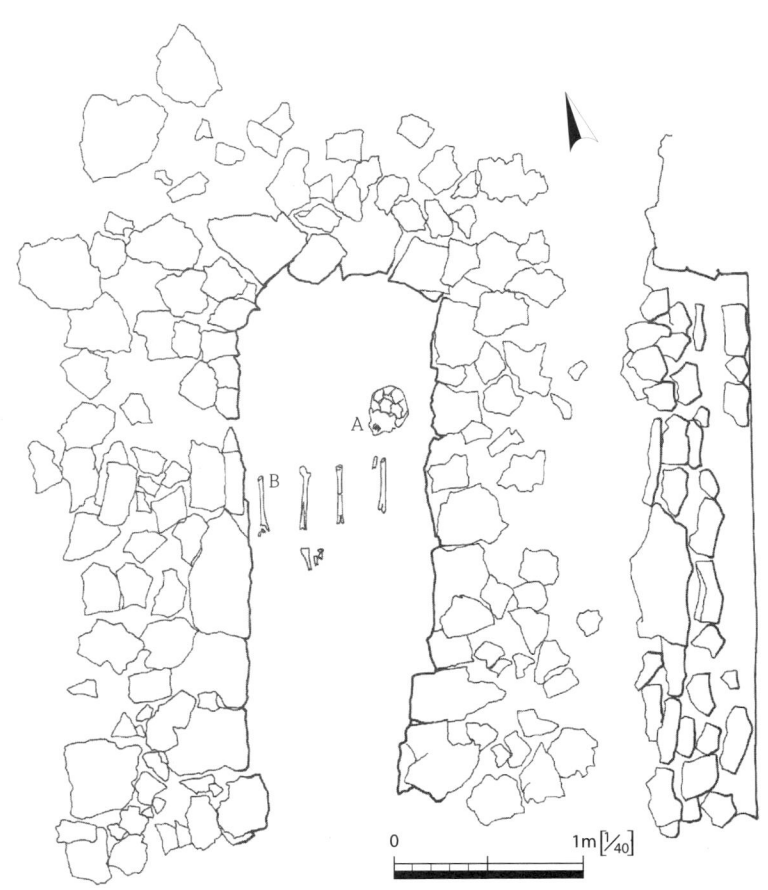

0   1m [1/40]

2012호묘

(단위 : cm)

봉토	크 기 (길이×너비×높이)	?	연도	크 기 (길이×너비×높이)	?
	평면형태	비탈형		연도위치	?
현실	장축방향	N-20°-E		두 향	?
	규 모 (길이×너비×높이)	268×166×62		바닥시설	흑토층
	평면형태	장방형		천장형태	?
	시상/관대 (길이×너비×높이)	-		석재종류	현무암 판석·할석
유물	토 도 기	심발(1)			
	금 속 기	-			
	옥 석 기	-			
	기 타	-			
	특기사항	-			

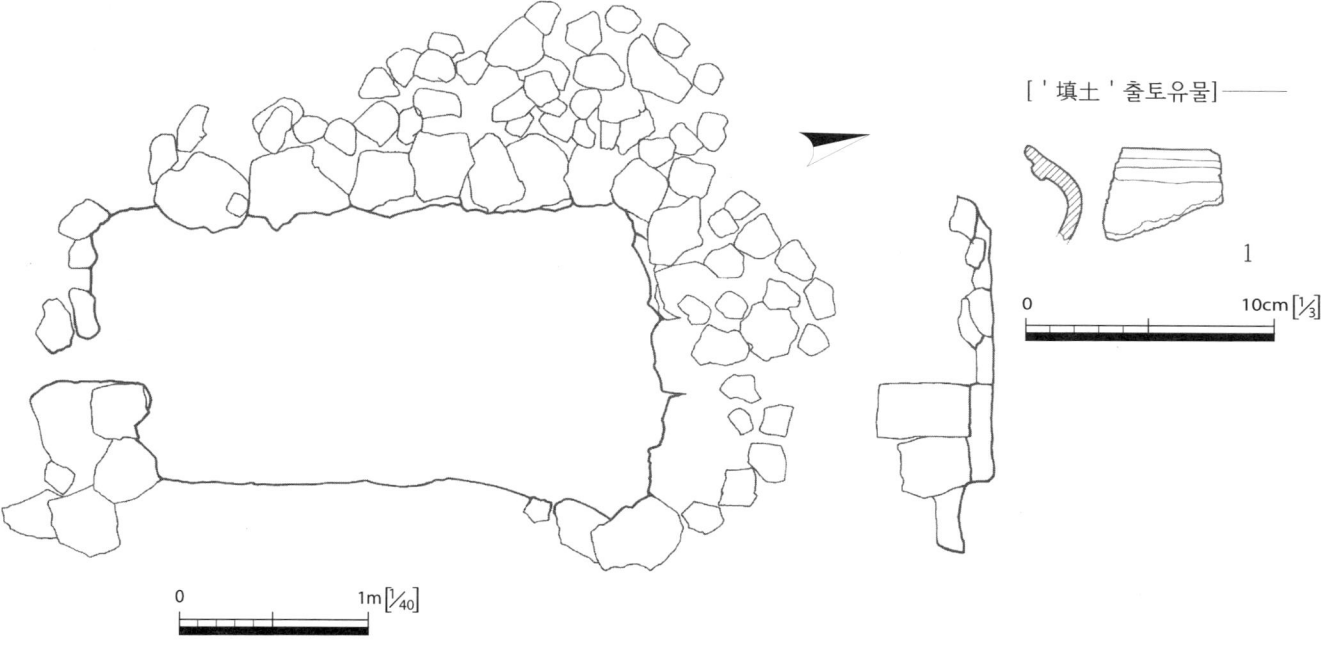

['填土 ' 출토유물]

1

0   10cm [⅓]

0   1m [1/40]

2013호묘

(단위 : cm)

봉토	크 기 (길이×너비×높이)	500×500×100	연도	크 기 (길이×너비×높이)	90×72×?
	평면형태	원형		연도위치	중앙
현실	장축방향	N-10°-W	두 향		?
	규 모 (길이×너비×높이)	255×184×70	바닥시설		흑갈색토
	평면형태	장방형	천장형태		?
	시상/관대 (길이×너비×높이)	-	석재종류		현무암 판석
유물	토도기	단경호(1), 심발(3)			
	금속기	동제 대금구(8), 철촉(1), 철제 도(1)			
	옥석기	-			
	기 타	인골(6)			
	특기사항	동북쪽에서 2개, 서북쪽에서 2개의 두개골이 발견되었고, 현실의 중부와 남부에서 사지골이 집중적으로 발견되고 다른 사지골들은 무질서하게 흩어져 있다. 동북쪽에 있는 두개골(A)는 12~13세의 여성, 이 서남쪽에 있는 두개골(B)는 25~30세의 남성이고, 서쪽 사지골 위쪽의 두개골(C)는 15~16세의 여성, 서북쪽의 두개골(D)는 45~50세의 남성이다. 동남쪽의 사지골(E)는 성인 여성, 묘실 중앙의 사지골(F)는 17~18세의 남성이다.			

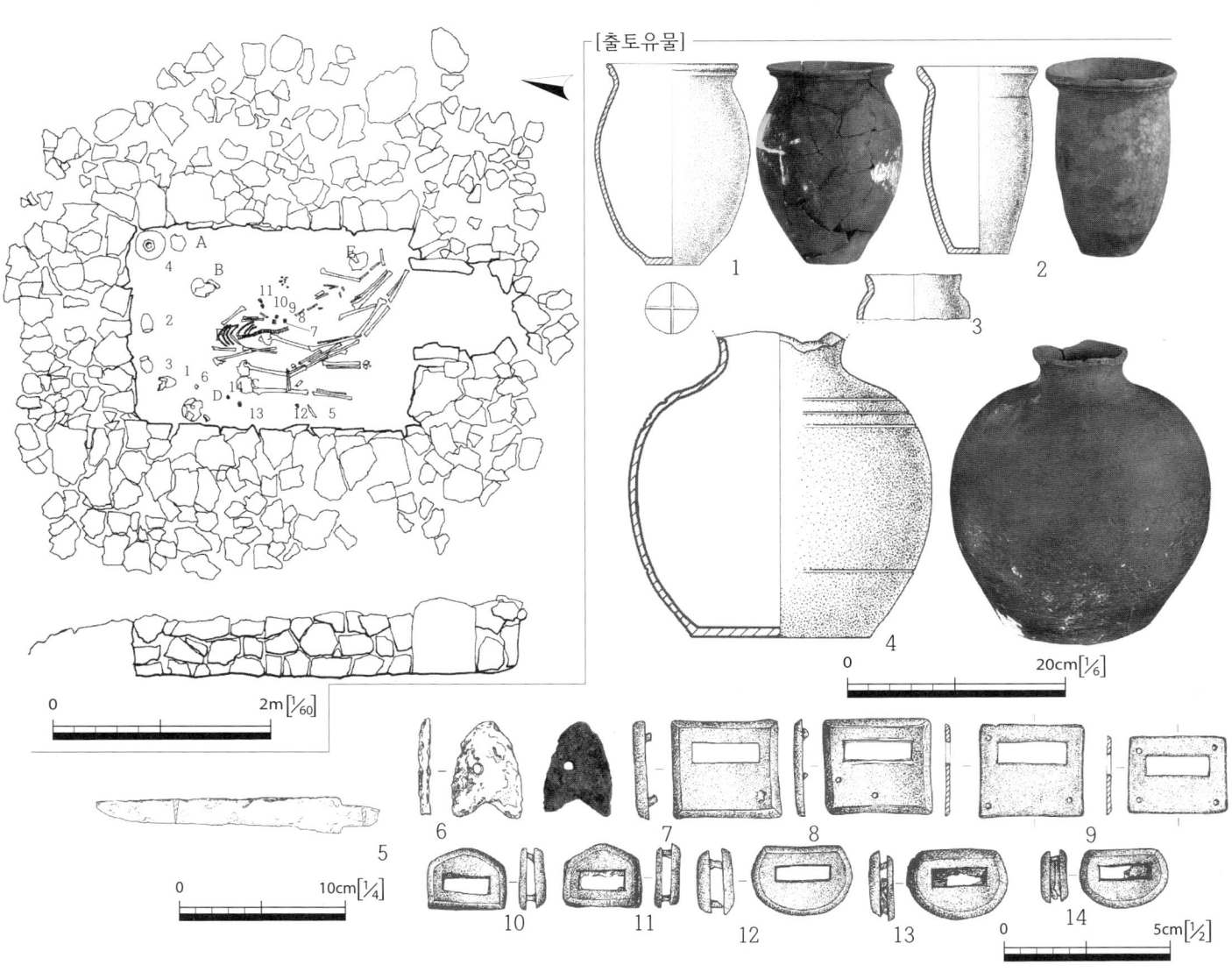

[출토유물]

2014호묘

(단위 : cm)

봉토	크 기 (길이×너비×높이)	650×400×90	연도	크 기 (길이×너비×높이)	146×80×58
	평면형태	타원형		연도위치	중앙
현실	장축방향	N-12°-E	두 향		?
	규 모 (길이×너비×높이)	256×188×78	바닥시설		황갈색토
	평면형태	장방형	천장형태		?
	시상/관대 (길이×너비×높이)	-	석재종류		활석
유물	토 도 기	심발(2)			
	금 속 기	철제 도(1)			
	옥 석 기	-			
	기 타	인골(3)			
특기사항		현실 중앙에 있는 두개골(A)는 성인 남성, 동남쪽에 있는 두개골(B)는 성인 여성, 서쪽에 있는 두개골(C)는 성인 남성의 것이다. 모두 이차장된 것으로 보인다.			

[출토유물]

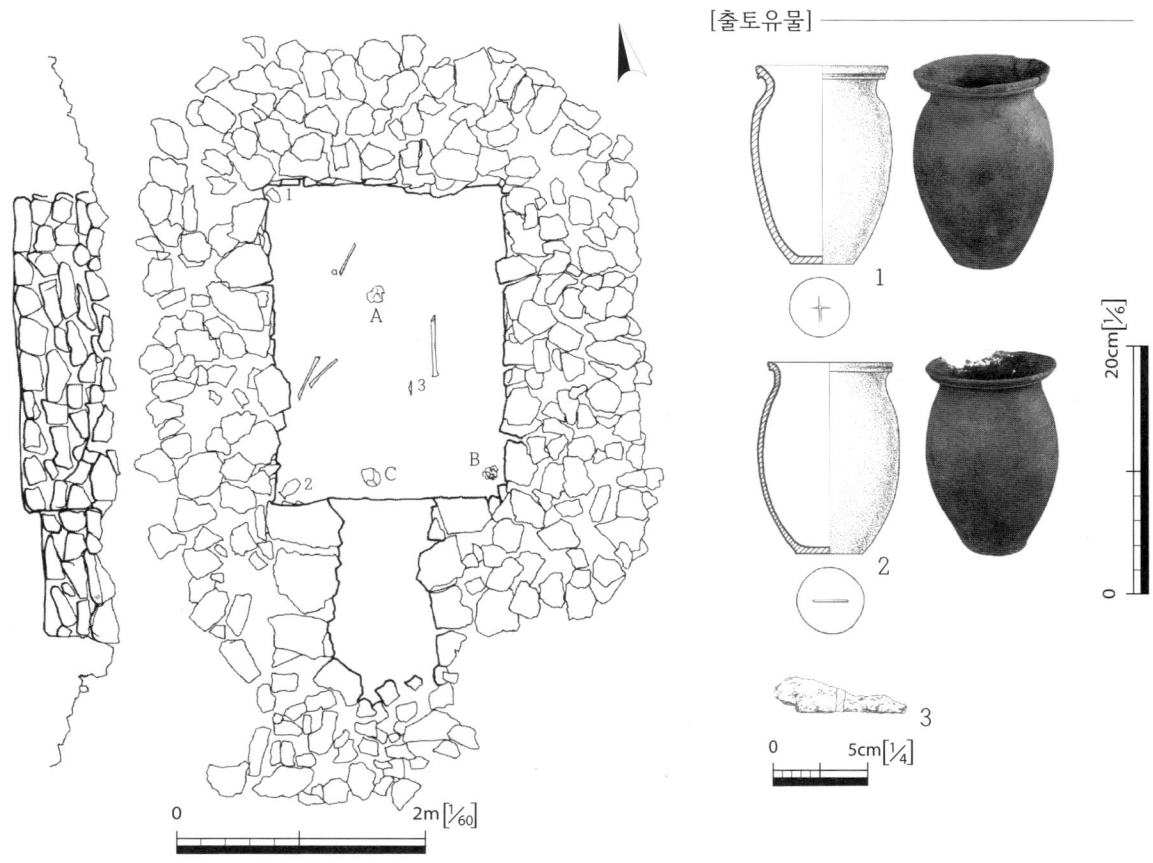

75

흑룡강성 영안시 홍준어장 고분군

2015호묘

(단위 : cm)

봉토	크 기 (길이×너비×높이)	?	연도	크 기 (길이×너비×높이)	110×108×?
	평면형태	?		연도위치	우편재
현실	장축방향	N-10°-W		두 향	?
	규 모 (길이×너비×높이)	280×166×56		바닥시설	황색 사질토
	평면형태	장방형		천장형태	?
	시상/관대 (길이×너비×높이)	-		석재종류	할석
유물	토도기	심발(2)			
	금속기	-			
	옥석기	-			
	기 타	인골(2)			
특기사항		2개체의 여성 사지골이 현실 동쪽에서 발견되었는데, 40세 정도로 추정된다.			

[출토유물]

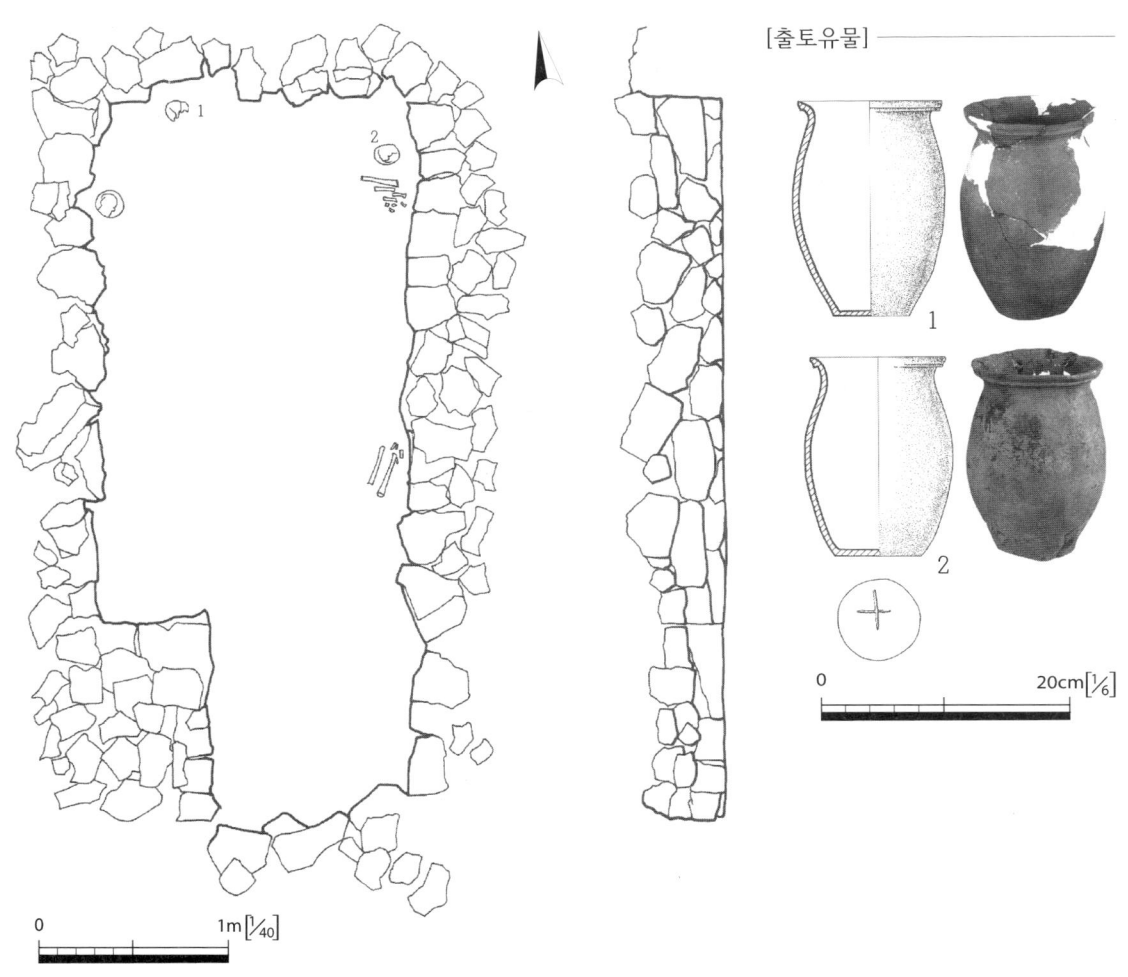

2016호묘

(단위 : cm)

봉토	크 기 (길이×너비×높이)	480×330×60	연도	크 기 (길이×너비×높이)	106×100×?
	평면형태	장방형		연도위치	중앙
현실	장축방향	N-15°-W		두 향	?
	규 모 (길이×너비×높이)	270×225×48		바닥시설	흑갈색토
	평면형태	장방형		천장형태	?
	시상/관대 (길이×너비×높이)	-		석재종류	할석
유물	토 도 기	호(1), 심발 구연부편(1)			
	금 속 기	철제 도(1)			
	옥 석 기	-			
	기 타	인골(3)			
	특기사항	출토된 인골 3개체 모두 성인이고 이차장인데, 북쪽 중앙에 있는 두개골(A)는 여성, 나머지 두개골(B, C)는 남성이다.			

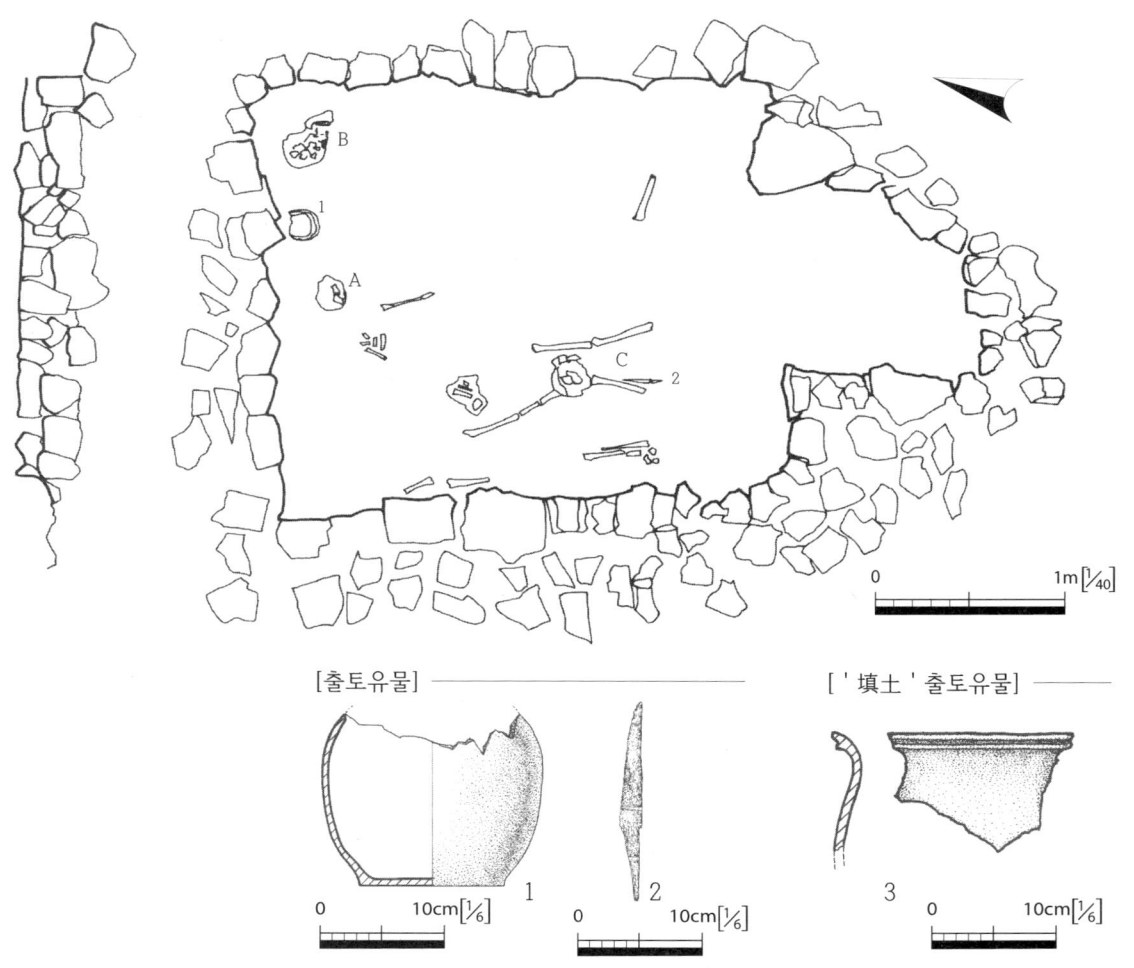

[출토유물]   ['填土' 출토유물]

2017호묘

(단위 : cm)

봉토	크 기 (길이×너비×높이)	?	연도	크 기 (길이×너비×높이)	132×110×?
	평면형태	?		연도위치	우편재
현실	장축방향	N-20°-E		두 향	북향
	규 모 (길이×너비×높이)	(294)×(214)×42		바닥시설	흑갈색토
	평면형태	장방형		천장형태	?
	시상/관대 (길이×너비×높이)	?		석재종류	현무암 판석·할석
유물	토도기	심발(1), 심발 구연부편(1)			
	금속기	-			
	옥석기	-			
	기 타	인골(3)			
	특기사항	3개체의 성인 인골이 현실 중앙에서 발견되었는데, 동측에 있는 두개골편(A)는 성별을 알 수 없고, 중간에 있던 다리뼈(B)는 여성이고, 서측에 있는 골반과 사지골(C)는 남성이다.			

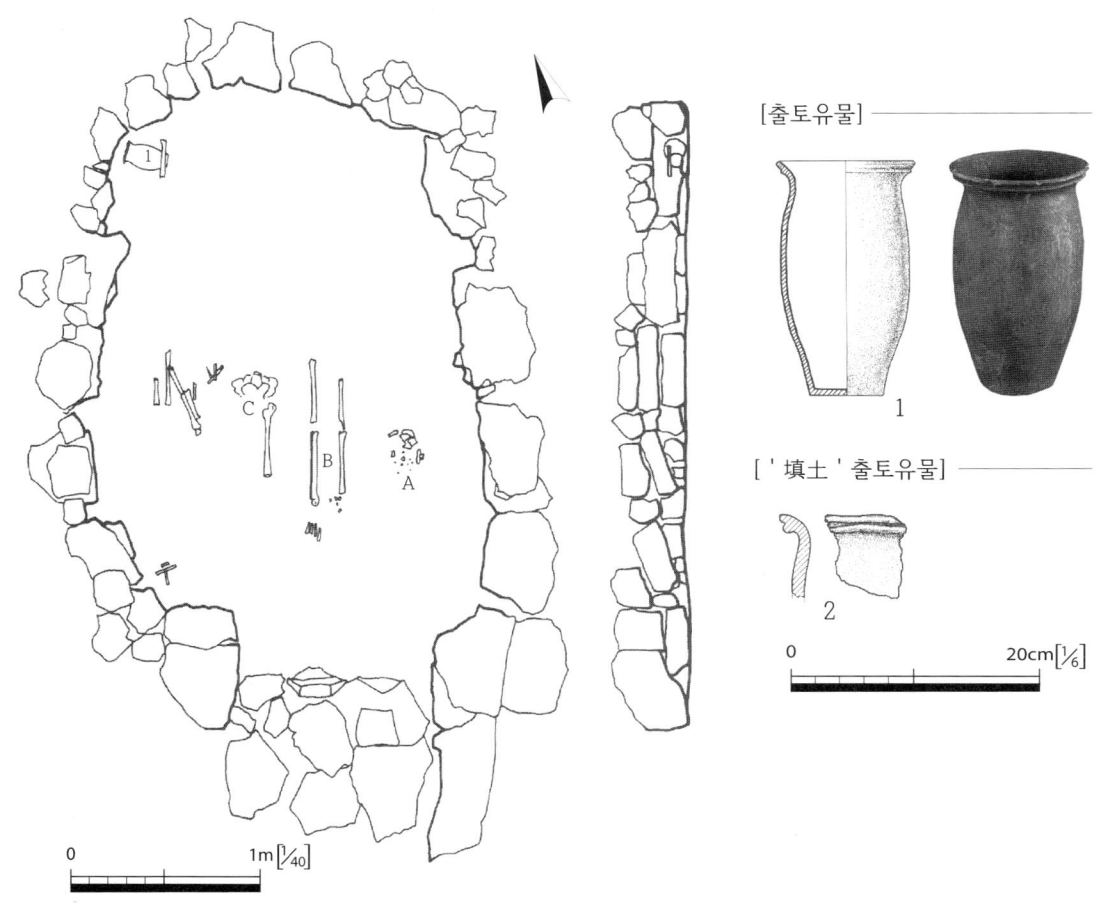

[출토유물]

1

['填土' 출토유물]

2

0   20cm[1/6]

0   1m[1/40]

2018호묘

(단위 : cm)

봉토	크 기 (길이×너비×높이)	?	연도	크 기 (길이×너비×높이)	105×74×?
	평면형태	?		연도위치	우편재
현실	장축방향	N-20°-W		두 향	?
	규 모 (길이×너비×높이)	252×142×62		바닥시설	갈색 생토
	평면형태	장방형		천장형태	?
	시상/관대 (길이×너비×높이)	-		석재종류	현무암 할석
유물	토 도 기	갈색 토기편			
	금 속 기		-		
	옥 석 기		-		
	기 타	인골(2)			
	특기사항	2개체의 인골이 발견되었는데, 모두 이차장이다. 현실 동벽에 맞닿아 있는 인골(A)는 40세 정도의 여성으로 두개골의 위치가 옮겨지고 사지골이 흩어져 있고, 서쪽에 있는 인골(B)는 성인 남성인데 두개골이 발견되지 않았다. 현실의 동북쪽 모서리가 弧形이다.			

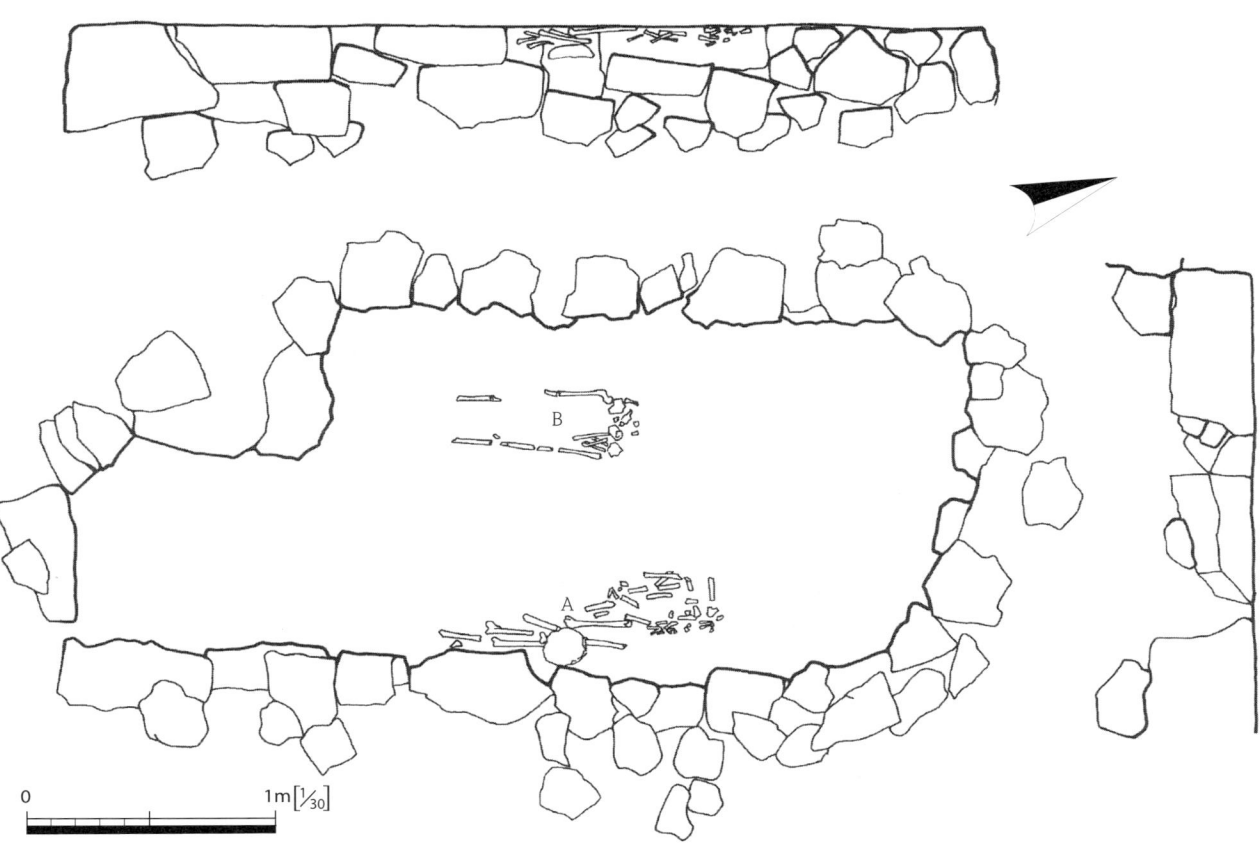

0 ————————— 1m[1/30]

2019호묘

(단위 : cm)

봉토	크 기 (길이×너비×높이)	?	연도	크 기 (길이×너비×높이)	102×92×?
	평면형태	?		연도위치	우편재
현실	장축방향	N-5°-W		두 향	?
	규 모 (길이×너비×높이)	260×156×67		바닥시설	갈색 생토
	평면형태	장방형		천장형태	?
	시상/관대 (길이×너비×높이)	-		석재종류	할석
유물	토 도 기	-			
	금 속 기	-			
	옥 석 기	-			
	기 타	인골(1)			
특기사항		성인 여성 인골 1개체가 발견되었다. 현실의 동북쪽 모서리가 弧形이다.			

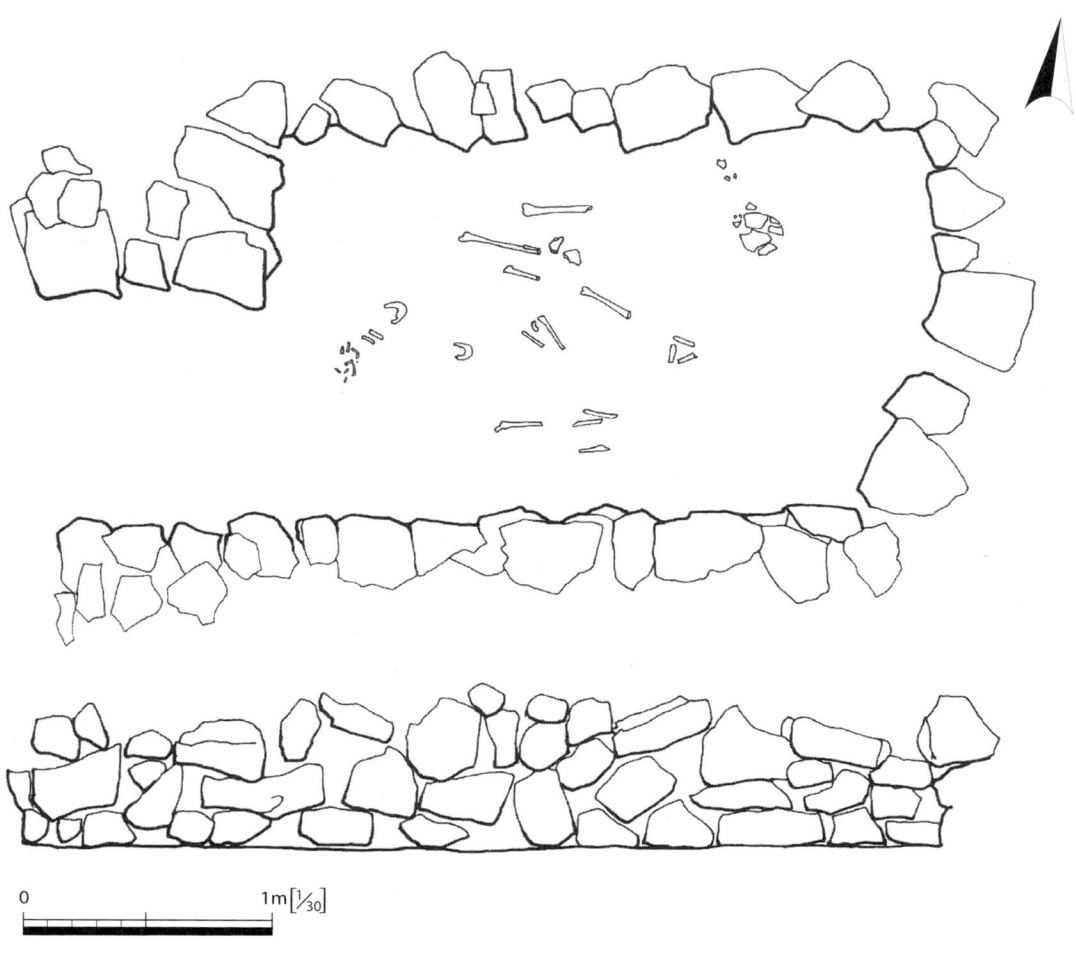

0   1m[⅟₃₀]

2020호묘

(단위 : cm)

봉토	크 기 (길이×너비×높이)	580×350×70	연도	크 기 (길이×너비×높이)	141×94×?
	평면형태	타원형		연도위치	우편재
현실	장축방향	N-5°-E		두 향	?
	규 모 (길이×너비×높이)	256×135×62		바닥시설	황색 사질토
	평면형태	장방형		천장형태	?
	시상/관대 (길이×너비×높이)	-		석재종류	현무암 판석·할석
유물	토도기	심발(1), 단경호(1), 옹 구연부편(1), 심발 구연부편(1), 토기 저부편(1)			
	금속기	-			
	옥석기	녹색 구슬(1), 황색 구슬(1)			
	기 타	인골(3)			
	특기사항	1개의 하악골과 2개체분의 성인 사지골이 발견되었다. 하악골은 동북쪽에서 발견되었고, 동쪽에 있는 사지골(A)는 남성, 서쪽에 있는 사지골(B)는 여성인데 모두 나이는 알 수 없다.			

[출토유물]

['填土' 출토유물]

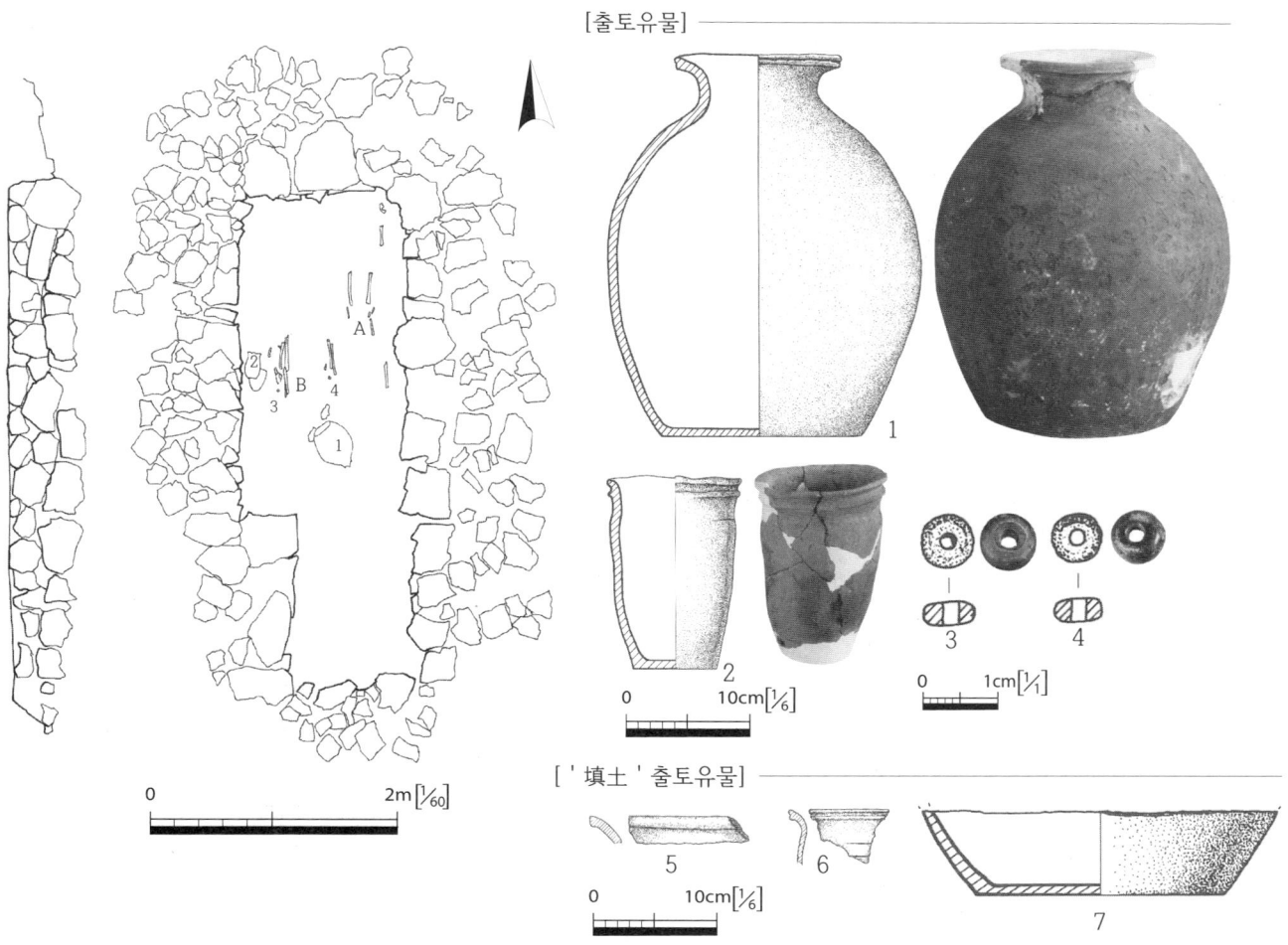

2021호묘

(단위 : cm)

봉토	크 기 (길이×너비×높이)	?×?×60	연도	크 기 (길이×너비×높이)	170×108×?
	평면형태	?		연도위치	우편재
현실	장축방향	N-4°-W		두 향	?
	규 모 (길이×너비×높이)	218×178×52		바닥시설	황색 사질토
	평면형태	장방형		천장형태	?
	시상/관대 (길이×너비×높이)	-		석재종류	현무암 할석
유물	토도기	심발(1), 병(1), 호 구연부편(1), 호 저부편(1), 심발 구연부편(1), 시문토기편(1)			
	금속기	동제 고리(3)			
	옥석기	-			
	기 타	-			
	특기사항	-			

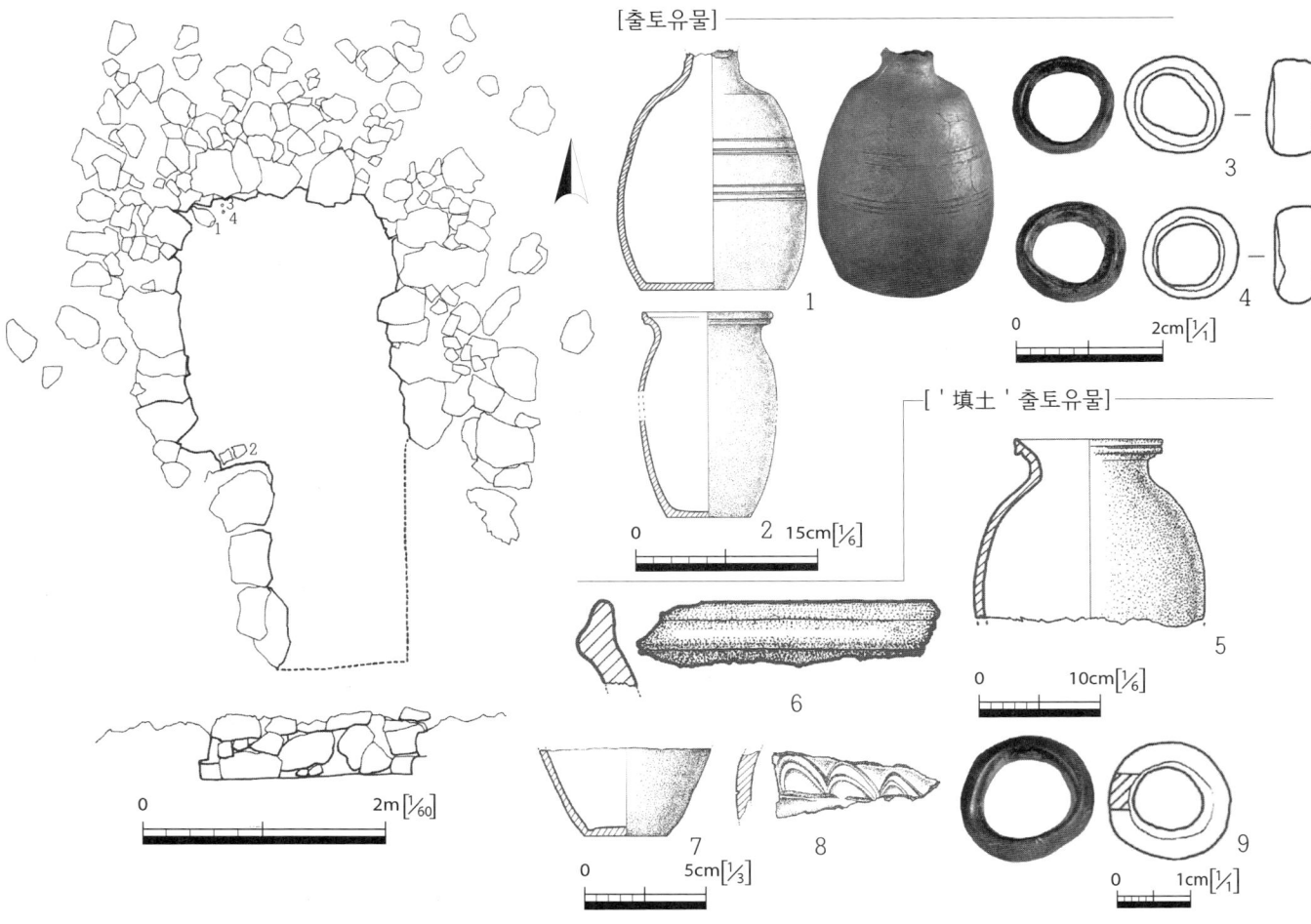

[출토유물]

['塡土' 출토유물]

2022호묘

(단위 : cm)

봉토	크 기 (길이×너비×높이)	?×?×(60+)	연도	크 기 (길이×너비×높이)	112×120×?
	평면형태	?		연도위치	우편재
현실	장축방향	N-4°-E		두 향	?
	규 모 (길이×너비×높이)	(240)×(240)×44		바닥시설	황색 사질토
	평면형태	방형		천장형태	?
	시상/관대 (길이×너비×높이)	-		석재종류	현무암 할석
유물	토도기	호(1), 심발(2)			
	금속기	-			
	옥석기	-			
	기 타	-			
	특기사항	동북쪽 모서리가 弧形이다.			

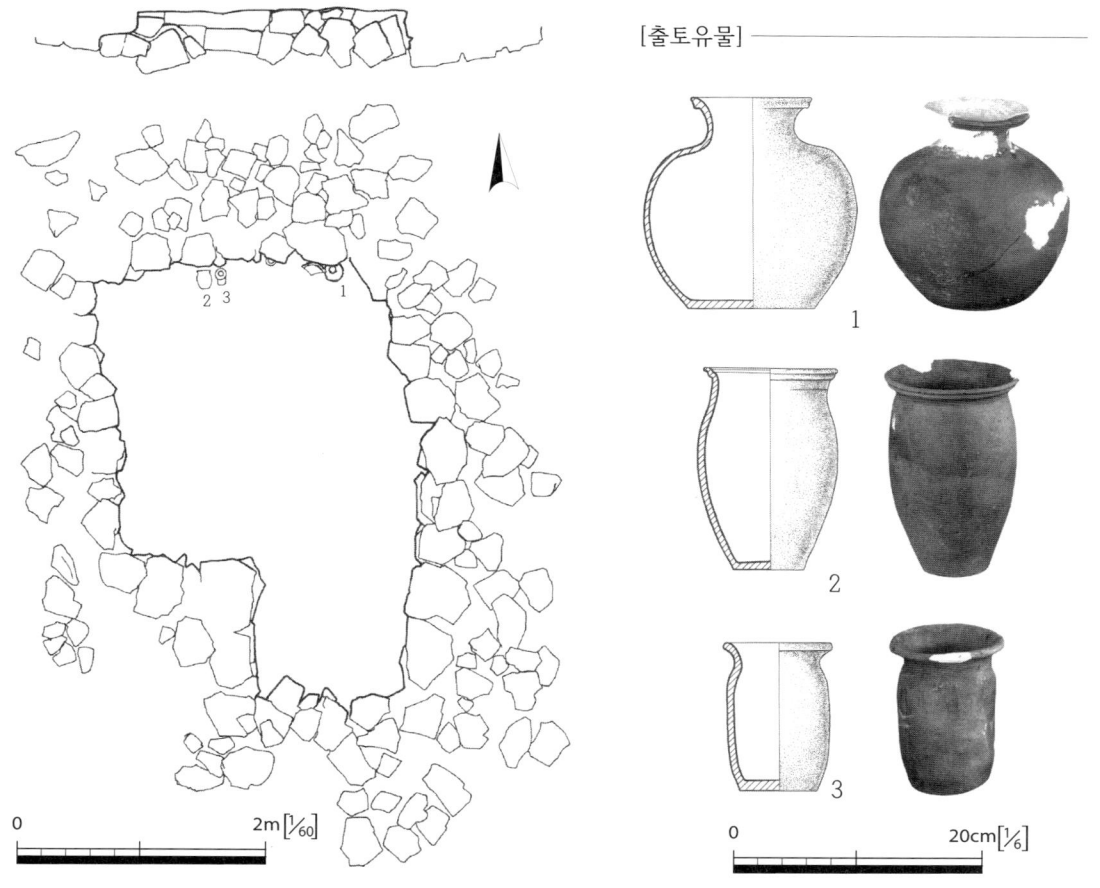

[출토유물]

1

2

3

0   2m[1/60]

0   20cm[1/6]

2023호묘

(단위 : cm)

봉토	크 기 (길이×너비×높이)	?	연도	크 기 (길이×너비×높이)	102×81×?
	평면형태	?		연도위치	중앙
현실	장축방향	N-30°-E		두 향	북향
	규 모 (길이×너비×높이)	292×192×86		바닥시설	자갈과 모래
	평면형태	장방형		천장형태	?
	시상/관대 (길이×너비×높이)	–		석재종류	활석
유물	토 도 기	–			
	금 속 기	철제 도(1)			
	옥 석 기	–			
	기 타	인골(2)			
특기사항		묘주는 성인 남성으로, 동쪽의 인골(A)는 일차장이고, 서쪽의 인골(B) 역시 일차장으로 보인다.			

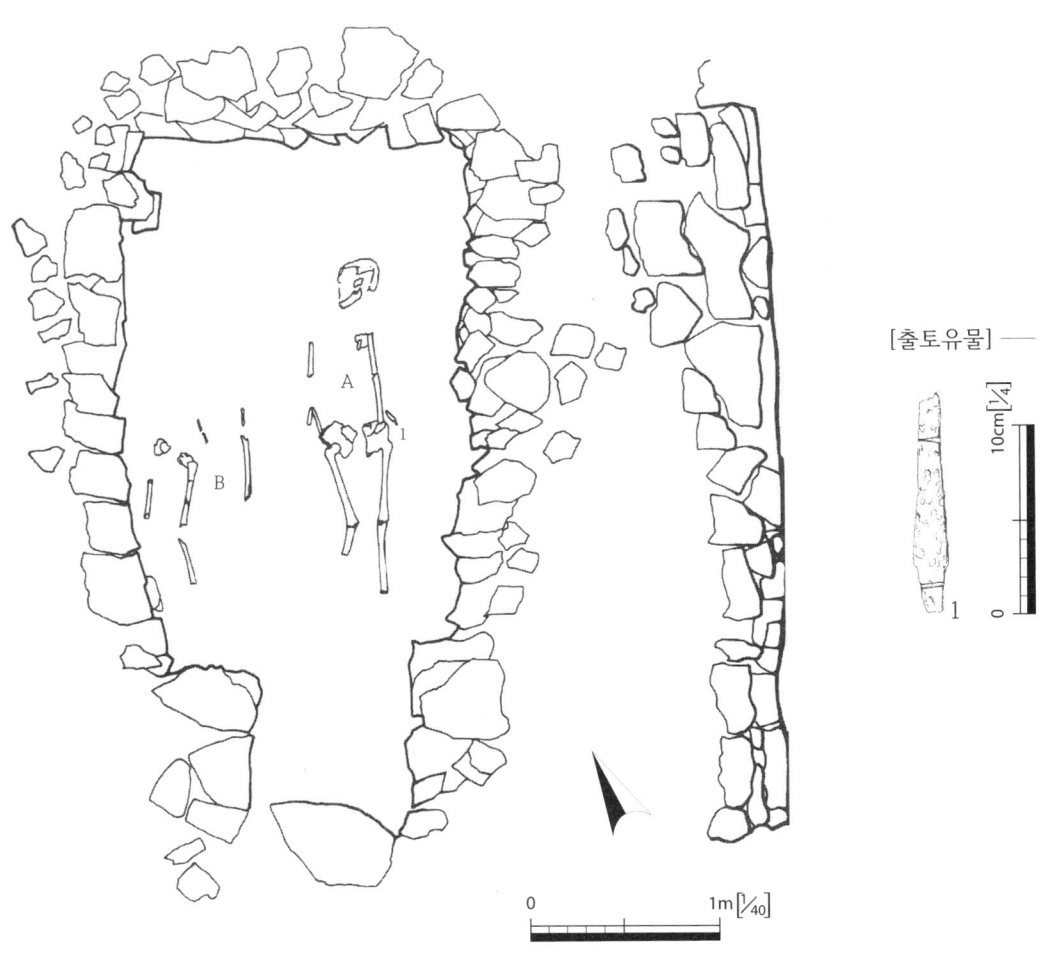

[출토유물]

2024호묘

봉토	크 기 (길이×너비×높이)	380×300×(80+)	연도	크 기 (길이×너비×높이)	104×74×?
	평면형태	장방형		연도위치	우편재
현실	장축방향	N-20°-E		두 향	?
	규 모 (길이×너비×높이)	216×160×68		바닥시설	황색 사질토
	평면형태	장방형		천장형태	?
	시상/관대 (길이×너비×높이)	-		석재종류	현무암 판석·할석
유물	토도기	호(1), 심발(1), 병(1), 구연부편(1)			
	금속기	철제 모(1), 철제 도(1)			
	옥석기	-			
	기 타	인골(1)			
	특기사항	현실 북쪽에서 30세 정도의 남성 인골 1개체가 발견되었는데, 굴지장이며 두개골의 위치가 어긋나 있다.			

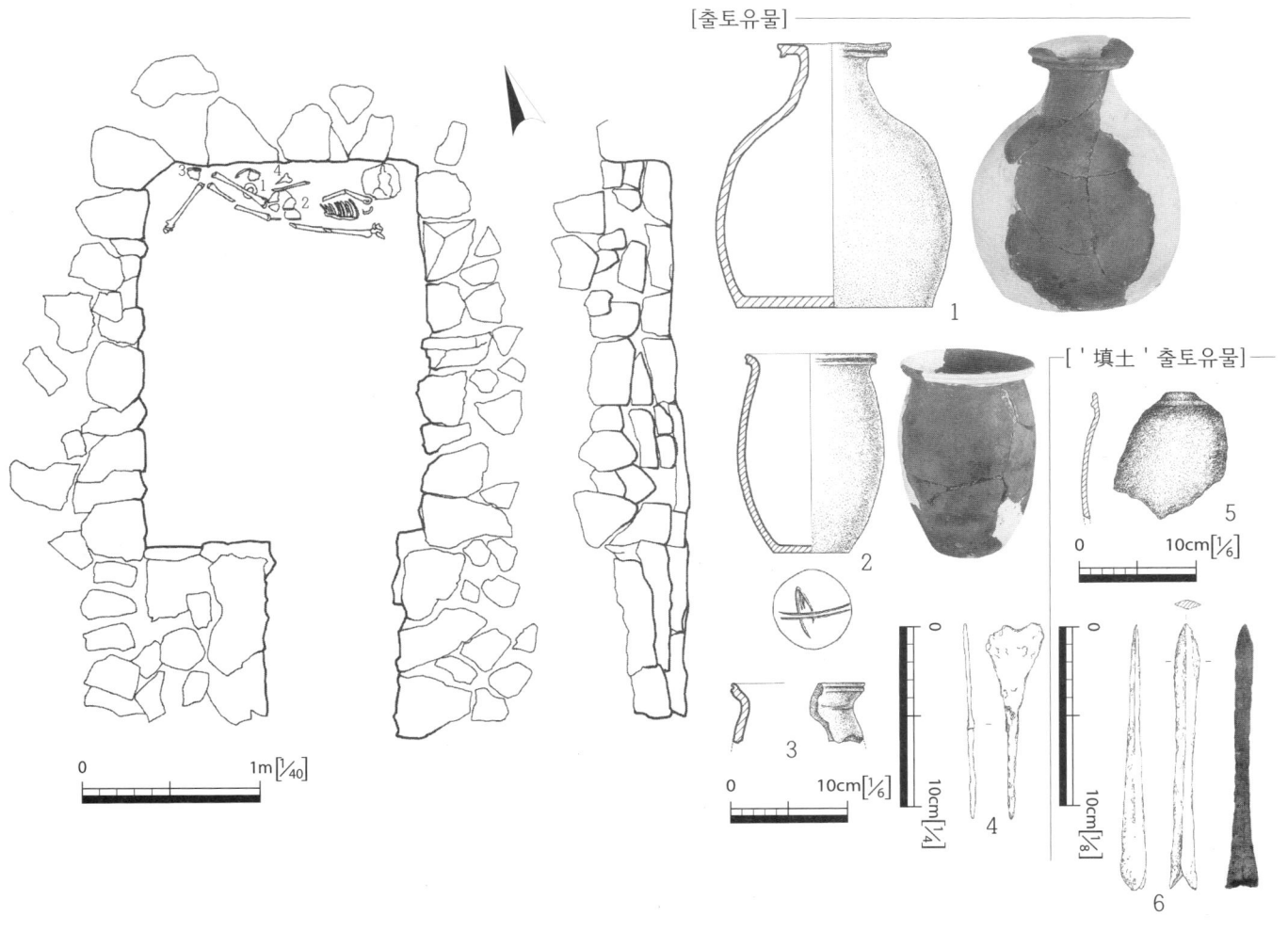

[출토유물]

['填土' 출토유물]

1

2

3

4

5

6

0   1m[1/40]

0   10cm[1/6]

0   10cm[1/6]

10cm[1/4]

10cm[1/8]

0   10cm[1/6]

2025호묘

(단위 : cm)

봉토	크 기 (길이×너비×높이)	(420)×250×70	연도	크 기 (길이×너비×높이)	101×75×?
	평면형태	장방형		연도위치	중앙
현실	장축방향	N-S		두 향	?
	규 모 (길이×너비×높이)	260×152×66		바닥시설	황색 사질토
	평면형태	장방형		천장형태	?
	시상/관대 (길이×너비×높이)	-		석재종류	판석·할석
유물	토도기	심발(1)			
	금속기	동제 대금구(1), 철제 대금구(1)			
	옥석기	-			
	기 타	인골(3)			
특기사항	3개체분의 인골이 발견되었는데, 가장 북쪽에 있는 두개골(A)는 30세 정도의 남성, 동쪽에 있는 두개골(B)는 55세 정도의 여성, 남쪽에 있는 두개골(C)는 성인 남성이다. 3개의 두개골과 사지골들은 현실 서부와 연도에 흩어져 있다.				

[출토유물]

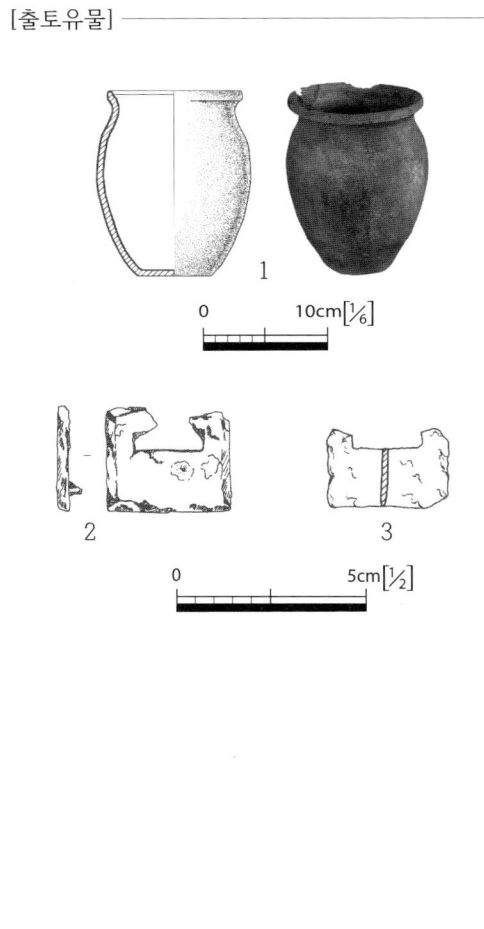

2026호묘

(단위 : cm)

봉토	크 기 (길이×너비×높이)	450×310×70	연도	크 기 (길이×너비×높이)	113×100×?
	평면형태	?		연도위치	우편재
현실	장축방향	N-5°-E		두 향	북향
	규 모 (길이×너비×높이)	284×184×70		바닥시설	?
	평면형태	장방형		천장형태	?
	시상/관대 (길이×너비×높이)	-		석재종류	할석
유물	토 도 기	단경호(2), 심발(2)			
	금 속 기	철제 도(1)			
	옥 석 기	-			
	기 타	인골(3)			
특기사항	3개체의 인골이 앙신직지로 나란히 안치되었으며 모두 일차장에 속한다. 동쪽에 있는 인골(A)는 25세 정도의 여성으로 위치가 흐트러져 두개골이 북벽 가까이에 있고, 가운데 있는 인골(B)와 서쪽에 있는 인골(C)는 50~55세의 여성이다.				

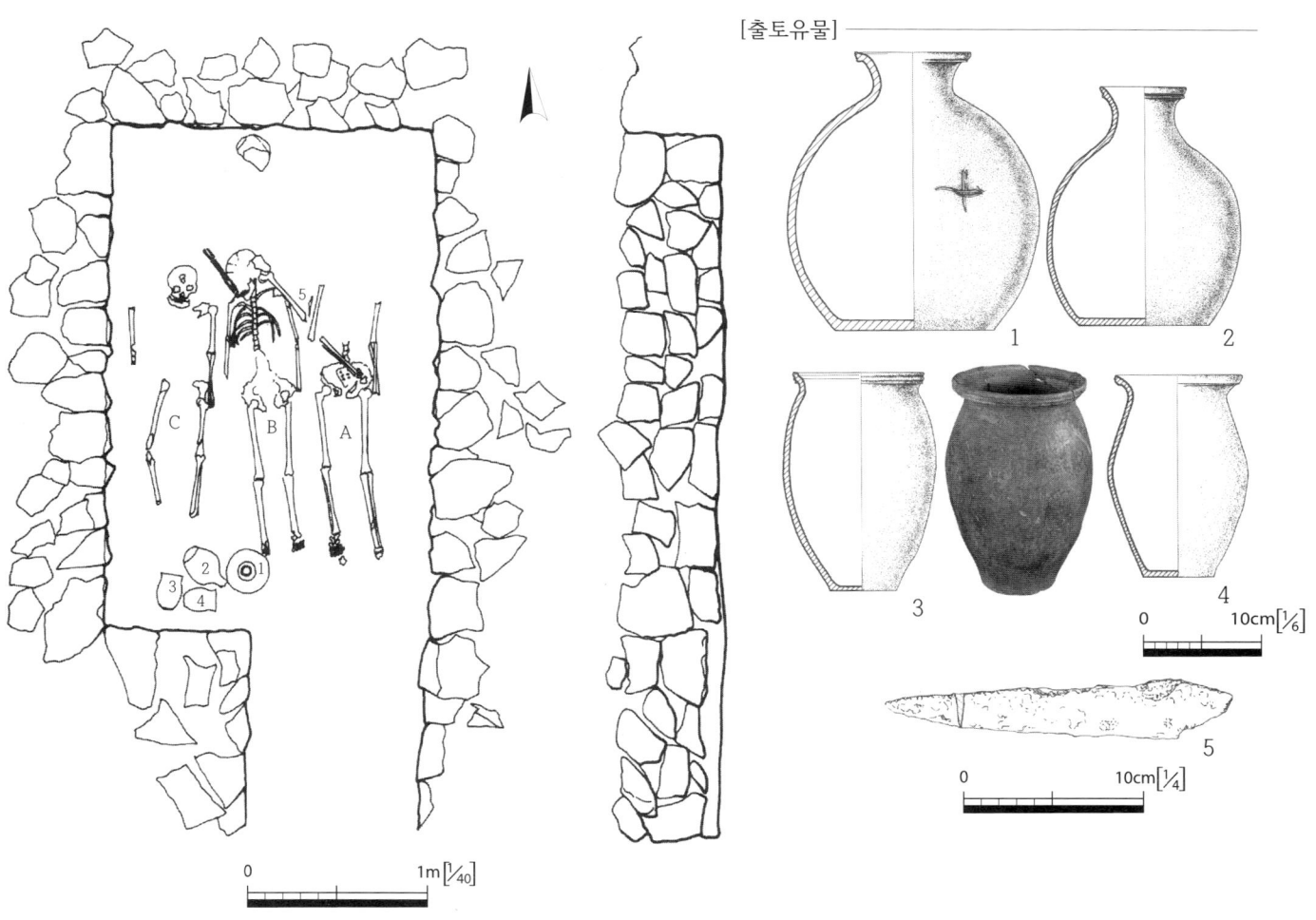

[출토유물]

2027호묘

(단위 : cm)

봉토	크 기 (길이×너비×높이)	?×?×(70)	연도	크 기 (길이×너비×높이)	100×76×?
	평면형태	?		연도위치	우편재
현실	장축방향	N–S	두 향		북향
	규 모 (길이×너비×높이)	215×180×72	바닥시설		?
	평면형태	장방형	천장형태		?
	시상/관대 (길이×너비×높이)	–	석재종류		활석
유물	토 도 기	–			
	금 속 기	–			
	옥 석 기	–			
	기 타	인골(2)			
	특기사항	2개체분의 인골이 발견되었는데, 동쪽에 있는 인골(A)는 성인 남성으로 이차장에 속하며, 서쪽에 있는 인골(B)는 15~16세 여성으로 일차장에 속한다.			

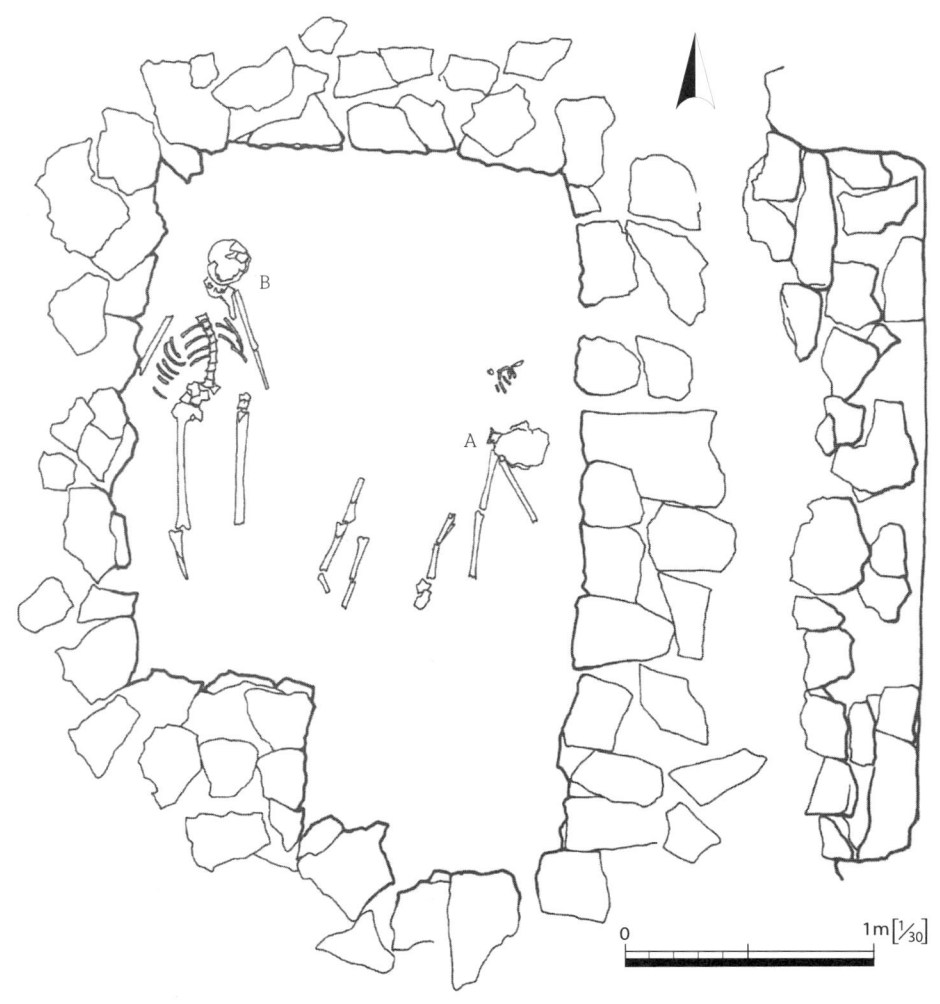

2028호묘

봉토	크 기 (길이×너비×높이)	?	연도	크 기 (길이×너비×높이)	80×70×?
	평면형태	?		연도위치	우편재
현실	장축방향	N-20°-E		두 향	?
	규 모 (길이×너비×높이)	258×160×50		바닥시설	생토
	평면형태	장방형		천장형태	?
	시상/관대 (길이×너비×높이)	-		석재종류	현무암 할석
유물	토 도 기	병(1)			
	금 속 기	동제 사미(1)			
	옥 석 기	-			
	기 타	인골			
특기사항		성인의 사지골이 발견되었는데, 정확한 나이와 성별은 알 수 없다.			

[출토유물]

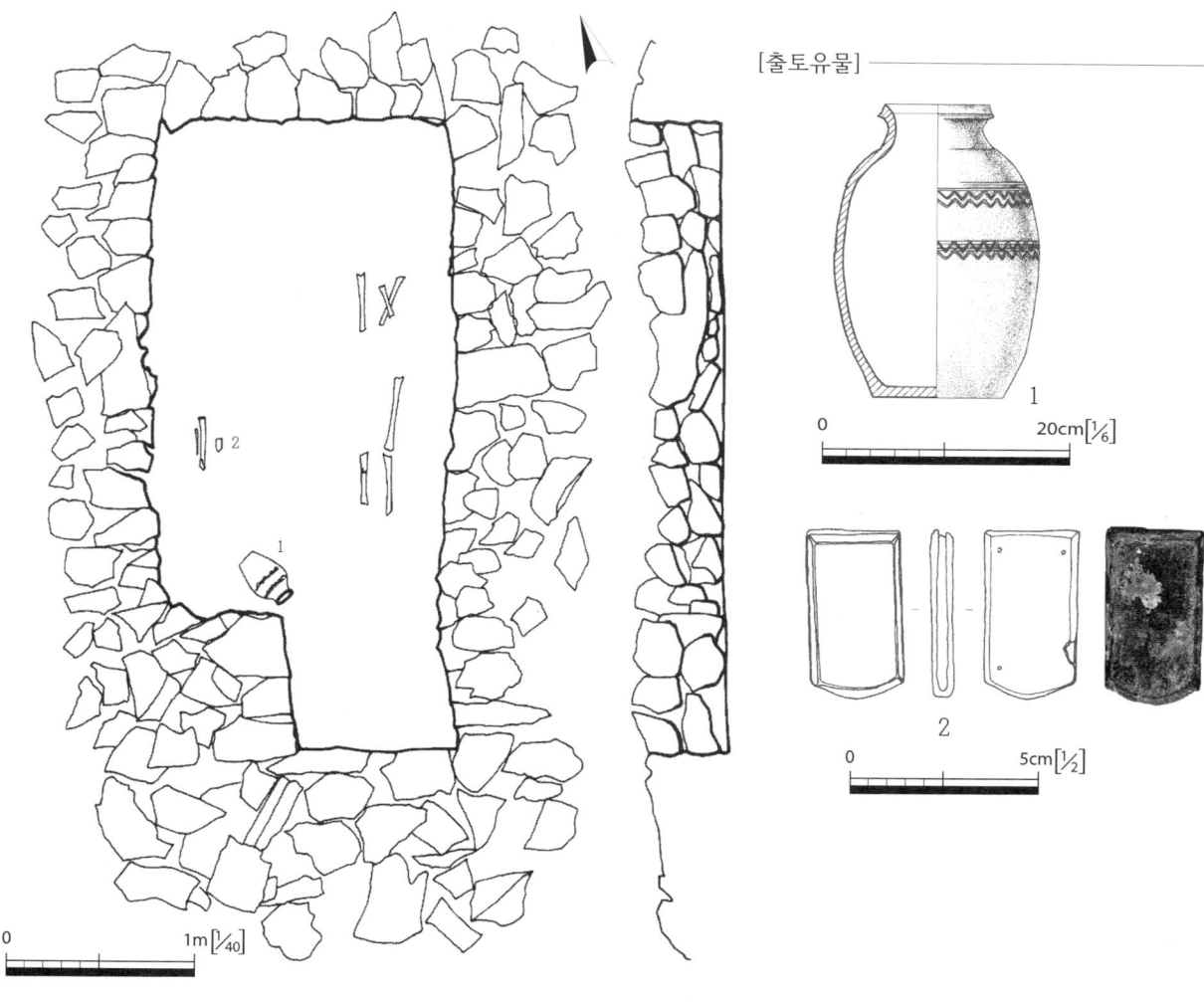

2029호묘

(단위 : cm)

봉토	크 기 (길이×너비×높이)	?	연도	크 기 (길이×너비×높이)	84×80×?
	평면형태	?		연도위치	우편재
현실	장축방향	N-10°-E		두 향	?
	규 모 (길이×너비×높이)	225×140×34		바닥시설	사질토
	평면형태	장방형		천장형태	?
	시상/관대 (길이×너비×높이)	-		석재종류	할석
유물	토도기	심발(1), 단경호(1), 심발 저부편(1), 기와편(1)			
	금속기	-			
	옥석기	-			
	기 타	인골			
	특기사항	현실 남쪽과 현도 중간에서 성인 여성의 사지골이 1개씩 발견되었다.			

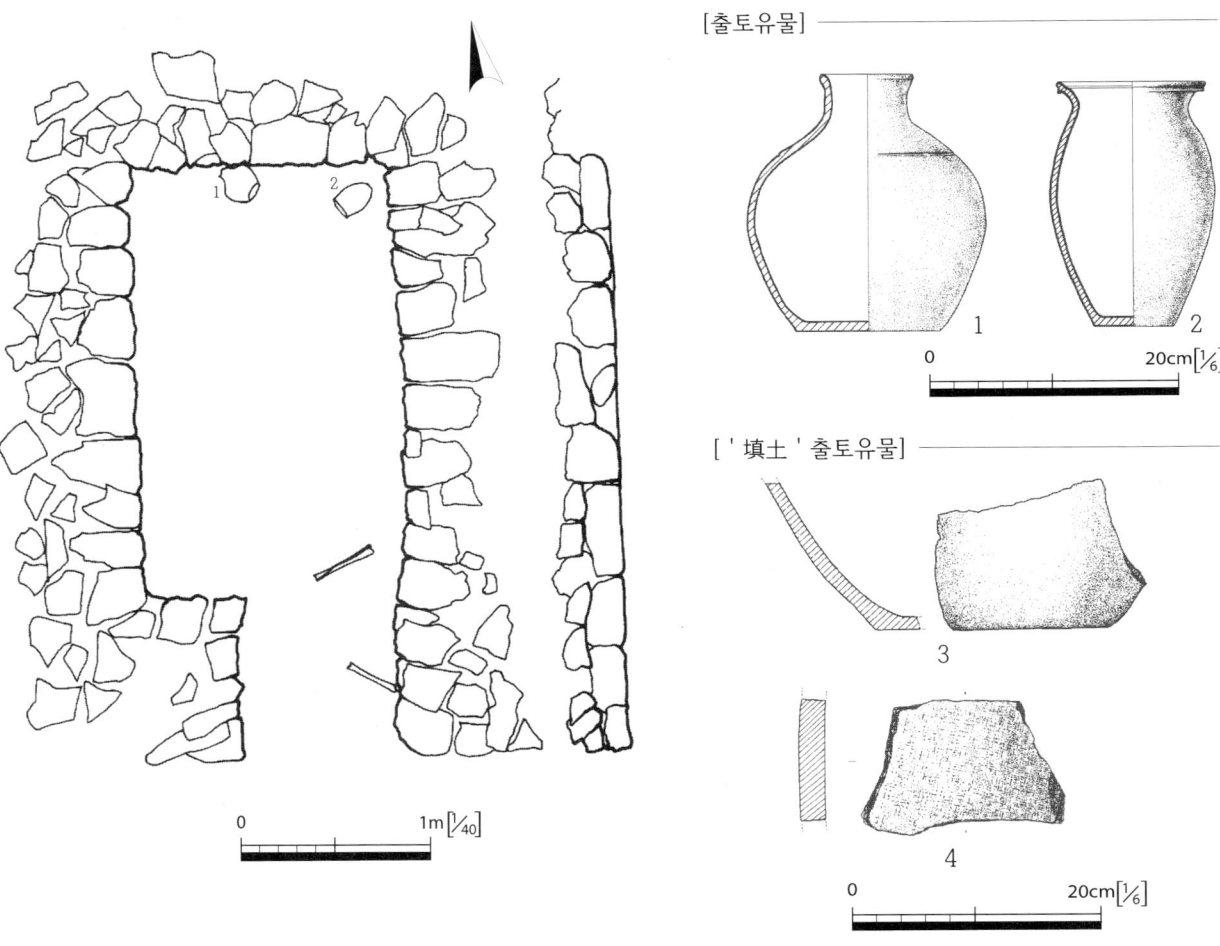

[출토유물]

1   2

0   20cm[1/6]

['填土' 출토유물]

3

4

0   20cm[1/6]

0   1m[1/40]

2030호묘

(단위 : cm)

봉토	크 기 (길이×너비×높이)	?	연도	크 기 (길이×너비×높이)	120×83×?
	평면형태	?		연도위치	우편재
현실	장축방향	N-5°-W		두 향	?
	규 모 (길이×너비×높이)	226×150×74		바닥시설	황색 사질 생토
	평면형태	장방형		천장형태	?
	시상/관대 (길이×너비×높이)	-		석재종류	활석
유물	토도기	호 구연부편(1)			
	금속기	철제 도(1)			
	옥석기	-			
	기 타	인골(1?)			
특기사항		유구 도면 없음. 현실 남쪽에서 성인 여성의 사지골이 발견되었다.			

[출토유물]

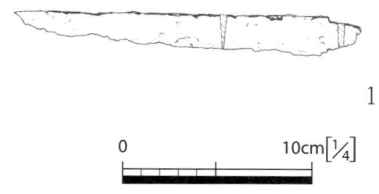

1

0   10cm[¼]

['塡土' 출토유물]

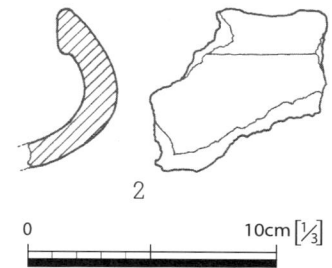

2

0   10cm[⅓]

2031호묘

(단위 : cm)

봉토	크 기 (길이×너비×높이)	(400)×(260)×?	연도	크 기 (길이×너비×높이)	136×116×104
	평면형태	장방형		연도위치	중앙
현실	장축방향	N-10°-E		두 향	?
	규 모 (길이×너비×높이)	246×164×51		바닥시설	황색 사질토
	평면형태	장방형		천장형태	?
	시상/관대 (길이×너비×높이)	–		석재종류	현무암 판석·할석
유물	토 도 기	심발(2)			
	금 속 기	–			
	옥 석 기	–			
	기 타	인골(1)			
	특기사항	현실 중앙에서 두개골이 발견되었는데, 두개골 서남쪽 30cm 떨어진 곳에 하악골이 있었고, 사지골들은 두개골 주변에 흩어져 있었다. 묘주는 30~35세 정도의 여성으로 추정된다.			

[출토유물]

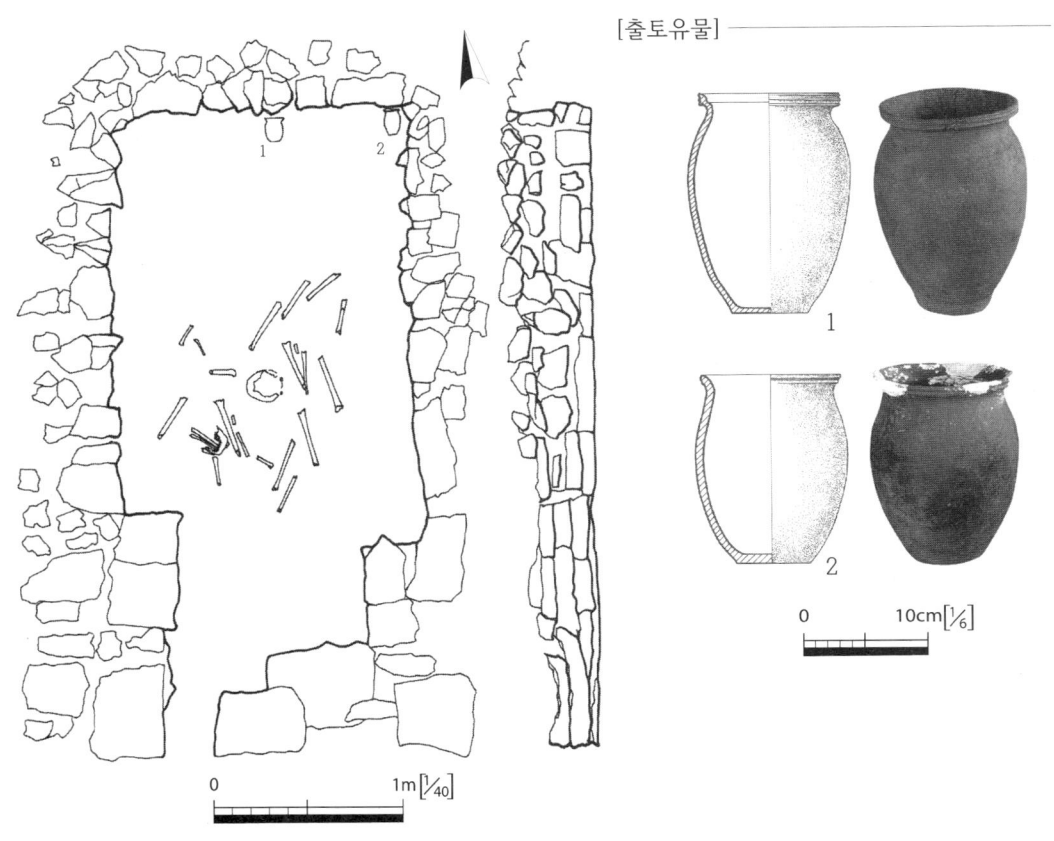

2032호묘

(단위 : cm)

봉토	크 기 (길이×너비×높이)	?	연도	크 기 (길이×너비×높이)	125×80×?
	평면형태	?		연도위치	우편재
현실	장축방향	N-S		두 향	?
	규 모 (길이×너비×높이)	221×126×64		바닥시설	황색 사질 생토
	평면형태	장방형		천장형태	?
	시상/관대 (길이×너비×높이)	-		석재종류	현무암 판석·할석
유물	토도기	호(1), 호편(1)			
	금속기	철제 도(1)			
	옥석기	-			
	기 타	인골(3)			
	특기사항	3개체분의 인골이 발견되었는데, 가장 동쪽에 있는 두개골(A)는 45세 정도의 남성이고, 그 왼쪽에 있는 인골(B)는 30~35세 정도의 여성으로 일차장에 속하는 것으로 보이고, 남벽에 닿아 있는 두개골(C)는 성별이나 나이는 알 수 없으나 이차장에 속하는 것으로 보인다.			

[출토유물]

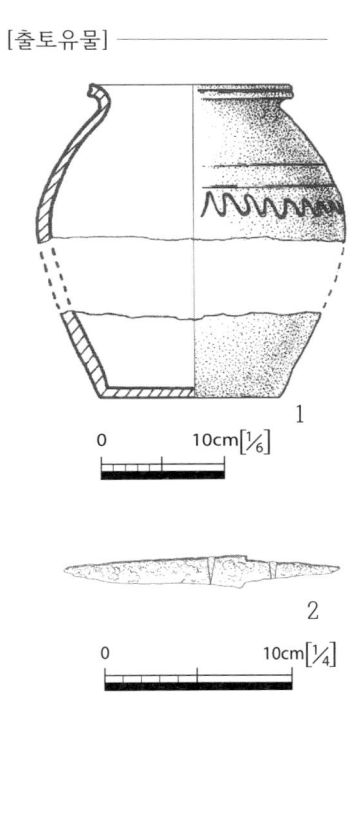

1

0   10cm[1/6]

2

0   10cm[1/4]

0   1m[1/40]

2033호묘

(단위 : cm)

봉토	크 기 (길이×너비×높이)	410×310×80	연도	크 기 (길이×너비×높이)	105×80×?
	평면형태	장방형		연도위치	좌편재
현실	장축방향	N-5°-W	두 향		?
	규 모 (길이×너비×높이)	228×142×65	바닥시설		회갈색 생토
	평면형태	장방형	천장형태		?
	시상/관대 (길이×너비×높이)	-	석재종류		현무암 할석
유물	토 도 기	호 구연부편(1)			
	금 속 기	-			
	옥 석 기	-			
	기 타	인골(2)			
	특기사항	현실의 중앙에서 2개체분의 인골이 발견되었는데, 모두 이차장에 속하며, 우측에 있는 인골(A)는 성인 남성, 좌쪽에 있는 인골(B)는 성인 여성이다.			

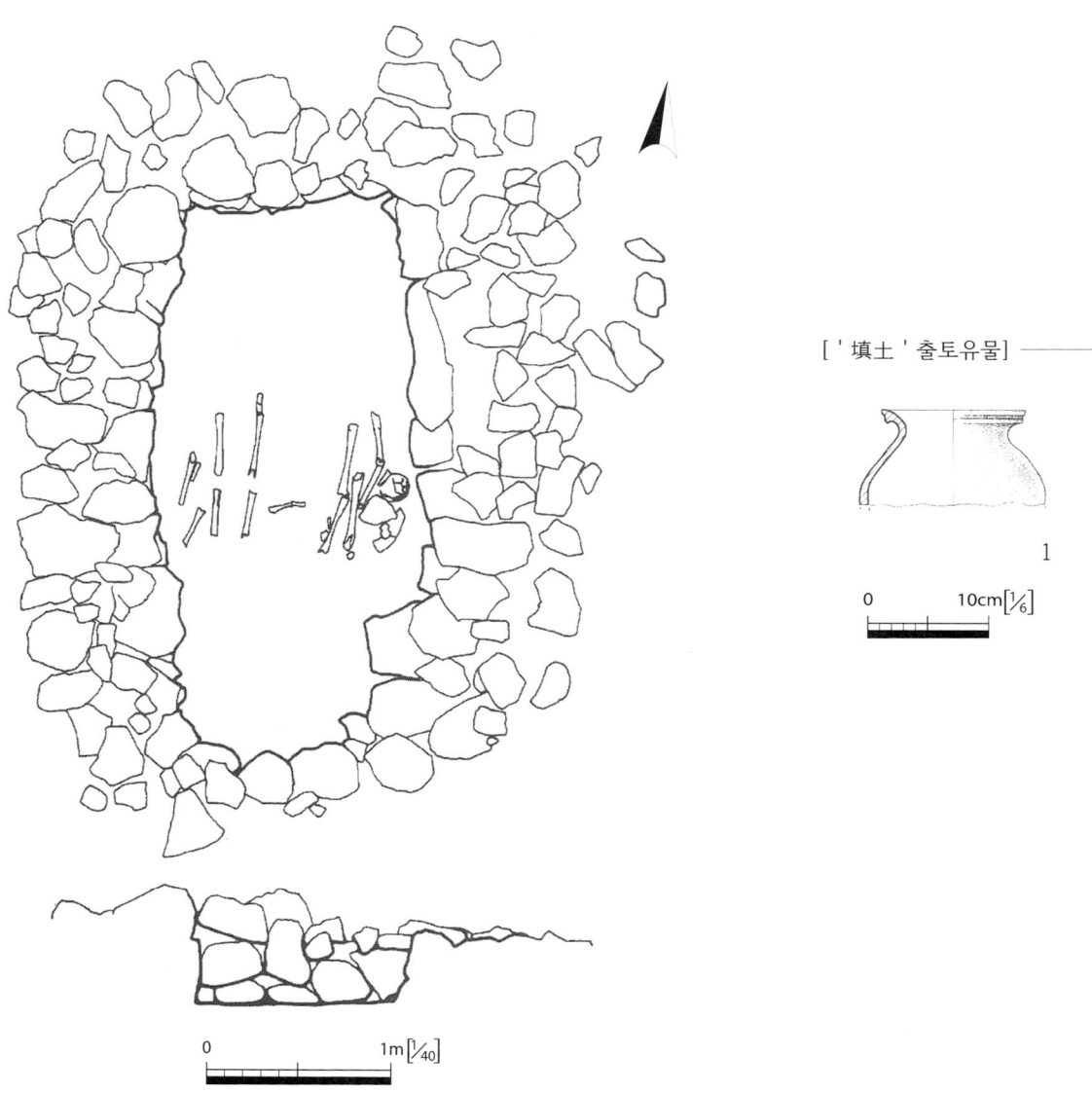

['填土' 출토유물]

1

0   10cm[⅙]

0   1m[1/40]

2034호묘

(단위 : cm)

봉토	크 기 (길이×너비×높이)	550×450×(70+)	연도	크 기 (길이×너비×높이)	114×81×?
	평면형태	타원형		연도위치	중앙
현실	장축방향	N-10°-W		두 향	?
	규 모 (길이×너비×높이)	230×151×40		바닥시설	황색 사질토
	평면형태	장방형		천장형태	?
	시상/관대 (길이×너비×높이)	-		석재종류	현무암 판석·할석
유물	토도기	단경호(1), 장경호(1), 심발(2)			
	금속기	철촉(1)			
	옥석기	-			
	기 타	인골(3)			
	특기사항	3개의 두개골은 현실 중앙에 집중되어 있는데, 가장 북쪽에 있는 두개골(A)는 35세 정도의 남성, 중간에 있는 두개골(B)는 8~9세로 성별은 알 수 없고, 남쪽에 있는 두개골(C)는 30세 정도의 여성이며, 모두 이차장이다.			

[출토유물]

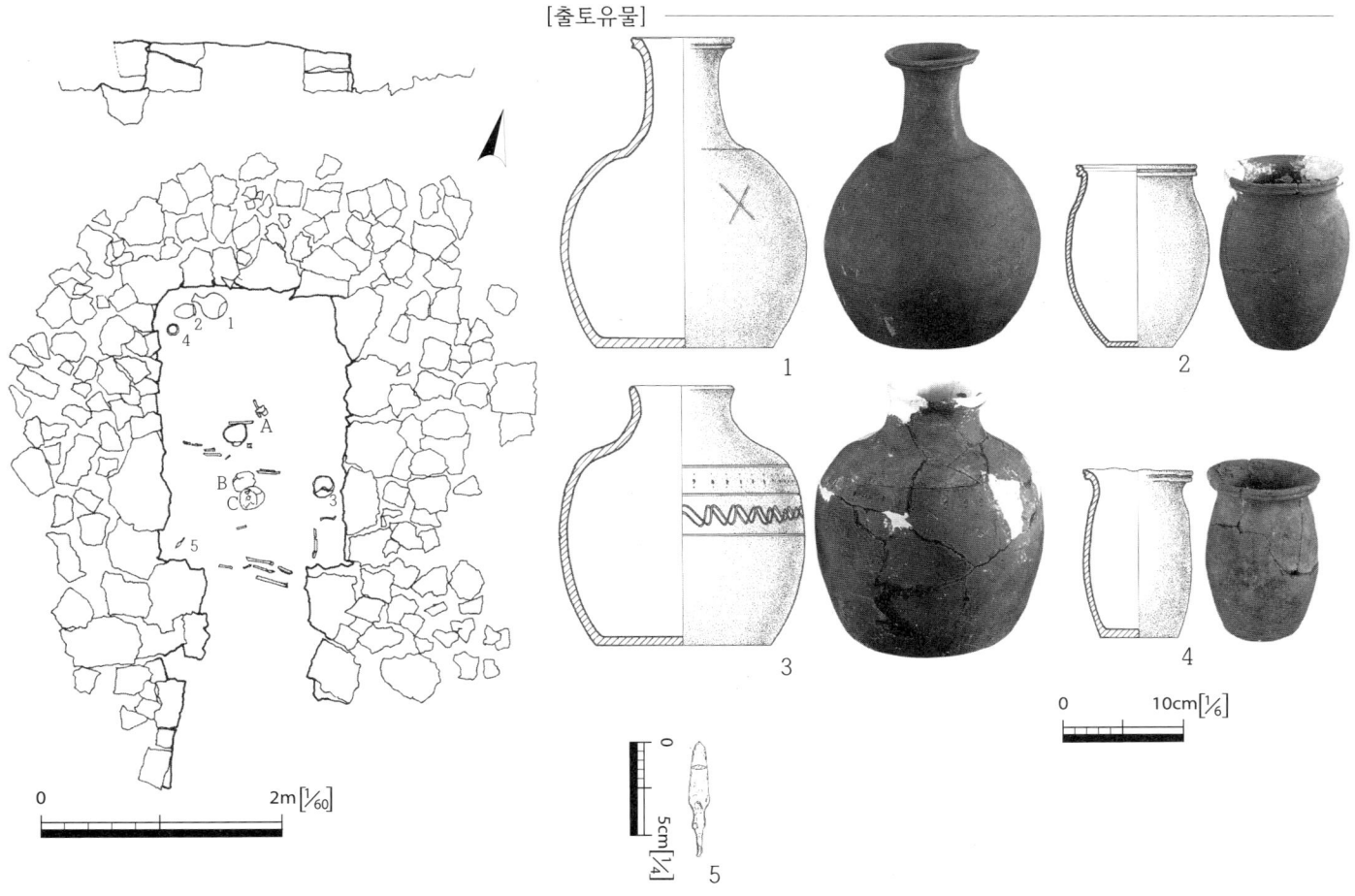

2035호묘

(단위 : cm)

봉토	크 기 (길이×너비×높이)	450×400×70	연도	크 기 (길이×너비×높이)	90×60×?
	평면형태	방형		연도위치	중앙
현실	장축방향	N-5°-W		두 향	?
	규 모 (길이×너비×높이)	232×160×68		바닥시설	회갈색토
	평면형태	장방형		천장형태	?
	시상/관대 (길이×너비×높이)	-		석재종류	현무암 판석·할석
유물	토도기	심발(1), 심발 구연부편(1)			
	금속기	철제 팔찌(1)			
	옥석기	-			
	기 타	인골(3)			
	특기사항	3개체분의 인골이 발견되었는데, 모두 이차장이다. 북쪽에 있는 두개골(A)는 25~30세 남성이고, 그 동쪽에 있는 두개골(B)는 40세 정도의 남성, 남쪽에 있는 사지골과 골반(C)는 성인 여성이다.			

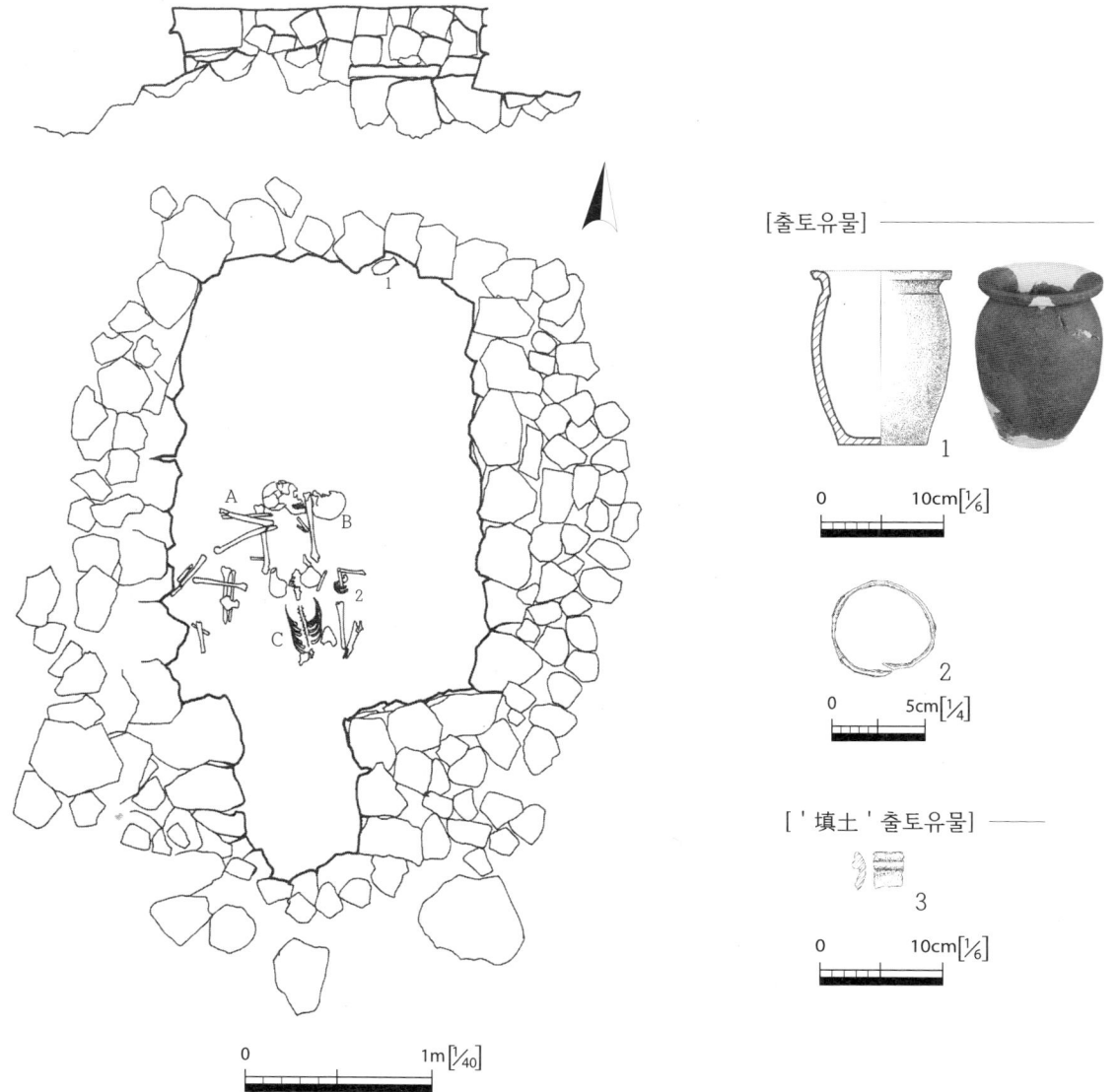

[출토유물]

0   10cm[1/6]

1

0   5cm[1/4]

2

['填土' 출토유물]

3

0   10cm[1/6]

0   1m[1/40]

2036호묘

(단위 : cm)

봉토	크 기 (길이×너비×높이)	?	연도	크 기 (길이×너비×높이)	140×70×59
	평면형태	?		연도위치	우편재
현실	장축방향	N-10°-W		두 향	?
	규 모 (길이×너비×높이)	260×168×59		바닥시설	(사질토)
	평면형태	장방형		천장형태	?
	시상/관대 (길이×너비×높이)	-		석재종류	할석
유물	토도기	심발(2)			
	금속기	-			
	옥석기	-			
	기 타	인골(3)			
	특기사항	인골은 총 3개체분으로 이차장으로 보인다. 현실 동쪽 가장자리에 있는 인골(A)는 성인 여성, 중간에 있는 인골(B)는 성별이 명확하지 않은 아동, 서남쪽 모서리에 있는 인골(C)는 남성이다.			

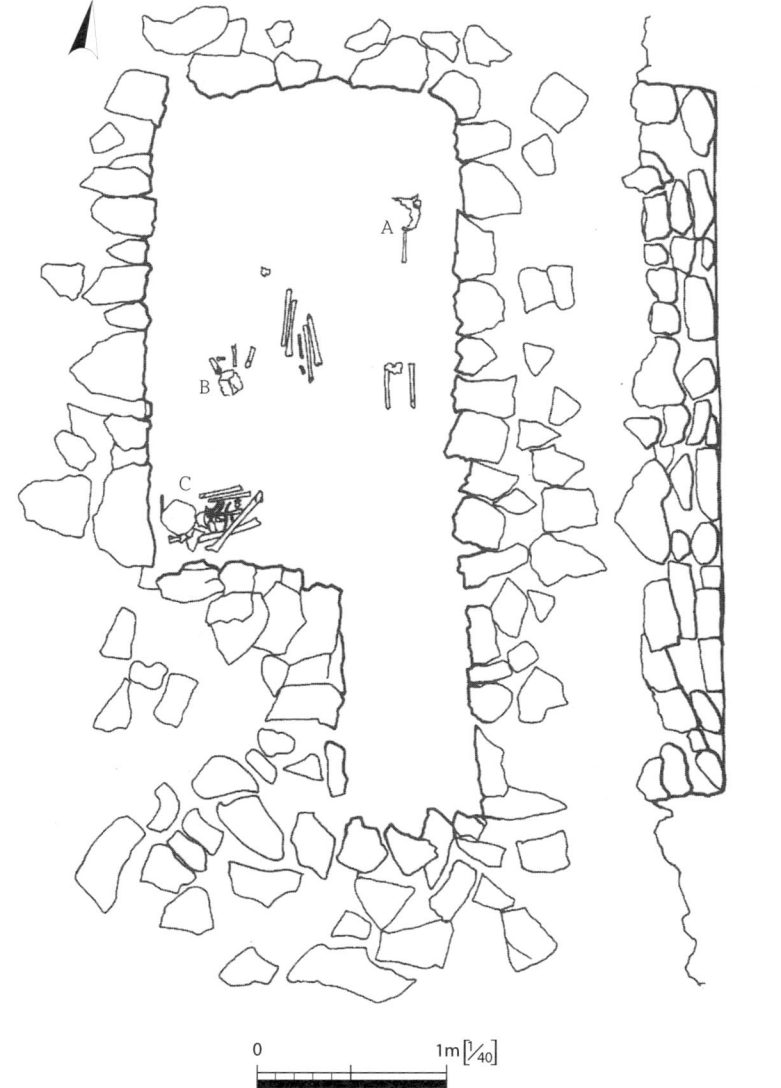

0   1m[1/40]

['填土' 출토유물] ─────

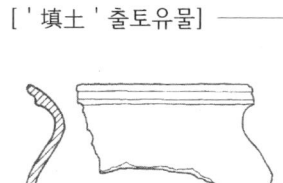

1

0   5cm[1/3]

2037호묘

(단위 : cm)

봉토	크 기 (길이×너비×높이)	(400)×320×80	연도	크 기 (길이×너비×높이)	90×86×?
	평면형태	(장방형)		연도위치	중앙
현실	장축방향	N-10°-W		두 향	?
	규 모 (길이×너비×높이)	238×150×68		바닥시설	황색 사질토
	평면형태	장방형		천장형태	?
	시상/관대 (길이×너비×높이)	-		석재종류	현무암 할석
유물	토 도 기	심발 구연부편(1)			
	금 속 기	동제 팔찌(1)			
	옥 석 기	-			
	기 타	-			
	특기사항	-			

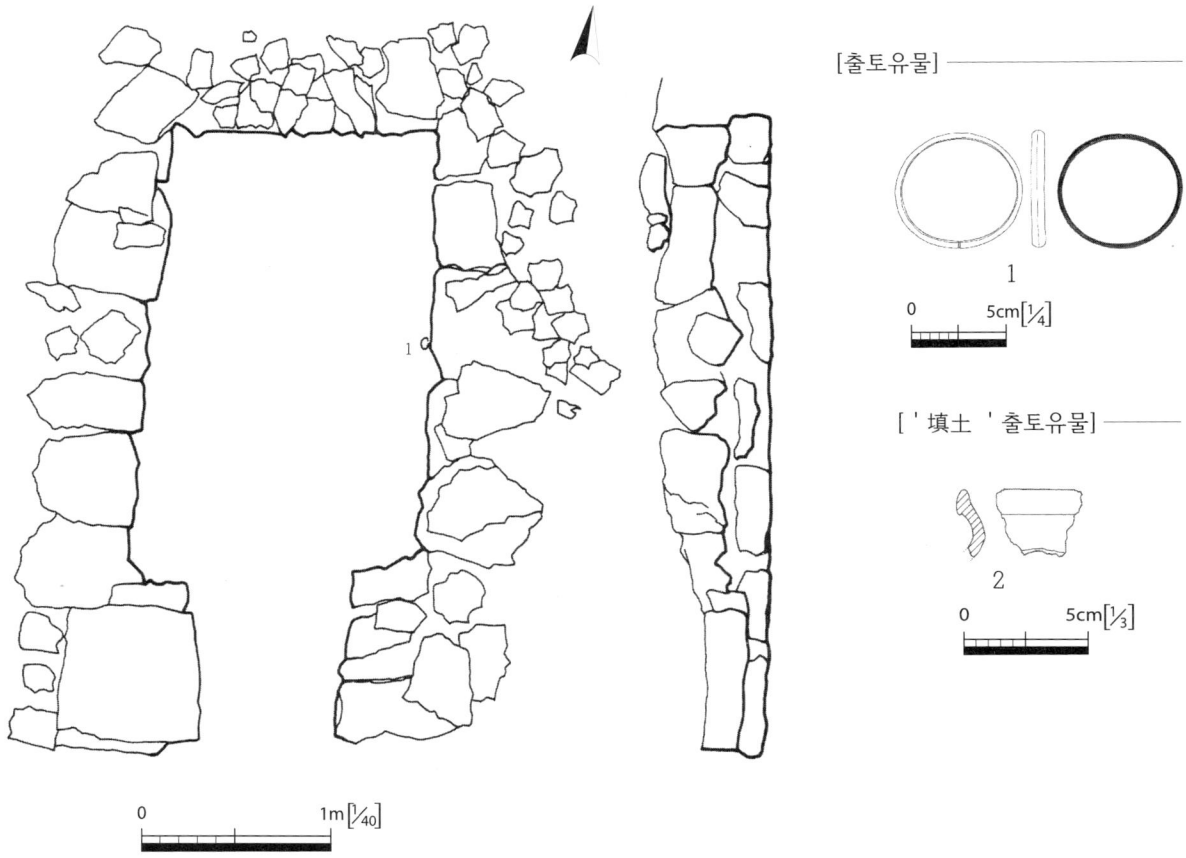

[출토유물]

1

0　　　　5cm[¼]

['填土' 출토유물]

2

0　　　　5cm[⅓]

0　　　　1m[¹⁄₄₀]

2038호묘

(단위 : cm)

봉토	크 기 (길이×너비×높이)	?	연도	크 기 (길이×너비×높이)	?
	평면형태	?		연도위치	?
현실	장축방향	N-5°-E		두 향	?
	규 모 (길이×너비×높이)	242×70~90×50		바닥시설	황사 생토층
	평면형태	장방형		천장형태	?
	시상/관대 (길이×너비×높이)	-		석재종류	현무암 판석 · 할석
유물	토도기	-			
	금속기	-			
	옥석기	-			
	기 타	인골(4)			
특기사항	인골은 총 4개체분으로 이차장된 것으로 추정된다. 가장 북쪽에 있는 두개골(A)는 성인 남성, 중간 동쪽 가장자리에 있는 두개골(B)는 30~35세의 남성, 중간 서쪽 가장자리에 있는 두개골(C)는 성인 남성, 가장 남쪽 가장자리에 있는 두개골(D)는 40세 전후의 남성이다.				

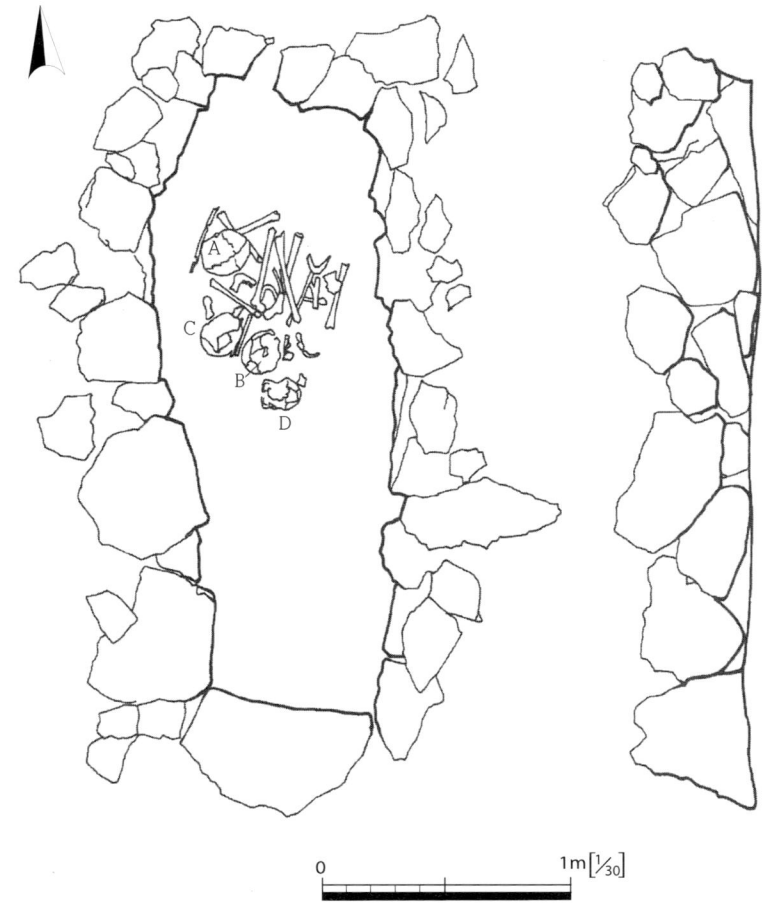

0   1m[⅟₃₀]

2039호묘

(단위 : cm)

봉토	크 기 (길이×너비×높이)	(420)×340×(50+)	연도	크 기 (길이×너비×높이)	105×80×?
	평면형태	타원형		연도위치	중앙
현실	장축방향	N-10°-W	두 향		?
	규 모 (길이×너비×높이)	244×175×50	바닥시설		황색 사질토
	평면형태	장방형	천장형태		?
	시상/관대 (길이×너비×높이)	-	석재종류		현무암 할석
유물	토도기	단경호(1), 심발 구연부편(1)			
	금속기	철제 관정(6)			
	옥석기	-			
	기 타	인골(3)			
특기사항		북쪽에 있는 두개골(A)는 성인 남성, 그 아래에 있는 유소아의 두개골(B)는 성별을 알 수 없고, 현실 중앙에 있는 두개골(C)는 40세 정도의 여성으로 이차장이다.			

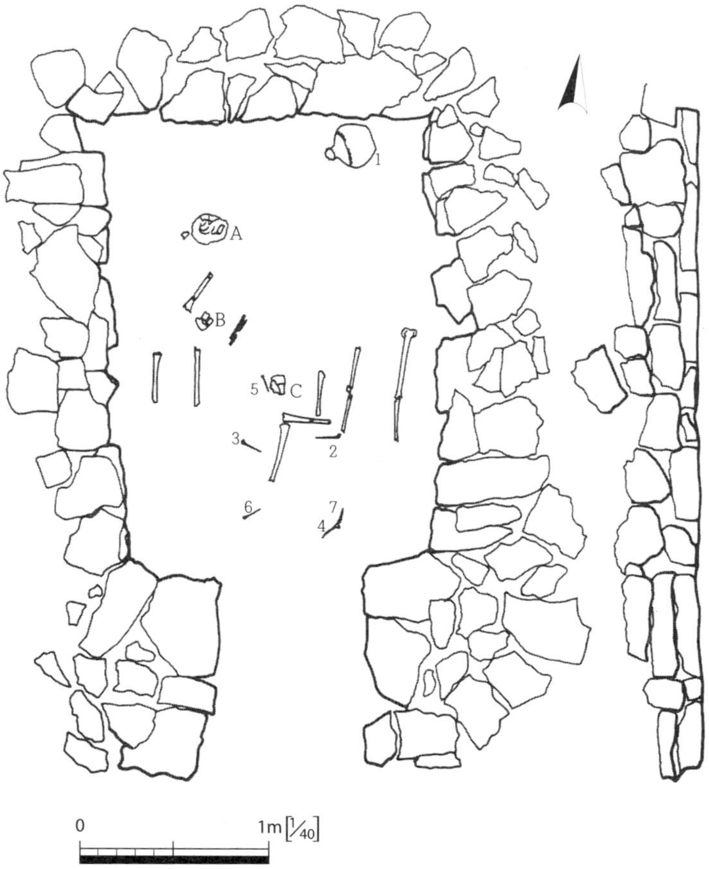

1
A
B
5
C
3
2
6
7
4
0
1m[1/40]

[출토유물]

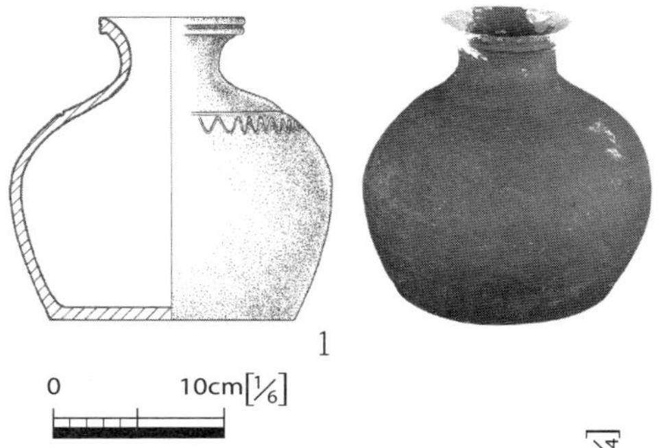

1
0
10cm[1/6]

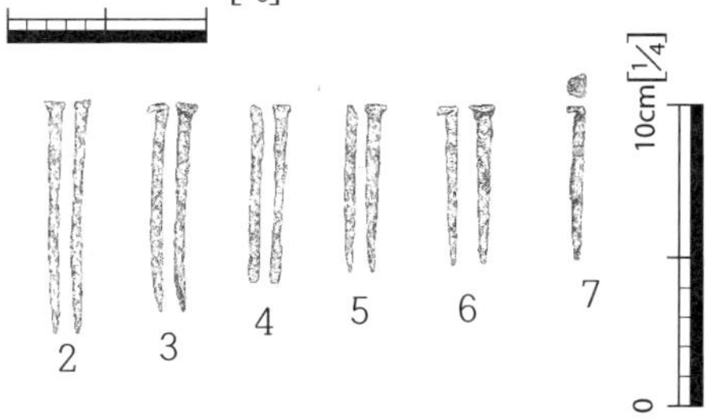

2
3
4
5
6
7
10cm[1/4]
0

['填土' 출토유물]

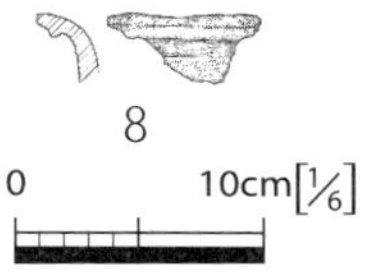

8
0
10cm[1/6]

2040호묘

봉토	크 기 (길이×너비×높이)	?	연도	크 기 (길이×너비×높이)	?
	평면형태	?		연도위치	?
현실	장축방향	N-5°-W		두 향	?
	규 모 (길이×너비×높이)	249×96×5		바닥시설	갈색 생토층
	평면형태	장방형		천장형태	?
	시상/관대 (길이×너비×높이)	-		석재종류	활석
유물	토 도 기	호(1)			
	금 속 기	-			
	옥 석 기	-			
	기 타	인골			
	특기사항	현실에서 뼈 2조각이 발견되었으며, 성별과 나이는 알 수 없다.			

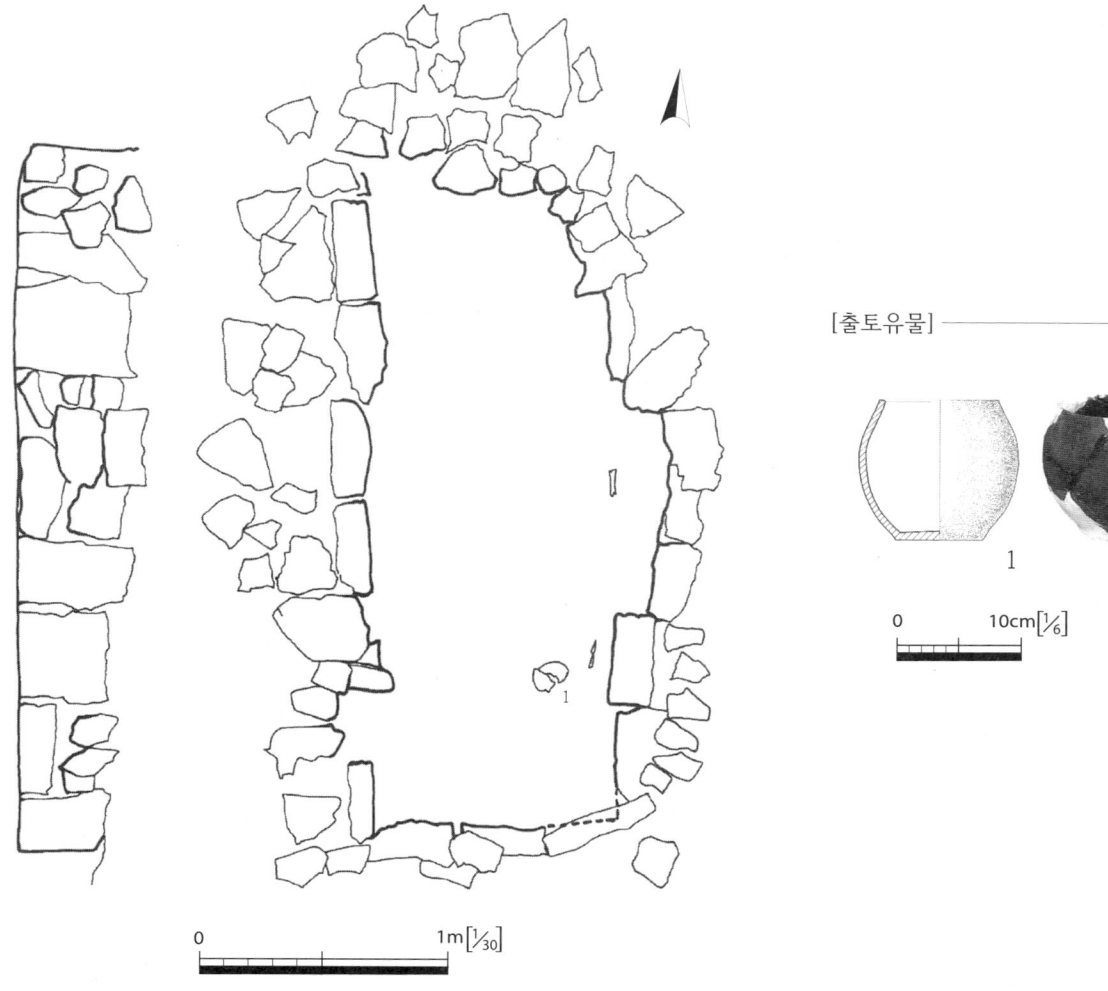

[출토유물]

1

0   10cm[⅙]

0   1m[⅟₃₀]

2041호묘

봉토	크 기 (길이×너비×높이)	?	연도	크 기 (길이×너비×높이)	100×90×53
	평면형태	?		연도위치	우편재
현실	장축방향	N-S	두 향		?
	규 모 (길이×너비×높이)	260×164×53	바닥시설		(사질토)
	평면형태	장방형	천장형태		?
	시상/관대 (길이×너비×높이)	-	석재종류		현무암 판석·할석
유물	토도기	심발(1)			
	금속기	-			
	옥석기	-			
	기 타	인골(3)			
특기사항		인골은 현실 서쪽과 남쪽에서 발견되었으며, 3개체분으로 이차장이다. 가장 북쪽에 있는 두개골(A)는 성인 남성, 서쪽 중간에 있는 인골(B)는 성별은 분명하지 않으며 유소아의 뼈다. 남쪽 가장자리에 있는 두개골과 뼈(C)는 성인으로 성별은 확인되지 않았다.			

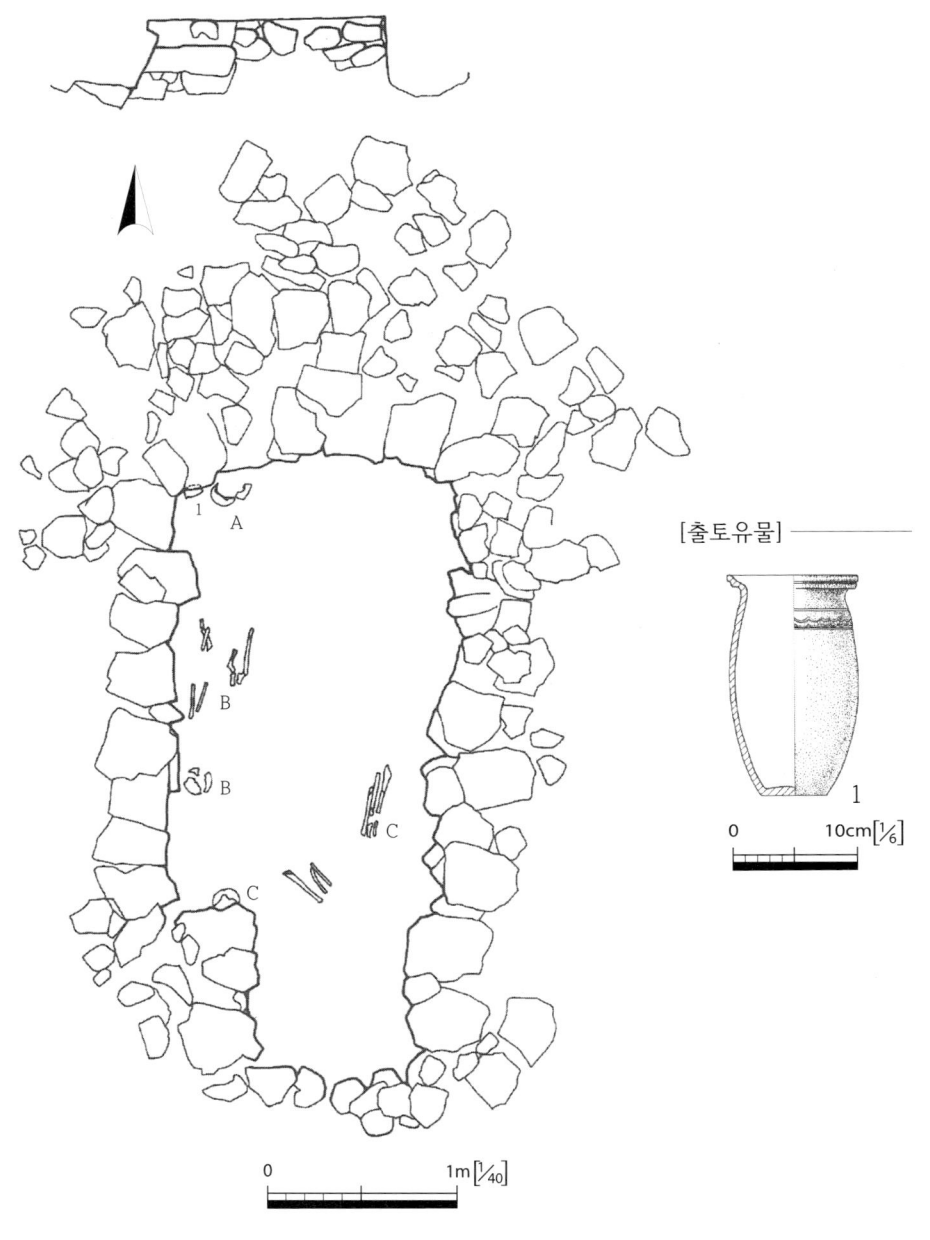

[출토유물]

0   10cm[⅙]

0   1m[¹⁄₄₀]

2042호묘

(단위 : cm)

봉토	크 기 (길이×너비×높이)	500×330×60	연도	크 기 (길이×너비×높이)	110×68×?
	평면형태	장방형		연도위치	중앙
현실	장축방향	N-20°-E		두 향	?
	규 모 (길이×너비×높이)	240×142×56		바닥시설	황색 사질토
	평면형태	장방형		천장형태	?
	시상/관대 (길이×너비×높이)	-		석재종류	현무암 할석
유물	토도기	호(1)			
	금속기	-			
	옥석기	-			
	기 타	인골(3)			
특기사항		2점의 두개골과 3개체분의 사지골이 발견되었다. 서북쪽에 있는 두개골(A)는 성인 여성으로 보이고, 동남쪽에 있는 두개골(B)는 성인으로 보이나 훼손이 심해 성별은 알 수 없다.			

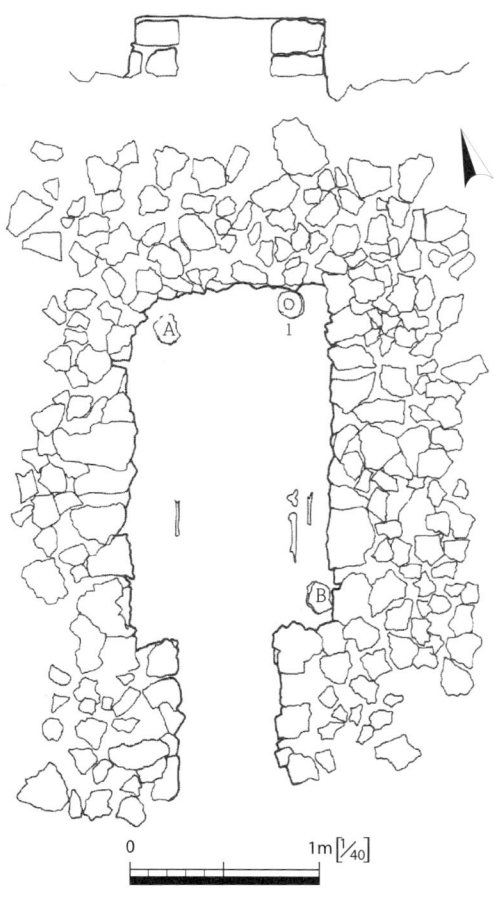

[출토유물]

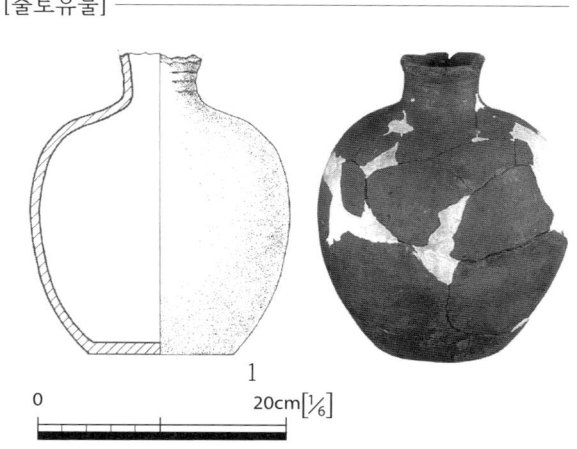

0   20cm[⅙]

0   1m[1/40]

2043호묘

(단위 : cm)

봉토	크 기 (길이×너비×높이)	460×260×?	연도	크 기 (길이×너비×높이)	100×70~80×?
	평면형태	장방형		연도위치	중앙
현실	장축방향	N-25°-W		두 향	?
	규 모 (길이×너비×높이)	230×170×70		바닥시설	황색 사질토
	평면형태	장방형		천장형태	?
	시상/관대 (길이×너비×높이)	-		석재종류	현무암 할석
유물	토 도 기	심발(2)			
	금 속 기	-			
	옥 석 기	-			
	기 타	-			
	특기사항	-			

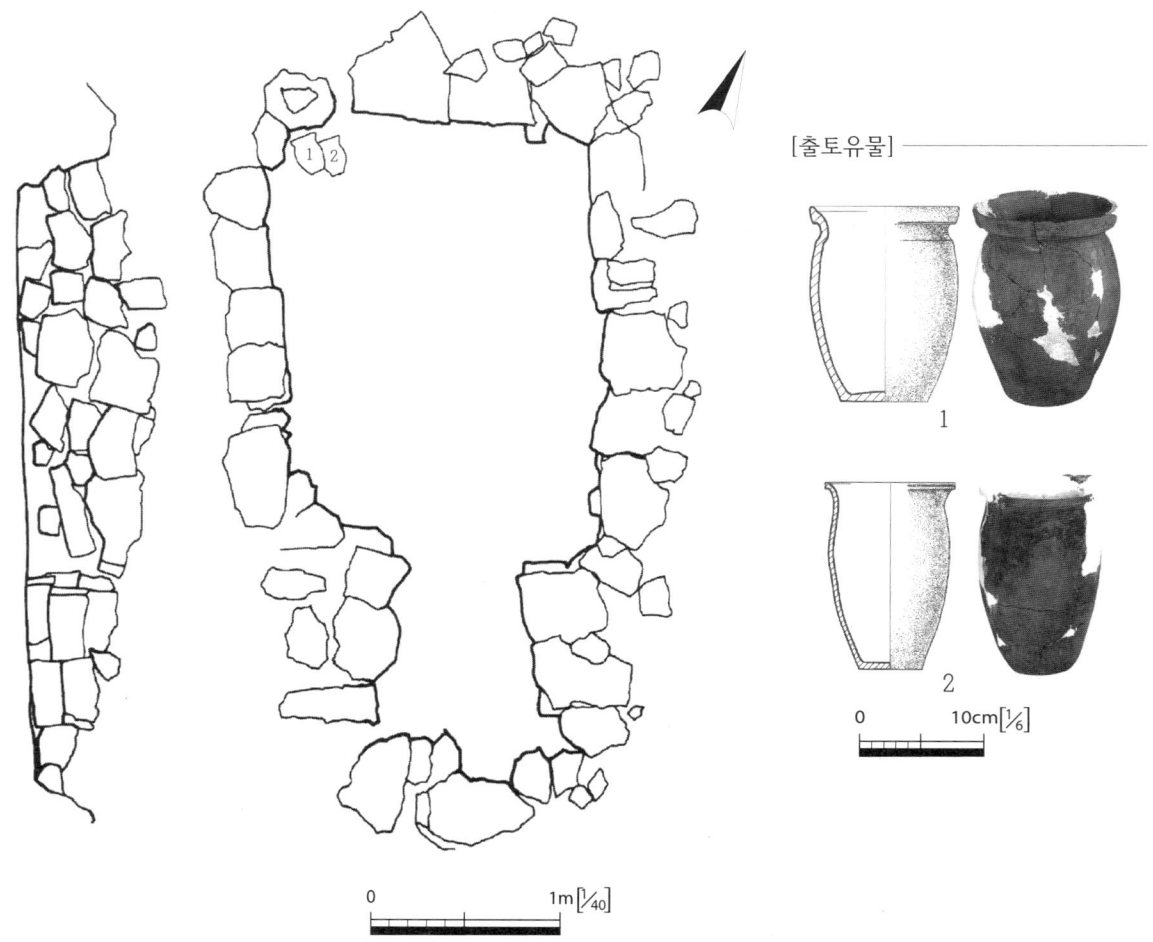

[출토유물]

1

2

0　　　　10cm[⅙]

0　　　　1m[1/40]

2044호묘

봉토	크 기 (길이×너비×높이)		?	연도	크 기 (길이×너비×높이)	①	?
						②	?
	평면형태		?		연도위치	①	?
						②	?
현실	장축방향	①	N-10°-E	두 향		①	북향
		②	N-10°-E			②	?
	규 모 (길이×너비×높이)	①	204×42×56	바닥시설		①	?
		②	130×104×56			②	?
	평면형태	①	세장형	천장형태		①	?
		②	장방형			②	?
	시상/관대 (길이×너비×높이)	①	–	석재종류		①	현무암
		②	–			②	현무암
유물	토도기		호(1), 심발(1)				
	금속기						
	옥석기						
	기 타		인골(1)				
	특기사항		현실①에서 단인 일차장으로 매장된 인골이 발견되었는데, 35~40세 남성으로 얼굴이 동쪽을 바라보고 있다.				

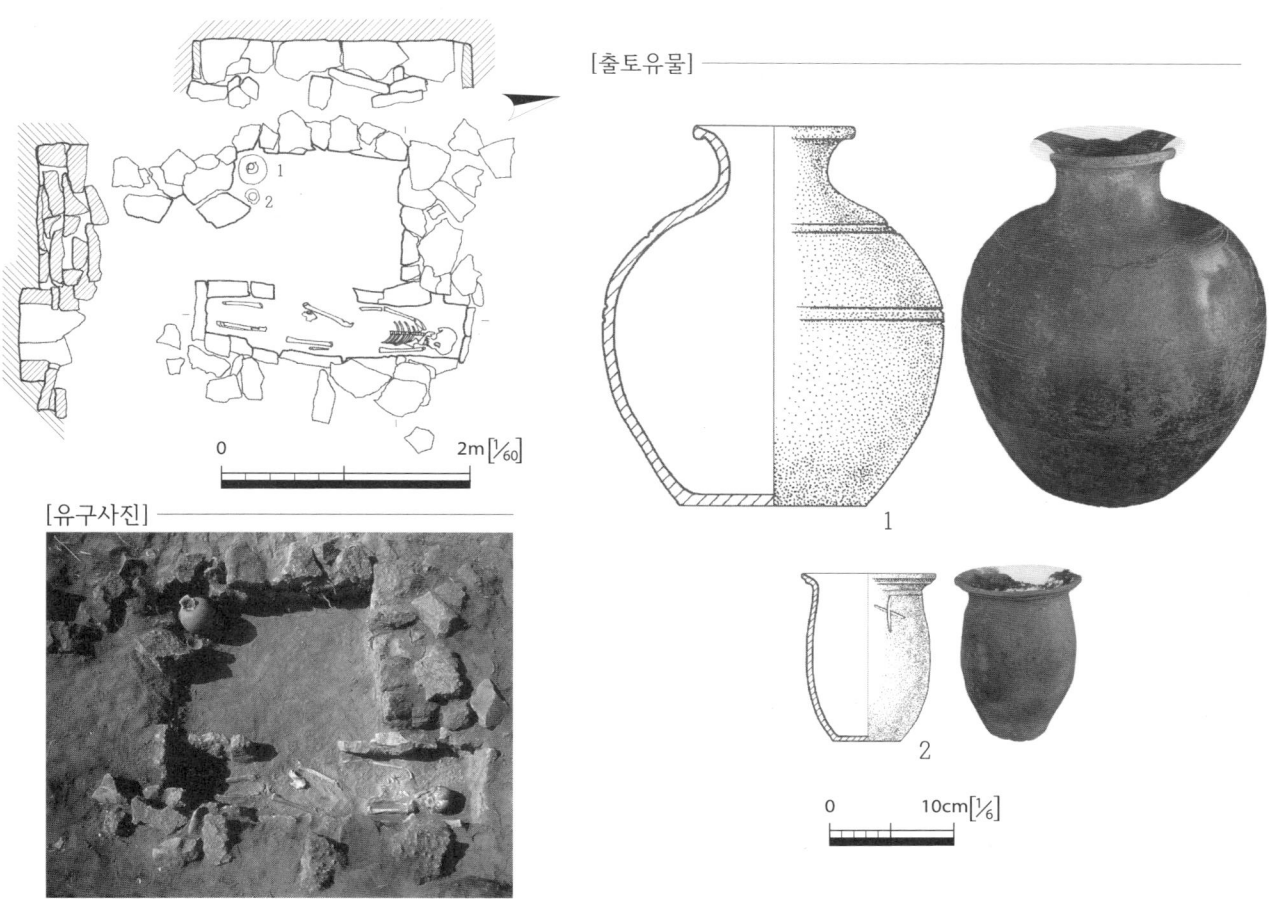

0   2m[1/60]

[출토유물]

1

2

0   10cm[1/6]

[유구사진]

105

흑룡강성 영안시 홍준어장 고분군

2045호묘

(단위 : cm)

봉토	크 기 (길이×너비×높이)	?	연도	크 기 (길이×너비×높이)	126×100×64
	평면형태	?		연도위치	우편재
현실	장축방향	N-10°-E	두 향		?
	규 모 (길이×너비×높이)	275×180×64	바닥시설		(사질토)
	평면형태	장방형	천장형태		?
	시상/관대 (길이×너비×높이)	-	석재종류		현무암 할석
유물	토도기	호(1), 심발(1), 뚜껑(1)			
	금속기	동제 귀걸이(1)			
	옥석기	-			
	기 타	인골(2)			
특기사항		인골은 총 2개체분으로, 불에 그을린 흔적이 남아있으며, 이차장이다. 가장 북쪽에 있는 두개골(A)는 성인 남성, 남쪽 가장자리에 있는 두개골(B)는 남성으로, 나이는 25~30세이다. 남쪽에 있는 사지골은 모두 성인 남성의 것인데, 아마도 북쪽 가장자리에 있는 두개골과 동일인의 것으로 생각된다.			

[출토유물]

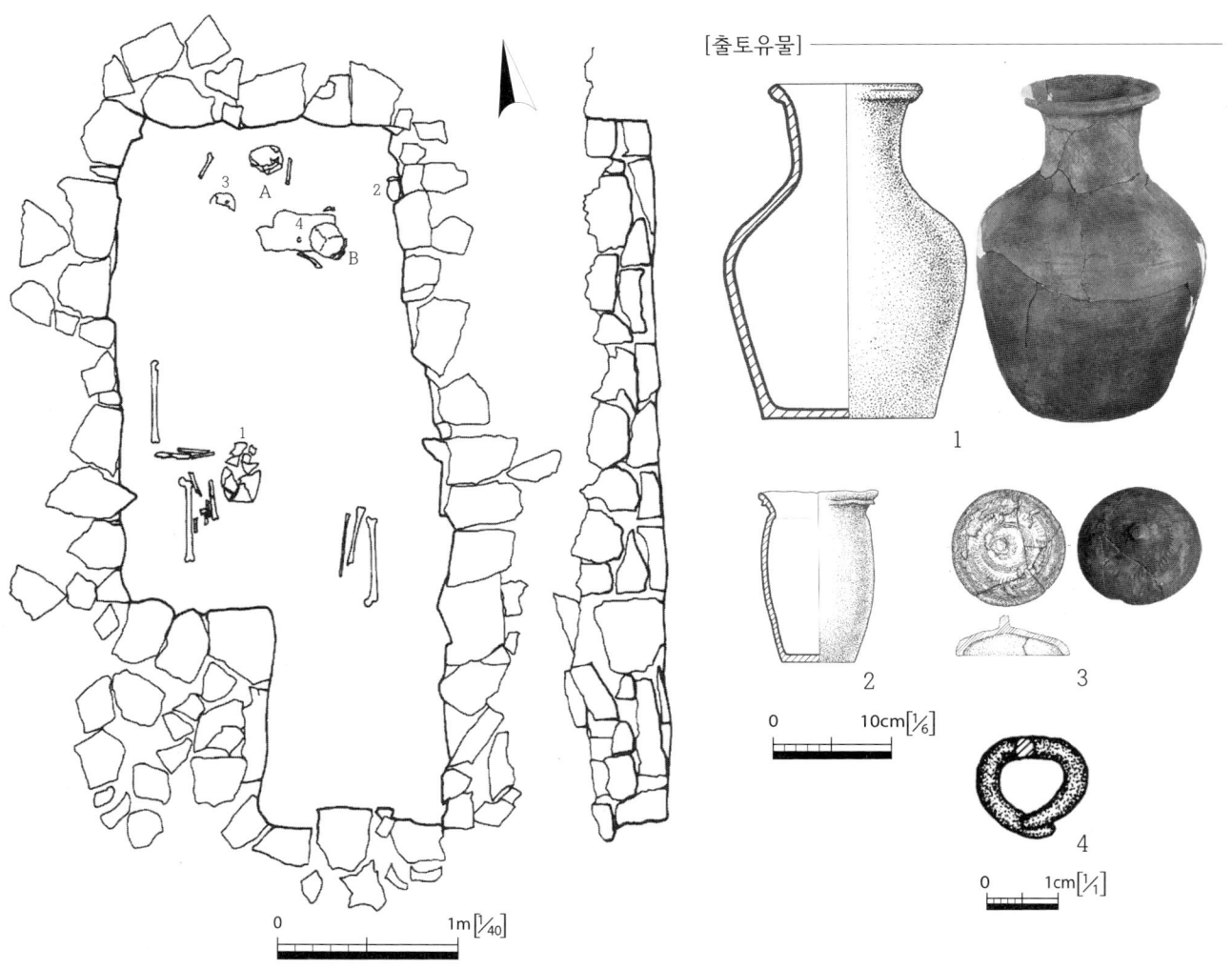

2046호묘

(단위 : cm)

봉토	크 기 (길이×너비×높이)	?	연도	크 기 (길이×너비×높이)	90×72×34
	평면형태	?		연도위치	우편재
현실	장축방향	N-12°-W		두 향	?
	규 모 (길이×너비×높이)	246×160×34		바닥시설	?
	평면형태	장방형		천장형태	?
	시상/관대 (길이×너비×높이)	-		석재종류	할석
유물	토 도 기	-			
	금 속 기	-			
	옥 석 기	-			
	기 타	인골(1)			
	특기사항	현실 서남쪽에서 사지골이 발견되었는데, 노년 여성이다.			

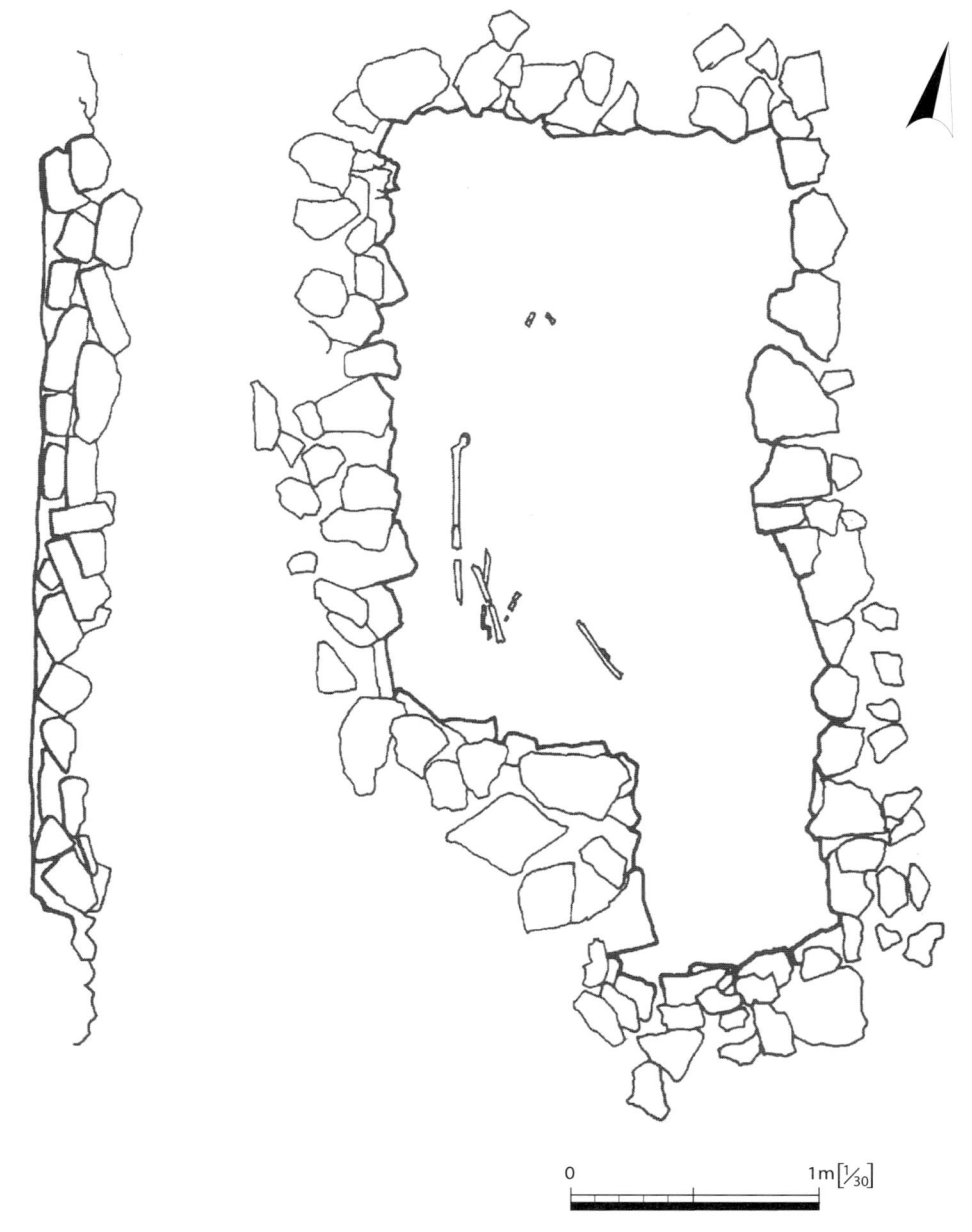

0   1m[1/30]

2047호묘

(단위 : cm)

봉토	크 기 (길이×너비×높이)	?	연도	크 기 (길이×너비×높이)	80×89×48
	평면형태	?		연도위치	우편재
현실	장축방향	N-10°-W	두 향		?
	규 모 (길이×너비×높이)	170×148×48	바닥시설		(사질토)
	평면형태	장방형	천장형태		?
	시상/관대 (길이×너비×높이)	-	석재종류		현무암 판석·할석
유물	토 도 기	-			
	금 속 기	-			
	옥 석 기	-			
	기 타	인골			
	특기사항	현실 서북쪽 모서리에서 약간의 뼈조각이 발견되었는데, 성별과 나이를 알 수 없다.			

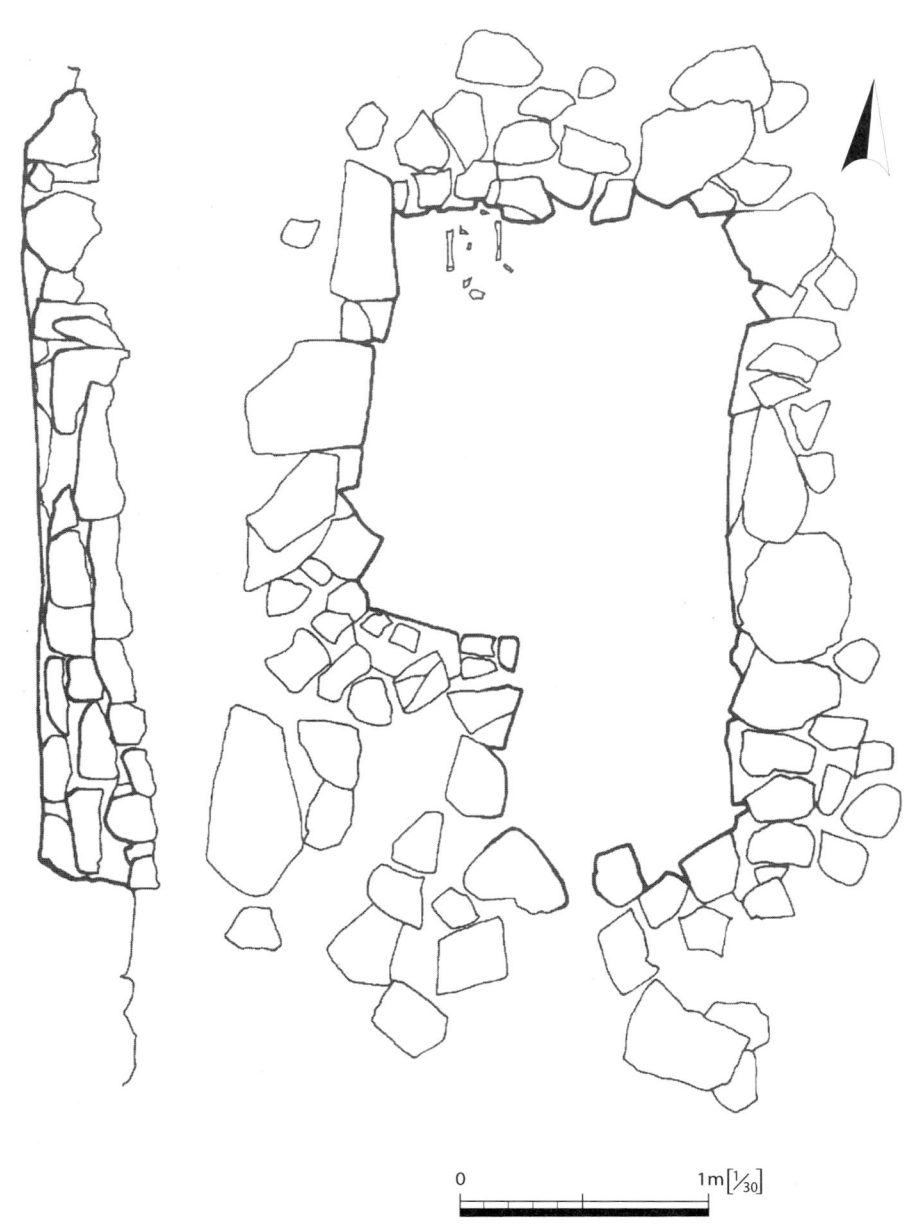

0   1m[1/30]

2048호묘

단위 : cm 표기

(단위 :　cm)

봉토	크 기 (길이×너비×높이)	?	연도	크 기 (길이×너비×높이)	?
	평면형태	?		연도위치	좌편재
현실	장축방향	N-10°-E		두 향	?
	규 모 (길이×너비×높이)	196×153×24		바닥시설	생토
	평면형태	장방형		천장형태	?
	시상/관대 (길이×너비×높이)	-		석재종류	할석
유물	토 도 기	옹(1), 호(1), 심발(1)			
	금 속 기		-		
	옥 석 기		-		
	기 타		-		
	특기사항	유물 도면 없음.			

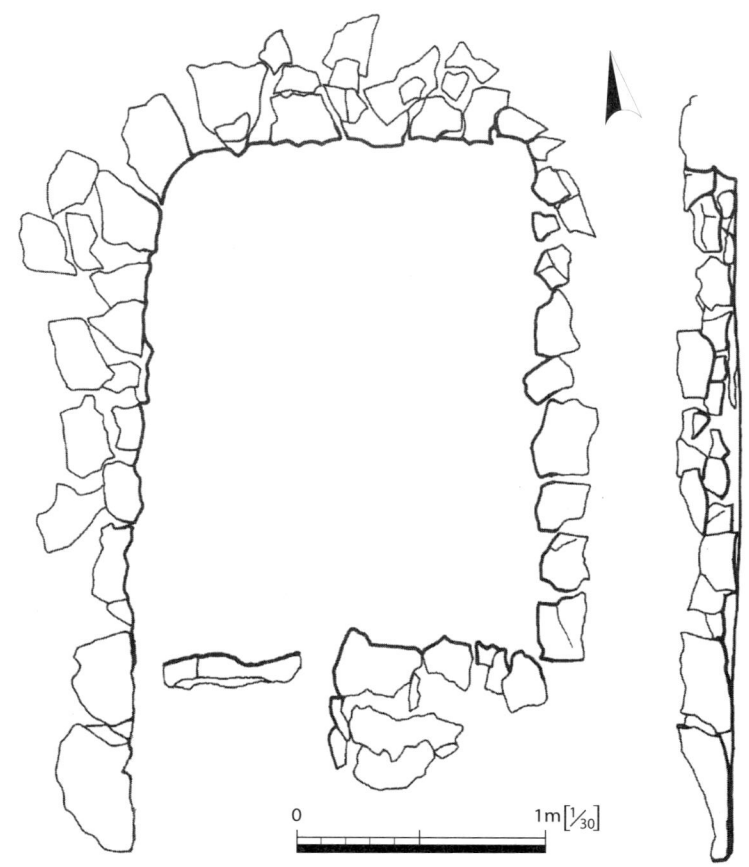

0　　　　　　　　　　　　1m [1/30]

2049호묘

(단위 : cm)

봉토	크 기 (길이×너비×높이)	?	연도	크 기 (길이×너비×높이)	106×84×36
	평면형태	?		연도위치	우편재
현실	장축방향	N-10°-W		두 향	?
	규 모 (길이×너비×높이)	272×222×36		바닥시설	(사질토)
	평면형태	장방형		천장형태	?
	시상/관대 (길이×너비×높이)	-		석재종류	현무암 할석
유물	토도기	-			
	금속기	용도미상 청동기(1), 철제 교구(2)			
	옥석기	-			
	기 타	인골(1)			
	특기사항	묘실 남쪽에 하지골 한 쌍이 발견되었는데, 성별과 나이는 알 수 없다.			

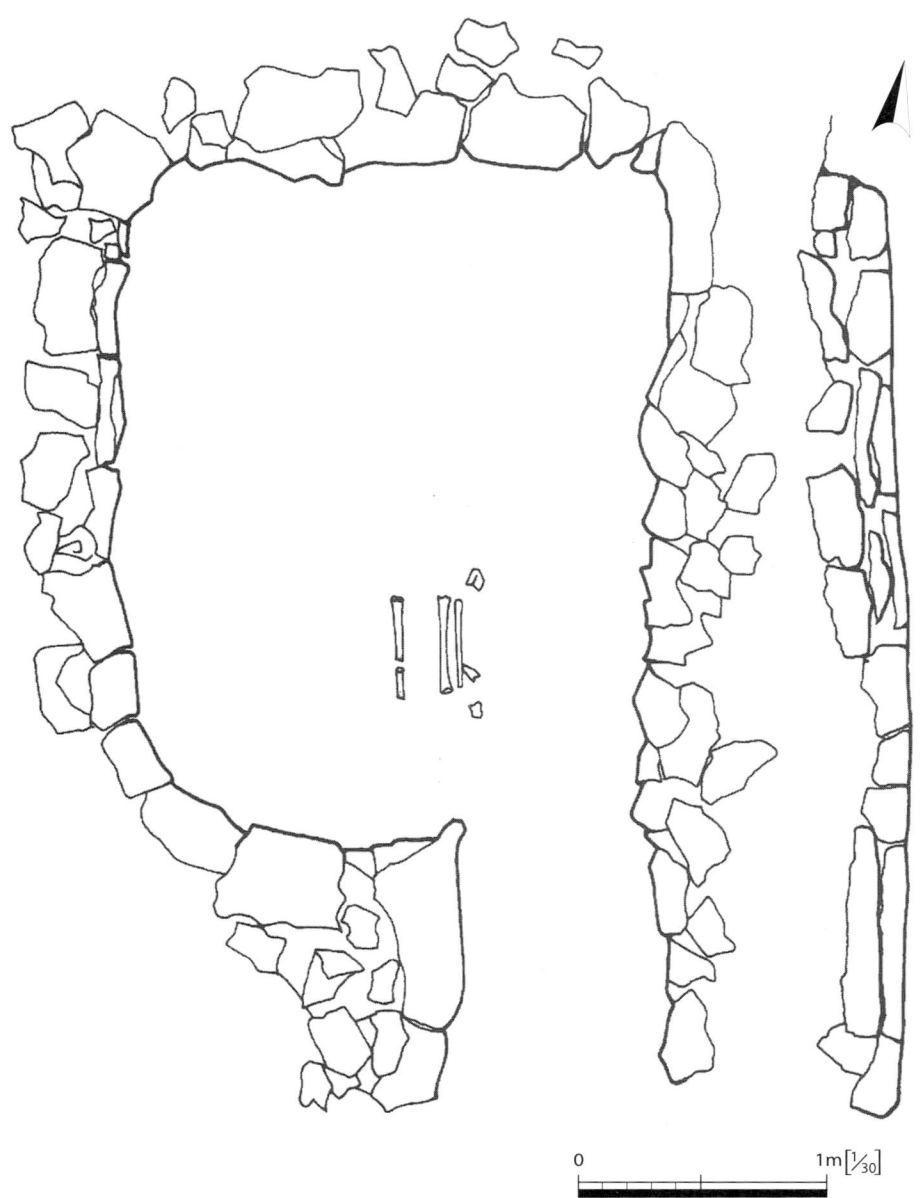

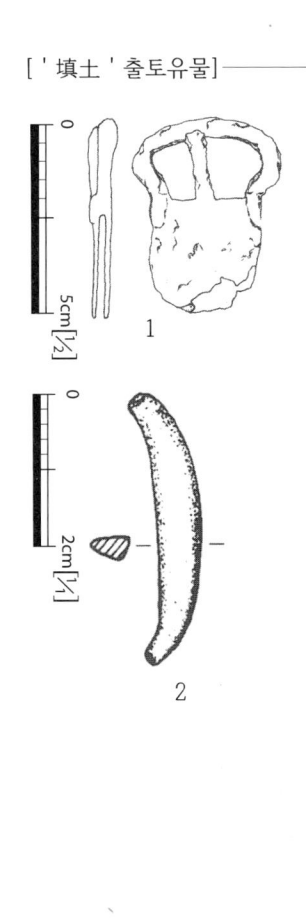

['塡土' 출토유물]

1

2

0   1m[1/30]

2050호묘

(단위 : cm)

봉토	크 기 (길이×너비×높이)	?	연도	크 기 (길이×너비×높이)	106×90×?
	평면형태	?		연도위치	중앙
현실	장축방향	N-10°-W		두 향	?
	규 모 (길이×너비×높이)	220×191×48		바닥시설	생토
	평면형태	장방형		천장형태	?
	시상/관대 (길이×너비×높이)	-		석재종류	할석
유물	토도기	-
	금속기	-
	옥석기	-
	기 타	-
	특기사항	-

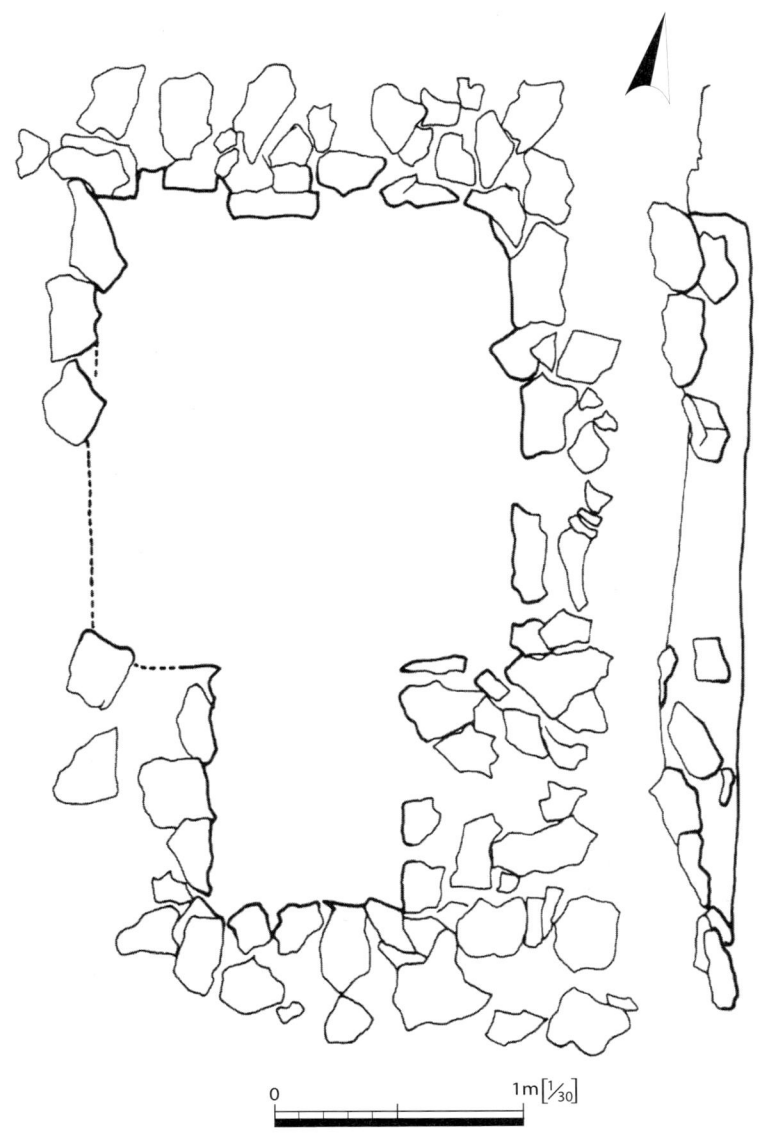

0   1m[1/30]

2051호묘

(단위 : cm)

봉토	크 기 (길이×너비×높이)	450×350×(60+)	연도	크 기 (길이×너비×높이)	96×90×?
	평면형태	타원형		연도위치	중앙
현실	장축방향	N-10°-W		두 향	?
	규 모 (길이×너비×높이)	266×204×60		바닥시설	흑갈색 생토
	평면형태	장방형		천장형태	?
	시상/관대 (길이×너비×높이)	-		석재종류	현무암 할석
유물	토도기	-			
	금속기	-			
	옥석기	-			
	기 타	인골(2)			
	특기사항	2점의 두개골이 발견되었는데, 이차장에 속한다. 동쪽에 있는 두개골(A)는 성인 남성이고, 그 서쪽에 있는 두개골(B)는 25세 정도의 남성이다. 동북쪽 모서리가 둥글게 처리되었다.			

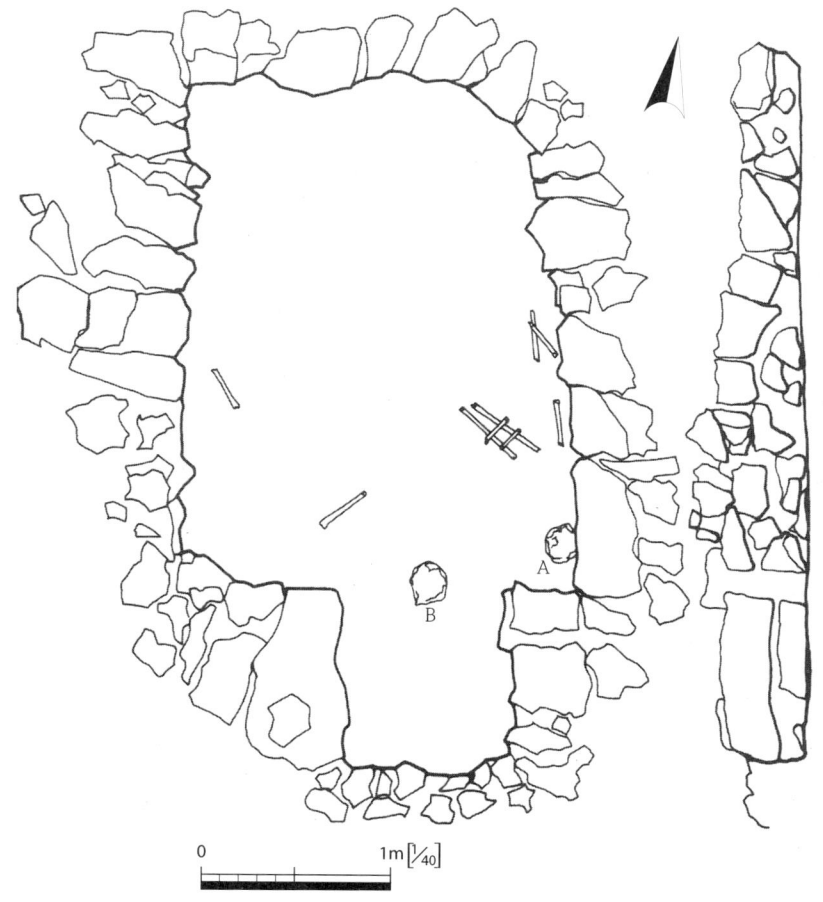

0   1m [1/40]

2052호묘

(단위 : cm)

봉토	크 기 (길이×너비×높이)	?×?×50	연도	크 기 (길이×너비×높이)	?×?×46
	평면형태	?		연도위치	?
현실	장축방향	N-9°-W		두 향	?
	규 모 (길이×너비×높이)	260+×166×46		바닥시설	(사질토)
	평면형태	장방형		천장형태	?
	시상/관대 (길이×너비×높이)	-		석재종류	현무암 판석
유물	토도기	호(1), 심발(2), 토기편			
	금속기	동제 대금구(4)			
	옥석기	-			
	기 타	인골(2)			
	특기사항	두개골 2점과 관련된 사지골은 현실 남쪽에 집중되어 있다. 모두 이차장이다. 서쪽에 있는 뼈(A)는 25~30세의 여성이고 남쪽 가장자리에 있는 뼈(B)는 성인으로 성별은 알 수 없다.			

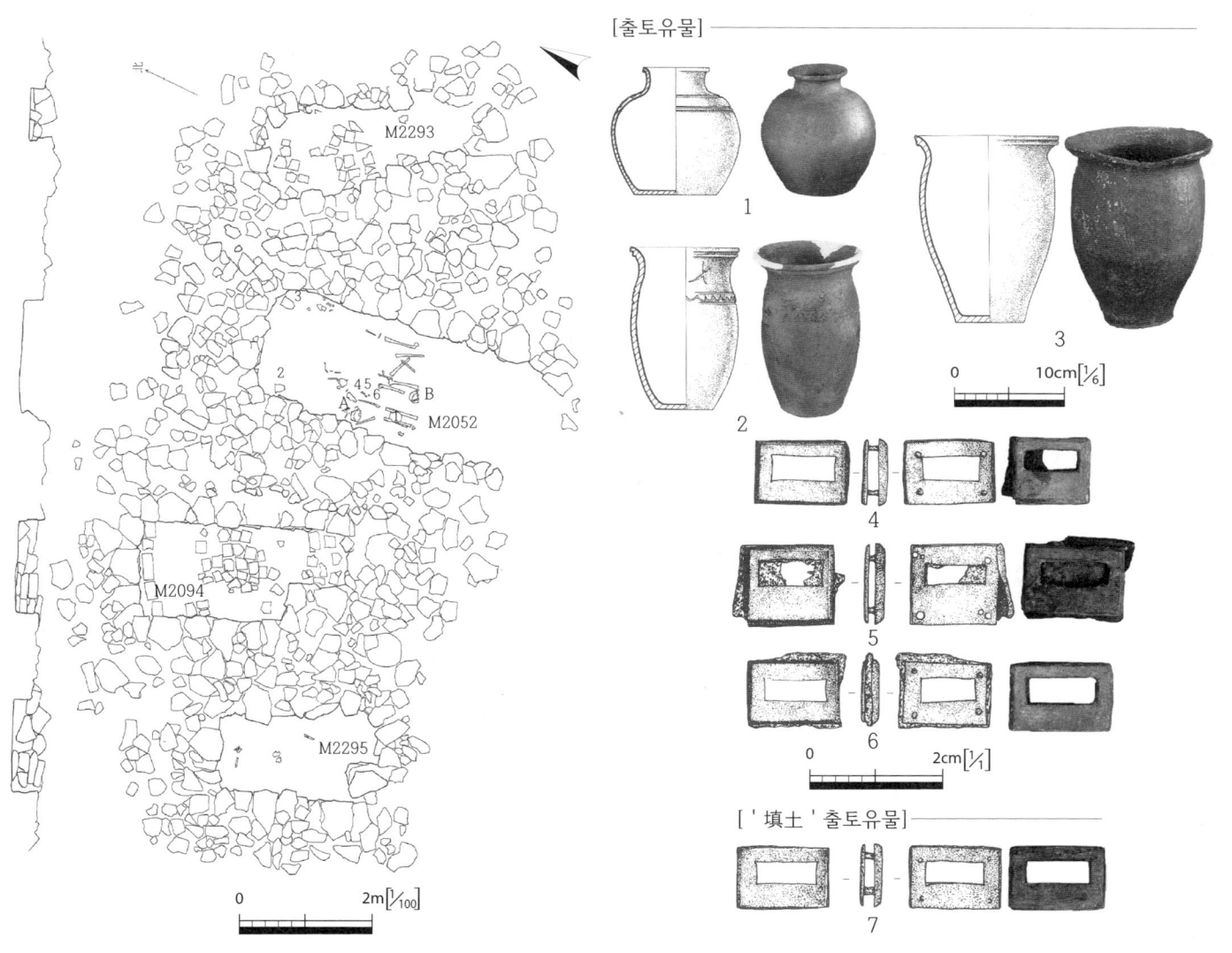

[출토유물]

['塡土' 출토유물]

2053호묘

(단위 : cm)

봉토	크 기 (길이×너비×높이)	?	연도	크 기 (길이×너비×높이)	(113)×110×?
	평면형태	?		연도위치	(중앙)
현실	장축방향	N-10°-E		두 향	?
	규 모 (길이×너비×높이)	(260)×250×48		바닥시설	황사토
	평면형태	방형		천장형태	?
	시상/관대 (길이×너비×높이)	-		석재종류	현무암 판석·할석
유물	토도기	호(1)			
	금속기	동제 대구(2), 동제 사미(1)			
	옥석기	마노제 구슬(1)			
	기 타	인골(1)			
	특기사항	1개체분의 30~35세 여성 인골이 발견되었는데, 이차장에 속한다. 현실 남부의 양쪽 모서리가 둥글게 처리되었다.			

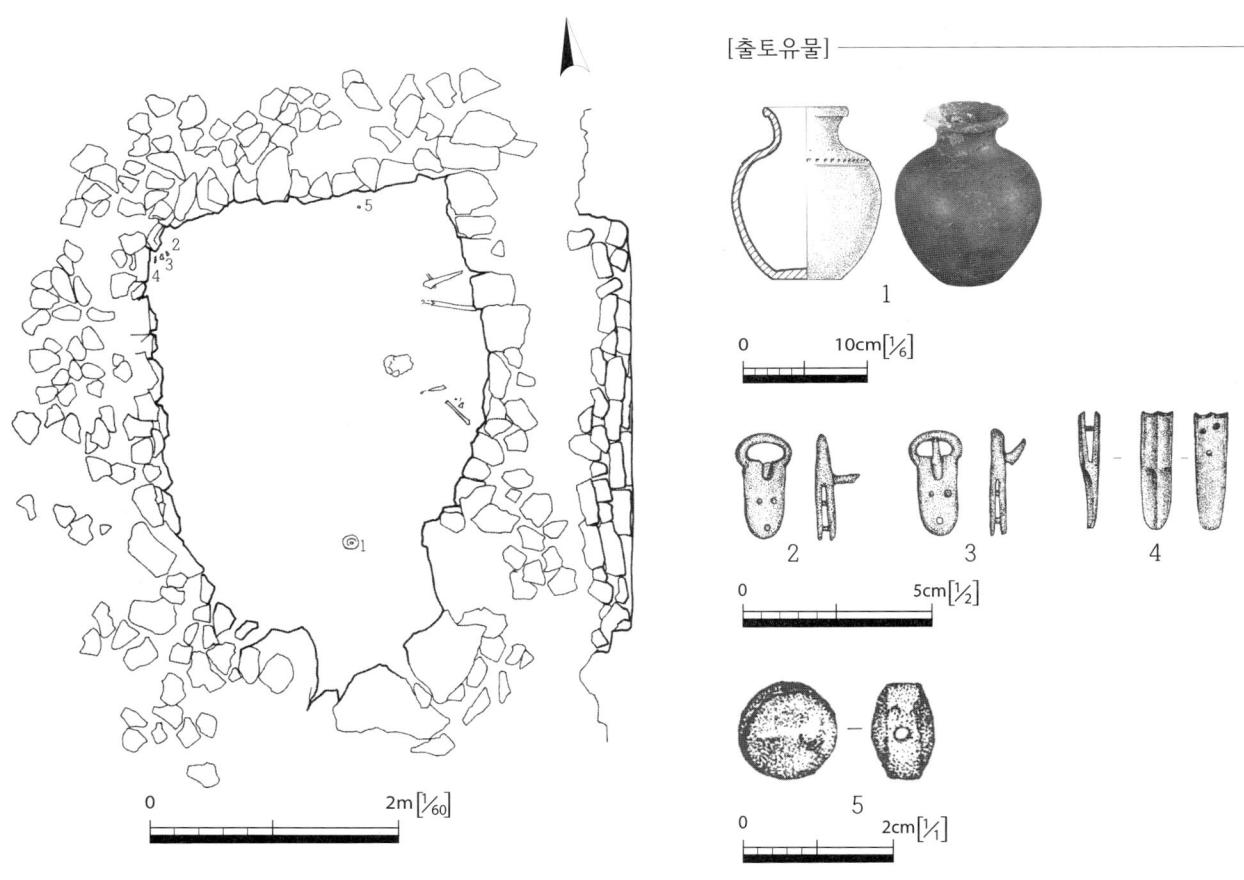

[출토유물]

2054호묘

봉토	크 기 (길이×너비×높이)	?	연도	크 기 (길이×너비×높이)	150×86×?
	평면형태	?		연도위치	중앙
현실	장축방향	N-25°-W		두 향	?
	규 모 (길이×너비×높이)	252×175×44		바닥시설	흑갈색 생토
	평면형태	장방형		천장형태	?
	시상/관대 (길이×너비×높이)	-		석재종류	현무암 할석
유물	토 도 기	단경호(1)			
	금 속 기	-			
	옥 석 기	-			
	기 타	인골(2)			
	특기사항	현실 서남쪽에서 2점의 두개골이, 서북쪽에서 몇 개의 사지골이 발견되었는데 이차장에 속한다. 서쪽에 위치한 두개골(A)는 50세 정도의 남성이고, 동쪽의 두개골(B)는 성별이 불분명한 성인이다.			

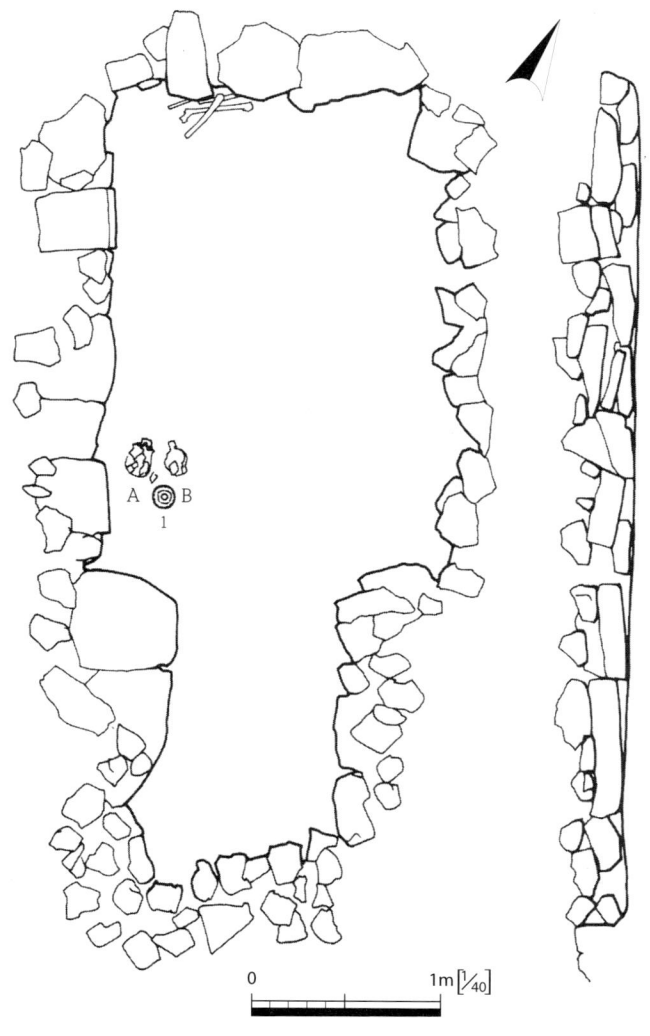

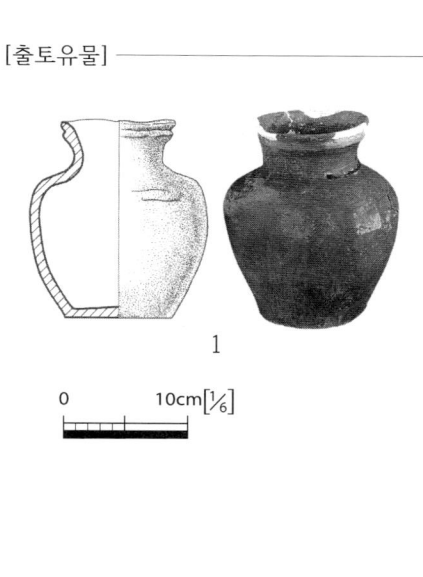

[출토유물]

1

0   10cm[1/6]

0   1m[1/40]

2055호묘

(단위 : cm)

봉토	크 기 (길이×너비×높이)	?×?×40	연도	크 기 (길이×너비×높이)	150×100~128×42
	평면형태	?		연도위치	우편재
현실	장축방향	N-20°-W		두 향	?
	규 모 (길이×너비×높이)	330×190×42		바닥시설	(사질토)
	평면형태	장방형		천장형태	?
	시상/관대 (길이×너비×높이)	-		석재종류	현무암 판석·할석
유물	토도기	-			
	금속기	동제 대금구(1), 동제 사미(1)			
	옥석기	-			
	기 타	인골(3)			
	특기사항	인골은 총 3개체분인데, 교란되었으나 이차장으로 추정된다. 서남쪽 모서리에 있는 뼈(A)는 25~30세 여성이고, 중앙에 있는 두개골(B)는 55세 전후의 남성이다. 서북쪽 모서리에 있는 두개골과 사지골 (C)는 아마도 하나의 개체이며 성인 남성이다.			

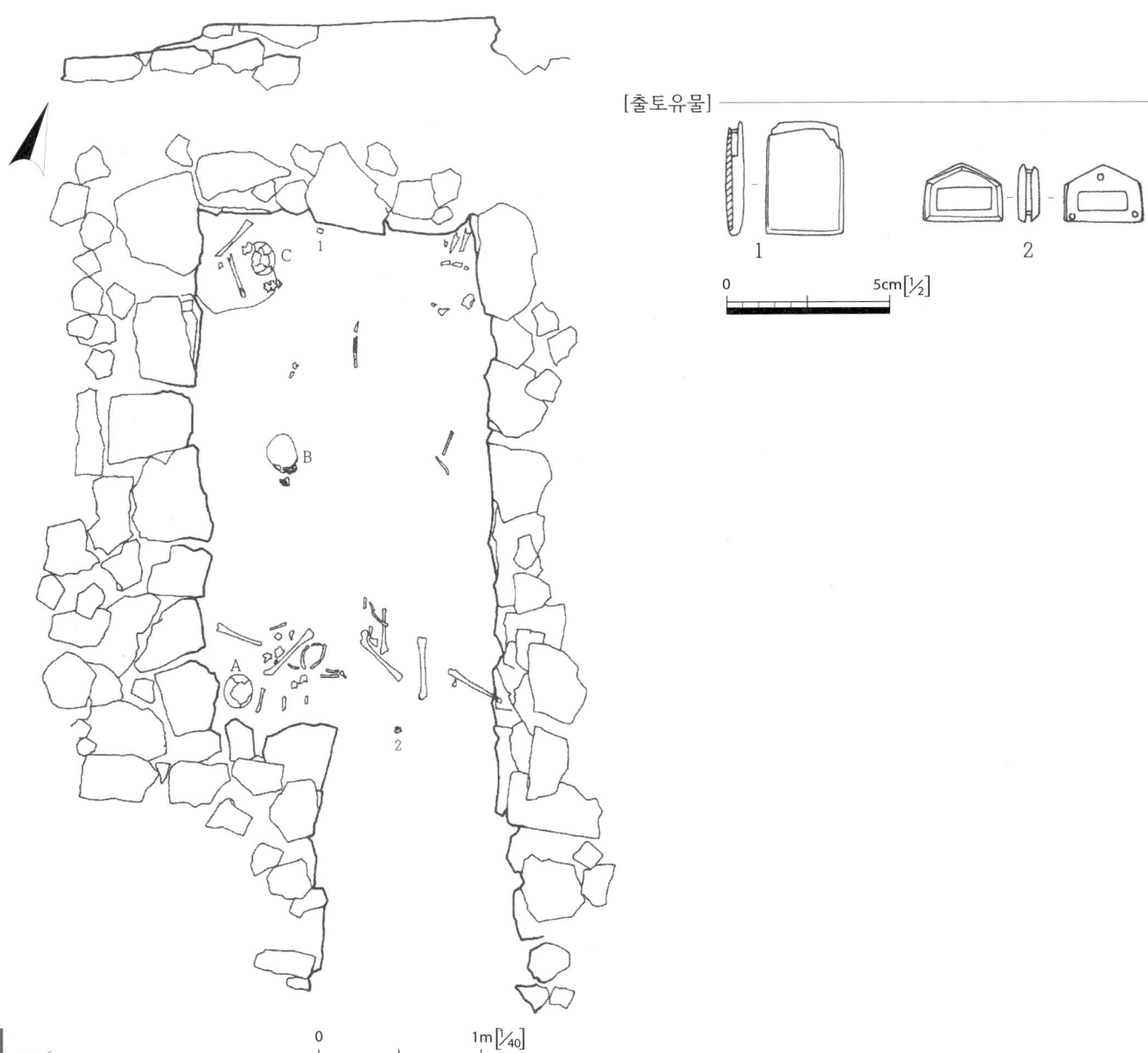

[출토유물]

1

2

0   5cm[½]

0   1m[¼₀]

2056호묘

(단위 : cm)

봉토	크 기 (길이×너비×높이)	?	연도	크 기 (길이×너비×높이)	?
	평면형태	?		연도위치	?
현실	장축방향	N-10°-W		두 향	?
	규 모 (길이×너비×높이)	320×112×26		바닥시설	갈색 생토층
	평면형태	세장방형		천장형태	?
	시상/관대 (길이×너비×높이)	-		석재종류	활석
유물	토 도 기	-			
	금 속 기	-			
	옥 석 기	-			
	기 타	인골			
	특기사항	현실 중앙에서 인골이 발견되었으며, 이미 불에 타 회색으로 변했다. 약간의 뼈 잔편만 남아 있는데 성인이지만 성별은 알 수 없다.			

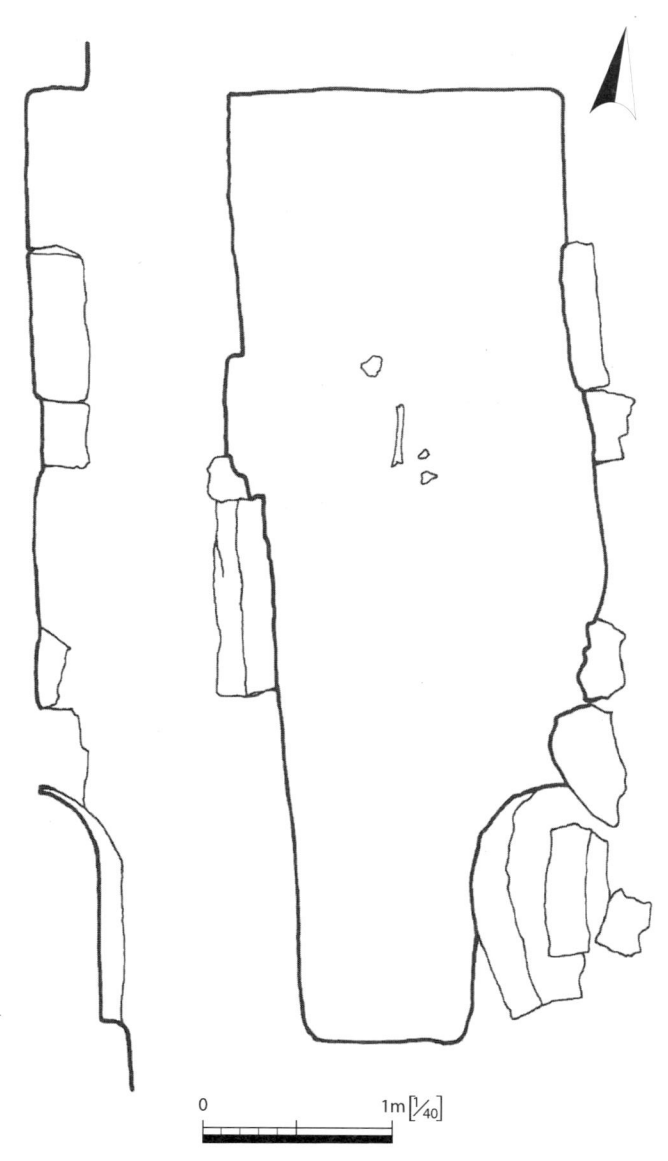

0   1m [1/40]

2057호묘

(단위 : cm)

봉토	크 기 (길이×너비×높이)	430×300×50	연도	크 기 (길이×너비×높이)	?
	평면형태	타원형		연도위치	?
현실	장축방향	N-S		두 향	?
	규 모 (길이×너비×높이)	310×86×40		바닥시설	(사질토)
	평면형태	세장방형		천장형태	?
	시상/관대 (길이×너비×높이)	-		석재종류	현무암
유물	토 도 기	-			
	금 속 기	-			
	옥 석 기	-			
	기 타	인골(1)			
특기사항		남성이며 나이는 40~45세이고, 이차장이다.			

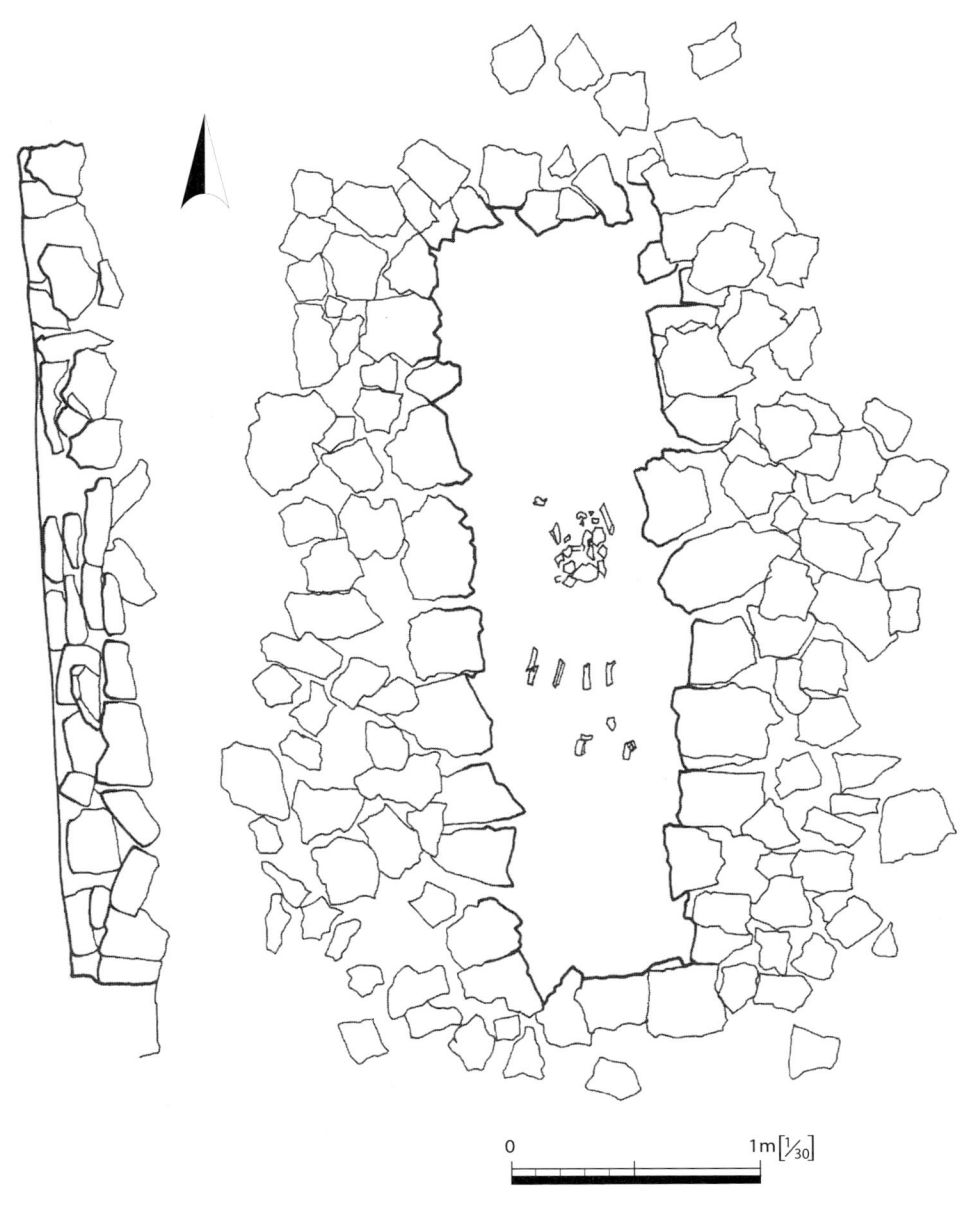

0   1m [1/30]

2058호묘

(단위 : cm)

봉토	크 기 (길이×너비×높이)	?	연도	크 기 (길이×너비×높이)	50×66×33
	평면형태	?		연도위치	우편재
현실	장축방향	N-10°-E		두 향	?
	규 모 (길이×너비×높이)	234×122×33		바닥시설	생토
	평면형태	장방형		천장형태	?
	시상/관대 (길이×너비×높이)	-		석재종류	할석
유물	토 도 기	-			
	금 속 기	-			
	옥 석 기	-			
	기 타	인골(1)			
	특기사항	인골은 1개체분으로, 불에 타버려 검은색을 띠고 있다. 성별과 나이는 알 수 없으며, 뼈 주위에서 붉게 그을린 흙과 목탄이 발견되지 않은 것으로 보아 화장 후에 옮겨진 것으로 생각된다.			

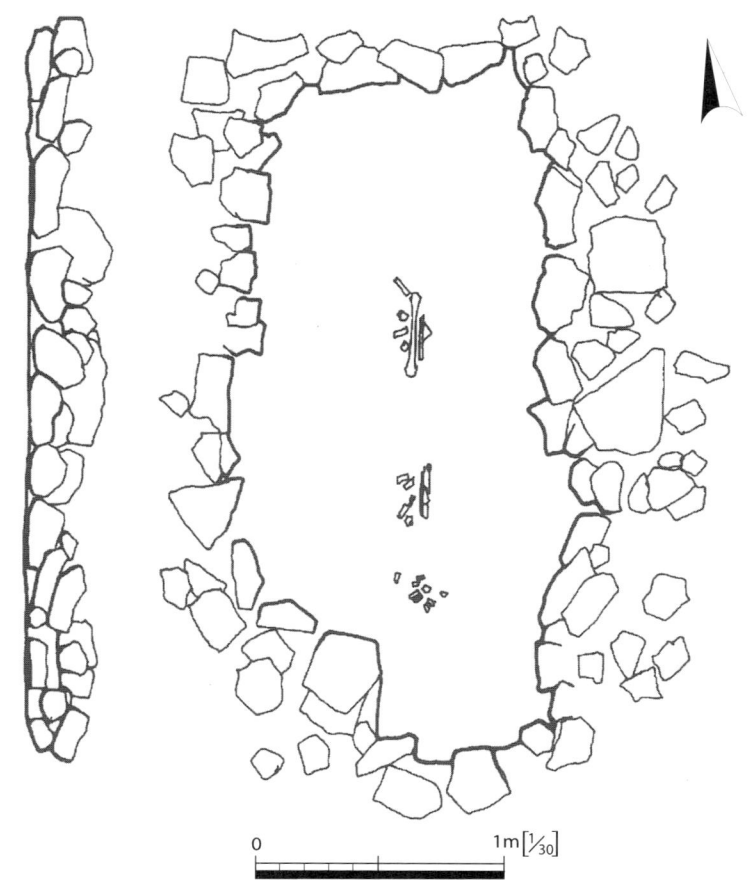

0   1m[1/30]

2059호묘

(단위 : cm)

봉토	크 기 (길이×너비×높이)	430×300×50	연도	크 기 (길이×너비×높이)	?
	평면형태	타원형		연도위치	우편재
현실	장축방향	N-S		두 향	?
	규 모 (길이×너비×높이)	310×86×40		바닥시설	(사질토)
	평면형태	세장방형		천장형태	?
	시상/관대 (길이×너비×높이)	-		석재종류	현무암
유물	토도기	-			
	금속기	-			
	옥석기	-			
	기 타	인골(1)			
	특기사항	인골은 1개체분으로 이차장이며, 40~45세 남성이다.			

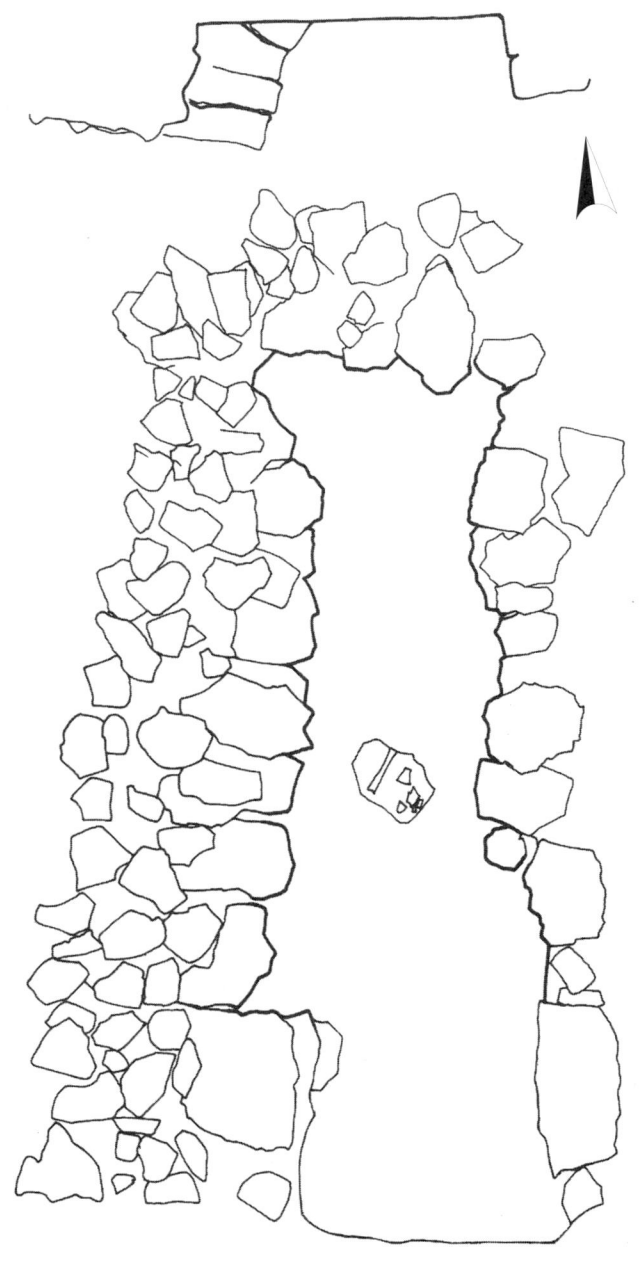

0   1m[1/30]

2060호묘

(단위 : cm)

봉토	크 기 (길이×너비×높이)	?×?×90	연도	크 기 (길이×너비×높이)	100×81×100
	평면형태	?		연도위치	우편재
현실	장축방향	N-10°-W		두 향	?
	규 모 (길이×너비×높이)	246×150×100		바닥시설	(사질토)
	평면형태	장방형		천장형태	?
	시상/관대 (길이×너비×높이)	-		석재종류	현무암 판석·할석
유물	토 도 기	-			
	금 속 기	-			
	옥 석 기	-			
	기 타	인골			
특기사항		현실 서쪽에서 잘게 부서진 뼈가 발견되었으나 나이와 성별은 알 수 없다.			

0　　　　　　　　　1m [1/30]

2061호묘

봉토	크 기 (길이×너비×높이)	?×?×80	연도	크 기 (길이×너비×높이)	?
	평면형태	?		연도위치	?
현실	장축방향	N-15°-E		두 향	?
	규 모 (길이×너비×높이)	261×74×72		바닥시설	(사질토)
	평면형태	세장방형		천장형태	?
	시상/관대 (길이×너비×높이)	-		석재종류	현무암 할석
유물	토 도 기	심발(1), 구연부편(1)			
	금 속 기	-			
	옥 석 기	-			
	기 타	인골			
	특기사항	현실 중간에 판석이 한 장 있고, 그 위에 몇 개의 깨진 뼈조각이 발견되었는데, 성별과 나이는 명확하지 않다.			

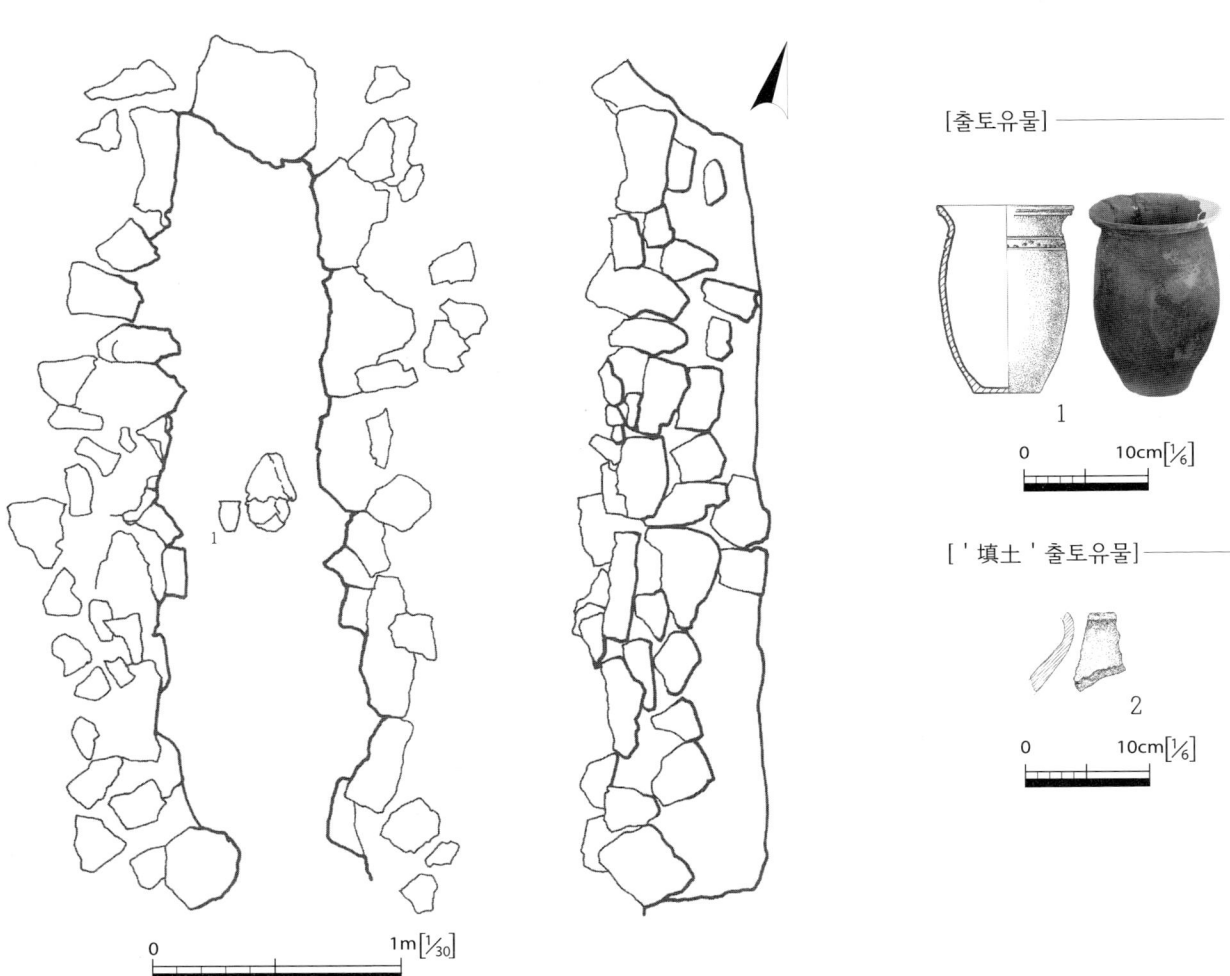

[출토유물]

1

0   10cm[1/6]

['填土' 출토유물]

2

0   10cm[1/6]

0   1m[1/30]

122

발해의 고분 문화 I - 흑룡강성 -

2062호묘

(단위 : cm)

봉토	크 기 (길이×너비×높이)	?	연도	크 기 (길이×너비×높이)	?
	평면형태	?		연도위치	?
현실	장축방향	N−25°−E		두 향	?
	규 모 (길이×너비×높이)	(222+)×86×56		바닥시설	(사질토)
	평면형태	세장방형		천장형태	?
	시상/관대 (길이×너비×높이)	−		석재종류	현무암
유물	토 도 기	심발(1)			
	금 속 기		−		
	옥 석 기		−		
	기 타	인골(1)			
특기사항		현실 북쪽에서 성인 두개골 한 점이 발견되었으나, 성별과 연령은 알 수 없다.			

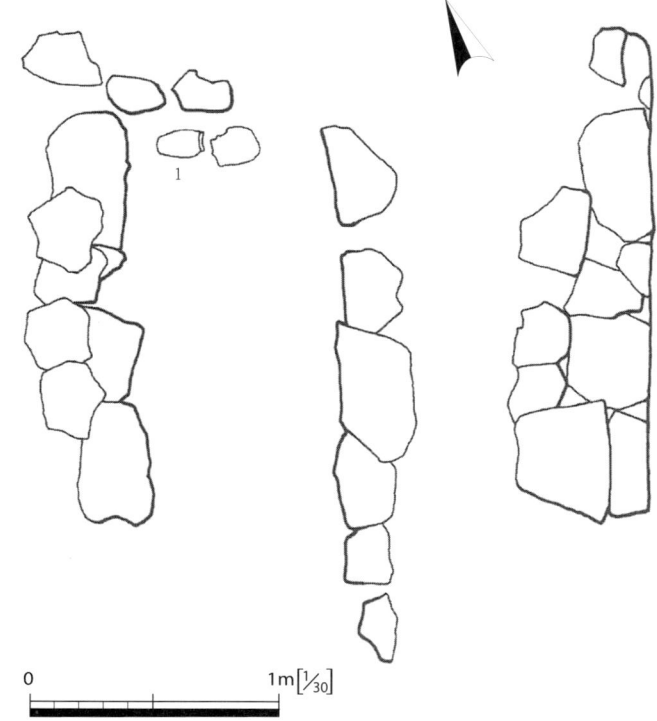

0   1m[1/30]

[출토유물]

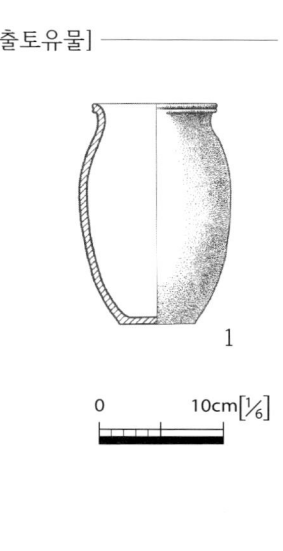

1

0   10cm[1/6]

2063호묘

(단위 : cm)

봉토	크 기 (길이×너비×높이)	?	연도	크 기 (길이×너비×높이)	?
	평면형태	?		연도위치	?
현실	장축방향	N-5°-W		두 향	?
	규 모 (길이×너비×높이)	204×96×90		바닥시설	생토층
	평면형태	장방형		천장형태	?
	시상/관대 (길이×너비×높이)	-		석재종류	현무암 판석
유물	토도기	단경호(1), 심발(1)			
	금속기	철제 나선형 장식(1)			
	옥석기		-		
	기 타	인골(1)			
	특기사항	현실 북쪽에 성인 인골이 있는데, 성별과 연령은 알 수 없다.			

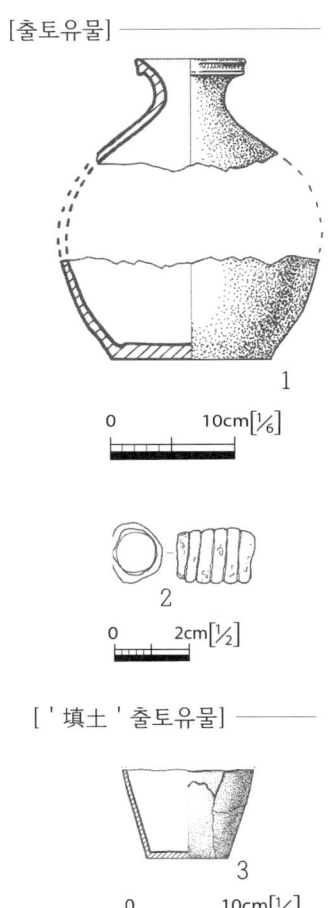

[출토유물]

1

0   10cm[⅙]

2

0   2cm[½]

['塡土' 출토유물]

3

0   10cm[⅙]

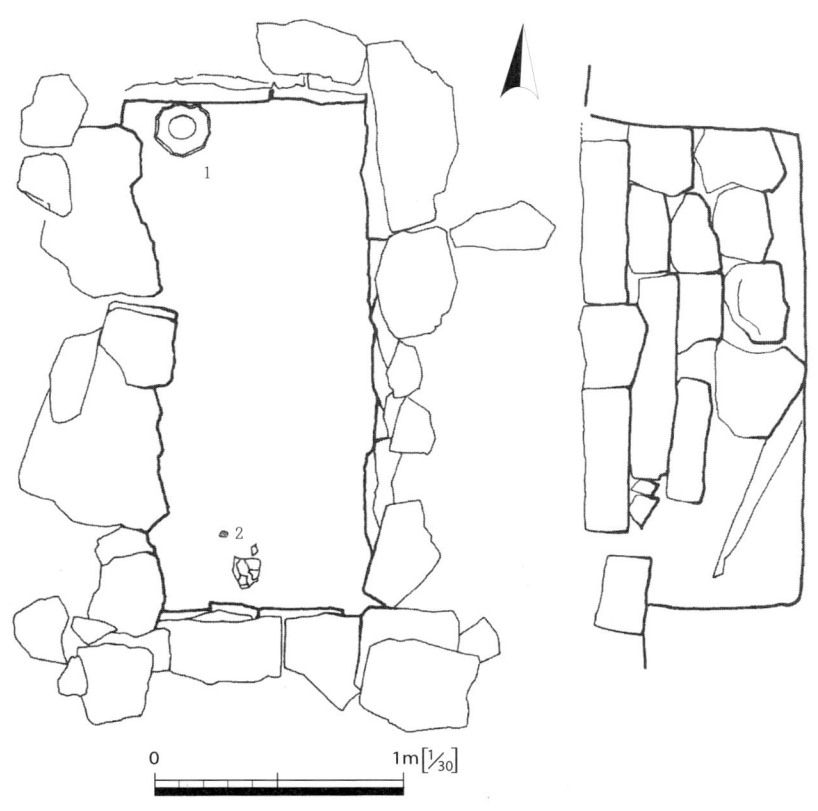

0   1m[1/30]

2064호묘

(단위 : cm)

봉토	크 기 (길이×너비×높이)	?	연도	크 기 (길이×너비×높이)	?
	평면형태	?		연도위치	중앙
현실	장축방향	N-25°-W		두 향	?
	규 모 (길이×너비×높이)	236×90×41		바닥시설	생토층
	평면형태	세장방형		천장형태	?
	시상/관대 (길이×너비×높이)	-		석재종류	현무암 판석·할석
유물	토도기	심발(1)			
	금속기	-			
	옥석기	-			
	기 타	인골(1)			
	특기사항	한 개체분으로 추정되며, 이차장으로 성인 남성이다.			

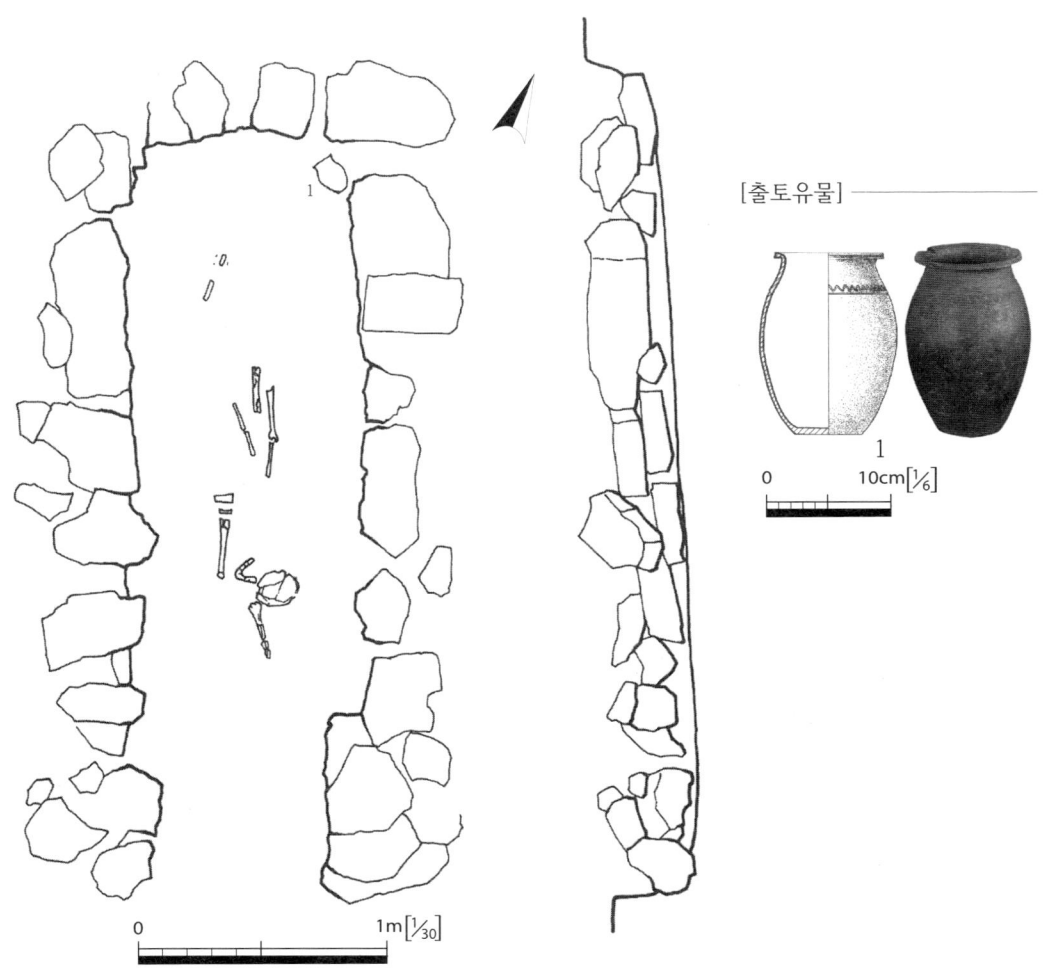

[출토유물]

1

0   10cm[⅙]

0   1m[1/30]

2065호묘

(단위 : cm)

봉토	크 기 (길이×너비×높이)	?	연도	크 기 (길이×너비×높이)	76×70×60
	평면형태	?		연도위치	우편재
현실	장축방향	N-S		두 향	?
	규 모 (길이×너비×높이)	220×122×60		바닥시설	(사질토)
	평면형태	장방형		천장형태	?
	시상/관대 (길이×너비×높이)	?		석재종류	현무암 판석·할석
유물	토 도 기	-			
	금 속 기	-			
	옥 석 기	-			
	기 타	인골(2)			
	특기사항	현실 남쪽에서 2개체분의 성인 두개골이 발견되었다. 이차장이며, 성별과 나이는 알 수 없다.			

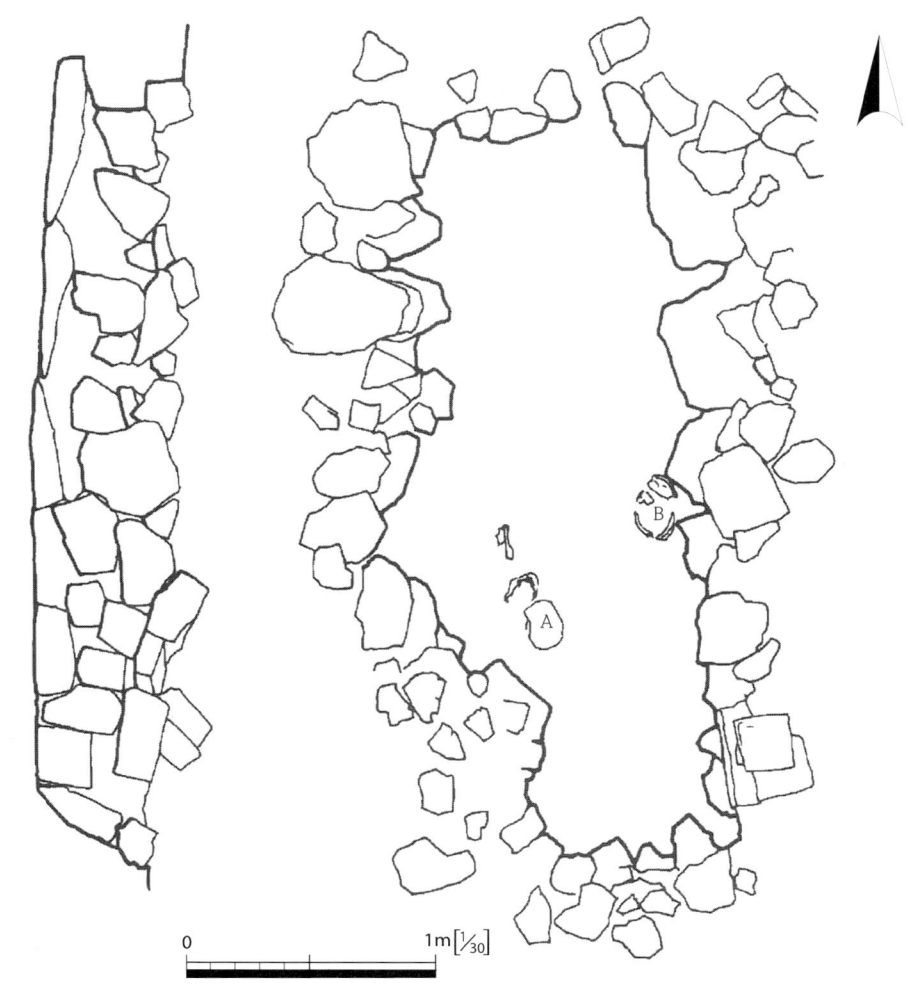

0   1m[1/30]

2066호묘

(단위 : cm)

봉토	크 기 (길이×너비×높이)	?	연도	크 기 (길이×너비×높이)	?
	평면형태	?		연도위치	(일체형)
현실	장축방향	N-10°-W		두 향	?
	규 모 (길이×너비×높이)	(350+)×80~100×58		바닥시설	생토층
	평면형태	세장방형		천장형태	?
	시상/관대 (길이×너비×높이)	-		석재종류	현무암 할석
유물	토 도 기	심발(1)			
	금 속 기	-			
	옥 석 기	-			
	기 타	인골			
	특기사항	유물 도면 없음. 현실 동벽과 서북쪽 모서리에서 약간의 뼈가 발견되는데, 성별과 나이는 모두 분명하지 않다.			

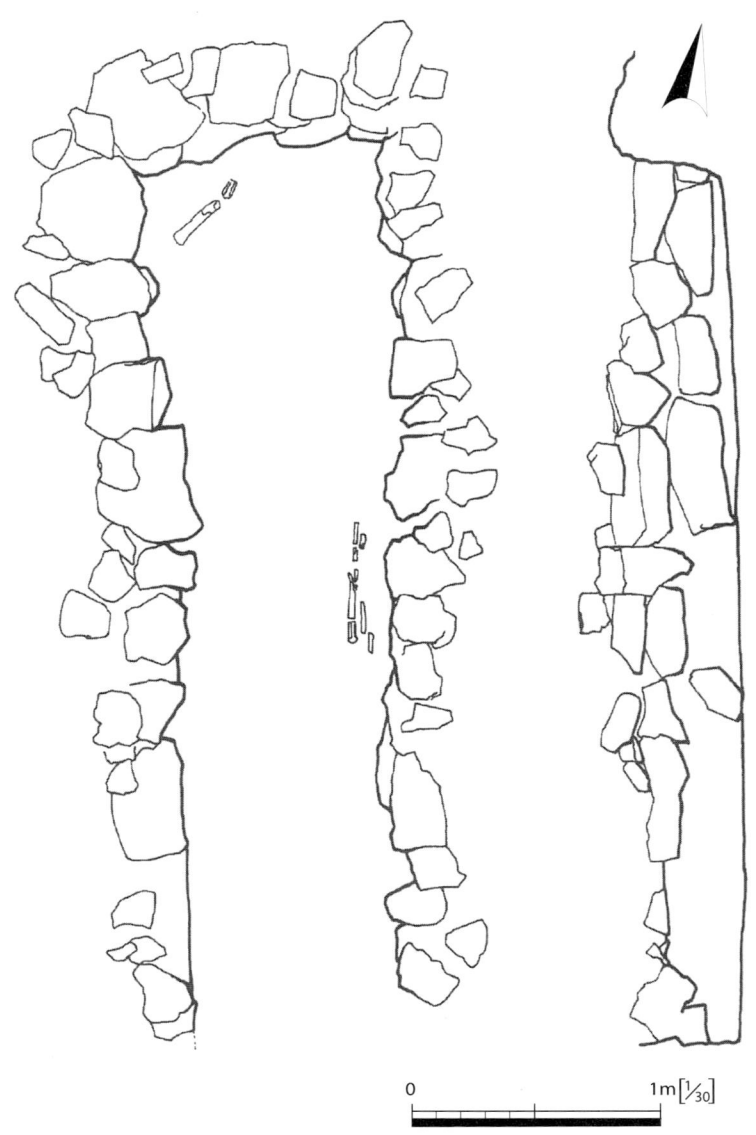

0   1m [1/30]

127

흑룡강성 영안시 홍준어장 고분군

2067호묘

(단위 : cm)

봉토	크 기 (길이×너비×높이)	?	연도	크 기 (길이×너비×높이)	70×74×56
	평면형태	?		연도위치	우편재
현실	장축방향	N-10°-W		두 향	?
	규 모 (길이×너비×높이)	250×150×56		바닥시설	(사질토)
	평면형태	장방형		천장형태	?
	시상/관대 (길이×너비×높이)	-		석재종류	판석·할석
유물	토도기	-			
	금속기	-			
	옥석기	-			
	기 타	인골			
	특기사항	현실 서쪽 가장자리에서 잘게 부서진 뼈가 발견되었는데, 성별과 나이는 분명하지 않다.			

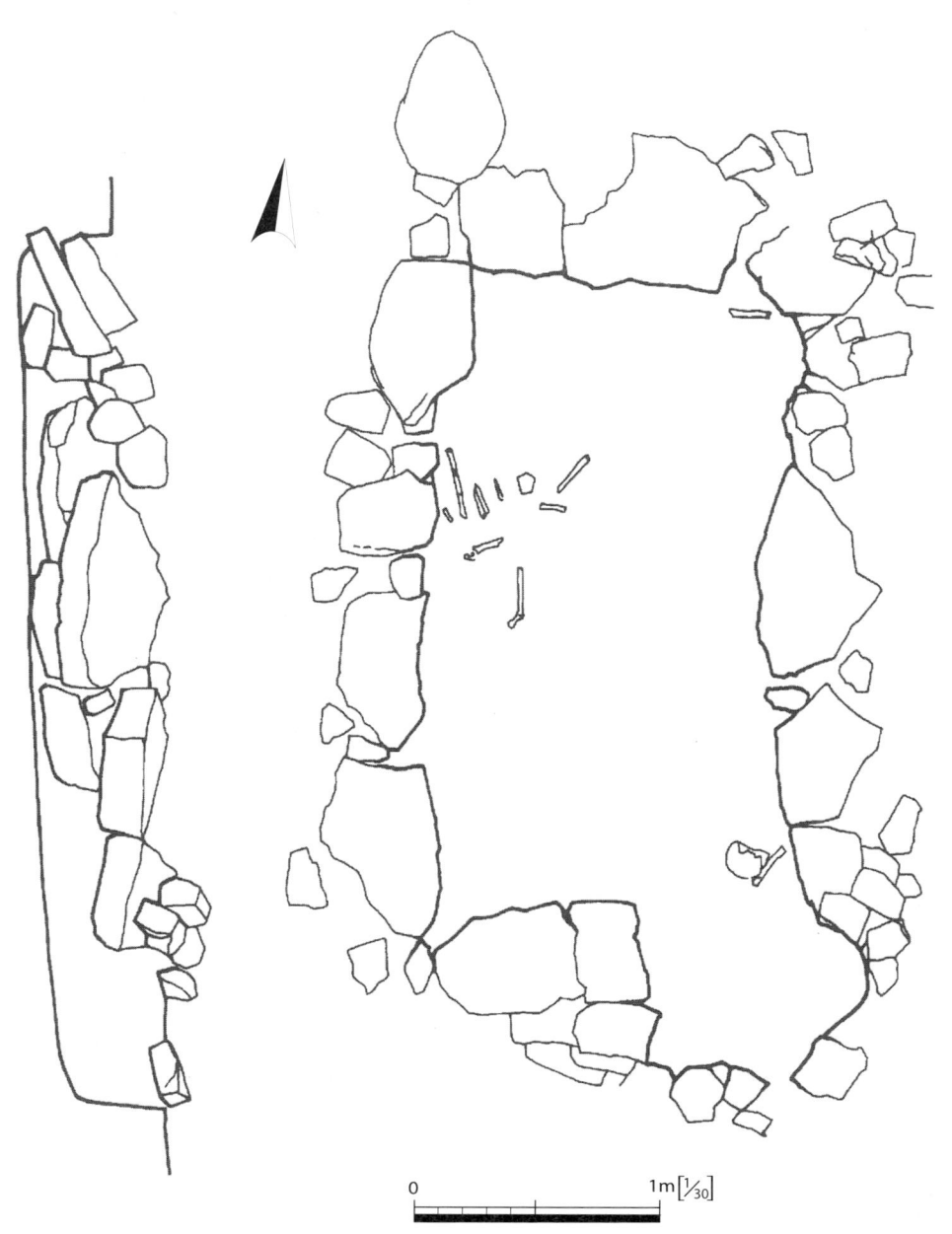

0   1m [1/30]

2068호묘

(단위 : cm)

봉토	크 기 (길이×너비×높이)	450×210×70	연도	크 기 (길이×너비×높이)	110×72×82
	평면형태	장방향		연도위치	우편재
현실	장축방향	N-5°-W		두 향	?
	규 모 (길이×너비×높이)	270×130×82		바닥시설	(사질토)
	평면형태	장방형		천장형태	?
	시상/관대 (길이×너비×높이)	-		석재종류	현무암 판석 · 할석
유물	토 도 기	-			
	금 속 기	-			
	옥 석 기	-			
	기 타	인골(1)			
	특기사항	현실 중앙에서 북쪽에 걸쳐 두개골과 교란된 사지골이 발견되었는데, 성별은 판별할 수 없으나 연령은 35~40세이다.			

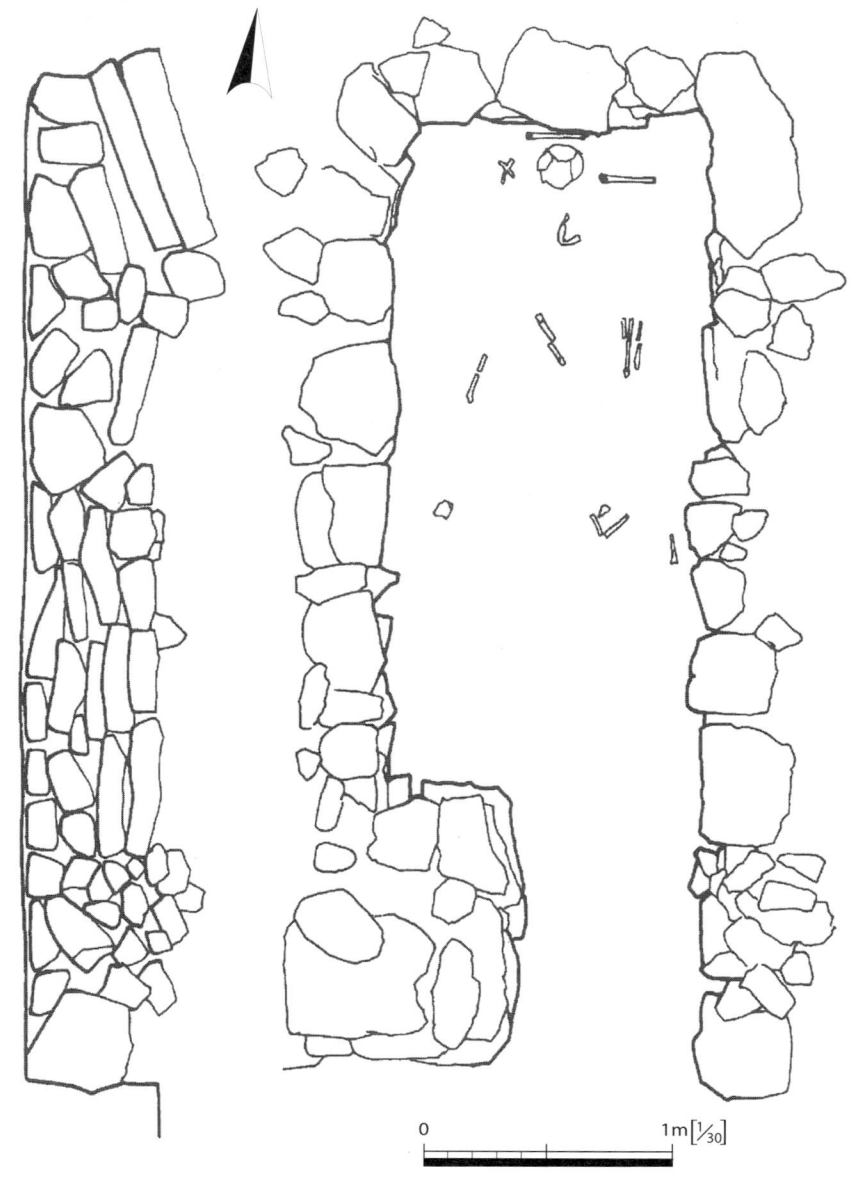

0   1m [1/30]

2069호묘

(단위 : cm)

봉토	크 기 (길이×너비×높이)	?	연도	크 기 (길이×너비×높이)	62×68×82
	평면형태	?		연도위치	우편재
현실	장축방향	N-20°-W		두 향	?
	규 모 (길이×너비×높이)	230~250×136×82		바닥시설	(사질토)
	평면형태	장방형		천장형태	?
	시상/관대 (길이×너비×높이)	-		석재종류	활석
유물	토 도 기	-			
	금 속 기	-			
	옥 석 기	-			
	기 타	목제 칠완(1), 인골(2)			
	특기사항	인골은 총 2개체분으로, 이차장이다. 남쪽 두개골(A)는 성인 남성이며, 북쪽에 있는 두개골(B)는 성인 여성이다.			

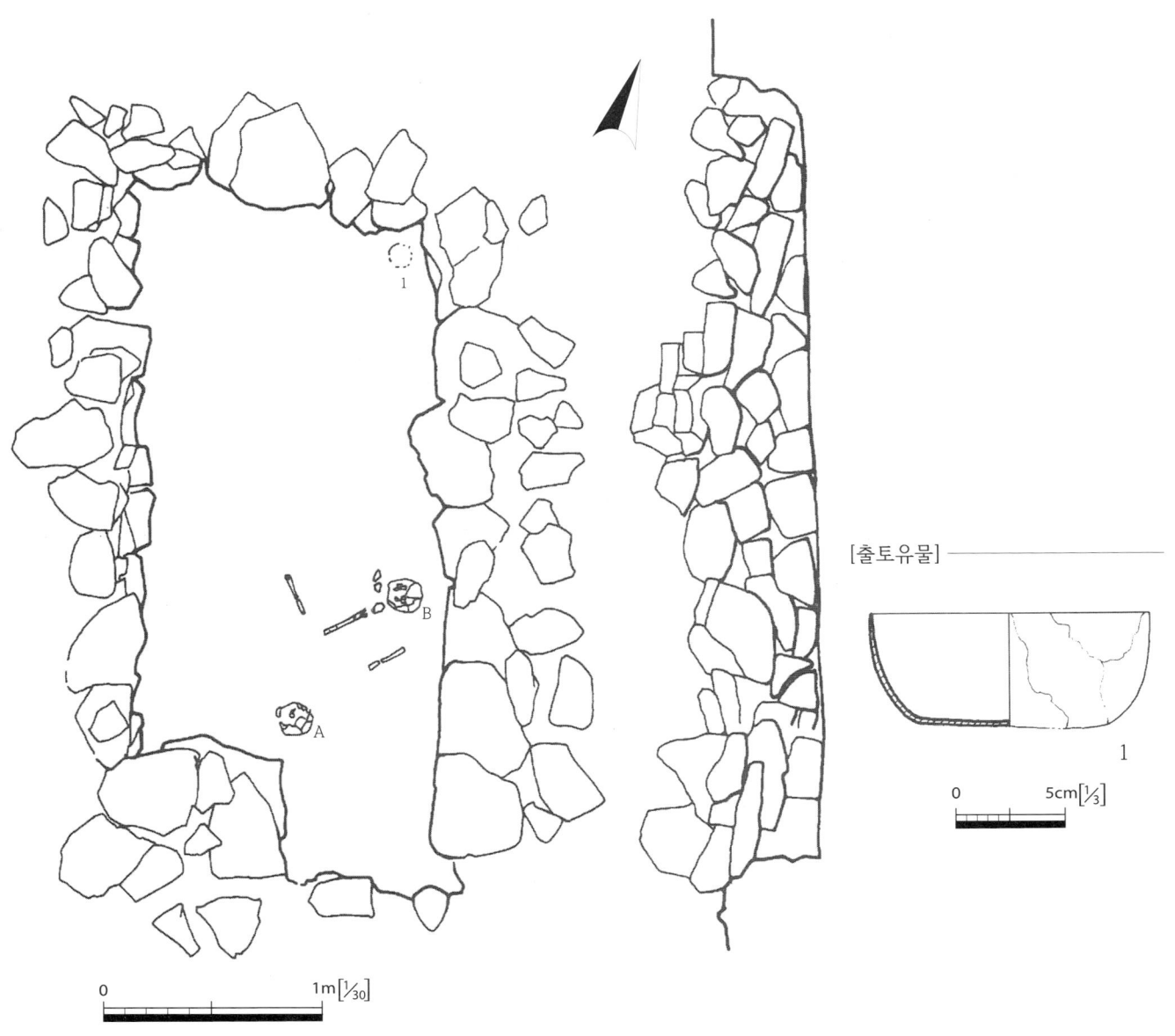

[출토유물]

1

0   5cm[⅓]

0   1m[1/30]

2070호묘

(단위 : cm)

봉토	크 기 (길이×너비×높이)	380×200×40	연도	크 기 (길이×너비×높이)	-
	평면형태	장방형		연도위치	-
현실	장축방향	N-S		두 향	?
	규 모 (길이×너비×높이)	296×116×48		바닥시설	생토층
	평면형태	장방형		천장형태	?
	시상/관대 (길이×너비×높이)	-		석재종류	현무암 판석·할석
유물	토도기	-			
	금속기	은제 귀걸이(1)			
	옥석기	-			
	기 타	인골(3)			
	특기사항	인골은 총 3개체분으로 사지골은 거의 없으며, 이차장이다. 가장 북쪽에 있는 뼈(A)는 30~35세의 남성이고, 묘실 서쪽 가장자리에 있는 뼈(B)는 성인 남성, 동쪽에 있는 뼈(C)도 30~40세의 남성이다.			

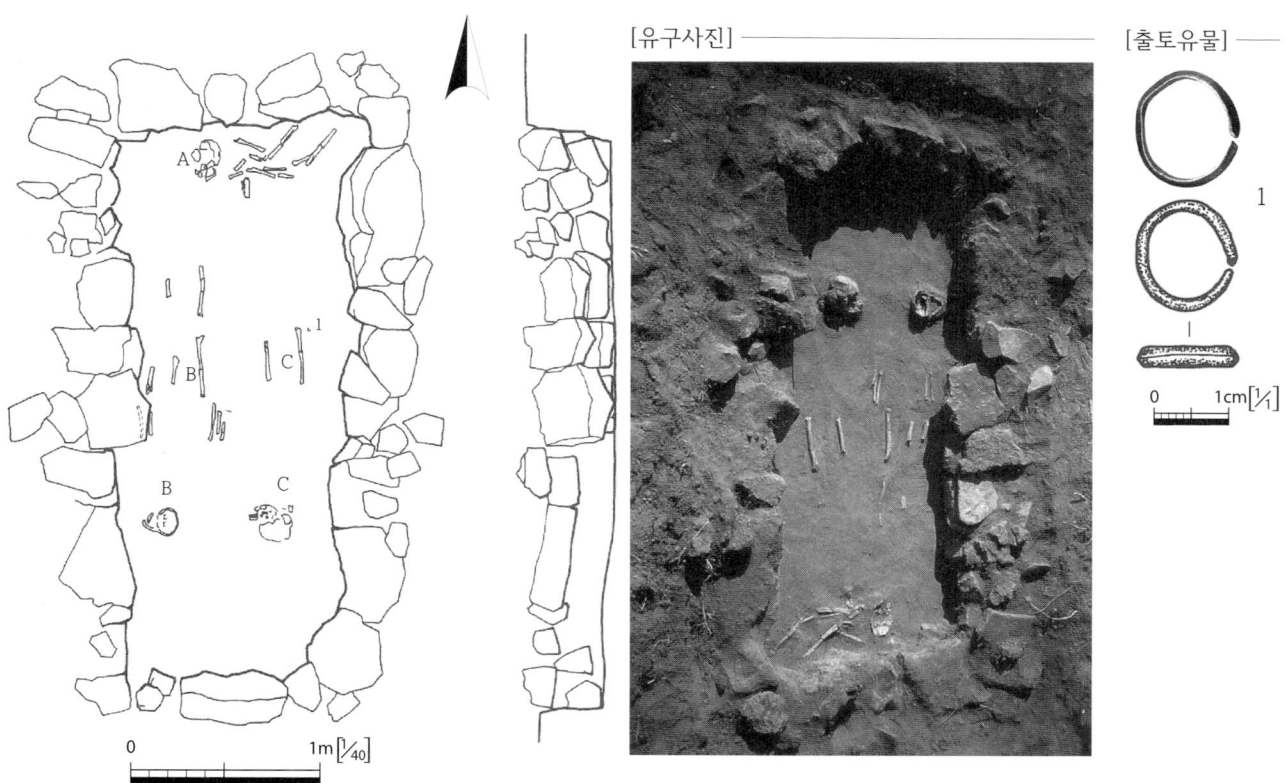

[유구사진]　　　　　　　　　　[출토유물]

2071호묘

(단위 : cm)

봉토	크 기 (길이×너비×높이)	440×260×50	연도	크 기 (길이×너비×높이)	?
	평면형태	타원형		연도위치	?
현실	장축방향	N-10°-E		두 향	?
	규 모 (길이×너비×높이)	300×110×46		바닥시설	붉은 벽돌을 깔았음
	평면형태	장방형		천장형태	?
	시상/관대 (길이×너비×높이)	-		석재종류	현무암 활석
유물	토 도 기	호(1)			
	금 속 기	동제 대금구(2), 철제 찰갑편(1)			
	옥 석 기		-		
	기 타	인골			
특기사항		뼈는 흩어져 있으며, 25~30세의 남성이다.			

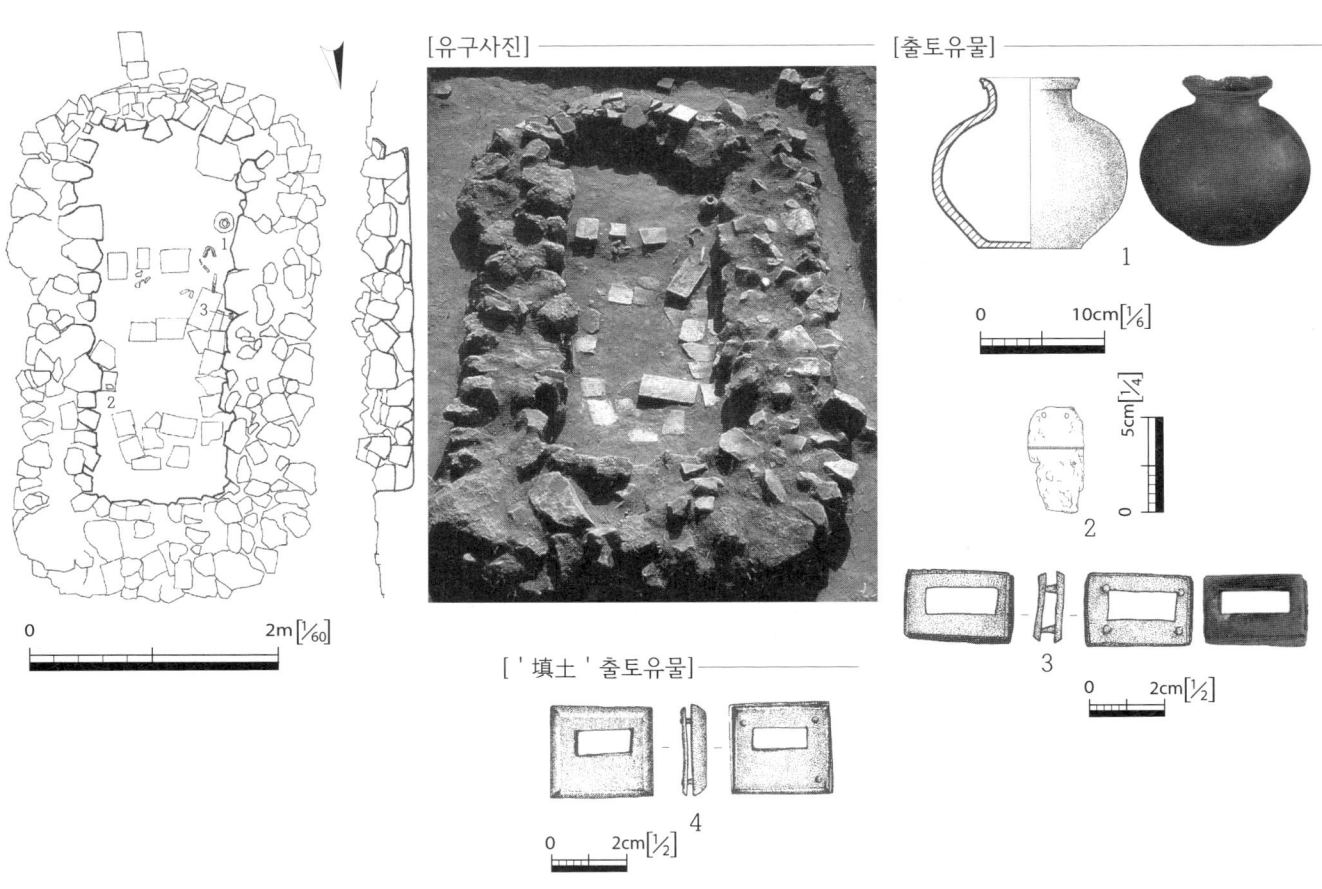

[유구사진]

[출토유물]

1

0   10cm[⅙]

5cm[¼]

2

3

0   2cm[½]

['填土' 출토유물]

4

0   2cm[½]

0   2m[⅟₆₀]

2072호묘

(단위 : cm)

봉토	크 기 (길이×너비×높이)	590×500×70	연도	크 기 (길이×너비×높이)	120×80×63
	평면형태	타원형		연도위치	우편재
현실	장축방향	N-S	두 향		?
	규 모 (길이×너비×높이)	240×140~180×63	바닥시설		(회갈토)
	평면형태	장방형	천장형태		?
	시상/관대 (길이×너비×높이)	-	석재종류		현무암 할석
유물	토 도 기	병(1)			
	금 속 기	-			
	옥 석 기	-			
	기 타	인골			
특기사항		잘게 부서진 사지골 한 무더기가 현실 서쪽에 위치하고, 뼈조각 3개는 현실 남쪽에 위치하는데, 성별과 나이는 알 수 없다.			

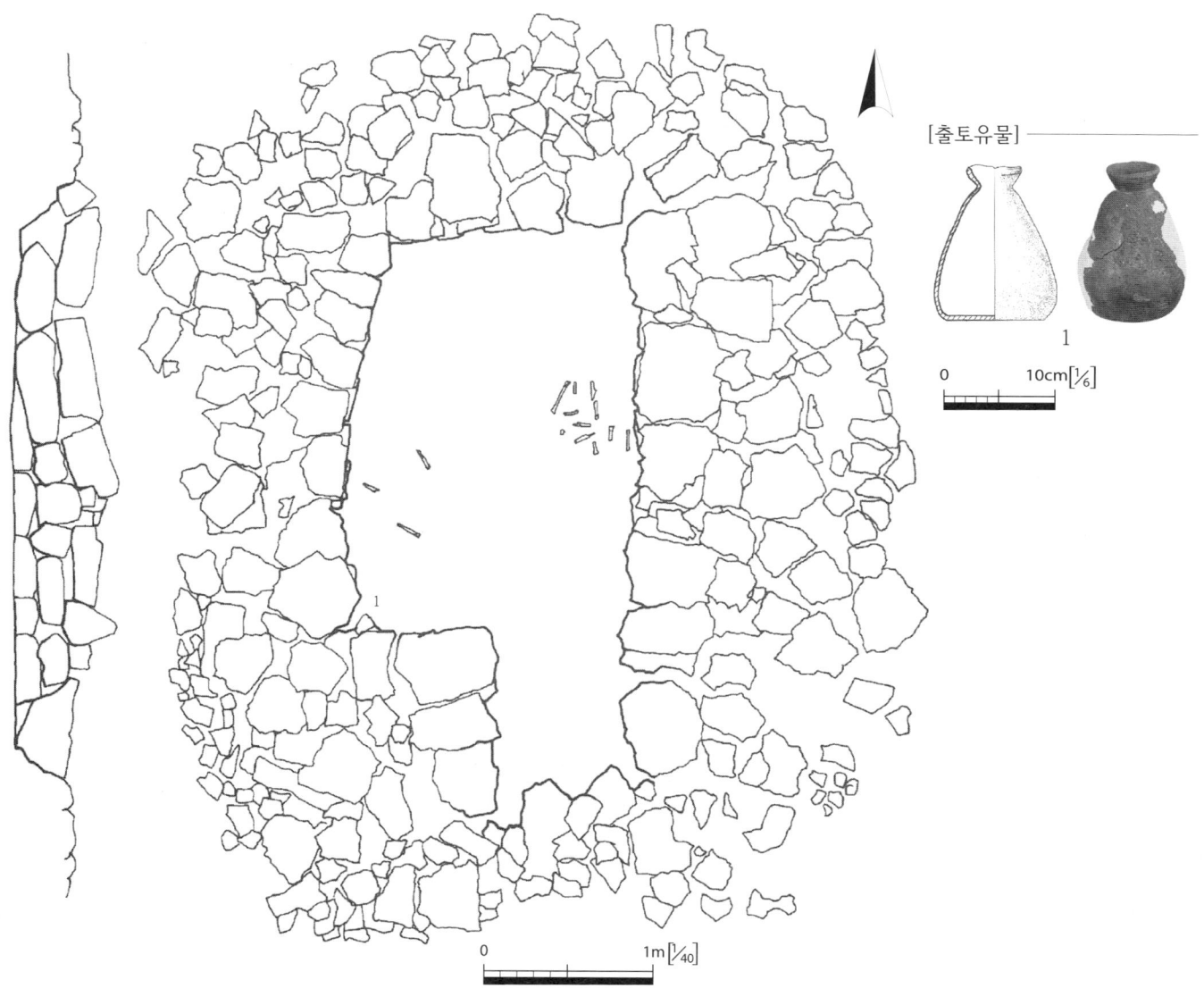

[출토유물]

1

0   10cm[1/6]

0   1m[1/40]

2073호묘

(단위 : cm)

봉토	크 기 (길이×너비×높이)	370×200×?	연도	크 기 (길이×너비×높이)	-
	평면형태	장방형		연도위치	-
현실	장축방향	N-15°-W		두 향	?
	규 모 (길이×너비×높이)	240×110×38		바닥시설	생토층
	평면형태	장방형		천장형태	?
	시상/관대 (길이×너비×높이)	-		석재종류	현무암 할석
유물	토 도 기	-			
	금 속 기	동제 대금구(1)			
	옥 석 기	-			
	기 타	인골(1)			
특기사항		인골은 총 1개체분이며 일부 사지골이 흩어져 있는데, 이차장이다. 성별은 남성이며 나이는 35~40세이다.			

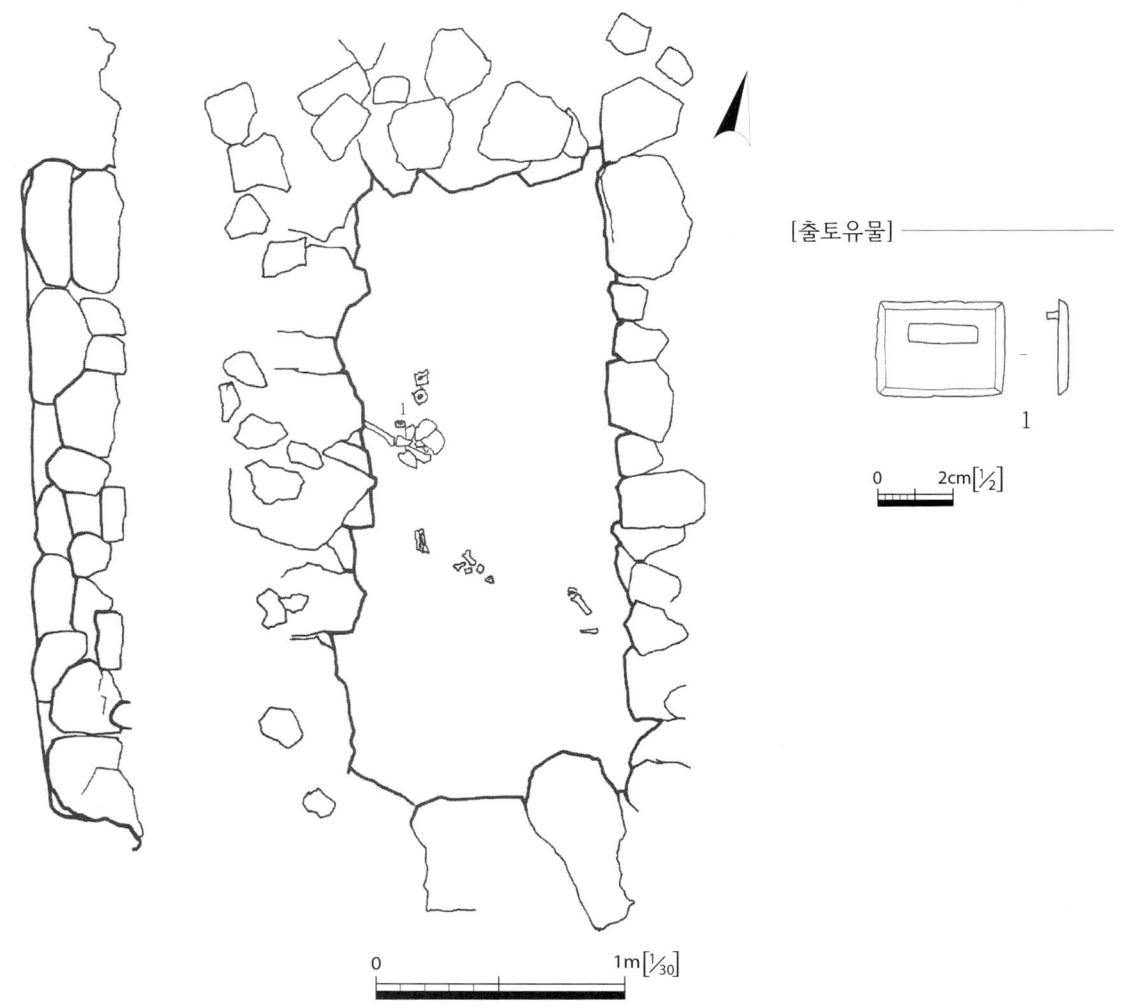

[출토유물]

1

0   2cm[½]

0   1m[1/30]

2074호묘

(단위 : cm)

봉토	크 기 (길이×너비×높이)	?×?×(40+)	연도	크 기 (길이×너비×높이)	?
	평면형태	?		연도위치	?
현실	장축방향	N-10°-W		두 향	?
	규 모 (길이×너비×높이)	288×70×24		바닥시설	?
	평면형태	세장방형		천장형태	?
	시상/관대 (길이×너비×높이)	-		석재종류	전돌·판석·할석
유물	토 도 기	심발 구연부편(1)			
	금 속 기	-			
	옥 석 기	-			
	기 타	인골편			
	특기사항	성인 남성의 사지골이 소량 발견되었다.			

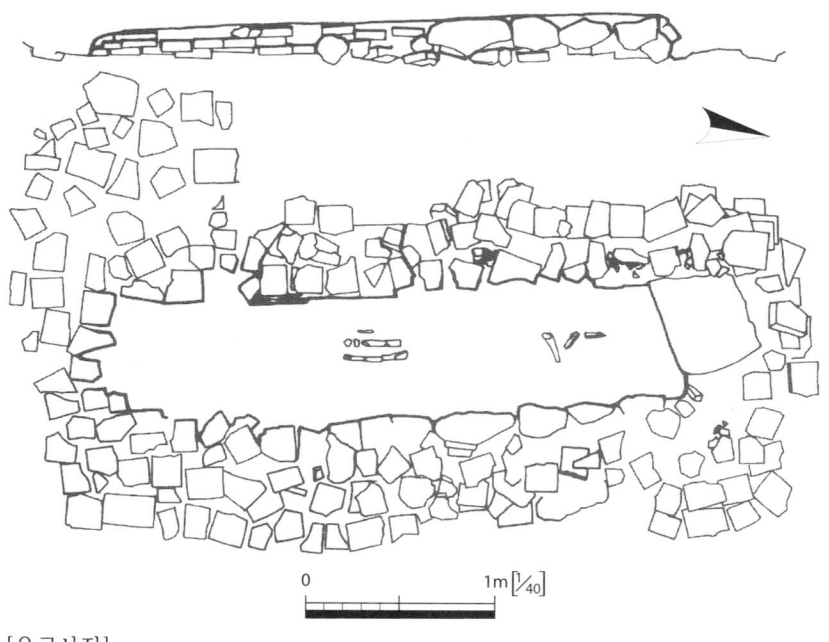

0   1m[¹⁄₄₀]

['填土' 출토유물]

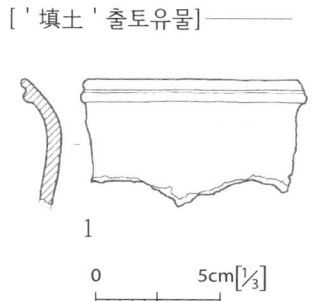

1

0   5cm[⅓]

[유구사진]

2075호묘

(단위 : cm)

봉토	크 기 (길이×너비×높이)	?	연도	크 기 (길이×너비×높이)	?
	평면형태	?		연도위치	?
현실	장축방향	N-10°-W		두 향	?
	규 모 (길이×너비×높이)	296×66~86×28		바닥시설	?
	평면형태	세장방형		천장형태	?
	시상/관대 (길이×너비×높이)	-		석재종류	현무암 판석·할석
유물	토 도 기	-			
	금 속 기	동제 대금구(1)			
	옥 석 기	-			
	기 타	인골(1)			
	특기사항	유물 도면 없음. 인골은 총 1개체분으로, 현실 중간에서 불에 그을리고 흩어진 상태로 확인되었으며 이차장이다. 두개골 일부와 사지골 잔편이 남아 있었으며, 성인 남성이다.			

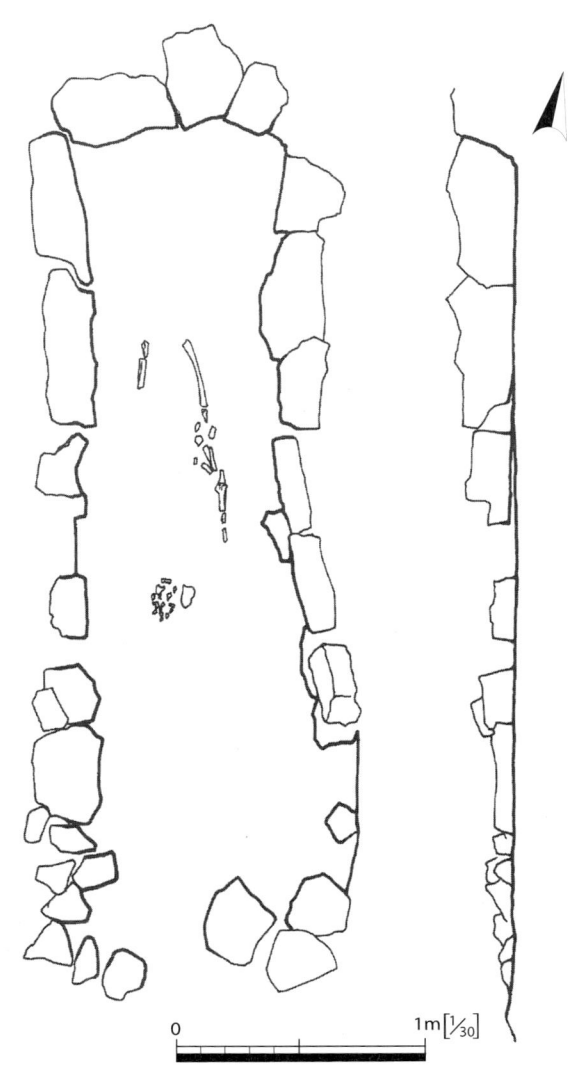

0   1m[1/30]

2076호묘

(단위 : cm)

봉토	크 기 (길이×너비×높이)	?	연도	크 기 (길이×너비×높이)	(76+)×?×?
	평면형태	?		연도위치	(중앙)
현실	장축방향	N-10°-W		두 향	?
	규 모 (길이×너비×높이)	334×180×40		바닥시설	회갈색 생토
	평면형태	장방형		천장형태	?
	시상/관대 (길이×너비×높이)	?		석재종류	활석
유물	토도기	심발(1)			
	금속기	–			
	옥석기	–			
	기 타	인골(2)			
특기사항		현실 중앙에서 인골이 발견되었는데, 이차장이다. 동쪽의 두개골과 주위의 사지골(A)는 30~35세의 남성이고, 서쪽의 하지골(B) 역시 성인 남성이다.			

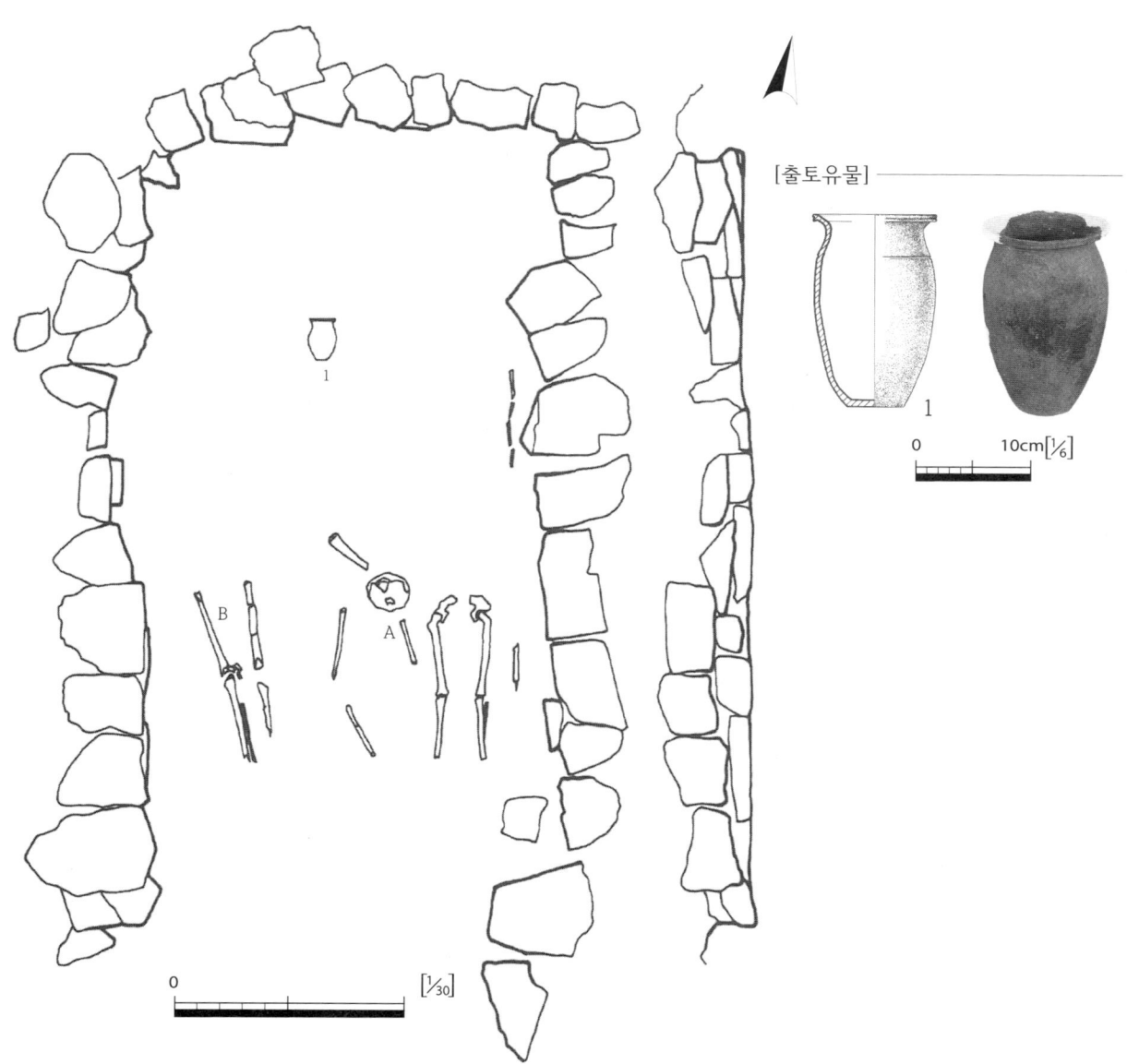

[출토유물]

1

0   10cm[⅙]

0   [⅓₀]

2077호묘

(단위 : cm)

봉토	크 기 (길이×너비×높이)	440×240×60	연도	크 기 (길이×너비×높이)	?
	평면형태	장방형		연도위치	?
현실	장축방향	N-4°-W		두 향	?
	규 모 (길이×너비×높이)	270×125×60		바닥시설	생토층
	평면형태	장방형		천장형태	?
	시상/관대 (길이×너비×높이)	-		석재종류	현무암 할석
유물	토도기	-			
	금속기	동경(1), 철제 도(1)			
	옥석기	-			
	기 타	인골(2)			
특기사항		현실 북쪽에서 두개골 1점이 발견되었다. 그 주위에는 사지골이 흩어져 있었다. 2개체분으로 보이며 모두 이차장이다. 두개골(A)와 그 북쪽의 사지골(B)는 성인 여성이다.			

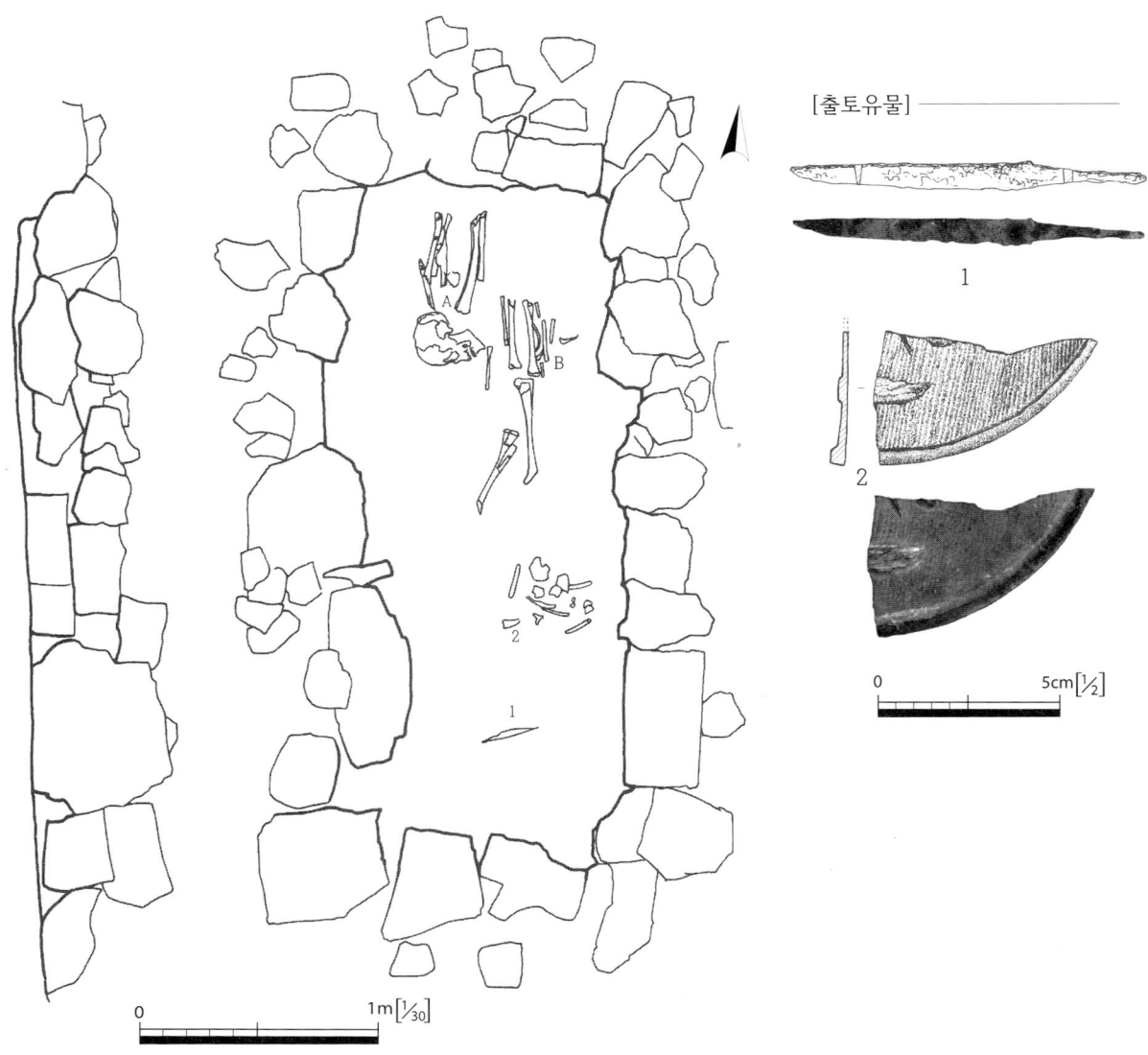

[출토유물]

1

2

0   5cm[½]

0   1m[1/30]

2078호묘

(단위 : cm)

봉토	크 기 (길이×너비×높이)	?×?×50	연도	크 기 (길이×너비×높이)	65×72×54
	평면형태	?		연도위치	우편재
현실	장축방향	N-10°-W		두 향	?
	규 모 (길이×너비×높이)	240×140~162×54		바닥시설	(회갈토)
	평면형태	장방형		천장형태	?
	시상/관대 (길이×너비×높이)	-		석재종류	현무암 할석
유물	토 도 기	-			
	금 속 기	동제 사미(1)			
	옥 석 기	-			
	기 타	인골(1)			
특기사항		인골은 1개체분으로, 45~50세의 남성이다.			

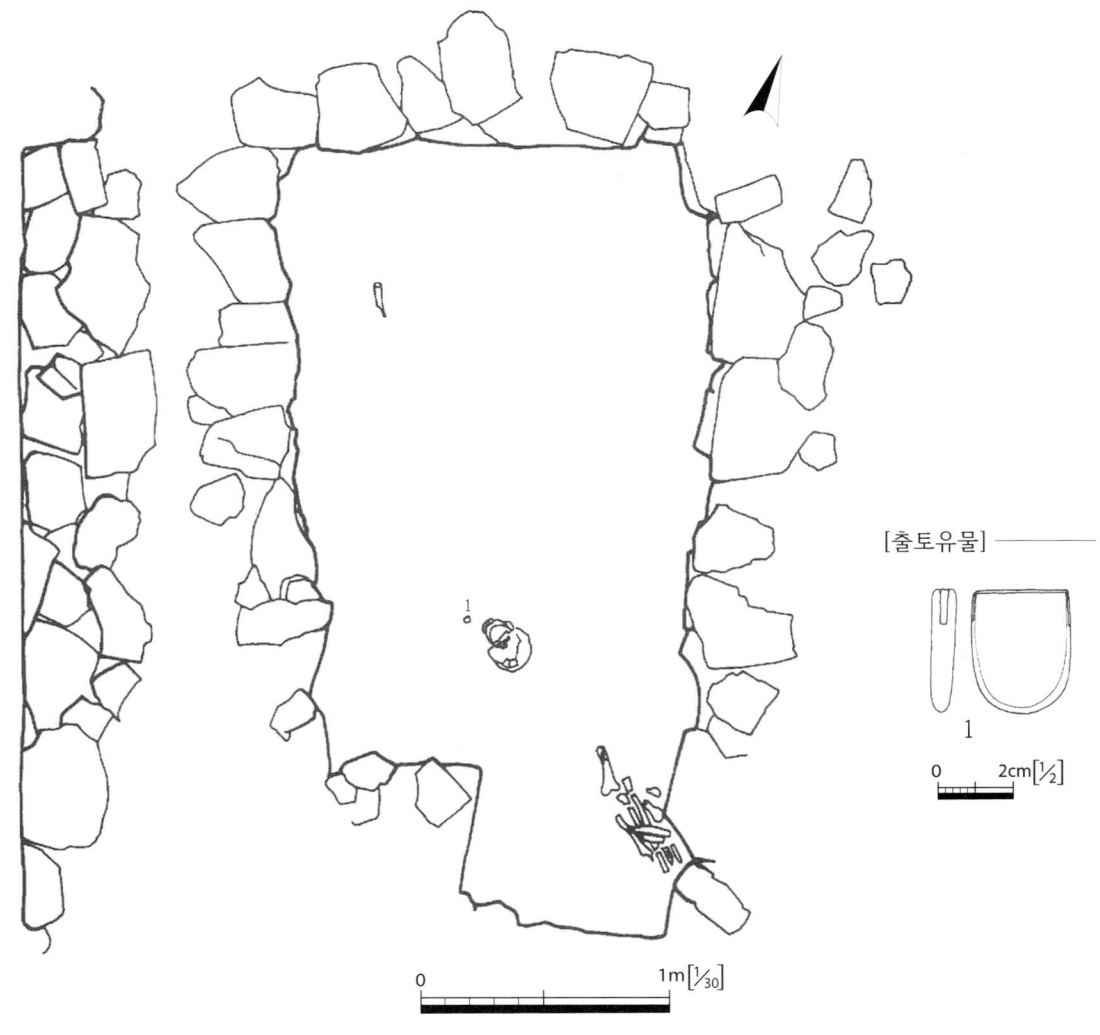

[출토유물]

1

0   2cm[½]

0   1m[1/30]

2079호묘

(단위 : cm)

봉토	크 기 (길이×너비×높이)	?×?×40	연도	크 기 (길이×너비×높이)	94×88×44
	평면형태	?		연도위치	우편재
현실	장축방향	N-22°-W		두 향	?
	규 모 (길이×너비×높이)	256×155×44		바닥시설	(회갈토)
	평면형태	장방형		천장형태	?
	시상/관대 (길이×너비×높이)	-		석재종류	할석
유물	토도기	호(1)			
	금속기	-			
	옥석기	-			
	기 타	인골(2)			
	특기사항	인골은 총 2개체분으로 모두 이차장이다. 동쪽에 있는 사지골(A)는 30~35세 남성, 두개골과 서쪽의 사지골은 1개체분(B)으로 역시 30~35세의 남성이다.			

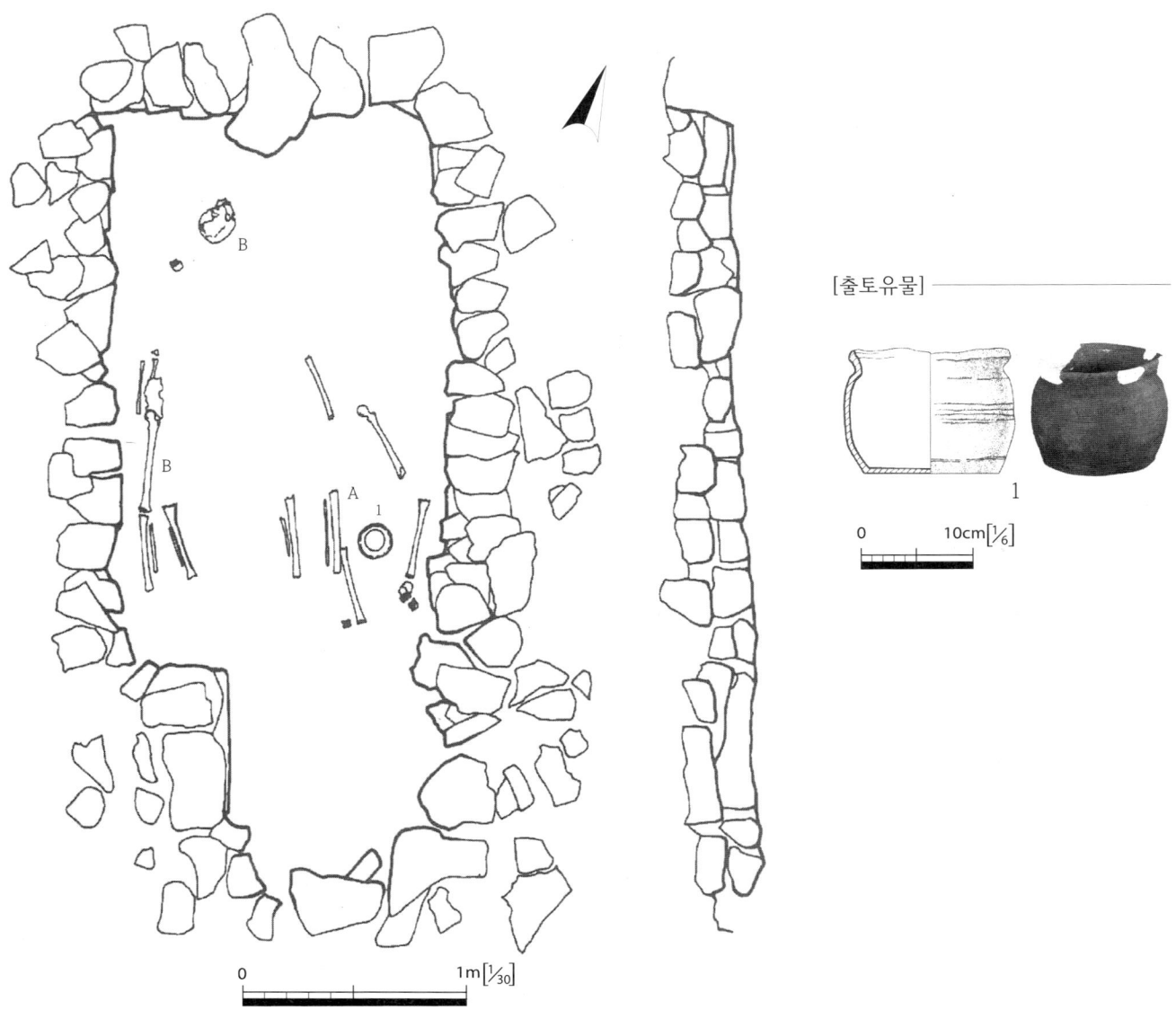

[출토유물]

1

0   10cm[1/6]

2080호묘

(단위 : cm)

봉토	크 기 (길이×너비×높이)	?×?×60	연도	크 기 (길이×너비×높이)	90×68×?
	평면형태	?		연도위치	중앙
현실	장축방향	N-10°-W		두 향	?
	규 모 (길이×너비×높이)	230×156×70		바닥시설	회갈색 생토
	평면형태	장방형		천장형태	?
	시상/관대 (길이×너비×높이)	-		석재종류	판석·할석
유물	토도기	-			
	금속기	-			
	옥석기	-			
	기 타	인골(6)			
특기사항		현실 중앙에 있는 1개체분의 인골(B)는 35세 정도의 남성으로 앙신직지로 되었고, 나머지 5개체의 인골(A, C~F)는 모두 이차장이다. 동북쪽에 있는 3개의 두개골 중 (A)는 성인 남성, (D)는 19~20세 정도의 남성, (F)는 50세 정도의 여성이고, 현실의 북쪽의 중앙에 있는 두개골(E)는 35세 정도의 남성, 그 남쪽에 있는 두개골(C) 역시 남성으로 30~35세 정도이다.			

2081호묘

(단위 : cm)

봉토	크 기 (길이×너비×높이)	450×350×80	연도	크 기 (길이×너비×높이)	?
	평면형태	장방형		연도위치	?
현실	장축방향	N-10°-W		두 향	?
	규 모 (길이×너비×높이)	284×190×80		바닥시설	생토층
	평면형태	장방형		천장형태	?
	시상/관대 (길이×너비×높이)	-		석재종류	현무암 판석·할석
유물	토 도 기	-			
	금 속 기	-			
	옥 석 기	-			
	기 타	-			
특기사항		현실 북쪽에 목탄 흔적이 남아 있다.			

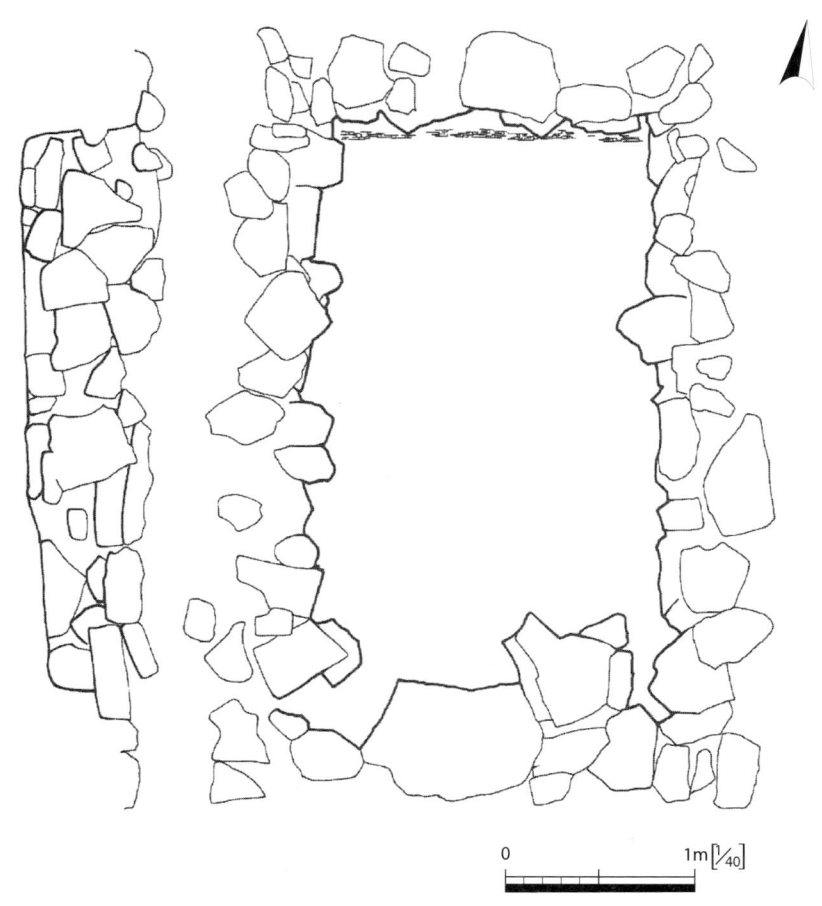

2082호묘

봉토	크 기 (길이×너비×높이)	480×350×80	연도	크 기 (길이×너비×높이)	?
	평면형태	타원형		연도위치	?
현실	장축방향	N-15°-W		두 향	남향
	규 모 (길이×너비×높이)	280×113×70		바닥시설	생토층
	평면형태	장방형		천장형태	?
	시상/관대 (길이×너비×높이)	-		석재종류	현무암 판석·할석
유물	토도기	-			
	금속기	철제 도(1)			
	옥석기	-			
	기 타	-			
특기사항		인골은 총 6개체분이다. 현실 중간에는 앙신직지한 인골(A)이 있는데, 두향은 남쪽이며 족향은 북쪽으로서 일차장이며 25세 전후의 남성이다. 현실 북쪽에는 이차장한 뼈 무더기가 일차장한 인골의 발 아래에 흩어져 있다. 두개골을 기준으로 5개체분으로 생각된다. 두개골(B)는 45세 전후의 남성, 두개골(C)는 35세 전후의 남성이며 두개골(D)는 19~20세 전후의 남성이다. 두개골(E)는 성별이 명확하지 않으나 성인이고, 두개골(F)는 50~55세 전후의 여성이다.			

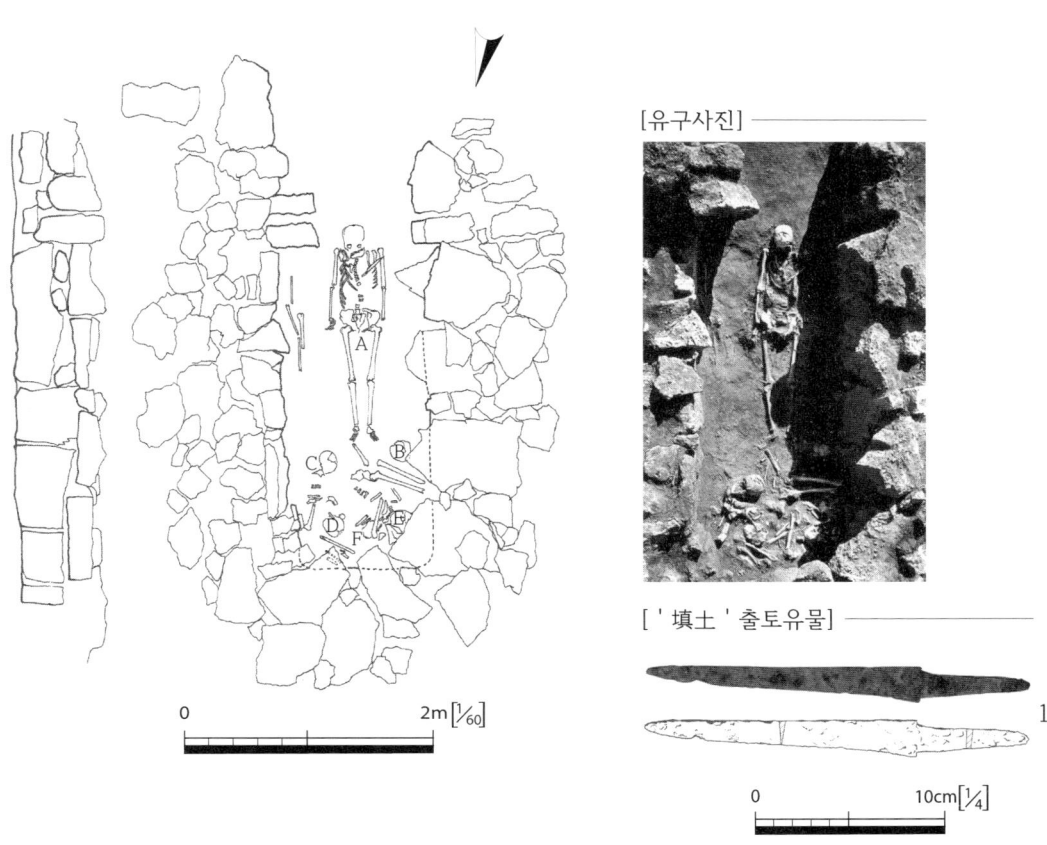

[유구사진]

['填土' 출토유물]

2083호묘

(단위 : cm)

봉토	크 기 (길이×너비×높이)	?	연도	크 기 (길이×너비×높이)	70×100×72
	평면형태	?		연도위치	우편재
현실	장축방향	N-10°-W		두 향	?
	규 모 (길이×너비×높이)	298×130×72		바닥시설	(회갈토)
	평면형태	장방형		천장형태	?
	시상/관대 (길이×너비×높이)	-		석재종류	현무암 판석·할석
유물	토 도 기	-			
	금 속 기	-			
	옥 석 기	-			
	기 타	인골(4)			
	특기사항	인골은 총 4개체분으로 모두 이차장이다. 북쪽 가장자리에 있는 두개골(A)는 성인 여성이며, 남쪽 가장자리 동쪽에 있는 두개골(B)는 30~35세의 남성이다. 중간에 있는 두개골(C)는 35~40세의 남성이고, 서남쪽 모서리에 있는 두개골(D)는 성인 남성이다.			

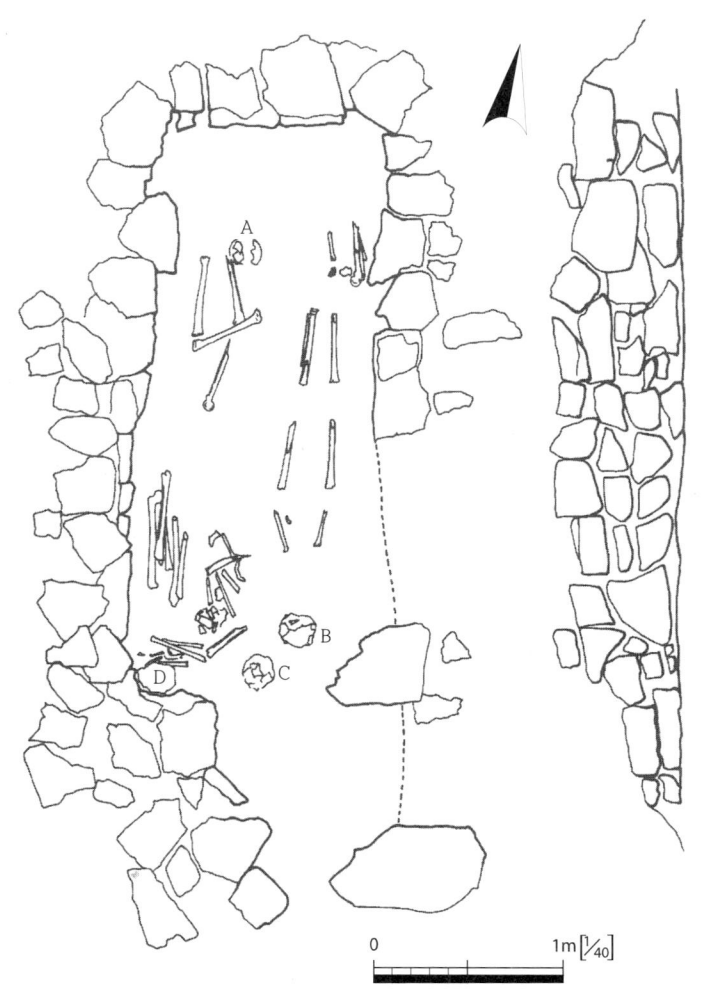

2084호묘

(단위 : cm)

봉토	크 기 (길이×너비×높이)	?	연도	크 기 (길이×너비×높이)	?
	평면형태	?		연도위치	?
현실	장축방향	N-20°-W		두 향	?
	규 모 (길이×너비×높이)	?		바닥시설	?
	평면형태	(장방형)		천장형태	?
	시상/관대 (길이×너비×높이)	-		석재종류	할석
유물	토 도 기	-			
	금 속 기	-			
	옥 석 기	-			
	기 타	인골(1)			
	특기사항	현실 북쪽에서 성인 남성의 두개골이 발견되었다.			

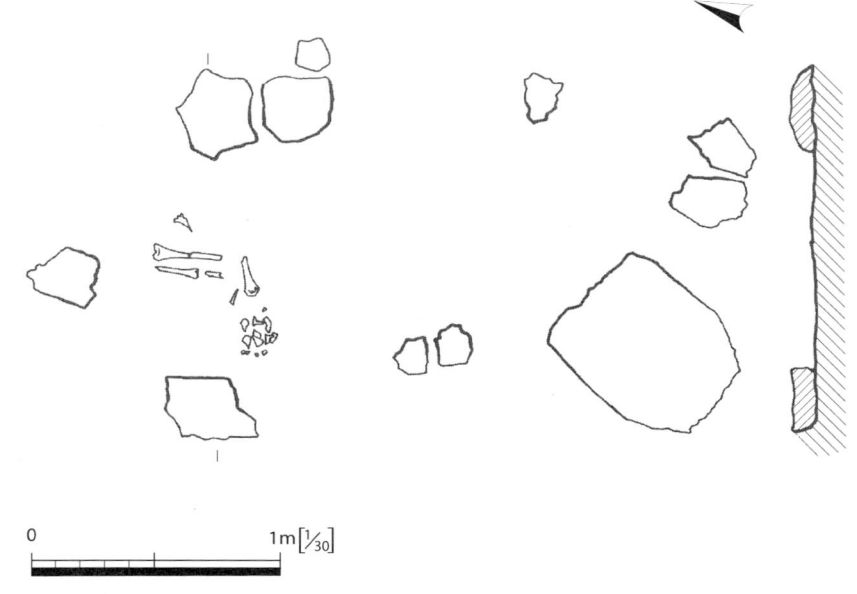

0   1m[1/30]

2085호묘

(단위 : cm)

봉토	크 기 (길이×너비×높이)		?		연도	크 기 (길이×너비×높이)	①	?
							②	?
	평면형태		?			연도위치	①	?
							②	?
현실	장축방향	①	N-10°-W		두 향		①	?
		②	N-10°-W				②	?
	규 모 (길이×너비×깊이)	①	240×60×55		바닥시설		①	황사토
		②	133×44×55				②	황사토
	평면형태	①	세장방형		천장형태		①	?
		②	세장방형				②	?
	시상/관대크기 (길이×너비×높이)	①	-		석재종류		①	현무암 판석
		②	-				②	현무암 판석
유물	토도기	발(2), 호(1), 토기 저부편(1)						
	금속기	-						
	옥석기	-						
	기 타	인골(1)						
	특기사항	중간에 판석 2장을 세워서 현실을 좌우로 분리하였다. 현실 서남쪽에 돌로 쌓은 단이 있으며, 평면은 타원형이다. ①묘실 서쪽에서 뼈조각이 발견되었는데, 성별과 나이는 알 수 없다.						

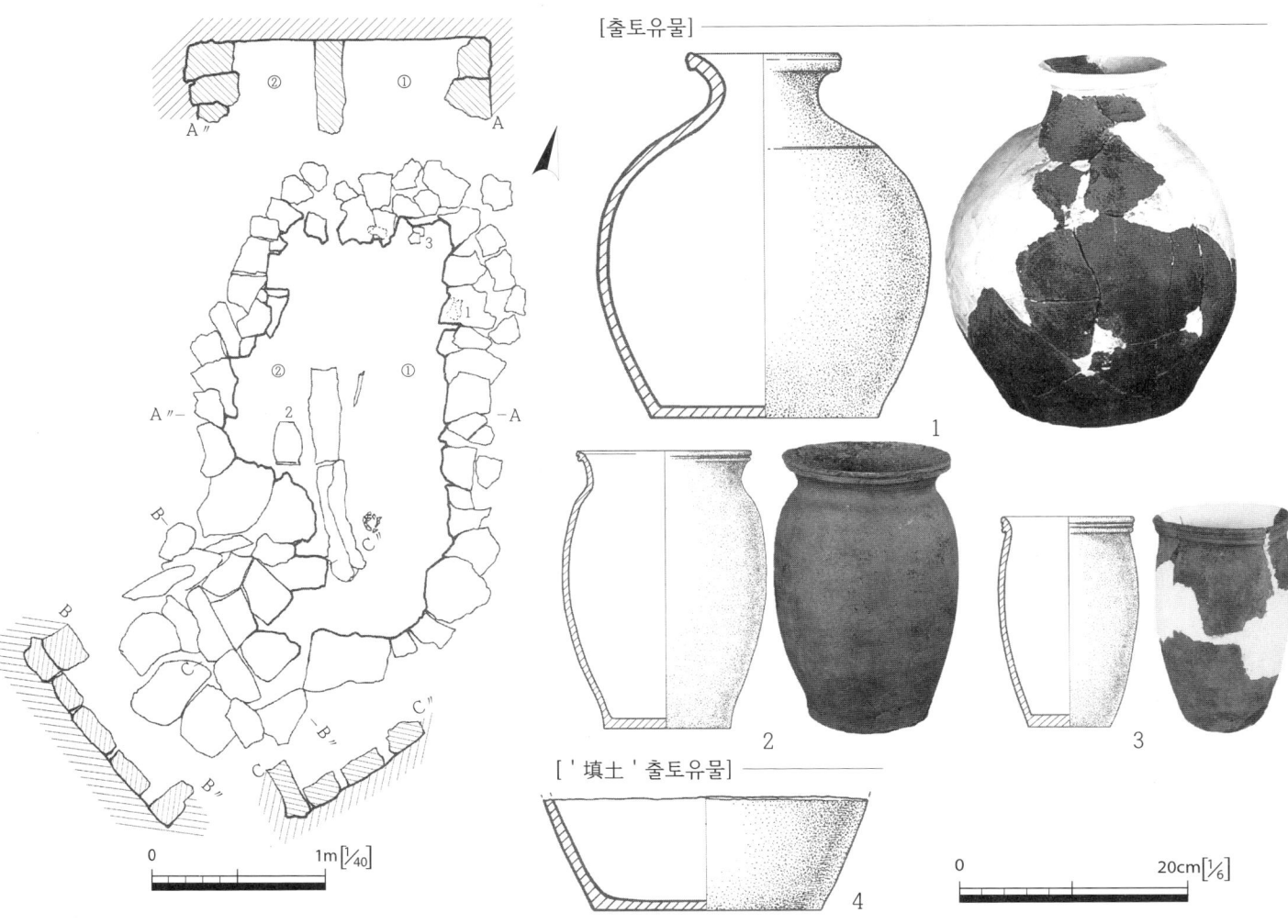

[출토유물]

1

2

3

['塡土' 출토유물]

4

2086호묘

(단위 : cm)

봉토	크 기 (길이×너비×높이)	?×?×45	연도	크 기 (길이×너비×높이)	?
	평면형태	?		연도위치	?
현실	장축방향	N-10°-W	두 향		남향
	규 모 (길이×너비×높이)	266×162×40	바닥시설		황사토
	평면형태	장방형	천장형태		?
	시상/관대 (길이×너비×높이)	-	석재종류		현무암 할석
유물	토 도 기	-			
	금 속 기	-			
	옥 석 기	-			
	기 타	인골(1)			
특기사항		현실 서쪽에 인골이 있으며, 일차장이다. 머리는 남향으로, 성별을 알 수 없으며 35~40세 정도이다.			

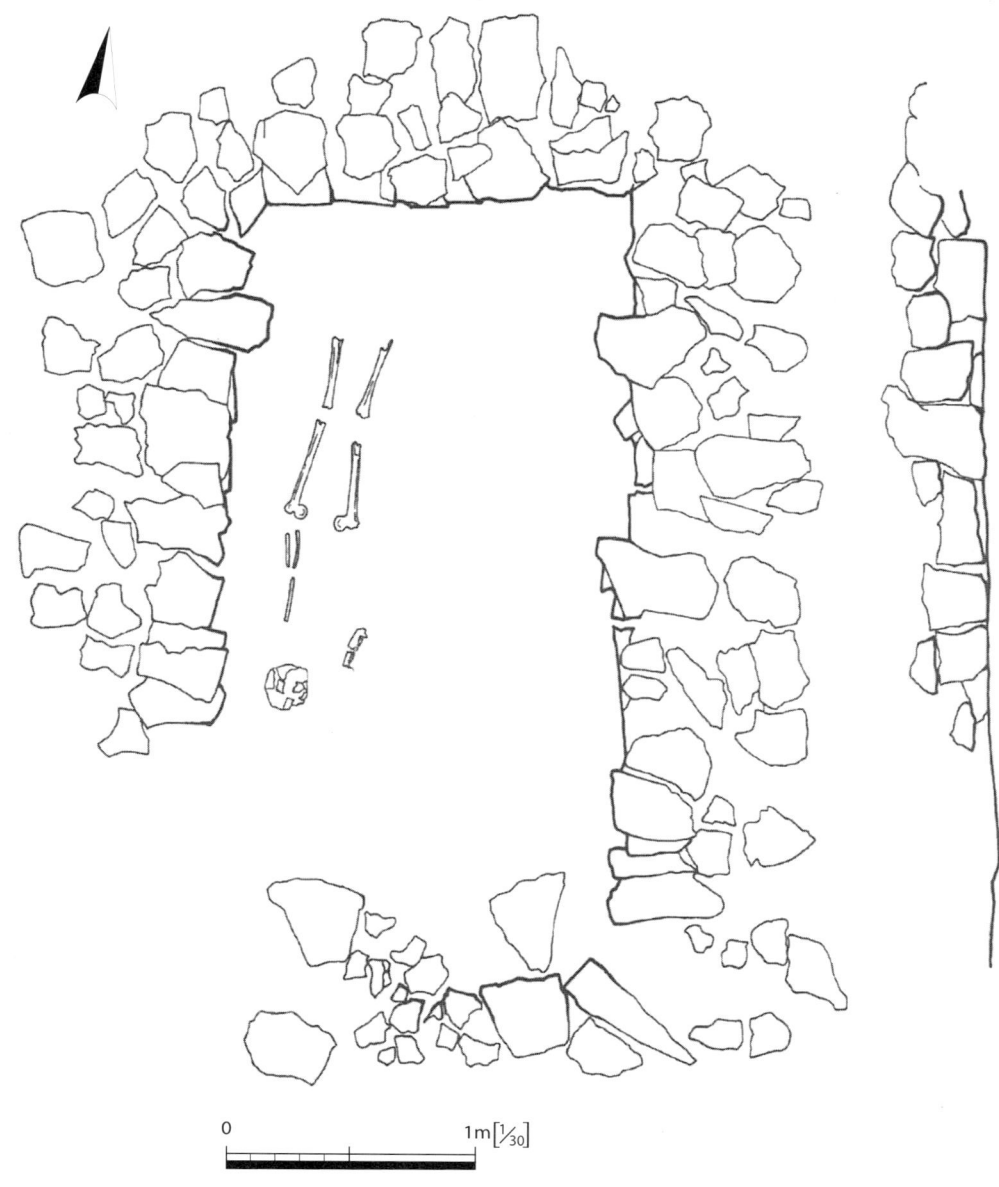

0   1m[1/30]

2087호묘

(단위 : cm)

봉토	크 기 (길이×너비×높이)	?	석관	크 기 (길이×너비×높이)	320×50~70×66
	평면형태	?		장 폭 비	4.57~6.4:1
	장축방향	N-30°-W	석곽	크 기 (길이×너비×높이)	-
	두 향	?		장 폭 비	-
	벽석종류	?			
유물	토 도 기	-			
	금 속 기	동제 대금구(1)			
	옥 석 류	-			
	기 타	인골(1)			
	특기사항	묘실에서 비교적 완전한 뼈가 발견되었으며, 일차장이다. 묘주인공은 25~30세의 남성이다.			

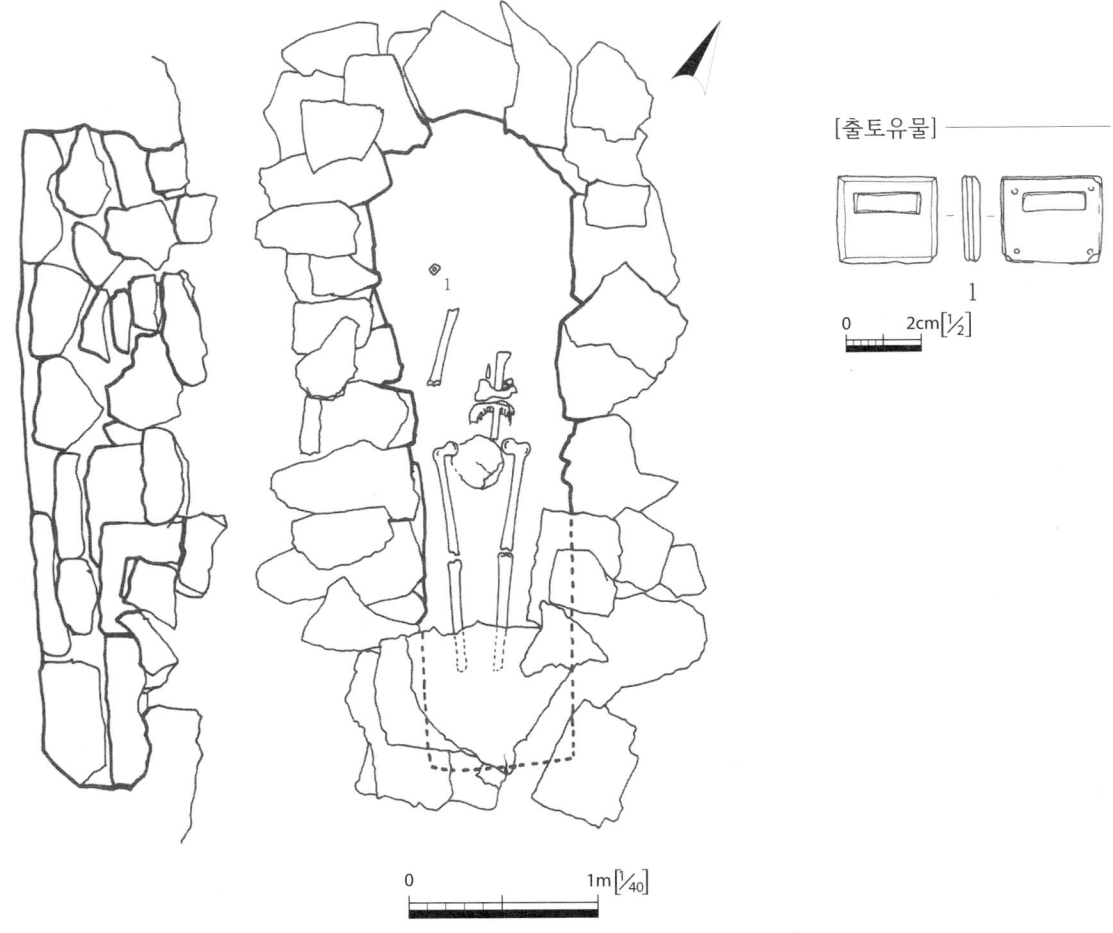

[출토유물]

1

0   2cm[½]

0   1m[¹⁄₄₀]

2088호묘

봉토	크 기 (길이×너비×높이)	?×?×80	연도	크 기 (길이×너비×높이)	101×86×73
	평면형태	?		연도위치	우편재
현실	장축방향	N-10°-W		두 향	?
	규 모 (길이×너비×높이)	186×102×73		바닥시설	?
	평면형태	장방형		천장형태	?
	시상/관대 (길이×너비×높이)	-		석재종류	할석
유물	토 도 기	뚜껑(1)			
	금 속 기	-			
	옥 석 기	-			
	기 타	-			
	특기사항	-			

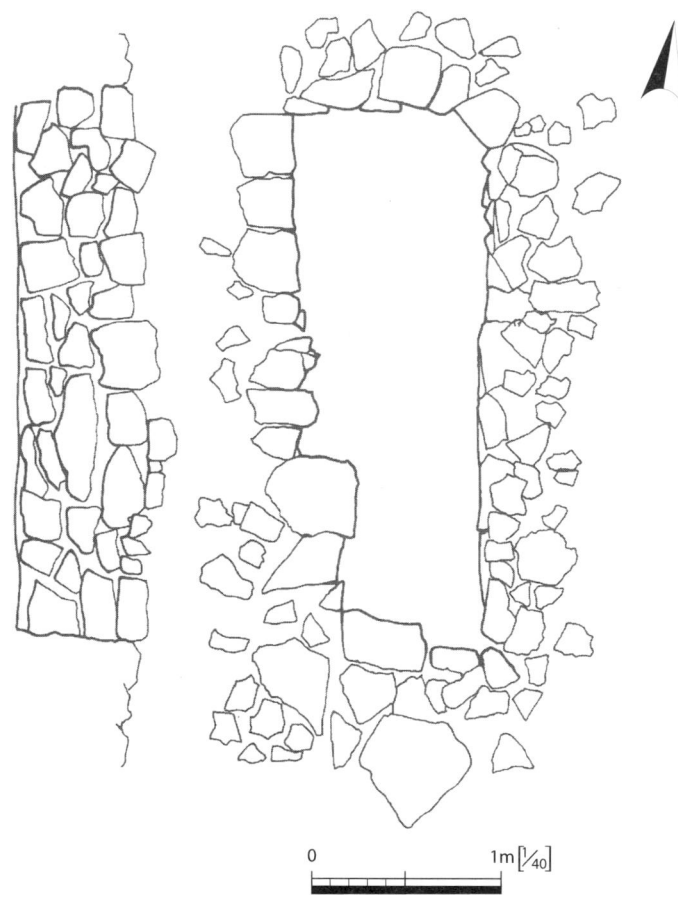

[' 填土 ' 출토유물]

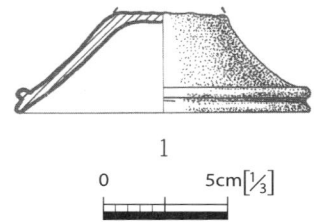

1

0   5cm[⅓]

0   1m[¹/₄₀]

2089호묘

봉토	크 기 (길이×너비×높이)	450×300×60	연도	크 기 (길이×너비×높이)	?
	평면형태	?		연도위치	?
현실	장축방향	N-10°-W	두 향		남향
	규 모 (길이×너비×높이)	280×120×60	바닥시설		생토층
	평면형태	장방형	천장형태		?
	시상/관대 (길이×너비×높이)	-	석재종류		전돌·할석
유물	토 도 기	호(1)			
	금 속 기	철제 찰갑편(1), 철제 사미(1)			
	옥 석 기	-			
	기 타	인골(2)			
	특기사항	인골은 모두 2개체분으로 모두 이차장이다. 동쪽 가장자리에 있는 뼈(A)는 25~30세 남성이며, 서쪽 가장자리에 있는 두개골(B)는 50세 전후이다.			

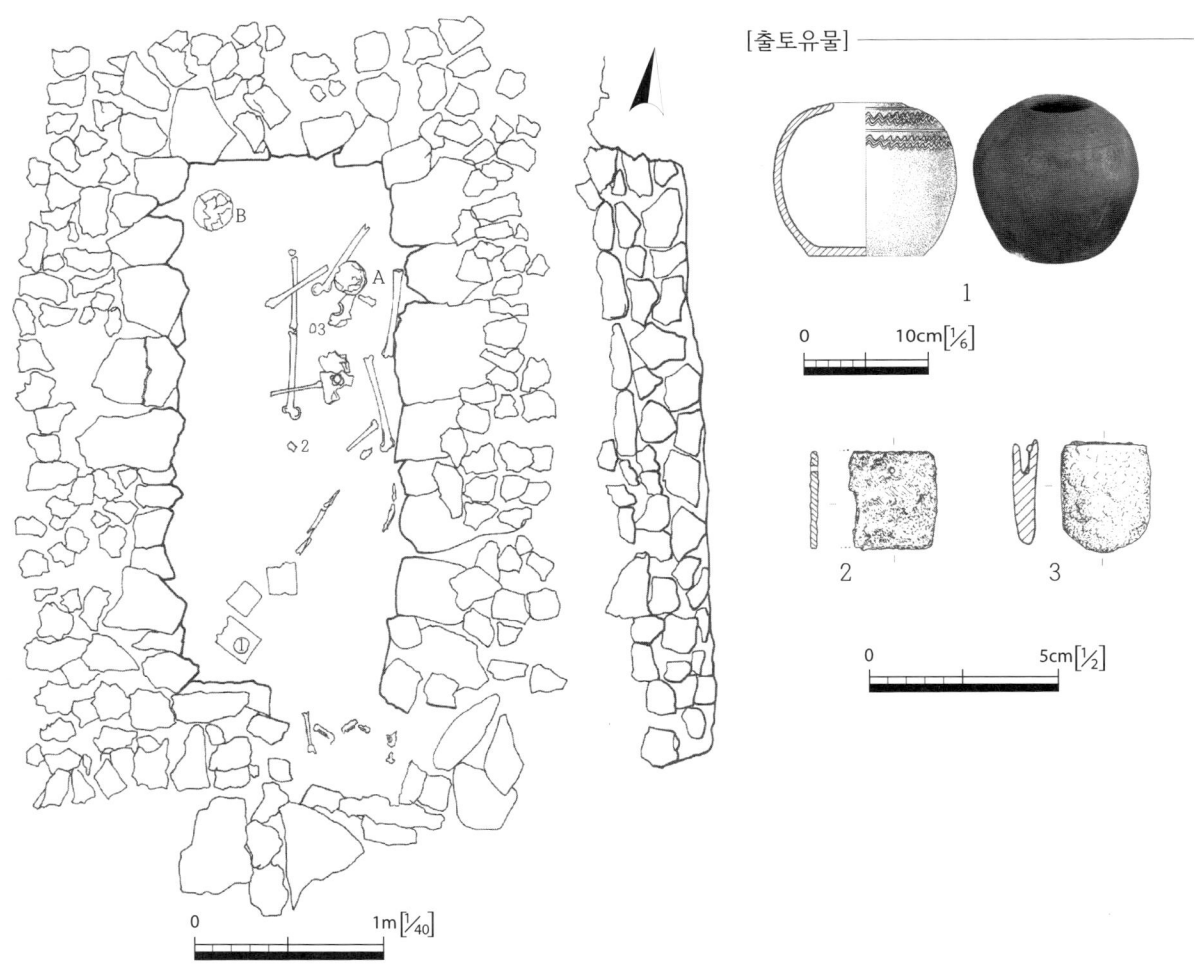

[출토유물]

1

0   10cm[1/6]

2   3

0   5cm[1/2]

0   1m[1/40]

2090호묘

(단위 : cm)

봉토	크 기 (길이×너비×높이)		?		연도	크 기 (길이×너비×높이)	①	?
							②	?
	평면형태		?			연도위치	①	?
							②	?
현실	장축방향	①	N-20°-W		두 향		①	?
		②	N-20°-W				②	?
	규 모 (길이×너비×깊이)	①	144×51×43		바닥시설		①	황사토
		②	290×108×43				②	황사토
	평면형태	①	세장방형		천장형태		①	?
		②	장방형				②	?
	시상/관대크기 (길이×너비×높이)	①	?		석재종류		①	현무암 판석
		②	?				②	현무암 판석
유물	토 도 기			–				
	금 속 기			–				
	옥 석 기			–				
	기 타		인골(2+)					
특기사항			횡혈식 석실묘(②)와 작은 석곽묘(①)가 병렬 매치된 구조이다. ①에서 두개골 1점이 발견되었고, ②에서 뼈 4점이 발견되었는데, 모두 성인 남성으로 1개체분인지는 명확하지 않다.					

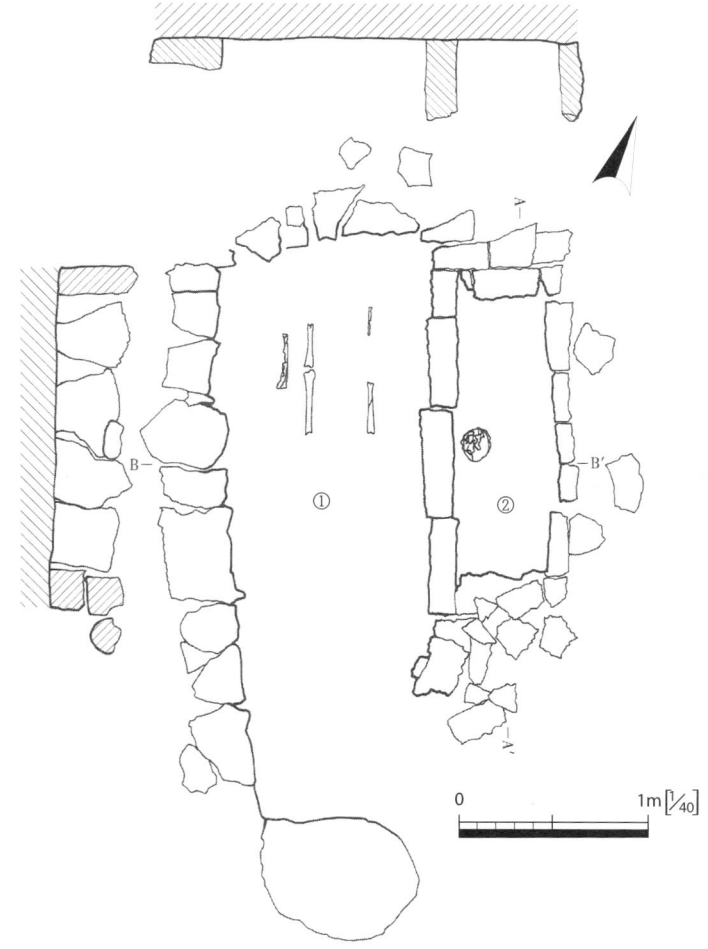

2091호묘

(단위 : cm)

봉토	크 기 (길이×너비×높이)	?×?×40	연도	크 기 (길이×너비×높이)	?
	평면형태	?		연도위치	?
현실	장축방향	N-5°-E		두 향	?
	규 모 (길이×너비×높이)	310×100×54		바닥시설	생토층
	평면형태	세장방형		천장형태	?
	시상/관대 (길이×너비×높이)	?		석재종류	할석
유물	토도기	호(1)			
	금속기	동제 대금구(7), 동제 교구(1), 동제 사미(1)			
	옥석기	–			
	기 타	인골(1)			
	특기사항	인골은 1개체분으로 보이며, 이차장이다. 현실 남부에 두개골이 있으며, 사지골은 현실 중간에 있고 이차장으로 30대 전후의 남성이다.			

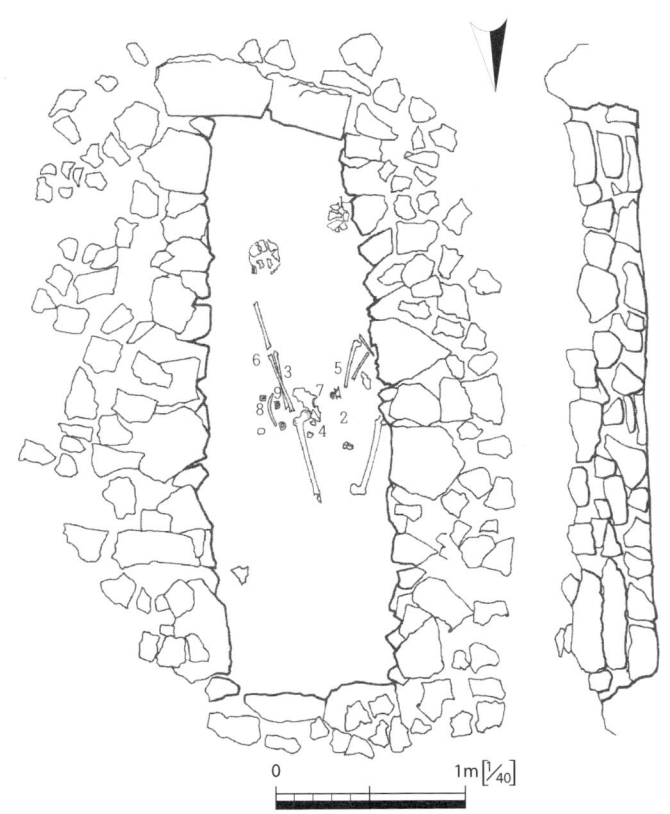

0   1m [1/40]

[유구사진]

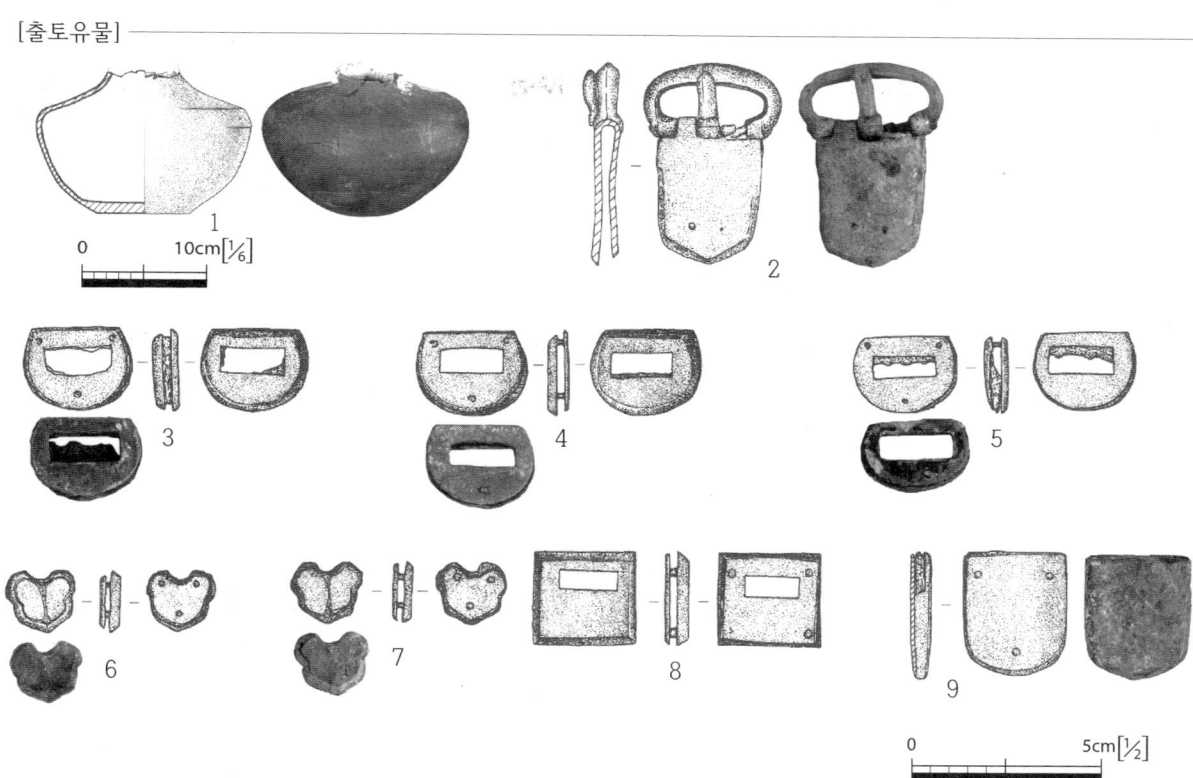

0   10cm[⅙]

1

2

3

4

5

6

7

8

9

0   5cm[½]

2092호묘

(단위 : cm)

봉토	크 기 (길이×너비×높이)	540×480×40	연도	크 기 (길이×너비×높이)	120×70×?
	평면형태	장방형		연도위치	중앙
현실	장축방향	N-13°-W		두 향	?
	규 모 (길이×너비×높이)	275×204×33		바닥시설	붉은 벽돌을 깔았음
	평면형태	장방형		천장형태	?
	시상/관대 (길이×너비×높이)	-		석재종류	현무암 판석·할석
유물	토 도 기	심발(1), 옹 구연부편(1), 토기 구연부편(1),			
	금 속 기	동제 대금구(1)			
	옥 석 기	-			
	기 타	인골(1)			
	특기사항	현실 동남쪽에서 1개체분의 성인 남성 인골이 발견되었다.			

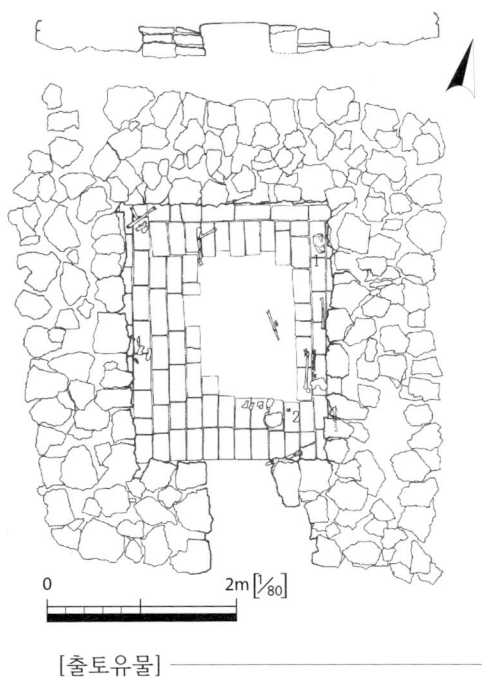

[유구사진]

0   2m[1/80]

[출토유물]

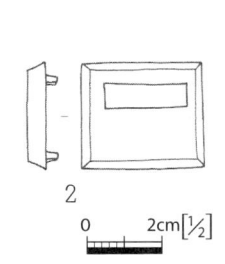

1

0   10cm[1/6]

2

0   2cm[1/2]

['塡土' 출토유물]

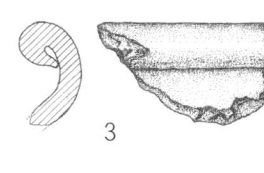

3

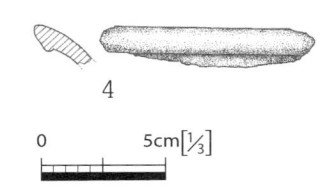

4

0   5cm[1/3]

2093호묘

(단위 : cm)

봉토	크 기 (길이×너비×높이)	740×560×(50)	연도	크 기 (길이×너비×높이)	170×93×?
	평면형태	타원형		연도위치	중앙
현실	장축방향	N-10°-W		두 향	?
	규 모 (길이×너비×높이)	290×234×57		바닥시설	붉은 벽돌을 깔았음
	평면형태	장방형		천장형태	?
	시상/관대 (길이×너비×높이)	-		석재종류	판석·할석
유물	토도기	-			
	금속기	-			
	옥석기	-			
	기 타	인골편			
	특기사항	몇 점의 사지골이 현실 중앙에 흩어져 있는데, 성인 남성이다.			

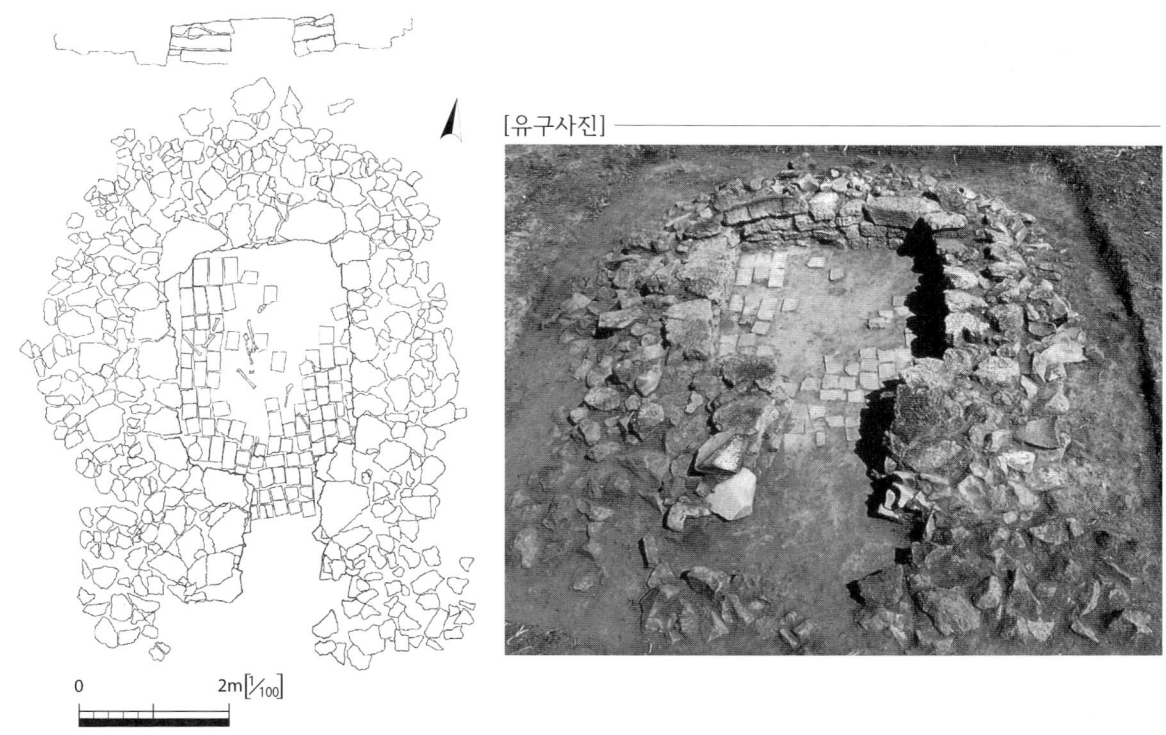

[유구사진]

0   2m[1/100]

2094호묘

(단위 : cm)

봉토	크 기 (길이×너비×높이)	?	연도	크 기 (길이×너비×높이)	?
	평면형태	?		연도위치	우편재
현실	장축방향	N-5°-W		두 향	?
	규 모 (길이×너비×높이)	248×155×43		바닥시설	생토층
	평면형태	장방형		천장형태	?
	시상/관대 (길이×너비×높이)	?		석재종류	판석·할석
유물	토도기	-			
	금속기	-			
	옥석기	-			
	기 타	인골(1)			
	특기사항	현실 동쪽과 서남쪽 모서리에서 성인 남성의 사지골이 발견되었다.			

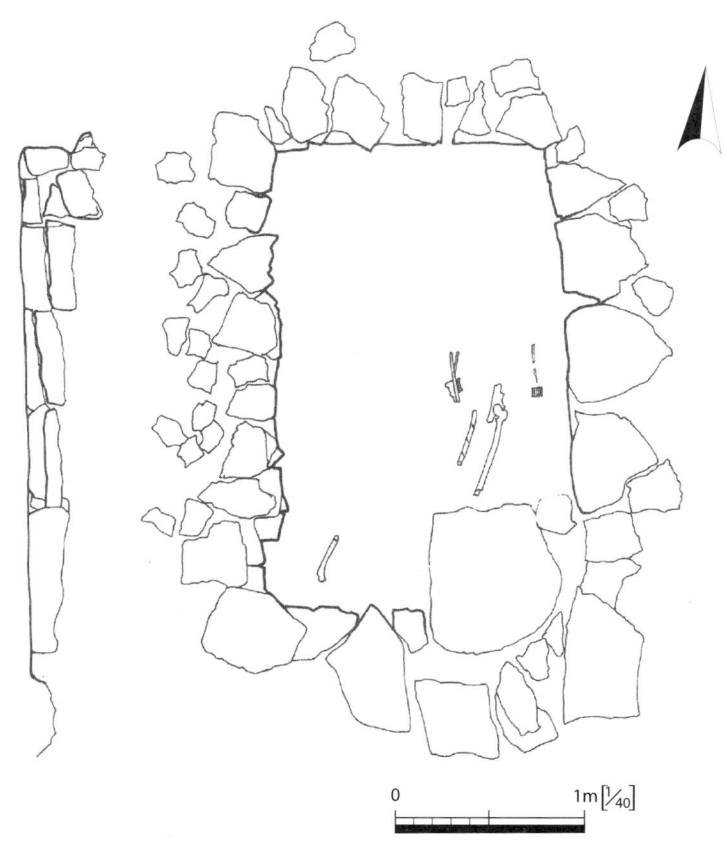

0   1m [1/40]

2095호묘

(단위 : cm)

봉토	크 기 (길이×너비×높이)	450×260×60	연도	크 기 (길이×너비×높이)	74×78×62
	평면형태	장방형		연도위치	우편재
현실	장축방향	N-10°-W		두 향	?
	규 모 (길이×너비×높이)	246×145×62		바닥시설	(사질토)
	평면형태	장방형		천장형태	?
	시상/관대 (길이×너비×높이)	-		석재종류	할석
유물	토도기	-			
	금속기	동제 대금구(7), 동제 사미(1)			
	옥석기	-			
	기 타	인골(1)			
특기사항		현실 서북쪽 모서리에서 성인 두개골 1점이 발견되었는데, 1개체분으로 추정되며, 성별과 연령은 판단할 수 없다.			

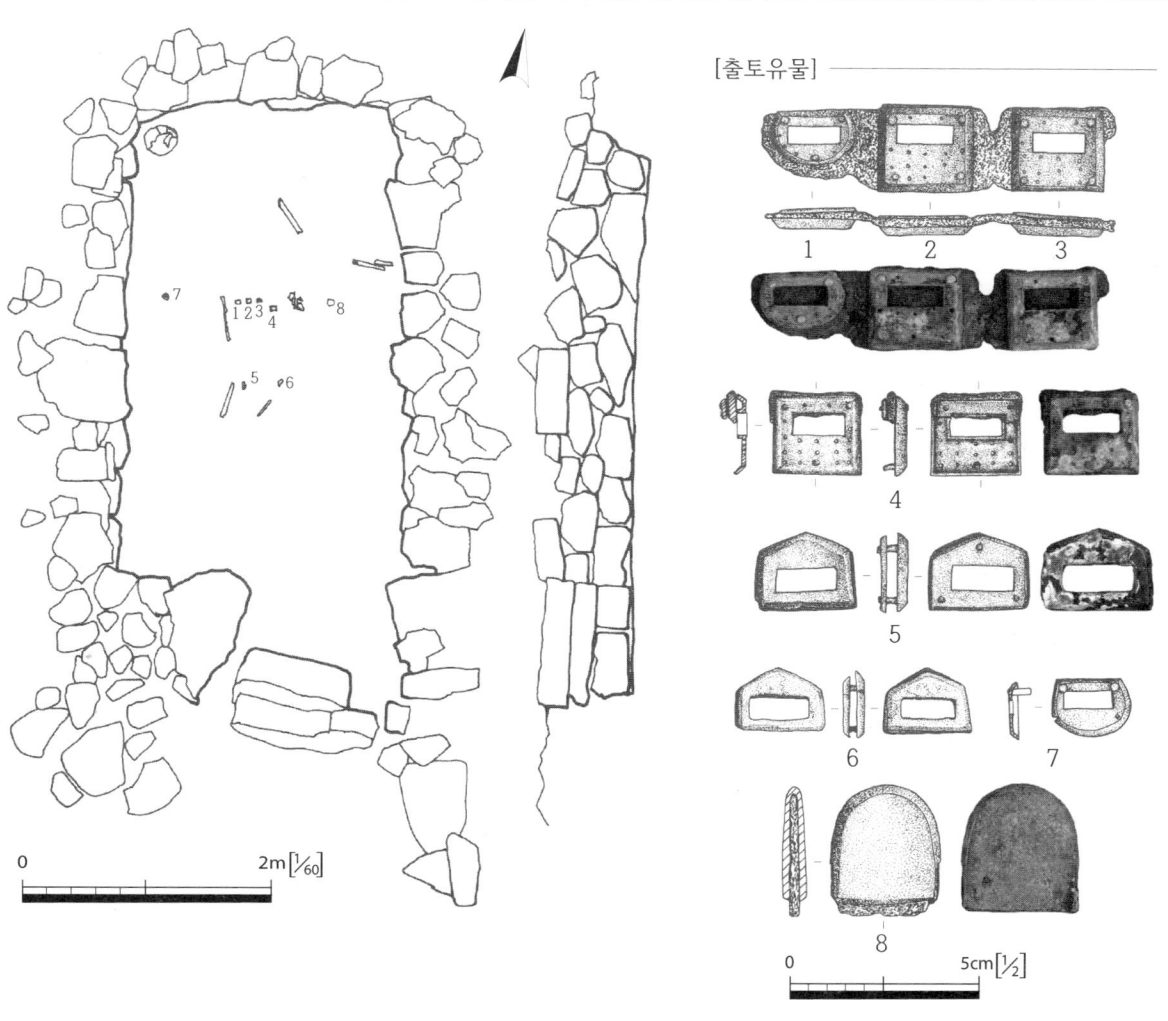

[출토유물]

2096호묘

(단위 : cm)

봉토	크 기 (길이×너비×높이)	?×?×55	연도	크 기 (길이×너비×높이)	?
	평면형태	?		연도위치	?
현실	장축방향	N-10°-W		두 향	?
	규 모 (길이×너비×높이)	230×96×54		바닥시설	생토층
	평면형태	장방형		천장형태	?
	시상/관대 (길이×너비×높이)	-		석재종류	할석
유물	토 도 기	-			
	금 속 기	-			
	옥 석 기	-			
	기 타	-			
	특기사항	-			

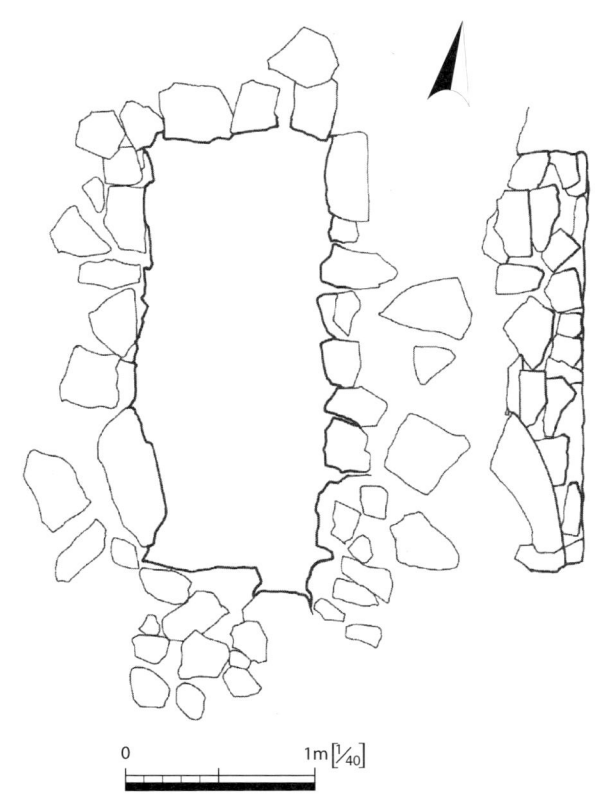

0   1m [1/40]

2097호묘

(단위 : cm)

봉토	크 기 (길이×너비×높이)	?	연도	크 기 (길이×너비×높이)	144×80×58
	평면형태	?		연도위치	우편재
현실	장축방향	N-12°-W		두 향	?
	규 모 (길이×너비×높이)	260×190×58		바닥시설	?
	평면형태	장방형		천장형태	?
	시상/관대 (길이×너비×높이)	-		석재종류	현무암 판석·할석
유물	토 도 기	-			
	금 속 기	-			
	옥 석 기	-			
	기 타	인골(1)			
특기사항		현실 서북쪽에서 성인 두개골과 사지골 3조각 발견되었는데, 성별과 나이는 알 수 없다.			

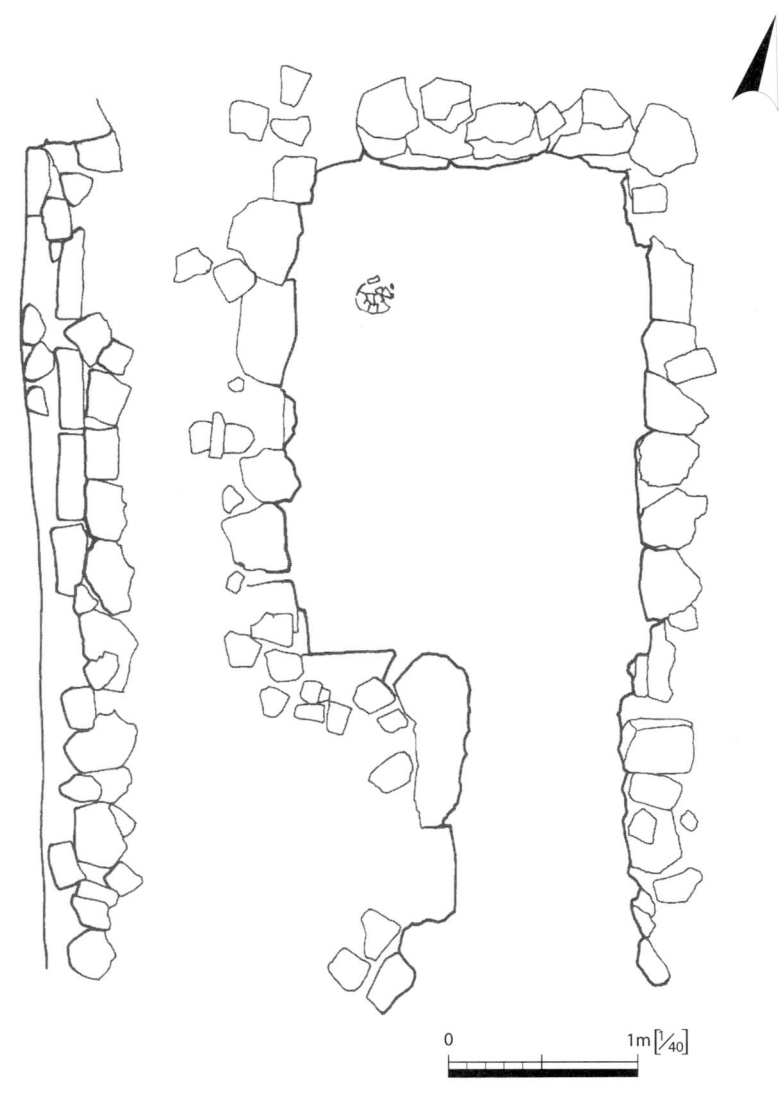

0   1m [1/40]

2098호묘

(단위 : cm)

봉토	크 기 (길이×너비×높이)	?	연도	크 기 (길이×너비×높이)	?
	평면형태	?		연도위치	?
현실	장축방향	N-15°-W		두 향	?
	규 모 (길이×너비×높이)	280×130×59		바닥시설	생토층
	평면형태	장방형		천장형태	?
	시상/관대 (길이×너비×높이)	-		석재종류	활석
유물	토 도 기	-			
	금 속 기	-			
	옥 석 기	-			
	기 타	인골(2)			
특기사항	인골은 총 2개체분으로, 두개골(A)는 성인 여성이고, 두개골(B)는 25~30세의 남성이다.				

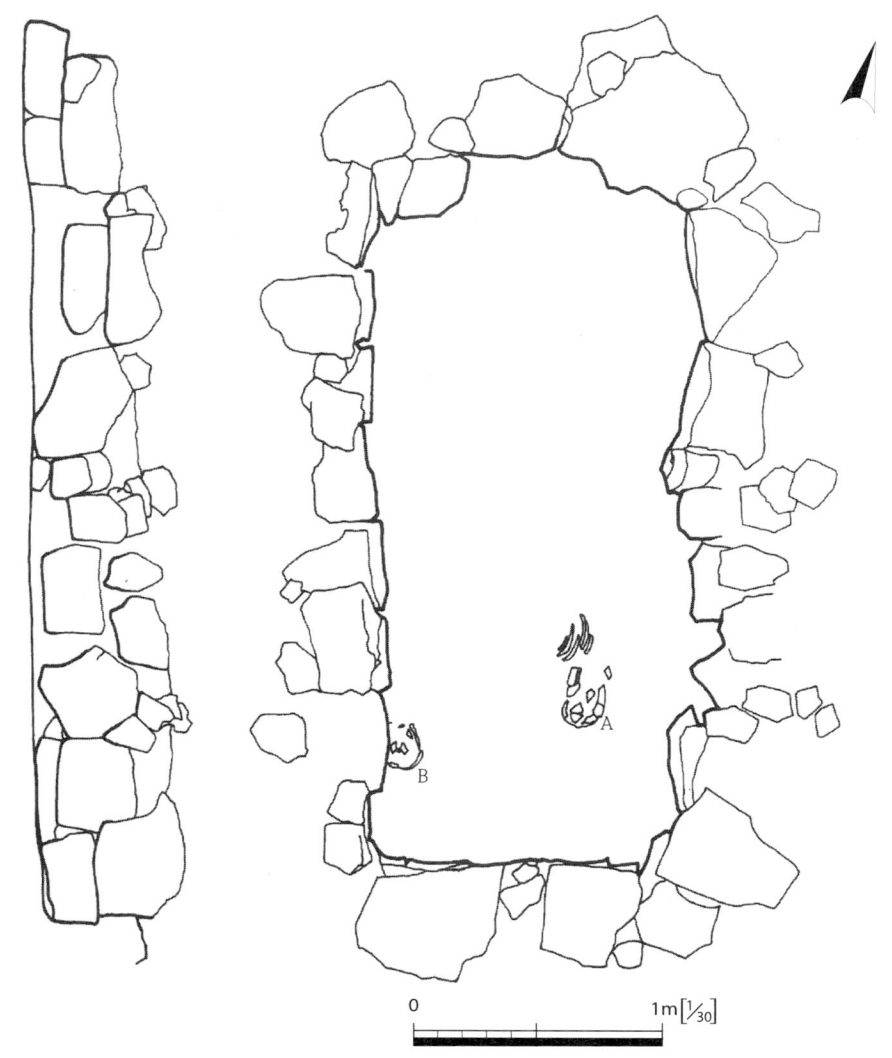

0　　　　　　　　　　1m [¹/₃₀]

2099호묘

봉토	크 기 (길이×너비×높이)	?	연도	크 기 (길이×너비×높이)	?
	평면형태	?		연도위치	?
현실	장축방향	N-15°-W		두 향	?
	규 모 (길이×너비×높이)	276×68×52		바닥시설	생토층
	평면형태	세장방형		천장형태	?
	시상/관대 (길이×너비×높이)	-		석재종류	현무암 판석·할석
유물	토도기	호(1)			
	금속기		-		
	옥석기		-		
	기 타		-		
	특기사항		-		

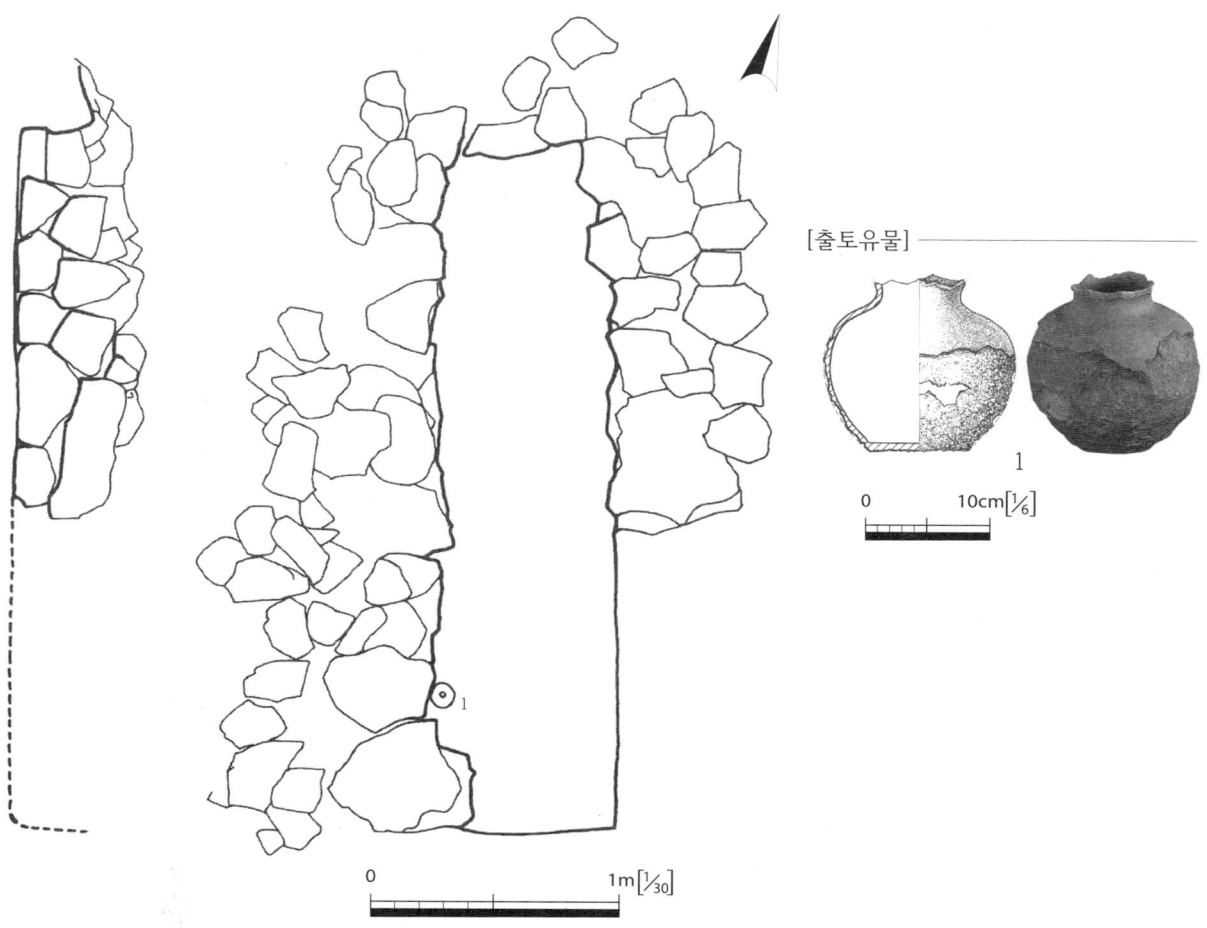

[출토유물]

1

0   10cm[1/6]

0   1m[1/30]

2100호묘

(단위 : cm)

봉토	크 기 (길이×너비×높이)	?	연도	크 기 (길이×너비×높이)	?
	평면형태	?		연도위치	(좌편재)
현실	장축방향	N-10°-W		두 향	?
	규 모 (길이×너비×높이)	220×94×61		바닥시설	생토층
	평면형태	장방형		천장형태	?
	시상/관대 (길이×너비×높이)	-		석재종류	할석
유물	토 도 기	-			
	금 속 기	-			
	옥 석 기	-			
	기 타	인골(1)			
특기사항		현실 동쪽에 일차장한 35세 전후의 남성 인골이 있다.			

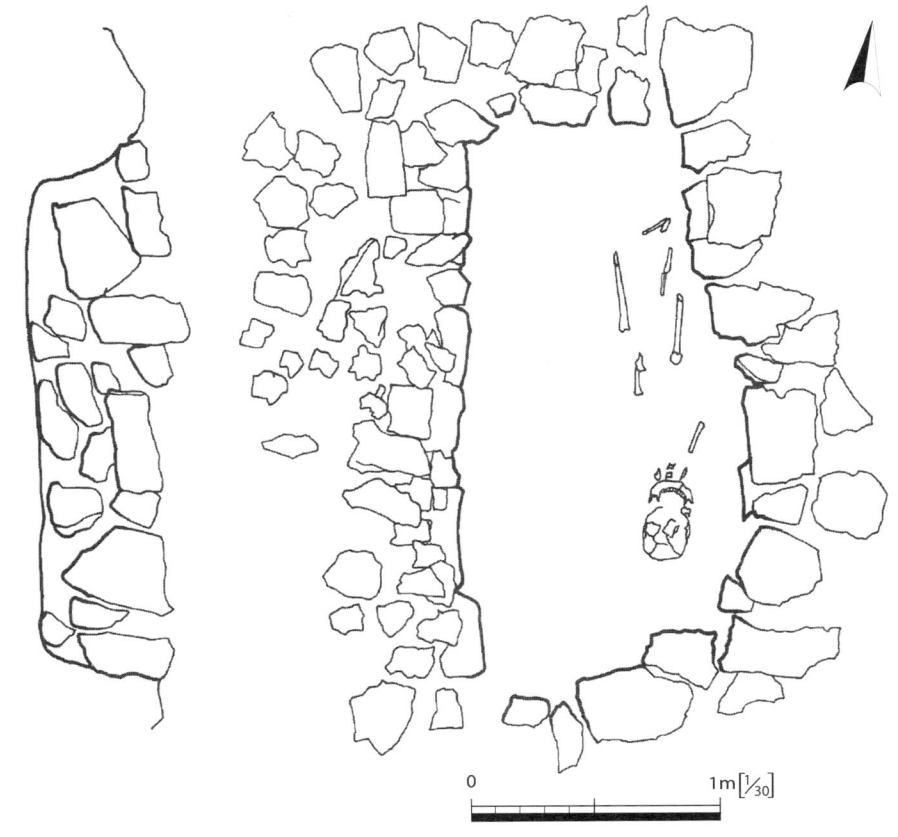

0   1m[¹⁄₃₀]

2101호묘

(단위 : cm)

봉토	크 기 (길이×너비×높이)	?	연도	크 기 (길이×너비×높이)	?	
	평면형태	?		연도위치	?	
현실	장축방향	N-S		두 향	?	
	규 모 (길이×너비×높이)	242×81×63		바닥시설	생토층	
	평면형태	세장방형		천장형태	?	
	시상/관대 (길이×너비×높이)	-		석재종류	현무암 판석	
유물	토도기	-				
	금속기	-				
	옥석기	-				
	기 타	돼지뼈(1)				
특기사항		현실 안에서 돼지뼈가 발견되었다.				

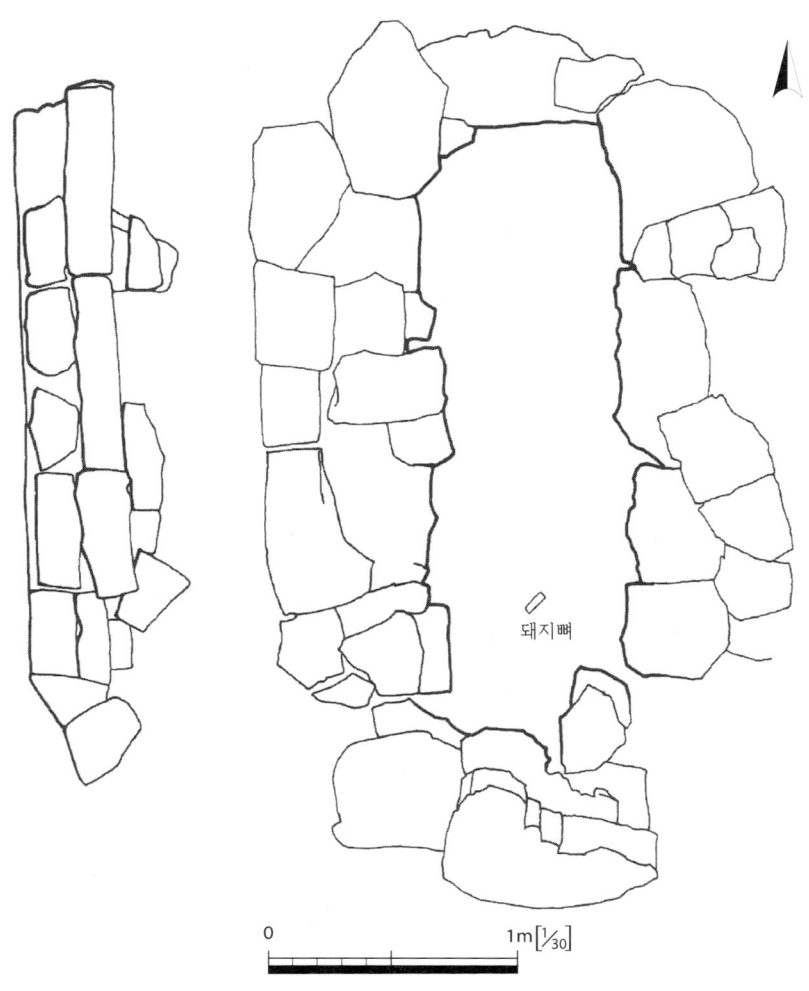

돼지뼈

0   1m[1/30]

2102호묘

(단위 : cm)

봉토	크 기 (길이×너비×높이)	?	석관	크 기 (길이×너비×높이)	206×78×47
	평면형태	?		장 폭 비	2.64:1
	장축방향	N-18°-E	석곽	크 기 (길이×너비×높이)	-
	두 향	?		장 폭 비	-
	벽석종류	판석			
유물	토도기	-			
	금속기	-			
	옥석류	-			
	기 타	인골			
	특기사항	현실에서 어린 아이의 뼈조각이 발견되었는데, 그 성별과 나이는 알 수 없다.			

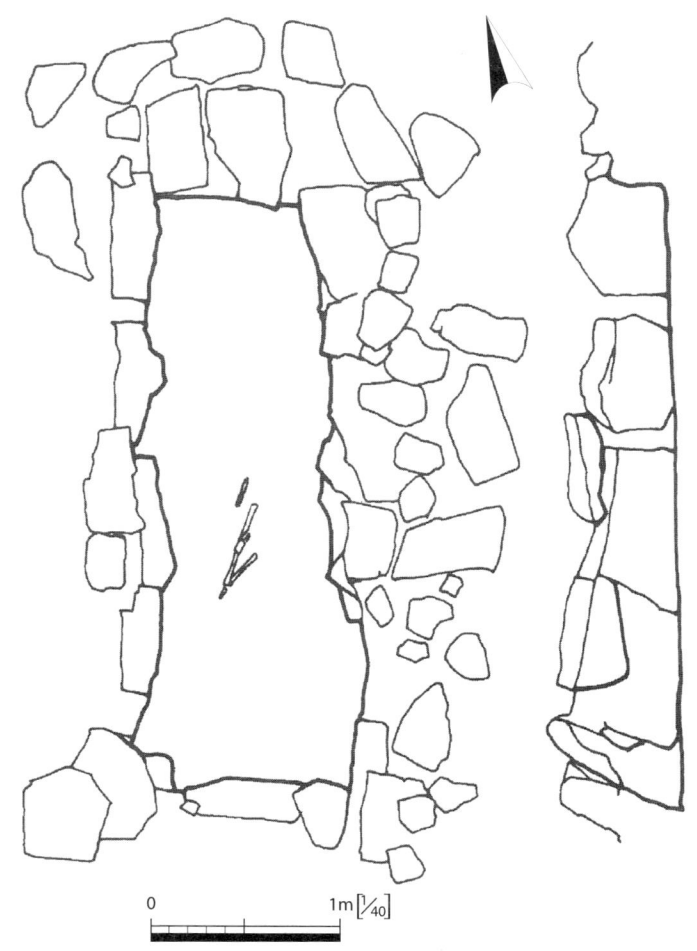

0   1m [1/40]

2103호묘

(단위 : cm)

묘광	크 기 (길이×너비×깊이)	?	주체부	크 기 (길이×너비×높이)	164×54×50
	장 폭 비	?		장 폭 비	3.03:1
	장축방향	N-10°-W	시상·관대	크 기 (길이×너비×높이)	-
	두 향	?	벽석종류		현무암 판석·할석
유물	토 도 기	-			
	금 속 기	-			
	옥 석 류	-			
	기 타	-			
	특기사항	-			

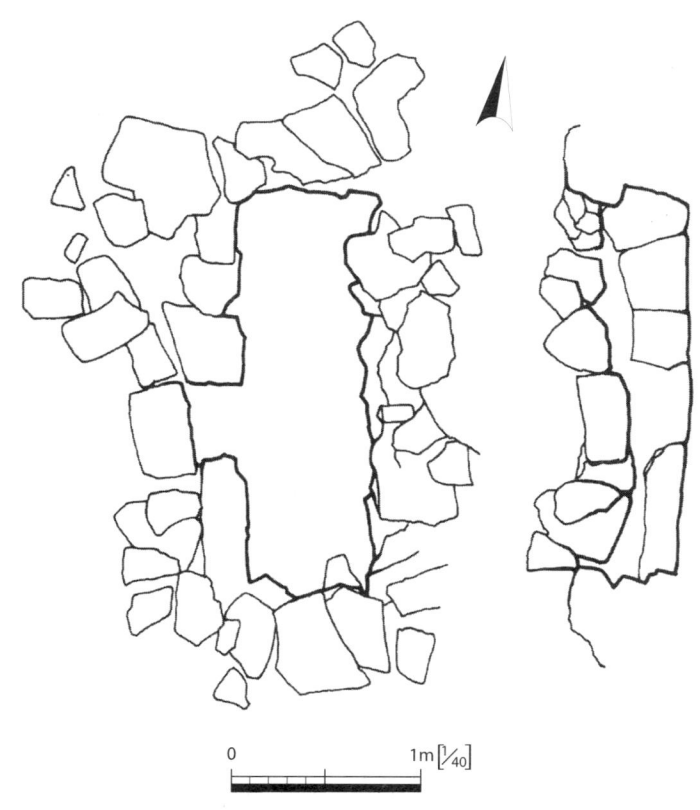

0　　　　　　　　1m [1/40]

2104호묘

(단위 : cm)

봉토	크 기 (길이×너비×높이)	?	연도	크 기 (길이×너비×높이)	?
	평면형태	타원형		연도위치	?
현실	장축방향	N-5°-W		두 향	?
	규 모 (길이×너비×높이)	294×108×66		바닥시설	황색 사토층
	평면형태	장방형		천장형태	?
	시상/관대 (길이×너비×높이)	-		석재종류	현무암 판석·할석
유물	토 도 기	병(1)			
	금 속 기	-			
	옥 석 기	-			
	기 타	인골			
특기사항		인골이 발견되었으나, 성별과 나이는 불분명하다.			

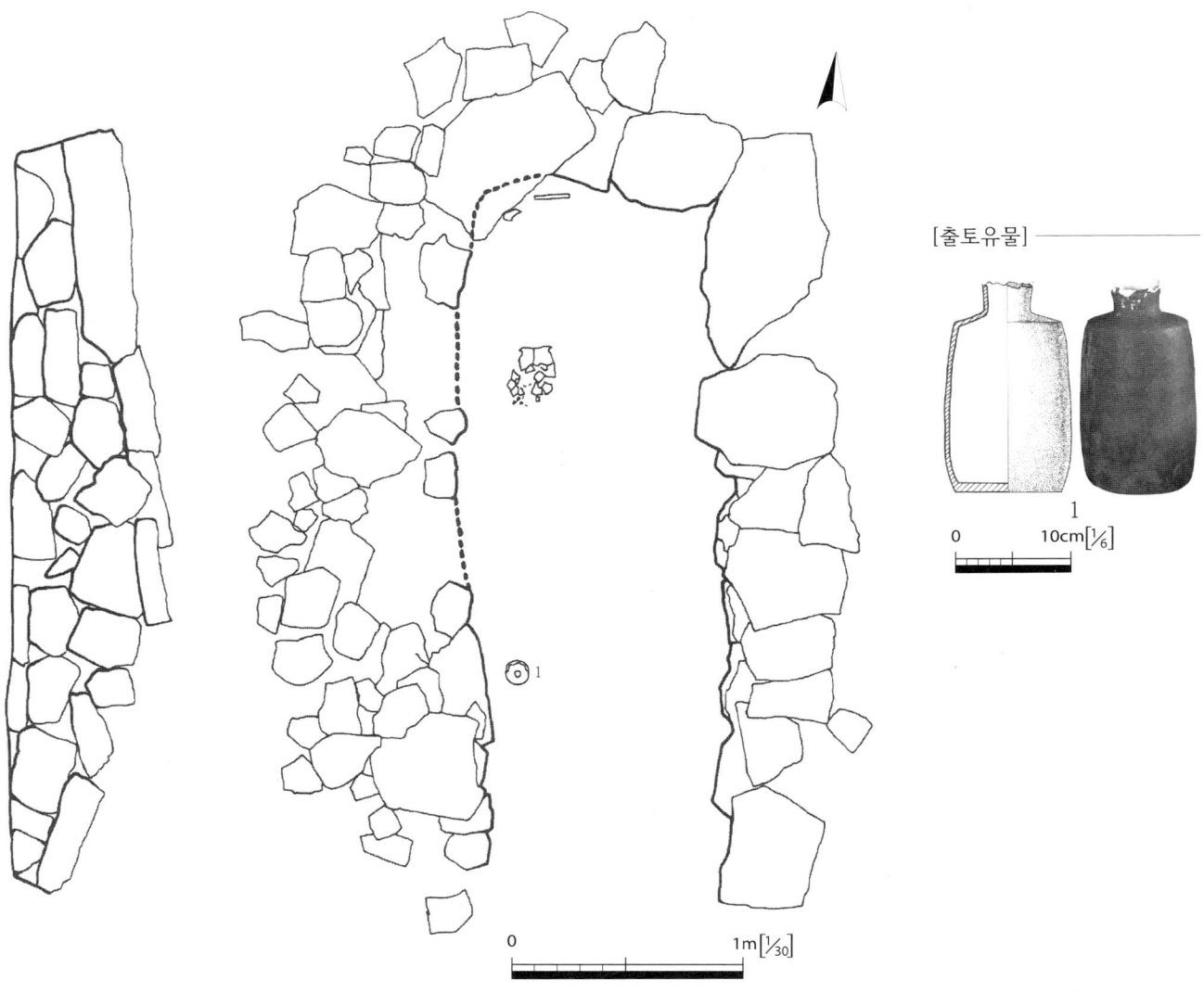

[출토유물]

1

0   10cm[1/6]

0   1m[1/30]

2105호묘

(단위 : cm)

봉토	크 기 (길이×너비×높이)	?	연도	크 기 (길이×너비×높이)	?
	평면형태	?		연도위치	?
현실	장축방향	N-10°-W		두 향	?
	규 모 (길이×너비×높이)	(200+)×(140+)×40		바닥시설	모래층
	평면형태	장방형		천장형태	?
	시상/관대 (길이×너비×높이)	-		석재종류	판석·할석
유물	토 도 기	토기편			
	금 속 기		-		
	옥 석 기	옥제 벽(1), 마노제 구슬(2)			
	기 타	인골			
특기사항		유물 도면 없음. 성별과 나이는 알 수 없다.			

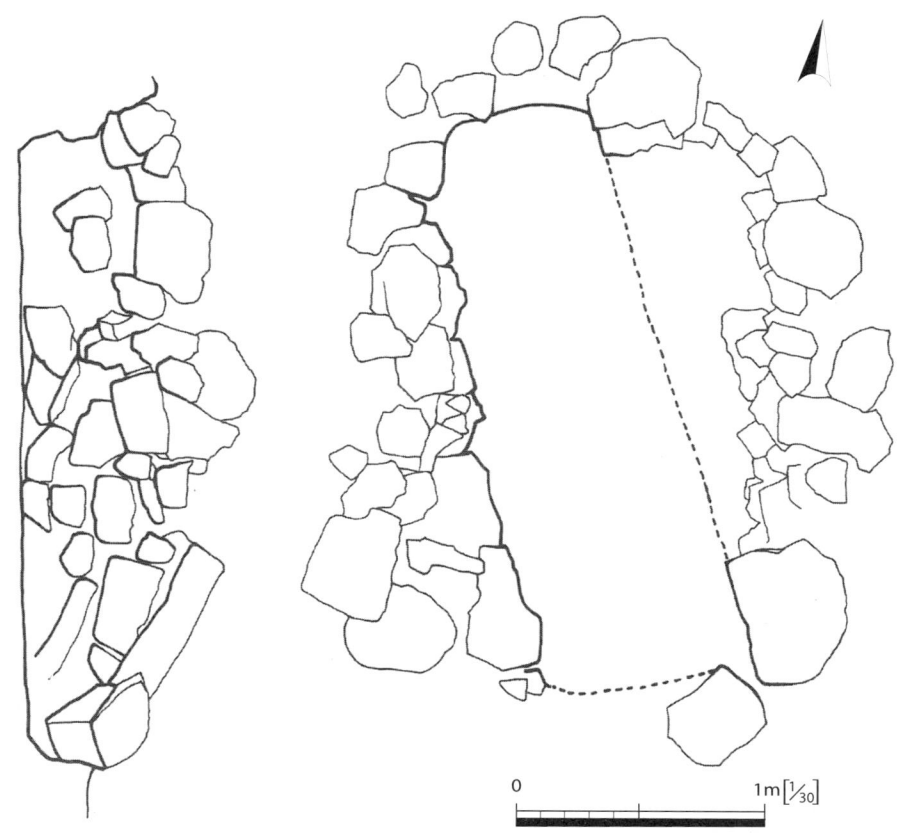

0　　　　　　　　　　1m[1/30]

2106호묘

봉토	크 기 (길이×너비×높이)	?×?×50	연도	크 기 (길이×너비×높이)	68×69×56
	평면형태	?		연도위치	우편재
현실	장축방향	N-5°-E		두 향	?
	규 모 (길이×너비×높이)	250×142×56		바닥시설	?
	평면형태	장방형		천장형태	?
	시상/관대 (길이×너비×높이)	-		석재종류	할석
유물	토 도 기	-			
	금 속 기	동제 대금구(2)			
	옥 석 기	-			
	기 타	인골(2)			
	특기사항	인골은 총 2개체분으로, 모두 이차장이다. 북쪽에 있는 두개골(A)는 30~35세 남성이고, 남쪽에 있는 두개골(B)도 40세 전후의 남성이다. 각 두개골 주변에서 약간의 사지골도 발견되었다.			

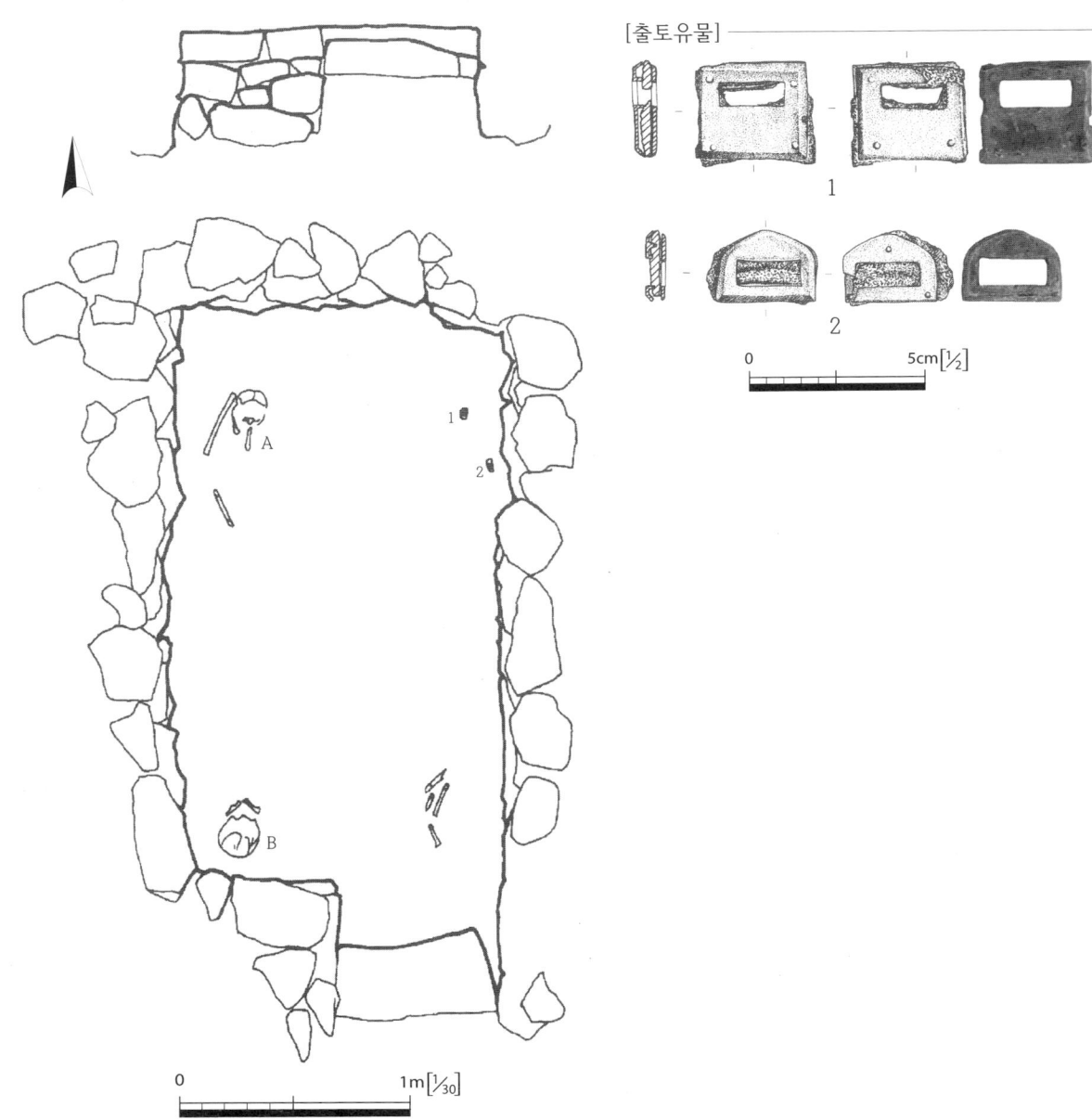

[출토유물]

0   5cm[½]

0   1m[1/30]

2107호묘

(단위 : cm)

봉토	크 기 (길이×너비×높이)	?	연도	크 기 (길이×너비×높이)	88×108×34
	평면형태	?		연도위치	좌편재
현실	장축방향	N-10°-E		두 향	?
	규 모 (길이×너비×높이)	308×180×34		바닥시설	모래층
	평면형태	장방형		천장형태	?
	시상/관대 (길이×너비×높이)	-		석재종류	할석
유물	토 도 기	-			
	금 속 기	철제 대금구(15), 철제 도(1), 철촉(2)			
	옥 석 기	-			
	기 타	인골			
	특기사항	현실 중앙에서 약간의 깨진 사지골이 발견되었는데, 이미 타버려서 그 성별과 나이를 알 수 없다.			

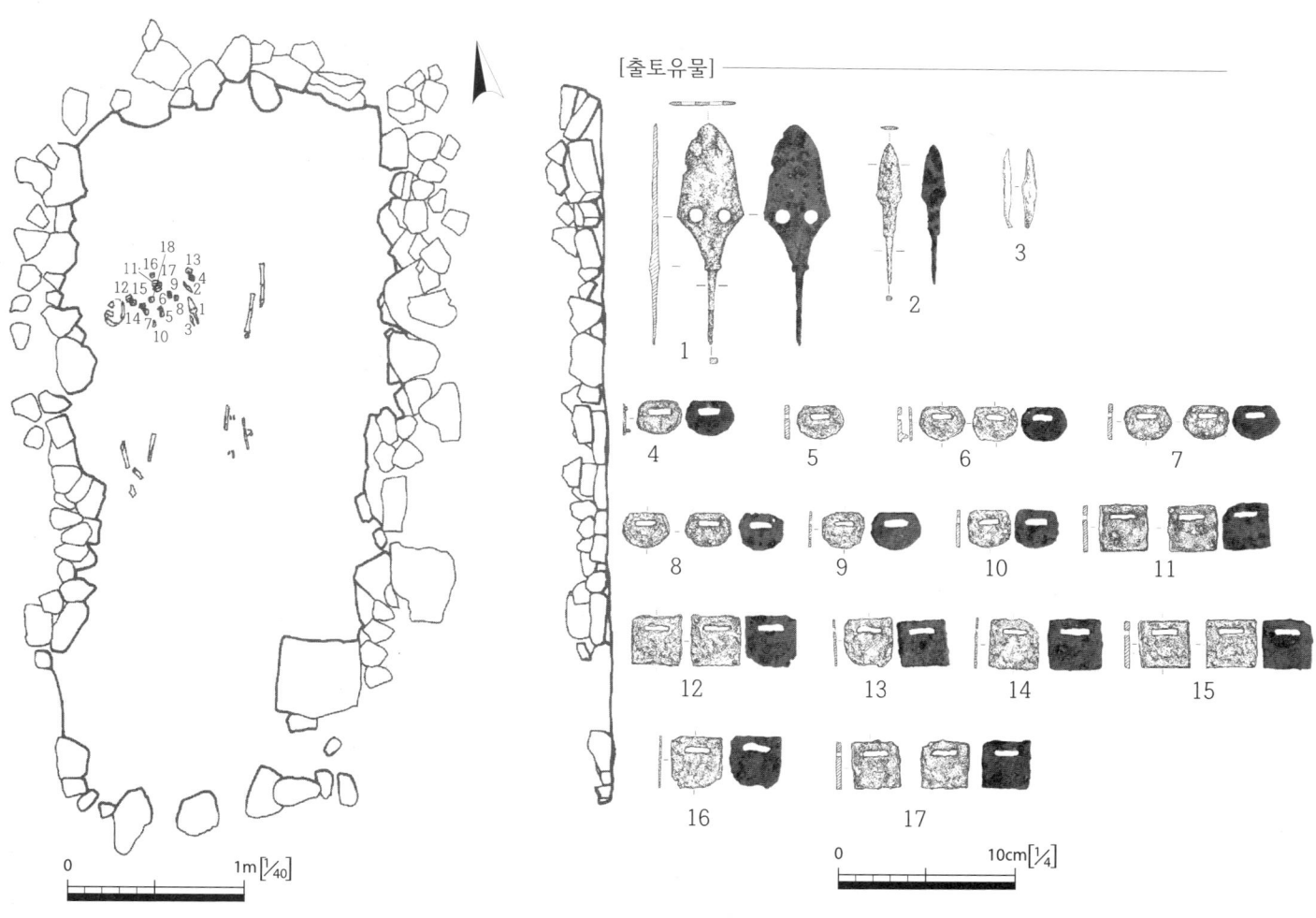

[출토유물]

2108호묘

(단위 : cm)

봉토	크 기 (길이×너비×높이)	?×?×40	연도	크 기 (길이×너비×높이)	91×98×52
	평면형태	?		연도위치	우편재
현실	장축방향	N-10°-E		두 향	?
	규 모 (길이×너비×높이)	223×174×52		바닥시설	(사질토)
	평면형태	장방형		천장형태	?
	시상/관대 (길이×너비×높이)	-		석재종류	활석
유물	토 도 기	-			
	금 속 기	-			
	옥 석 기	-			
	기 타	인골(1)			
	특기사항	인골은 1개체분으로, 이차장이다. 두개골 잔편이 현실 북쪽에서 발견되었으며, 성인 남성이다.			

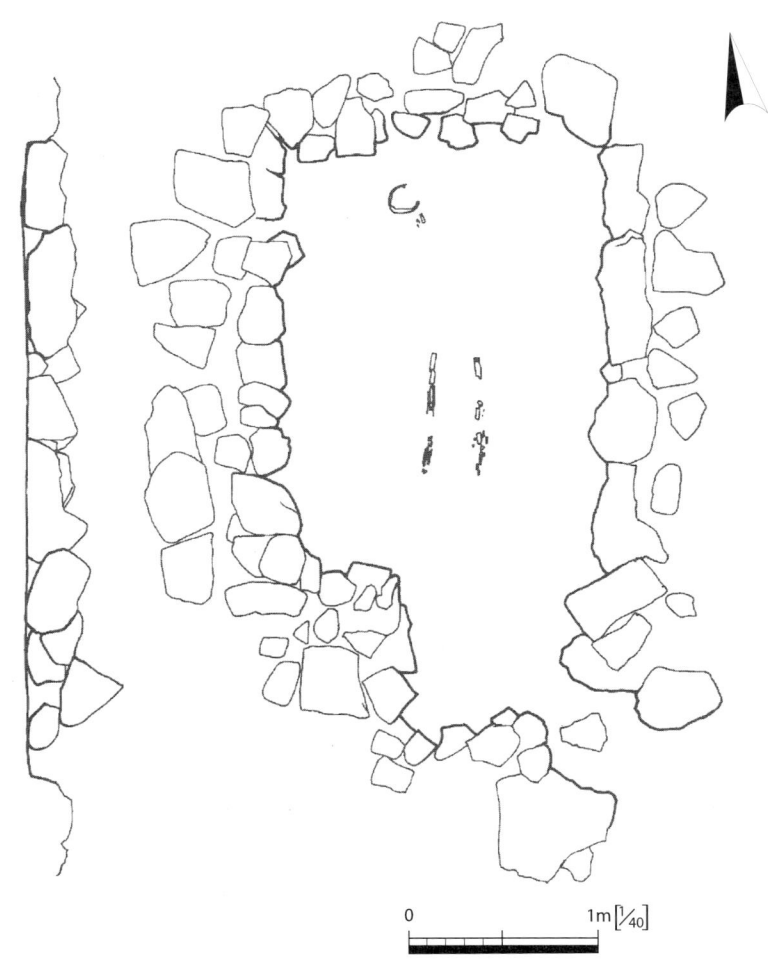

0   1m 1/40

2109호묘

(단위 : cm)

봉토	크 기 (길이×너비×높이)	?	연도	크 기 (길이×너비×높이)	?
	평면형태	?		연도위치	?
현실	장축방향	N-5°-W	두 향		?
	규 모 (길이×너비×높이)	234×74×50	바닥시설		황색 사토
	평면형태	세장방형	천장형태		?
	시상/관대 (길이×너비×높이)	-	석재종류		판석·할석
유물	토 도 기	심발(1)			
	금 속 기	-			
	옥 석 기	-			
	기 타	인골			
특기사항		현실 북쪽에서 성인 뼈 조각이 나왔으나, 성별은 알 수 없다.			

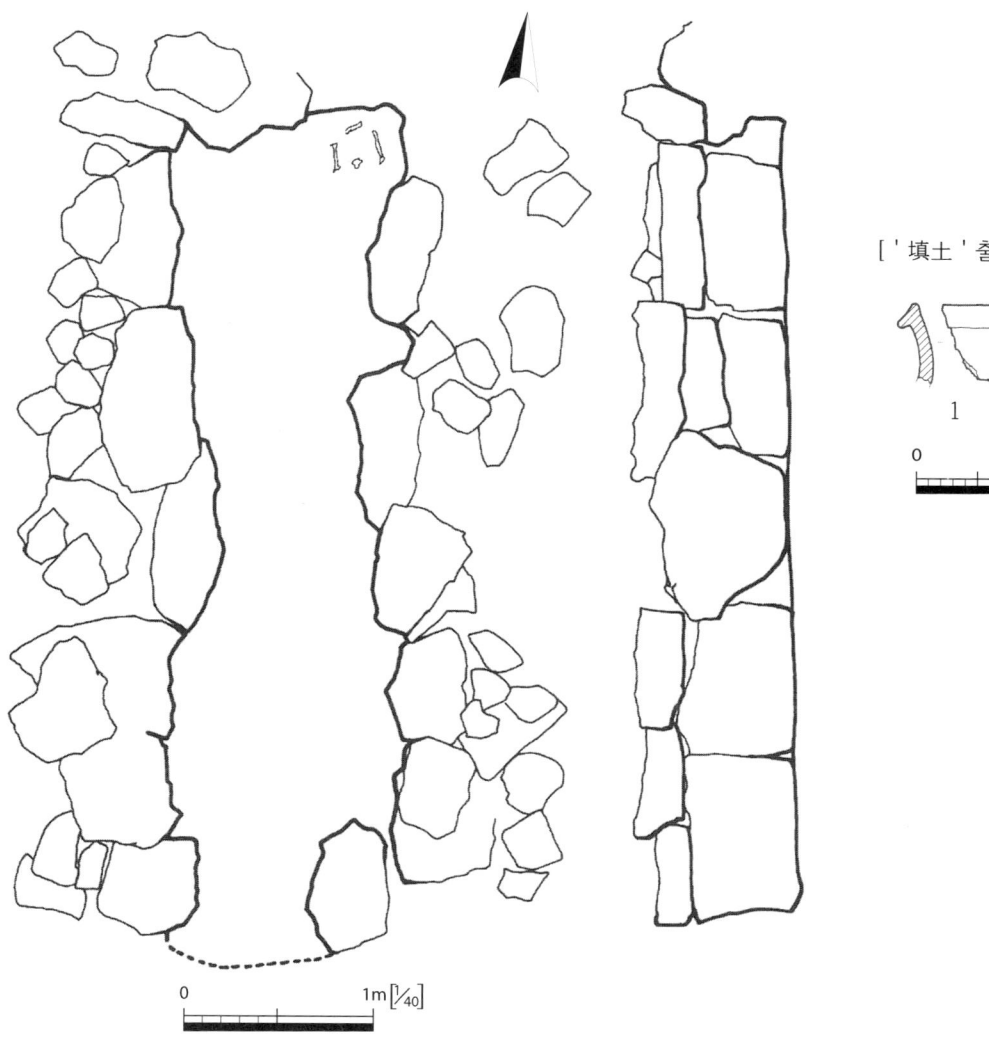

['塡土' 출토유물] ―

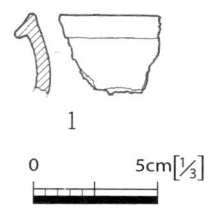

1

0   5cm[⅓]

0   1m[¹⁄₄₀]

2110호묘

(단위 : cm)

봉토	크 기 (길이×너비×높이)	630×430×100	연도	크 기 (길이×너비×높이)	139×68×48
	평면형태	타원형		연도위치	중앙
현실	장축방향	N-33°-E	두 향		?
	규 모 (길이×너비×높이)	244×151×86	바닥시설		사질토
	평면형태	장방형	천장형태		?
	시상/관대 (길이×너비×높이)	-	석재종류		판석·할석
유물	토도기	호(1), 옹 구연부편(1), 토기 저부(1)			
	금속기	-			
	옥석기	-			
	기 타	-			
	특기사항	-			

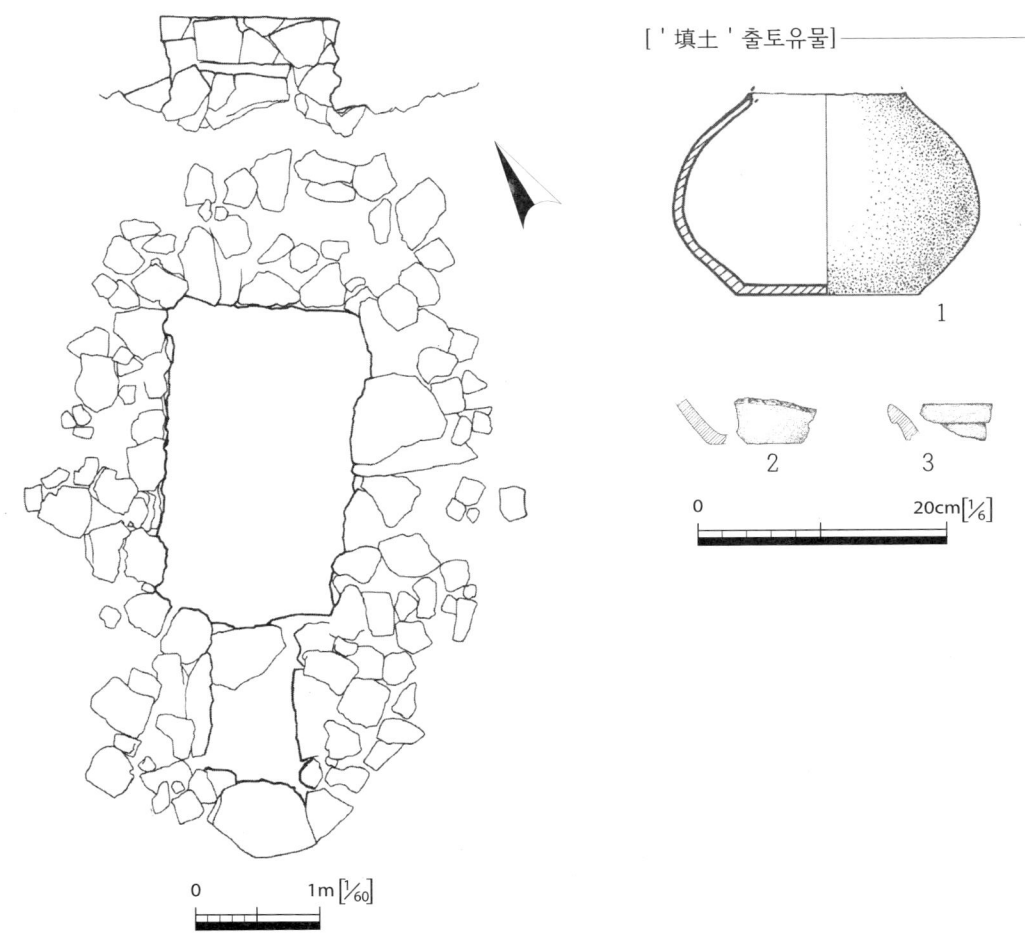

[' 塡土 ' 출토유물]

1

2   3

0   20cm[⅙]

0   1m[⅟₆₀]

2111호묘

(단위 : cm)

묘광	크 기 (길이×너비×깊이)	?	주체부	크 기 (길이×너비×높이)	174×50×44
	장 폭 비	?		장 폭 비	3.48:1
	장축방향	N-5°-W	시상·관대	크 기 (길이×너비×높이)	?
	두 향	?		벽석종류	할석
유물	토도기	심발(1)			
	금속기	-			
	옥석류	-			
	기 타	-			
	특기사항	-			

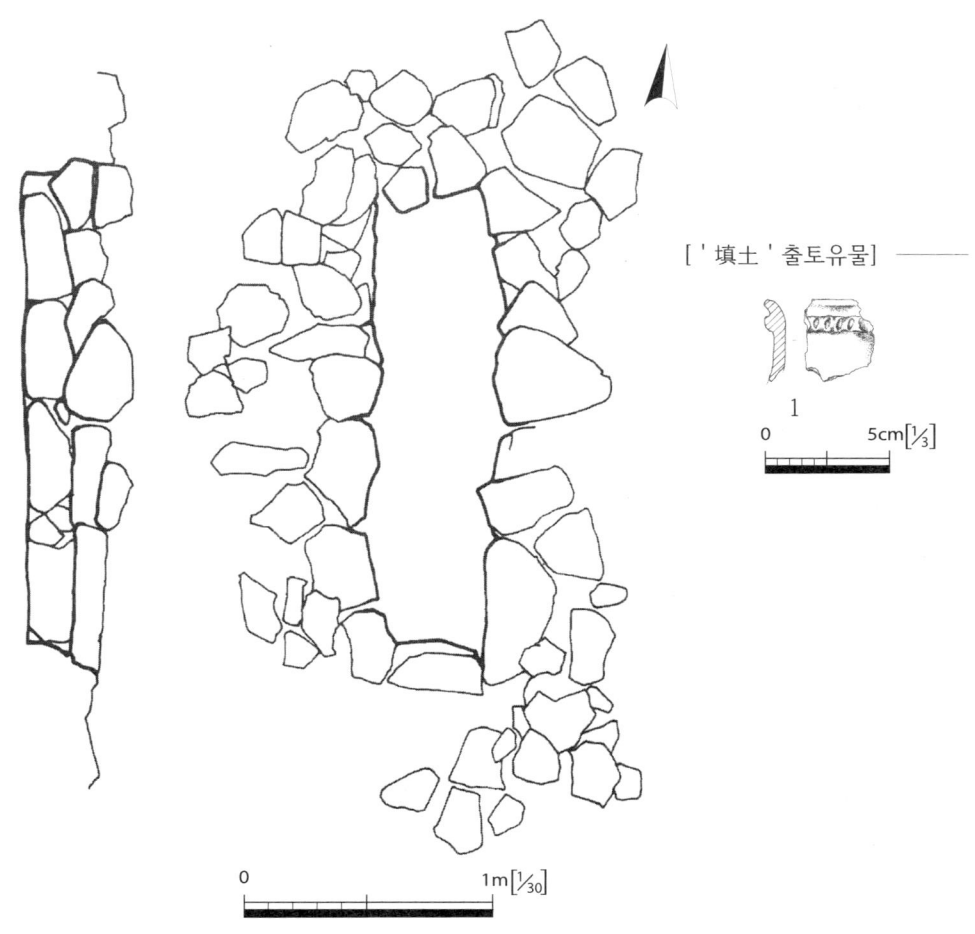

['填土' 출토유물]

1

0   5cm[⅓]

0   1m[1/30]

2112호묘

봉토	크 기 (길이×너비×높이)	?	연도	크 기 (길이×너비×높이)	?
	평면형태	?		연도위치	?
현실	장축방향	N-5°-W		두 향	?
	규 모 (길이×너비×높이)	(200)×140×40		바닥시설	부석
	평면형태	장방형		천장형태	?
	시상/관대 (길이×너비×높이)	-		석재종류	판석·할석
유물	토도기	시문토기편(1)			
	금속기	-			
	옥석기	옥벽(1), 마노제 구슬(2)			
	기 타	인골편			
특기사항		서북쪽 모서리와 남벽 근처에서 약간의 인골편이 발견되었는데, 그 성별과 나이는 불분명하다.			

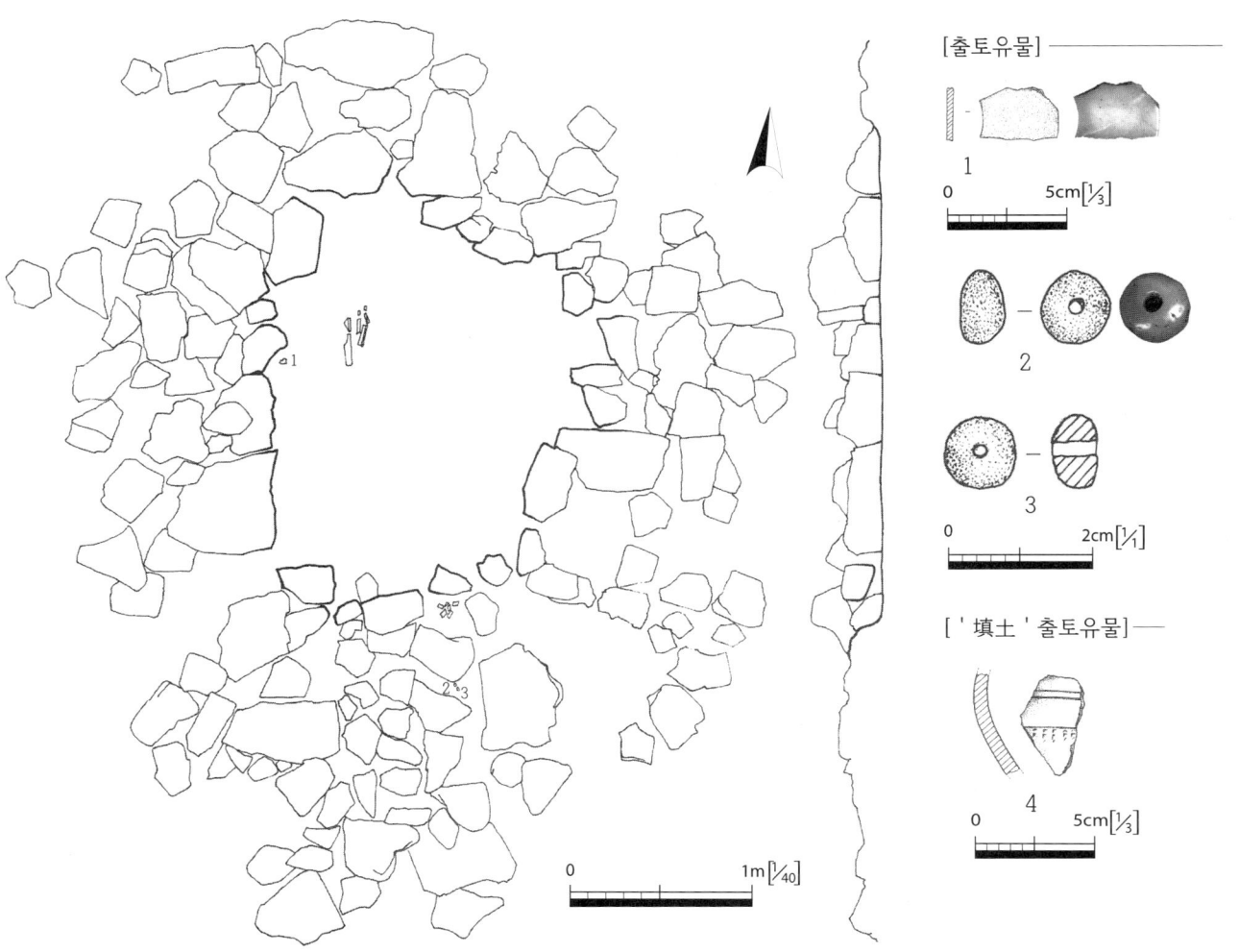

[출토유물]

1
0   5cm[⅓]

2

3
0   2cm[⅟₁]

['填土' 출토유물]

4
0   5cm[⅓]

0   1m[⅟₄₀]

2113호묘

(단위 : cm)

봉토	크 기 (길이×너비×높이)		630×500×40		연도	크 기 (길이×너비×높이)	①	156×80×80
							②	156×80×55~70
	평면형태		타원형			연도위치	①	우편재
							②	우편재
현실	장축방향		N-55°-W		두 향		①	?
							②	?
	규 모 (길이×너비×높이)	①	268×174×80		바닥시설		①	부석
		②	268×174×91~106				②	모래층
	평면형태	①	장방형		천장형태		①	?
		②	장방형				②	?
	시상/관대 (길이×너비×높이)	①	?		석재종류		①	판석·할석
		②	?				②	?
유물	토 도 기		심발(1), 토기편					
	금 속 기		철제 찰갑편(25)					
	옥 석 기		-					
	기 타		인골(3)					
	특기사항		고분은 두 개의 층으로 나뉜다. 제 1층의 두개골 3개는 모두 이차장이다. 두개골(A)는 성인이며 성별은 알 수 없고, 두개골(B)는 40~45세 남성이다. 두개골(C)는 30~35세 남성이다.					

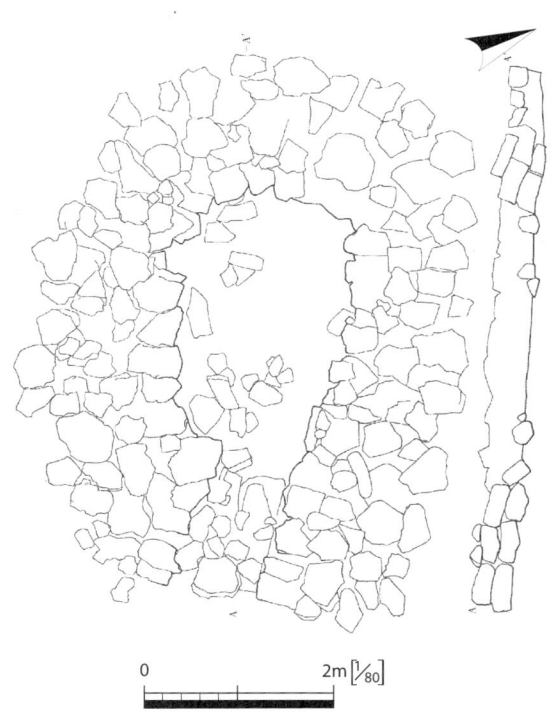

[제1층 평면도]

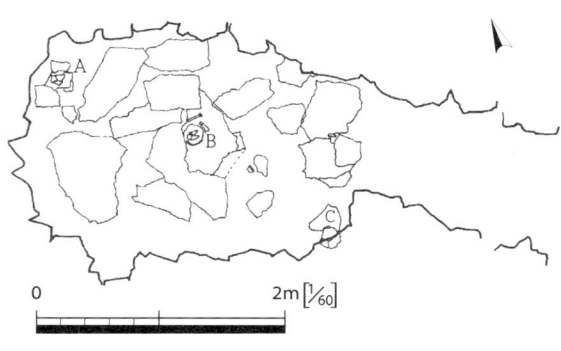

0   2m [1/60]

[제2층 평면도 및 단면도]

0   2m [1/60]

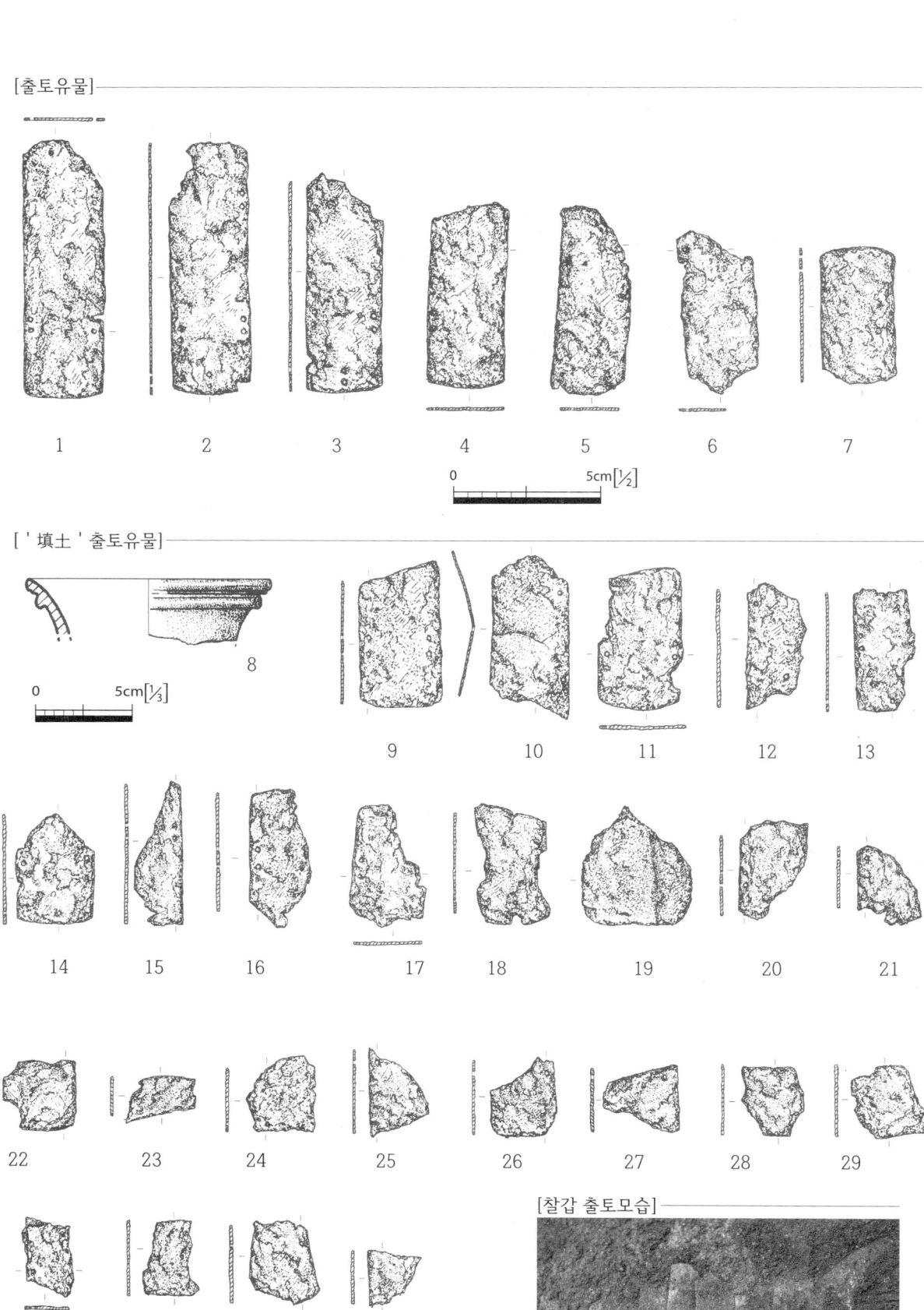

1 2 3 4 5 6 7

0   5cm[½]

['填土' 출토유물]

8

0   5cm[⅓]

9 10 11 12 13

14 15 16 17 18 19 20 21

22 23 24 25 26 27 28 29

30 31 32 33

0   10cm [½]

[찰갑 출토모습]

2114호묘

봉토	크 기 (길이×너비×높이)	?×?×40	연도	크 기 (길이×너비×높이)	?
	평면형태	?		연도위치	?
현실	장축방향	N-S		두 향	?
	규 모 (길이×너비×높이)	210×90×44		바닥시설	황색 사토층
	평면형태	장방형		천장형태	?
	시상/관대 (길이×너비×높이)	-		석재종류	판석·할석
유물	토 도 기	-			
	금 속 기	동제 고리(8), 동제 대금구(4)			
	옥 석 기	-			
	기 타	인골			
	특기사항	인골이 출토되었으나, 성별과 나이를 알 수 없다.			

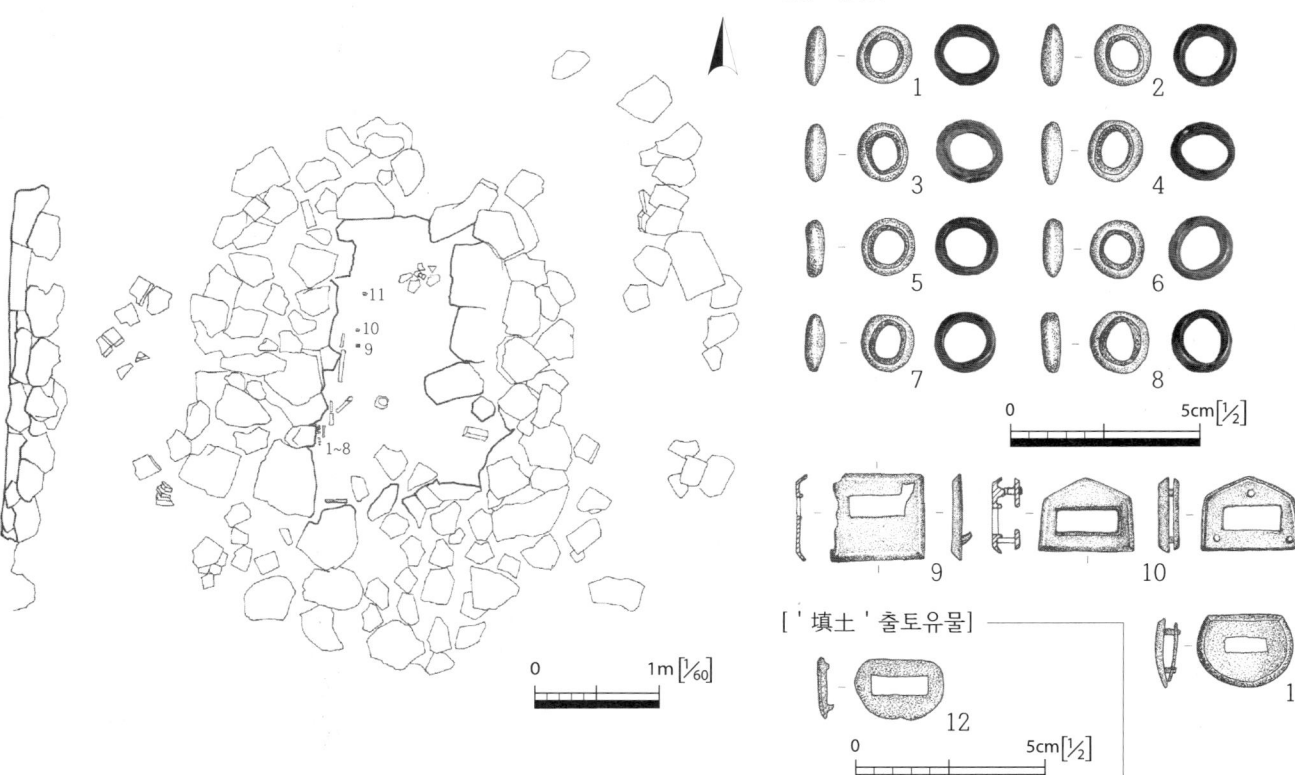

[출토유물]

['填土' 출토유물]

2115호묘

(단위 : cm)

봉토	크 기 (길이×너비×높이)	?×?×40	연도	크 기 (길이×너비×높이)	?
	평면형태	?		연도위치	?
현실	장축방향	N-5°-E	두 향		?
	규 모 (길이×너비×높이)	186×155×36	바닥시설		(사질토)
	평면형태	장방형	천장형태		?
	시상/관대 (길이×너비×높이)	-	석재종류		할석
유물	토 도 기	호(1), 심발(1), 토기편(1)			
	금 속 기	-			
	옥 석 기	-			
	기 타	-			
	특기사항	-			

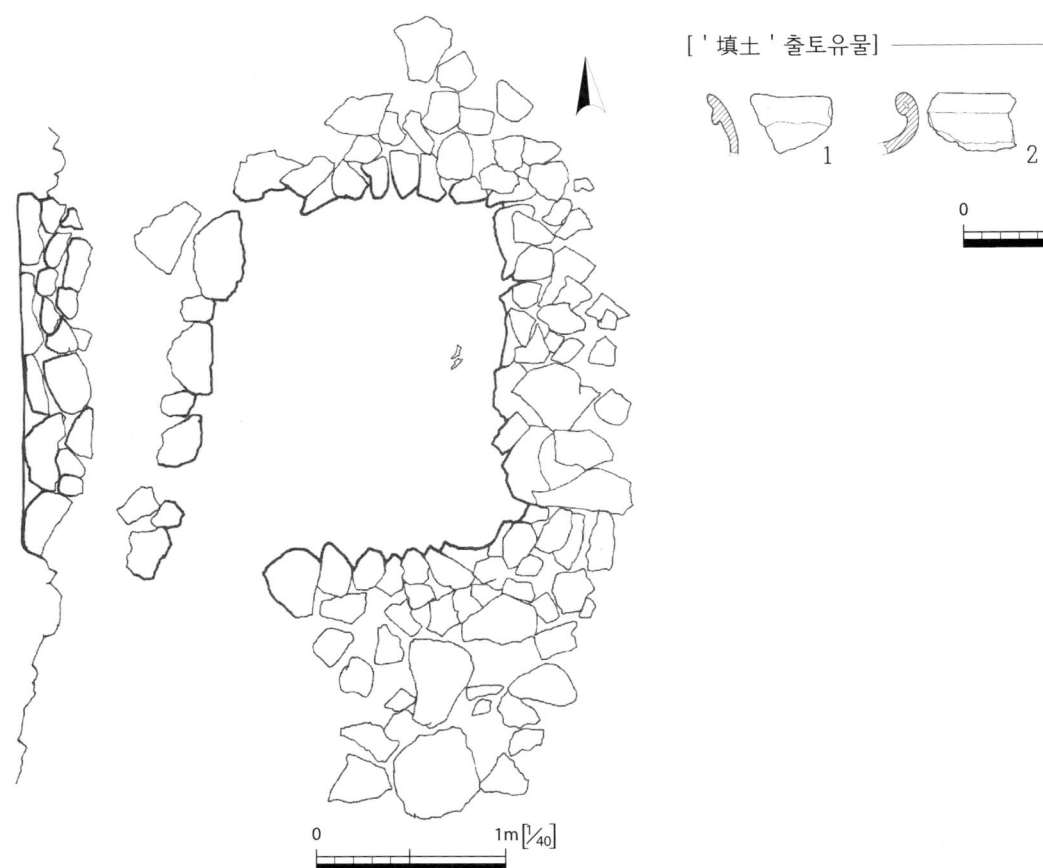

['填土' 출토유물]

1   2   3

0   10cm[¼]

0   1m[¹⁄₄₀]

2116호묘

(단위 : cm)

봉토	크 기 (길이×너비×높이)	480×350×60	연도	크 기 (길이×너비×높이)	?
	평면형태	장방형		연도위치	?
현실	장축방향	N-20°-W		두 향	?
	규 모 (길이×너비×높이)	261×128×60		바닥시설	(사질토)
	평면형태	장방형		천장형태	?
	시상/관대 (길이×너비×높이)	-		석재종류	현무암 판석·천석
유물	토 도 기	심발(1)			
	금 속 기	-			
	옥 석 기	-			
	기 타	두개골(2)			
특기사항	인골은 총 2개체분으로, 이차장이다. 가장 북쪽에 있는 인골(A)는 성인 여성이고, 남쪽에 있는 두개골 (B)는 6~7세의 남성이다.				

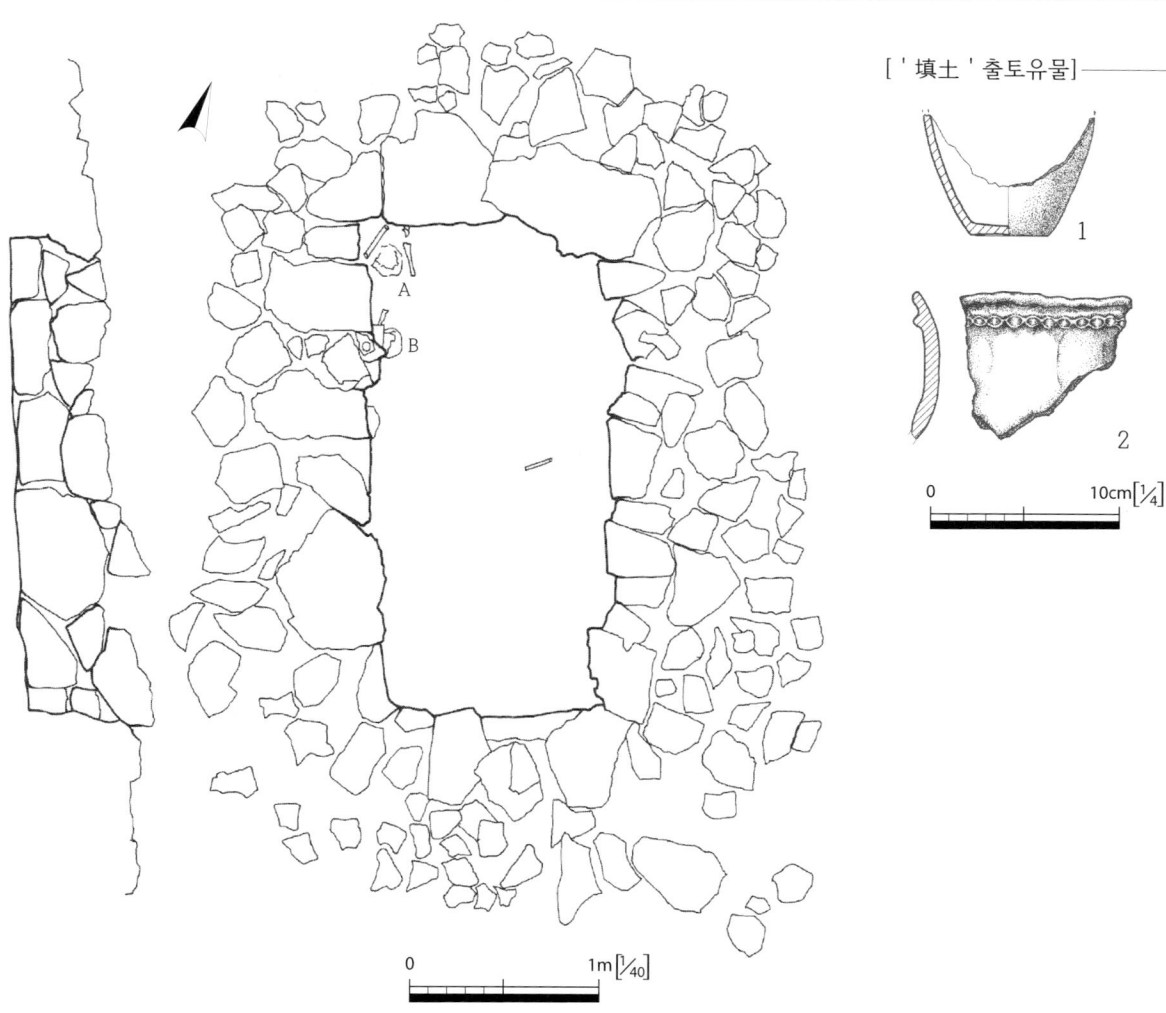

['填土' 출토유물]

0   10cm[¼]

0   1m[¹⁄₄₀]

2117호묘

(단위 : cm)

봉토	크 기 (길이×너비×높이)	350×300×80	연도	크 기 (길이×너비×높이)	?
	평면형태	장방형		연도위치	?
현실	장축방향	N-20°-E		두 향	?
	규 모 (길이×너비×높이)	220×100×81		바닥시설	(사질토)
	평면형태	장방형		천장형태	?
	시상/관대 (길이×너비×높이)	-		석재종류	현무암 판석·할석
유물	토도기	심발(1)			
	금속기	-			
	옥석기	-			
	기 타	인골			
	특기사항	성인 하지골 1점이 발견되었는데, 성별은 알 수 없다.			

['填土' 출토유물]

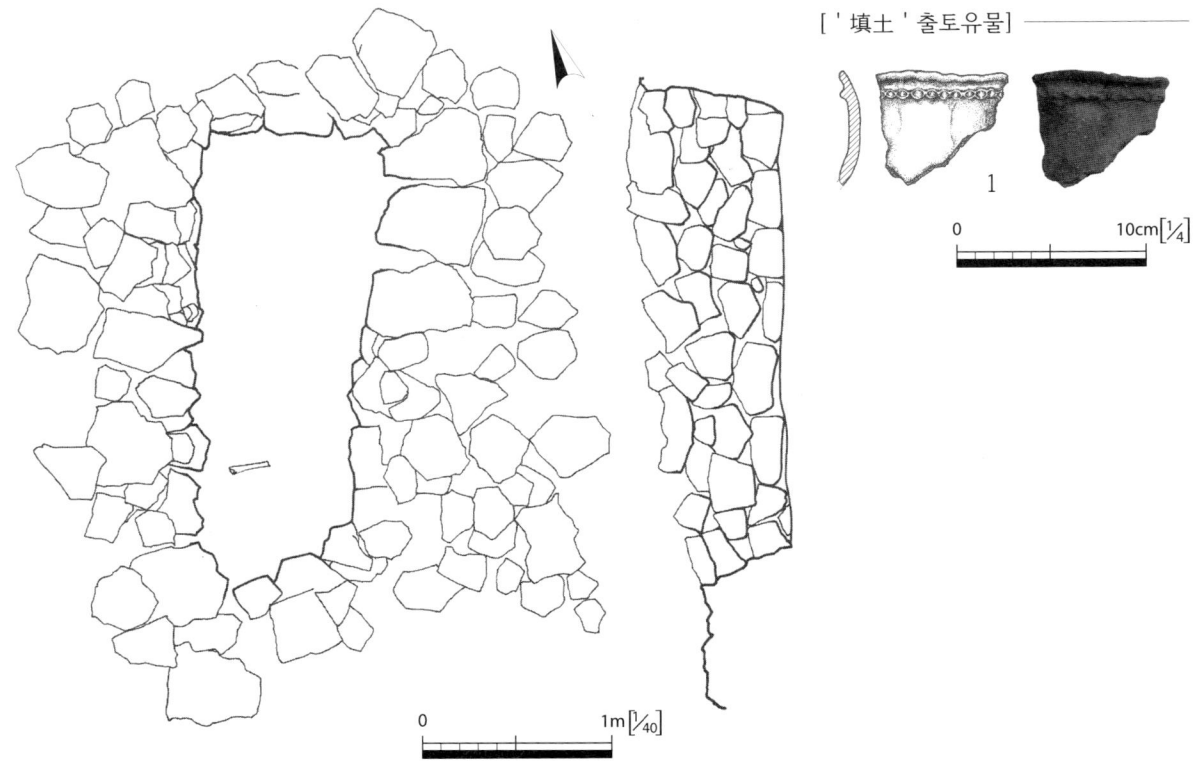

1

0   10cm[¼]

0   1m[¹⁄₄₀]

2118호묘

(단위 : cm)

묘광	크 기 (길이×너비×깊이)	?	주체부	크 기 (길이×너비×높이)	182×60×77
	장 폭 비	?		장 폭 비	3.03:1
	장축방향	N-S	시상·관대	크 기 (길이×너비×높이)	?
	두 향	?	벽석종류		할석
유물	토 도 기	-			
	금 속 기	-			
	옥 석 류	-			
	기 타	인골(1)			
	특기사항	인골은 1개체분이고, 일차장인데, 유소아이며, 성별은 알 수 없다.			

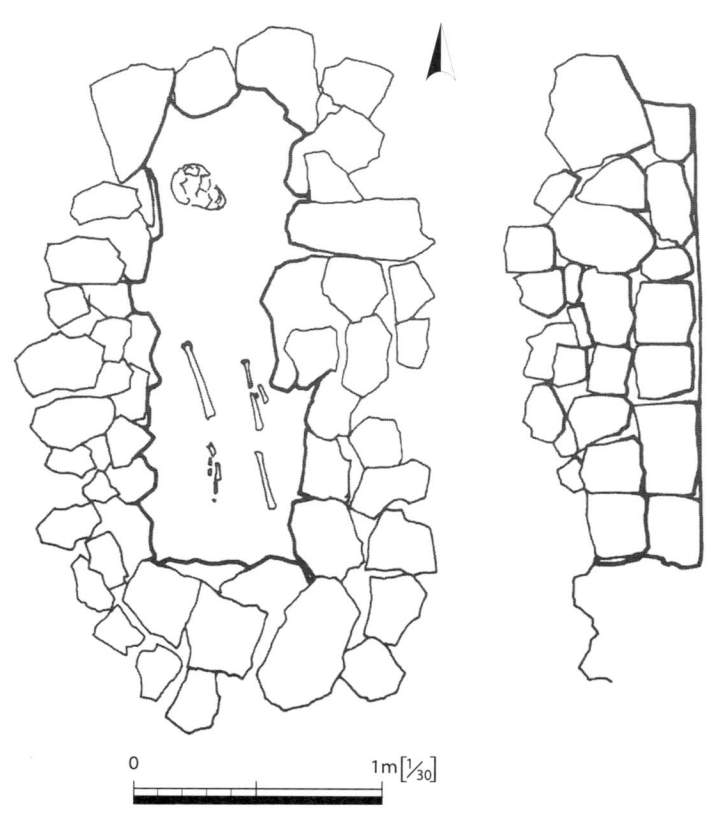

0   1m[1/30]

2119호묘

봉토	크 기 (길이×너비×높이)	?×?×50	연도	크 기 (길이×너비×높이)	?
	평면형태	장방형		연도위치	?
현실	장축방향	N-5°-W		두 향	?
	규 모 (길이×너비×높이)	200×160×58		바닥시설	(사질토)
	평면형태	장방형		천장형태	?
	시상/관대 (길이×너비×높이)	-		석재종류	활석
유물	토 도 기	심발(1)			
	금 속 기	-			
	옥 석 기	-			
	기 타	인골			
특기사항		현실 동북쪽 모서리에서 부서진 인골이 발견되었는데, 성별과 나이는 알 수 없다.			

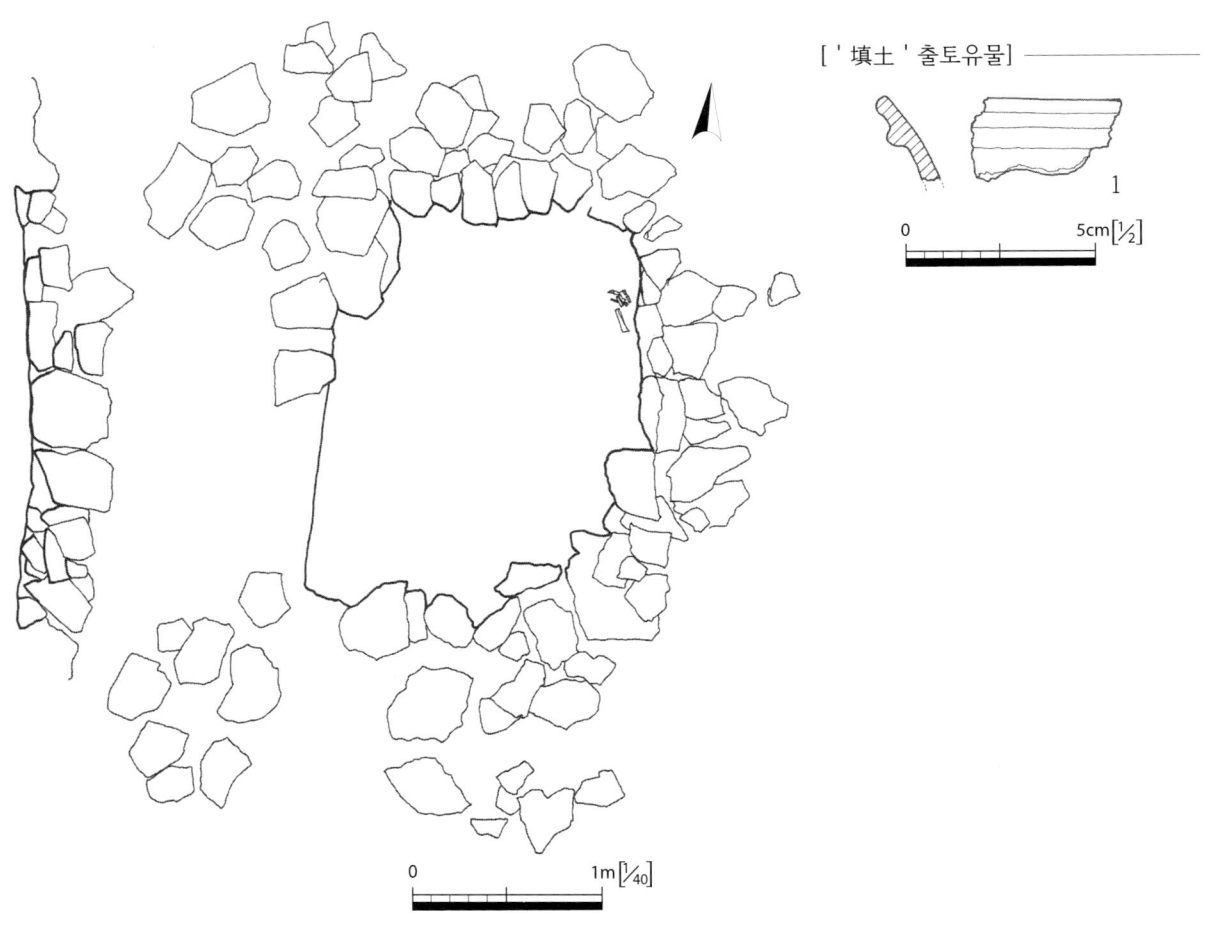

['塡土' 출토유물]

1

0   5cm[½]

0   1m[¼₀]

2120호묘

(단위 : cm)

봉토	크 기 (길이×너비×높이)	?×?×70	연도	크 기 (길이×너비×높이)	?
	평면형태	?		연도위치	?
현실	장축방향	N-40°-W		두 향	?
	규 모 (길이×너비×높이)	238×126×80		바닥시설	(사질토)
	평면형태	장방형		천장형태	?
	시상/관대 (길이×너비×높이)	-		석재종류	판석·할석
유물	토 도 기	단경호(1)			
	금 속 기	-			
	옥 석 기	-			
	기 타	인골(2)			
	특기사항	인골은 총 2개체분으로, 모두 이차장이다. 동쪽에 있는 두개골(A)는 성인 남성이고, 서쪽 가장자리에 있는 두개골(B)는 6세 전후의 남성이다.			

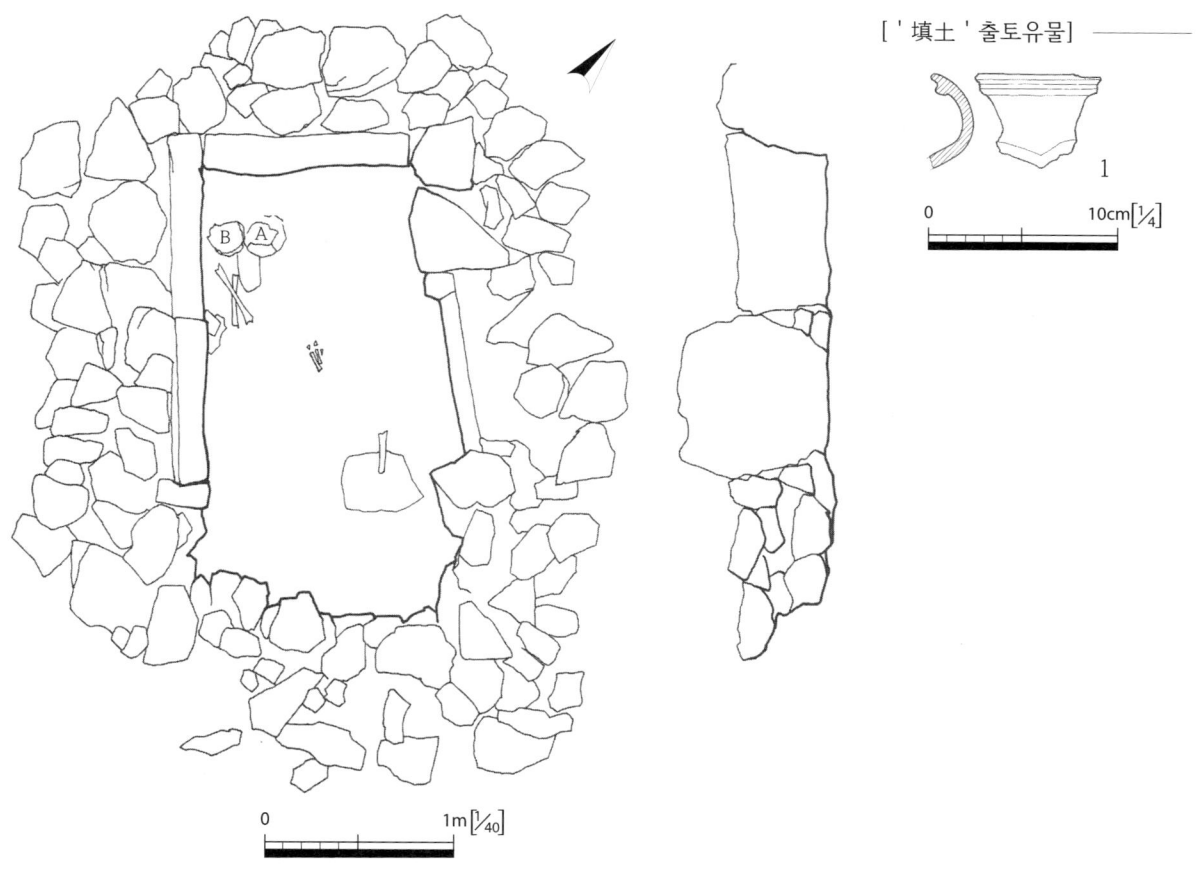

['填土' 출토유물]

1

0   10cm[¼]

0   1m[¹⁄₄₀]

2121호묘

봉토	크 기 (길이×너비×높이)	530×370×(60+)	연도	크 기 (길이×너비×높이)	140×81×50
	평면형태	타원형		연도위치	중앙
현실	장축방향	N-10°-W		두 향	?
	규 모 (길이×너비×높이)	260×148×84		바닥시설	황갈색 점토
	평면형태	장방형		천장형태	?
	시상/관대 (길이×너비×높이)	-		석재종류	판석·할석
유물	토도기	심발(2), 옹 구연부편(2), 옹 저부편(1)			
	금속기	동제 대금구(1), 동제 나선형 장식(1), 동제 귀걸이(1), 철제 나선형 장식(2), 철촉(1), 철제 막대기(1), 철제 대금구(1)			
	옥석기	-			
	기 타	인골(4)			
특기사항		4개의 두개골과 그와 관련된 사지골이 약간 발견되었는데, 모두 이차장이다. 서측에서 가장 북쪽에 있는 두개골(A)는 성인 여성, 중간에 있는 두개골(B)는 30~35세 남성, 서남쪽에 있는 두개골(C)는 30세 정도의 여성, 동남쪽에 있는 두개골(D)는 성인 남성이다.			

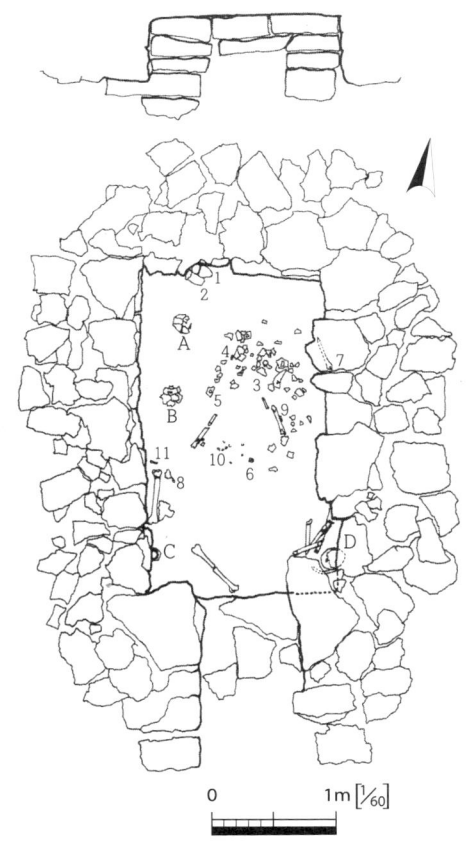

[유구사진]

0   1m [¹⁄₆₀]

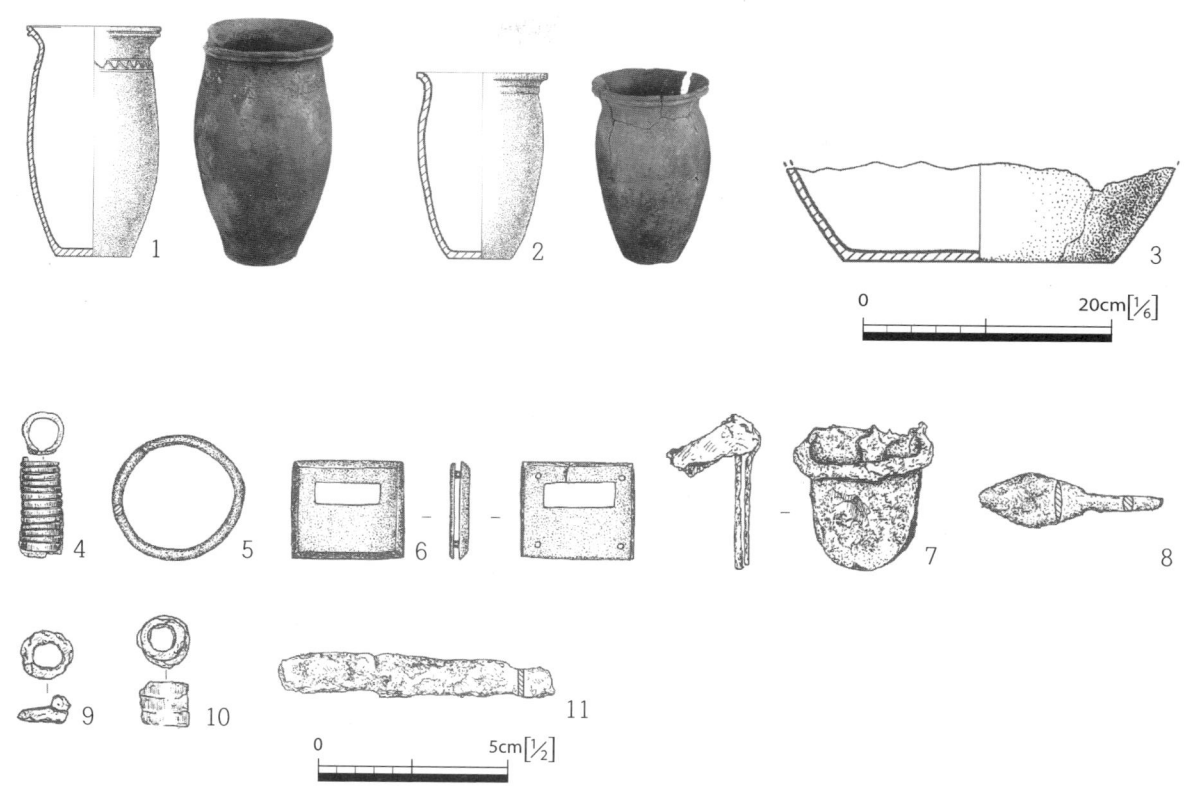

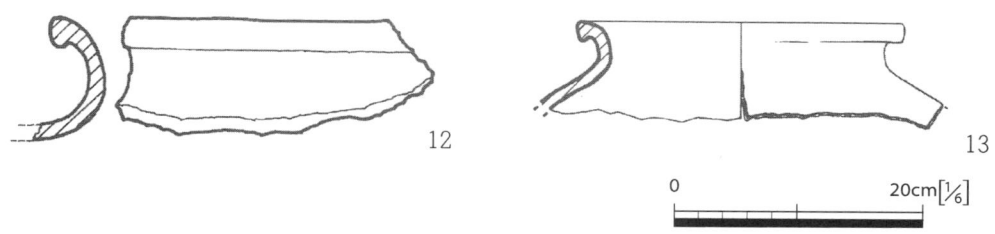

[' 塡土 ' 출토유물]

2122호묘

(단위 : cm)

봉토	크 기 (길이×너비×높이)	?	석관	크 기 (길이×너비×높이)	212×70×64
	평면형태	?		장 폭 비	3.03:1
	장축방향	N-5°-E	석곽	크 기 (길이×너비×높이)	-
	두 향	?		장 폭 비	-
	벽석종류	판석			
유물	토 도 기	-			
	금 속 기	-			
	옥 석 류				
	기 타	인골(1)			
	특기사항	내부에서 두개골 잔편과 완전하지 않은 뼈 4점이 발견되었는데, 이차장이고 성인 여성이다.			

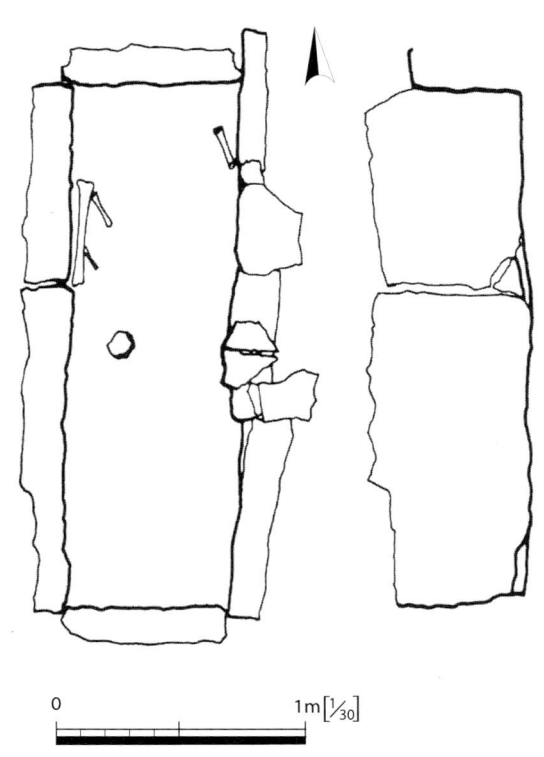

0 1m[1/30]

2123호묘

(단위 : cm)

봉토	크 기 (길이×너비×높이)	550×430×(80+)	연도	크 기 (길이×너비×높이)	120×73×43
	평면형태	타원형		연도위치	중앙
현실	장축방향	N-10°-W		두 향	동남향
	규 모 (길이×너비×높이)	220×174×83		바닥시설	황갈색 생토
	평면형태	장방형		천장형태	?
	시상/관대 (길이×너비×높이)	-		석재종류	현무암 할석
유물	토 도 기	호(1), 옹(1), 완(1), 심발 구연부편(1),			
	금 속 기	철제 관정(2)			
	옥 석 기	-			
	기 타	인골(1)			
	특기사항	25세 정도의 남성 인골 1개체가 발견되었는데, 이차장이다.			

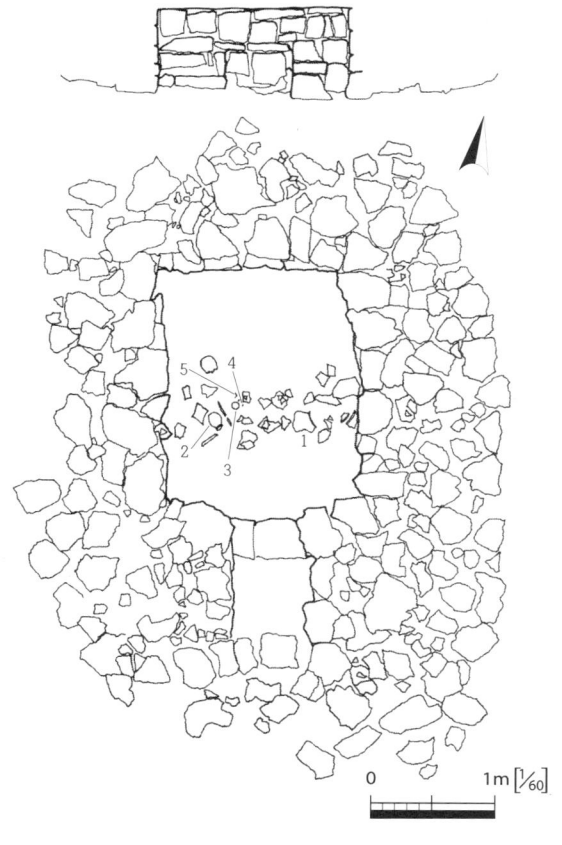

0   1m [1/60]

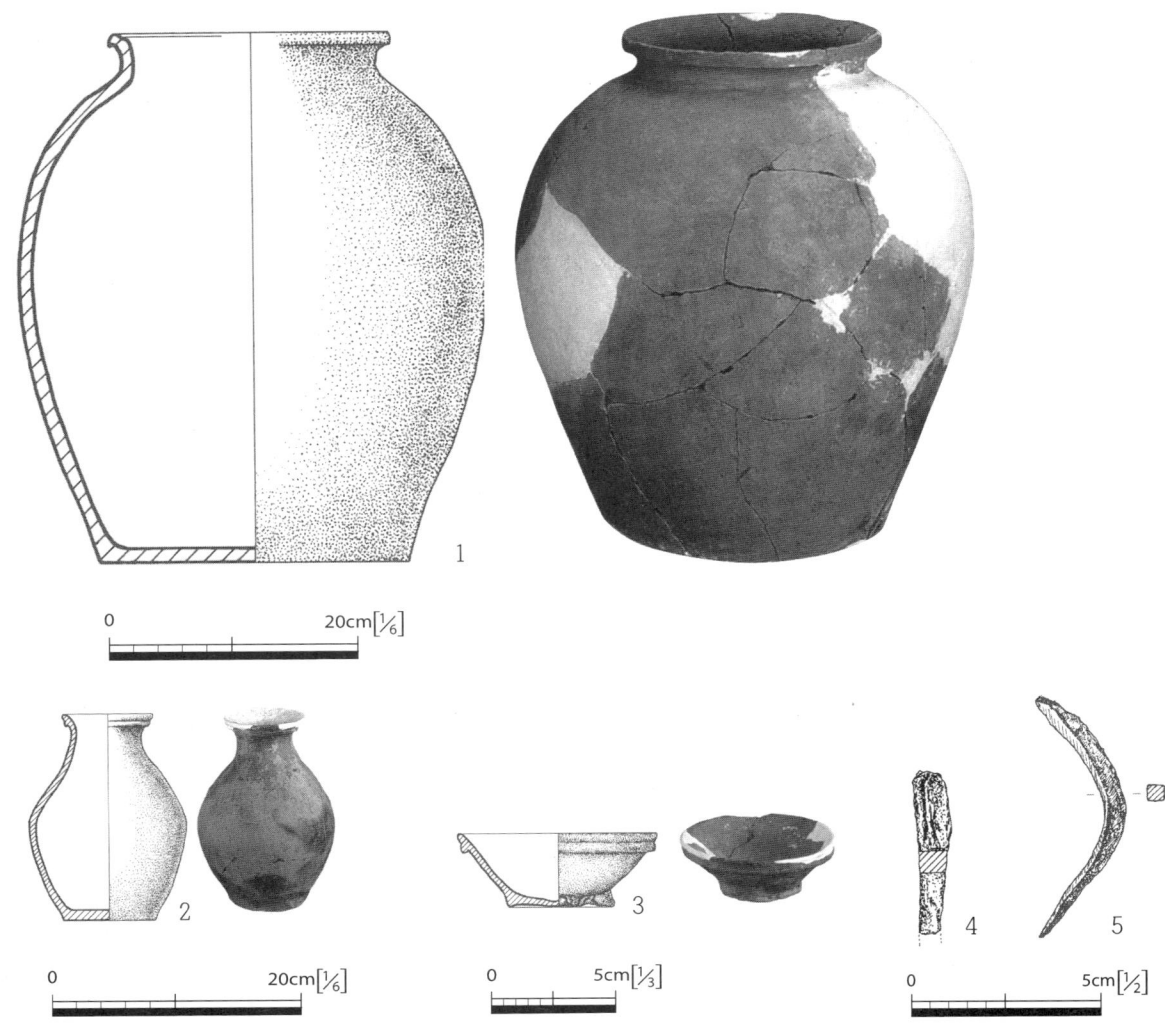

1

0   20cm[1/6]

2

0   20cm[1/6]

3

0   5cm[1/3]

4   5

0   5cm[1/2]

['填土' 출토유물]

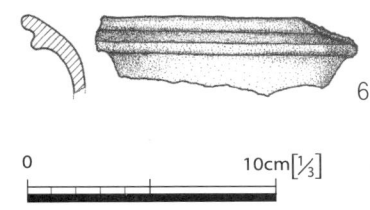

6

0   10cm[1/3]

2124호묘

(단위 : cm)

봉토	크 기 (길이×너비×높이)	(260+)×220×80	연도	크 기 (길이×너비×높이)	148×80×56
	평면형태	타원형		연도위치	중앙
현실	장축방향	N-S		두 향	?
	규 모 (길이×너비×높이)	260×212×80		바닥시설	부석
	평면형태	장방형		천장형태	?
	시상/관대 (길이×너비×높이)	-		석재종류	판석·할석
유물	토도기	심발(2), 호(1), 옹 구연부편(1)			
	금속기	은제 쇠사슬(1), 동제 귀걸이(4), 철제 도(1), 철제 관정(3)			
	옥석기	황색 유리 연주옥(1), 황색 유리 관옥(1), 황색 유리 구슬(1), 백색 유리 연주옥(2), 흑요석제 연주옥(1), 마노제 관옥(1), 마노제 구슬(69), 규암질 관옥(2)			
	기 타	인골(4)			
	특기사항	4개의 두개골과 이와 연관된 사지골들이 현실 내에 불규칙하게 흩어져 있는데, 모두 성인 남성이고, 이차장에 속한다.			

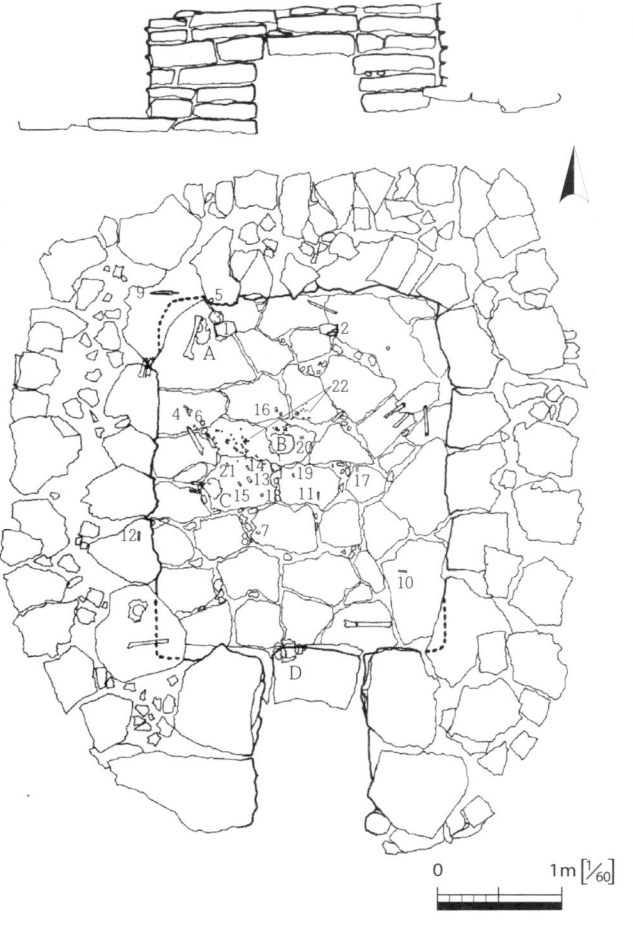

0   1m [1/60]

[유구사진]

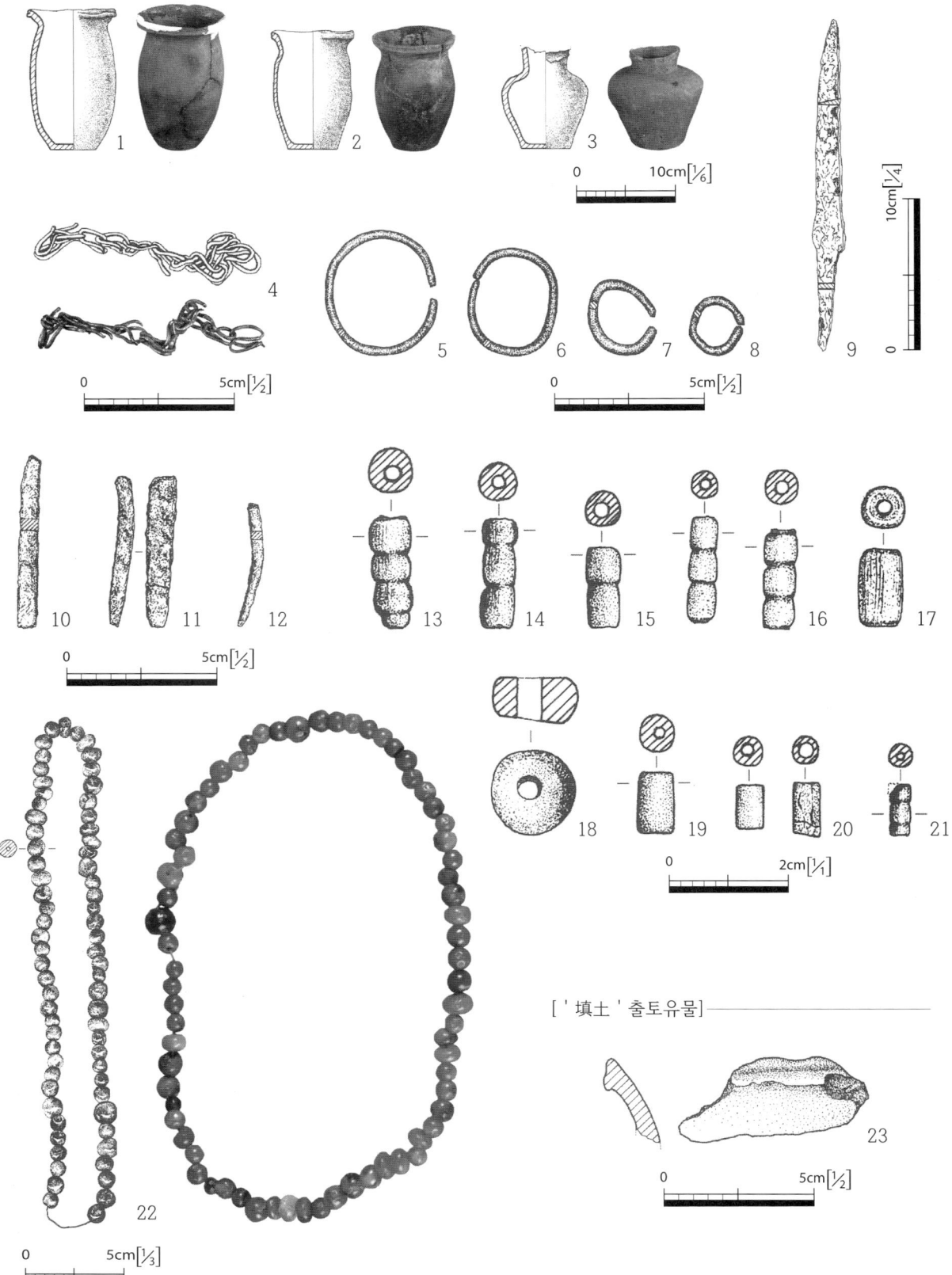

2125호묘

(단위 : cm)

봉토	크 기 (길이×너비×높이)	?	연도	크 기 (길이×너비×높이)	150×82×34
	평면형태	?		연도위치	우편제
현실	장축방향	N-10°-W		두 향	?
	규 모 (길이×너비×높이)	230×140×34		바닥시설	붉은 벽돌을 깔았음
	평면형태	장방형		천장형태	?
	시상/관대 (길이×너비×높이)	?		석재종류	판석·할석
유물	토 도 기	심발(1), 호(1)			
	금 속 기	-			
	옥 석 기	-			
	기 타	인골			
	특기사항	연도 안에서 흩어져 있는 사지골 3점이 발견되었는데, 성별과 나이는 알 수 없다.			

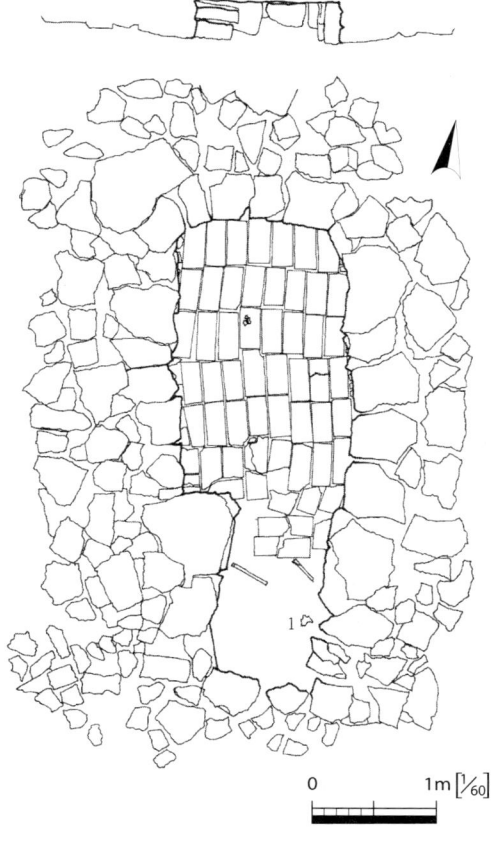

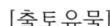

[출토유물]

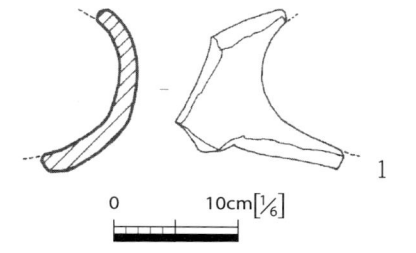

0   10cm[1/6]

1

['塡土 ' 출토유물]

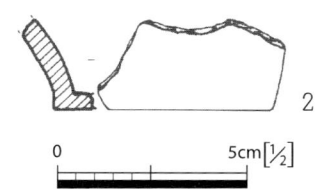

0   5cm[1/2]

2

0   1m[1/60]

2126호묘

(단위 : cm)

봉토	크 기 (길이×너비×높이)	580×480×(50+)	연도	크 기 (길이×너비×높이)	70×82×?
	평면형태	타원형		연도위치	우편재
현실	장축방향	N-10°-W		두 향	?
	규 모 (길이×너비×높이)	290×218×54		바닥시설	청색 벽돌을 깔았음
	평면형태	장방형		천장형태	?
	시상/관대 (길이×너비×높이)	-		석재종류	현무암 판석·할석
유물	토도기	호 구연부편(1), 토기편(1)			
	금속기	-			
	옥석기	마노제 구슬(2)			
	기 타	인골편			
	특기사항	현실 서쪽에서 인골 편들이 발견되었는데, 성별과 나이는 알 수 없다.			

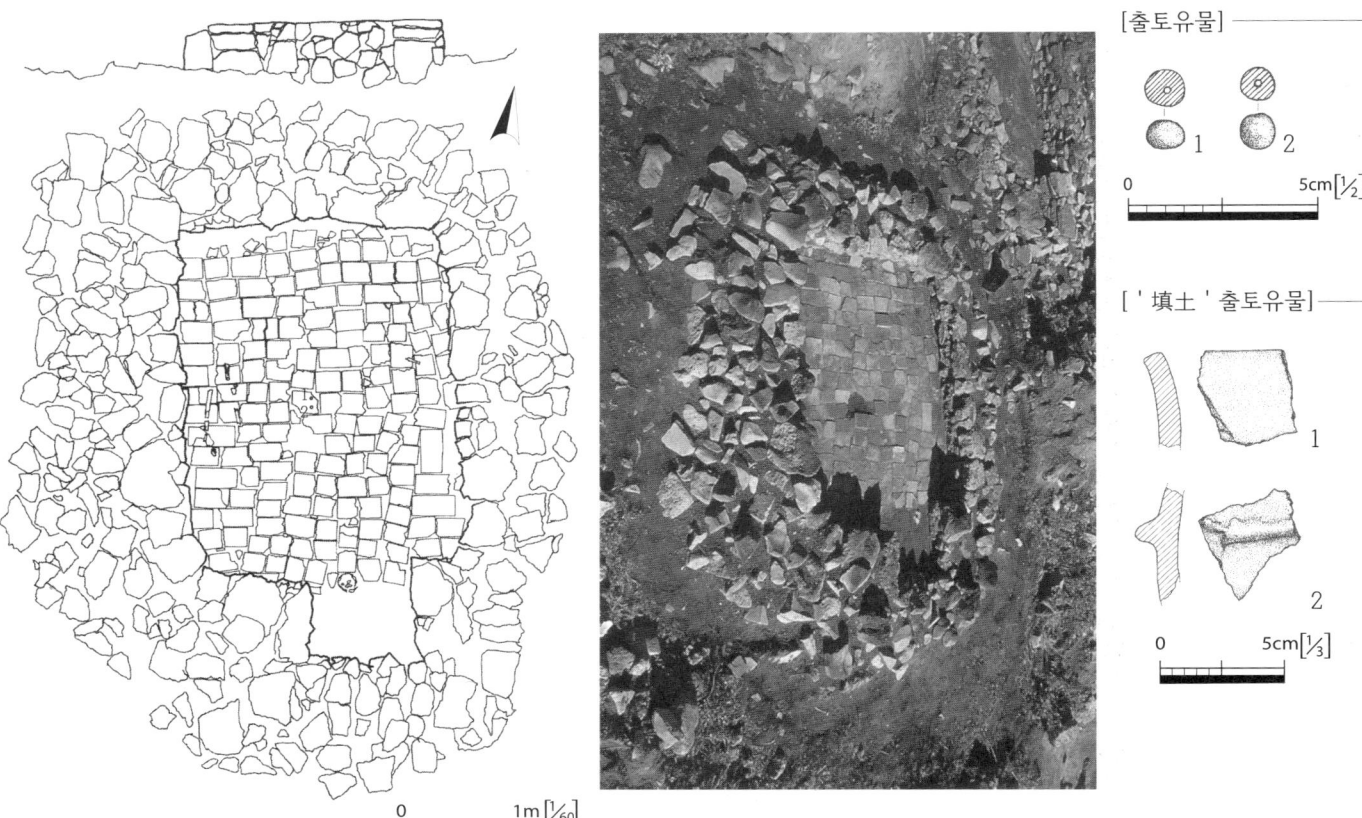

[출토유물]

0   5cm[½]

['填土' 출토유물]

0   5cm[⅓]

0   1m[¹⁄₆₀]

2127호묘

(단위 : cm)

봉토	크 기 (길이×너비×높이)	520×380×(70)	연도	크 기 (길이×너비×높이)	150×85×51
	평면형태	장방형		연도위치	좌편재
현실	장축방향	N-20°-E	두 향		북향
	규 모 (길이×너비×높이)	264×147×64	바닥시설		사질토·천석
	평면형태	장방형	천장형태		?
	시상/관대 (길이×너비×높이)	-	석재종류		현무암 판석·할석
유물	토도기	-			
	금속기	동제 대금구(8), 동제 교구(1), 철제 팔찌(1)			
	옥석기	옥제 환(1)			
	기 타	인골(2)			
	특기사항	동쪽에서 나온 25~30세 남성의 인골(A)는 일차장한 것이고, 서쪽에서 나온 인골(B)는 30세 정도의 여성으로 이차장에 속한다. 현실의 모서리는 둥글며, 현실 서편에 장방형의 공간(103×56×40)이 있다.			

[출토유물]

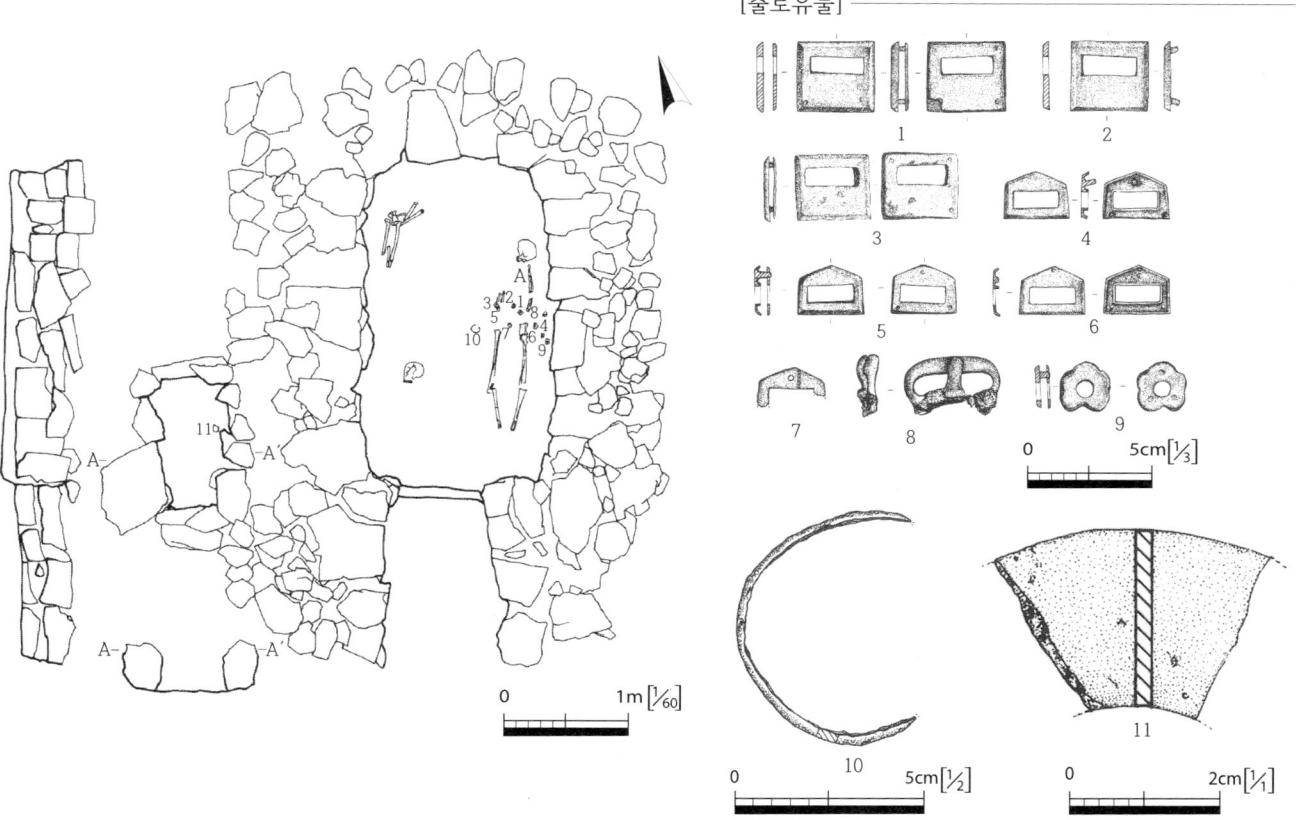

2128호묘

(단위 : cm)

봉토	크 기 (길이×너비×높이)	500×450×(50+)	연도	크 기 (길이×너비×높이)	110×80×?
	평면형태	타원형		연도위치	중앙
현실	장축방향	N-10°-W		두 향	?
	규 모 (길이×너비×높이)	284×180×52		바닥시설	부석
	평면형태	타원형		천장형태	?
	시상/관대 (길이×너비×높이)	-		석재종류	현무암 판석·할석
유물	토 도 기	홍갈색 토기편, 갈색 토기편			
	금 속 기	-			
	옥 석 기	-			
	기 타	인골(3)			
특기사항		유물 도면 없음. 2개의 두개골과 사지골들이 발견되었는데, 3개체분으로 추정되며 모두 이차장에 속한다. 동쪽의 두개골(A)는 25~30세의 남성, 중앙 북쪽에 있는 두개골(B)는 성인 여성, 서쪽에 있는 사지골(C)는 성인 남성이다.			

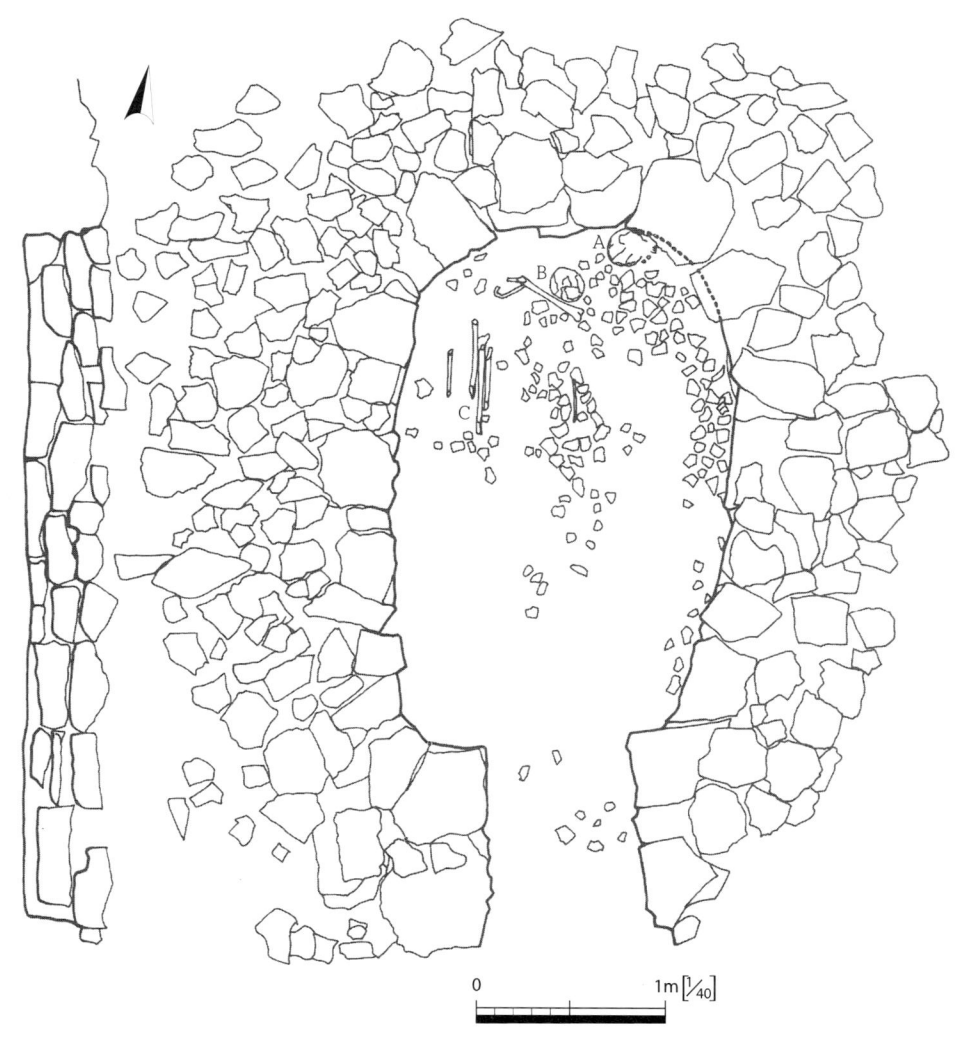

2129호묘

(단위 : cm)

봉토	크 기 (길이×너비×높이)	540×380×(60)	연도	크 기 (길이×너비×높이)	188×82×60
	평면형태	타원형		연도위치	중앙
현실	장축방향	N-8°-W		두 향	?
	규 모 (길이×너비×높이)	252×160×86		바닥시설	?
	평면형태	장방형		천장형태	?
	시상/관대 (길이×너비×높이)	-		석재종류	현무암 판석·할석
유물	토도기	심발 구연부편(1), 심발 저부편(1), 옹 저부편(1)			
	금속기	미상철기(1)			
	옥석기	-			
	기 타	인골(1)			
	특기사항	1개체분의 성인 남성 인골이 발견되었는데, 이차장에 속한다. 현실 동·서 양쪽 모서리가 둥글게 휘었다.			

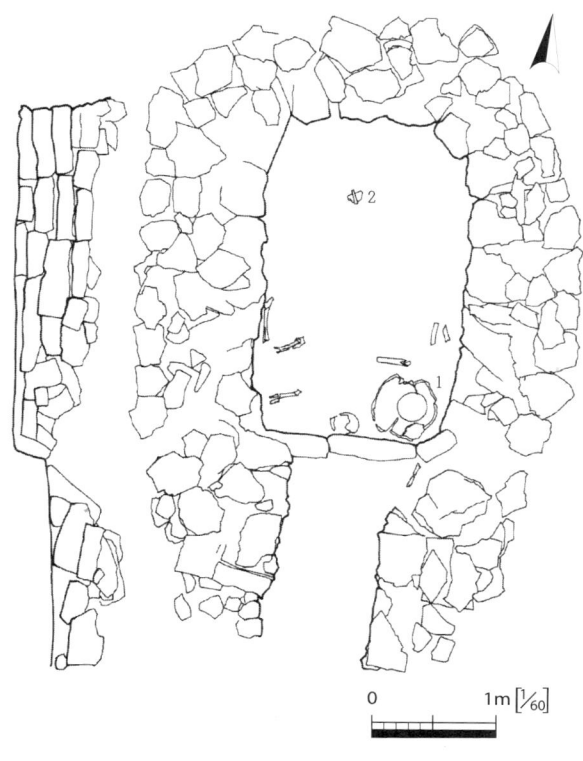

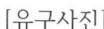

0   1m [1/60]

[유구사진]

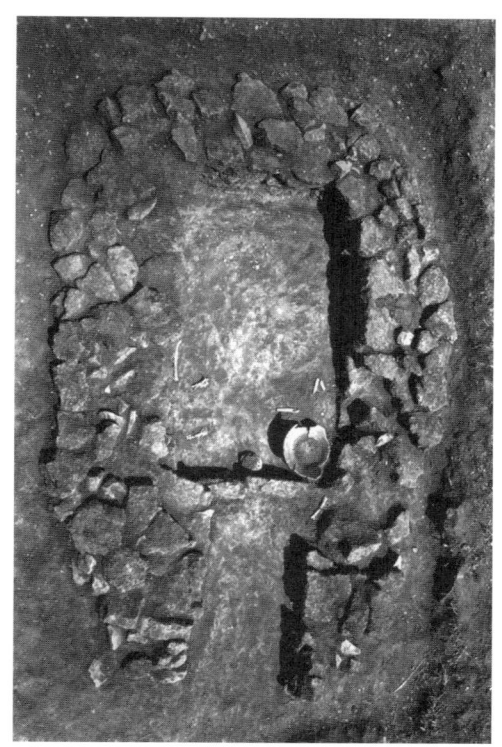

[출토유물]

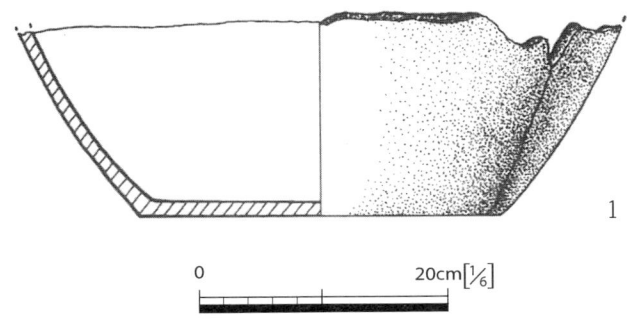

1

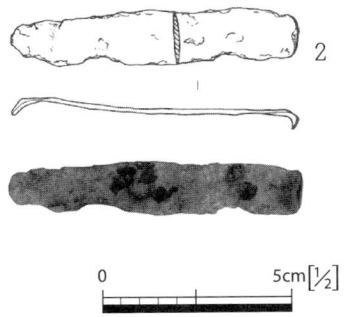

2

0   20cm[⅙]

0   5cm[½]

['填土' 출토유물]

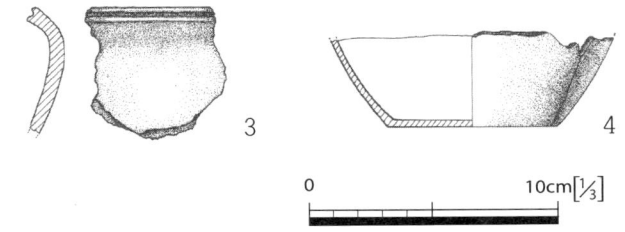

3   4

0   10cm[⅓]

2130호묘

(단위 : cm)

봉토	크 기 (길이×너비×높이)	?	연도	크 기 (길이×너비×높이)	?
	평면형태	?		연도위치	?
현실	장축방향	N-3°-E		두 향	?
	규 모 (길이×너비×높이)	270×160×60		바닥시설	(사질토)
	평면형태	장방형		천장형태	?
	시상/관대 (길이×너비×높이)	-		석재종류	?
유물	토도기	-			
	금속기	-			
	옥석기	-			
	기 타	인골(2)			
	특기사항	인골은 총 2개체분으로, 모두 이차장이다. 아래턱뼈(A)는 성인 남성, 서쪽에 있는 사지골(B)는 성인 여성이다.			

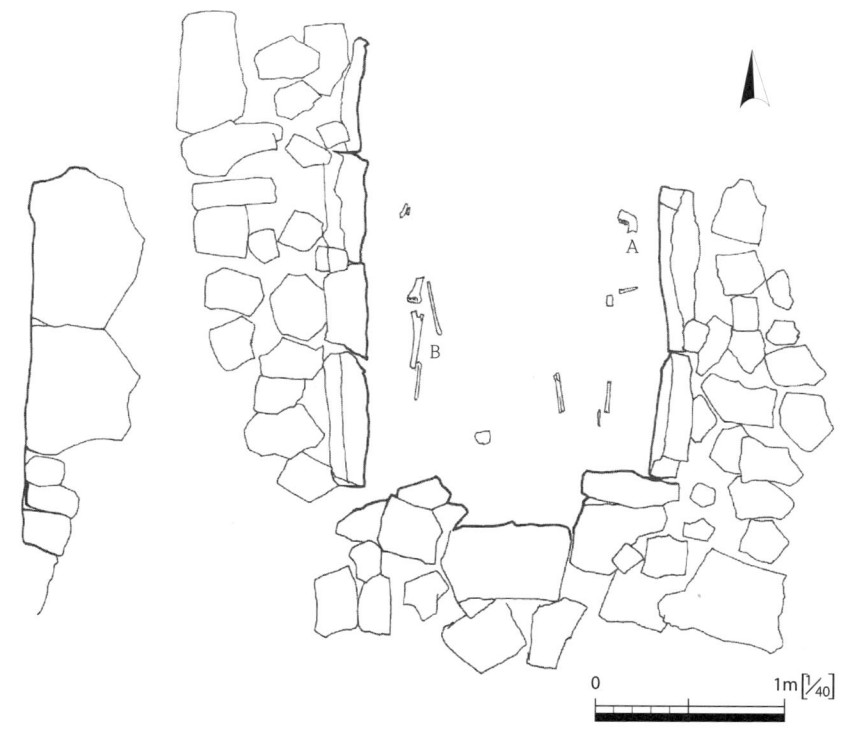

0   1m [1/40]

2131호묘

(단위 : cm)

봉토	크 기 (길이×너비×높이)	?	연도	크 기 (길이×너비×높이)	?
	평면형태	?		연도위치	?
현실	장축방향	N-20°-W		두 향	?
	규 모 (길이×너비×높이)	240×74×60		바닥시설	?
	평면형태	장방형		천장형태	?
	시상/관대 (길이×너비×높이)	-		석재종류	판석·할석
유물	토 도 기	토기편			
	금 속 기	-			
	옥 석 기	-			
	기 타	인골(1)			
	특기사항	유물 도면 없음. 두개골 1점이 발견되었으며, 성인 여성이다.			

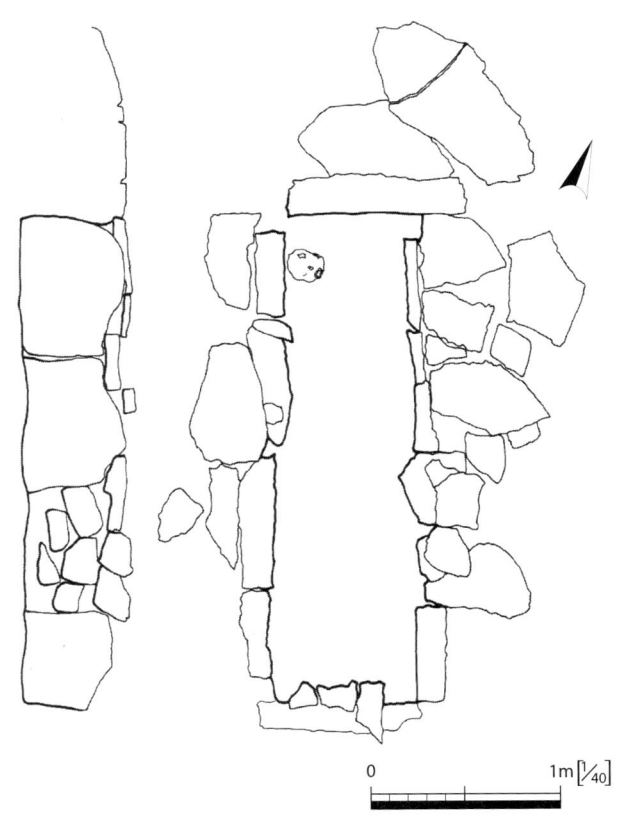

0   1m [¹⁄₄₀]

2132호묘

(단위 : cm)

봉토	크 기 (길이×너비×높이)	550×450×60	연도	크 기 (길이×너비×높이)	113×83×?
	평면형태	장방형		연도위치	중앙
현실	장축방향	N-15°-W		두 향	?
	규 모 (길이×너비×높이)	268×198×62		바닥시설	회갈색 사질토
	평면형태	장방형		천장형태	?
	시상/관대 (길이×너비×높이)	-		석재종류	현무암 판석·할석
유물	토 도 기	갈색 토기편			
	금 속 기	-			
	옥 석 기	-			
	기 타	인골(2)			
	특기사항	유물 도면 없음. 두 개의 사지골 더미가 있었는데, 모두 이차장에 속한다. 동쪽에 있는 사지골(A)는 성인 여성, 서쪽에 있는 사지골(B)는 성인 남성이다.			

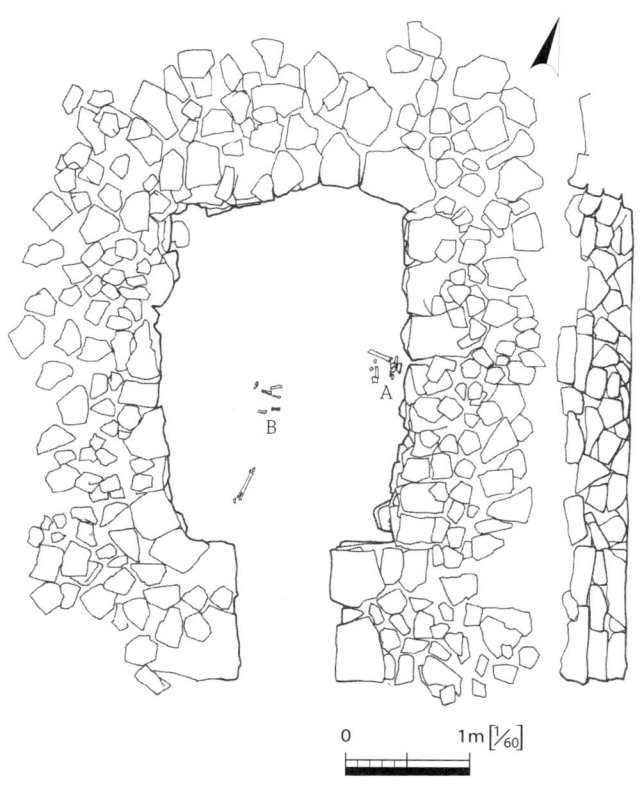

0   1m [1/60]

2133호묘

봉토	크 기 (길이×너비×높이)	?	연도	크 기 (길이×너비×높이)	?
	평면형태	?		연도위치	?
현실	장축방향	N-10°-W		두 향	?
	규 모 (길이×너비×높이)	240×100×61		바닥시설	부석
	평면형태	장방형		천장형태	?
	시상/관대 (길이×너비×높이)	-		석재종류	판석·할석
유물	토 도 기	심발(1), 토기편			
	금 속 기	-			
	옥 석 기	구슬(1)			
	기 타	인골(4)			
특기사항	인골은 총 4개체분으로, 모두 이차장이다. 가장 북쪽에 있는 인골(A)는 여성이고, 서남쪽 모서리에 있는 두개골 3개 가운데 북쪽 가장자리에 있는 두개골(B)도 여성, 서쪽 가장자리에 있는 두개골(C)는 남성. 동쪽 가장자리에 있는 두개골(D)의 성별은 알 수 없다. 모두 성인이다.				

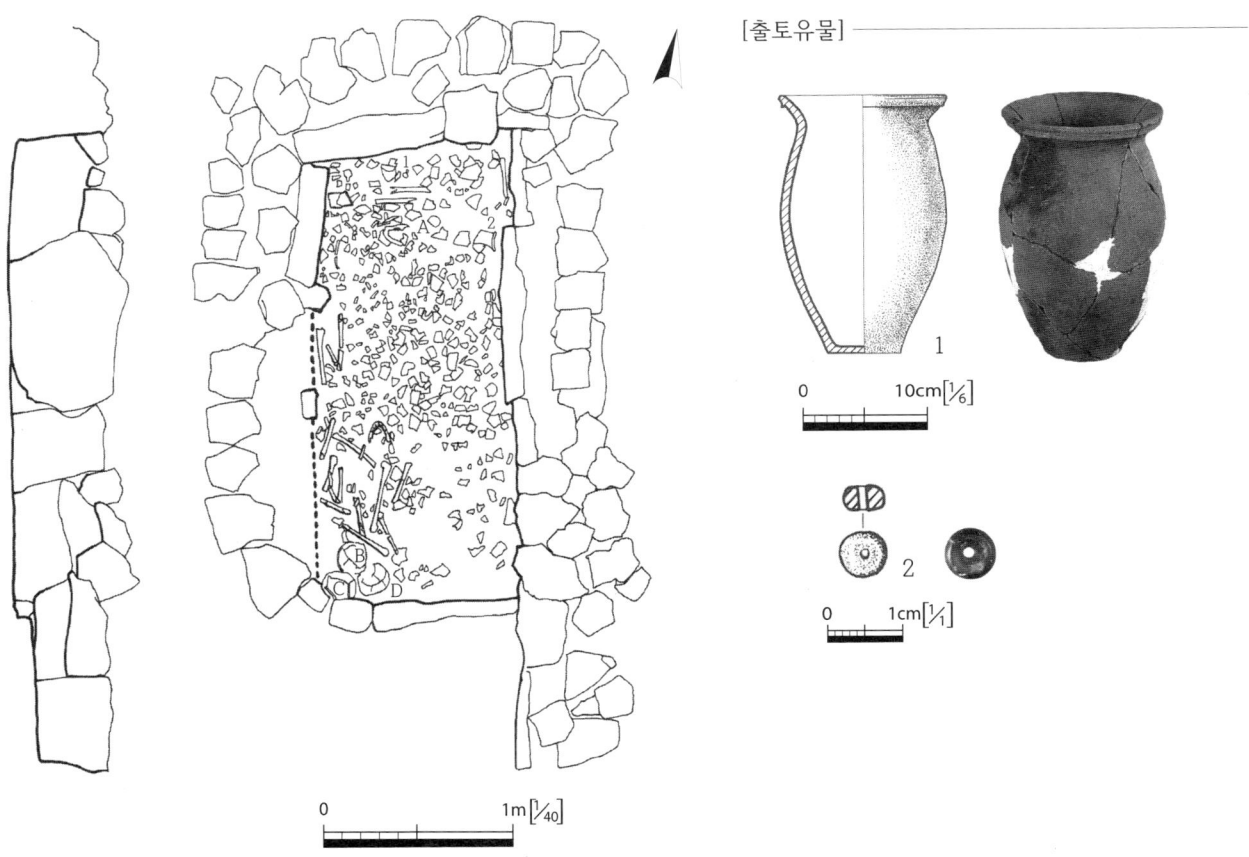

[출토유물]

1

0   10cm[1/6]

2

0   1cm[1/1]

0   1m[1/40]

2134호묘

봉토	크 기 (길이×너비×높이)	?×?×60	연도	크 기 (길이×너비×높이)	?
	평면형태	?		연도위치	?
현실	장축방향	N-20°-W		두 향	?
	규 모 (길이×너비×높이)	280×150×57		바닥시설	황갈색점토
	평면형태	장방형		천장형태	?
	시상/관대 (길이×너비×높이)	?		석재종류	판석·천석
유물	토도기	옹(1), 호(1)			
	금속기	동제 고리(2), 동제 귀걸이(1), 동제 팔찌(1)			
	옥석기	남색 구슬(1), 황색 구슬(4)			
	기 타	인골(4)			
	특기사항	인골은 총 4개체분이며, 모두 이차장이다. 동북쪽에 있는 두개골과 사지골(A)는 한 개체로 성인 남성이고, 묘실 서쪽에 있는 뼈(B)는 20~25세의 여성이다. 현실 동쪽 중간에 있는 인골(C)는 성인 남성, 서남쪽 모서리에 있는 인골(D)는 성인 남성이다.			

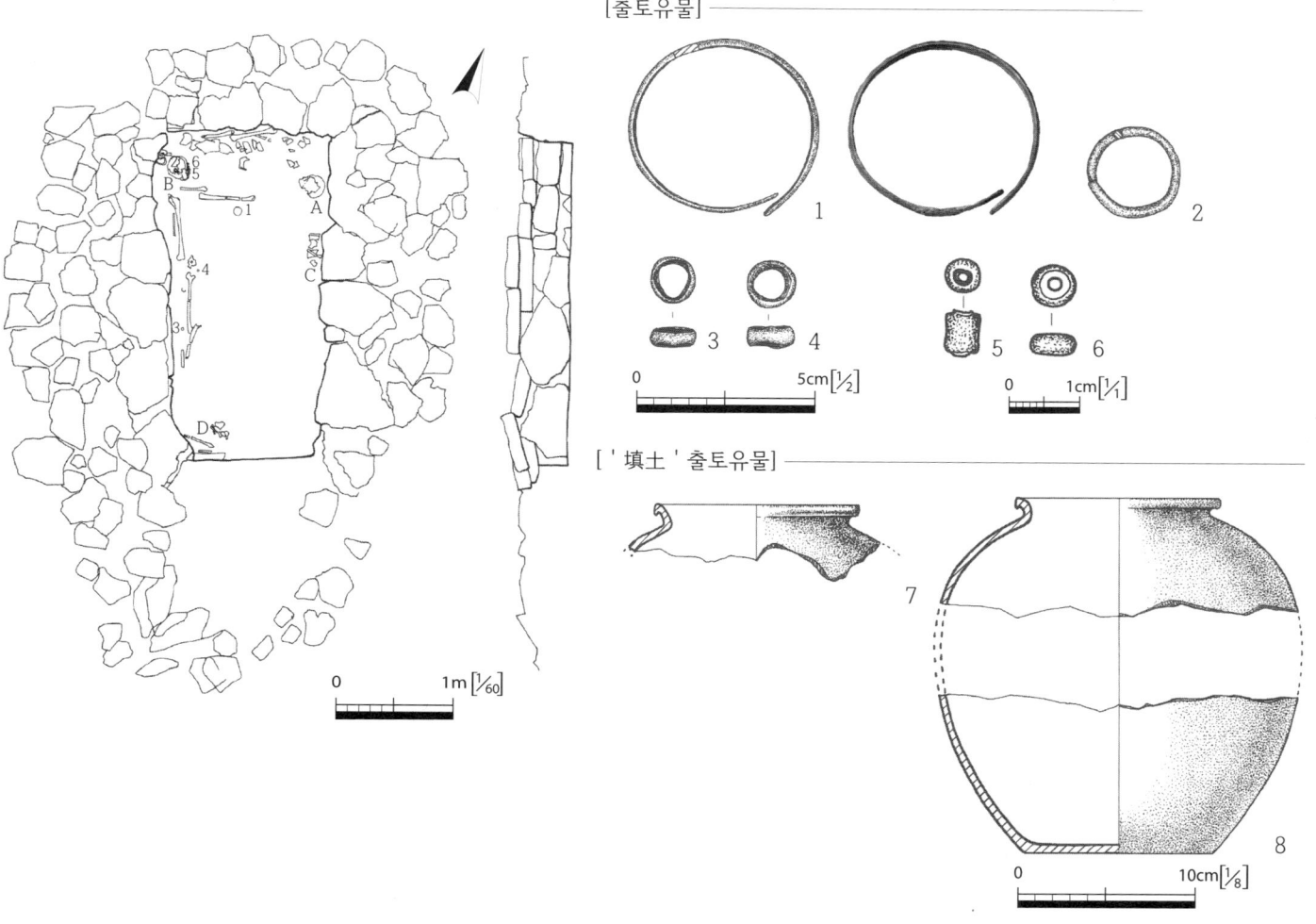

[출토유물]

1   2   3   4   5   6

0   5cm[½]   0   1cm[⅟₁]

['填土' 출토유물]

7   8

0   1m[⅟₆₀]   0   10cm[⅛]

2135호묘

(단위 : cm)

봉토	크 기 (길이×너비×높이)	?	연도	크 기 (길이×너비×높이)	?
	평면형태	?		연도위치	?
현실	장축방향	N-S		두 향	?
	규 모 (길이×너비×높이)	385×?×?		바닥시설	?
	평면형태	(장방형)		천장형태	?
	시상/관대 (길이×너비×높이)	?		석재종류	판석·할석
유물	토 도 기	호 구연부편(1)			
	금 속 기		-		
	옥 석 기		-		
	기 타		-		
	특기사항		-		

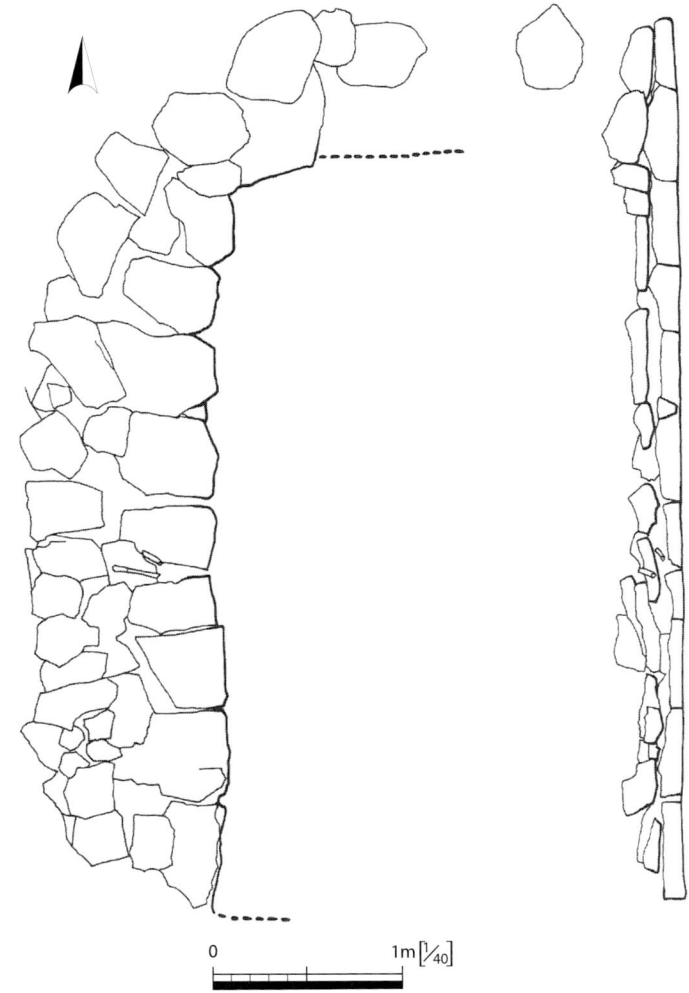

['填土' 출토유물]

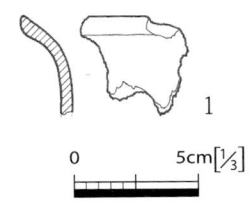

1

0   5cm[⅓]

0   1m[¹⁄₄₀]

2136호묘

(단위 : cm)

봉토	크 기 (길이×너비×높이)	?	연도	크 기 (길이×너비×높이)	?
	평면형태	?		연도위치	?
현실	장축방향	N-10°-W		두 향	?
	규 모 (길이×너비×높이)	320×90×50		바닥시설	부석
	평면형태	장방형		천장형태	?
	시상/관대 (길이×너비×높이)	-		석재종류	할석
유물	토 도 기	-			
	금 속 기	철제 도(1)			
	옥 석 기	-			
	기 타	인골(1)			
	특기사항	현실 중앙에 성인 여성 1개체분의 다리뼈가 발견되었다.			

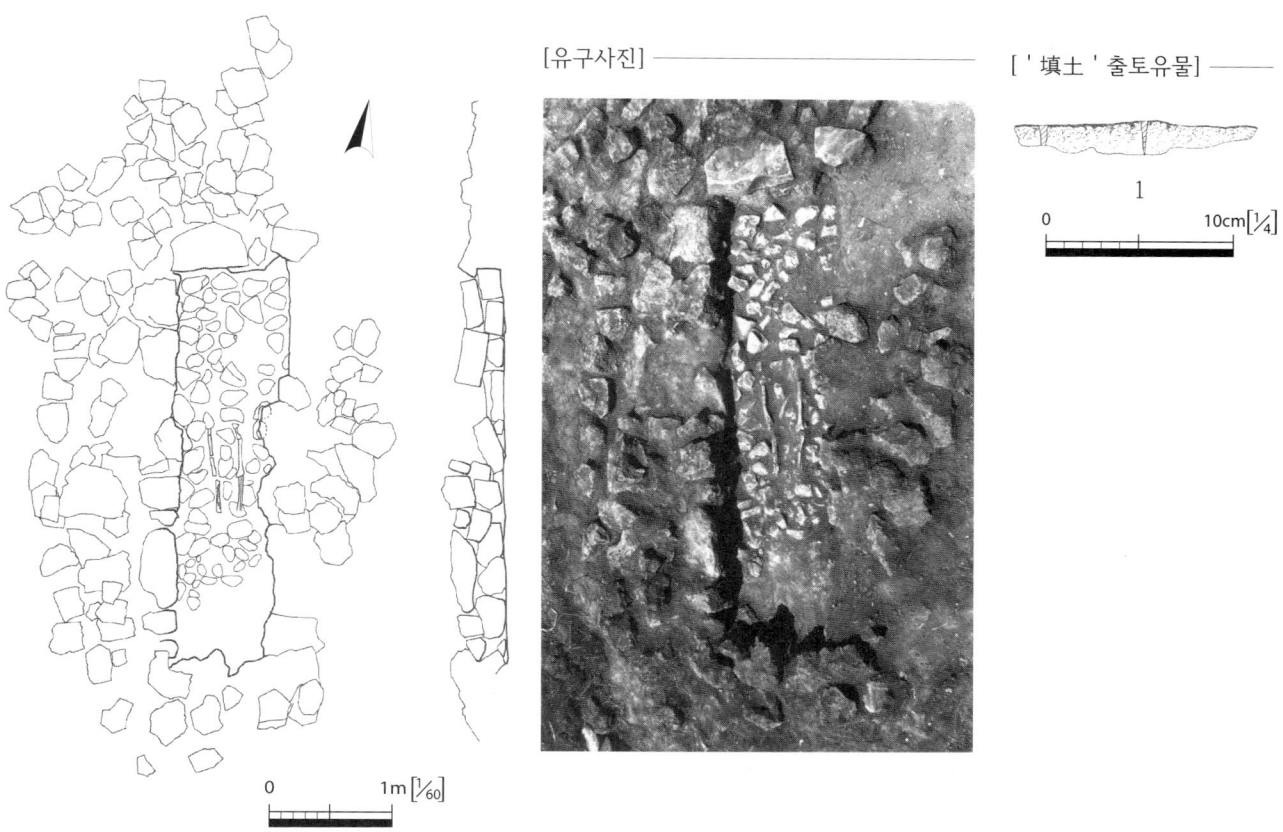

[유구사진]

['填土' 출토유물]

1

0   10cm[¼]

0   1m[⅟₆₀]

2137호묘

(단위 : cm)

봉토	크 기 (길이×너비×높이)	?	연도	크 기 (길이×너비×높이)	110×70×50
	평면형태	?		연도위치	우편재
현실	장축방향	N-10°-E		두 향	?
	규 모 (길이×너비×높이)	230×120×50		바닥시설	?
	평면형태	장방형		천장형태	?
	시상/관대 (길이×너비×높이)	-		석재종류	활석
유물	토 도 기	호(1)			
	금 속 기	동제 대금구(6), 철제 찰갑편(1)			
	옥 석 기	-			
	기 타	인골(3)			
	특기사항	인골은 총 3개체이며, 모두 이차장이다. 동북쪽 모서리에 있는 두개골(A)는 성인 남성, 서쪽 가장자리에 있는 인골(B)는 성인 여성, 동남쪽 모서리에 있는 두개골(C)는 성인 남성이다.			

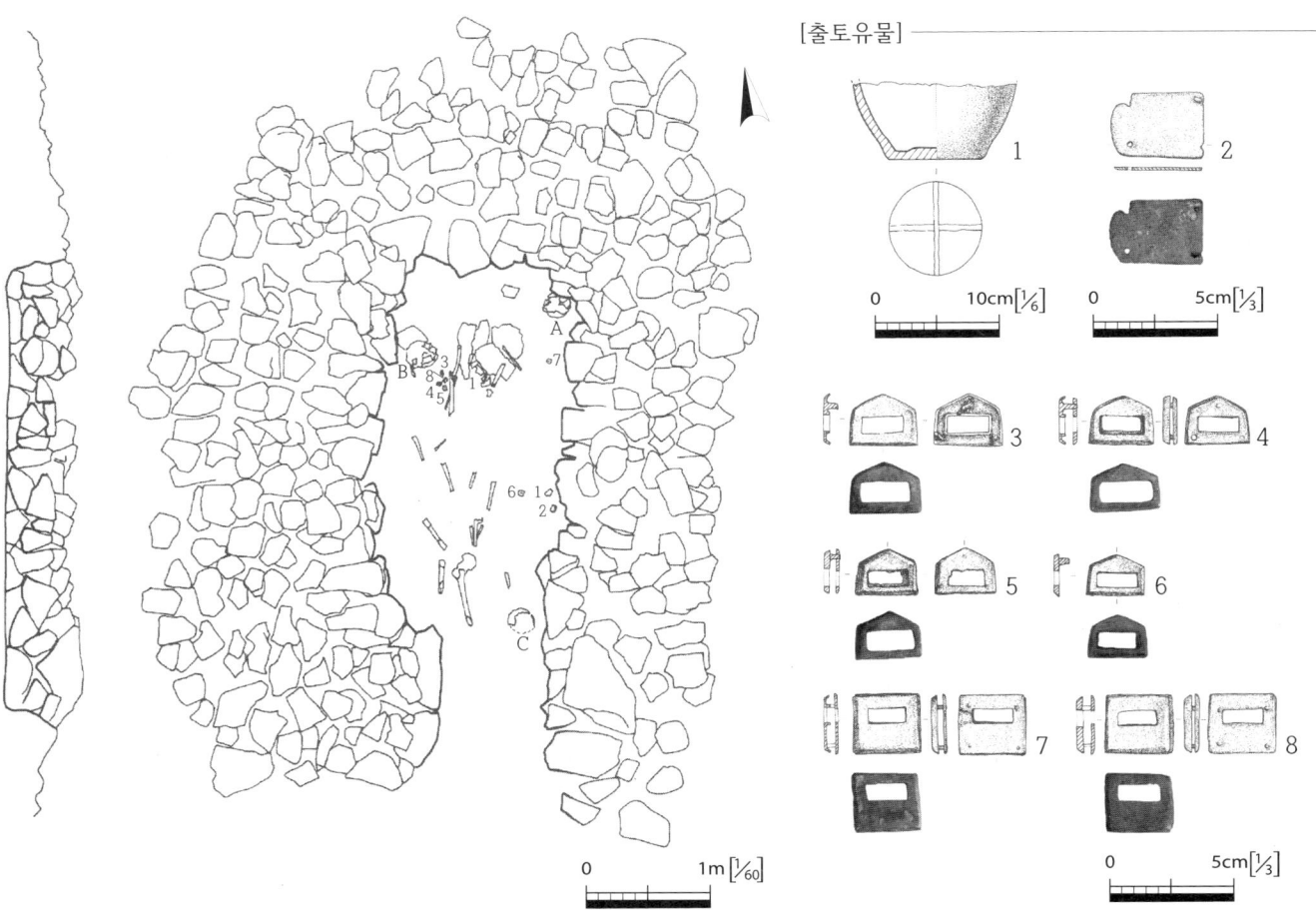

[출토유물]

2138호묘

(단위 : cm)

봉토	크 기 (길이×너비×높이)	?	연도	크 기 (길이×너비×높이)	?
	평면형태	?		연도위치	?
현실	장축방향	N-10°-W		두 향	?
	규 모 (길이×너비×높이)	227×80×60		바닥시설	황갈색 점토
	평면형태	장방형		천장형태	?
	시상/관대 (길이×너비×높이)	-		석재종류	판석 · 할석
유물	토도기	호(1), 옹(1)			
	금속기	-			
	옥석기	-			
	기 타	인골			
	특기사항	-			

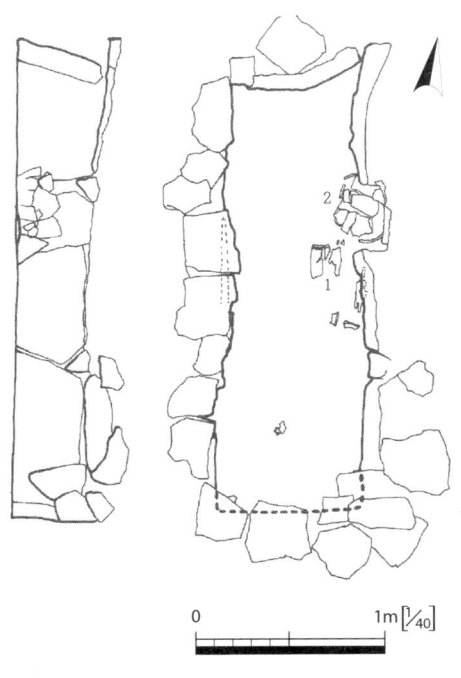

[유구사진]

0   1m [¼₀]

[출토유물]

0   20cm [⅛]   1

0   20cm [¹⁄₁₂]   2

2139호묘

봉토	크 기 (길이×너비×높이)	600×480×50	연도	크 기 (길이×너비×높이)	120×70×53
	평면형태	장방형		연도위치	우편재
현실	장축방향	N-S	두 향		?
	규 모 (길이×너비×높이)	240×150×53	바닥시설		황갈색 점토
	평면형태	장방형	천장형태		?
	시상/관대 (길이×너비×높이)	-	석재종류		할석
유물	토 도 기	-			
	금 속 기	-			
	옥 석 기	-			
	기 타	-			
특기사항		-			

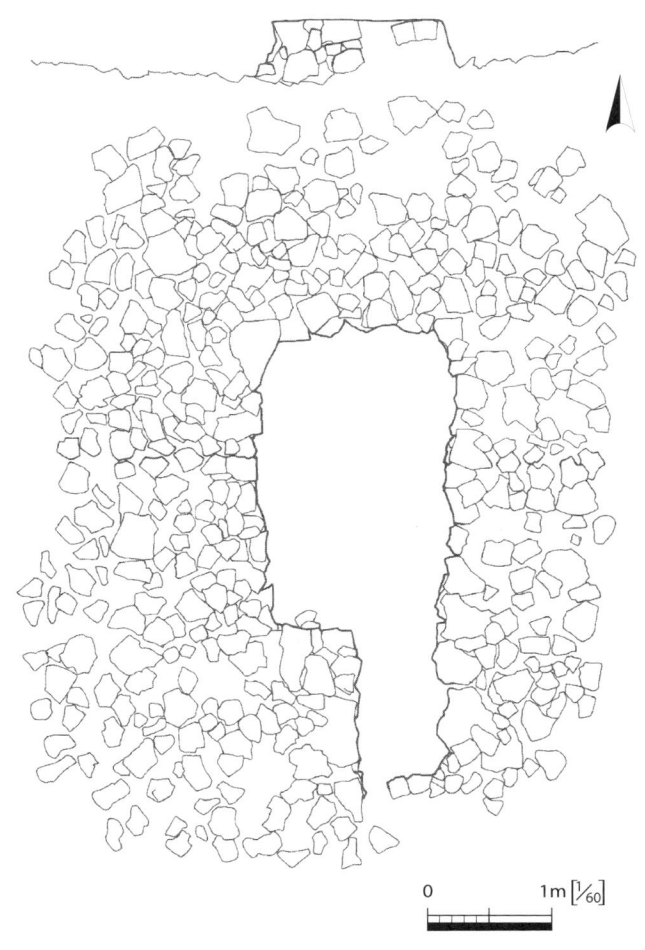

0   1m [1/60]

2140호묘

(단위 : cm)

봉토	크 기 (길이×너비×높이)	?	연도	크 기 (길이×너비×높이)	100×78×(30)
	평면형태	?		연도위치	중앙
현실	장축방향	N-10°-W		두 향	?
	규 모 (길이×너비×높이)	240×156×64		바닥시설	황갈색 점질토
	평면형태	장방형		천장형태	?
	시상/관대 (길이×너비×높이)	-		석재종류	현무암 판석
유물	토 도 기	-			
	금 속 기	-			
	옥 석 기	-			
	기 타	인골(1)			
	특기사항	현실 내에서는 발견된 인골이 없으나, 동벽 바깥쪽에서 1개의 두개골이 발견되었는데 30세 정도의 남성이다.			

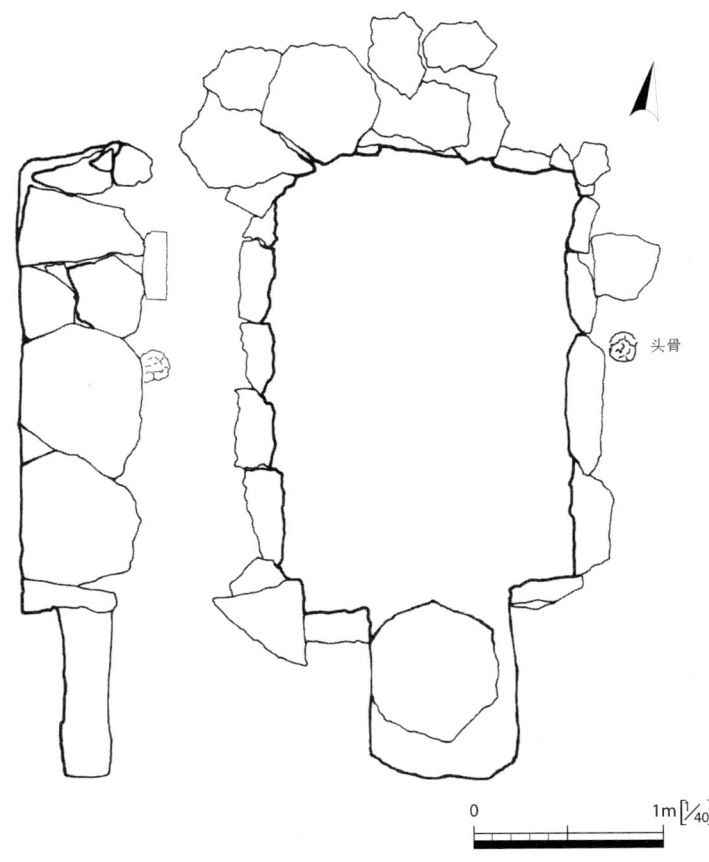

头骨

0   1m [1/40]

2141호묘

봉토	크 기 (길이×너비×높이)	?	연도	크 기 (길이×너비×높이)	?
	평면형태	?		연도위치	?
현실	장축방향	N-5°-W		두 향	?
	규 모 (길이×너비×높이)	?×?×?		바닥시설	?
	평면형태	(장방형)		천장형태	?
	시상/관대 (길이×너비×높이)	-		석재종류	?
유물	토 도 기	심발(1)			
	금 속 기		-		
	옥 석 기		-		
	기 타		-		
	특기사항		-		

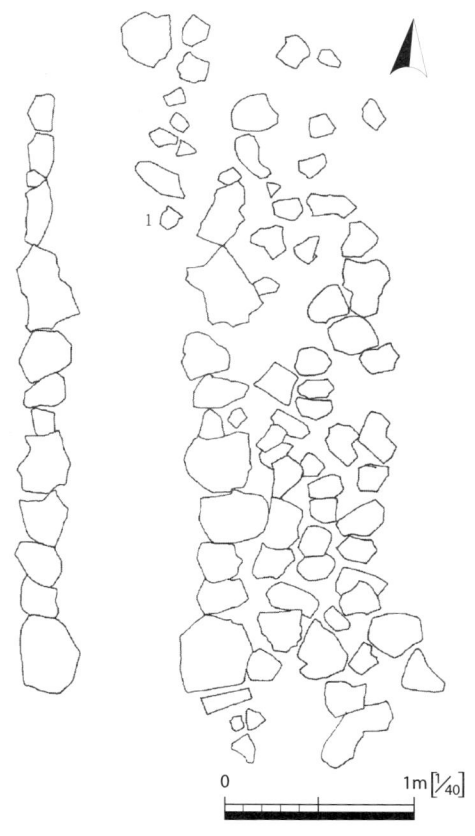

[출토유물]

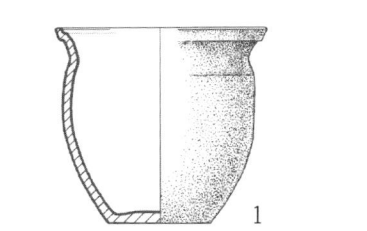

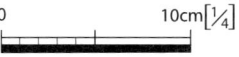

1

0   10cm[¼]

0   1m[¹⁄₄₀]

발해의 고분 문화 Ⅰ - 흑룡강성 -

2142호묘

(단위 : cm)

봉토	크 기 (길이×너비×높이)	?	연도	크 기 (길이×너비×높이)	?
	평면형태	?		연도위치	?
현실	장축방향	N-10°-W		두 향	?
	규 모 (길이×너비×높이)	200×120×30		바닥시설	?
	평면형태	장방형		천장형태	?
	시상/관대 (길이×너비×높이)	-		석재종류	활석
유물	토 도 기	호(1), 토기편			
	금 속 기	-			
	옥 석 기	-			
	기 타	인골(1)			
특기사항		단인 일차장이며, 25세 전후의 남성이다.			

[출토유물]

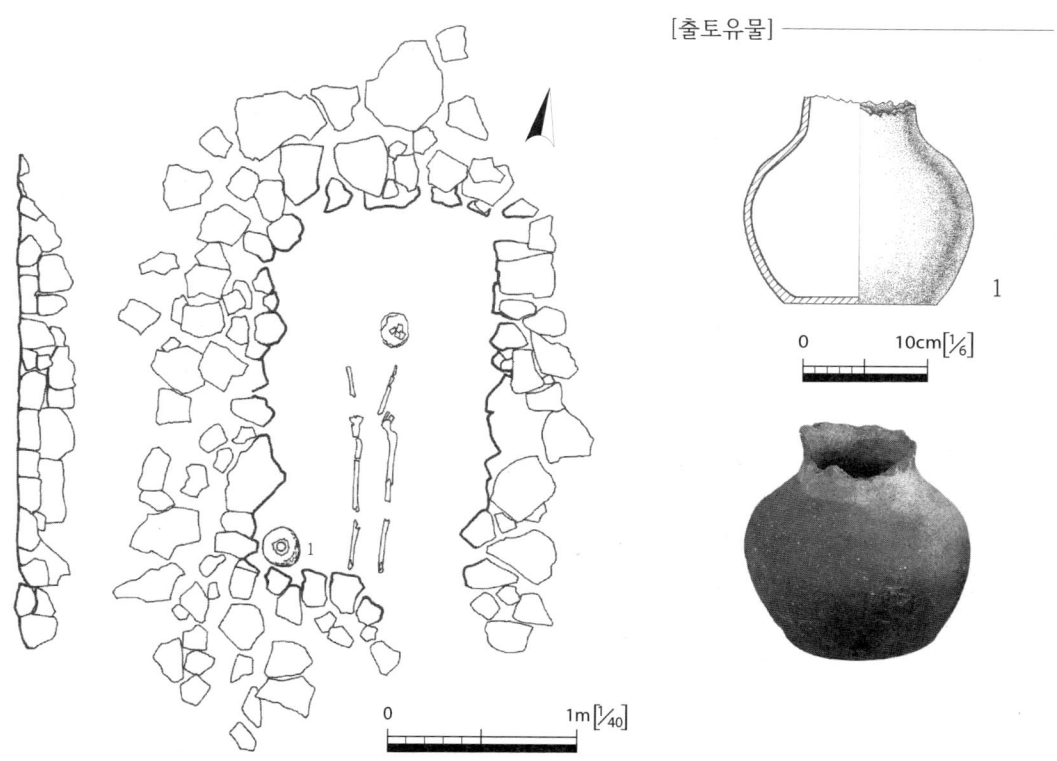

1

0   10cm[⅙]

0   1m[¹/₄₀]

2143호묘

(단위 : cm)

봉토	크 기 (길이×너비×높이)	?	연도	크 기 (길이×너비×높이)	?
	평면형태	?		연도위치	?
현실	장축방향	N–S	두 향		?
	규 모 (길이×너비×높이)	(240+)×143×30	바닥시설		흑갈색토
	평면형태	장방형	천장형태		?
	시상/관대 (길이×너비×높이)	–	석재종류		현무암 할석
유물	토 도 기	토기편(1)			
	금 속 기	–			
	옥 석 기	–			
	기 타	인골편, 목탄			
특기사항		유물 도면 없음. 현실 서북쪽에서 인골이 발견되었는데, 성별과 나이는 알 수 없다.			

2144호묘

(단위 : cm)

봉토	크 기 (길이×너비×높이)	?	연도	크 기 (길이×너비×높이)	80×70×?
	평면형태	?		연도위치	중앙
현실	장축방향	N-30°-W		두 향	?
	규 모 (길이×너비×높이)	286×150×38		바닥시설	흑갈색 사질토
	평면형태	장방형		천장형태	?
	시상/관대 (길이×너비×높이)	-		석재종류	현무암 판석·할석
유물	토도기	호 구연부편(1), 심발 구연부편(1), 병 구경부편(1), 시문 토기편(1)			
	금속기	-			
	옥석기	-			
	기 타	-			
	특기사항	-			

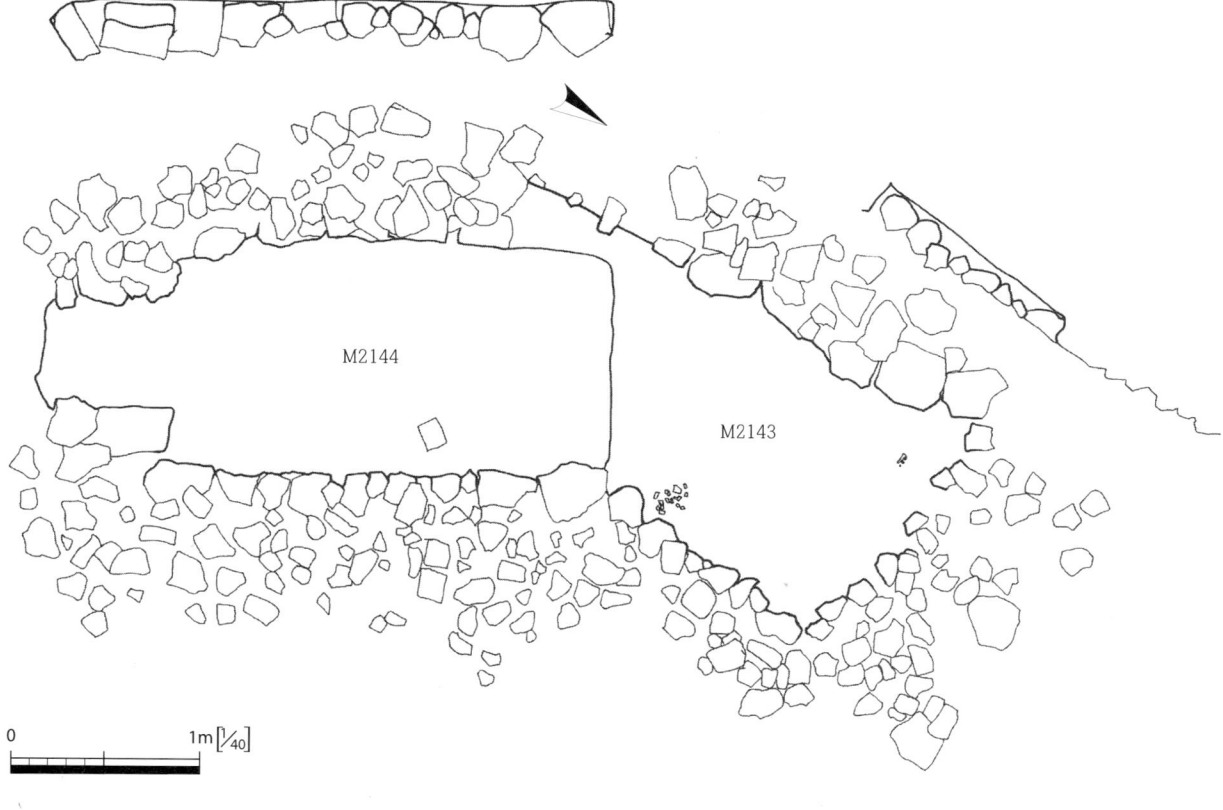

M2144

M2143

0　　　　　　　　1m [1/40]

['填土' 출토유물]

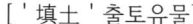

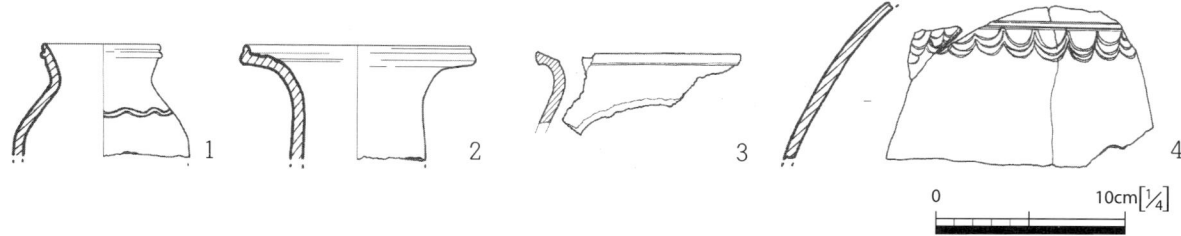

1　　　2　　　3　　　4

0　　　　　　　10cm [1/4]

2145호묘

(단위 :　cm)

봉토	크 기 (길이×너비×높이)	?	연도	크 기 (길이×너비×높이)	?
	평면형태	?		연도위치	?
현실	장축방향	N-S	두 향		?
	규 모 (길이×너비×높이)	280×205×31	바닥시설		(생토층)
	평면형태	장방형	천장형태		?
	시상/관대 (길이×너비×높이)	-	석재종류		판석·할석
유물	토도기	호(1)			
	금속기	철제 도(1)			
	옥석기	-			
	기 타	인골(3)			
특기사항		인골은 총 3개체분으로, 이차장이다. 서쪽에 있는 뼈(A)는 성인 여성, 북쪽 가장자리에 있는 인골(B)는 성별을 알 수 없으나 성인이며, 남쪽 가장자리에 있는 뼈(C)는 25~30세의 남성이다.			

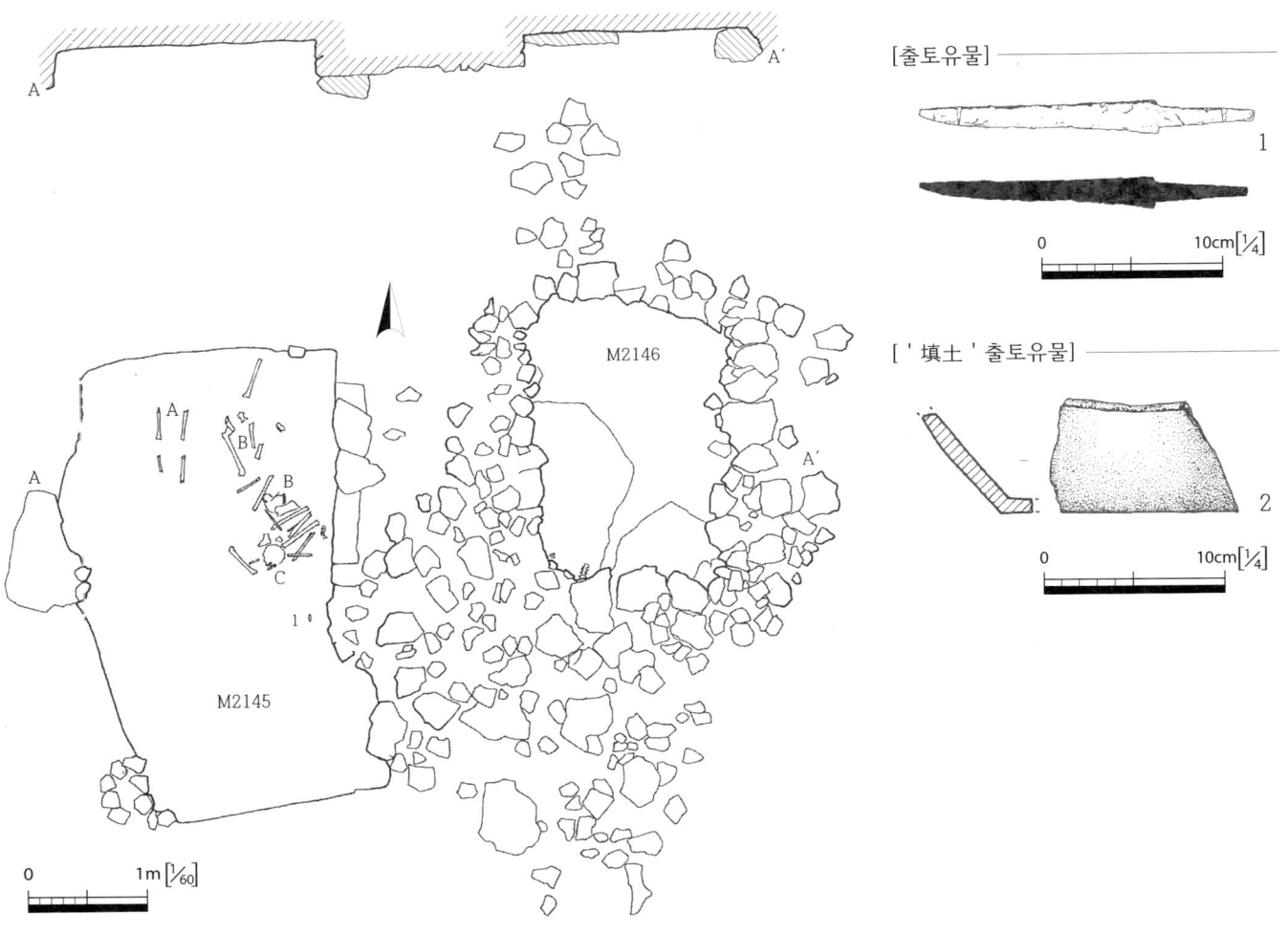

[출토유물]

[' 塡土 ' 출토유물]

2146호묘

(단위 : cm)

봉토	크 기 (길이×너비×높이)	?×?×50	연도	크 기 (길이×너비×높이)	?
	평면형태	?		연도위치	?
현실	장축방향	N-2°-W		두 향	?
	규 모 (길이×너비×높이)	220×153×30		바닥시설	(생토층)
	평면형태	장방형		천장형태	?
	시상/관대 (길이×너비×높이)	-		석재종류	현무암 할석
유물	토 도 기	호(1), 심발(1)			
	금 속 기	-			
	옥 석 기	-			
	기 타	인골			
	특기사항	-			

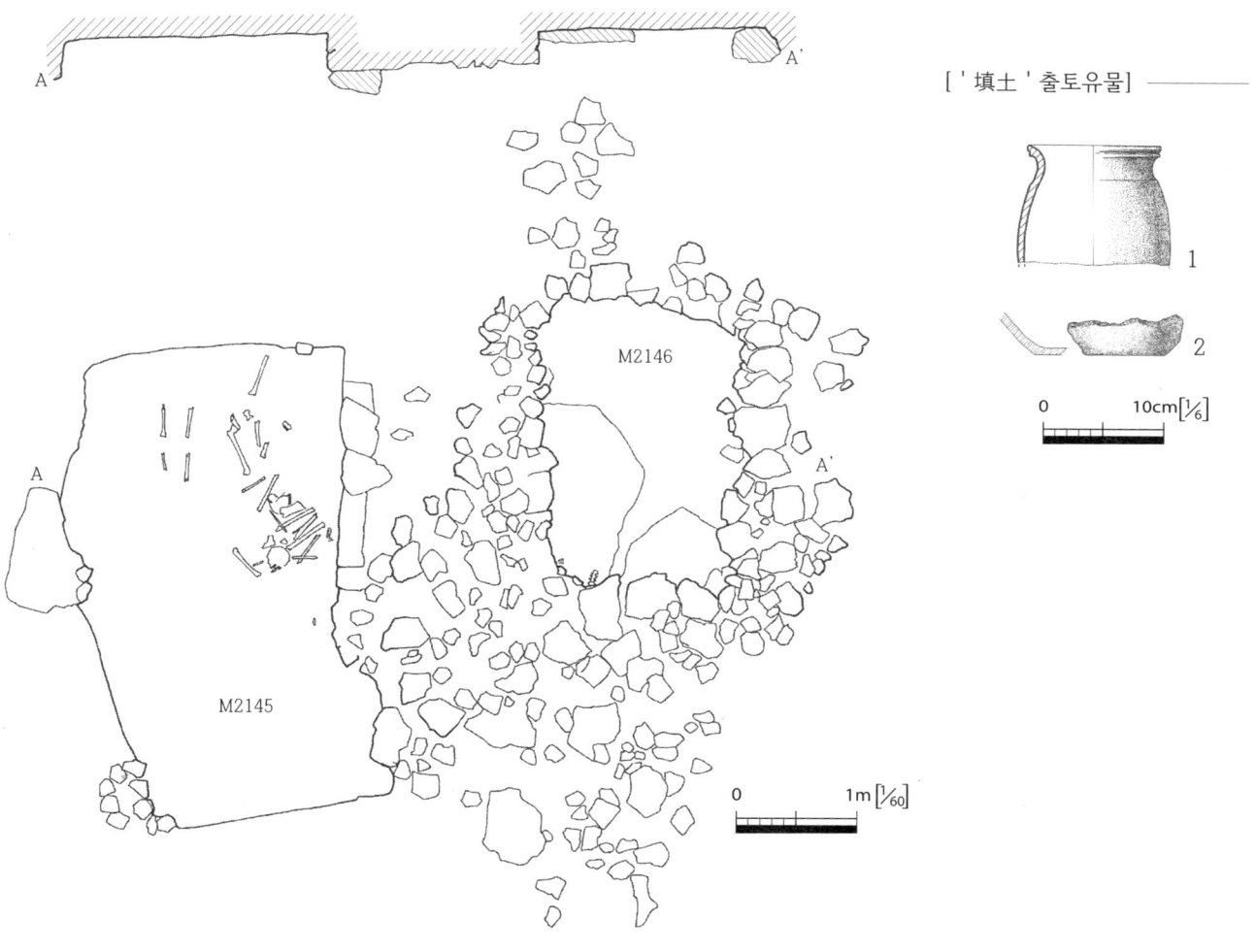

[' 填土 ' 출토유물]

1

2

0   10cm[1/6]

M2146

A'

A

M2145

0   1m[1/60]

2147호묘

(단위 : cm)

봉토	크 기 (길이×너비×높이)	?×?×(50+)	연도	크 기 (길이×너비×높이)	110×100×?
	평면형태	?		연도위치	중앙
현실	장축방향	N-15°-E	두 향		?
	규 모 (길이×너비×높이)	284×208×42	바닥시설		?
	평면형태	장방형	천장형태		?
	시상/관대 (길이×너비×높이)	?	석재종류		현무암 판석·할석
유물	토 도 기	심발 구연부편(1)			
	금 속 기	-			
	옥 석 기	-			
	기 타	-			
특기사항		2148, 2150호묘와 병렬 배치되어 있다.			

['塡土' 출토유물]

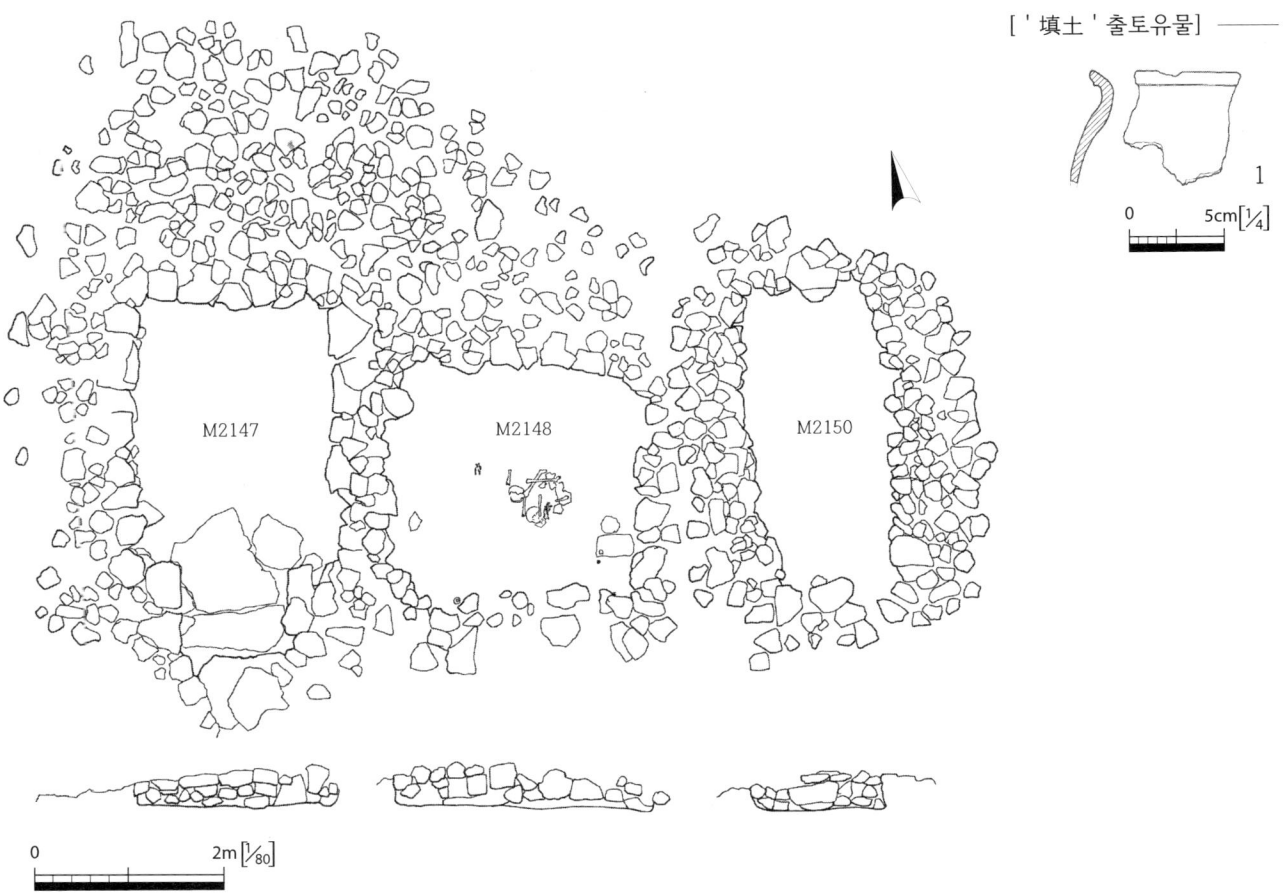

1

0   5cm[¼]

M2147   M2148   M2150

0   2m[¹⁄₈₀]

2148호묘

(단위 : cm)

봉토	크 기 (길이×너비×높이)	?×?×50	연도	크 기 (길이×너비×높이)	?
	평면형태	?		연도위치	?
현실	장축방향	N-15°-E		두 향	?
	규 모 (길이×너비×높이)	270×260×45		바닥시설	생토층
	평면형태	장방형		천장형태	?
	시상/관대 (길이×너비×높이)	-		석재종류	현무암 할석
유물	토 도 기	호(1), 발(1)			
	금 속 기	용도미상 동편(1), 동제 대금구(1), 철제 비녀(1)			
	옥 석 기	-			
	기 타	인골(2)			
	특기사항	현실 중간에 인골이 쌓여있는데, 그 중 두 개의 여성 두개골과 그와 관련된 사지골이 있다. 모두 이차 장이다. 동쪽 가장자리에 있는 두개골(A)는 성인이고, 서쪽 가장자리에 있는 두개골(B)는 20~25세이 다. 2148, 2150호묘와 병렬 배치되어 있다.			

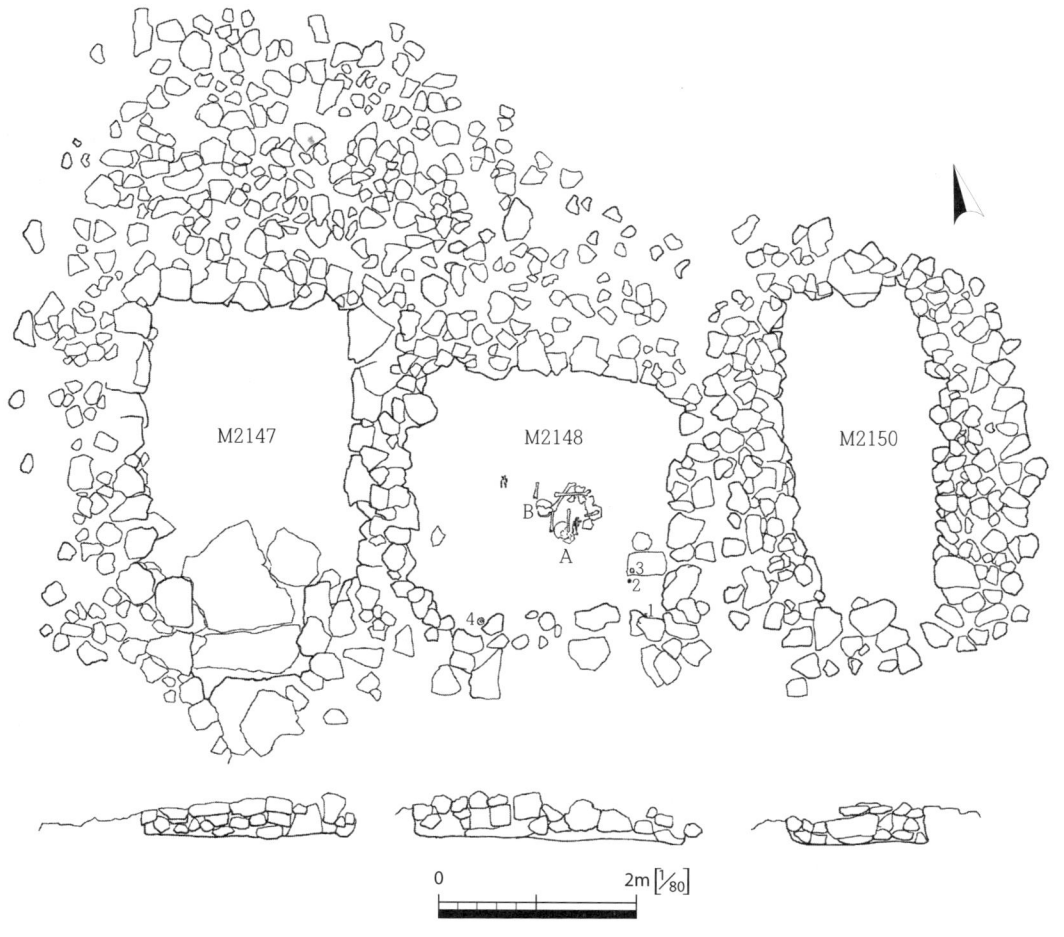

[출토유물]

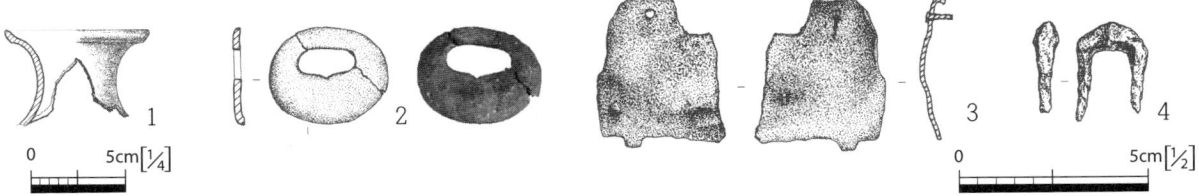

0   5cm[¼]

0   5cm[½]

['填土' 출토유물]

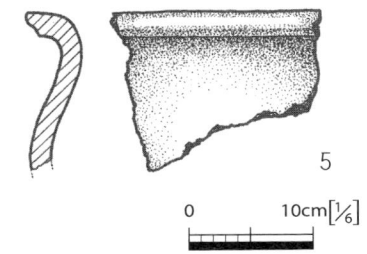

5

0   10cm[⅙]

2149호묘

봉토	크 기 (길이×너비×높이)	?×?×30	연도	크 기 (길이×너비×높이)	?
	평면형태	?		연도위치	?
현실	장축방향	N-S		두 향	?
	규 모 (길이×너비×높이)	226×180×38		바닥시설	생토층
	평면형태	장방형		천장형태	?
	시상/관대 (길이×너비×높이)	-		석재종류	현무암 판석·할석
유물	토 도 기	토기편			
	금 속 기	-			
	옥 석 기	-			
	기 타	인골			
특기사항		-			

0   1m [1/60]

2150호묘

(단위 : cm)

봉토	크 기 (길이×너비×높이)	460×360×45	연도	크 기 (길이×너비×높이)	?
	평면형태	타원형		연도위치	?
현실	장축방향	N-15°-E	두 향		?
	규 모 (길이×너비×높이)	320×148×42	바닥시설		황갈색 생토
	평면형태	장방형	천장형태		?
	시상/관대 (길이×너비×높이)	-	석재종류		현무암 할석
유물	토 도 기	-			
	금 속 기	-			
	옥 석 기	-			
	기 타	-			
특기사항		2148, 2150호묘와 병렬 배치되어 있다.			

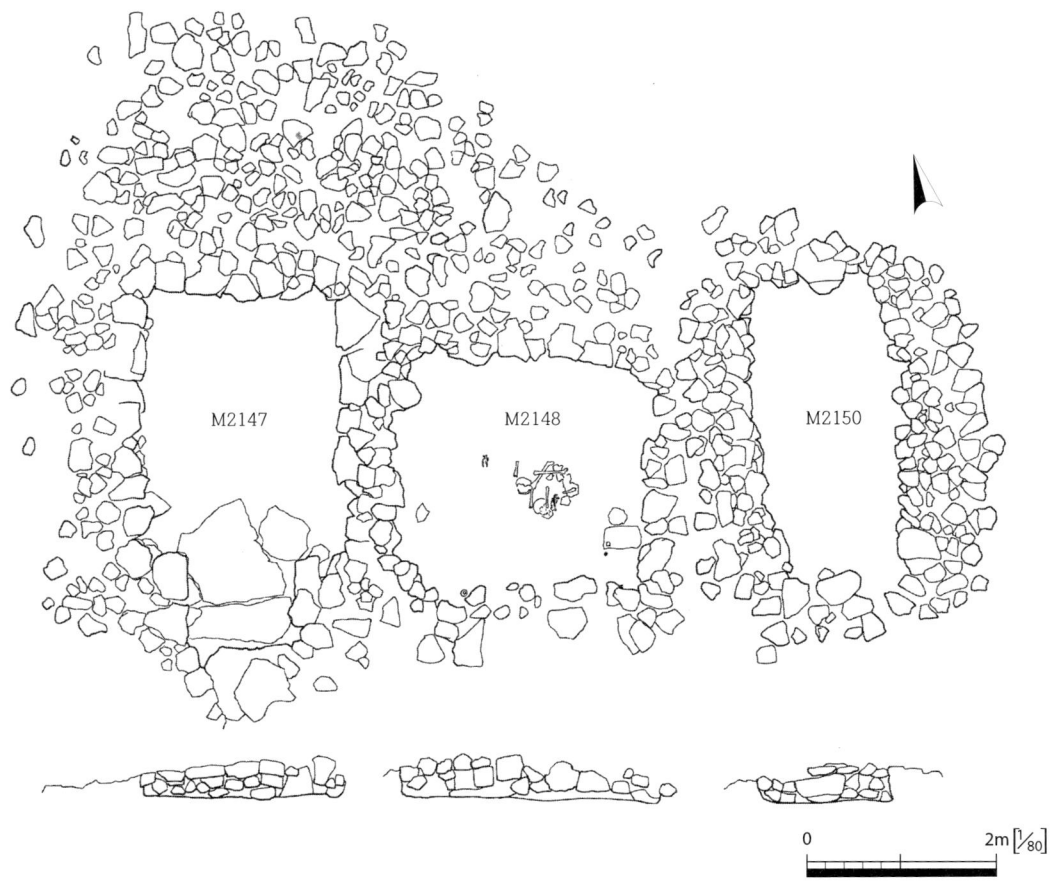

2151호묘

봉토	크 기 (길이×너비×높이)	?×?×(70+)	연도	크 기 (길이×너비×높이)	80×66×?
	평면형태	?		연도위치	중앙
현실	장축방향	N-18°-E		두 향	북향
	규 모 (길이×너비×높이)	274×214×75		바닥시설	황갈색 생토
	평면형태	장방형		천장형태	?
	시상/관대 (길이×너비×높이)	?		석재종류	현무암 판석·할석
유물	토 도 기	삼채도기편(1), 토기편			
	금 속 기	동제 고리(1), 용도미상 동기(1), 철제 관정(8)			
	옥 석 기	-			
	기 타	인골(5)			
	특기사항	단인 일차장을 한 인골(B)와 가장 북쪽에 있는 두개골(A), 동북쪽에 있는 두개골(C)는 성인 남성이고, 동쪽 중앙에 있는 두개골(D)는 25~30세 남성, 남쪽에 있는 두개골(E)는 30세 정도의 남성이다. 인골(B)를 제외한 나머지는 이차장이다.			

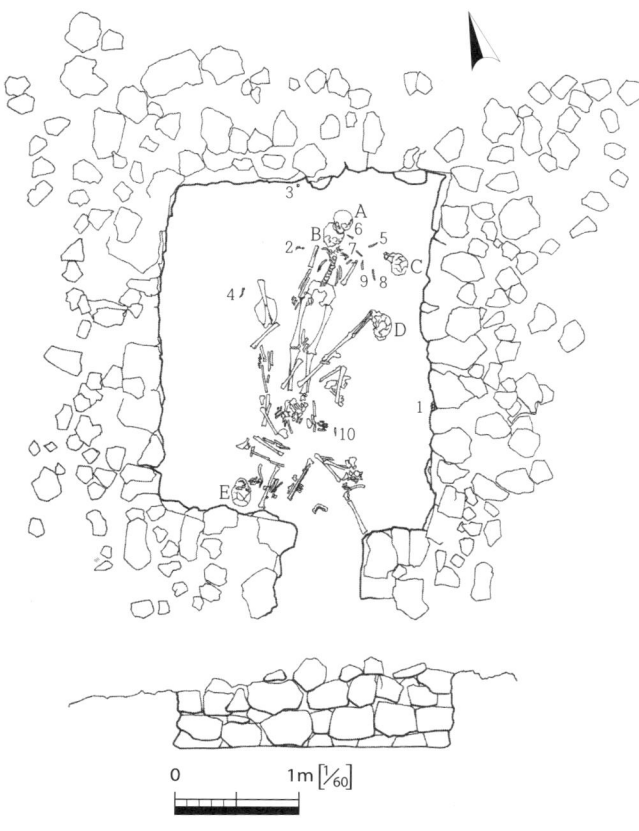

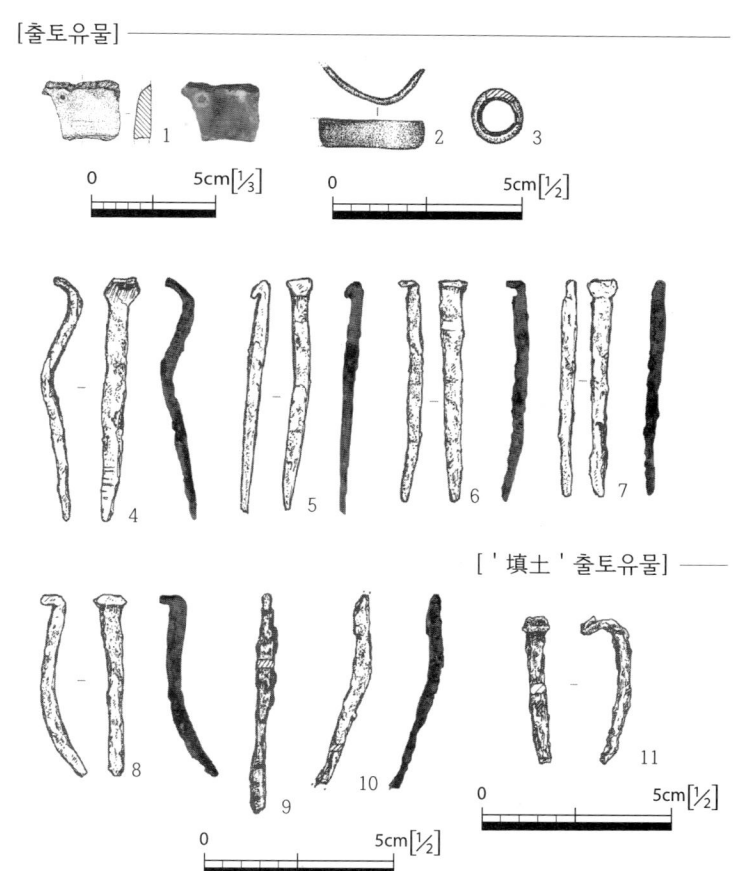

[출토유물]

['填土' 출토유물]

2152호묘

(단위 : cm)

봉토	크 기 (길이×너비×높이)	?×?×(40+)	연도	크 기 (길이×너비×높이)	80×85×?
	평면형태	?		연도위치	중앙
현실	장축방향	N-5°-E	두 향		?
	규 모 (길이×너비×높이)	220×130×37	바닥시설		황갈색 생토
	평면형태	장방형	천장형태		?
	시상/관대 (길이×너비×높이)	-	석재종류		할석
유물	토 도 기	-			
	금 속 기	동제 대금구(1)			
	옥 석 기	-			
	기 타	-			
	특기사항	-			

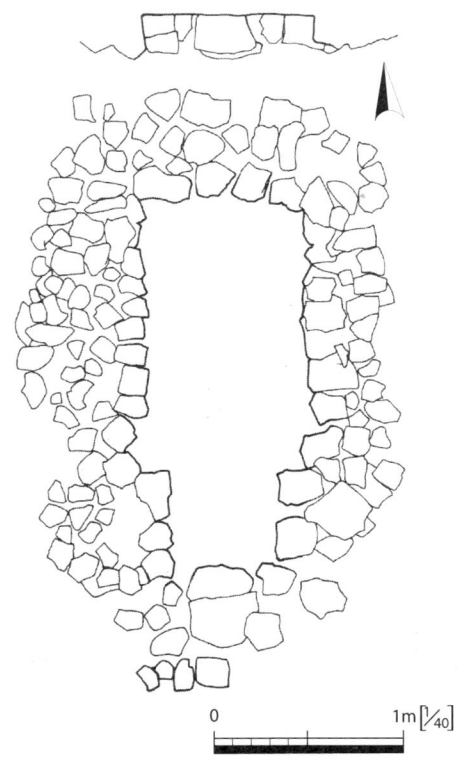

['填土' 출토유물]

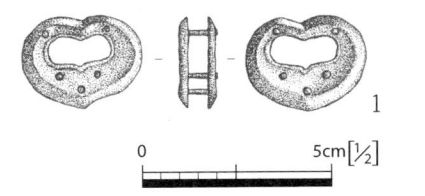

0　　　　　　5cm[½]

0　　　　　　1m[¼₀]

2153호묘

(단위 : cm)

봉토	크 기 (길이×너비×높이)	?	연도	크 기 (길이×너비×높이)	?
	평면형태	?		연도위치	?
현실	장축방향	N-10°-E		두 향	?
	규 모 (길이×너비×높이)	256×100×80		바닥시설	황갈색 점토
	평면형태	장방형		천장형태	?
	시상/관대 (길이×너비×높이)	-		석재종류	현무암 판석
유물	토 도 기	-			
	금 속 기	철제 관정(9)			
	옥 석 기	-			
	기 타	인골(1)			
특기사항		인골은 1개체로, 단인 이차장이다. 얼굴은 남쪽을 향하고 있으며, 성인 남성이다.			

[유구사진]

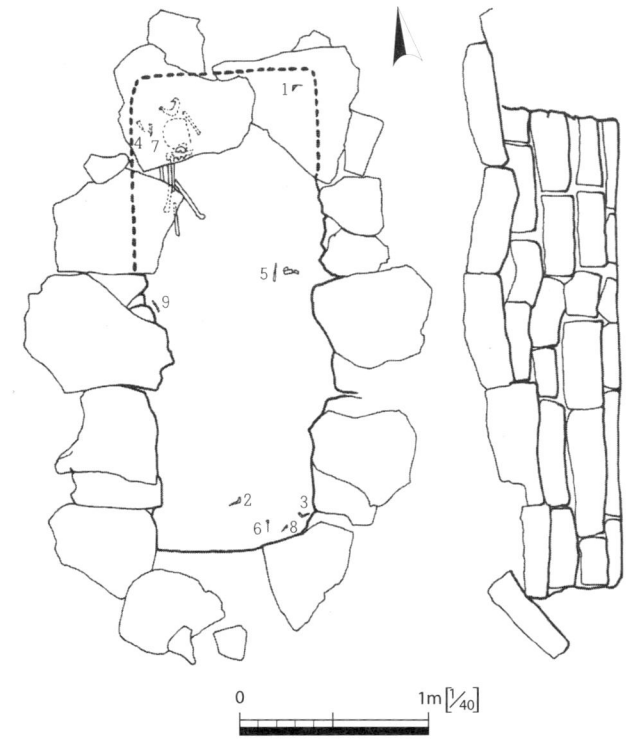

0   1m [1/40]

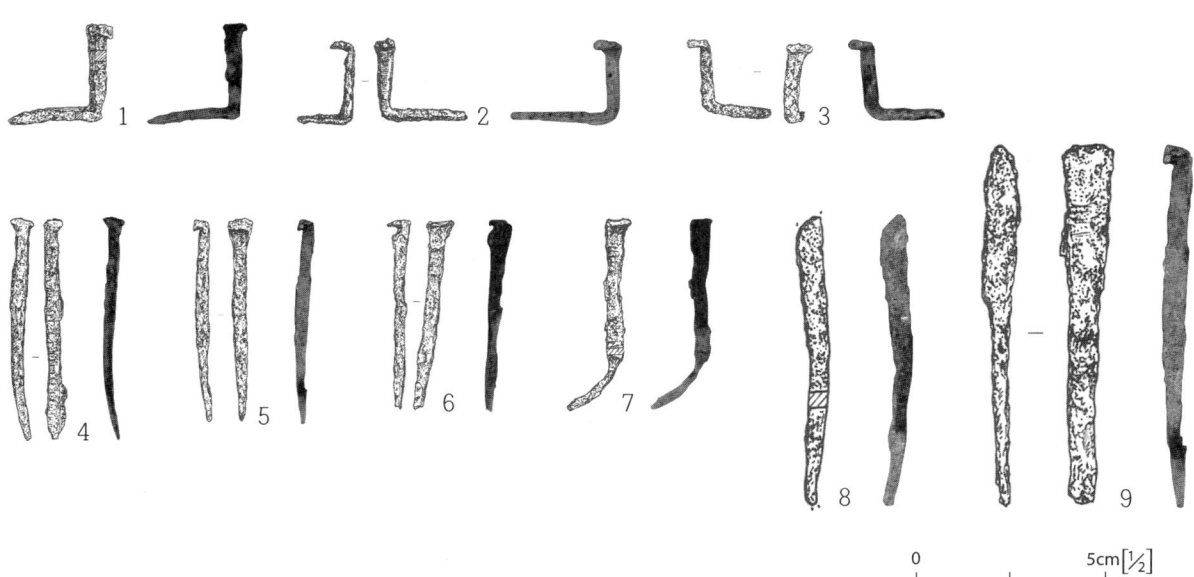

2154호묘

봉토	크 기 (길이×너비×높이)	?	연도	크 기 (길이×너비×높이)	?
	평면형태	?		연도위치	?
현실	장축방향	N-10°-E		두 향	?
	규 모 (길이×너비×높이)	230×154×56		바닥시설	황갈색토
	평면형태	장방형		천장형태	?
	시상/관대 (길이×너비×높이)	-		석재종류	현무암 할석
유물	토도기	심발(1), 병 구연부편(1)			
	금속기	-			
	옥석기	-			
	기 타	인골(3)			
	특기사항	3점의 두개골과 사지골이 발견되었는데, 모두 이차장이다. 북쪽에 있는 두개골(A)와 서쪽에 있는 두개골(B)는 성인 남성, 남쪽에 있는 두개골(C)는 성인 여성이다.			

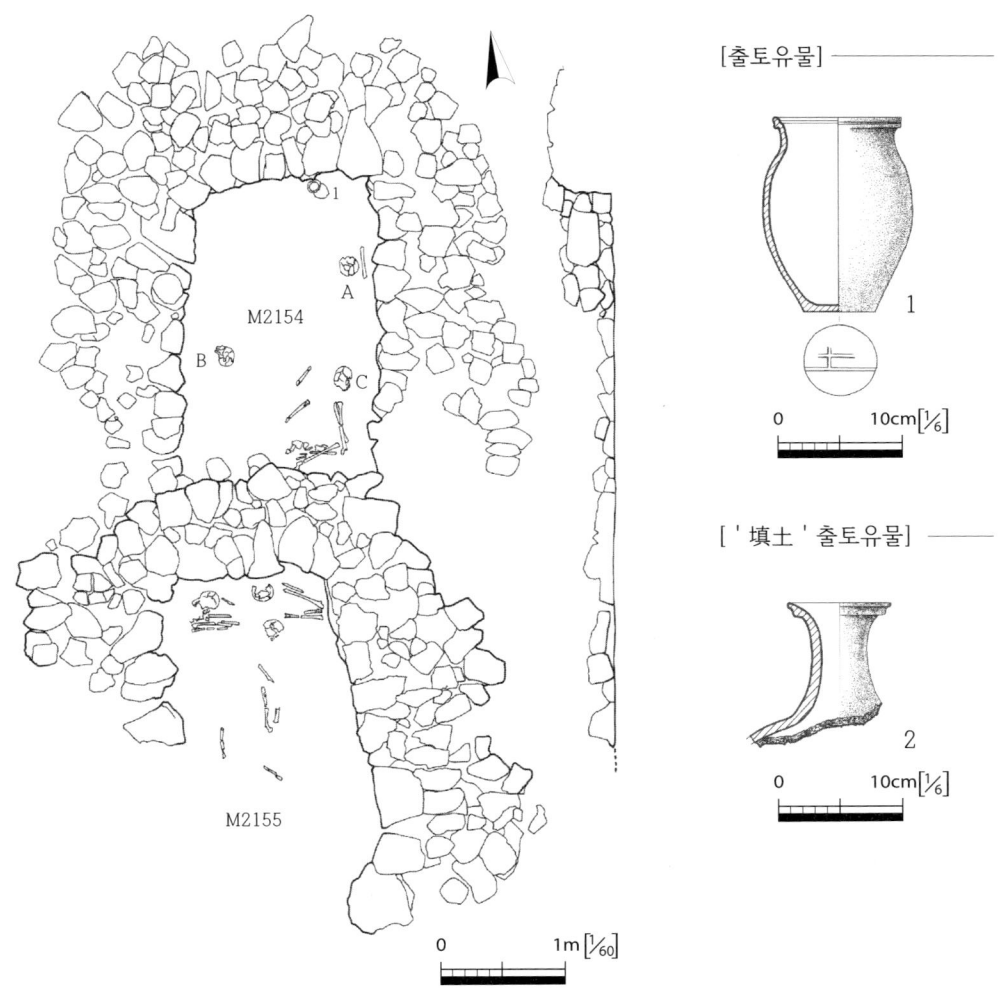

[출토유물]

1

0   10cm[⅙]

['填土' 출토유물]

2

0   10cm[⅙]

M2154

M2155

0   1m[1/60]

2155호묘

(단위 : cm)

봉토	크 기 (길이×너비×높이)	?	연도	크 기 (길이×너비×높이)	?
	평면형태	?		연도위치	?
현실	장축방향	N-S		두 향	?
	규 모 (길이×너비×높이)	(233+)×140×24		바닥시설	갈색 생토
	평면형태	장방형		천장형태	?
	시상/관대 (길이×너비×높이)	-		석재종류	현무암 할석
유물	토도기	-			
	금속기	철제 도(1)			
	옥석기	-			
	기 타	인골(3)			
특기사항		현실 북쪽에서 3점의 두개골과 사지골이 발견되었는데, 모두 성인 남성이고, 이차장에 속한다.			

[출토유물]

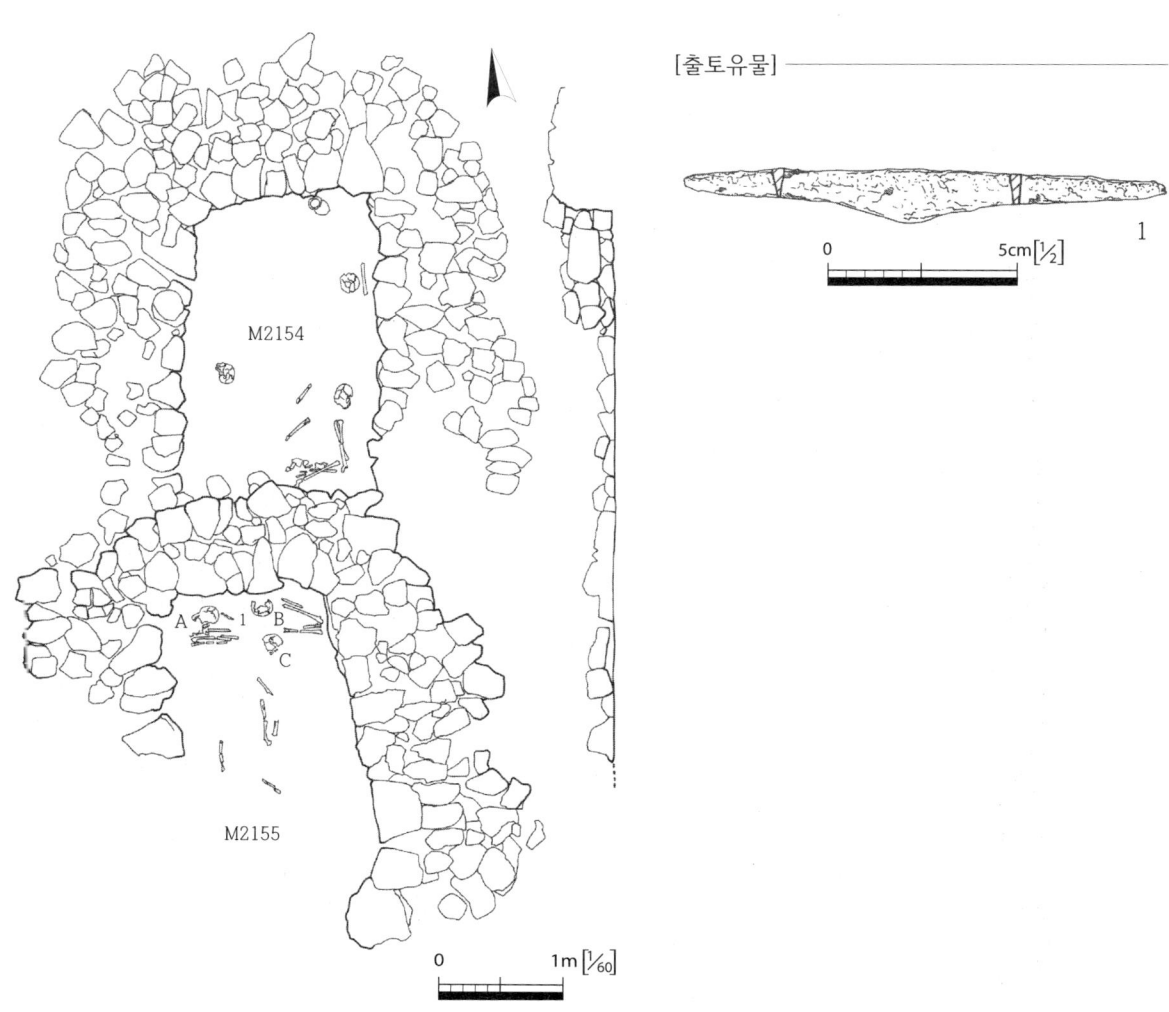

224

발해의 고분 문화 I - 흑룡강성 -

2156호묘

(단위 : cm)

봉토	크 기 (길이×너비×높이)	(600+)×440×60	연도	크 기 (길이×너비×높이)	110×70×?
	평면형태	장방형		연도위치	중앙
현실	장축방향	N–S	두 향		?
	규 모 (길이×너비×높이)	264×168×54	바닥시설		회갈색 생토
	평면형태	장방형	천장형태		?
	시상/관대 (길이×너비×높이)	?	석재종류		현무암 판석·할석
유물	토 도 기	갈색 토기편			
	금 속 기	동제 대금구(3)			
	옥 석 기	–			
	기 타	인골			
	특기사항	–			

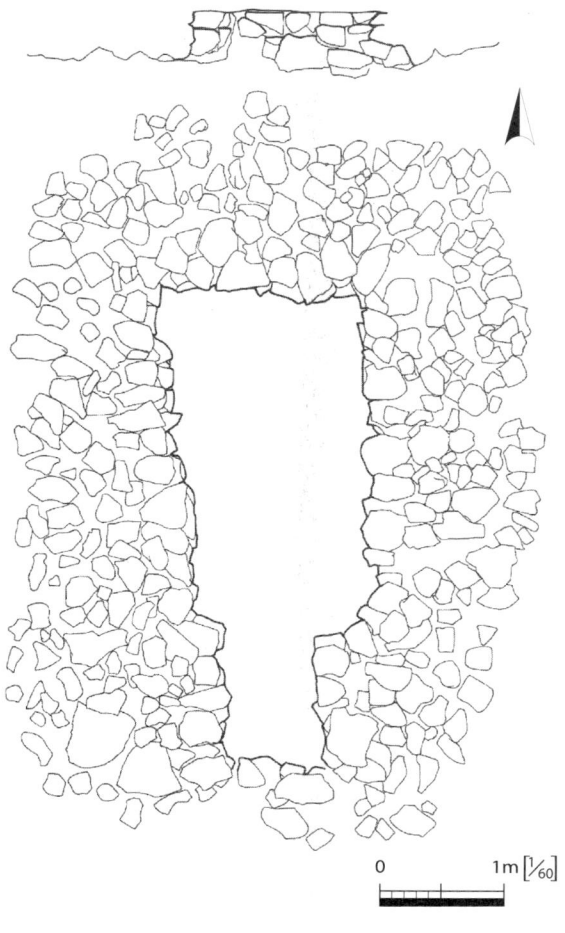

0   1m [1/60]

[유구사진]

[출토유물]

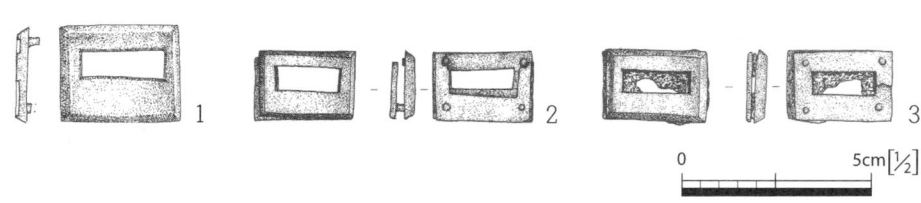

0   5cm [1/2]

2157호묘

봉토	크 기 (길이×너비×높이)	?×?×45	연도	크 기 (길이×너비×높이)	?
	평면형태	?		연도위치	?
현실	장축방향	N-10°-E		두 향	?
	규 모 (길이×너비×높이)	262×130×43		바닥시설	황갈색 생토
	평면형태	장방형		천장형태	?
	시상/관대 (길이×너비×높이)	-		석재종류	현무암 할석
유물	토도기	심발(1), 토기편(1)			
	금속기	철제 관정(1)			
	옥석기	-			
	기 타	치아(1)			
	특기사항	2171호묘와 동시에 쌓았으며 둘 사이의 관계에는 시간적 차이가 없다.			

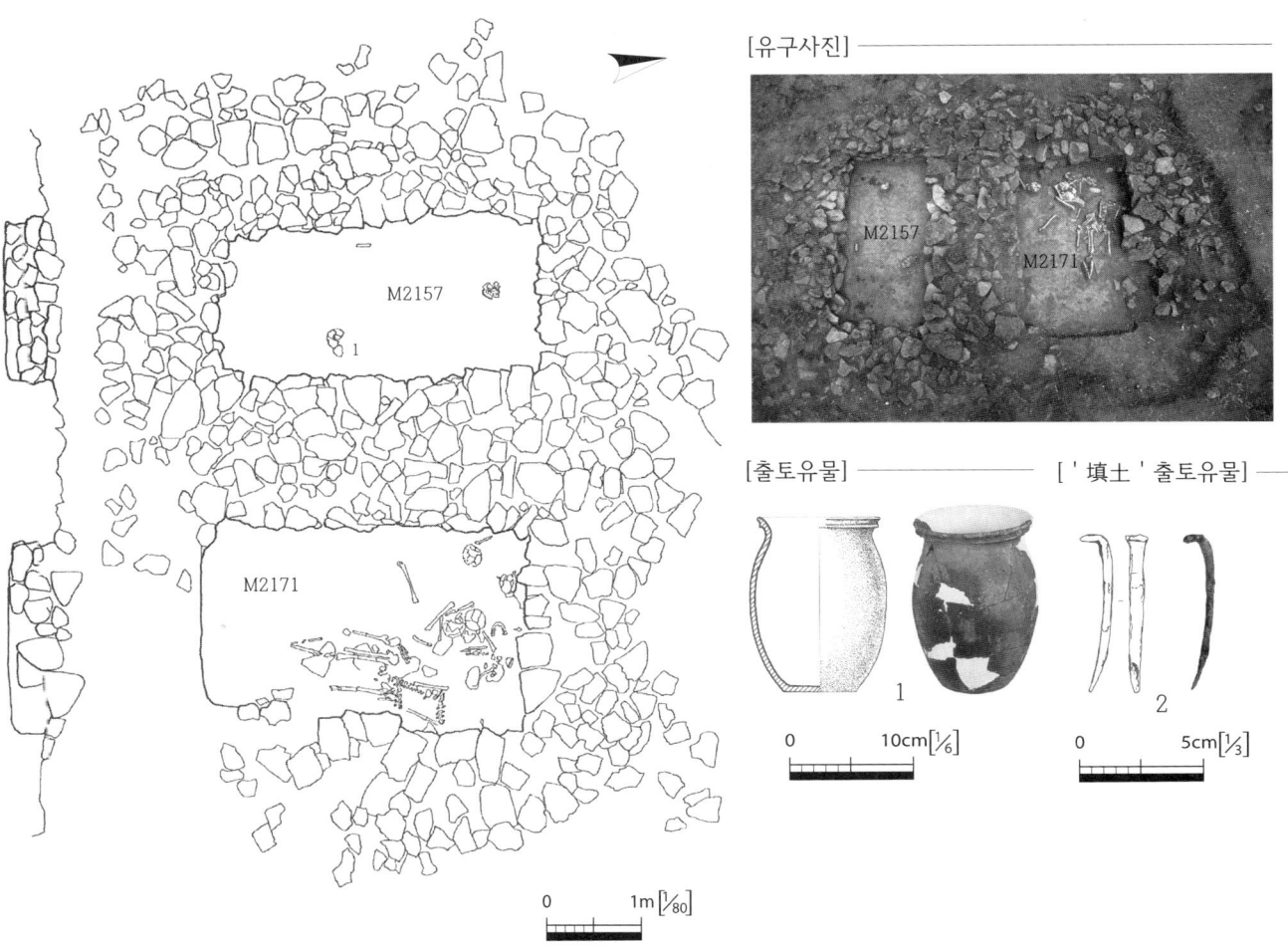

[유구사진]

[출토유물]   [' 墳土 ' 출토유물]

2158호묘

(단위 : cm)

봉토	크 기 (길이×너비×높이)	?	연도	크 기 (길이×너비×높이)	?
	평면형태	?		연도위치	?
현실	장축방향	N-12°-W		두 향	?
	규 모 (길이×너비×높이)	265×98×64		바닥시설	부석
	평면형태	장방형		천장형태	?
	시상/관대 (길이×너비×높이)	–		석재종류	현무암 판석·할석
유물	토 도 기	–			
	금 속 기	–			
	옥 석 기	–			
	기 타	인골			
	특기사항	성별과 나이를 알 수 없다.			

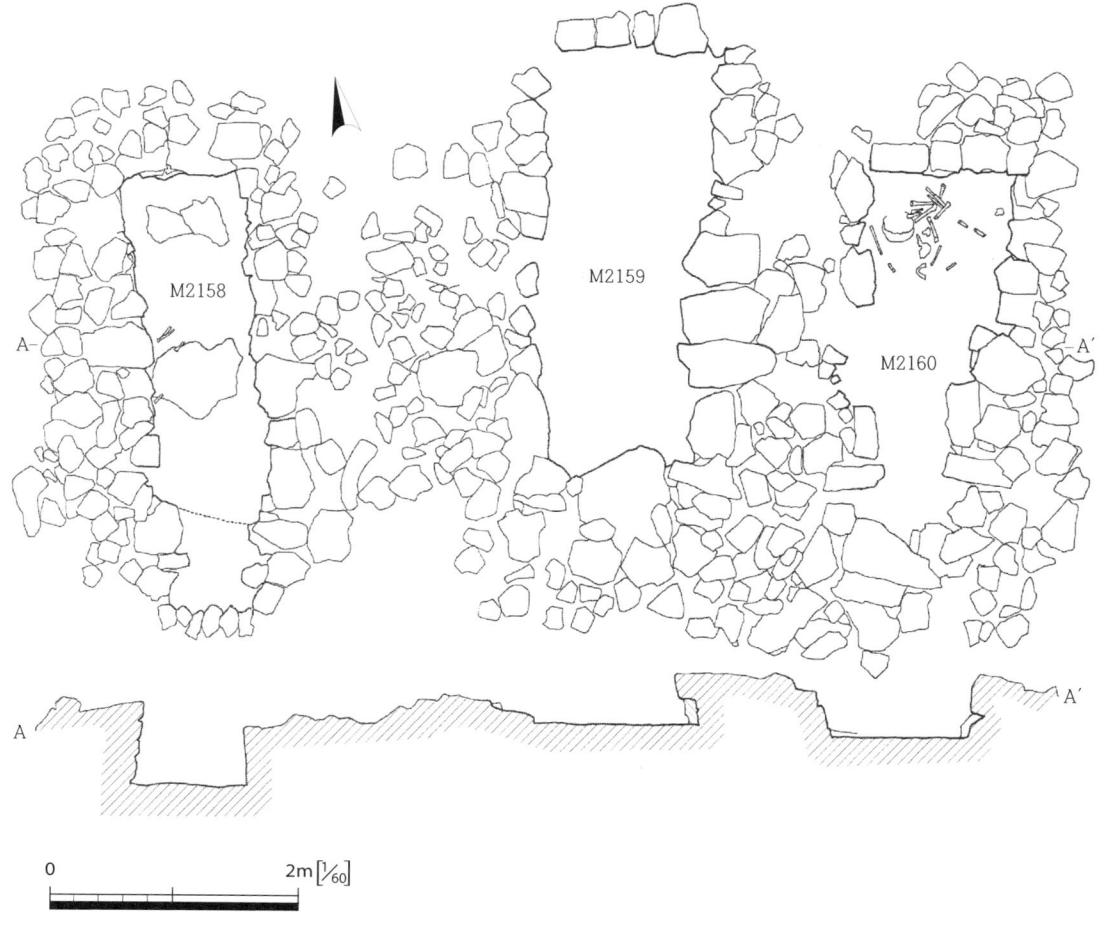

2159호묘

(단위 : cm)

봉토	크 기 (길이×너비×높이)	?×?×40	연도	크 기 (길이×너비×높이)	?
	평면형태	?		연도위치	?
현실	장축방향	N-S	두 향		?
	규 모 (길이×너비×높이)	326×130×40	바닥시설		황갈색 생토
	평면형태	장방형	천장형태		?
	시상/관대 (길이×너비×높이)	-	석재종류		현무암 판석·할석
유물	토 도 기		-		
	금 속 기		-		
	옥 석 기		-		
	기 타		-		
	특기사항		-		

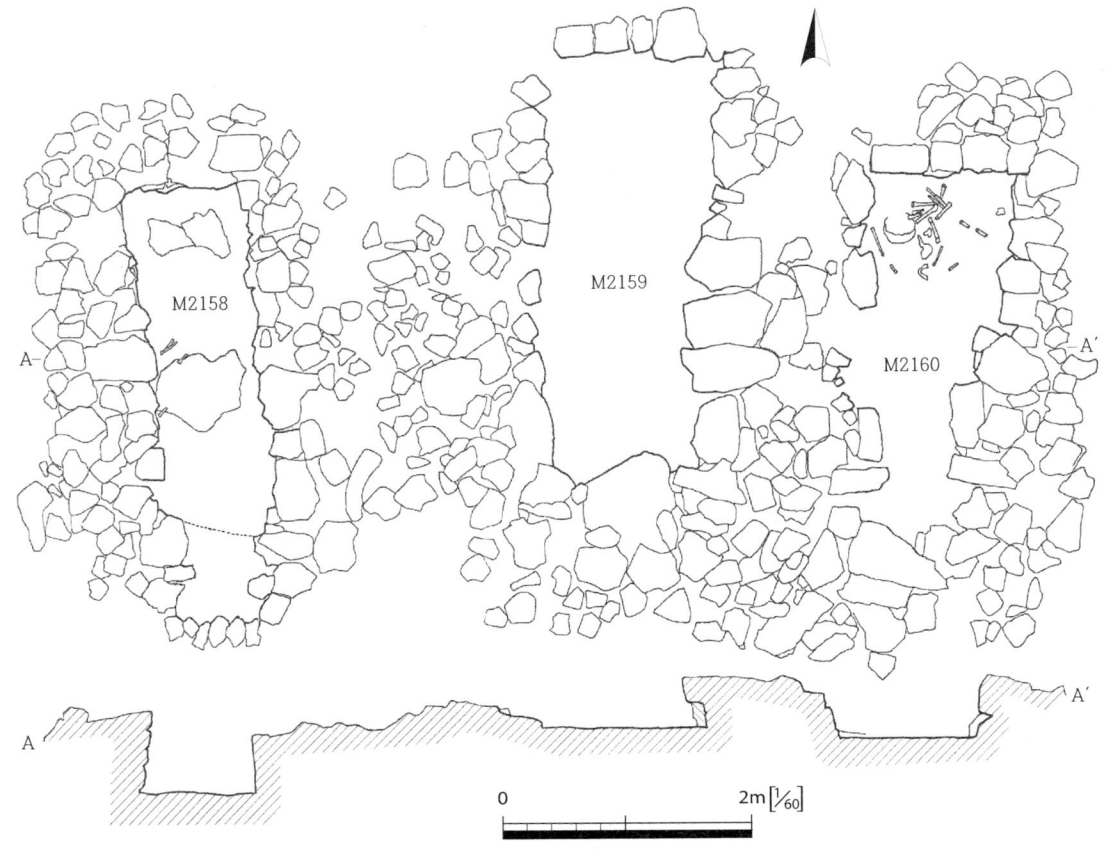

2160호묘

(단위 : cm)

봉토	크 기 (길이×너비×높이)	?×?×50	연도	크 기 (길이×너비×높이)	?
	평면형태	?		연도위치	?
현실	장축방향	N-S		두 향	?
	규 모 (길이×너비×높이)	185×110×50		바닥시설	황갈색 생토
	평면형태	장방형		천장형태	?
	시상/관대 (길이×너비×높이)	-		석재종류	현무암 판석·할석
유물	토 도 기	-			
	금 속 기	-			
	옥 석 기	-			
	기 타	인골(1)			
	특기사항	인골은 1개체분이고, 이차장이며 성인 여성이다.			

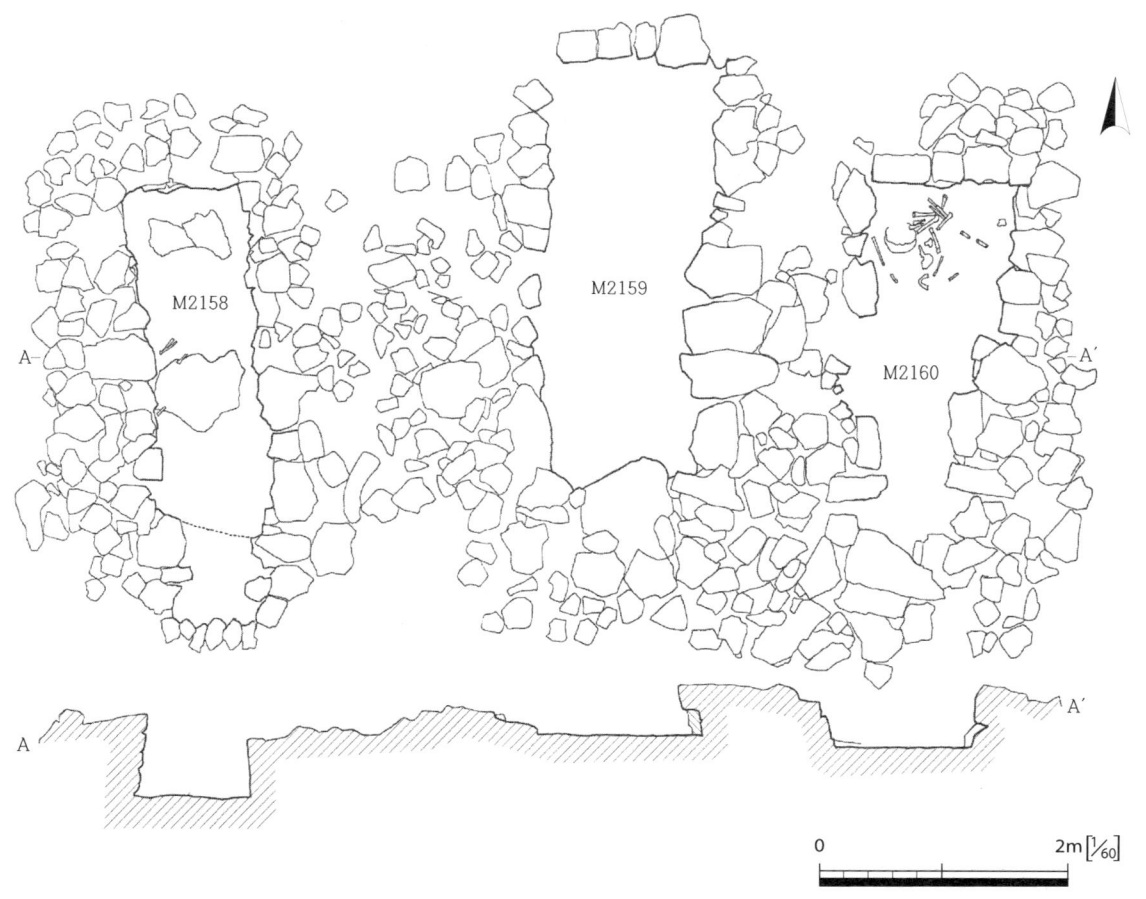

2161호묘

봉토	크 기 (길이×너비×높이)	?	연도	크 기 (길이×너비×높이)	?
	평면형태	?		연도위치	?
현실	장축방향	N-60°-W	두 향		?
	규 모 (길이×너비×높이)	264×170×47	바닥시설		모래층
	평면형태	장방형	천장형태		?
	시상/관대 (길이×너비×높이)	-	석재종류		현무암 판석
유물	토 도 기	옹(1), 심발(5), 도기편(1), 호(2), 장경호(3), 뚜껑(2), 기와(1)			
	금 속 기	철제 관정(6), 동제 교구(1), 철제 찰갑편(1) 동제 대금구(2)			
	옥 석 기	-			
	기 타	인골(2)			
	특기사항	묘실 동북쪽 모서리에서 두개골 2점이 발견되었고, 그와 관련된 뼈가 전체 현실 주위에 흩어져 있다. 모두 이차장이다. 인골(A)는 성인 남성이다. 두개골(B)는 성인 여성이다.			

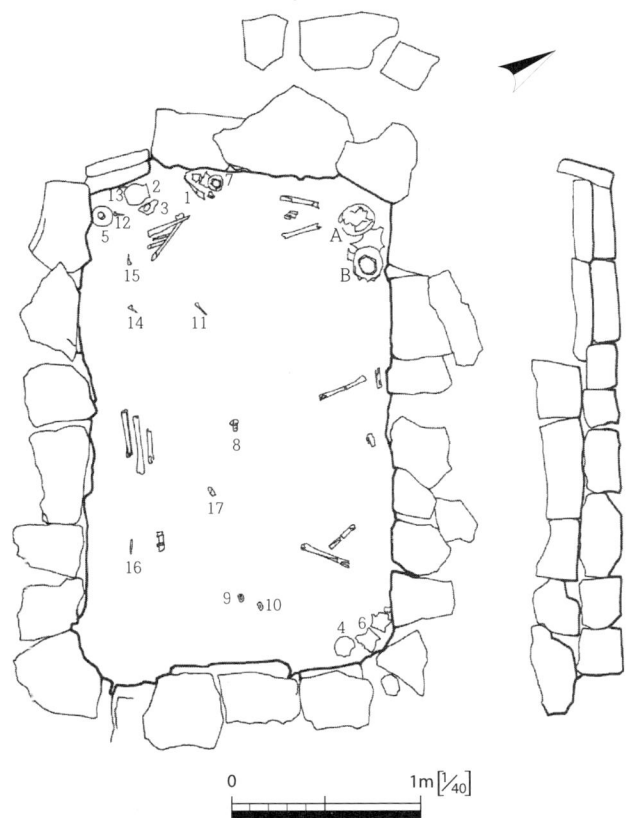

0　　　　　　1m [1/40]

[유구사진]

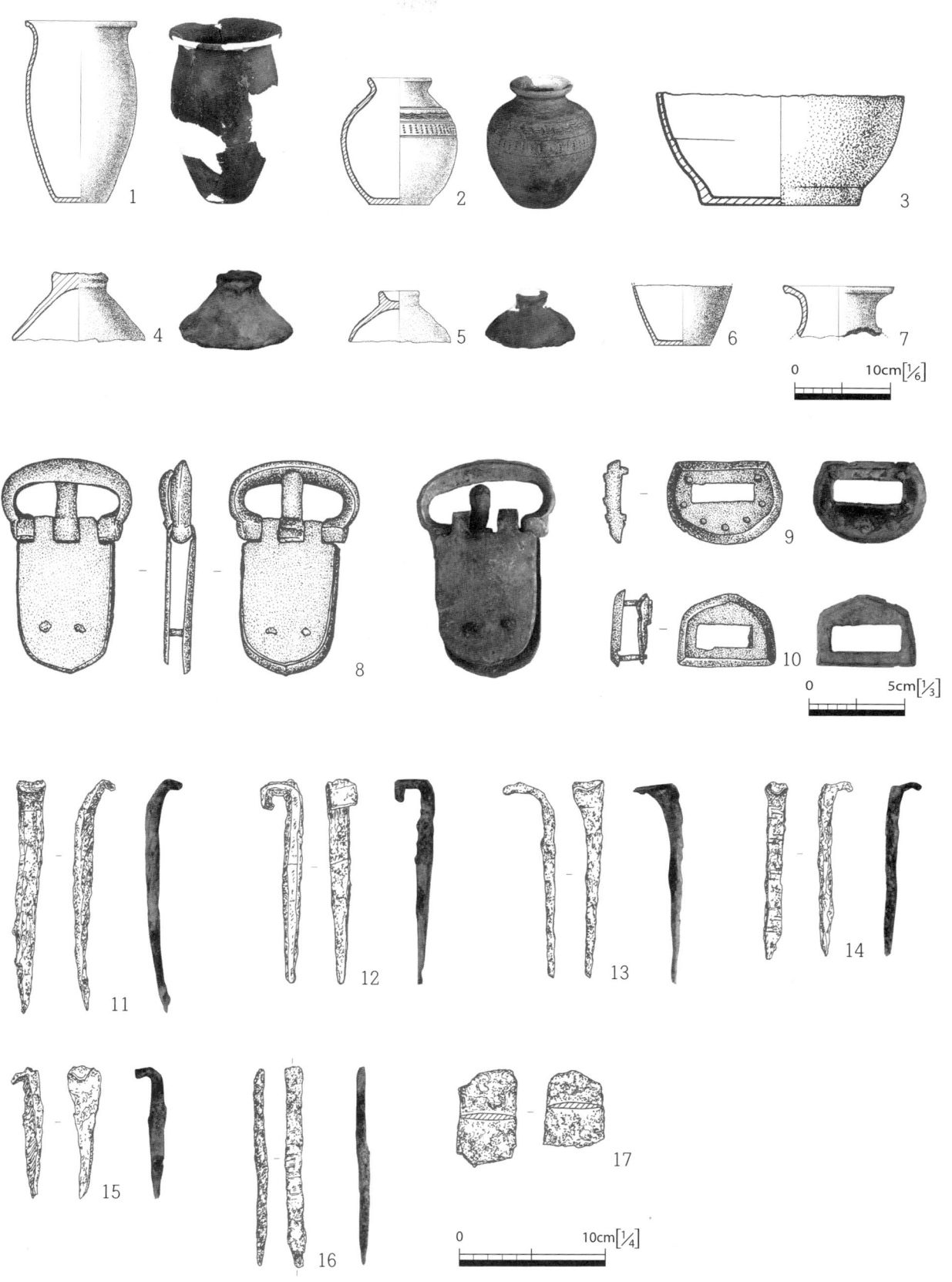

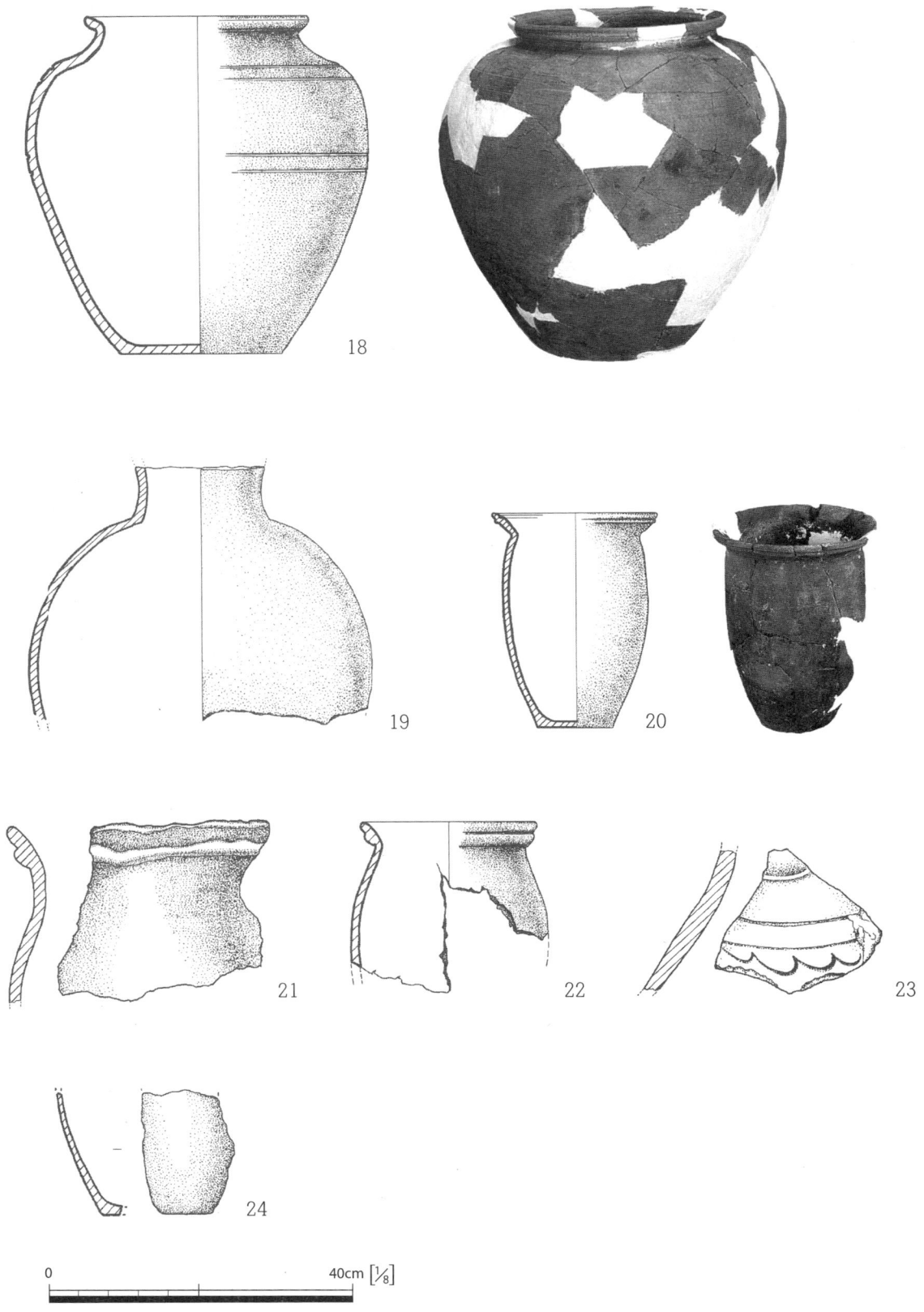

0   40cm [⅛]

2162호묘

(단위 : cm)

봉토	크 기 (길이×너비×높이)	?×?×(40)	연도	크 기 (길이×너비×높이)	66×94×?
	평면형태	?		연도위치	중앙
현실	장축방향	N-12°-W		두 향	?
	규 모 (길이×너비×높이)	224×260×38		바닥시설	사질토
	평면형태	장방형		천장형태	?
	시상/관대 (길이×너비×높이)	-		석재종류	현무암 할석
유물	토도기	심발(1), 심발 저부편(2)			
	금속기	-			
	옥석기	-			
	기 타	인골(1)			
	특기사항	현실 서남쪽에서 1점의 두개골과 그와 관련된 사지골이 서북쪽에서 발견되었는데, 성인 남성으로 추정되며 이차장에 속한다.			

[유구사진]

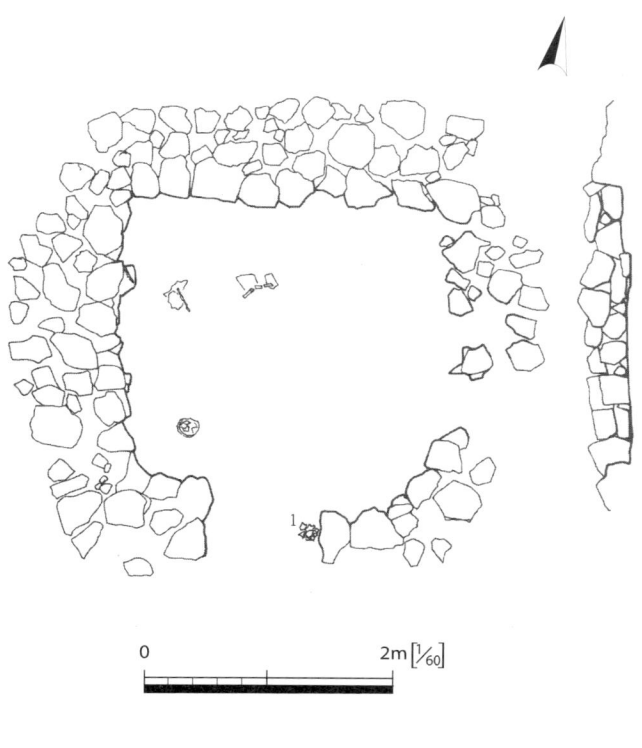

[출토유물]

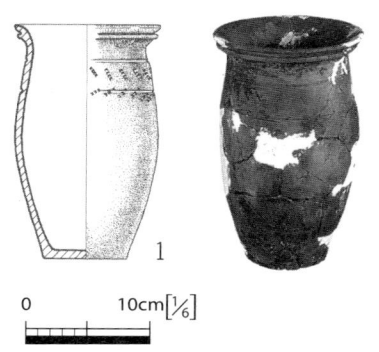

0   10cm[1/6]

[' 塡土 ' 출토유물]

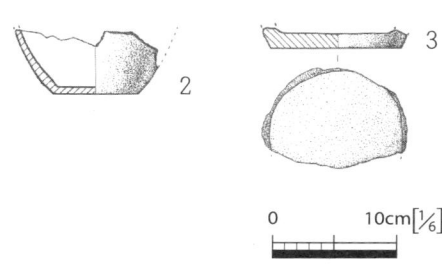

0   10cm[1/6]

2163호묘

(단위 : cm)

봉토	크 기 (길이×너비×높이)	?×?×40	연도	크 기 (길이×너비×높이)	?
	평면형태	?		연도위치	?
현실	장축방향	N-25°-W		두 향	?
	규 모 (길이×너비×높이)	(170+)×230×40		바닥시설	황색 생토층
	평면형태	?		천장형태	?
	시상/관대 (길이×너비×높이)	-		석재종류	현무암 할석
유물	토도기	심발(2)			
	금속기		-		
	옥석기		-		
	기 타		-		
	특기사항		-		

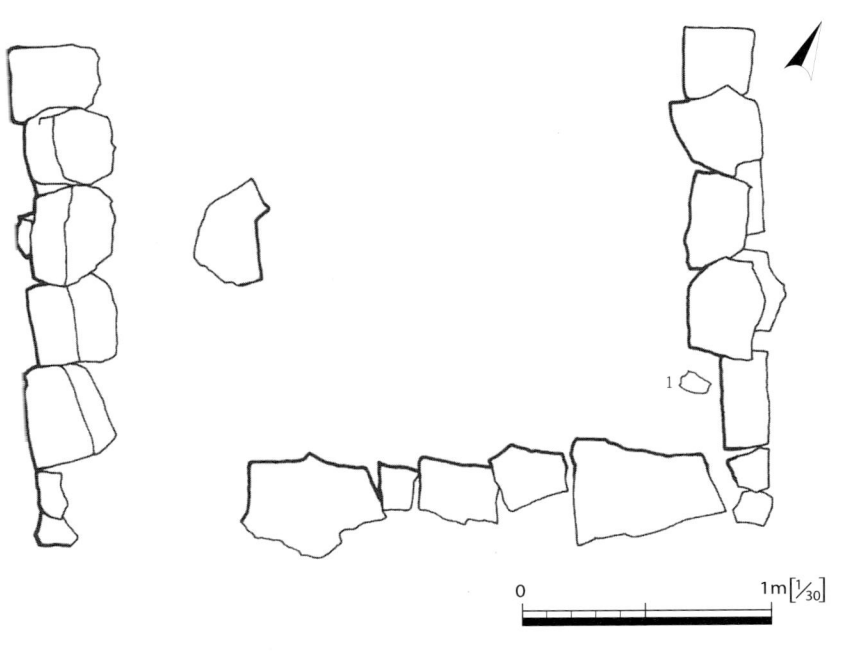

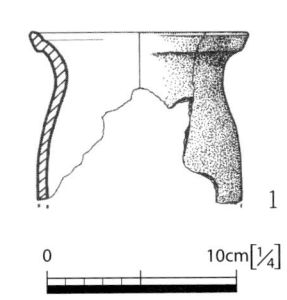

[출토유물]

1

0   10cm[¼]

['塡土' 출토유물]

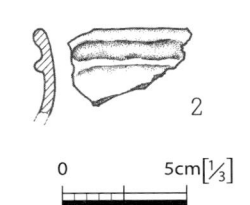

2

0   5cm[⅓]

0   1m[1/30]

2164호묘

(단위 : cm)

봉토	크 기 (길이×너비×높이)	?×?×(40)	연도	크 기 (길이×너비×높이)	79×76×50
	평면형태	?		연도위치	중앙
현실	장축방향	N-15°-W		두 향	?
	규 모 (길이×너비×높이)	252×133×80		바닥시설	부석
	평면형태	장방형		천장형태	?
	시상/관대 (길이×너비×높이)	-		석재종류	현무암 판석·할석
유물	토도기	심발(1)			
	금속기	-			
	옥석기	-			
	기 타	-			
	특기사항	현실의 남쪽에 장방형의 시설[350×100×(25+)]이 있다.			

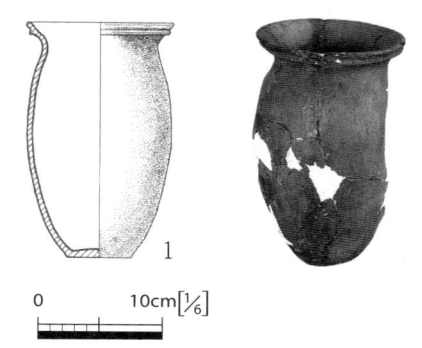

['填土' 출토유물]

1

0   10cm[⅙]

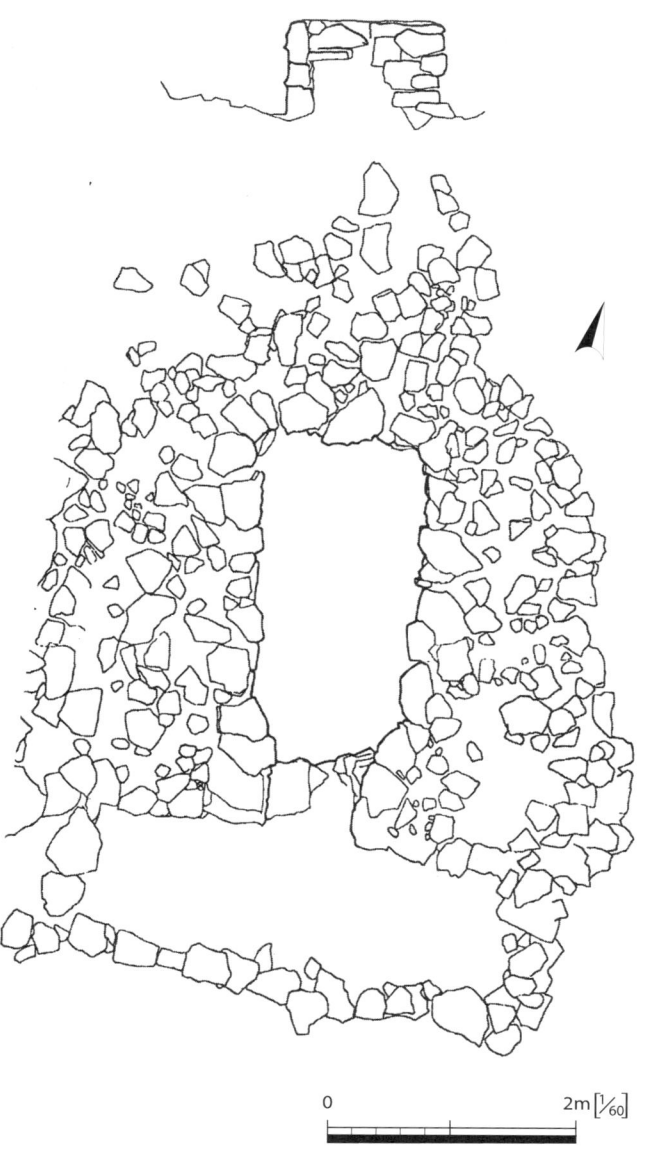

0   2m[1/60]

2165호묘

봉토	크 기 (길이×너비×높이)	?	연도	크 기 (길이×너비×높이)	130×90×51
	평면형태	?		연도위치	중앙
현실	장축방향	N-15°-W	두 향		?
	규 모 (길이×너비×높이)	320×246×86	바닥시설		부석
	평면형태	장방형	천장형태		?
	시상/관대 (길이×너비×높이)	-	석재종류		현무암 판석
유물	토 도 기	옹(1), 심발(1), 심발 구연부편(1), 옹 편			
	금 속 기	동제 사미(1), 동제 대금구(1), 철제 관정(1)			
	옥 석 기	-			
	기 타	인골(6), 목탄			
	특기사항	5점의 두개골과 사지골들이 불규칙하게 위치해 있었는데, 총 6개체로 추정되며 모두 이차장이다. 가장 북쪽에 위치한 사지골(A)는 여성이고 서남쪽에 위치한 두개골(E)는 성별이 불분명하며, 나머지는 모두 남성이다.			

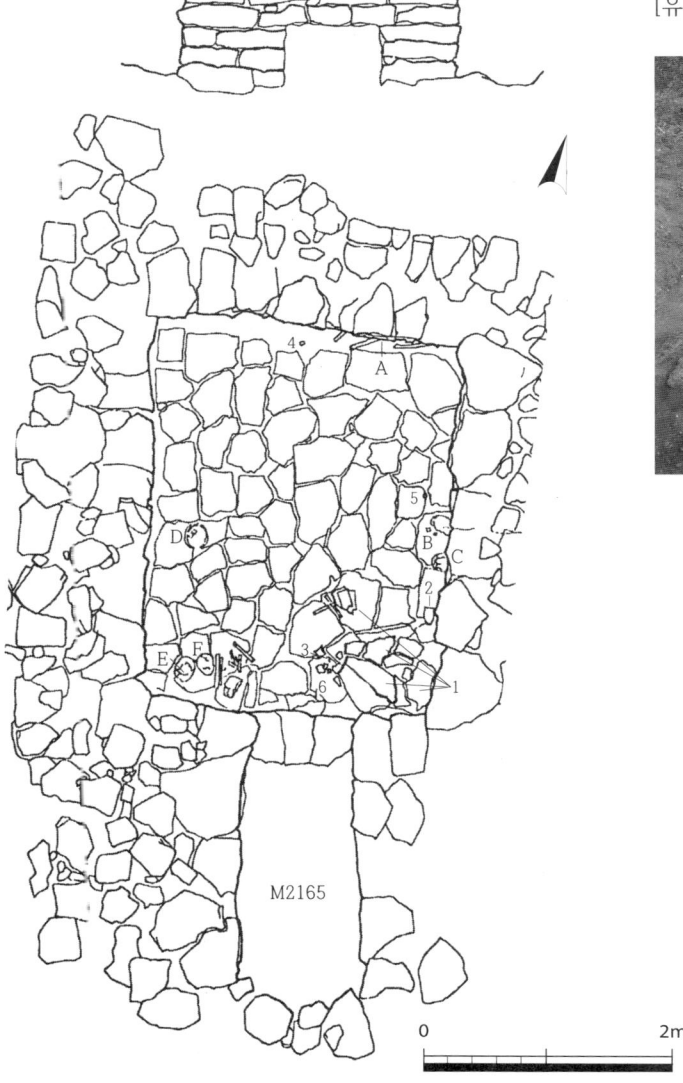

[유구사진]

발해의 고분 둔화 I - 흑룡강성 -

[출토유물]

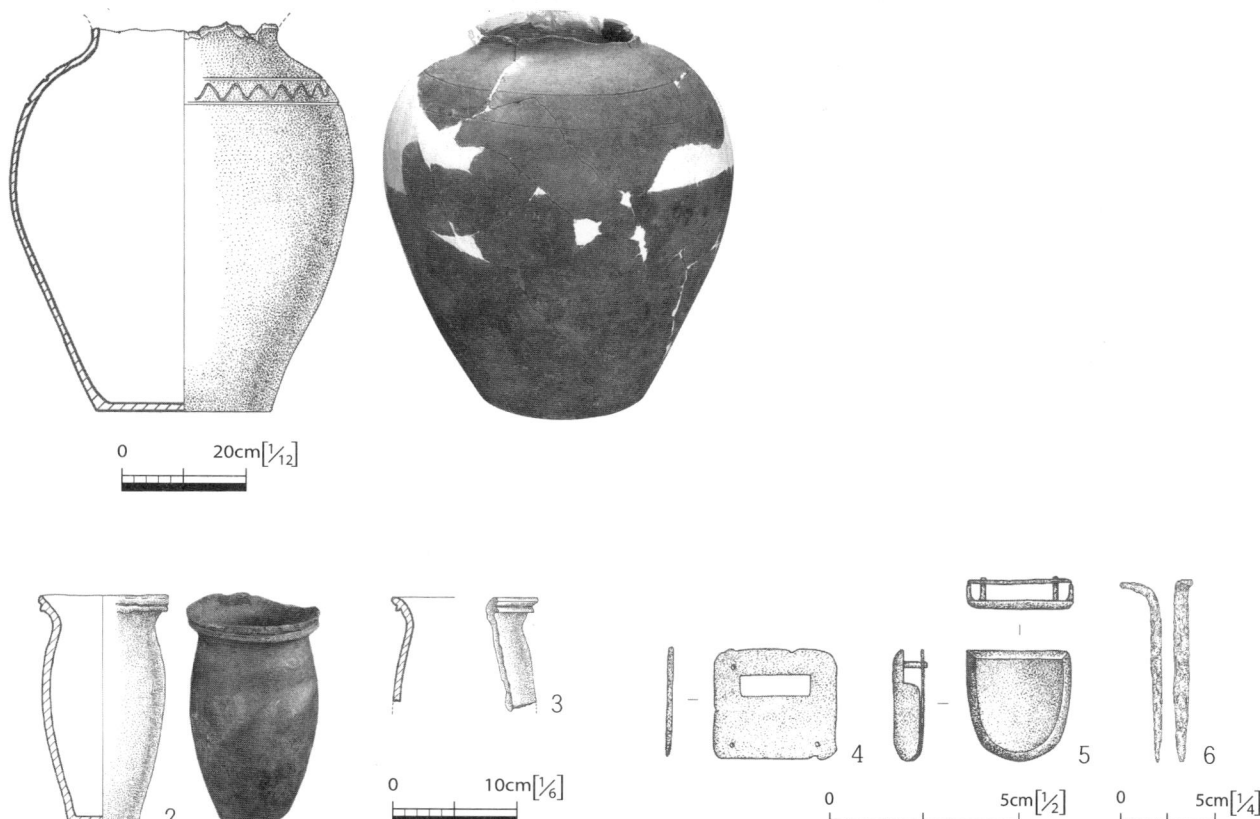

0   20cm[¹⁄₁₂]

2

3

0   10cm[¹⁄₆]

4

5

6

0   5cm[¹⁄₂]

0   5cm[¹⁄₄]

2166호묘

(단위 : cm)

봉토	크 기 (길이×너비×높이)	(600)×400×45	연도	크 기 (길이×너비×높이)	174×106×40
	평면형태	장방형		연도위치	중앙
현실	장축방향	N-10°-W		두 향	?
	규 모 (길이×너비×높이)	324×240×74		바닥시설	부석
	평면형태	장방형		천장형태	?
	시상/관대 (길이×너비×높이)	-		석재종류	현무암 판석·할석
유물	토 도 기	단경호(1), 병(1), 호(1), 심발(1), 옹 구연부편(1), 장경호 구연부편(1), 심발 구연부편(1), 토기 저부편(1), 시문토기편(1)			
	금 속 기	철제 관정(2)			
	옥 석 기	-			
	기 타	인골(8)			
특기사항	8점의 두개골이 발견되었는데 사지골들은 결실되고 흩어져 있어 두개골과의 관계를 알기 어려우며, 모두 이차장이다. 가장 북쪽에 있는 두개골(A)는 성인으로 성별은 알 수 없고, 서쪽에 있는 두개골(B) 역시 성별을 알 수 없으나 11~12세의 소아로 추정되며, 그 아래에 있는 3점의 두개골(C, D, E)는 모두 성인으로 그 중 2개(C, E)는 여성, 나머지 1개(D)는 남성이다. 남쪽에 있는 3점의 두개골(F, G, H) 역시 모두 성인으로 그 중 동벽 쪽에 있는 두개골(G)는 30~35세 남성, 나머지 둘(F, H)는 성별을 알 수 없다.				

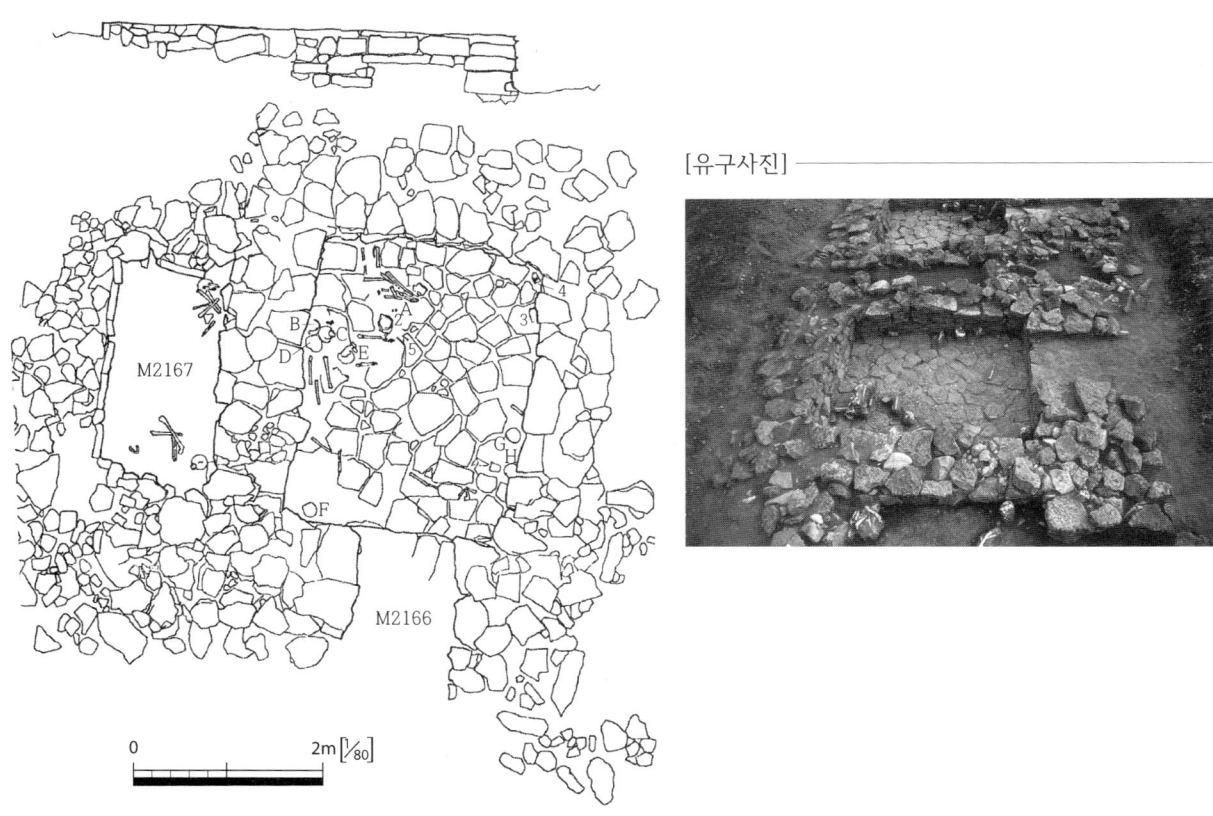

[유구사진]

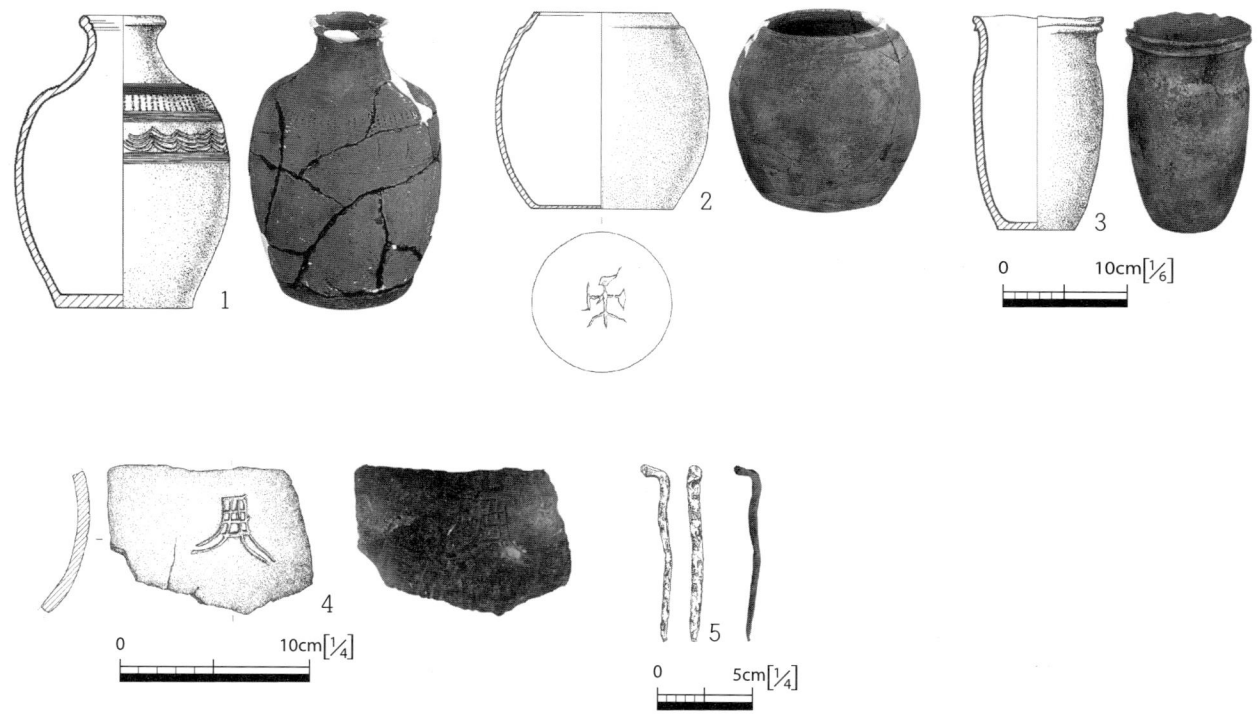

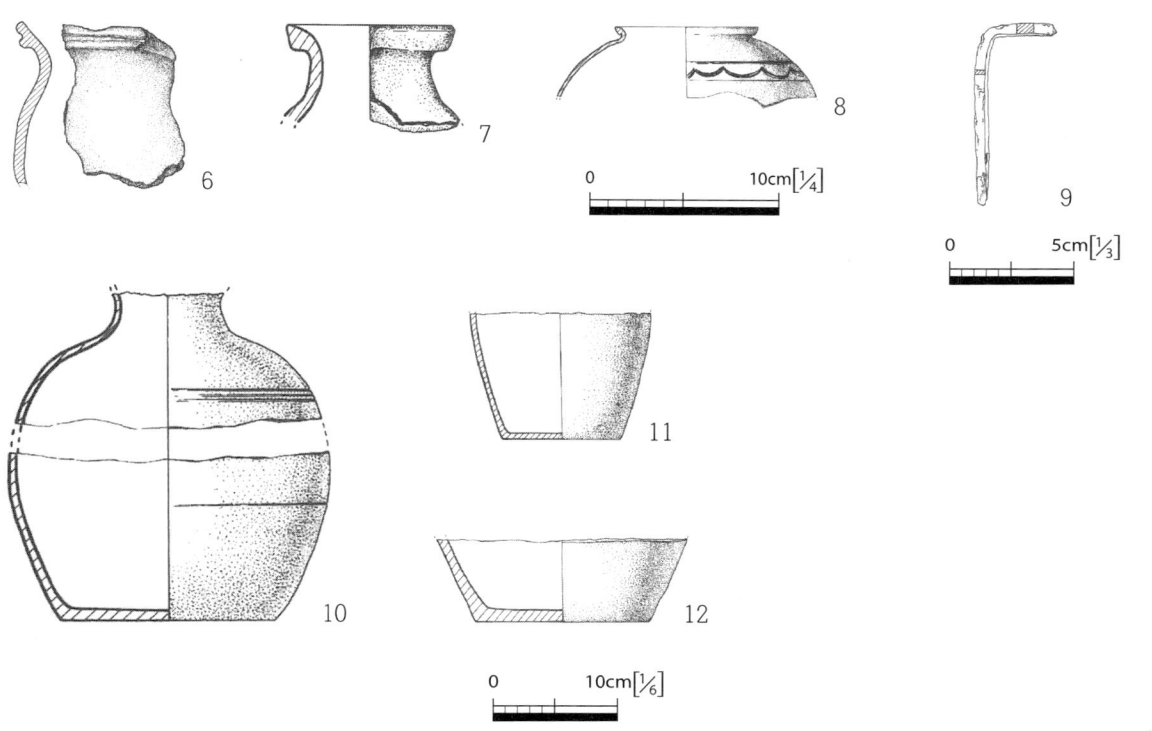

2167호묘

(단위 : cm)

봉토	크 기 (길이×너비×높이)	?×?×40	연도	크 기 (길이×너비×높이)	?
	평면형태	?		연도위치	?
현실	장축방향	N-15°-W	두 향		?
	규 모 (길이×너비×높이)	240×120×34	바닥시설		흑토층
	평면형태	장방형	천장형태		?
	시상/관대 (길이×너비×높이)	-	석재종류		현무암 판석·할석
유물	토도기	토기편			
	금속기	-			
	옥석기	-			
	기 타	인골(3)			
특기사항		유물 도면 없음. 인골은 총 3개체분이며, 동북쪽 모서리에 있는 사지골(A)는 성인 남성이고, 남서쪽에 있는 뼈와 아래턱뼈(B)도 성인 남성이다. 동남쪽 모서리에 있는 두개골(C)는 25세 전후의 남성이다.			

0   4m[1/120]

2168호묘

(단위 : cm)

봉토	크 기 (길이×너비×높이)	480×380×55	연도	크 기 (길이×너비×높이)	118×83×51
	평면형태	타원형		연도위치	중앙
현실	장축방향	N-15°-W		두 향	?
	규 모 (길이×너비×높이)	240×181×83		바닥시설	흑갈색 사질토
	평면형태	장방형		천장형태	?
	시상/관대 (길이×너비×높이)	-		석재종류	현무암 판석·할석
유물	토도기	단경호(2), 심발(1), 옹 구연부편(1), 호 구연부편(1)			
	금속기	동제 대금구(1), 동제 교구(2), 동제 고리(2), 동제 귀걸이(1), 철촉(1)			
	옥석기	-			
	기 타	인골(3)			
	특기사항	3점의 두개골이 발견되었으나 사지골은 결실되었고, 이차장이다. 가장 북쪽에 있는 두개골(A)와 서쪽 중앙에 있는 두개골(B)는 모두 성인 남성이고, 남쪽에 있는 두개골(C)는 성인 여성이다.			

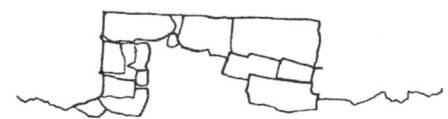

[유구사진]

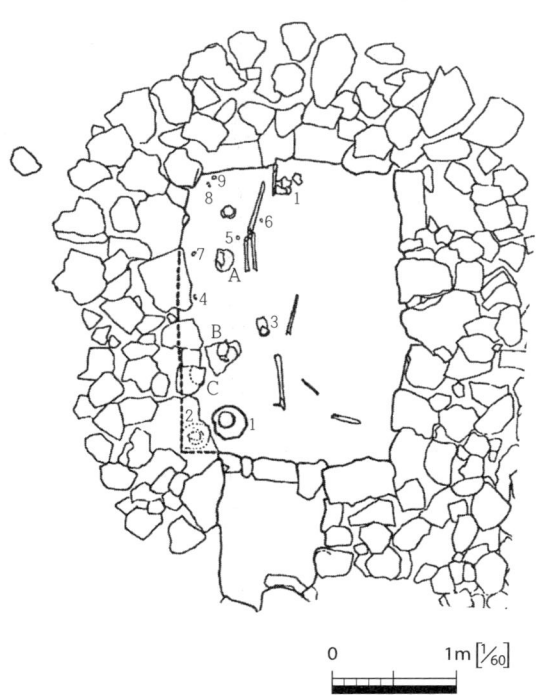

0   1m [1/60]

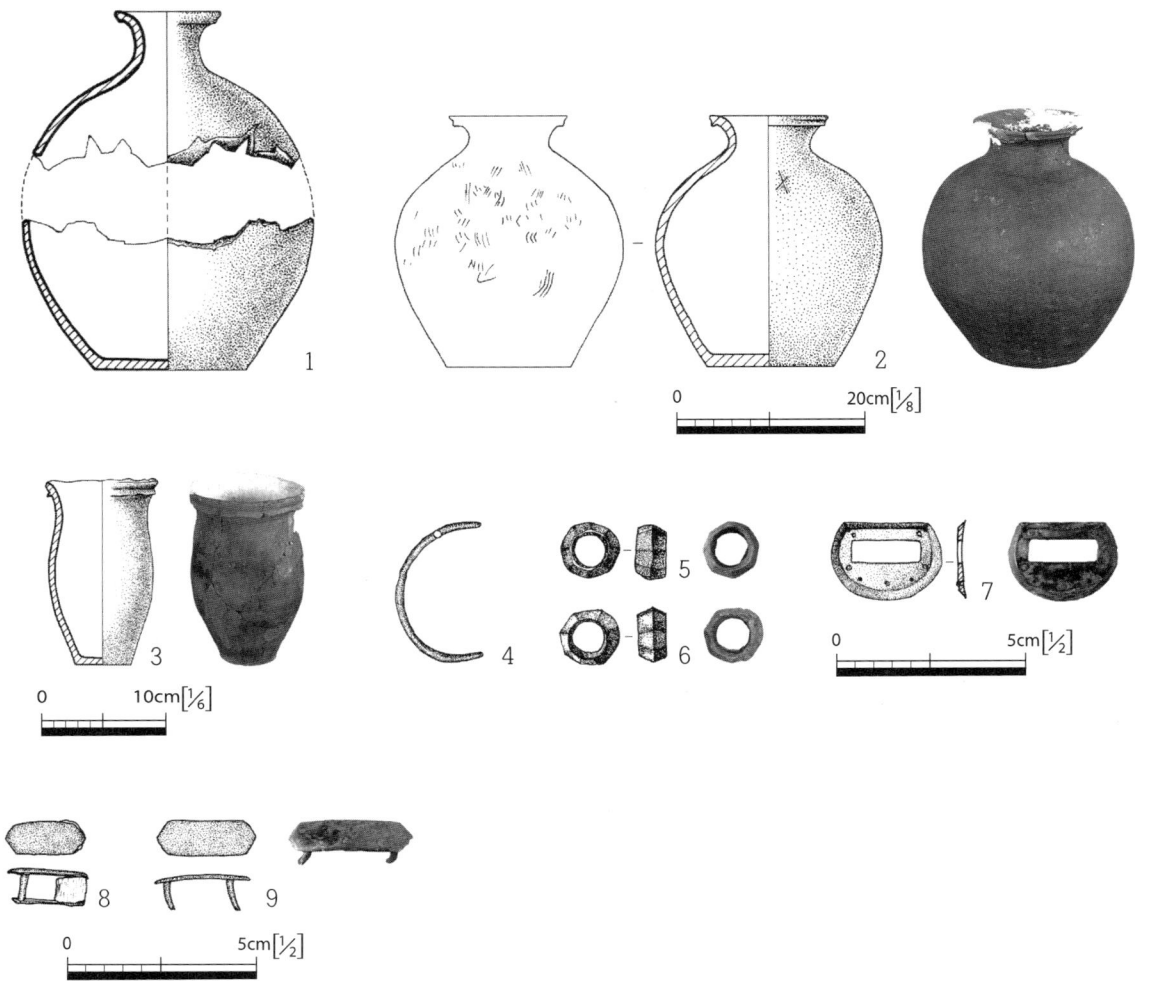

3

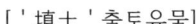

['塡土' 출토유물]

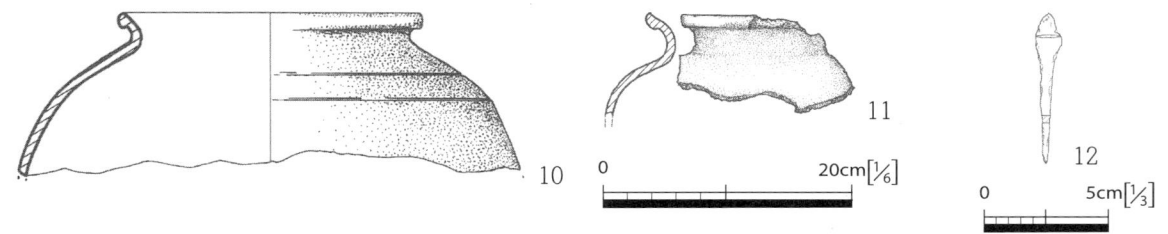

2169호묘

봉토	크 기 (길이×너비×높이)	450×380×50	연도	크 기 (길이×너비×높이)	57×71×?
	평면형태	장방형		연도위치	우편재
현실	장축방향	N-9°-W		두 향	?
	규 모 (길이×너비×높이)	264×161×46		바닥시설	홍색 전돌을 깔았음
	평면형태	장방형		천장형태	?
	시상/관대 (길이×너비×높이)	-		석재종류	현무암 판석·할석
유물	토도기	호(1), 호 구연부편(1)			
	금속기	-			
	옥석기	-			
	기 타	인골(1)			
	특기사항	이차장에 속하는 성인 남성의 인골 1개체가 발견되었다.			

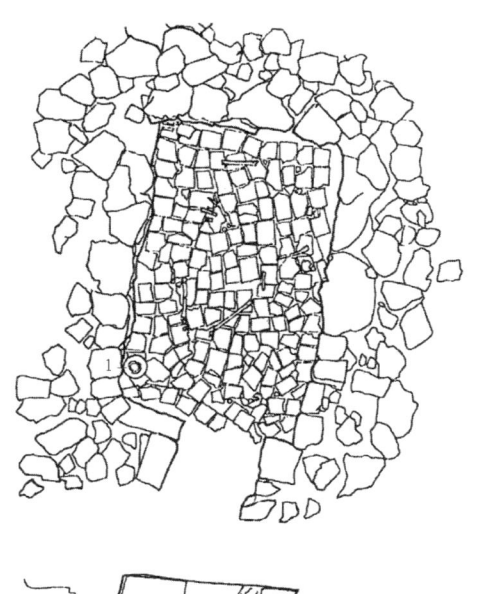

[유구사진]

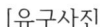

0   2m[1/60]

[출토유물]

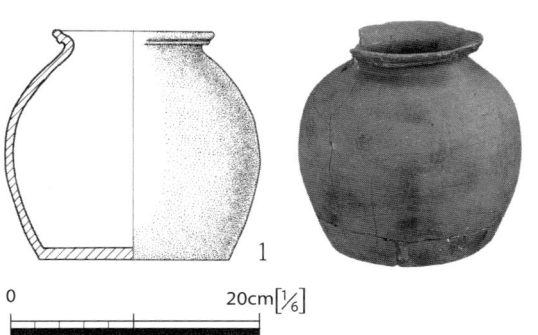

1

0   20cm[1/6]

['填土' 출토유물]

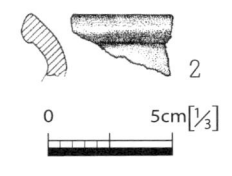

2

0   5cm[1/3]

2170호묘

봉토	크 기 (길이×너비×높이)	550×380×(40+)	연도	크 기 (길이×너비×높이)	103×80×38
	평면형태	타원형		연도위치	중앙
현실	장축방향	N-10°-W		두 향	?
	규 모 (길이×너비×높이)	276×202×74		바닥시설	판석
	평면형태	장방형		천장형태	?
	시상/관대 (길이×너비×높이)	-		석재종류	현무암 판석·할석
유물	토도기	심발(1), 호(1)			
	금속기	동제 교구(1), 동제 사미(1), 동제 대금구(2), 철제 관정(3)			
	옥석기	-			
	기 타	인골(3)			
특기사항		사지골과 3개의 두개골이 발견되었는데, 서북쪽의 두개골(B)와 사지골(A)는 1개체일 가능성이 있으며 35~40세의 남성으로 추정되고, 동북쪽에 있는 인골(D)는 30세 정도의 남성, 그 남쪽에 있는 두개골(C)는 성인으로 보이나 정확한 나이와 성별은 알 수 없다.			

[출토유물]

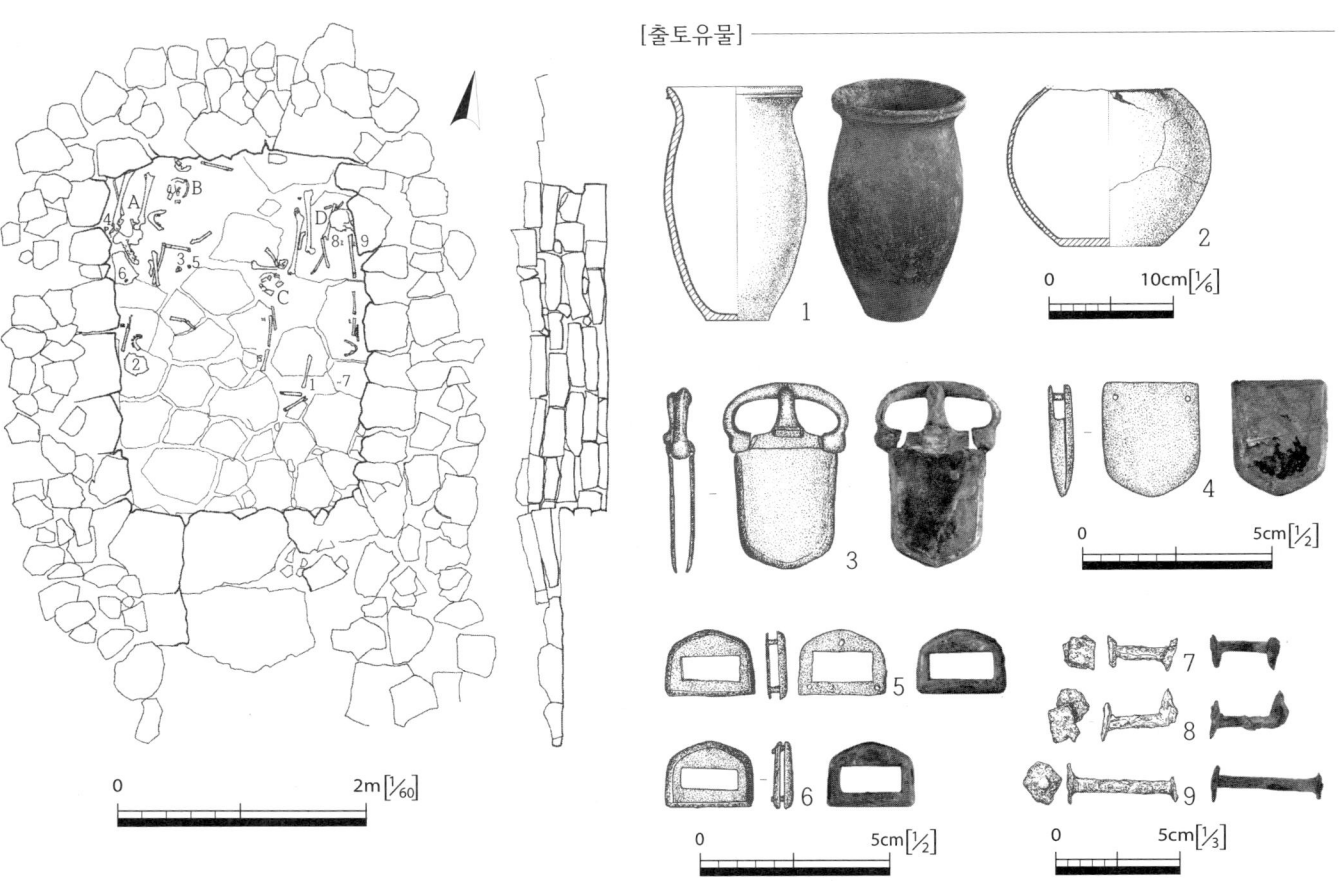

2171호묘

(단위 : cm)

봉토	크 기 (길이×너비×높이)	?×?×45	연도	크 기 (길이×너비×높이)	?
	평면형태	?		연도위치	?
현실	장축방향	N-10°-E		두 향	?
	규 모 (길이×너비×높이)	266×164×60		바닥시설	황갈색 생토층
	평면형태	장방형		천장형태	?
	시상/관대 (길이×너비×높이)	-		석재종류	현무암 할석
유물	토 도 기	호(1), 심발(1), 토기편			
	금 속 기	동제 대금구(10), 철제 도(1), 철촉(4)			
	옥 석 기	-			
	기 타	인골(5)			
	특기사항	2157호묘와 동시에 축조하였으며, 시기적 선후관계는 없다. 인골은 총 5개체분이며, 모두 이차장이다. 서북쪽 모서리에 있는 두개골(A)는 성별을 알 수 없으며, 성인이다. 북쪽 중간에 있는 두개골(B)는 성인 남성, 남쪽 가장자리에 있는 두개골(C)는 성인 여성, 서쪽에 있는 사지골(D)는 성인 남성, 동쪽에 있는 사지골(E)는 22세의 여성이다.			

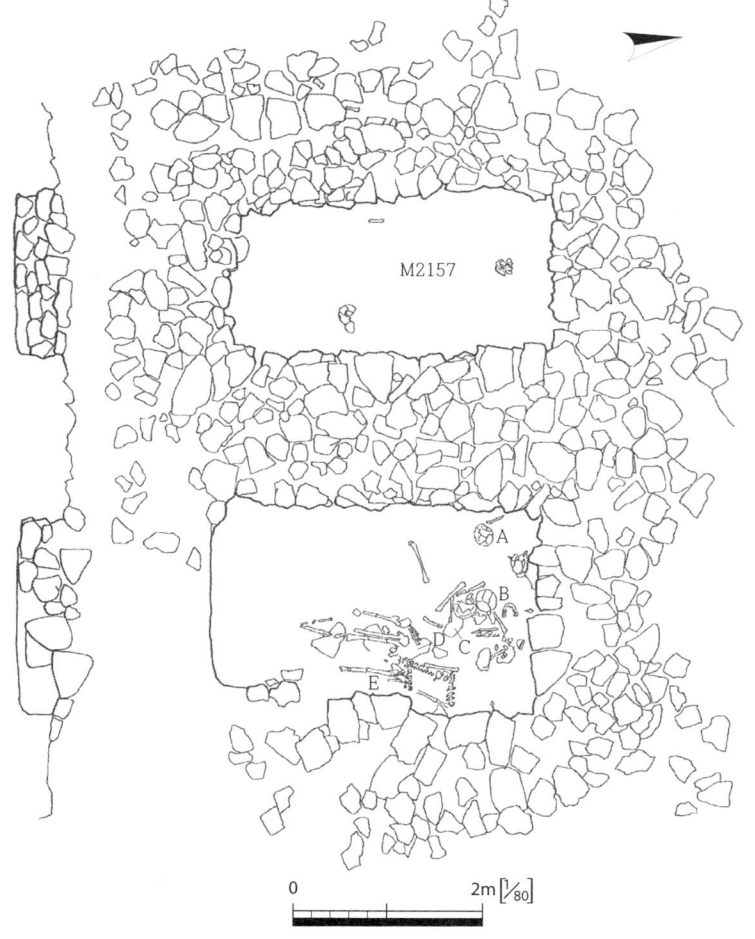

[유구사진]

[부장품 위치도]　　　　　　　　　　　　　　　　[출토유물]

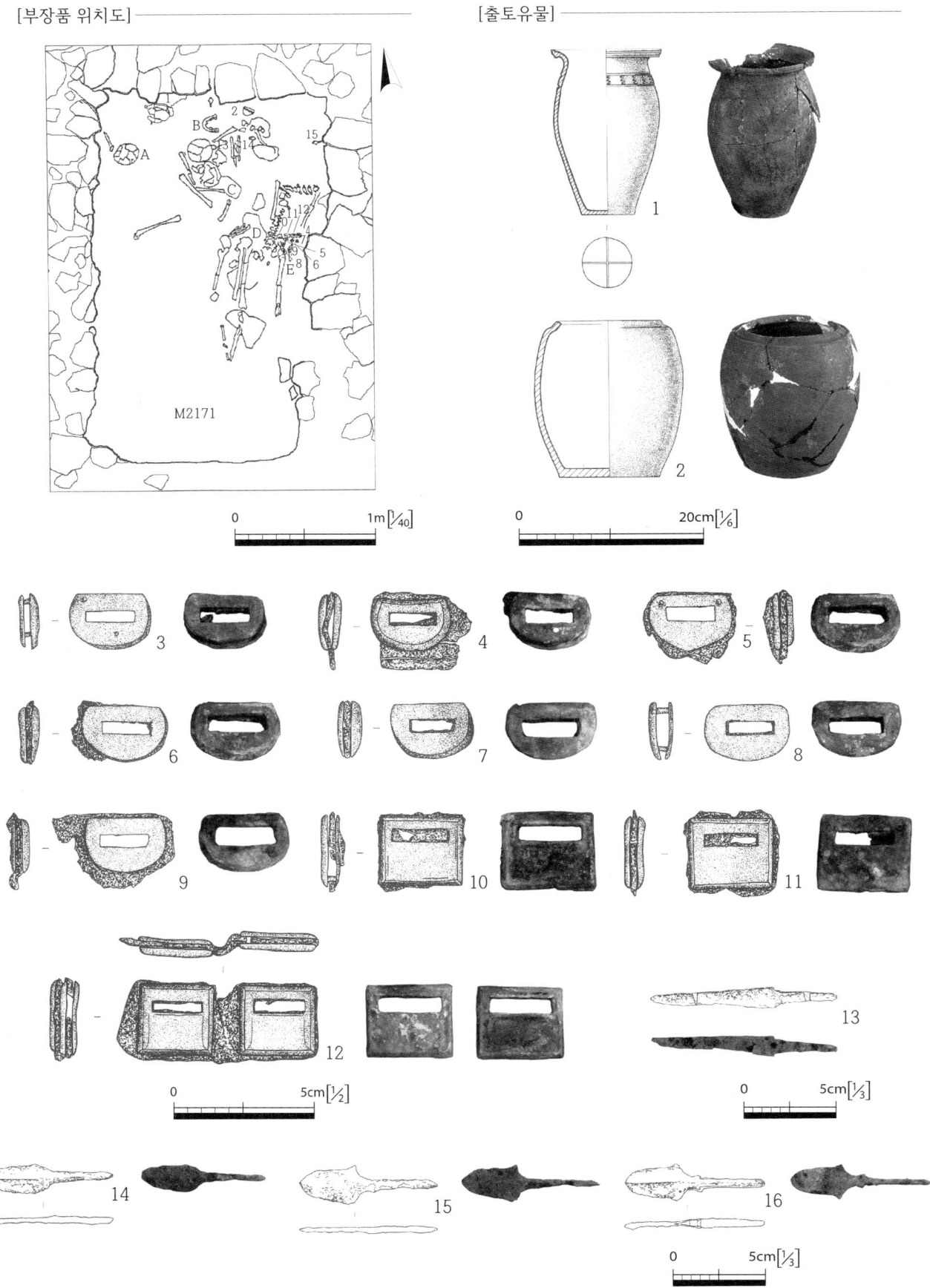

M2171

0　　　　　　　　1m[1/40]

0　　　　　　　20cm[1/6]

0　　　　5cm[1/2]

0　　　　5cm[1/3]

0　　　　5cm[1/3]

2172호묘

(단위 : cm)

봉토	크 기 (길이×너비×높이)	?×?×40	연도	크 기 (길이×너비×높이)	78×80×38
	평면형태	?		연도위치	우편재
현실	장축방향	N-10°-W		두 향	?
	규 모 (길이×너비×높이)	250×104×38		바닥시설	황갈색 생토층
	평면형태	장방형		천장형태	?
	시상/관대 (길이×너비×높이)	-		석재종류	현무암 판석·할석
유물	토도기	호(1), 심발(1), 호 구연부편			
	금속기	철촉(1)			
	옥석기	-			
	기 타	인골편			
	특기사항	현실 중간에 흩어져 있는 뼈 한무더기가 있다. 모두 이차장이다.			

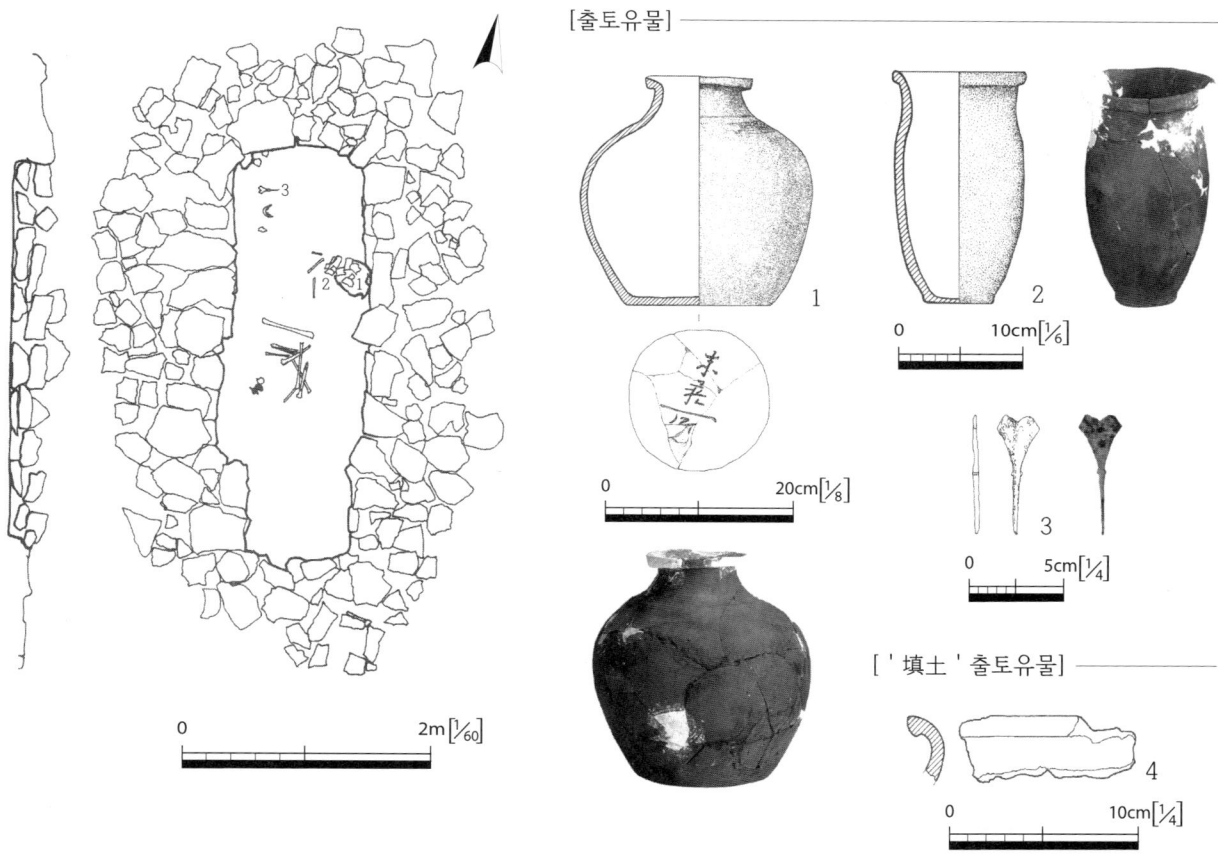

[출토유물]

1

2

0   10cm[1/6]

0   20cm[1/8]

3

0   5cm[1/4]

['填土' 출토유물]

4

0   10cm[1/4]

0   2m[1/60]

2173호묘

(단위 : cm)

봉토	크 기 (길이×너비×높이)	?×?×50	연도	크 기 (길이×너비×높이)	?
	평면형태	?		연도위치	?
현실	장축방향	N-10°-W		두 향	?
	규 모 (길이×너비×높이)	220×130×48		바닥시설	황갈색 생토층
	평면형태	장방형		천장형태	?
	시상/관대 (길이×너비×높이)	-		석재종류	현무암 판석·할석
유물	토 도 기	-			
	금 속 기	-			
	옥 석 기	-			
	기 타	-			
	특기사항	-			

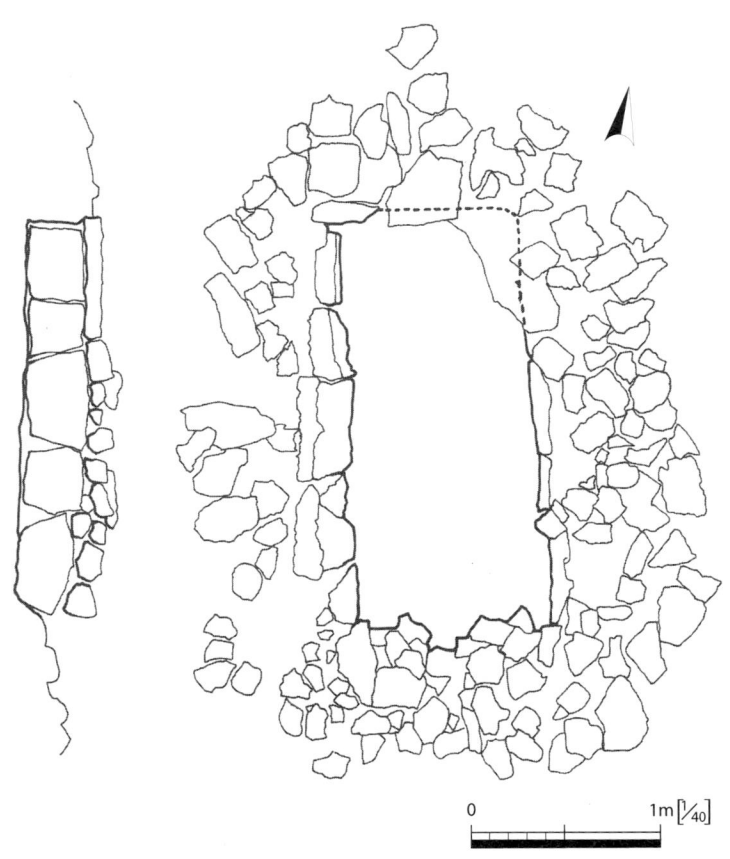

2174호묘

(단위 : cm)

봉토	크 기 (길이×너비×높이)	?×?×60	연도	크 기 (길이×너비×높이)	97×74×53
	평면형태	?		연도위치	우편재
현실	장축방향	N-10°-W		두 향	북향
	규 모 (길이×너비×높이)	232×116×53		바닥시설	황갈토 생토층
	평면형태	장방형		천장형태	?
	시상/관대 (길이×너비×높이)	-		석재종류	현무암 판석·할석
유물	토도기	단경호(1)			
	금속기	-			
	옥석기	-			
	기 타	인골(3)			
	특기사항	인골은 총 3개체분이며, 모두 일차장이다. 동쪽 가장자리에 있는 사지골(A)는 성인 남성이며, 중간에 있는 뼈(B)는 50세 전후의 여성, 서쪽 가장자리에 있는 뼈(C)는 성인 남성이다.			

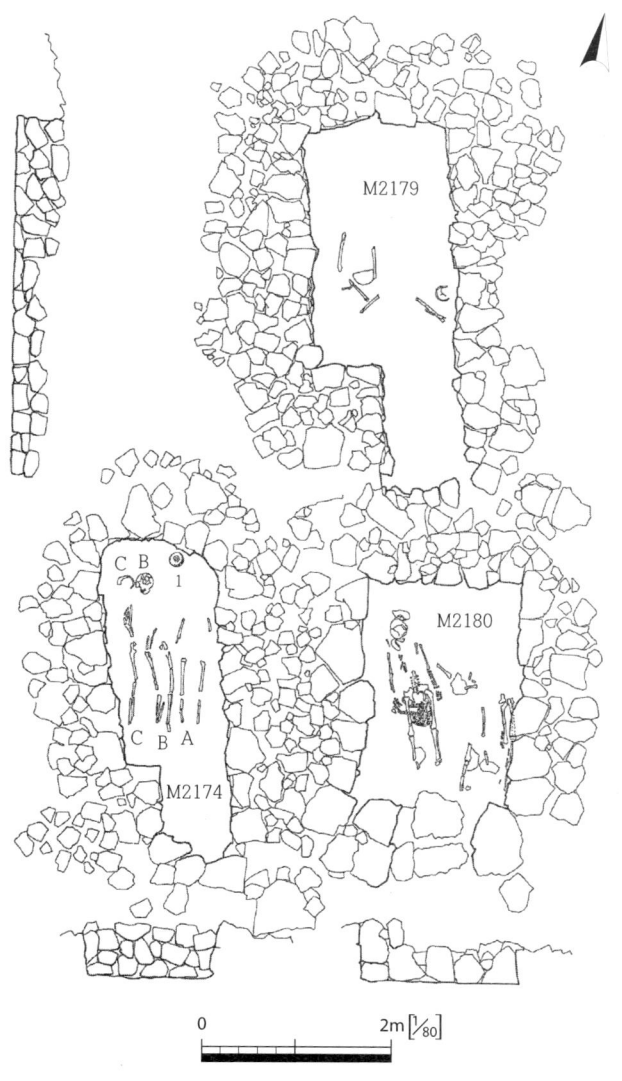

[유구사진]

[출토유물]

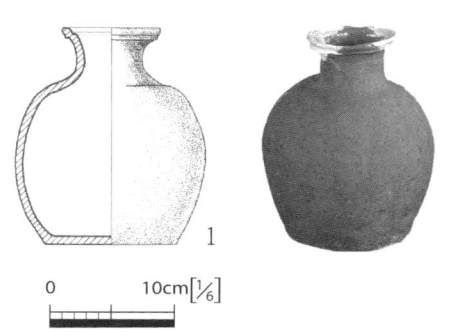

0   10cm[1/6]

2175호묘

(단위 : cm)

봉토	크 기 (길이×너비×높이)	?×?×60	연도	크 기 (길이×너비×높이)	100×84×70
	평면형태	?		연도위치	우편재
현실	장축방향	N-5°-E	두 향		북향
	규 모 (길이×너비×높이)	280×162×70	바닥시설		회갈색 생토층
	평면형태	장방형	천장형태		?
	시상/관대 (길이×너비×높이)	–	석재종류		현무암 판석·할석
유물	토 도 기	호(2), 심발(1)			
	금 속 기	철제 갈고리(1), 철제 도(3), 용도미상 철기(1)			
	옥 석 기	–			
	기 타	인골(3)			
	특기사항	인골은 총 3개체분으로, 단인 일차장과 이인 이차합장이다. 동쪽 가장자리에 있는 단인(A)는 일차장인데, 30세 전후의 여성이다. 그 나머지 2구의 뼈(B·C)는 성별이 확인되지 않으나 모두 성인이다.			

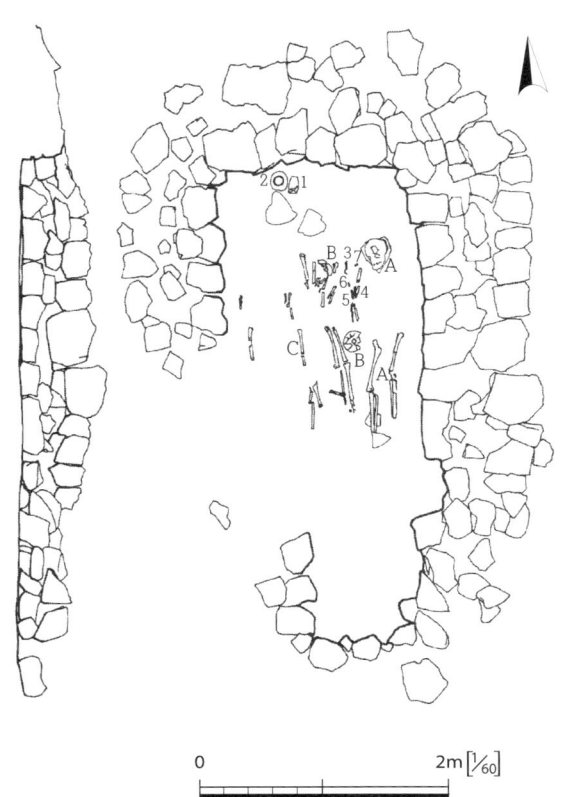

[유구사진]

0   2m [1/60]

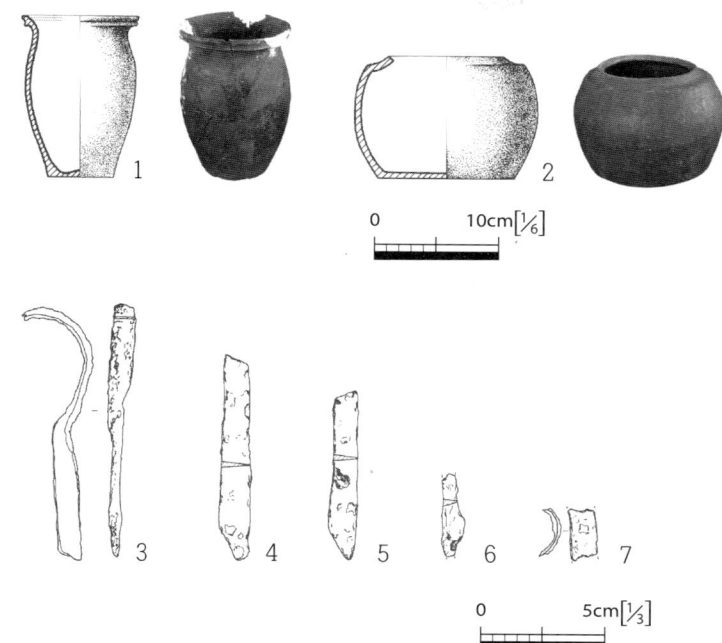

0   10cm[1/6]

0   5cm[1/3]

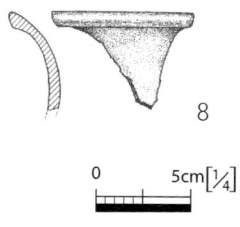

8

0   5cm[1/4]

2176호묘

(단위 : cm)

봉토	크 기 (길이×너비×높이)	?×?×60	연도	크 기 (길이×너비×높이)	120×70×54
	평면형태	?		연도위치	우편재
현실	장축방향	N-S	두 향		?
	규 모 (길이×너비×높이)	240×131×54	바닥시설		황갈색 생토층
	평면형태	장방형	천장형태		?
	시상/관대 (길이×너비×높이)	-	석재종류		현무암 판석·할석
유물	토도기	병(1)			
	금속기	-			
	옥석기	-			
	기 타	인골(2)			
	특기사항	현실 중앙에 있는 두개골(A)는 성인 여성, 서쪽 가장자리에 있는 인골(B)는 40세 전후의 남성으로서 단인 일차장과 단인 이차장이다.			

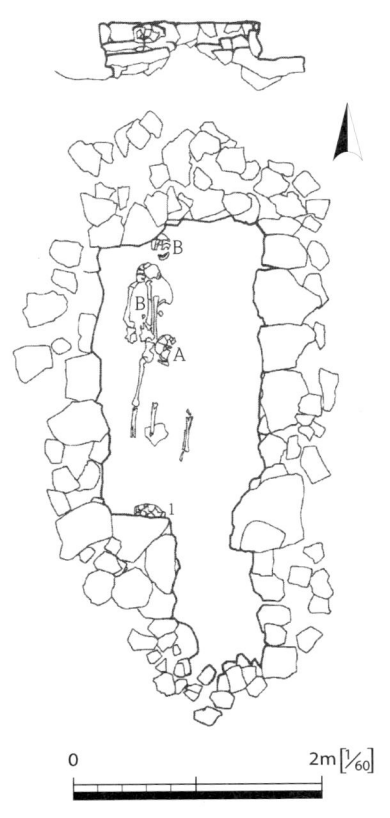

[출토유물]

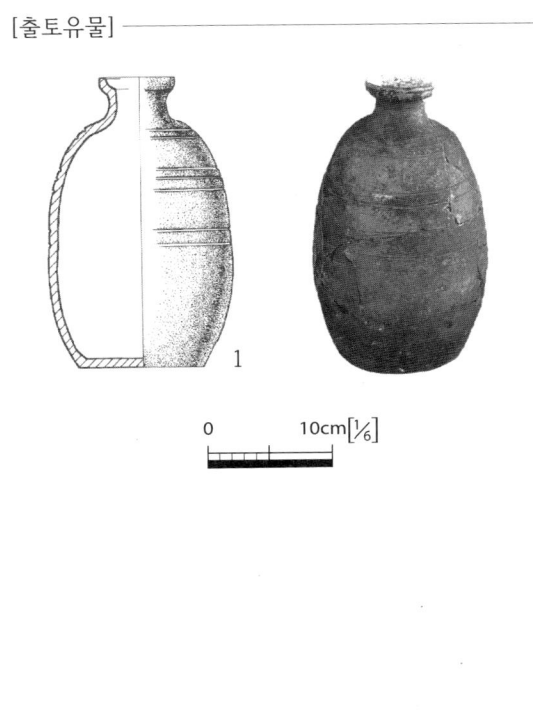

1

0   10cm[⅙]

0   2m[1/60]

2177호묘

(단위 : cm)

봉토	크 기 (길이×너비×높이)	?×?×50	연도	크 기 (길이×너비×높이)	?
	평면형태	?		연도위치	?
현실	장축방향	N-5°-E		두 향	?
	규 모 (길이×너비×높이)	252×72×46		바닥시설	황갈색 생토층
	평면형태	장방형		천장형태	?
	시상/관대 (길이×너비×높이)	-		석재종류	현무암 할석
유물	토 도 기	호(1)			
	금 속 기	-			
	옥 석 기	-			
	기 타	-			
	특기사항	-			

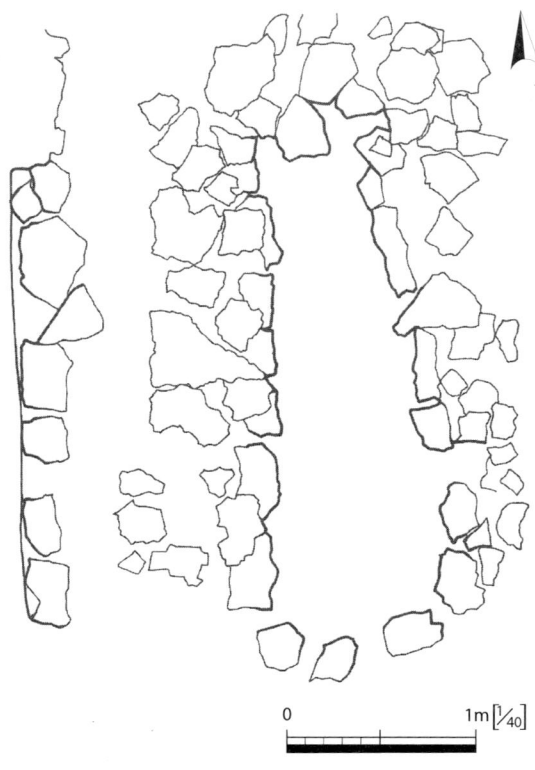

[' 塡土 ' 출토유물]

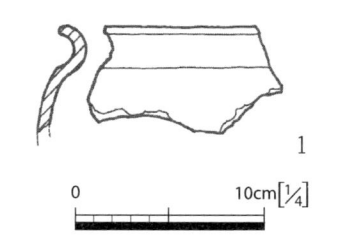

1

0   10cm[¼]

0   1m[¹⁄₄₀]

2178호묘

(단위 : cm)

봉토	크 기 (길이×너비×높이)	?×?×60	연도	크 기 (길이×너비×높이)	136×90×?
	평면형태	?		연도위치	우편재
현실	장축방향	N-10°-W		두 향	?
	규 모 (길이×너비×높이)	270×160×52		바닥시설	황갈색 생토층
	평면형태	장방형		천장형태	?
	시상/관대 (길이×너비×높이)	-		석재종류	현무암 판석·할석
유물	토 도 기	토기편			
	금 속 기	-			
	옥 석 기	-			
	기 타	-			
	특기사항	유물 도면 없음.			

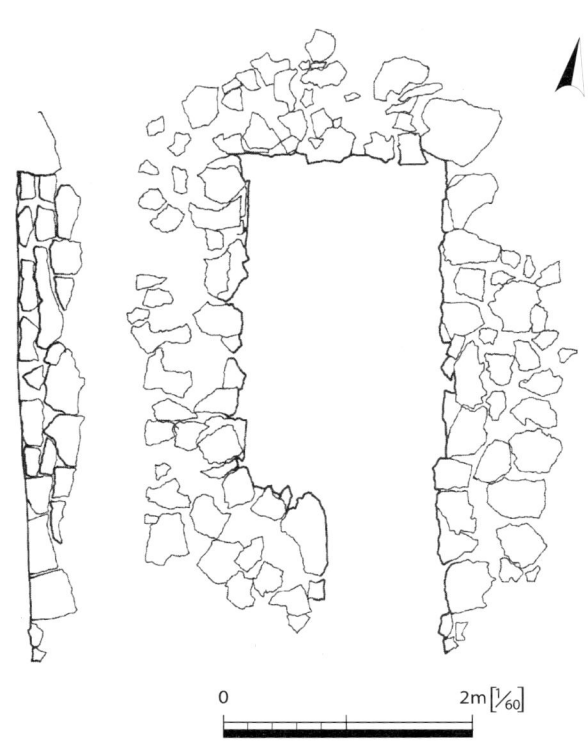

0   2m [1/60]

2179호묘

봉토	크 기 (길이×너비×높이)	?×?×60	연도	크 기 (길이×너비×높이)	132×80×56
	평면형태	?		연도위치	우편재
현실	장축방향	N-10°-W		두 향	?
	규 모 (길이×너비×높이)	252×150×56		바닥시설	황갈색 생토층
	평면형태	장방형		천장형태	?
	시상/관대 (길이×너비×높이)	-		석재종류	현무암 할석
유물	토 도 기	-			
	금 속 기	-			
	옥 석 기	-			
	기 타	인골(2)			
	특기사항	인골은 총 2개체분으로, 이차장이다. 동쪽 가장자리에 있는 뼈(A)는 성인 여성이며, 서쪽 가장자리에 있는 뼈(B)는 성인 남성이다.			

[유구사진]

0   2m[1/100]

2180호묘

(단위 : cm)

봉토	크 기 (길이×너비×높이)	?×?×(60+)	연도	크 기 (길이×너비×높이)	100×80×39
	평면형태	?		연도위치	중앙
현실	장축방향	N-7°-W		두 향	?
	규 모 (길이×너비×높이)	228×162×64		바닥시설	황갈색 생토
	평면형태	장방형		천장형태	?
	시상/관대 (길이×너비×높이)	-		석재종류	현무암 할석
유물	토도기	-			
	금속기	동제 대금구(4), 철제 비녀(1), 철제 팔찌(1)			
	옥석기	-			
	기 타	인골(2)			
특기사항		2개체분의 인골이 발견되었는데, 인골(B)는 30세 정도의 남성으로 단인 일차장이고, 나머지 인골(A)는 성인 여성으로 단인 이차장된 것이다.			

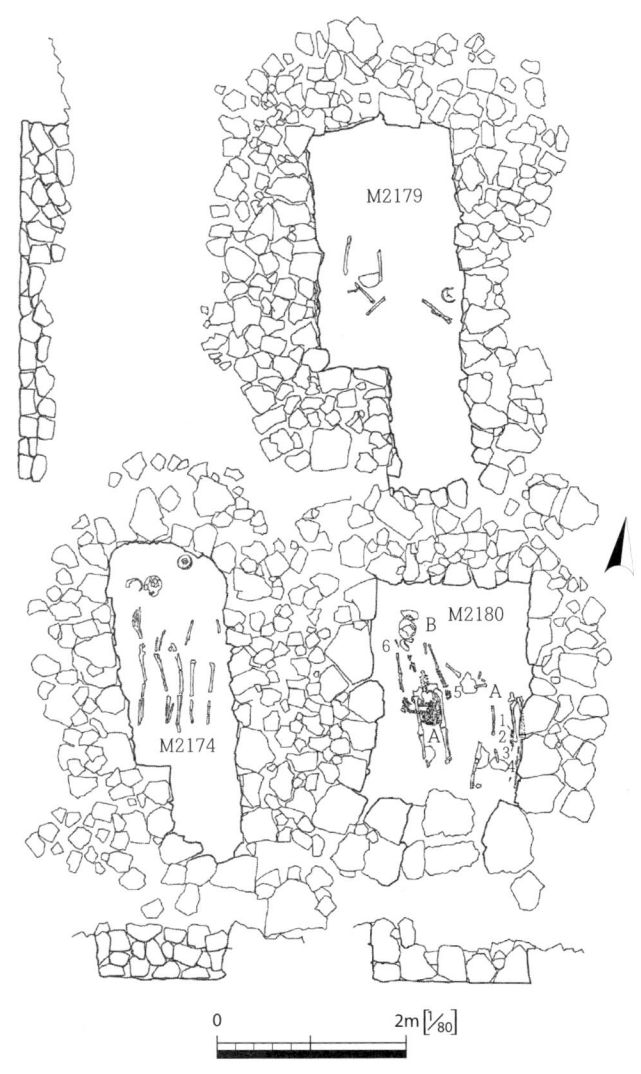

[유구사진]

[출토유물]

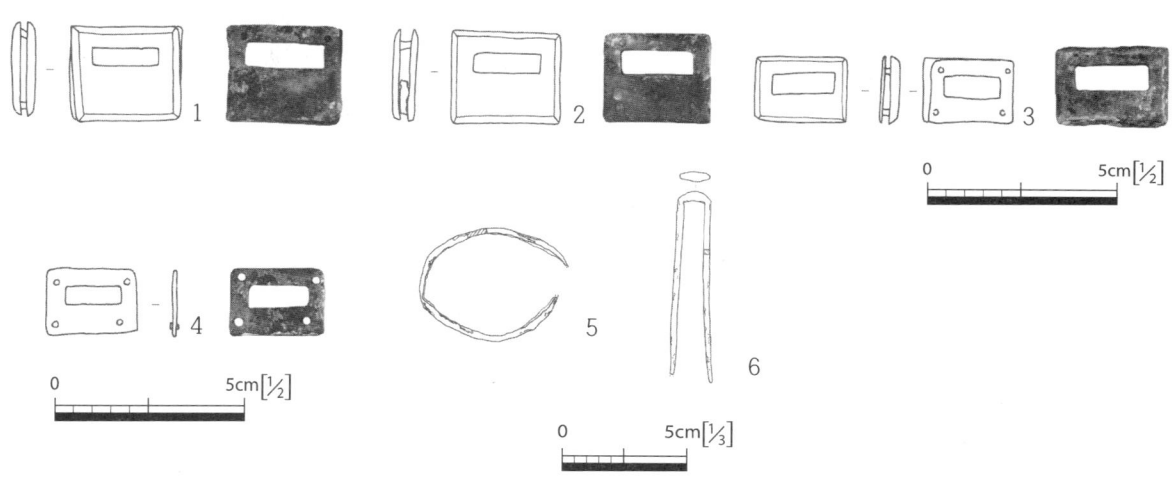

2181호묘

(단위 : cm)

봉토	크 기 (길이×너비×높이)	?×?×40	연도	크 기 (길이×너비×높이)	84×70×45
	평면형태	?		연도위치	우편재
현실	장축방향	N-S	두 향		?
	규 모 (길이×너비×높이)	264×120×45	바닥시설		사질토
	평면형태	장방형	천장형태		?
	시상/관대 (길이×너비×높이)	-	석재종류		현무암 판석·할석
유물	토 도 기	-			
	금 속 기	-			
	옥 석 기	-			
	기 타	인골(1)			
특기사항		현실 중앙에서 사지골 한 쌍이 발견되었는데, 성인 남성이다.			

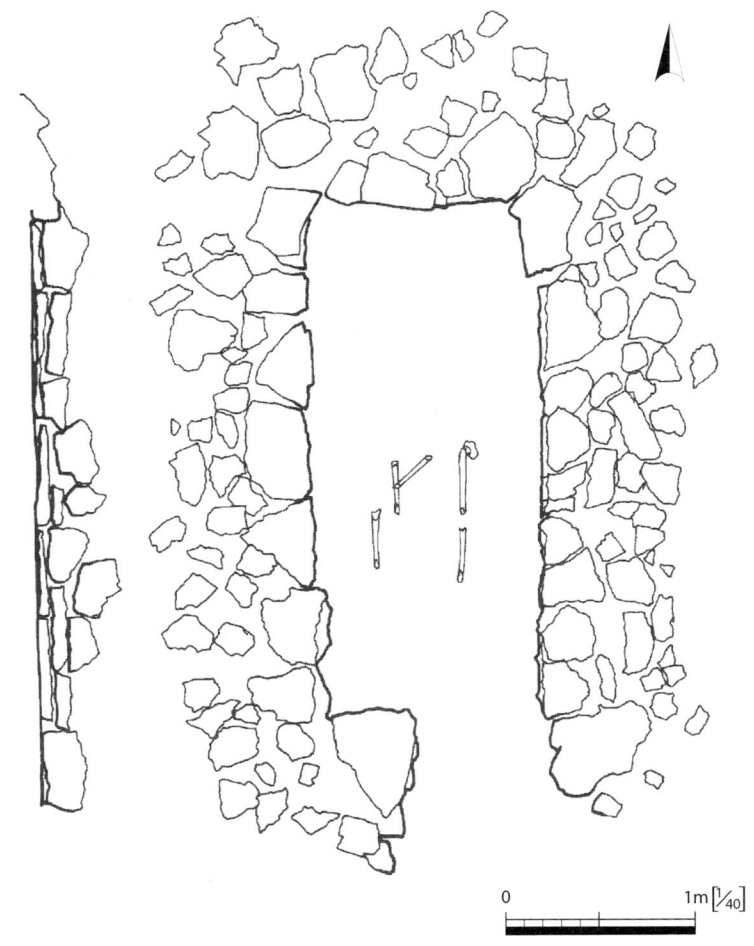

0   1m [1/40]

2182호묘

(단위 : cm)

봉토	크 기 (길이×너비×높이)	500×400×60	연도	크 기 (길이×너비×높이)	116×74×51
	평면형태	타원형		연도위치	우편재
현실	장축방향	N-20°-W	두 향		?
	규 모 (길이×너비×높이)	260×159×51	바닥시설		?
	평면형태	장방형	천장형태		?
	시상/관대 (길이×너비×높이)	-	석재종류		현무암 판석·할석
유물	토 도 기	병(1), 토기편(1)			
	금 속 기	동제 가위(1)			
	옥 석 기	-			
	기 타	인골(5)			
	특기사항	인골은 두층으로 나뉘는데, 많은 양의 인골이 거듭해서 쌓인 것으로 생각된다. 모두 이차장이다. 제 1층의 뼈 가운데 서북쪽 모서리에 있는 두개골(A)는 50세 전후의 남성이고, 나머지 4구는 현실 남쪽에 집중적으로 쌓여 있다. 가장 서쪽에 있는 두개골(B)는 50세 전후의 남성, 그 동쪽 가장자리에 있는 두개골(C)는 25세 전후의 여성, 동쪽 북변에 있는 두개골(D)는 성인 남성, 동남쪽 모서리에 있는 뼈(E)는 50세 이상의 남성이다. 제 2층에 있는 뼈는 제 1층 두개골의 사지골이다.			

[유구사진]

[제2층 인골분포도]

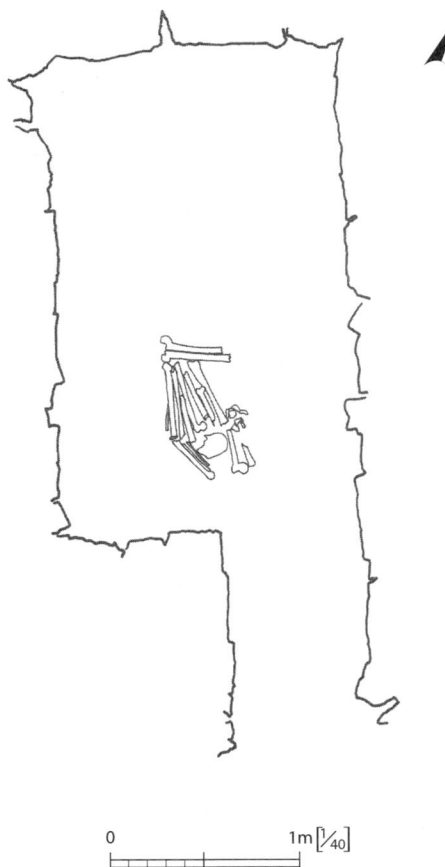

0   1m[¹⁄₄₀]

[출토유물]

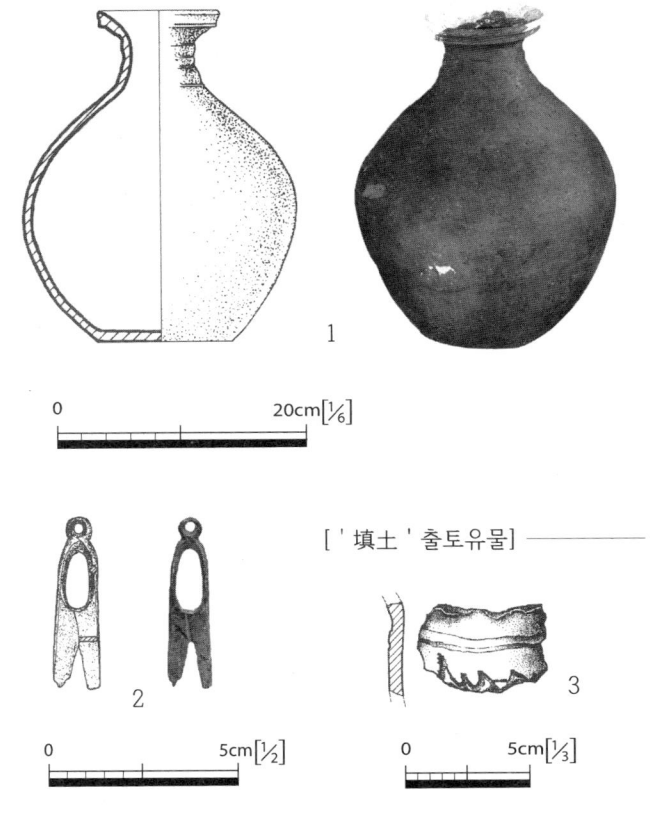

1

0   20cm[¹⁄₆]

['塡土' 출토유물]

2

0   5cm[¹⁄₂]

3

0   5cm[¹⁄₃]

2183호묘

봉토	크 기 (길이×너비×높이)	400×(300+)×60	연도	크 기 (길이×너비×높이)	80×75×65
	평면형태	장방형		연도위치	중앙
현실	장축방향	N-60°-W		두 향	?
	규 모 (길이×너비×높이)	220×136×76		바닥시설	황갈색 점질토
	평면형태	장방형		천장형태	?
	시상/관대 (길이×너비×높이)	-		석재종류	현무암 판석·할석
유물	토도기	단경호(1), 심발(1), 호 저부편(2), 심발 구연부편(1)			
	금속기	-			
	옥석기	마노제 구슬(2)			
	기 타	인골			
	특기사항	인골이 많이 결실되어 몇 개의 사지골 밖에 남지 않았는데, 이차장에 속하며 성인 여성이다.			

[유구사진]

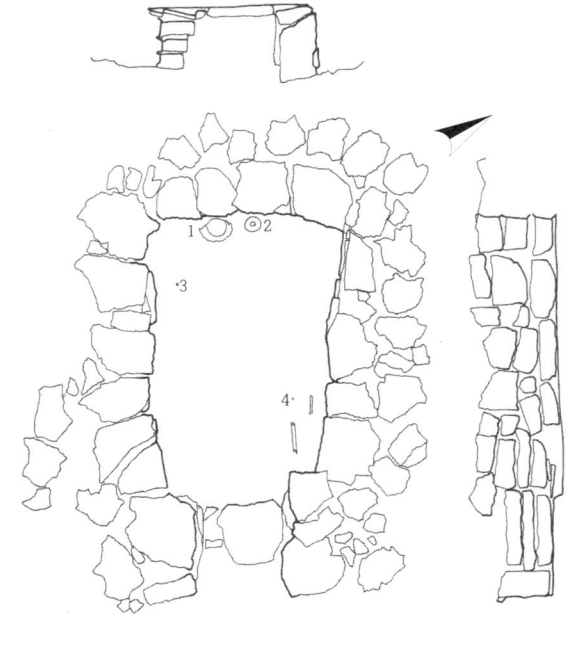

0   2m [1/60]

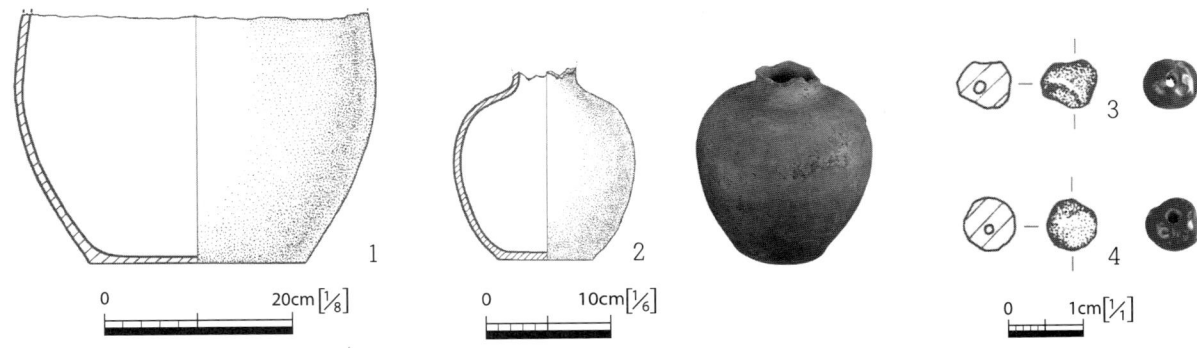

1 0 ____ 20cm[⅛]

2 0 ____ 10cm[⅙]

3
4 0 ____ 1cm[1/1]

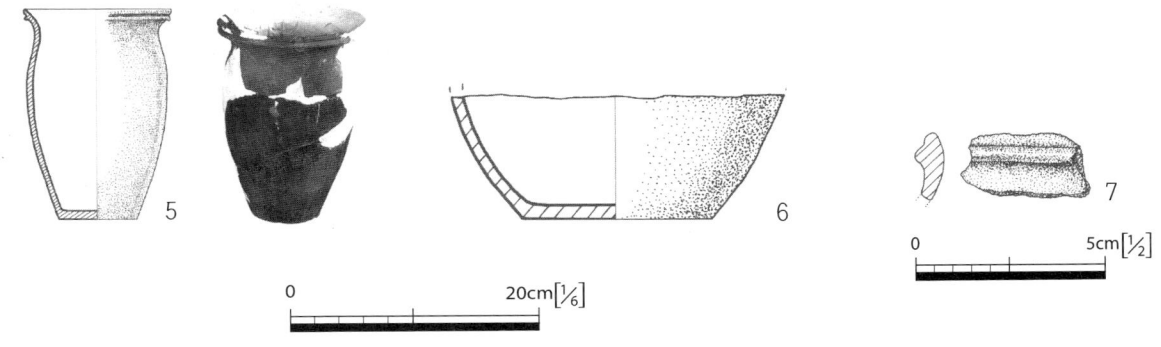

5

6 0 ____ 20cm[⅙]

7 0 ____ 5cm[½]

2184호묘

(단위 : cm)

봉토	크 기 (길이×너비×높이)	?×?×(40+)	연도	크 기 (길이×너비×높이)	144×75×65
	평면형태	?		연도위치	중앙
현실	장축방향	N-60°-W		두 향	?
	규 모 (길이×너비×높이)	204×140×74		바닥시설	황갈색 생토
	평면형태	장방형		천장형태	?
	시상/관대 (길이×너비×높이)	-		석재종류	현무암 판석·할석
유물	토 도 기	옹(1), 심발(1), 갈색 토기편			
	금 속 기	동제 패식(3), 동제 고리(2), 동제 조두형 장식(1), 나선형 철기(2), 철제 갈고리(1), 철제 도(1), 철촉(1)			
	옥 석 기	마노제 구슬(2)			
	기 타	인골(1)			
	특기사항	인골이 심하게 결실되어 약간의 사지골만이 현실에 흩어져 있는데, 성인 여성으로 추정된다.			

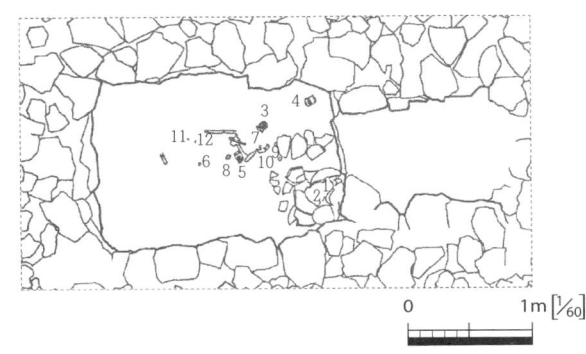

0   1m [1/60]

[출토유물]

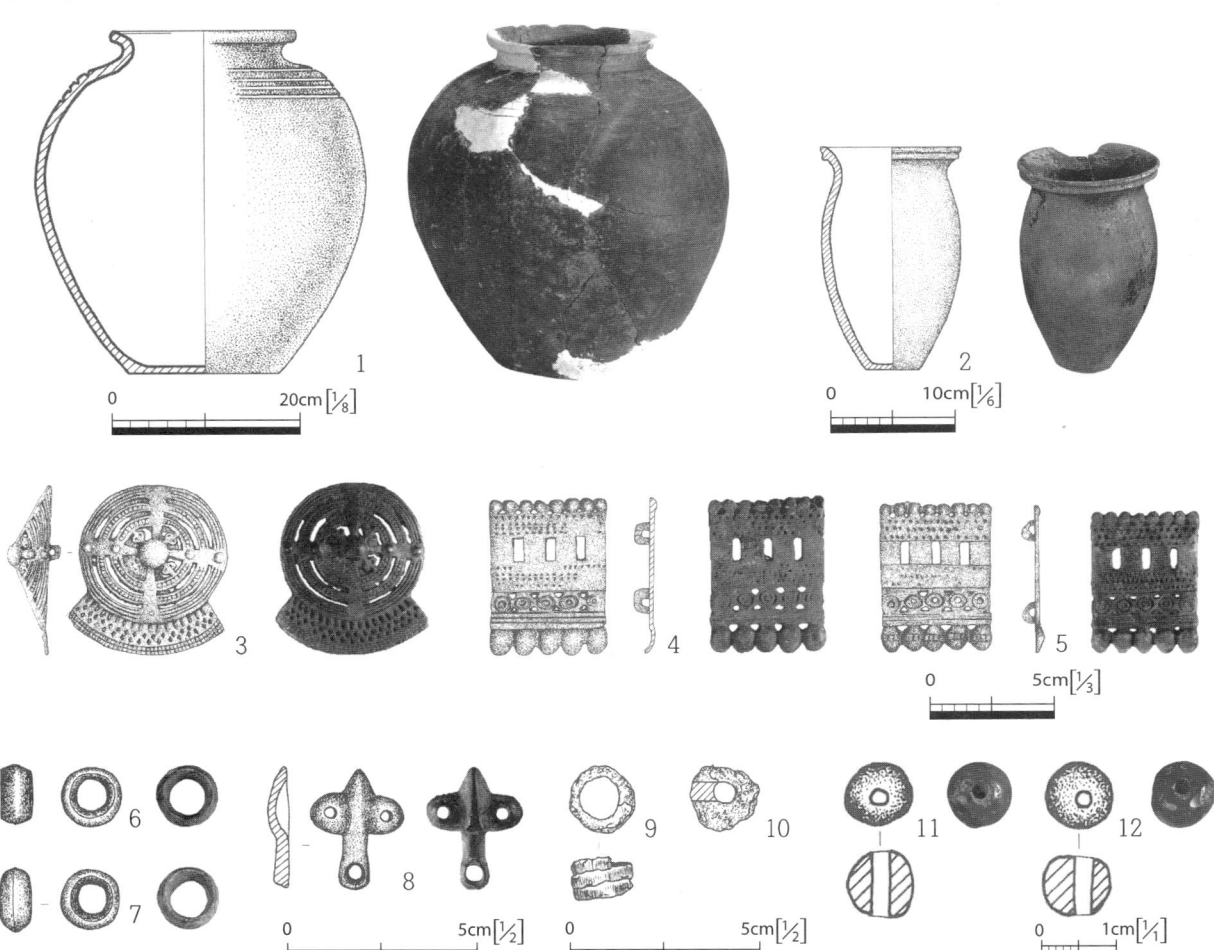

1

0   20cm [1/8]

2

0   10cm [1/6]

3   4   5

0   5cm [1/3]

6   8   9   10   11   12

7

0   5cm [1/2]   0   5cm [1/2]   0   1cm [1/1]

['塡土' 출토유물]

13   14   15

0   5cm [1/2]   0   5cm [1/3]

2185호묘

(단위 : cm)

봉토	크 기 (길이×너비×높이)	?×?×(40+)	연도	크 기 (길이×너비×높이)	120×86×28
	평면형태	?		연도위치	중앙
현실	장축방향	N-51°-W		두 향	?
	규 모 (길이×너비×높이)	232×188×44		바닥시설	부석
	평면형태	장방형		천장형태	?
	시상/관대 (길이×너비×높이)	-		석재종류	현무암 판석·할석
유물	토 도 기	호(1), 병(1), 심발(1), 갈색 토기편			
	금 속 기	-			
	옥 석 기	-			
	기 타	인골(2)			
	특기사항	발견된 사지골들은 2개체분으로 보이며, 모두 성인이고 성별은 불분명하다.			

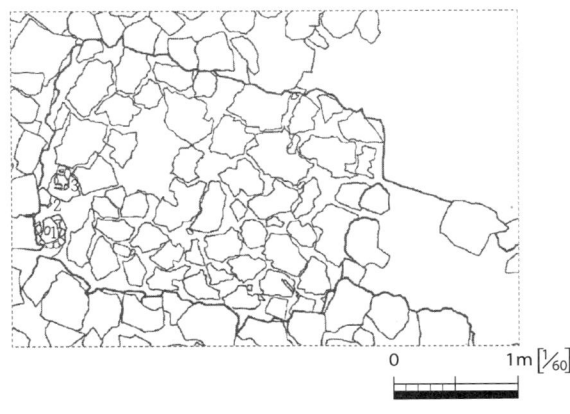

0   1m[1/60]

[출토유물]

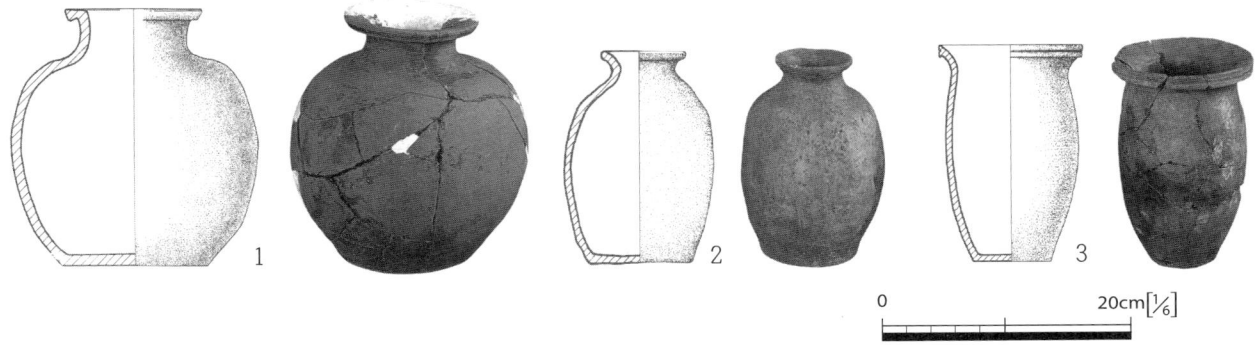

1   2   3

0   20cm[1/6]

2186호묘

(단위 : cm)

봉토	크 기 (길이×너비×높이)	?×?×(40+)	연도	크 기 (길이×너비×높이)	210×80×34
	평면형태	?		연도위치	중앙
현실	장축방향	N-54°-W		두 향	?
	규 모 (길이×너비×높이)	270×180×54		바닥시설	부석
	평면형태	장방형		천장형태	?
	시상/관대 (길이×너비×높이)	-		석재종류	판석·할석
유물	토 도 기	-			
	금 속 기	-			
	옥 석 기	-			
	기 타	-			
특기사항		-			

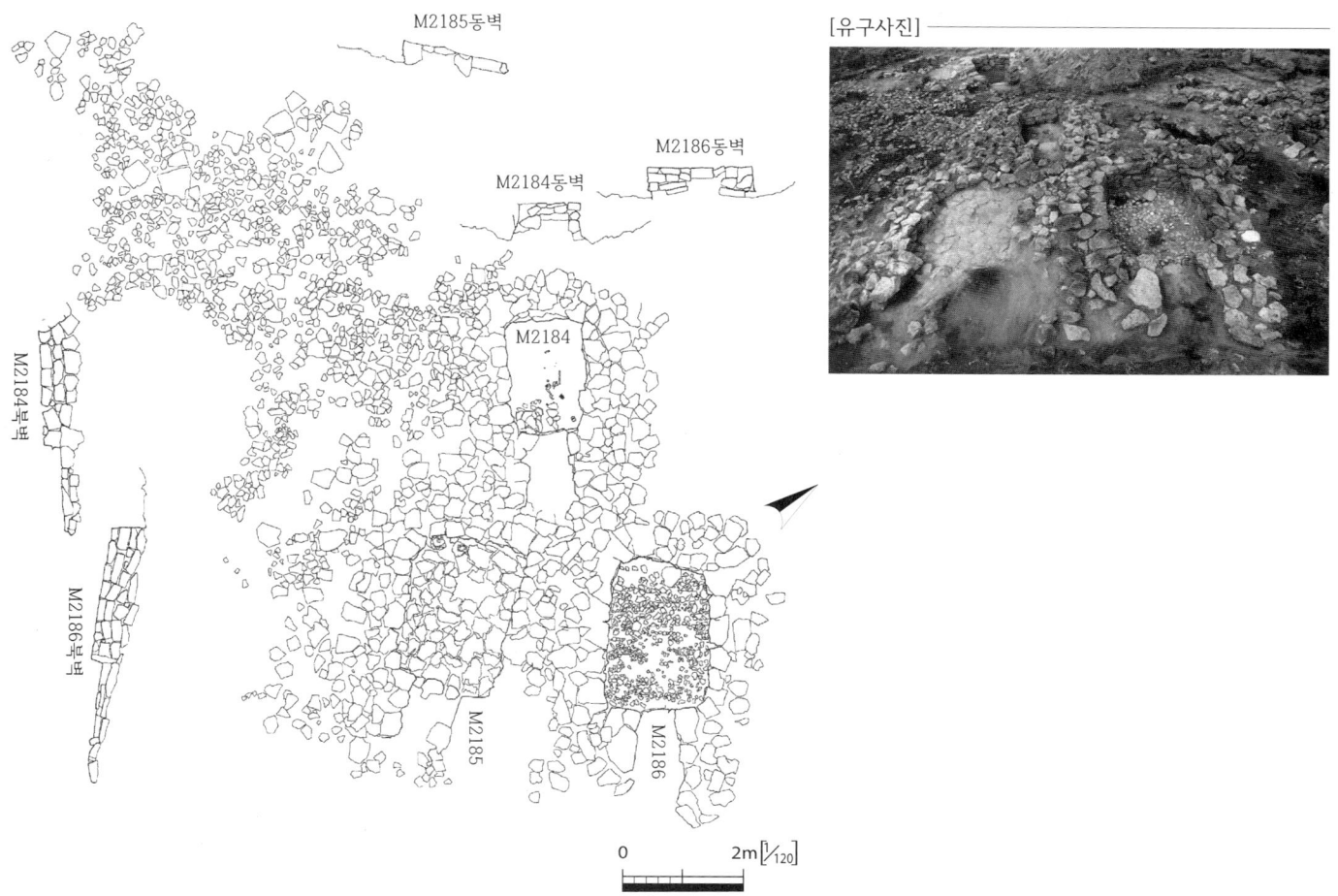

[유구사진]

2187호묘

(단위 : cm)

봉토	크 기 (길이×너비×높이)	?	연도	크 기 (길이×너비×높이)	?
	평면형태	?		연도위치	?
현실	장축방향	N-40°-W		두 향	?
	규 모 (길이×너비×높이)	230×190×60		바닥시설	부석
	평면형태	장방형		천장형태	?
	시상/관대 (길이×너비×높이)	-		석재종류	현무암 할석
유물	토도기	단경호(1)			
	금속기	-			
	옥석기	-			
	기 타	인골(1)			
특기사항		인골은 1개체분으로, 이차장된 유소아이다.			

[유구사진] [출토유물]

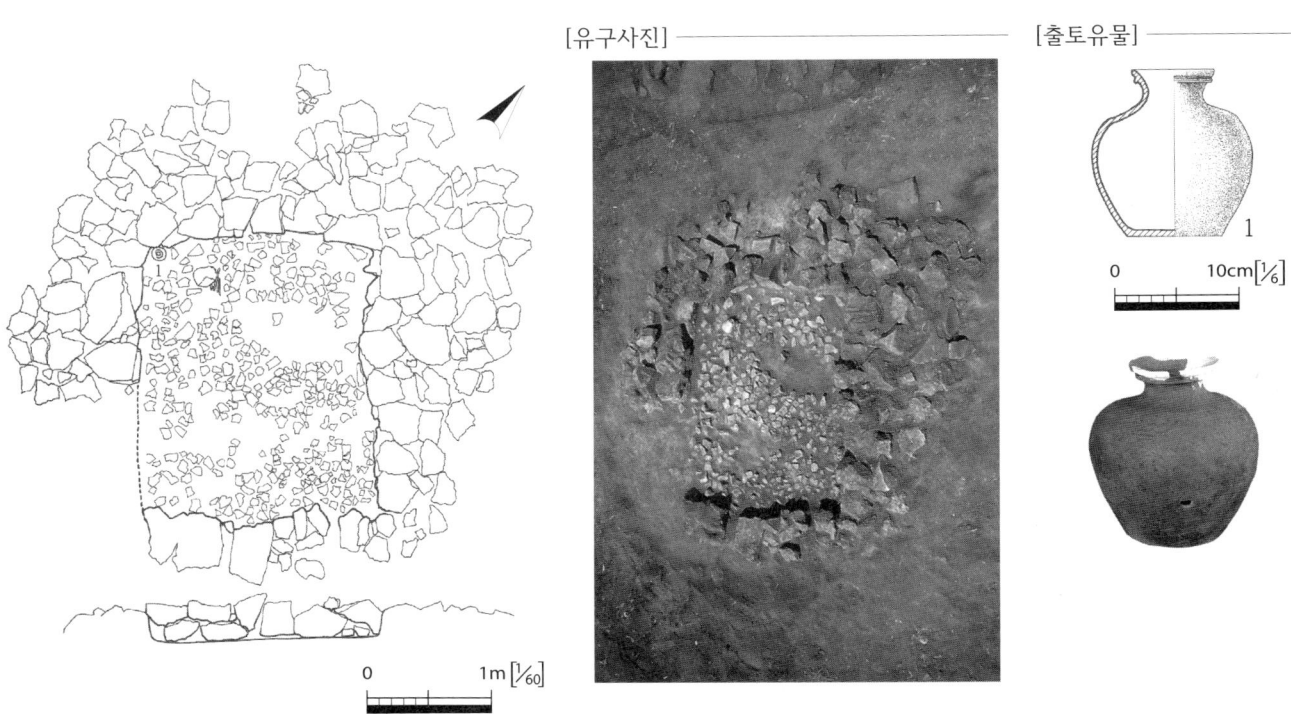

0   1m [1/60]

0   10cm [1/6]

2188호묘

(단위 : cm)

봉토	크 기 (길이×너비×높이)	?×?×30	연도	크 기 (길이×너비×높이)	?
	평면형태	?		연도위치	?
현실	장축방향	N-90°-E		두 향	?
	규 모 (길이×너비×높이)	160×79×60		바닥시설	황갈색 생토
	평면형태	장방형		천장형태	?
	시상/관대 (길이×너비×높이)	-		석재종류	현무암 판석·할석
유물	토 도 기	심발(1)			
	금 속 기	-			
	옥 석 기	-			
	기 타	-			
	특기사항	-			

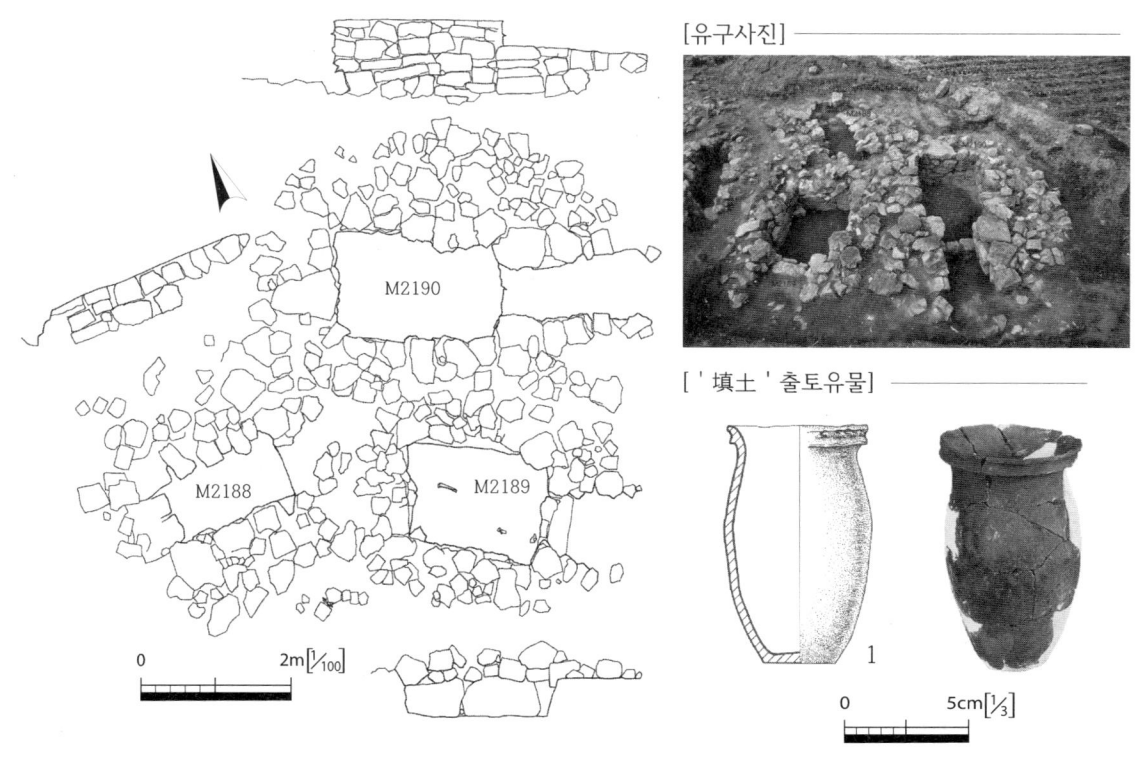

[유구사진]

['填土' 출토유물]

1

0   2m[1/100]

0   5cm[1/3]

2189호묘

봉토	크 기 (길이×너비×높이)	?	연도	크 기 (길이×너비×높이)	126×84×50
	평면형태	?		연도위치	중앙
현실	장축방향	N-55°-W		두 향	?
	규 모 (길이×너비×높이)	186×134×100		바닥시설	황갈색 생토
	평면형태	장방형		천장형태	?
	시상/관대 (길이×너비×높이)	-		석재종류	현무암 판석·할석
유물	토 도 기	심발 구연부편(2)			
	금 속 기	-			
	옥 석 기	-			
	기 타	인골편			
	특기사항	소량의 두개골편이 발견되었는데, 성별과 나이를 알 수 없다.			

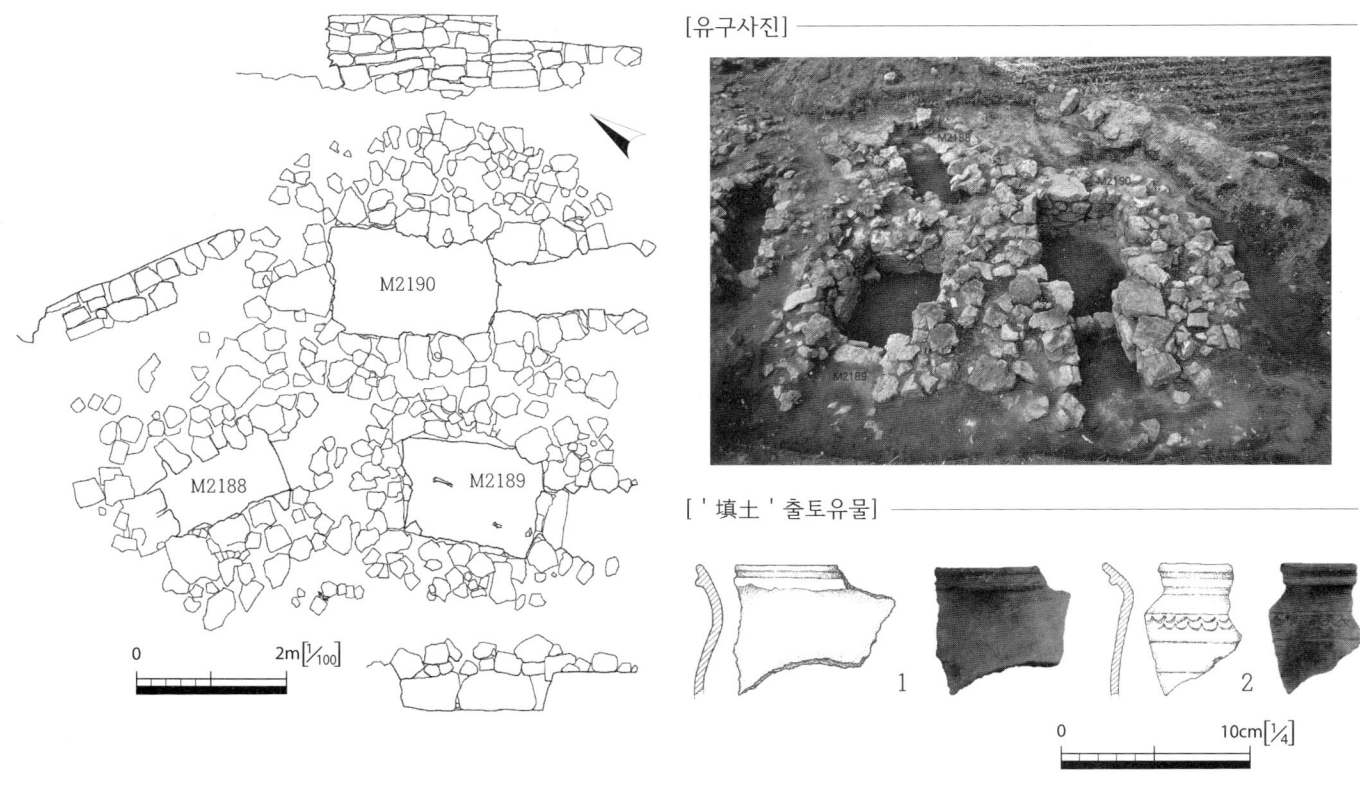

[유구사진]

['填土' 출토유물]

1

2

2190호묘

(단위 : cm)

봉토	크 기 (길이×너비×높이)	?×?×(110+)	연도	크 기 (길이×너비×높이)	200×70~80×72
	평면형태	?		연도위치	중앙
현실	장축방향	N-65°-W		두 향	?
	규 모 (길이×너비×높이)	214×140×108		바닥시설	?
	평면형태	장방형		천장형태	?
	시상/관대 (길이×너비×높이)	-		석재종류	현무암 판석·할석
유물	토 도 기	호 편(2), 심발 구연부편(1)			
	금 속 기	-			
	옥 석 기	-			
	기 타	-			
	특기사항	-			

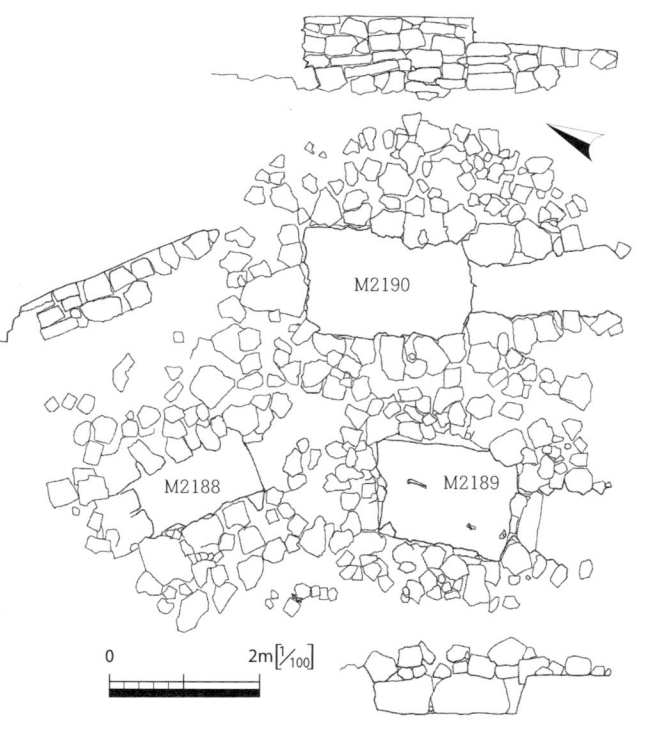

[유구사진]

['填土' 출토유물]

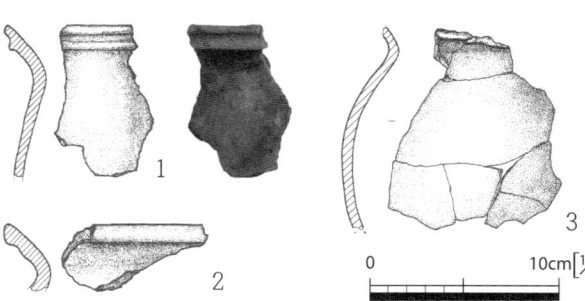

2191호묘

(단위 : cm)

봉토	크 기 (길이×너비×높이)	?×?×40	연도	크 기 (길이×너비×높이)	?
	평면형태	?		연도위치	?
현실	장축방향	N-25°-E		두 향	?
	규 모 (길이×너비×높이)	276×90×99		바닥시설	회갈색 생토층
	평면형태	세장방형		천장형태	?
	시상/관대 (길이×너비×높이)	-		석재종류	판석·할석
유물	토도기	토기편			
	금속기	-			
	옥석기	-			
	기 타	-			
	특기사항	유물 도면 없음.			

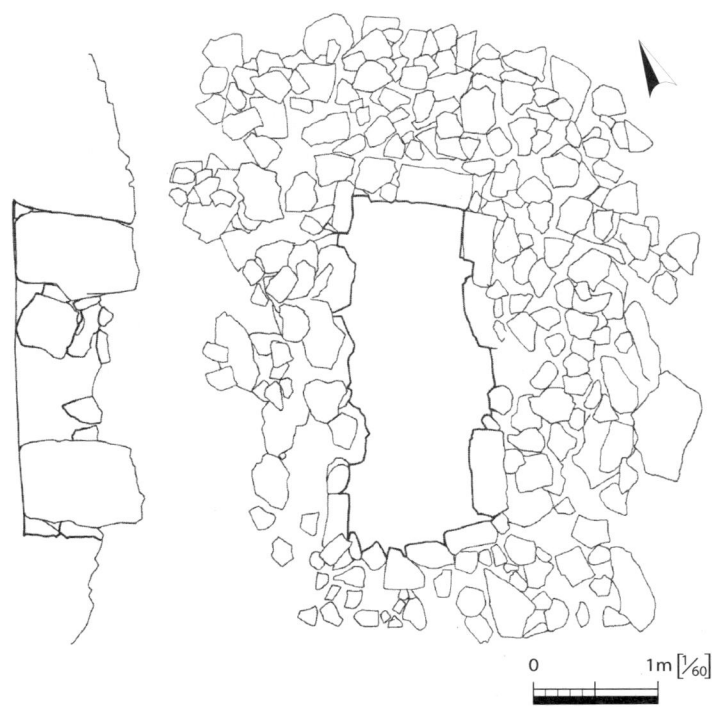

0   1m [1/60]

[유구사진]

2192호묘

(단위 : cm)

봉토	크 기 (길이×너비×높이)	(480+)×400×?	연도	크 기 (길이×너비×높이)	110×76×?
	평면형태	장방형		연도위치	중앙
현실	장축방향	N-15°-E		두 향	?
	규 모 (길이×너비×높이)	260×170×48		바닥시설	회갈색 생토
	평면형태	장방형		천장형태	?
	시상/관대 (길이×너비×높이)	-		석재종류	현무암 판석 · 할석
유물	토 도 기	호 구연부편(1), 심발 구연부편(1)			
	금 속 기	-			
	옥 석 기	-			
	기 타	인골(1)			
	특기사항	서남쪽에서 1개의 상지골이 발견되었는데, 성별과 나이는 알 수 없다.			

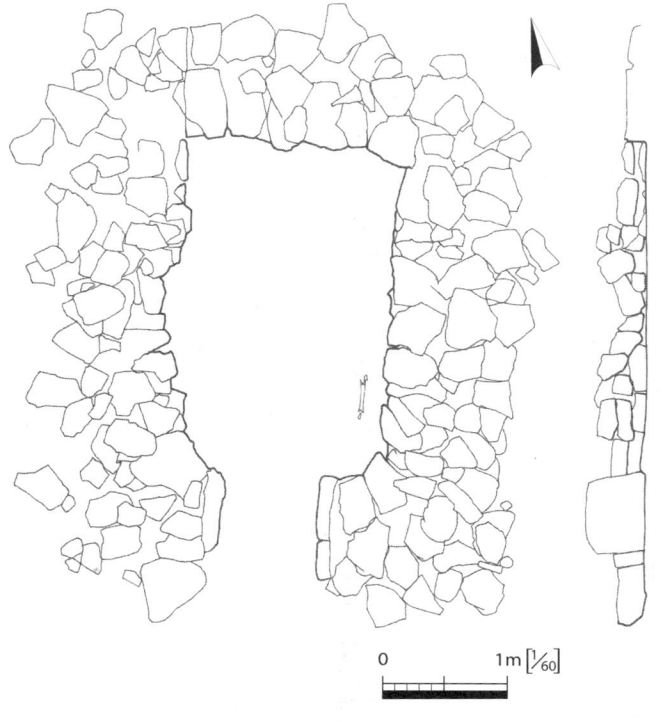

0   1m [1/60]

[유구사진]

['塡土' 출토유물]

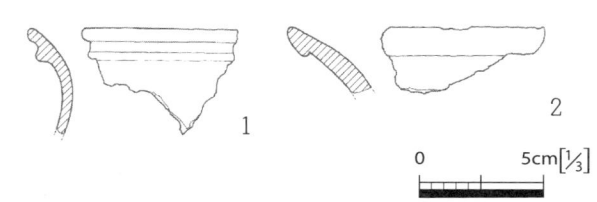

1   2

0   5cm [1/3]

2193호묘

(단위 : cm)

봉토	크 기 (길이×너비×높이)	?	연도	크 기 (길이×너비×높이)	110×76×52
	평면형태	?		연도위치	우편재
현실	장축방향	N-S	두 향		?
	규 모 (길이×너비×높이)	242×106×52	바닥시설		회갈색 생토층
	평면형태	장방형	천장형태		?
	시상/관대 (길이×너비×높이)	-	석재종류		현무암 판석·할석
유물	토 도 기	토기편(1)			
	금 속 기	-			
	옥 석 기	-			
	기 타	인골(1)			
특기사항		유물 도면 없음. 인골은 성인 여성이다.			

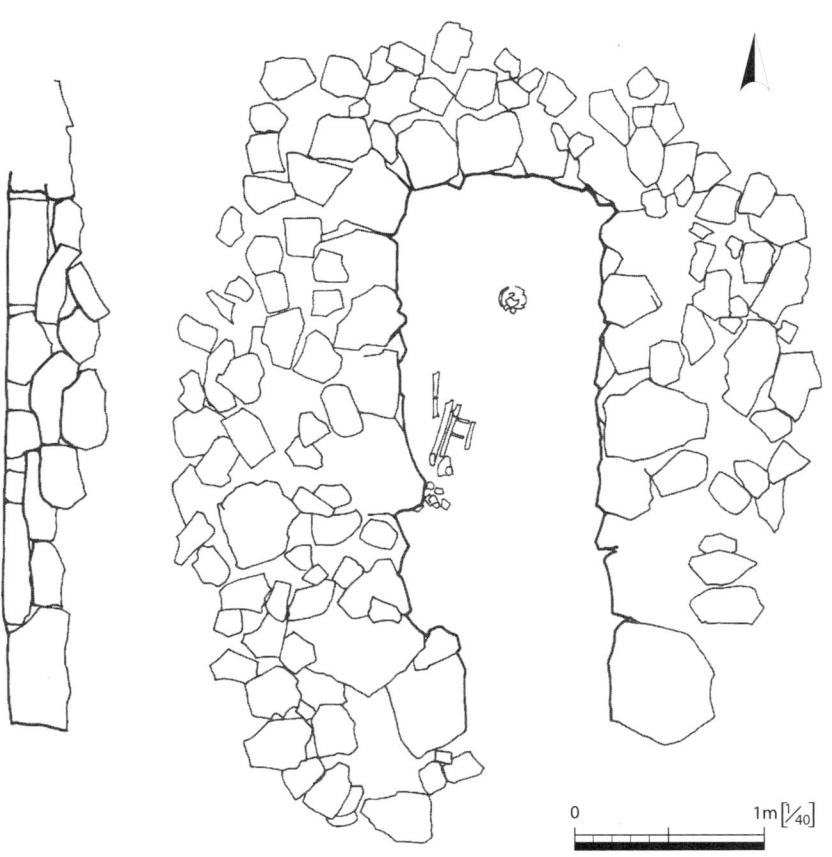

0   1m[¼₀]

[유구사진]

2194호묘

(단위 : cm)

봉토	크 기 (길이×너비×높이)	(500+)×460×70	연도	크 기 (길이×너비×높이)	86×95×46
	평면형태	장방형		연도위치	중앙
현실	장축방향	N-70°-W		두 향	?
	규 모 (길이×너비×높이)	230×180×66		바닥시설	회갈색 생토
	평면형태	장방형		천장형태	?
	시상/관대 (길이×너비×높이)	-		석재종류	현무암 판석·할석
유물	토도기	옹(1), 호(1), 심발(1), 호 구연부편(1), 장경호편(1), 심발 구연부편(1)			
	금속기	동제 패식(1)			
	옥석기	-			
	기 타	인골			
	특기사항	현실 남쪽에서 소량의 성인 인골 편이 나왔는데, 성별은 알 수 없다.			

[유구사진]

[출토유물]

1
0 20cm[1/8]

2
3
4
0 10cm[1/6]
0 5cm[1/3]

['塡土' 출토유물]

5
6
7
0 10cm[1/4]

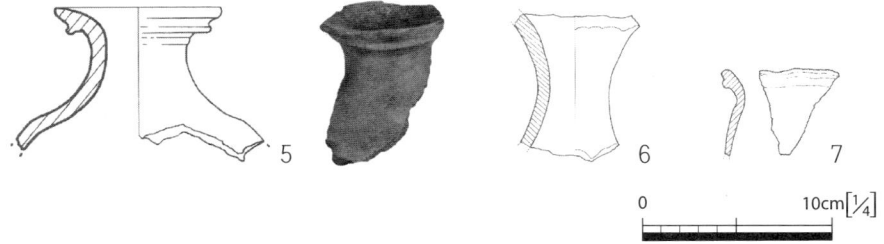

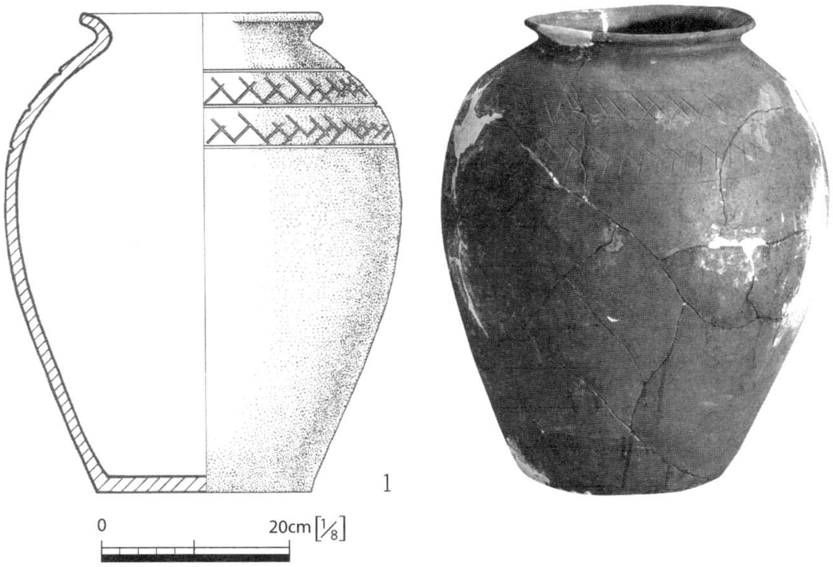

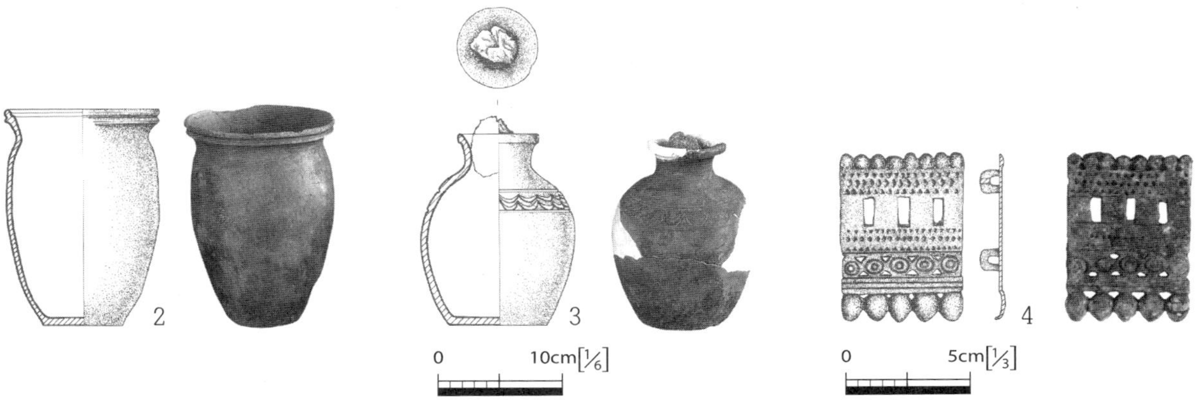

2195호묘

(단위 : cm)

봉토	크 기 (길이×너비×높이)	550×500×?	연도	크 기 (길이×너비×높이)	111×72×?
	평면형태	장방형		연도위치	중앙
현실	장축방향	N-90°-W		두 향	?
	규 모 (길이×너비×높이)	258×226×31		바닥시설	부석
	평면형태	장방형		천장형태	?
	시상/관대 (길이×너비×높이)	-		석재종류	현무암 할석
유물	토 도 기	호 구연부편(1), 심발 구연부편(1)			
	금 속 기	동제 대금구(1)			
	옥 석 기	-			
	기 타	-			
	특기사항	-			

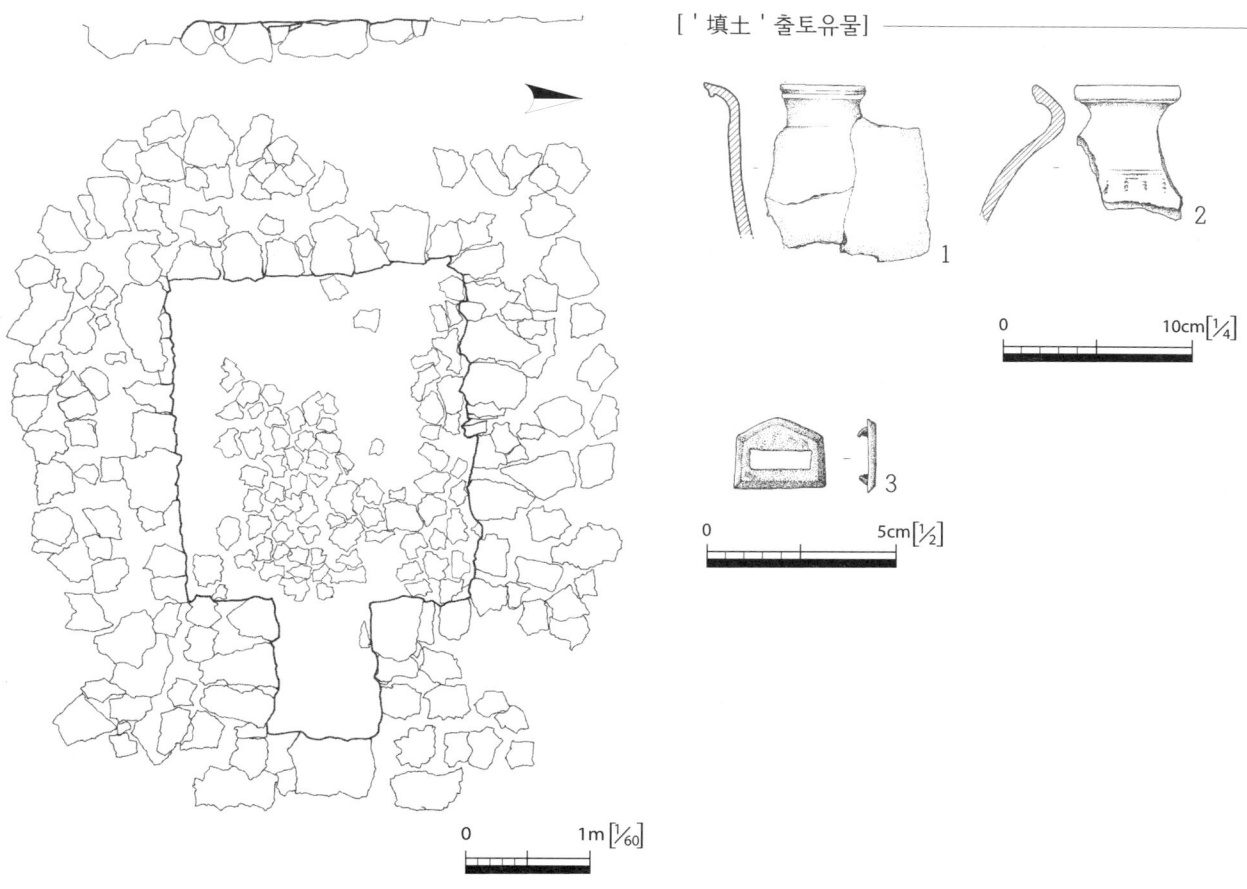

['填土' 출토유물]

1

2

0   10cm[¼]

3

0   5cm[½]

0   1m[¹⁄₆₀]

277

흑룡강성 영안시 홍준어장 고분군

2196호묘

(단위 : cm)

봉토	크 기 (길이×너비×높이)	?	연도	크 기 (길이×너비×높이)	90×100×64
	평면형태	?		연도위치	우편재
현실	장축방향	N-10°-E	두 향		?
	규 모 (길이×너비×높이)	315×186×64	바닥시설		흑갈색 생토층
	평면형태	장방형	천장형태		?
	시상/관대 (길이×너비×높이)	-	석재종류		활석
유물	토 도 기	호 구연부편(1)			
	금 속 기	-			
	옥 석 기	-			
	기 타	-			
	특기사항	-			

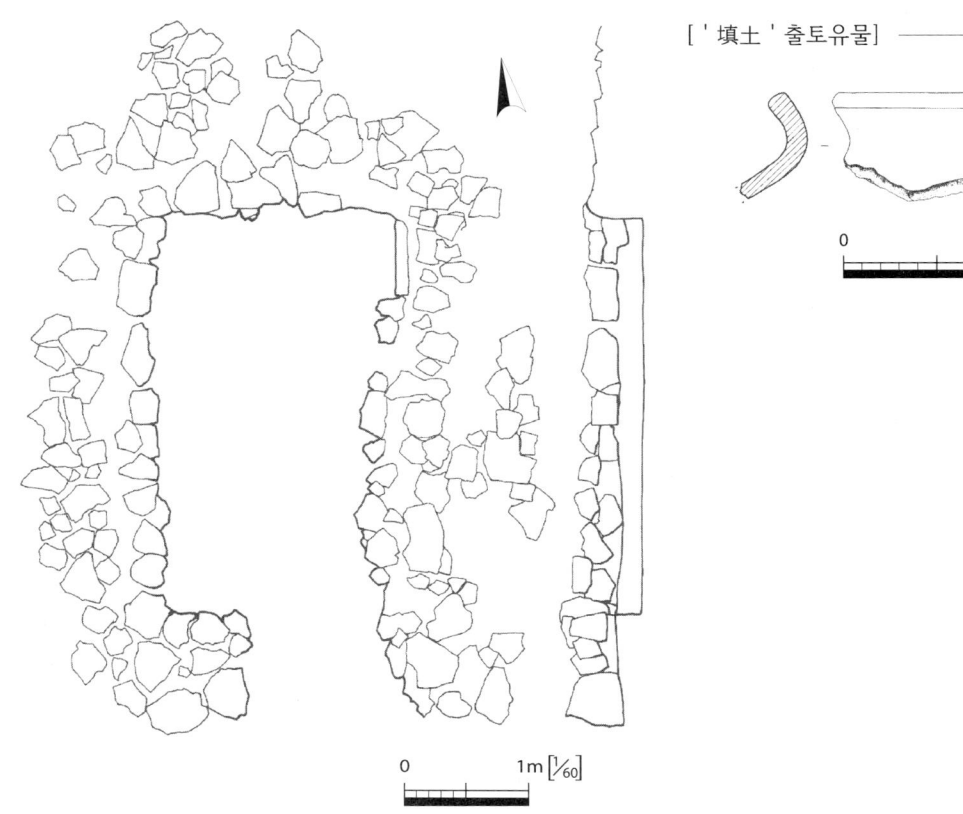

['塡土' 출토유물]

1

0   10cm[¼]

0   1m[⅟60]

2197호묘

(단위 : cm)

봉토	크 기 (길이×너비×높이)	550×430×70	연도	크 기 (길이×너비×높이)	?
	평면형태	장방형		연도위치	?
현실	장축방향	N-25°-E		두 향	?
	규 모 (길이×너비×높이)	320×160×62		바닥시설	모래 생토층
	평면형태	장방형		천장형태	?
	시상/관대 (길이×너비×높이)	-		석재종류	현무암 할석
유물	토 도 기	심발(1), 토기편			
	금 속 기	-			
	옥 석 기	-			
	기 타	기와편(1)			
	특기사항	서술된 장축방향과 도면의 장축방향이 일치하지 않음.			

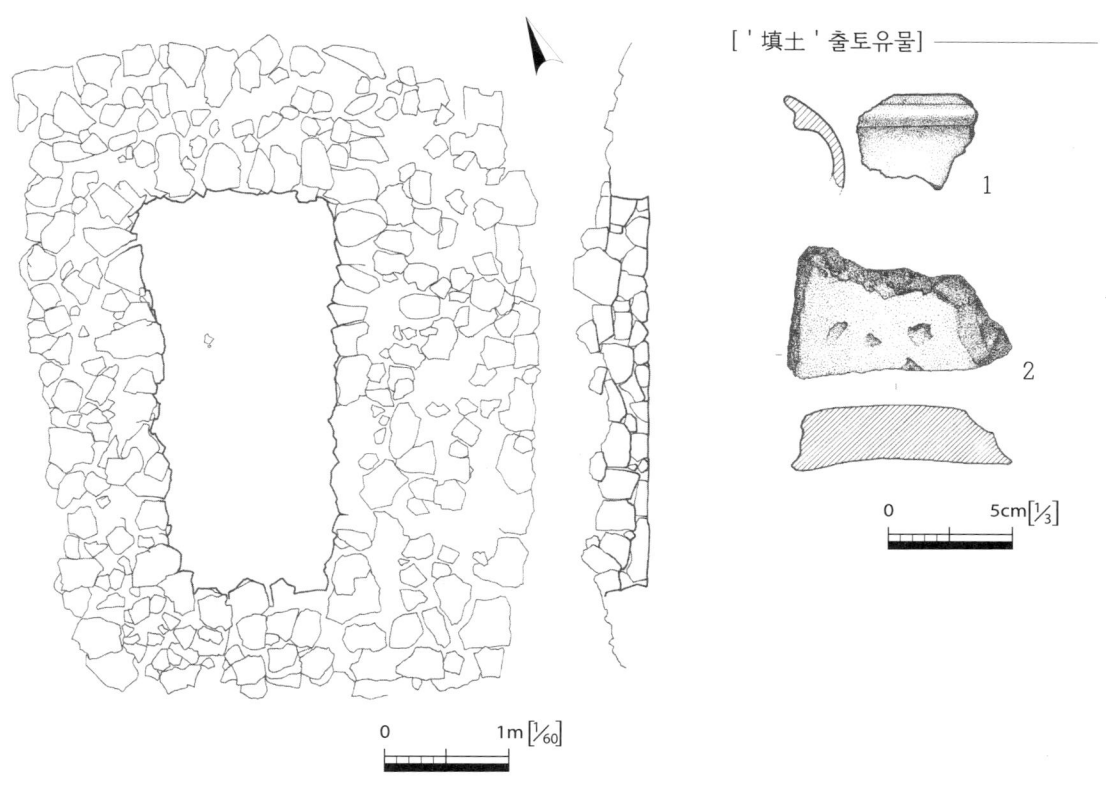

['塡土' 출토유물]

2198호묘

(단위 : cm)

봉토	크 기 (길이×너비×높이)	?	연도	크 기 (길이×너비×높이)	70×65×?
	평면형태	?		연도위치	중앙
현실	장축방향	N-80°-W		두 향	?
	규 모 (길이×너비×높이)	317×200×44		바닥시설	사질토
	평면형태	장방형		천장형태	?
	시상/관대 (길이×너비×높이)	-		석재종류	현무암 할석
유물	토 도 기	갈색 토기편			
	금 속 기	철제 찰갑편(1)			
	옥 석 기		-		
	기 타	기와편(1)			
	특기사항		-		

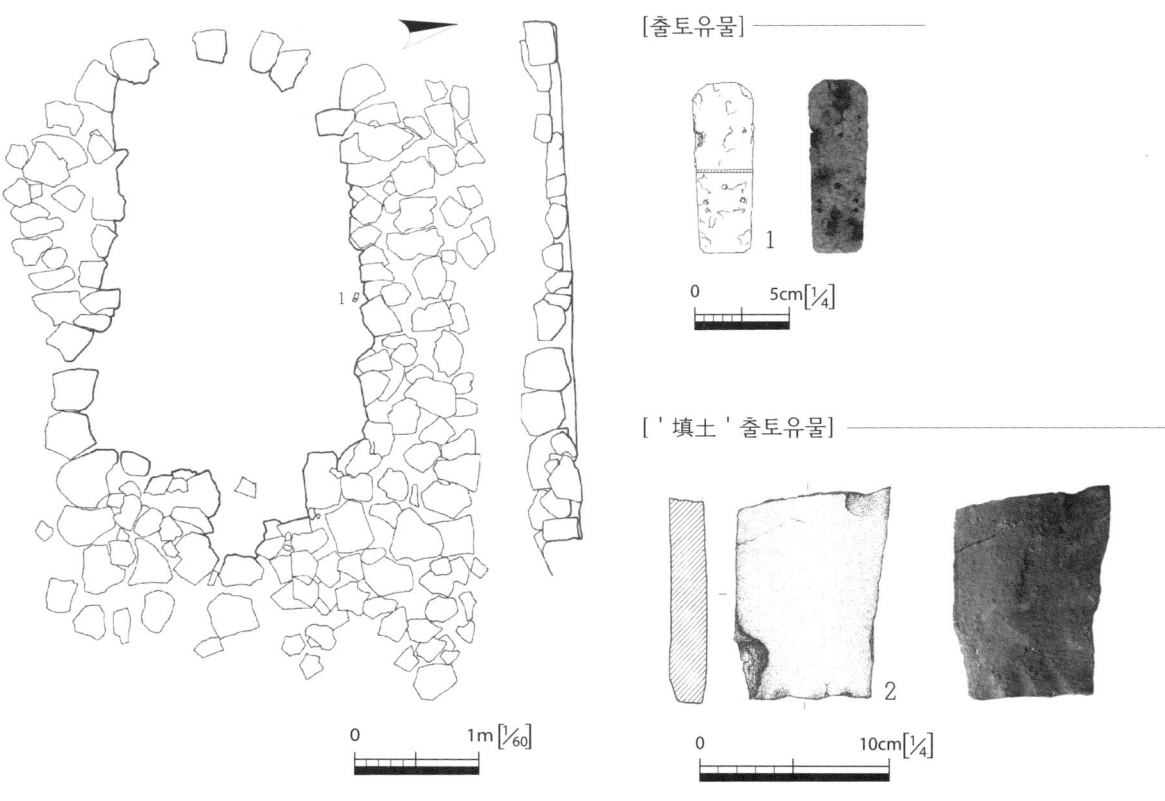

[출토유물]

1

0   5cm[¼]

['塡土' 출토유물]

2

0   10cm[¼]

0   1m[¹⁄₆₀]

2199호묘

(단위 : cm)

봉토	크 기 (길이×너비×높이)	?	연도	크 기 (길이×너비×높이)	?
	평면형태	?		연도위치	?
현실	장축방향	N-10°-E		두 향	?
	규 모 (길이×너비×높이)	240×200×40		바닥시설	모래 생토층
	평면형태	장방형		천장형태	?
	시상/관대 (길이×너비×높이)	-		석재종류	현무암 할석
유물	토 도 기	토기편			
	금 속 기		-		
	옥 석 기		-		
	기 타	인골(1)			
	특기사항	유물 도면 없음. 인골은 1개체분으로, 이차장이다. 현실 서북쪽 모서리에서 두개골 1점과 약간의 뼈 가 발견되었는데, 성인 남성이다.			

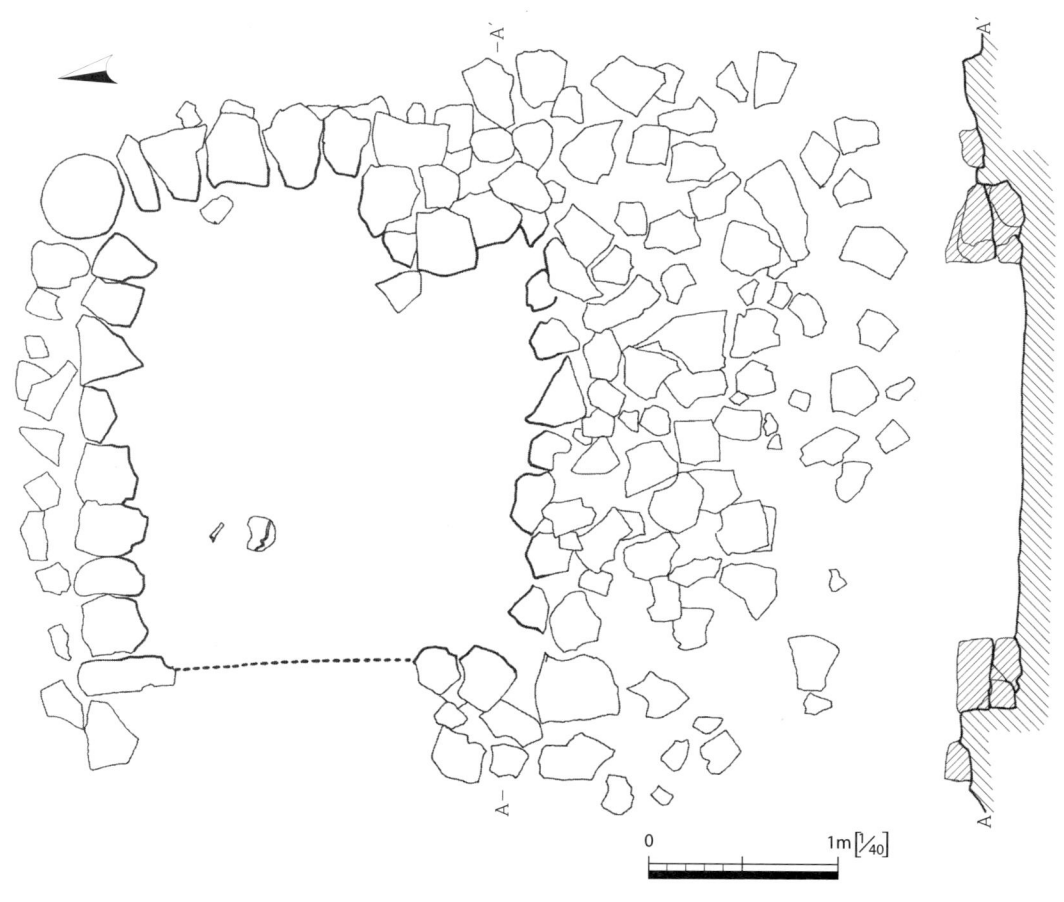

0   1m [1/40]

2200호묘

(단위 : cm)

봉토	크 기 (길이×너비×높이)	(500+)×300×(50+)	연도	크 기 (길이×너비×높이)	130×62×33
	평면형태	장방형		연도위치	중앙
현실	장축방향	N-90°-W	두 향		?
	규 모 (길이×너비×높이)	294×146×43	바닥시설		갈색 생토
	평면형태	장방형	천장형태		?
	시상/관대 (길이×너비×높이)	-	석재종류		현무암 할석
유물	토도기	호(1), 심발(2), 호 구연부편(1)			
	금속기	-			
	옥석기	-			
	기 타	인골(5)			
	특기사항	두개골은 모두 현실 북측에, 소량의 사지골은 현실 동쪽에서 발견되었는데, 모두 이차장이다. 발견된 4점의 두개골(A~D)는 모두 성인인데 그 중 3점의 두개골(A~C)는 남성, 나머지 1점의 두개골(D)는 여성이고, 사지골(E)는 성인으로 보이나 성별은 알 수 없다.			

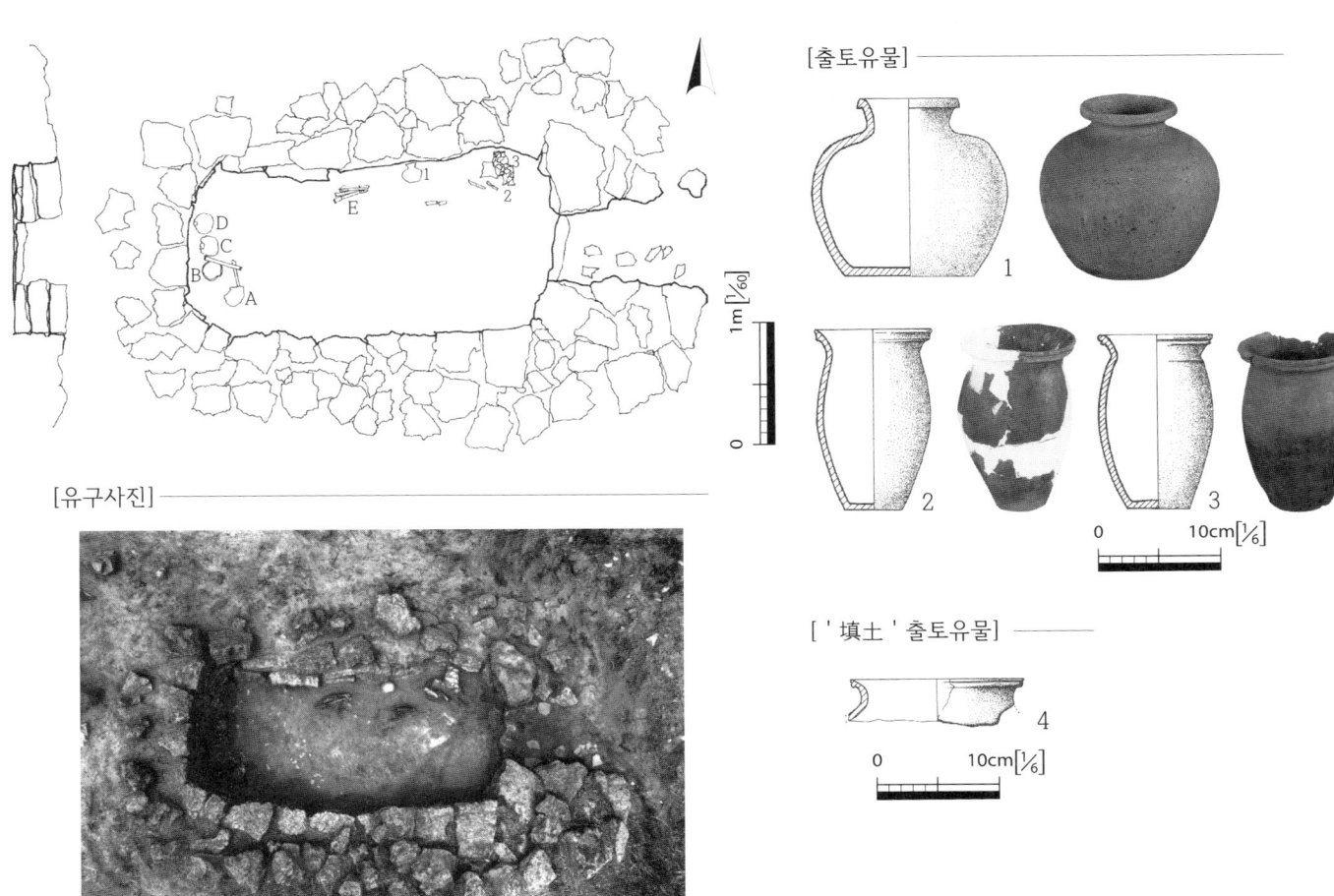

[출토유물]

[유구사진]

['填土' 출토유물]

2201호묘

(단위 : cm)

봉토	크 기 (길이×너비×높이)	400×280×40	연도	크 기 (길이×너비×높이)	?
	평면형태	타원형		연도위치	?
현실	장축방향	N-10°-E	두 향		?
	규 모 (길이×너비×높이)	244×94×44	바닥시설		흑갈색 생토층
	평면형태	장방형	천장형태		?
	시상/관대 (길이×너비×높이)	-	석재종류		현무암 판석·할석
유물	토 도 기	심발(1)			
	금 속 기	-			
	옥 석 기	-			
	기 타	-			
	특기사항	-			

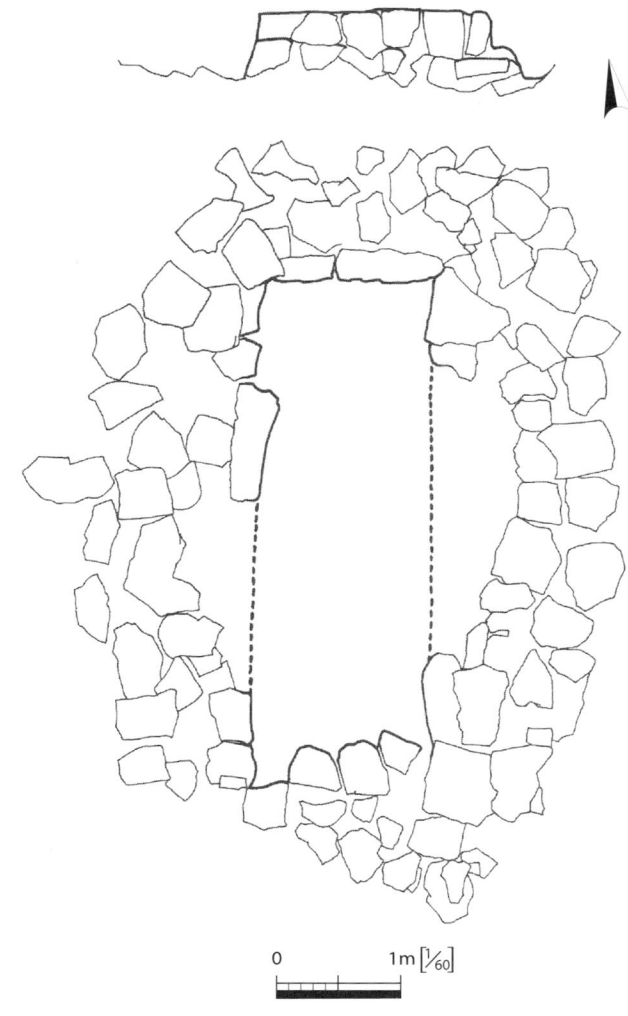

['塡土' 출토유물]

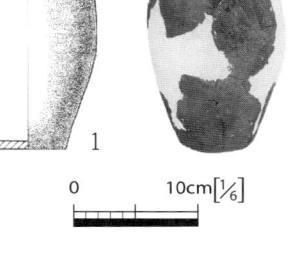

1

0   10cm[1/6]

0   1m[1/60]

2202호묘

(단위 : cm)

봉토	크 기 (길이×너비×높이)	?	연도	크 기 (길이×너비×높이)	?
	평면형태	?		연도위치	?
현실	장축방향	N-80°-E		두 향	?
	규 모 (길이×너비×높이)	270×190×84		바닥시설	모래층
	평면형태	장방형		천장형태	?
	시상/관대 (길이×너비×높이)	-		석재종류	현무암 판석·할석
유물	토도기	호(1), 심발(1)			
	금속기	-			
	옥석기	-			
	기 타	인골(1)			
	특기사항	인골은 1개체분이며, 이차장이다. 성인으로 성별과 나이는 알 수 없다.			

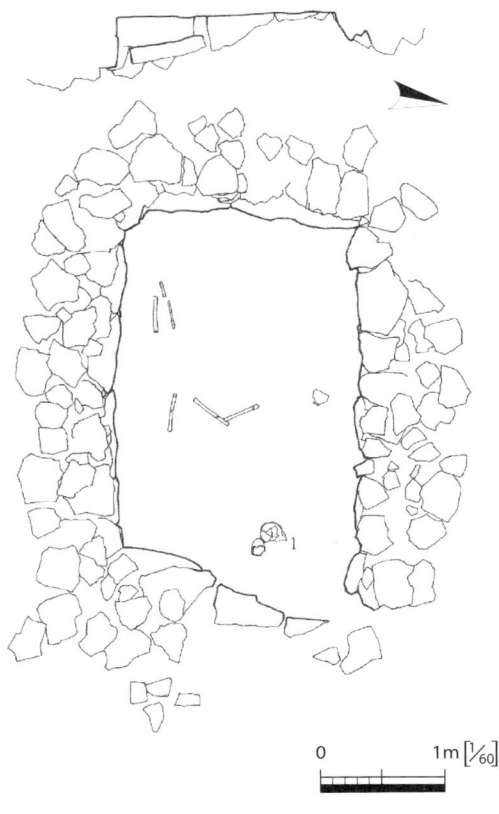

0   1m [1/60]

[유구사진]

[출토유물]

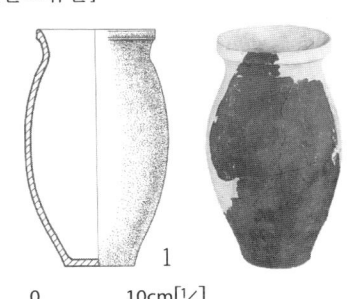

1

0   10cm [1/6]

['塡土' 출토유물]

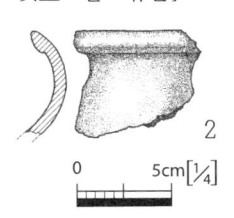

2

0   5cm [1/4]

2203호묘

봉토	크 기 (길이×너비×높이)	?	연도	크 기 (길이×너비×높이)	?
	평면형태	?		연도위치	?
현실	장축방향	N-80°-W		두 향	?
	규 모 (길이×너비×높이)	328×160×80		바닥시설	황색 사질토
	평면형태	장방형		천장형태	?
	시상/관대 (길이×너비×높이)	-		석재종류	현무암 판석·할석
유물	토도기	단경호(1), 호(1)			
	금속기	철촉(1)			
	옥석기	-			
	기 타	인골(2)			
	특기사항	인골은 총 2개체이며, 성별과 나이는 알 수 없다.			

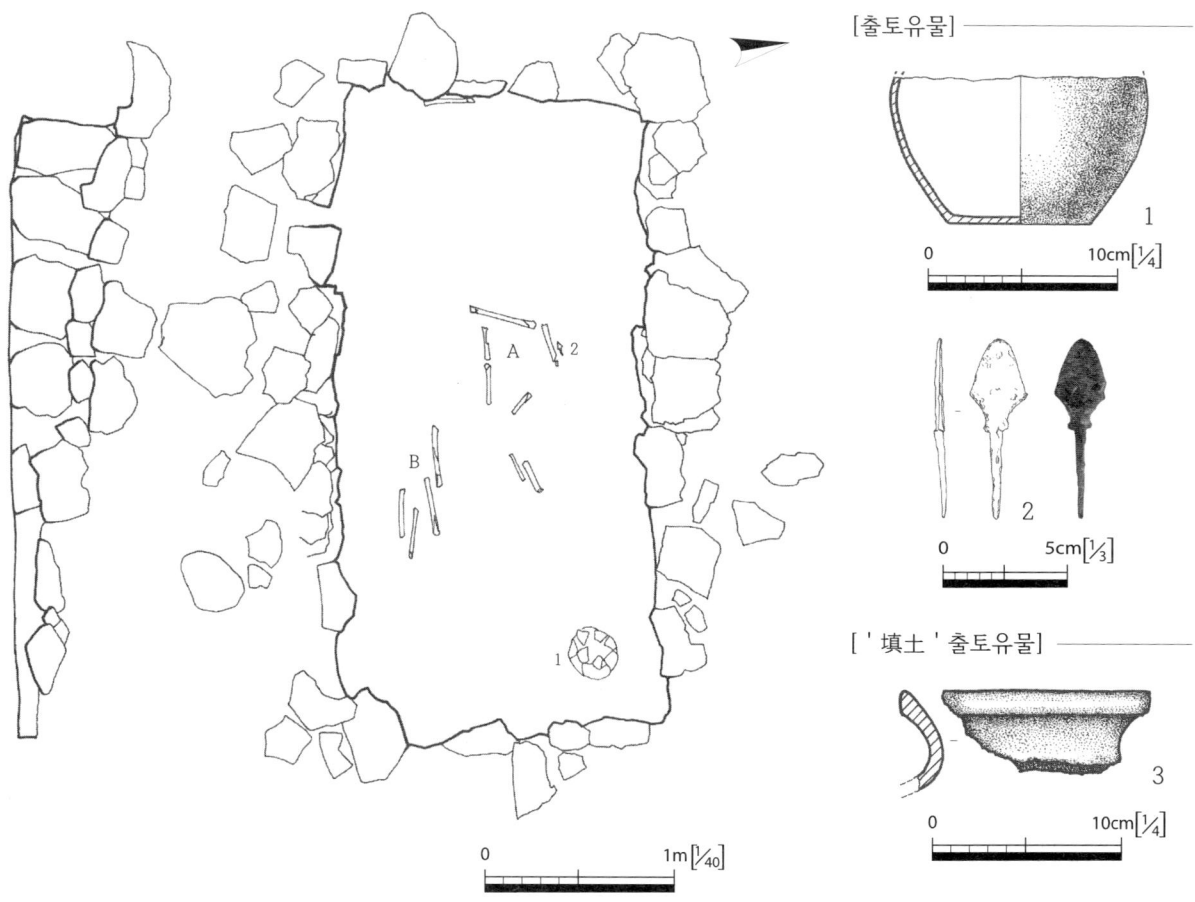

[출토유물]

0   10cm[¼]

1

0   5cm[⅓]

2

['填土' 출토유물]

0   10cm[¼]

3

0   1m[¹⁄₄₀]

2204호묘

(단위 : cm)

봉토	크 기 (길이×너비×높이)	?	연도	크 기 (길이×너비×높이)	145×98×31
	평면형태	?		연도위치	중앙
현실	장축방향	N-80°-E	두 향		?
	규 모 (길이×너비×높이)	260×192×61	바닥시설		사질토
	평면형태	장방형	천장형태		?
	시상/관대 (길이×너비×높이)	-	석재종류		현무암 판석·할석
유물	토 도 기	심발(1), 뚜껑(1), 심발 구연부편(1), 호 구연부편(1)			
	금 속 기	동제 대금구(2)			
	옥 석 기	-			
	기 타	인골(1)			
	특기사항	인골은 성년 여성인데 나이는 알 수 없다.			

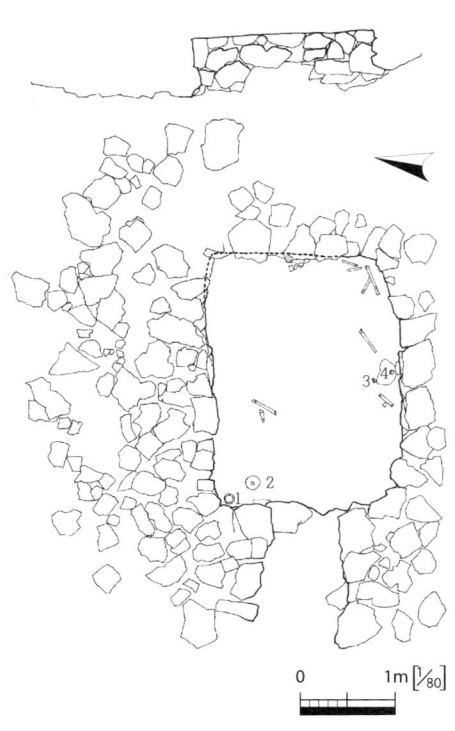

[유구사진]

[출토유물]

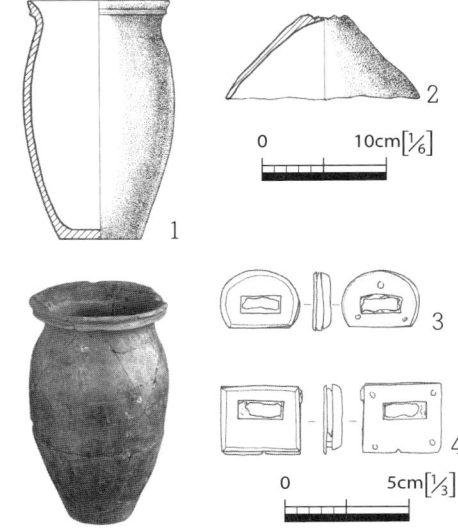

['填土' 출토유물]

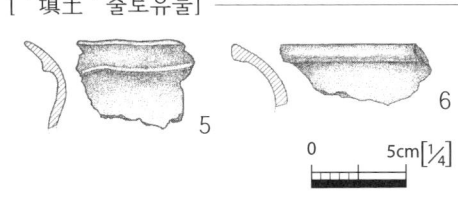

2205호묘

봉토	크 기 (길이×너비×높이)	?	연도	크 기 (길이×너비×높이)	?
	평면형태	?		연도위치	?
현실	장축방향	N-90°-W		두 향	?
	규 모 (길이×너비×높이)	290×180×66		바닥시설	모래층
	평면형태	장방형		천장형태	?
	시상/관대 (길이×너비×높이)	-		석재종류	현무암 판석·할석
유물	토 도 기	심발(7), 옹(1), 호(1), 직구호(1), 장동호(1), 광견호(1), 토기편, 기와편(1)			
	금 속 기	동제 귀걸이(8), 동제 패식(3), 동제 대금구(1), 동제 사미(1), 동제 나선형 장식(2), 철제 나선형 장식(1), 철제 관정(12), 철촉(4), 철모(1), 철편(3), 미상철기(1)			
	옥 석 기	마노제 구슬(1), 환형석제품(1)			
	기 타	인골(4)			
특기사항		연도의 존재가 분명치 않다. 3개의 두개골과 사지골이 흩어져 있으며, 모두 이차장이다. 서북쪽 모서리에 있는 인골(A)는 성인 여성, 북쪽 가장자리에 있는 두개골(B)도 성인 여성이고, 현실 중간과 남쪽에 있는 인골(C·D)는 모두 유아의 것이나 성별을 알 수 없다.			

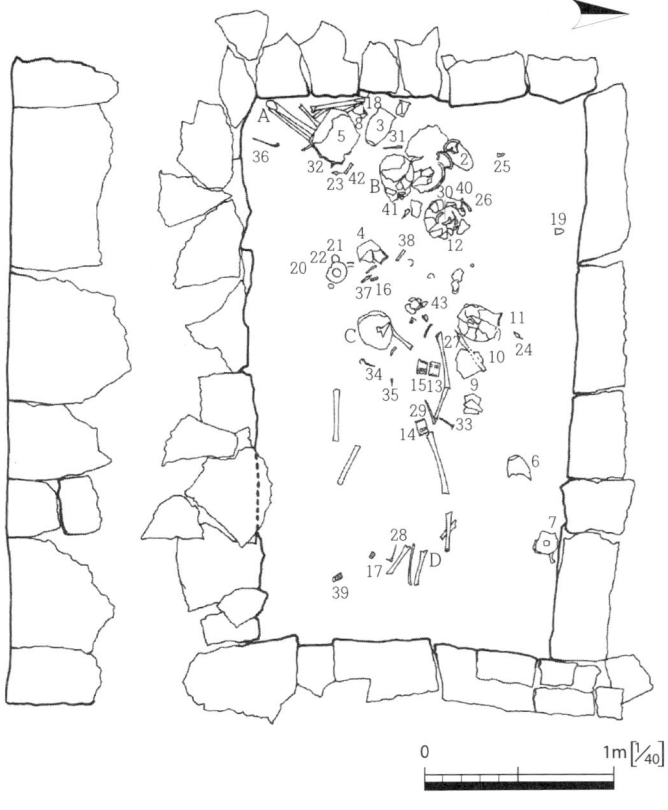

[유구사진]

0   1m [¹/₄₀]

[출토유물]

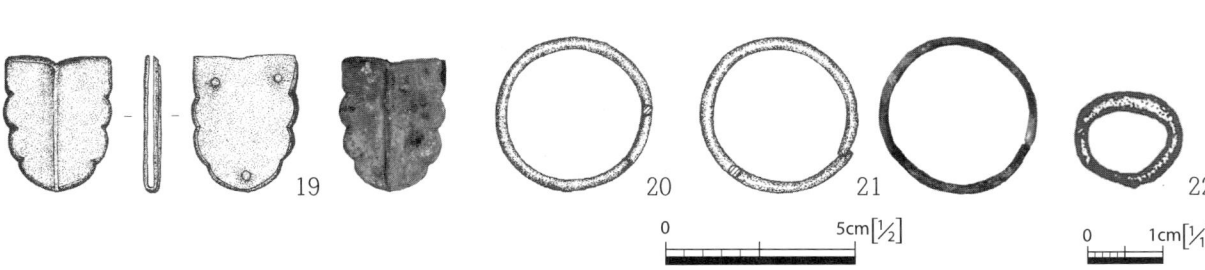

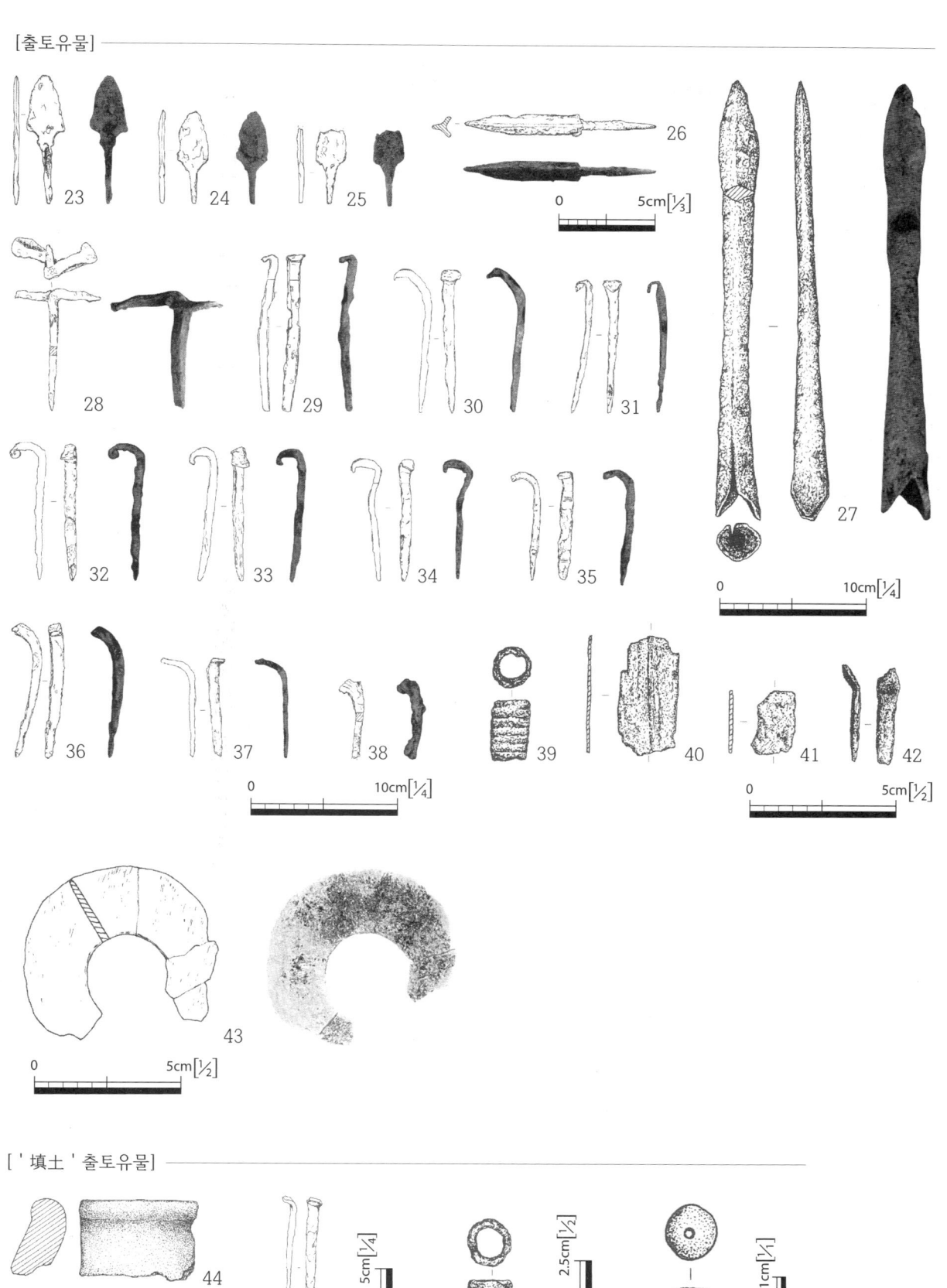

['塡土' 출토유물]

2206호묘

(단위 : cm)

봉토	크 기 (길이×너비×높이)	?	연도	크 기 (길이×너비×높이)	?
	평면형태	?		연도위치	?
현실	장축방향	N-50°-W		두 향	?
	규 모 (길이×너비×높이)	204×73×60		바닥시설	모래층
	평면형태	장방형		천장형태	?
	시상/관대 (길이×너비×높이)	-		석재종류	판석
유물	토 도 기	토기편			
	금 속 기	-			
	옥 석 기	-			
	기 타	인골(2)			
특기사항		유물 도면 없음. 인골은 총 2개체분이며, 모두 이차장된 성인이다.			

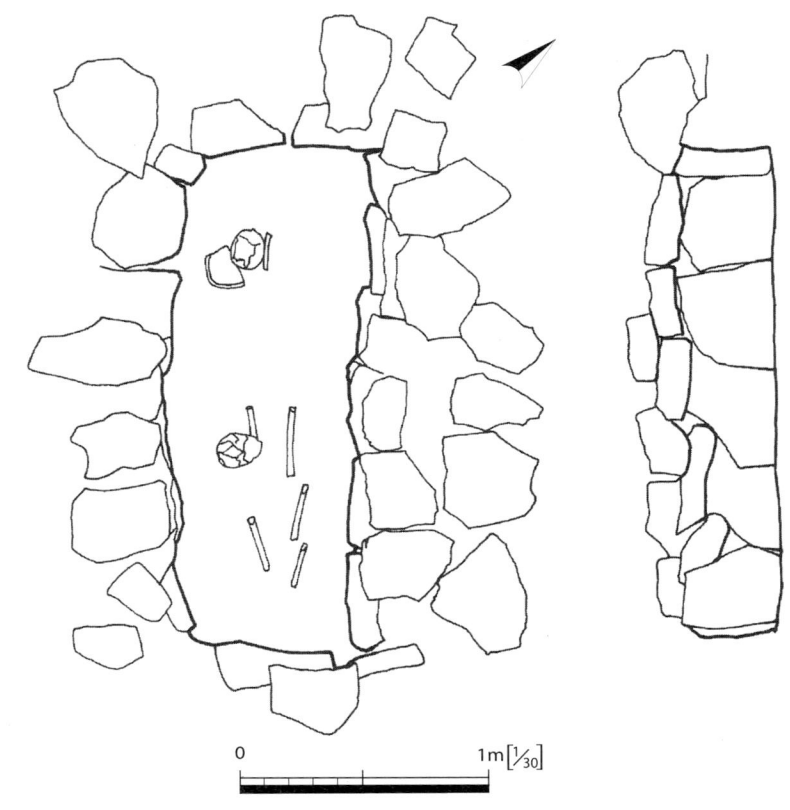

0   1m[1/30]

2207호묘

(단위 : cm)

봉토	크 기 (길이×너비×높이)	?	석관	크 기 (길이×너비×높이)	150×60×28
	평면형태	?		장 폭 비	2.50:1
장축방향		N-20°-E	석곽	크 기 (길이×너비×높이)	-
두 향		?		장 폭 비	-
벽석종류		판석			
유물	토도기	토기편			
	금속기		-		
	옥석류		-		
	기 타		-		
특기사항		유물 도면 없음.			

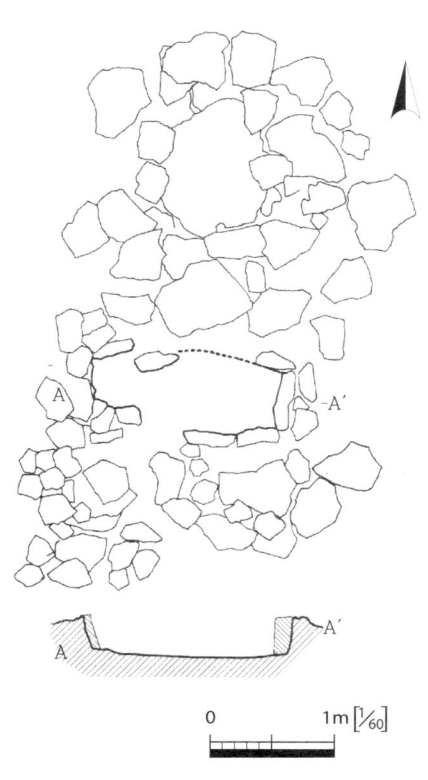

0   1m [1/60]

[유구사진]

2208호묘

(단위 : cm)

봉토	크 기 (길이×너비×높이)	?	연도	크 기 (길이×너비×높이)	90×80×?
	평면형태	?		연도위치	중앙
현실	장축방향	N-90°-W		두 향	서향
	규 모 (길이×너비×높이)	263×150×33		바닥시설	홍색 전돌을 깔았음
	평면형태	장방형		천장형태	?
	시상/관대 (길이×너비×높이)	-		석재종류	현무암 판석·할석
유물	토도기	심발(1)			
	금속기	동제 대금구(1), 철제 장도(1), 철제 도(1), 철촉(1), 철제 고리(1)			
	옥석기	청색 구슬(1), 마노제 구슬(36)			
	기 타	인골편			
특기사항		소량의 인골이 발견되었는데, 성인 남성이다.			

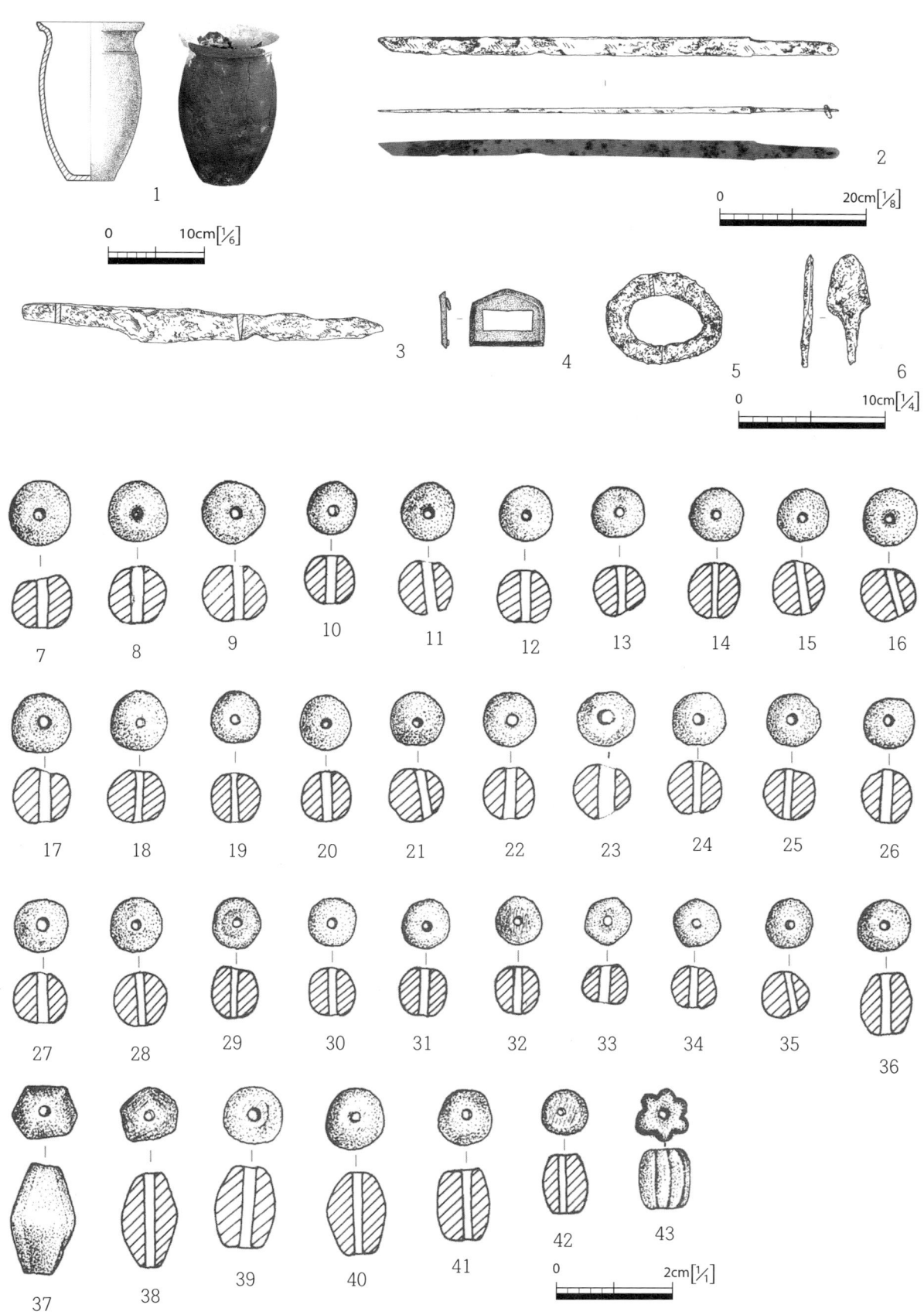

1

0   10cm[⅙]

0   20cm[⅛]

2

3   4   5   6

0   10cm[¼]

7   8   9   10   11   12   13   14   15   16

17   18   19   20   21   22   23   24   25   26

27   28   29   30   31   32   33   34   35   36

37   38   39   40   41   42   43

0   2cm[1/1]

2209호묘

(단위 : cm)

봉토	크 기 (길이×너비×높이)	?	연도	크 기 (길이×너비×높이)	?
	평면형태	?		연도위치	?
현실	장축방향	N-80°-E		두 향	?
	규 모 (길이×너비×높이)	(245+)×156×36		바닥시설	사질토
	평면형태	장방형		천장형태	?
	시상/관대 (길이×너비×높이)	–		석재종류	현무암 할석
유물	토도기	옹 구연부편(1), 심발 구연부편(2)			
	금속기	동제 대금구(4), 동제 사미(1)			
	옥석기	–			
	기 타	–			
특기사항		–			

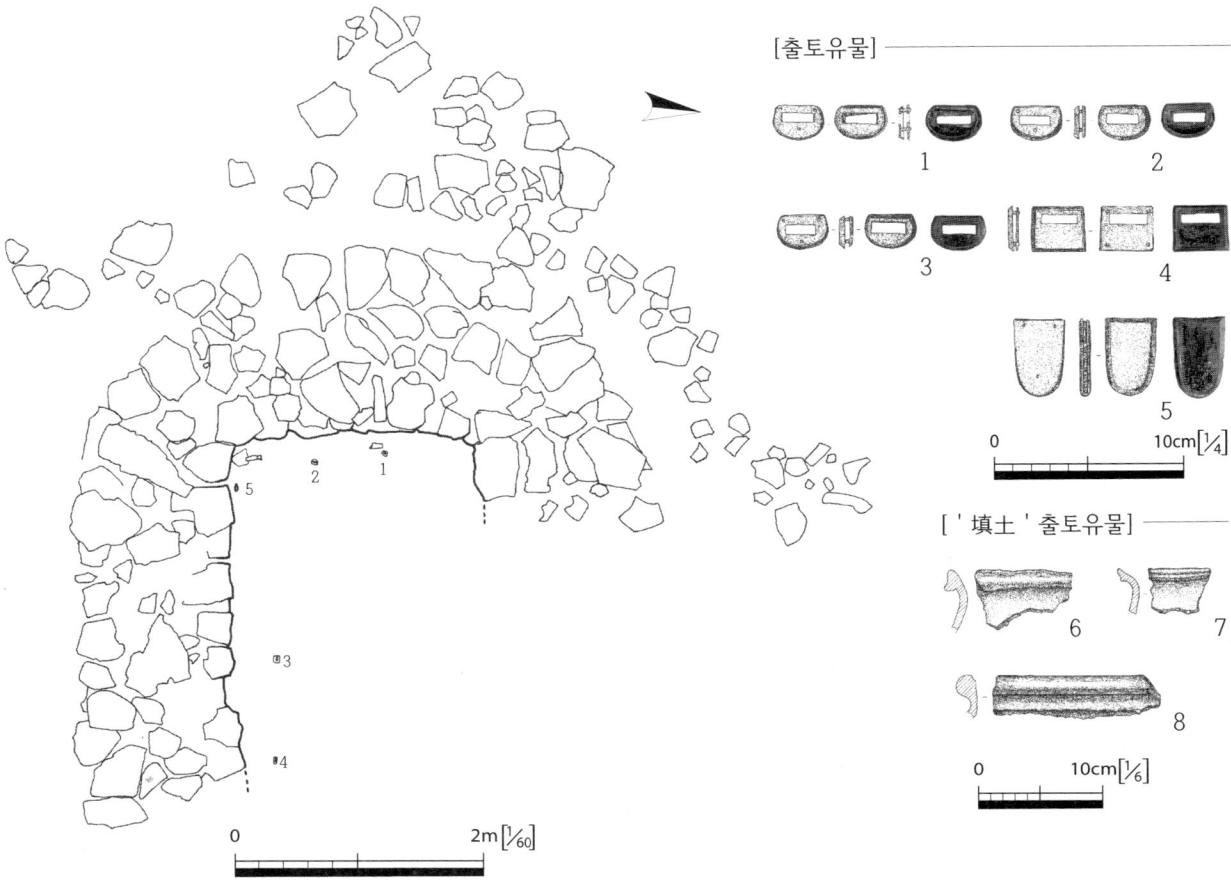

[출토유물]

1 2

3 4

5

0   10cm[¼]

['填土' 출토유물]

6   7

8

0   10cm[⅙]

0   2m[⅟₆₀]

2210호묘

봉토	크 기 (길이×너비×높이)	?	연도	크 기 (길이×너비×높이)	80×120×38
	평면형태	?		연도위치	우편재
현실	장축방향	N-60°-W		두 향	?
	규 모 (길이×너비×높이)	260×?×38		바닥시설	(사질토)
	평면형태	장방형		천장형태	?
	시상/관대 (길이×너비×높이)	-		석재종류	현무암 할석
유물	토 도 기	-			
	금 속 기	-			
	옥 석 기	-			
	기 타	-			
	특기사항	-			

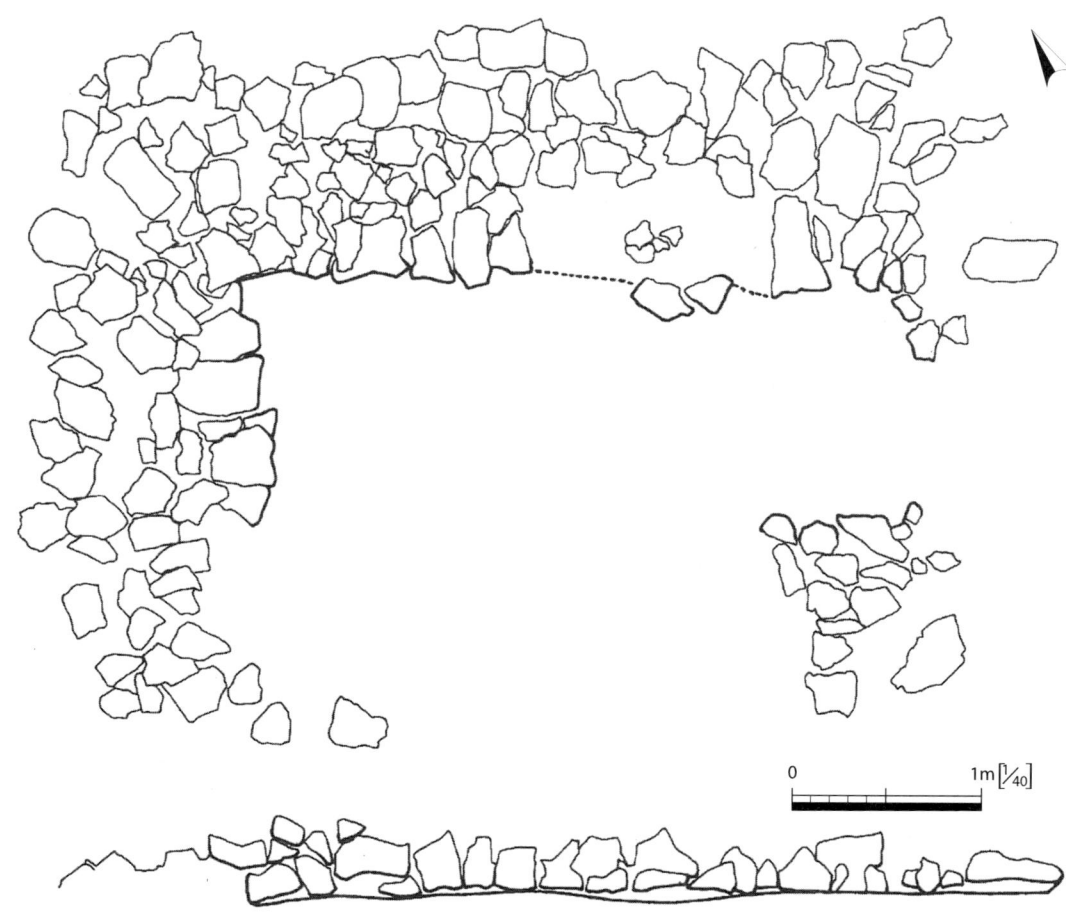

0   1m [1/40]

2211호묘

봉토	크 기 (길이×너비×높이)	?	석관	크 기 (길이×너비×높이)	184×52×54
	평면형태	?		장 폭 비	3.53:1
	장축방향	N-10°-E	석곽	크 기 (길이×너비×높이)	-
	두 향	?		장 폭 비	-
	벽석종류	판석			
유물	토도기	토기편			
	금속기	-			
	옥석류	-			
	기 타	인골편			
	특기사항	유물 도면 없음. 유소아 뼈 3점이 발견되었으나, 성별은 알 수 없다.			

[유구사진]

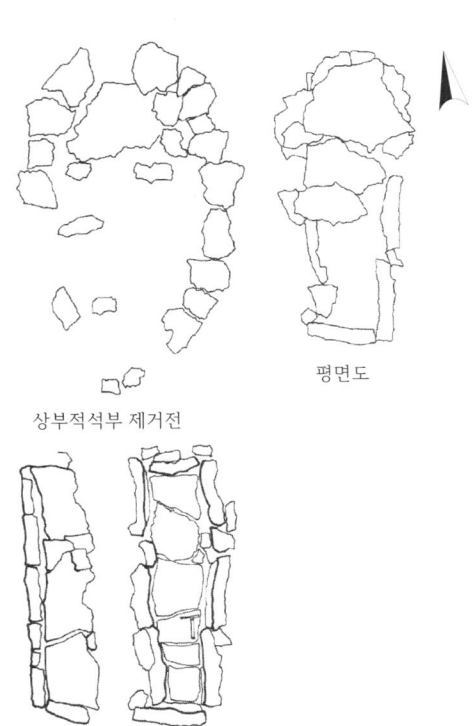

상부적석부 제거전   평면도

평면과 동벽 입면도
0   1m [1/60]

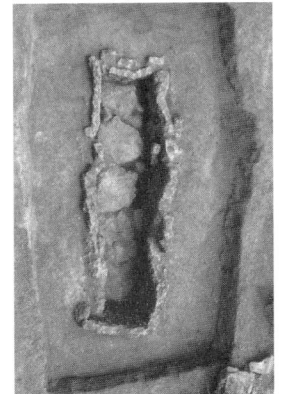

2212호묘

(단위 : cm)

봉토	크 기 (길이×너비×높이)	?×?×(40+)	연도	크 기 (길이×너비×높이)	122×80×29
	평면형태	?		연도위치	중앙
현실	장축방향	N-10°-W		두 향	?
	규 모 (길이×너비×높이)	220×154×59		바닥시설	?
	평면형태	장방형		천장형태	?
	시상/관대 (길이×너비×높이)	-		석재종류	현무암 판석·할석
유물	토 도 기	심발(3), 심발 구연부편(1)			
	금 속 기	동제 대금구(1), 철촉(1)			
	옥 석 기	-			
	기 타	인골(1)			
특기사항		성인 남성의 인골이 소량 발견되었다.			

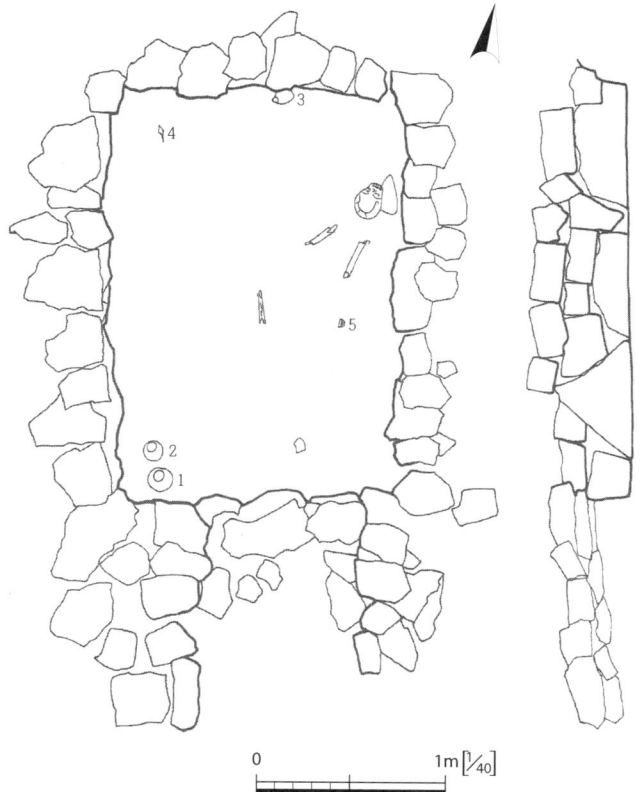

0 1m [1/40]

[유구사진]

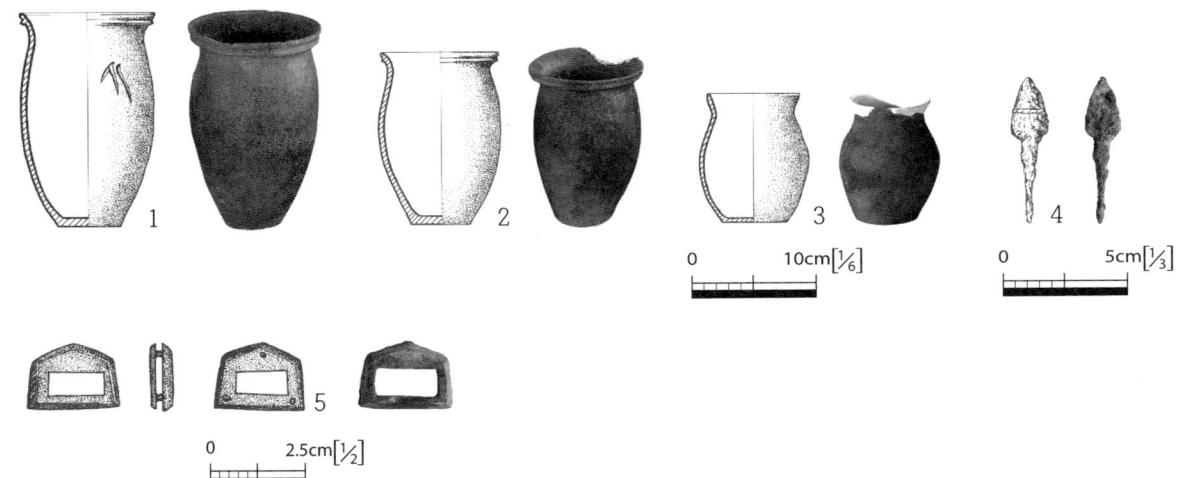

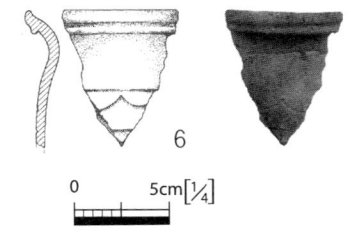

['塡土' 출토유물]

2213호묘

(단위 : cm)

봉토	크 기 (길이×너비×높이)	?	연도	크 기 (길이×너비×높이)	?
	평면형태	?		연도위치	?
현실	장축방향	N-5°-E		두 향	남서향
	규 모 (길이×너비×높이)	(2.54+)×100×96		바닥시설	(사질토)
	평면형태	장방형		천장형태	?
	시상/관대 (길이×너비×높이)	-		석재종류	판석·할석
유물	토도기	옹편(1)			
	금속기	-			
	옥석기	-			
	기 타	인골(1)			
	특기사항	유물 도면 없음. 단인장으로 1개체분의 남성 인골이 앙신직지로 안치되었다.			

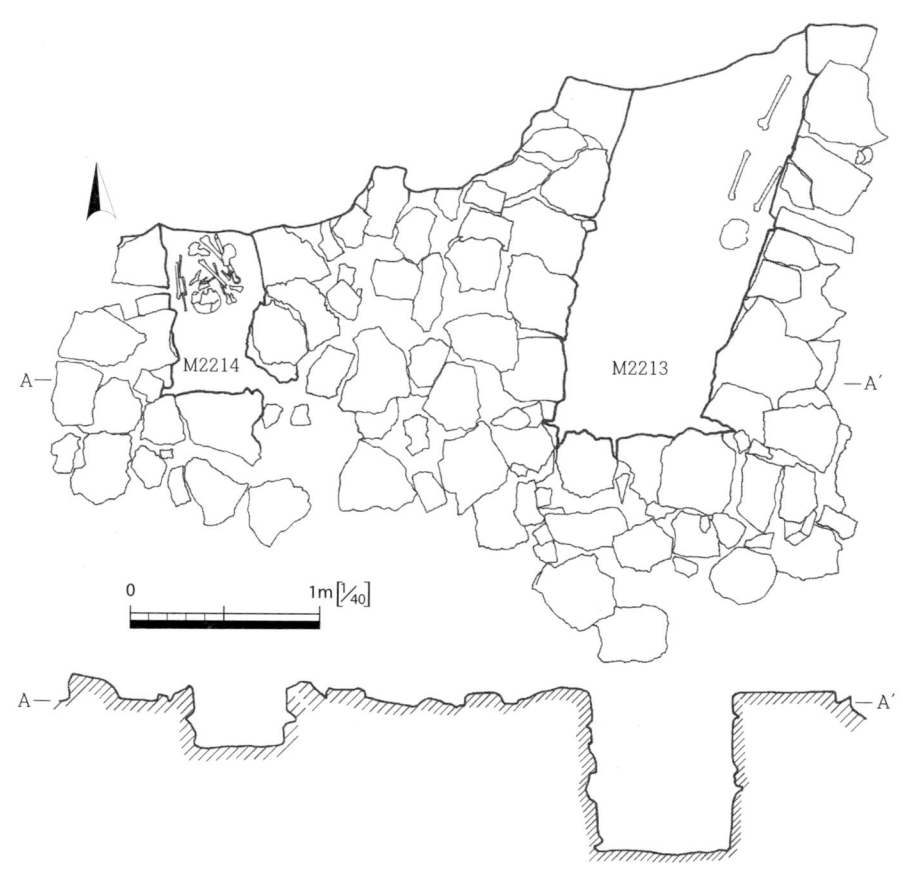

2214호묘

봉토	크 기 (길이×너비×높이)	?	연도	크 기 (길이×너비×높이)	?
	평면형태	?		연도위치	?
현실	장축방향	N-5°-W		두 향	?
	규 모 (길이×너비×높이)	(96+)×58×38		바닥시설	(사질토)
	평면형태	장방형		천장형태	?
	시상/관대 (길이×너비×높이)	-		석재종류	판석·할석
유물	토도기	-			
	금속기	-			
	옥석기	-			
	기 타	인골(1)			
특기사항		1개체분의 여성 인골이 무너진 현실의 북쪽에서 발견되었는데, 단인 이차장으로 추정된다.			

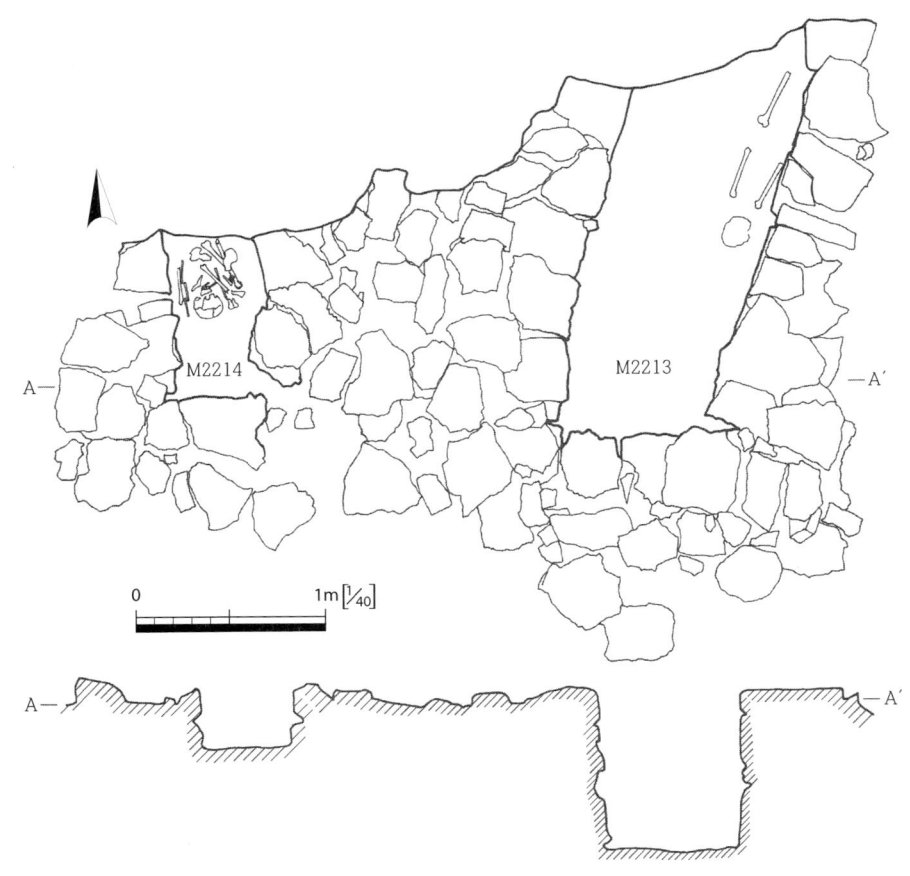

2215호묘

(단위 : cm)

봉토	크 기 (길이×너비×높이)	?	연도	크 기 (길이×너비×높이)	?
	평면형태	?		연도위치	?
현실	장축방향	N-S		두 향	남향
	규 모 (길이×너비×높이)	(214+)×65×60		바닥시설	(사질토)
	평면형태	장방형		천장형태	?
	시상/관대 (길이×너비×높이)	-		석재종류	판석·할석
유물	토 도 기	-			
	금 속 기	-			
	옥 석 기	-			
	기 타	인골(1)			
	특기사항	25세 정도의 남성 인골 1개체분이 앙신직지로 안치되었다.			

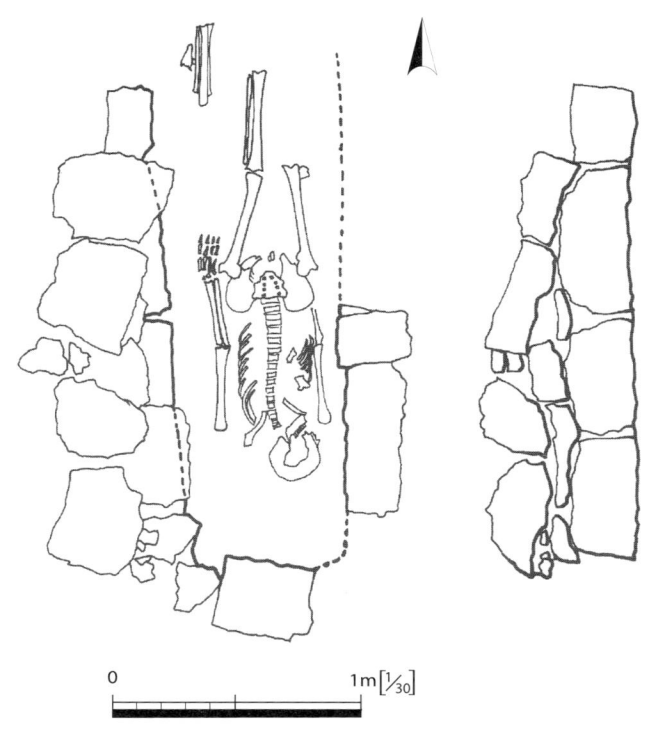

0   1m[1/30]

2216호묘

(단위 : cm)

봉토	크 기 (길이×너비×높이)	?	연도	크 기 (길이×너비×높이)	?
	평면형태	?		연도위치	?
현실	장축방향	N-22°-W		두 향	?
	규 모 (길이×너비×높이)	(194+)×84×36		바닥시설	(사질토)
	평면형태	장방형		천장형태	?
	시상/관대 (길이×너비×높이)	-		석재종류	판석
유물	토 도 기	-			
	금 속 기	철제 팔찌(1)			
	옥 석 기	-			
	기 타	인골(4+)			
특기사항		발견된 두개골을 기준으로 4개체분의 인골이 매장되었음이 확인되는데, 북쪽에 있는 인골(A)는 30~35세 남성, 서벽 중간부에 있는 인골(B)는 30세 남성, 서벽 남쪽에 있는 인골(C)는 35~40세 여성, 남벽 중간부에 있는 인골(D)는 30세 남성이다. 이차장으로 보이나 매장순서는 알 수 없다.			

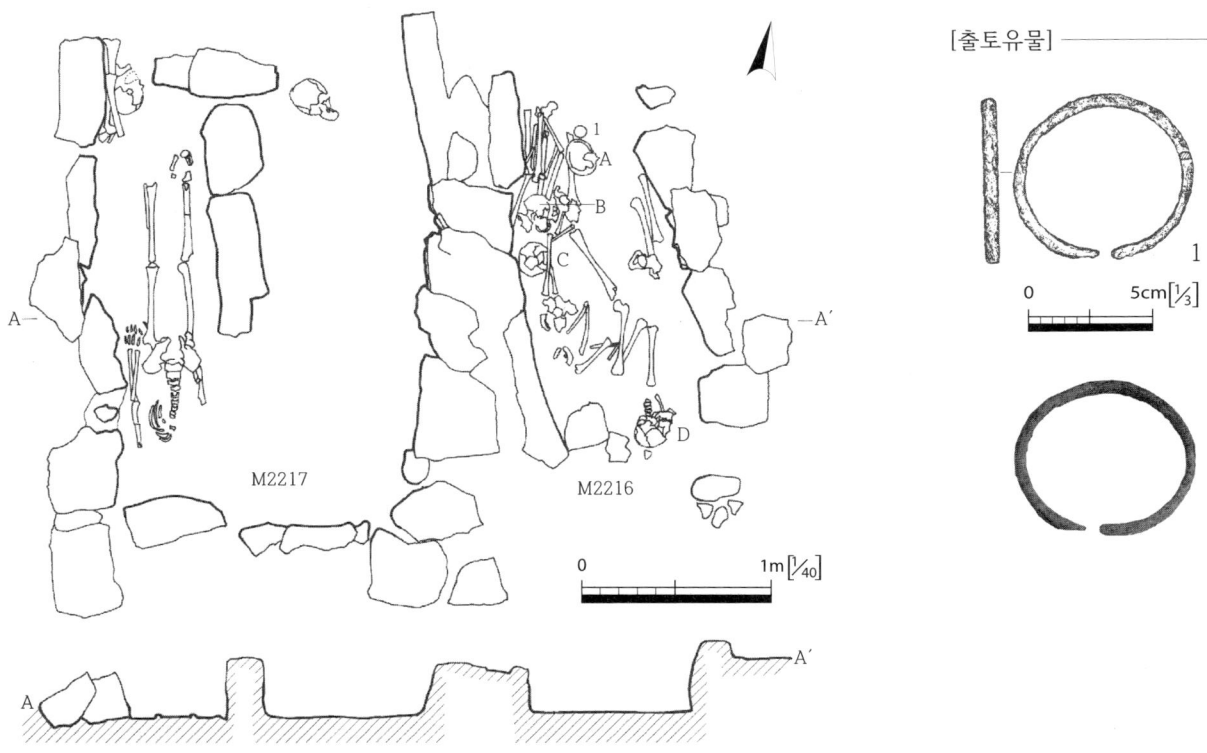

[출토유물]

M2217   M2216

2217호묘

(단위 : cm)

봉토	크 기 (길이×너비×높이)		?		연도	크 기 (길이×너비×높이)	①	?
							②	?
	평면형태		?			연도위치	①	?
							②	?
현실	장축방향	①	N-10°-W		두 향		①	북향
		②	N-10°-W				②	?
	규 모 (길이×너비×높이)	①	208×60×30		바닥시설		①	사질토
		②	220×88×30				②	사질토
	평면형태	①	장방형		천장형태		①	?
		②	장방형				②	?
	시상/관대 (길이×너비×높이)	①	-		석재종류		①	현무암 판석
		②	-				②	현무암 판석
유물	토도기		호 구연부편(1), 심발 구연부편(1)					
	금속기		-					
	옥석기		-					
	기 타		인골(2)					
	특기사항		현실 중간에 2매의 판석을 세워 좌·우 2개의 공간을 분리시켰다. 좌·우 공간에 각각 1개체분의 인골이 있었는데, 좌측에서 발견된 인골은 성인 남성으로 두개골이 발 아래에 있었고 우측에서 발견된 인골은 30~35세 정도의 남성으로 두개골만 발견되었다.					

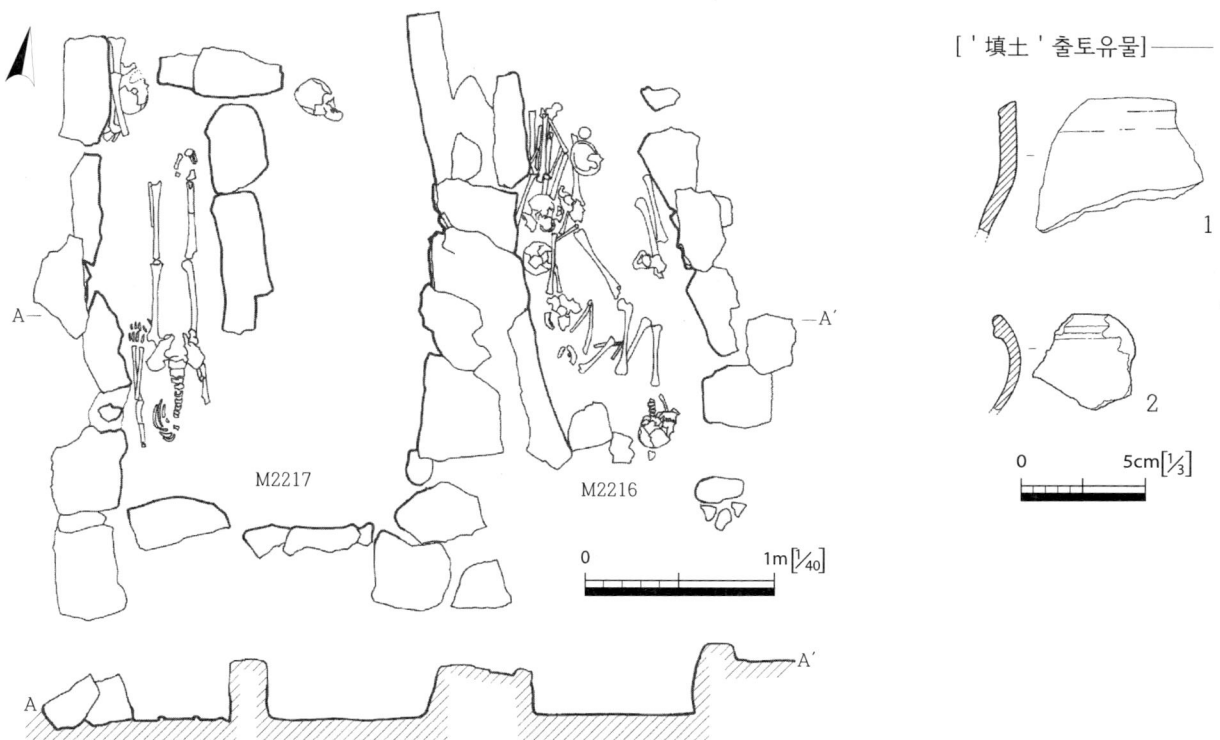

[' 填土 ' 출토유물]

M2217   M2216

0   1m[1/40]

0   5cm[1/3]

2218호묘

(단위 : cm)

봉토	크 기 (길이×너비×높이)	?	연도	크 기 (길이×너비×높이)	?
	평면형태	?		연도위치	?
현실	장축방향	N-0°-W		두 향	?
	규 모 (길이×너비×높이)	290×170×88		바닥시설	모래 생토층
	평면형태	장방형		천장형태	?
	시상/관대 (길이×너비×높이)	-		석재종류	현무암 판석·할석
유물	토도기	호(1), 심발(1)			
	금속기	-			
	옥석기	-			
	기 타	-			
	특기사항	-			

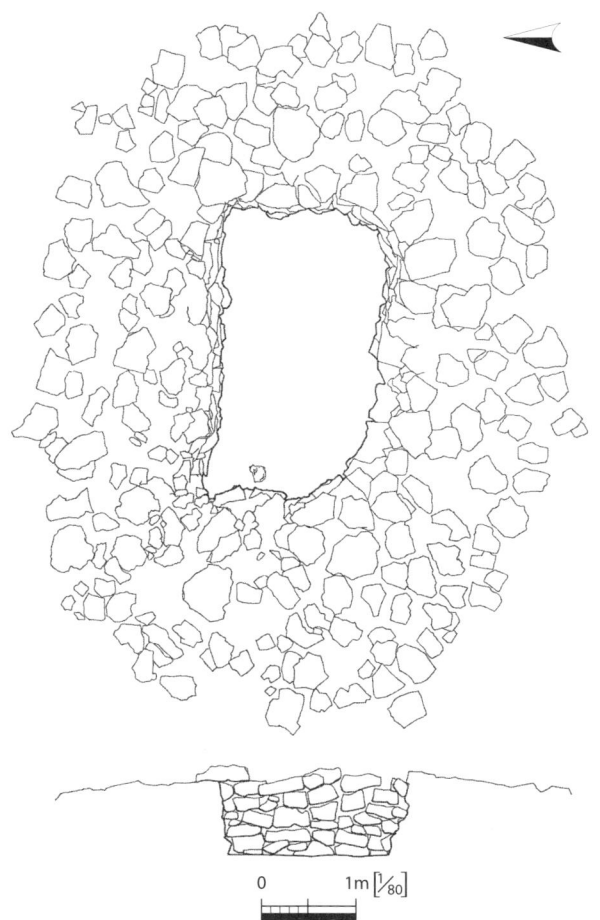

[유구사진]

['塡土' 출토유물]

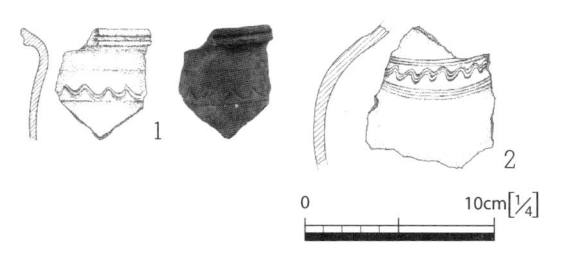

2219호묘

봉토	크 기 (길이×너비×높이)	?	연도	크 기 (길이×너비×높이)	?
	평면형태	?		연도위치	?
현실	장축방향	N-10°-W		두 향	?
	규 모 (길이×너비×높이)	266×71×69		바닥시설	(사질토)
	평면형태	장방형		천장형태	?
	시상/관대 (길이×너비×높이)	-		석재종류	현무암 판석
유물	토도기	호 동체부편(1), 심발 구연부편(2), 시문토기편(1)			
	금속기	철제 팔찌(1)			
	옥석기	-			
	기 타	인골(2)			
	특기사항	2개체분의 인골이 발견되었는데, 현실 중앙에 사지골이 있고 서쪽에 두개골이 있는 인골(A)는 성인 남성으로 일차장이며, 그 아래쪽에 위치한 인골(B)는 25~30세의 여성으로 이차장이다.			

[유구사진]　　　　　　　　[출토유물]

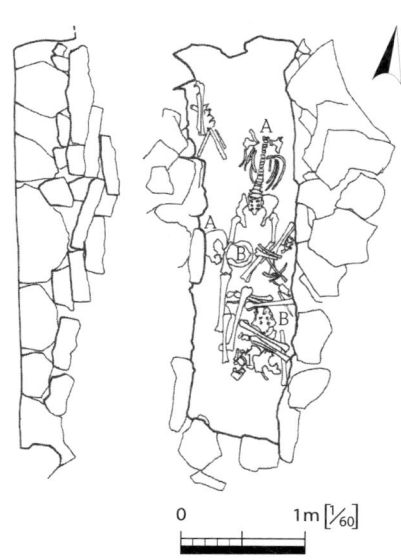

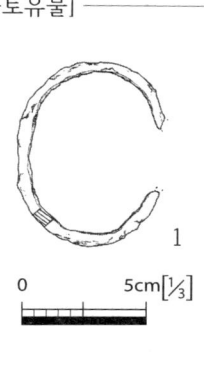

0　　　　　1m[¹⁄₆₀]

0　　　5cm[¹⁄₃]

['塡土' 출토유물]

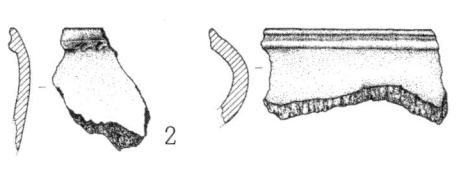
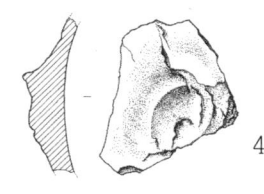
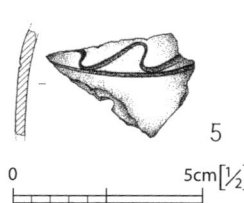

0　　　　　5cm[¹⁄₂]

흑룡강성 영안시 흥준어장 고분군

2220호묘

(단위 : cm)

봉토	크 기 (길이×너비×높이)	?	연도	크 기 (길이×너비×높이)	?
	평면형태	?		연도위치	?
현실	장축방향	N-50°-W		두 향	?
	규 모 (길이×너비×높이)	?		바닥시설	?
	평면형태	?		천장형태	?
	시상/관대 (길이×너비×높이)	-		석재종류	활석
유물	토 도 기	호 구연부편(1)			
	금 속 기	-			
	옥 석 기	-			
	기 타	-			
	특기사항	훼손이 심해 원래 어떤 형태의 무덤이었는지 알 수 없다.			

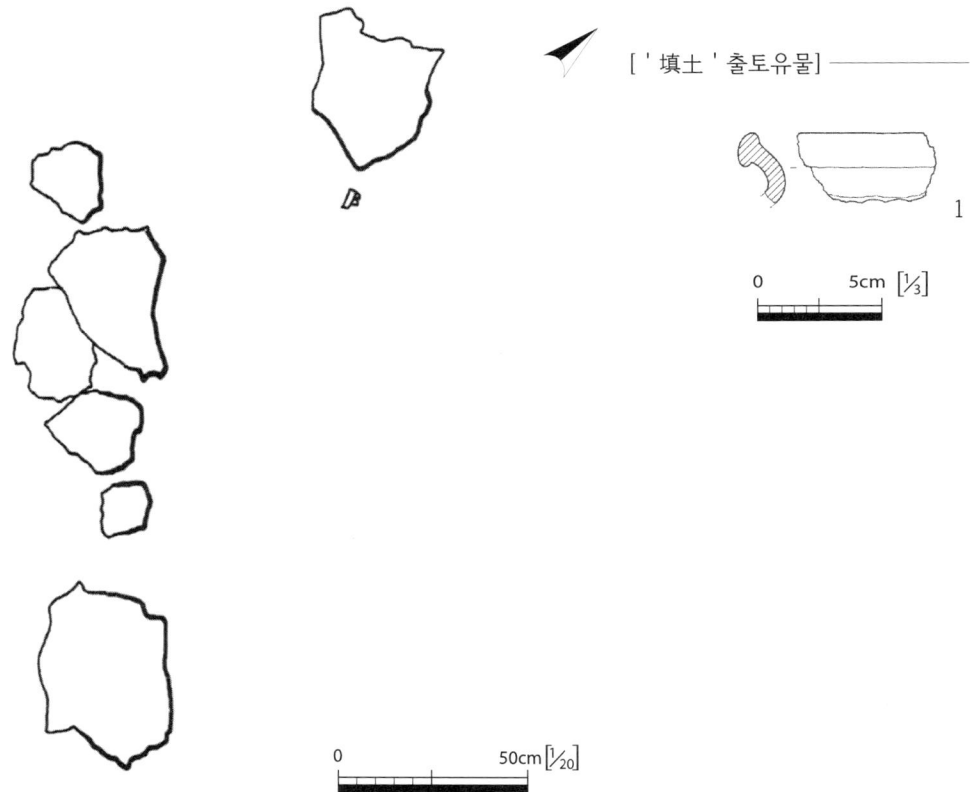

['填土' 출토유물]

1

0   5cm [⅓]

0   50cm [1/20]

2221호묘

(단위 : cm)

봉토	크 기 (길이×너비×높이)	?	연도	크 기 (길이×너비×높이)	?
	평면형태	?		연도위치	?
현실	장축방향	N-30°-W		두 향	?
	규 모 (길이×너비×높이)	(292+)×128×34		바닥시설	(사질토)
	평면형태	장방형		천장형태	?
	시상/관대 (길이×너비×높이)	-		석재종류	현무암 판석·할석
유물	토도기	옹편			
	금속기	동제 팔찌(1)			
	옥석기	-			
	기 타	인골(1)			
특기사항		성인 여성 인골 1점이 발견되었다.			

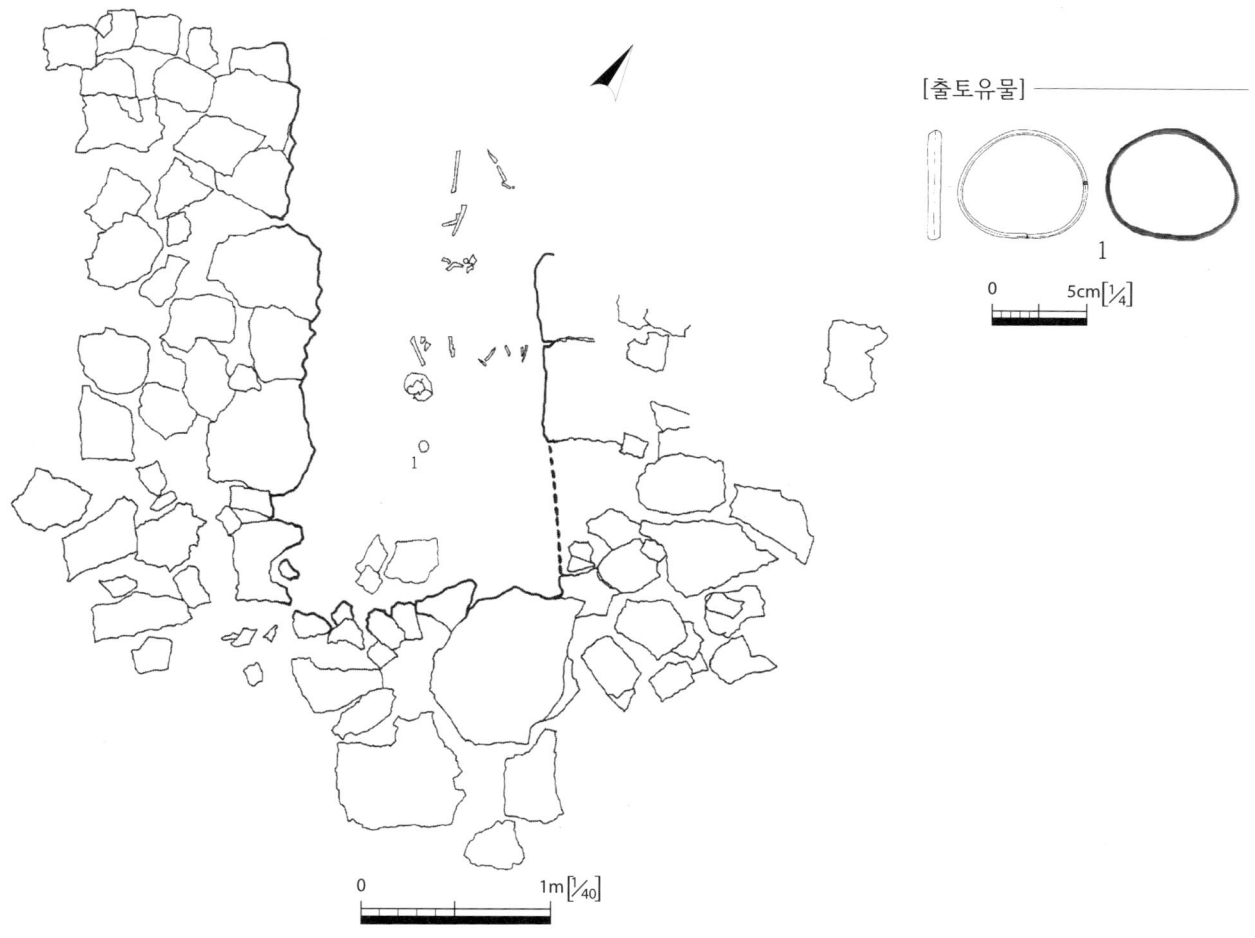

[출토유물]

1

0   5cm[1/4]

0   1m[1/40]

2222호묘

(단위 : cm)

봉토	크 기 (길이×너비×높이)	?	연도	크 기 (길이×너비×높이)	?
	평면형태	?		연도위치	?
현실	장축방향	N-10°-E		두 향	?
	규 모 (길이×너비×높이)	(160+)×164×34		바닥시설	(사질 생토)
	평면형태	(장방형)		천장형태	?
	시상/관대 (길이×너비×높이)	-		석재종류	현무암 판석·할석
유물	토도기	토기편			
	금속기	-			
	옥석기	-			
	기 타	인골(1)			
특기사항		유물 도면 없음. 성인 남성의 두개골 1점이 발견되었다.			

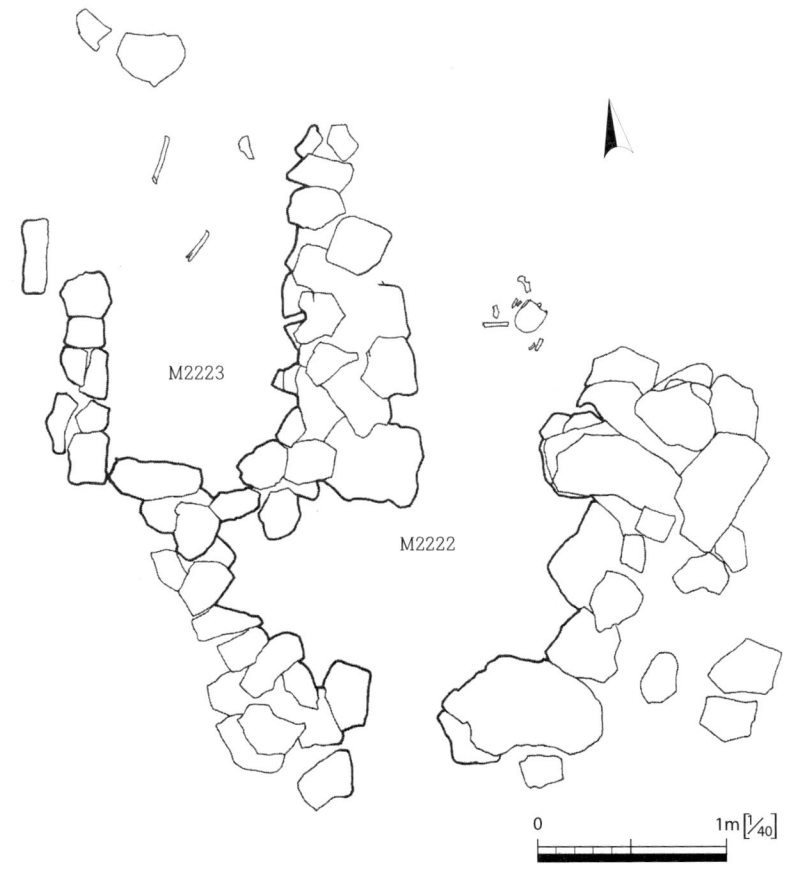

M2223

M2222

0   1m [1/40]

2223호묘

(단위 : cm)

봉토	크 기 (길이×너비×높이)	?	연도	크 기 (길이×너비×높이)	?
	평면형태	?		연도위치	?
현실	장축방향	N-10°-E		두 향	?
	규 모 (길이×너비×높이)	(180+)×96×38		바닥시설	(사질 생토)
	평면형태	장방형		천장형태	?
	시상/관대 (길이×너비×높이)	-		석재종류	현무암 판석·할석
유물	토도기	호편(1)			
	금속기	-			
	옥석기	-			
	기 타	인골(3)			
	특기사항	성인 여성의 두개골 3점이 발견되었다.			

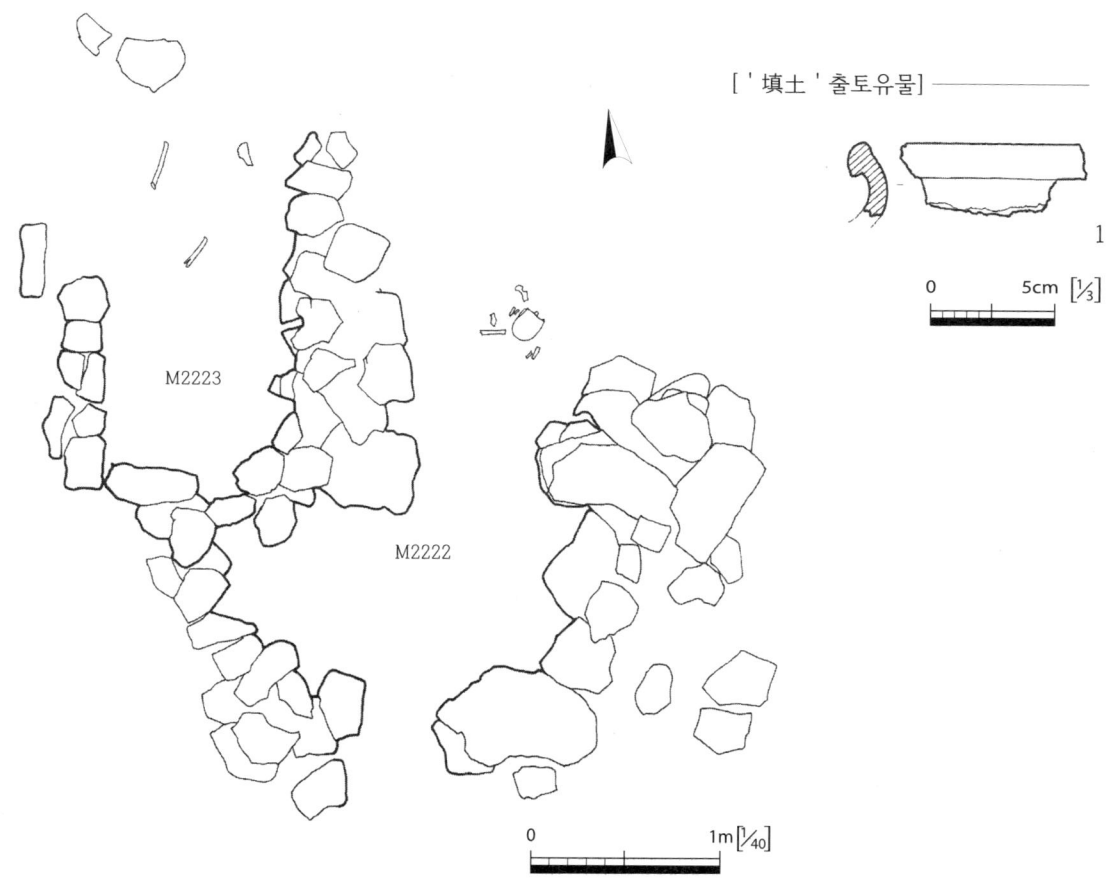

['填土' 출토유물]

1

0   5cm [⅓]

M2223

M2222

0   1m[¹⁄₄₀]

2224호묘

(단위 : cm)

봉토	크 기 (길이×너비×높이)	?	연도	크 기 (길이×너비×높이)	?
	평면형태	?		연도위치	?
현실	장축방향	N-40°-W	두 향		?
	규 모 (길이×너비×높이)	260×80×52	바닥시설		(사질 생토)
	평면형태	세장방형	천장형태		?
	시상/관대 (길이×너비×높이)	-	석재종류		현무암 판석·할석
유물	토 도 기	호 편(1), 뚜껑(1), 시문토기편(1)			
	금 속 기	-			
	옥 석 기	-			
	기 타	-			
	특기사항	-			

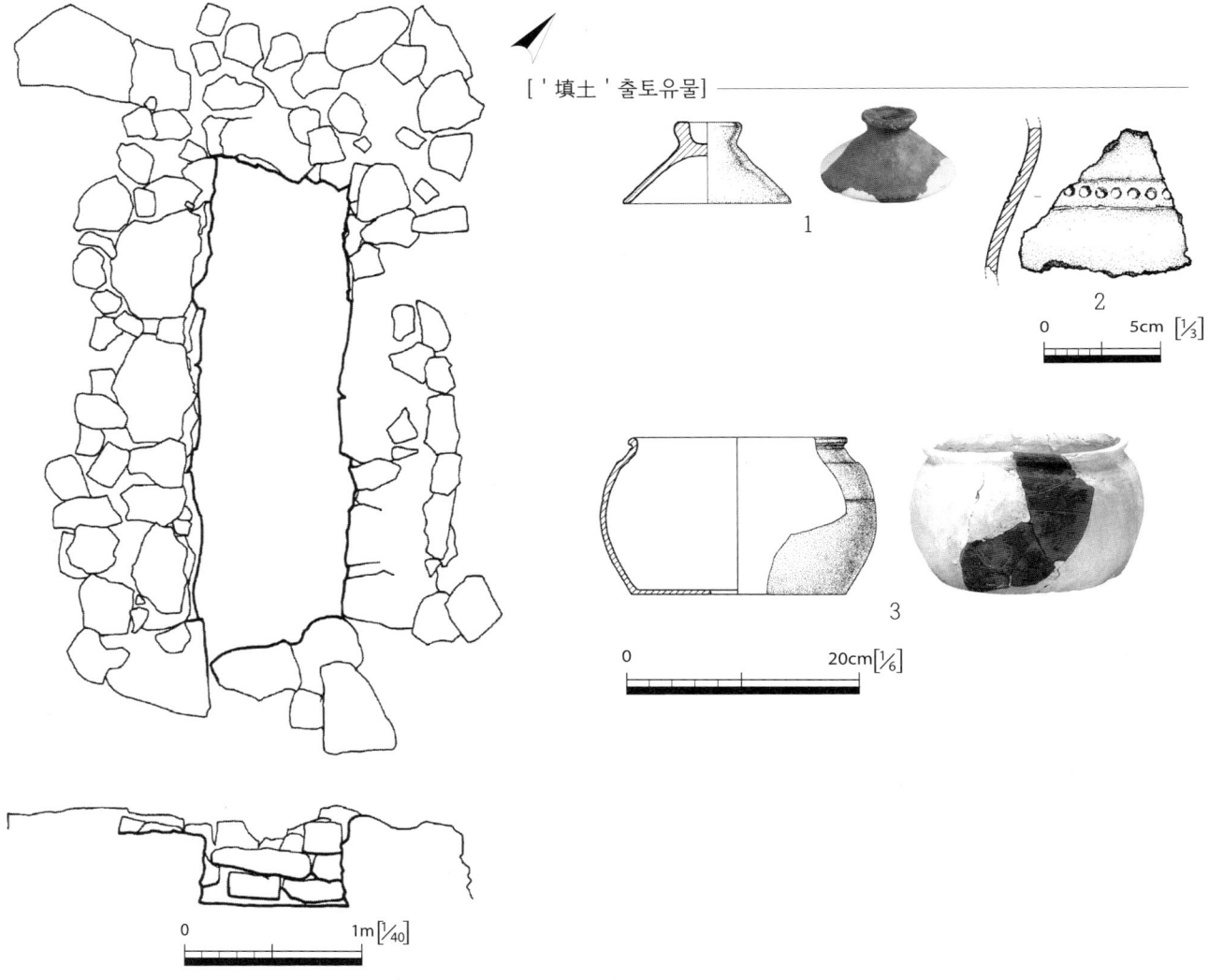

['填土' 출토유물]

1

2

0   5cm [⅓]

3

0   20cm [⅙]

0   1m [1/40]

2225호묘

(단위 :　cm)

봉토	크　기 (길이×너비×높이)	?	연도	크　기 (길이×너비×높이)	?
	평면형태	?		연도위치	?
현실	장축방향	N-5°-E		두　향	?
	규　모 (길이×너비×높이)	308×150×52		바닥시설	(사질토)
	평면형태	장방형		천장형태	?
	시상/관대 (길이×너비×높이)	-		석재종류	현무암 판석·할석
유물	토도기	심발편, 호편			
	금속기	-			
	옥석기	-			
	기　타	인골편			
특기사항		유물 도면 없음. 몇 개의 사지골이 발견된다.			

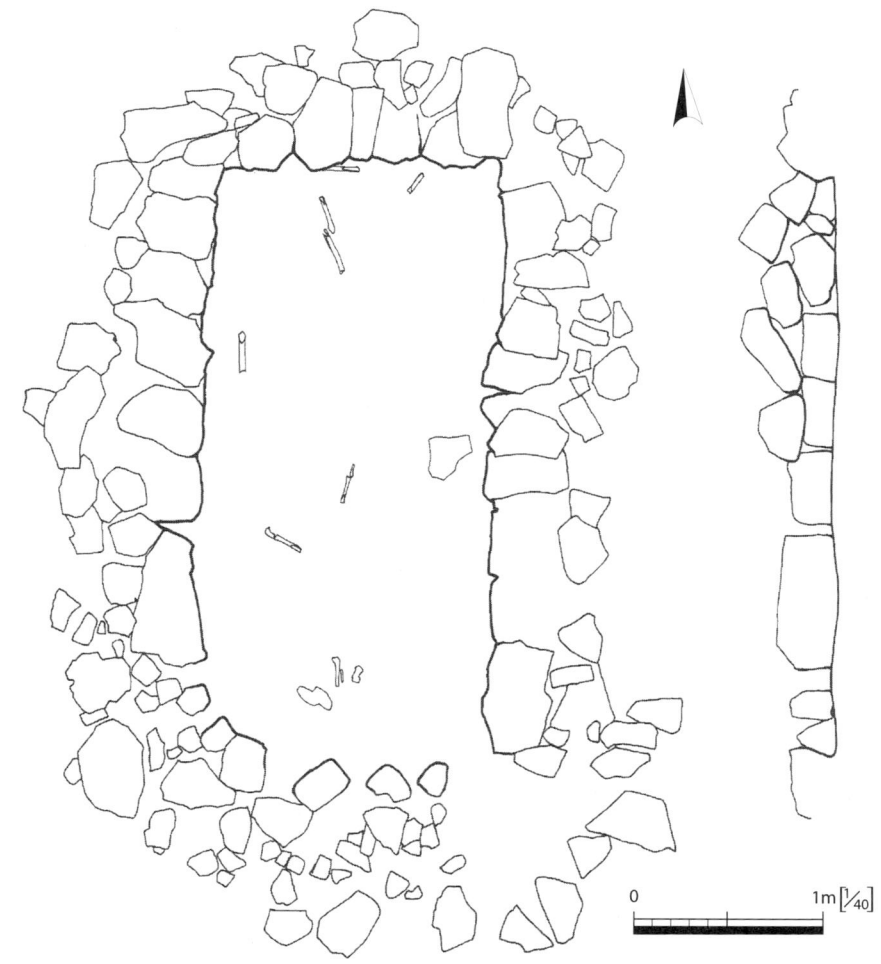

0　　　　　　　　　　1m [1/40]

2226호묘

(단위 : cm)

봉토	크 기 (길이×너비×높이)	?	연도	크 기 (길이×너비×높이)	?
	평면형태	?		연도위치	?
현실	장축방향	N-25°-E		두 향	?
	규 모 (길이×너비×높이)	?		바닥시설	?
	평면형태	?		천장형태	?
	시상/관대 (길이×너비×높이)	-		석재종류	할석
유물	토 도 기	토기편			
	금 속 기	-			
	옥 석 기	-			
	기 타	인골편			
특기사항		유물 도면 없음. 소량의 사지골이 발견되었으나 성별과 나이는 알 수 없다. 훼손이 심해 원래 어떤 형식의 무덤이었는지 알 수 없다.			

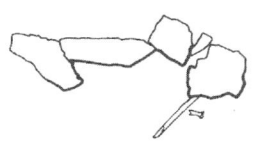

0　　　　　　　1m [¼₀]

2227호묘

(단위 : cm)

봉토	크 기 (길이×너비×높이)	?	석관	크 기 (길이×너비×높이)	282×80×60
	평면형태	?		장 폭 비	3.52:1
장축방향		N-15°-W	석곽	크 기 (길이×너비×높이)	-
두 향		남향/?		장 폭 비	-
벽석종류		현무암 할석			
유물	토도기	심발편(2)			
	금속기	-			
	옥석류	-			
	기 타	인골(3)			
특기사항		중앙에 위치한 35~40세 남성 인골(C)는 일차장이고, 북쪽 우측에 있는 유아 인골(A)와 북쪽 좌측에 있는 25~30세 여성 인골(B)는 이차장이다.			

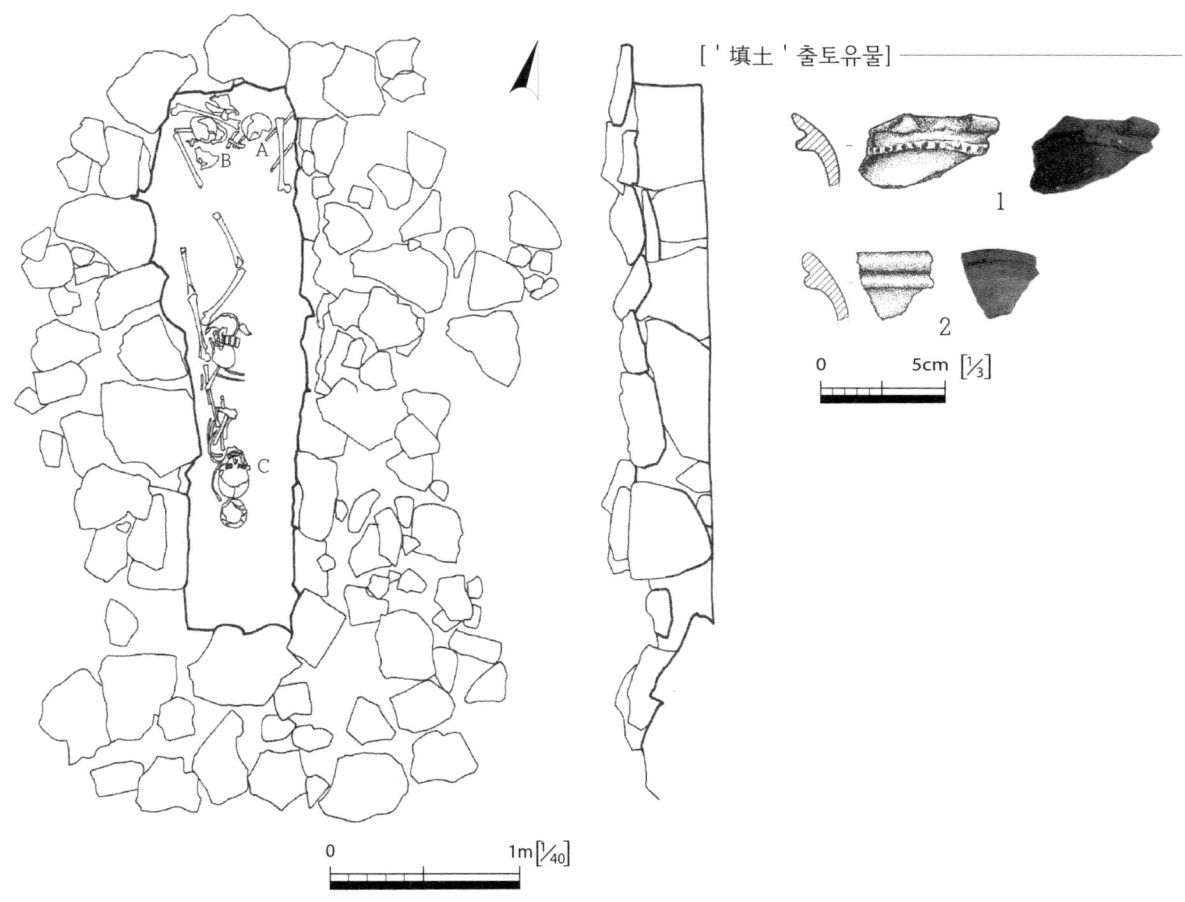

['填土' 출토유물]

1

2

0   5cm [⅓]

0   1m[¹⁄₄₀]

2228호묘

봉토	크 기 (길이×너비×높이)	?	연도	크 기 (길이×너비×높이)	?
	평면형태	?		연도위치	?
현실	장축방향	N-25°-W		두 향	?
	규 모 (길이×너비×높이)	?		바닥시설	?
	평면형태	?		천장형태	?
	시상/관대 (길이×너비×높이)	-		석재종류	활석
유물	토 도 기	호 구연부편(1), 심발 구연부편(3)			
	금 속 기	동제 귀걸이(1), 철제 패식(1), 미상 철기(1)			
	옥 석 기	마노제 구슬(1)			
	기 타	-			
	특기사항	훼손이 심해 원래 어떤 형태의 무덤이었는지 알 수 없다.			

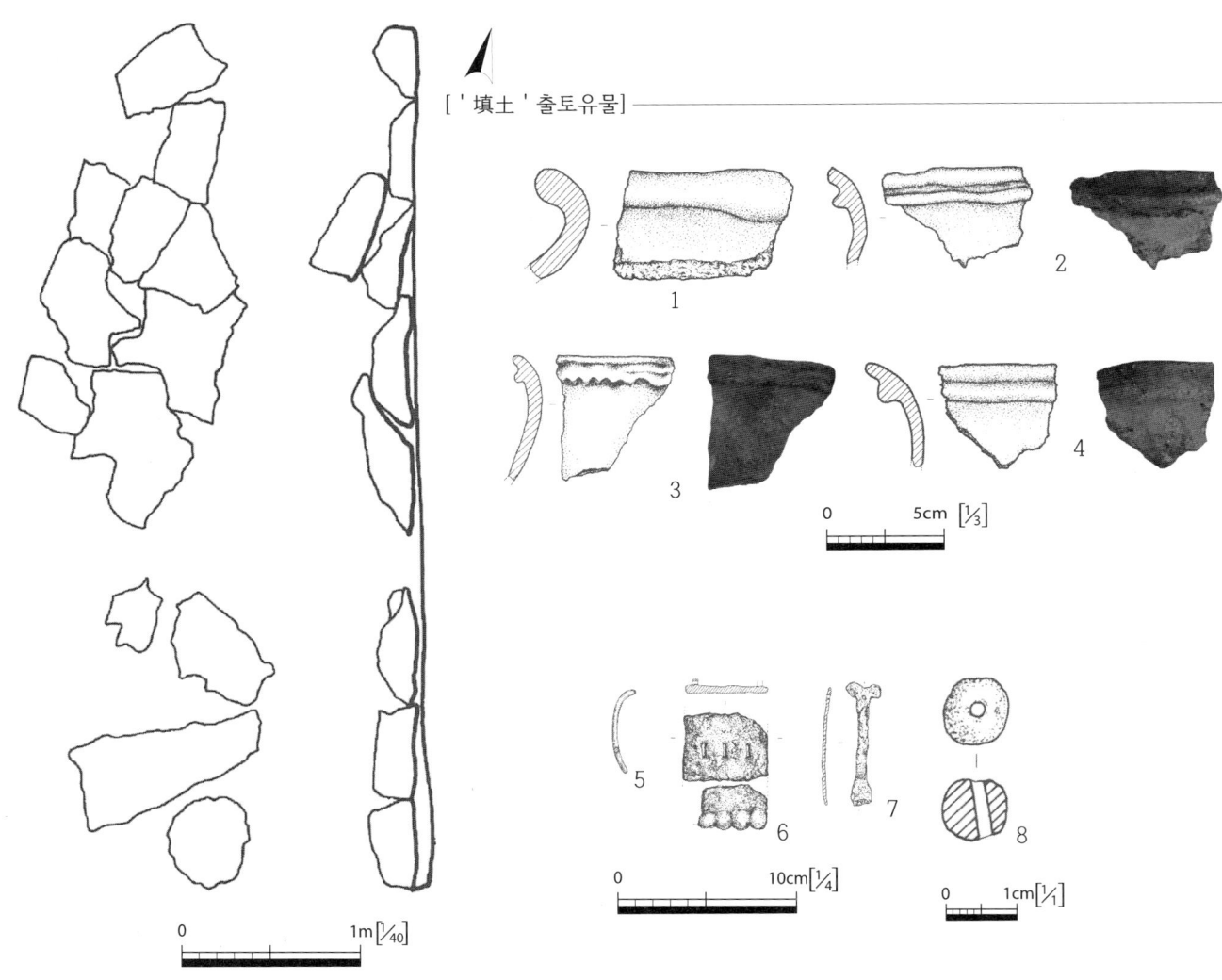

['填土' 출토유물]

0   5cm [⅓]

0   10cm[¼]

0   1cm[1/1]

0   1m[1/40]

2229호묘

(단위 : cm)

봉토	크 기 (길이×너비×높이)	460×290×30	연도	크 기 (길이×너비×높이)	?
	평면형태	?		연도위치	?
현실	장축방향	N-25°-W		두 향	북서향
	규 모 (길이×너비×높이)	236×120×68		바닥시설	황갈색 점토
	평면형태	장방형		천장형태	?
	시상/관대 (길이×너비×높이)	-		석재종류	현무암 판석·할석
유물	토 도 기	-			
	금 속 기	-			
	옥 석 기	-			
	기 타	인골(2)			
	특기사항	남녀인골이 앙신직지로 일차 합장되었는데, 우측 인골(A)는 성인 여성이고 좌측 인골(B)는 성인 남성으로 45세 정도이다.			

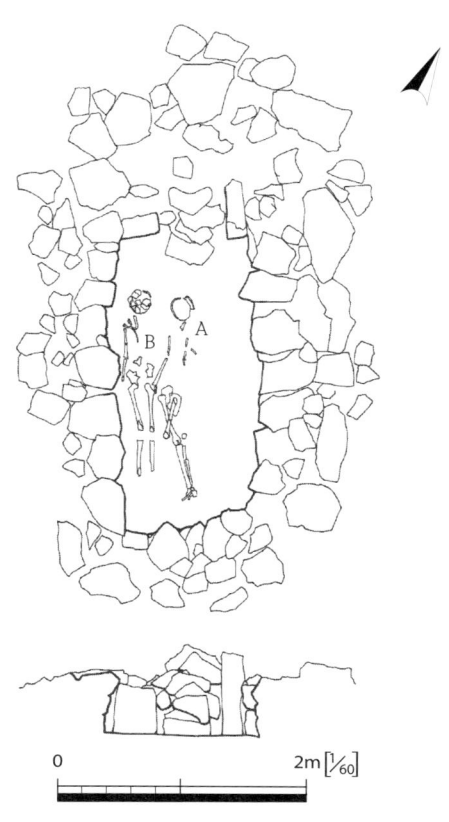

0   2m [1/60]

2230호묘

(단위 : cm)

봉토	크 기 (길이×너비×높이)	?	연도	크 기 (길이×너비×높이)	-
	평면형태	?		연도위치	-
현실	장축방향	N-10°-E		두 향	남향
	규 모 (길이×너비×높이)	246×126×100		바닥시설	(니질토)
	평면형태	장방형		천장형태	?
	시상/관대 (길이×너비×높이)	-		석재종류	현무암 할석
유물	토 도 기	심발 구연부편(1)			
	금 속 기	철제 찰갑편(1)			
	옥 석 기	-			
	기 타	인골(2)			
	특기사항	인골 2개체분이 발견되었는데, 우측 인골(A)는 여성이고 좌측 인골(B)는 55세 정도의 남성으로 남녀 이차 합장이다.			

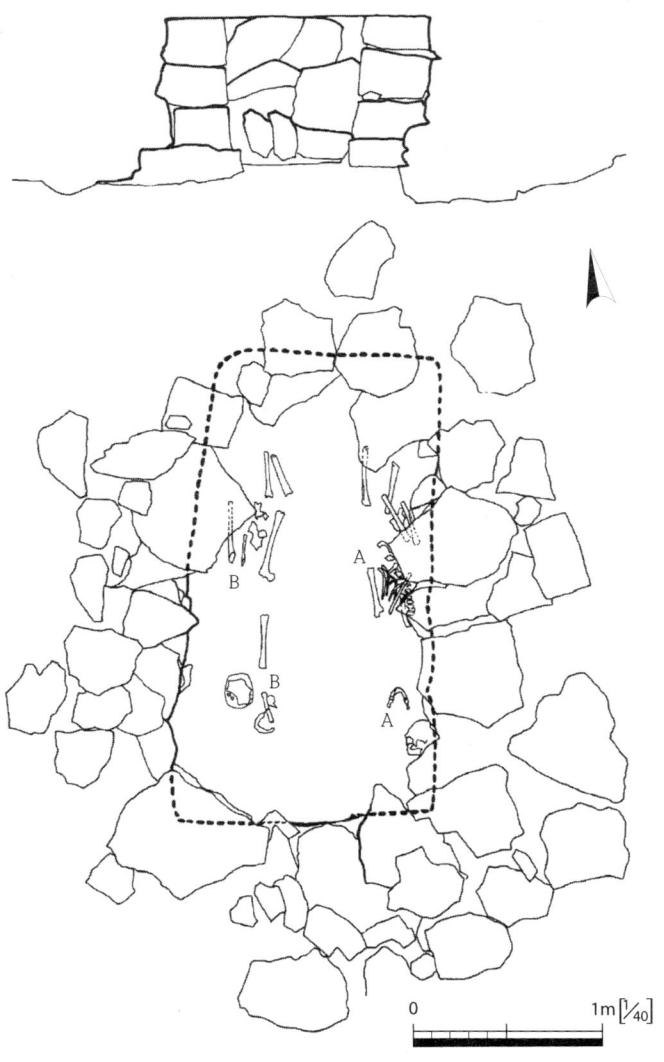

[유구사진]

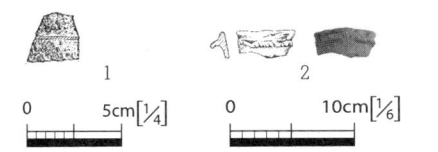

['填土' 출토유물]

1

2

0   5cm[1/4]   0   10cm[1/6]

0   1m[1/40]

2231호묘

(단위 : cm)

봉토	크 기 (길이×너비×높이)	?	연도	크 기 (길이×너비×높이)	-
	평면형태	?		연도위치	-
현실	장축방향	N-S		두 향	?
	규 모 (길이×너비×높이)	266×94×91		바닥시설	사질 점토
	평면형태	장방형		천장형태	?
	시상/관대 (길이×너비×높이)	-		석재종류	현무암 판석·할석
유물	토 도 기	심발 구연부편(2)			
	금 속 기	철제 관정(1)			
	옥 석 기	-			
	기 타	인골(2)			
	특기사항	단인 이차장으로 추정되며, 묘주는 성인 남성이다.			

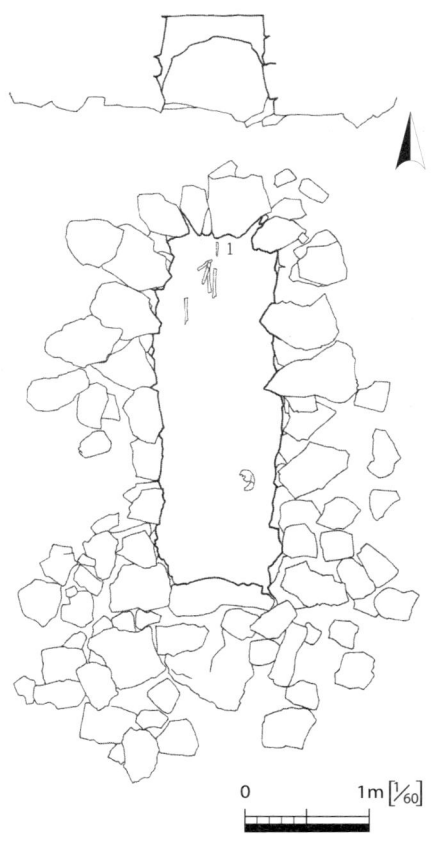

[출토유물]

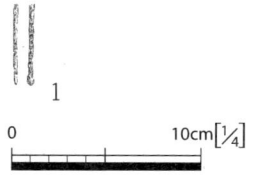
1

0　　　　　　　　　10cm[¼]

['填土' 출토유물]

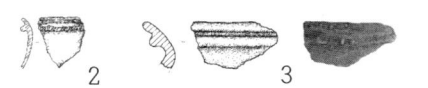
2　　　　　3

0　　　　1m[1/60]

2232호묘

(단위 : cm)

봉토	크 기 (길이×너비×높이)	?	연도	크 기 (길이×너비×높이)	?
	평면형태	?		연도위치	?
현실	장축방향	N-20°-W		두 향	?
	규 모 (길이×너비×높이)	225×90×42		바닥시설	흑갈색 생토
	평면형태	장방형		천장형태	?
	시상/관대 (길이×너비×높이)	-		석재종류	현무암 할석
유물	토 도 기	호(1), 시문토기편(1)			
	금 속 기	나선형 철기(1)			
	옥 석 기	-			
	기 타	인골편			
특기사항		소량의 인골편이 출토되었는데, 이차장으로 보이며, 20~25세의 남성이 매장된 것이 확인된다.			

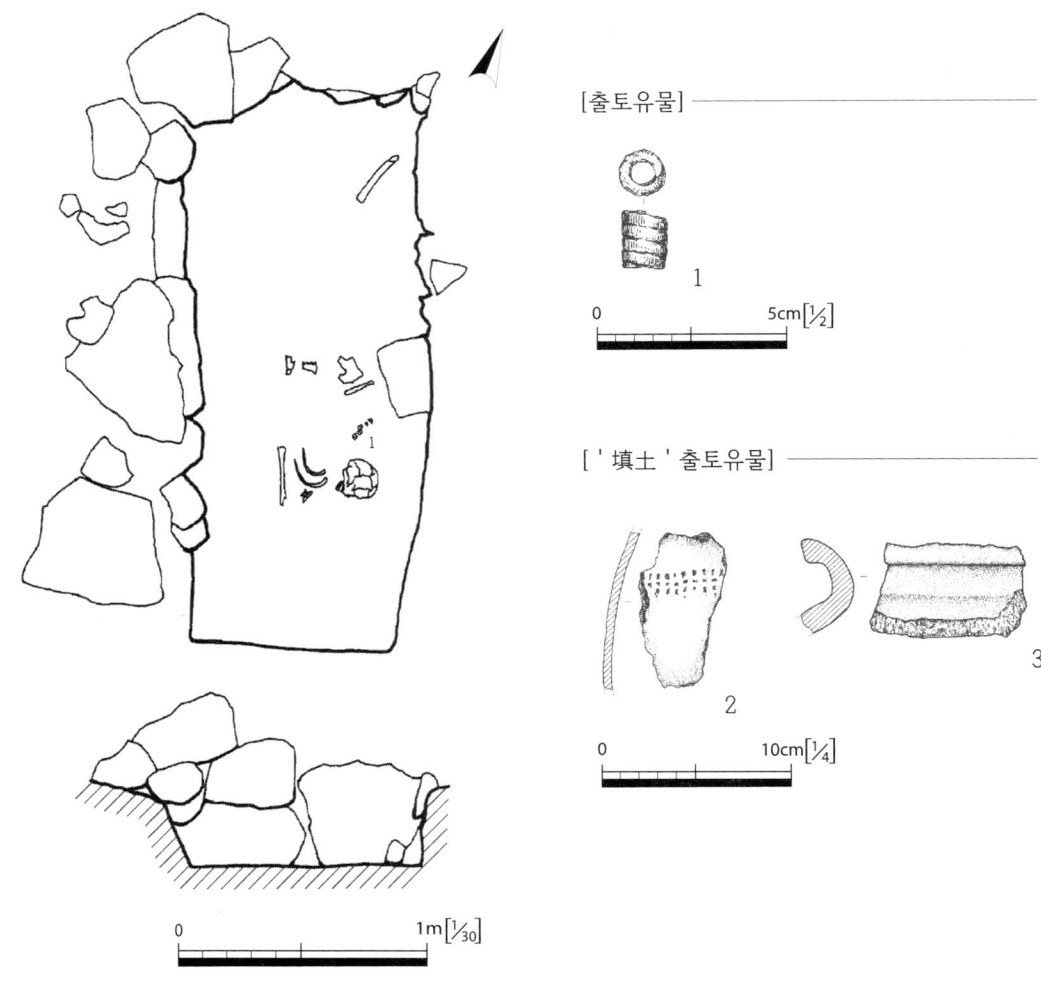

[출토유물]

1

0   5cm[½]

['填土' 출토유물]

2   3

0   10cm[¼]

0   1m[1/30]

2233호묘

봉토	크 기 (길이×너비×높이)	?	석관	크 기 (길이×너비×높이)	152×76×62
	평면형태	?		장 폭 비	2.00:1
	장축방향	N-10°-E	석곽	크 기 (길이×너비×높이)	-
	두 향	?			
	벽석종류	판석		장 폭 비	-
유물	토도기	호편(1), 심발편(2), 시문토기편(2)			
	금속기	철제 찰갑편(1)			
	옥석류	-			
	기 타	인골(2)			
	특기사항	북쪽에 위치한 인골(A)는 유소아로 정확한 나이나 성별을 알 수 없고, 남쪽에 위치한 인골(B)는 성인 남성으로, 이차장임을 알 수 있다.			

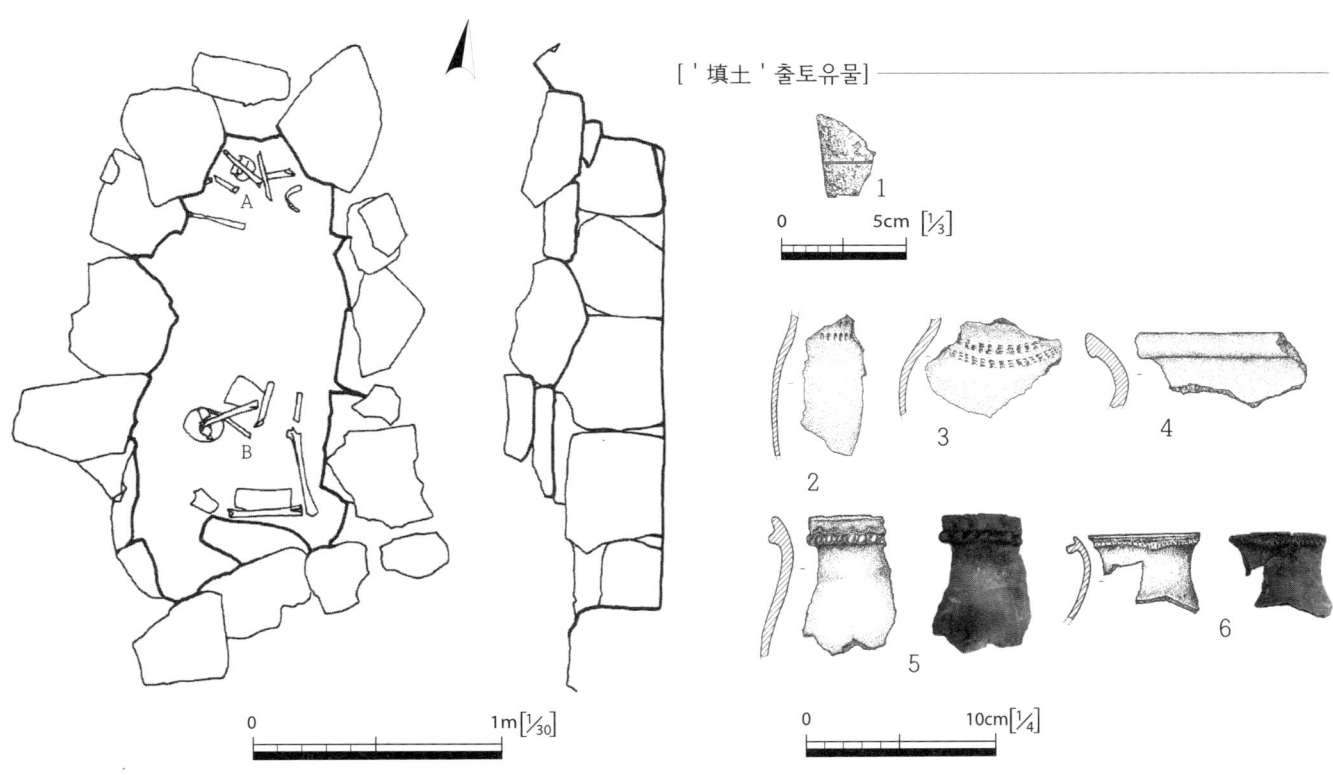

['塡土' 출토유물]

1

0   5cm [⅓]

3

2   4

5   6

0   1m[1/30]

0   10cm[¼]

2234호묘

(단위 : cm)

봉토	크 기 (길이×너비×높이)	?	석관	크 기 (길이×너비×높이)	143×48×54
	평면형태	?		장 폭 비	2.98:1
	장축방향	N-S	석곽	크 기 (길이×너비×높이)	-
	두 향	-		장 폭 비	-
	벽석종류	판석·할석			
유물	토도기	토기편			
	금속기	은제 귀걸이(1), 철제 도(1), 미상 철기(1)			
	옥석류	-			
	기 타	-			
	특기사항	-			

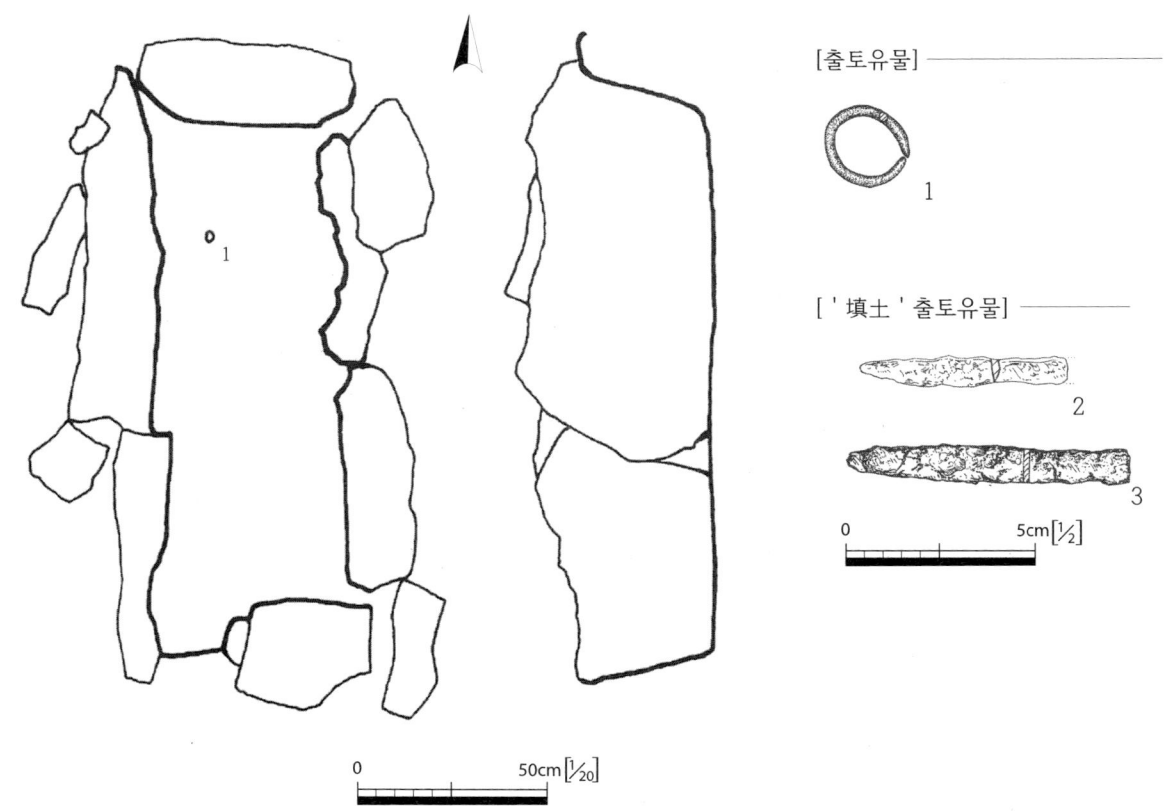

[출토유물]

1

['填土' 출토유물]

2

3

0   5cm[½]

0   50cm[1/20]

2235호묘

(단위 : cm)

봉토	크 기 (길이×너비×높이)	?	석관	크 기 (길이×너비×높이)	184×51×38
	평면형태	?		장 폭 비	3.61:1
	장축방향	N-5°-E	석곽	크 기 (길이×너비×높이)	-
	두 향	남향		장 폭 비	-
	벽석종류	판석·할석			
유물	토도기	토기편, 시문토기편			
	금속기	-			
	옥석류	-			
	기 타	인골(1)			
	특기사항	발견된 1개체분의 인골은 유아로, 정확한 나이와 성별을 알 수 없다.			

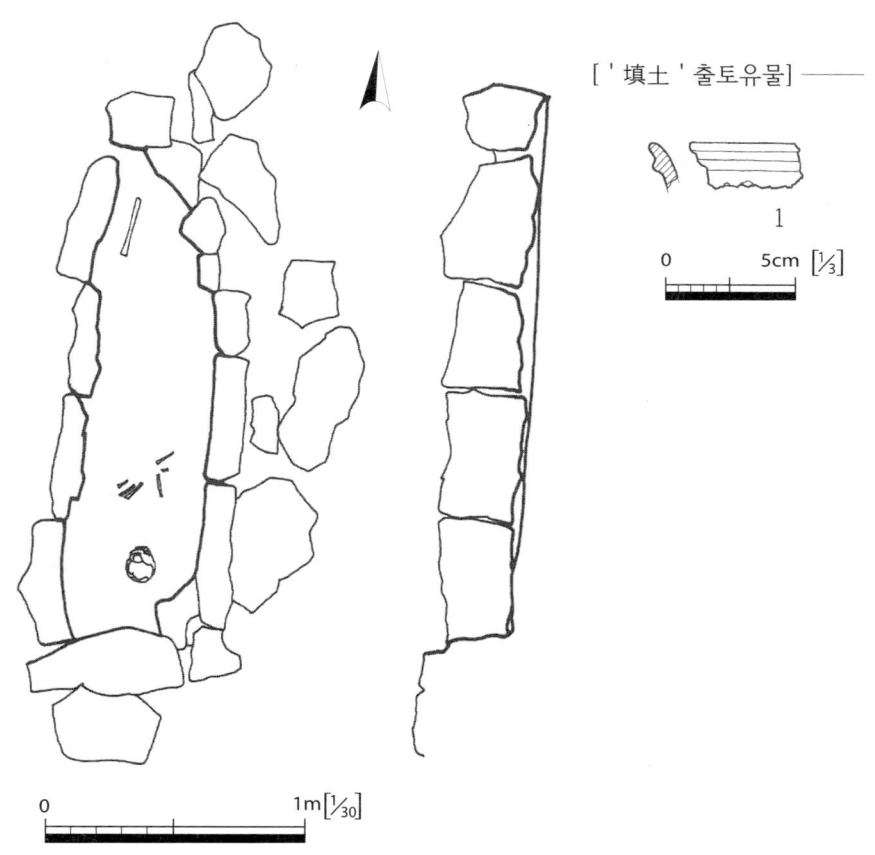

['填土' 출토유물]

1

0   5cm [⅓]

0   1m[1/30]

2236호묘

(단위 : cm)

봉토	크 기 (길이×너비×높이)	?	연도	크 기 (길이×너비×높이)	?
	평면형태	?		연도위치	?
현실	장축방향	N-20°-E		두 향	?
	규 모 (길이×너비×높이)	242×100×50		바닥시설	황갈색 점토
	평면형태	장방형		천장형태	?
	시상/관대 (길이×너비×높이)	-		석재종류	판석·할석
유물	토 도 기	심발 구연부편(2)			
	금 속 기	-			
	옥 석 기	-			
	기 타	인골(2)			
특기사항		인골은 모두 2개체분으로 이차장이다. 모두 남성으로, 북쪽에 있는 인골(A)는 20~25세이고, 남쪽에 있는 인골(B)는 25세이다.			

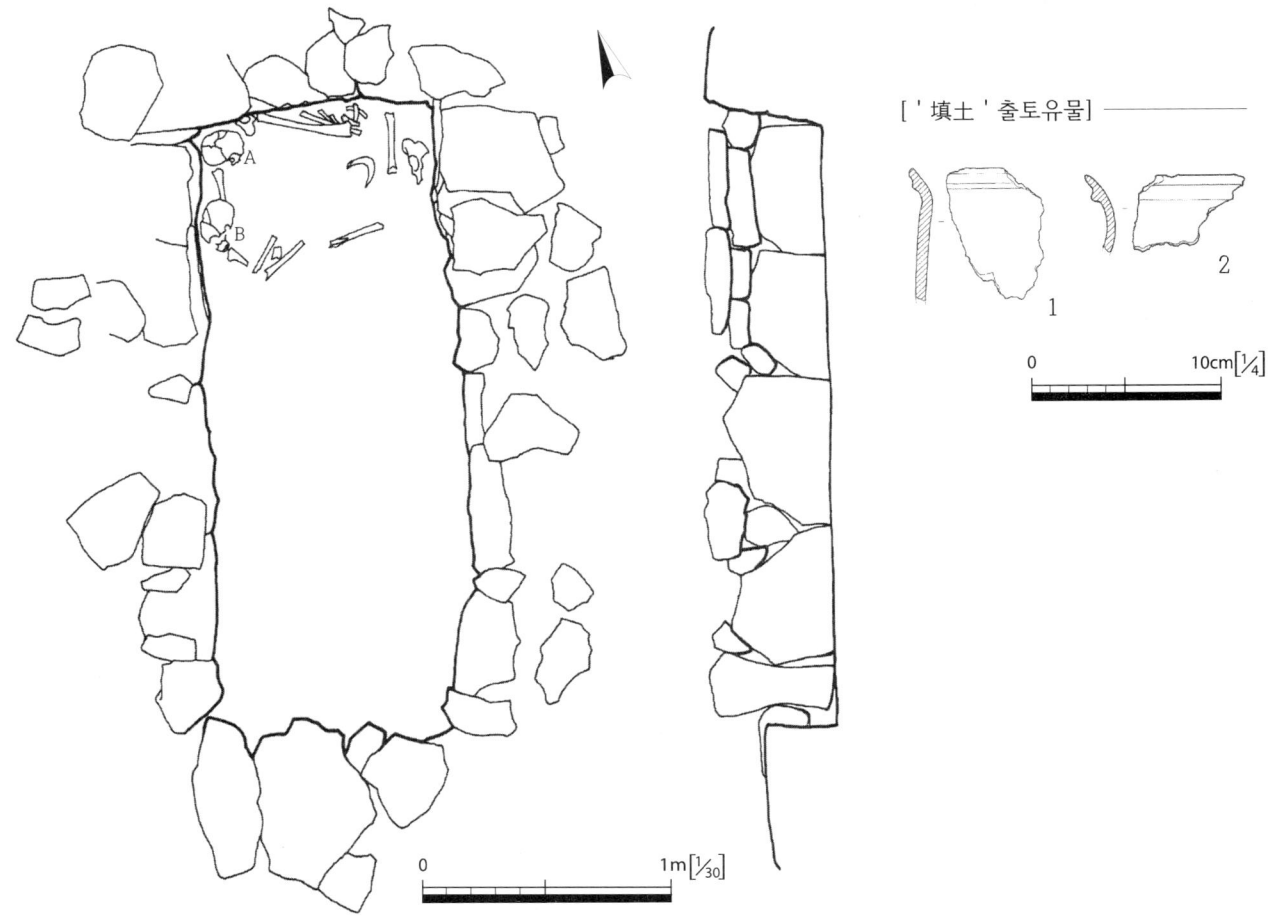

['塡土' 출토유물]

0   10cm[¼]

0   1m[1/30]

2237호묘

(단위 : cm)

봉토	크 기 (길이×너비×높이)	?	연도	크 기 (길이×너비×높이)	?
	평면형태	?		연도위치	?
현실	장축방향	N-10°-E		두 향	?
	규 모 (길이×너비×높이)	192×92×51		바닥시설	황갈색 점토
	평면형태	장방형		천장형태	?
	시상/관대 (길이×너비×높이)	-		석재종류	판석
유물	토 도 기	토기편			
	금 속 기	철제 교구(1)			
	옥 석 기	-			
	기 타	-			
	특기사항	-			

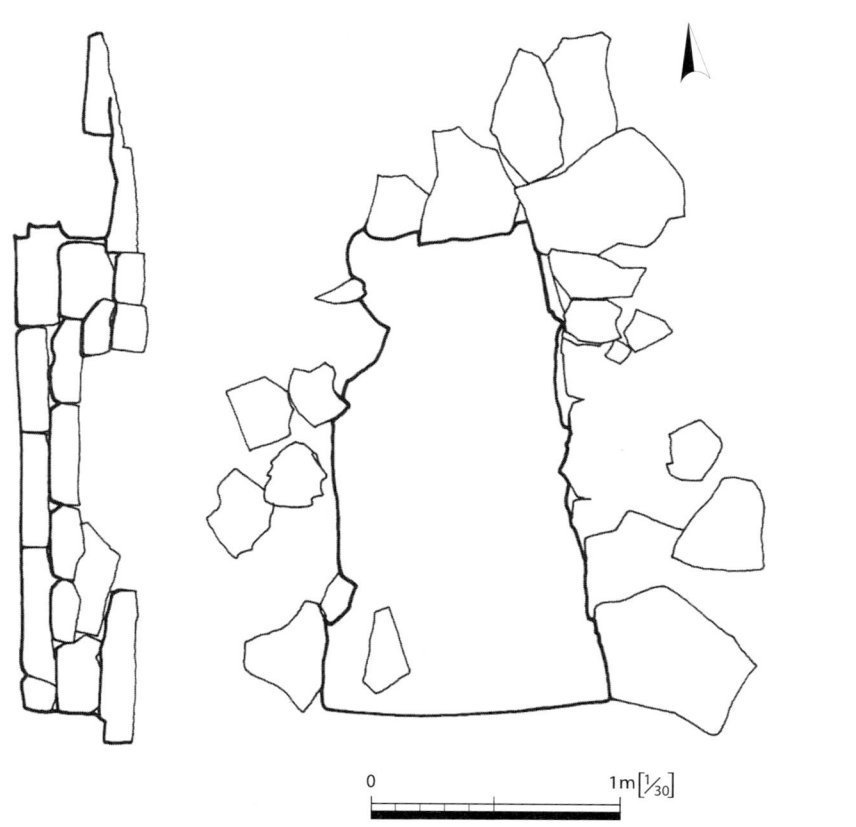

['填土' 출토유물]

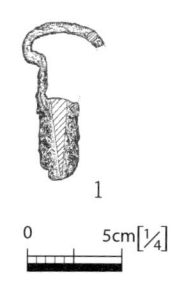

1

0   5cm[¼]

0   1m[¹⁄₃₀]

2238호묘

(단위 : cm)

봉토	크 기 (길이×너비×높이)	?	석관	크 기 (길이×너비×높이)	184×70×40
	평면형태	?		장 폭 비	2.63:1
	장축방향	N-30°-E	석곽	크 기 (길이×너비×높이)	-
	두 향	?		장 폭 비	-
	벽석종류	판석·할석			
유물	토도기	호 구연부편(1), 심발 구연부편(2)			
	금속기	나선형 철기(1)			
	옥석류	-			
	기 타	-			
	특기사항	-			

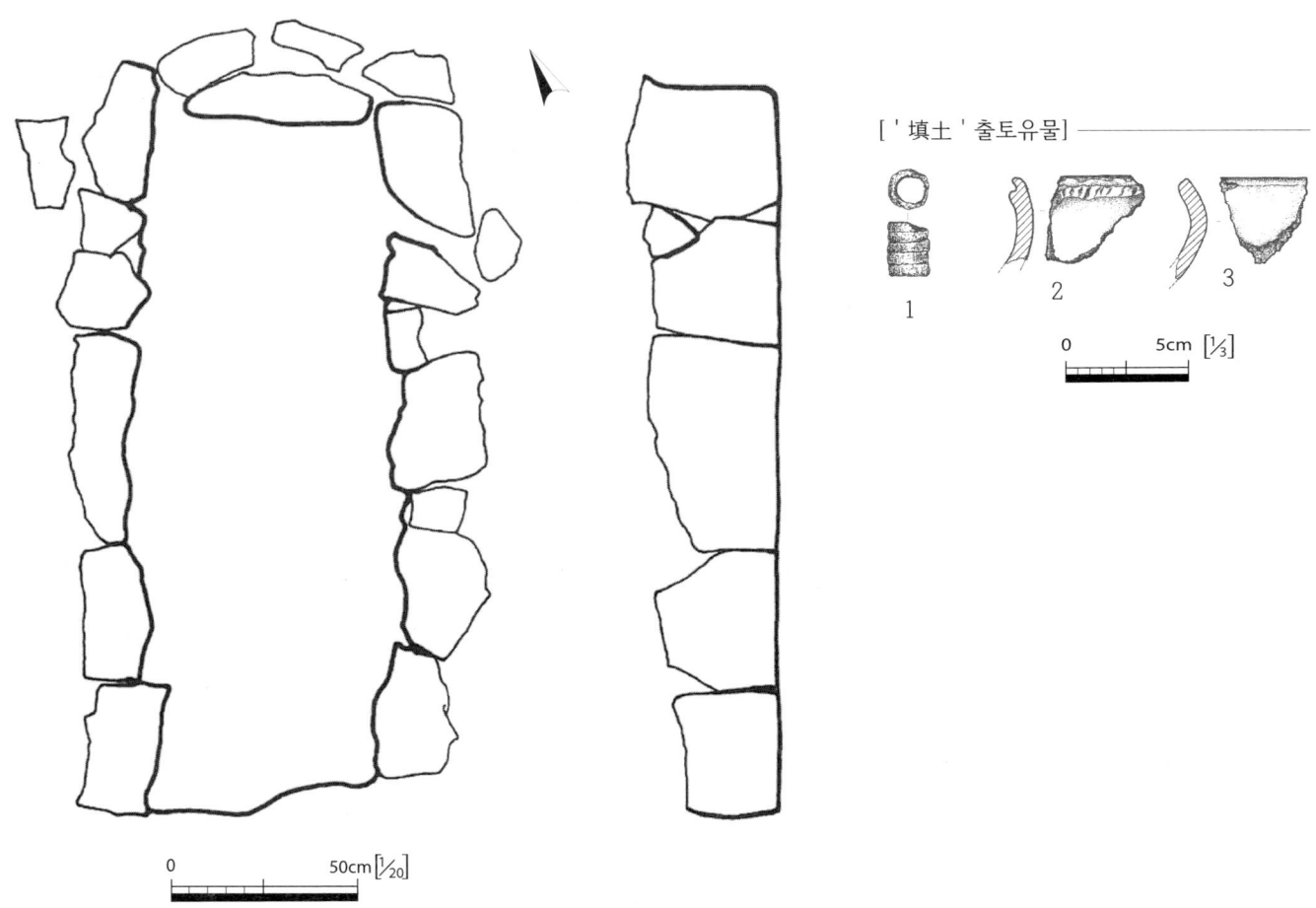

['填土' 출토유물]

1   2   3

0   5cm [⅓]

0   50cm [¹⁄₂₀]

2239호묘

(단위 : cm)

봉토	크 기 (길이×너비×높이)	?	연도	크 기 (길이×너비×높이)	?
	평면형태	?		연도위치	?
현실	장축방향	N-10°-E		두 향	?
	규 모 (길이×너비×높이)	261×122×54		바닥시설	사질토
	평면형태	장방형		천장형태	?
	시상/관대 (길이×너비×높이)	-		석재종류	현무암 판석·할석
유물	토도기	호 구연부편(1), 심발 구연부편(1)			
	금속기	동경(1), 철제 찰갑편(3)			
	옥석기	-			
	기 타	인골(2)			
특기사항		인골은 2개체분으로 모두 이차장이다. 북쪽의 두개골(A)는 35세 정도의 여성, 남쪽의 두개골(B)는 40세 정도의 남성이다.			

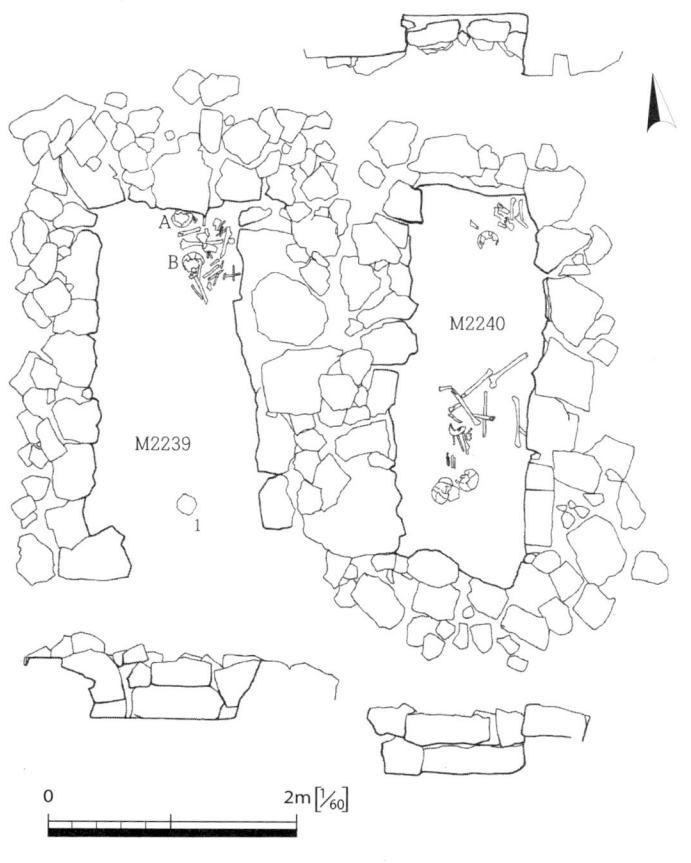

0   2m[1/60]

[유구사진]

[출토유물]

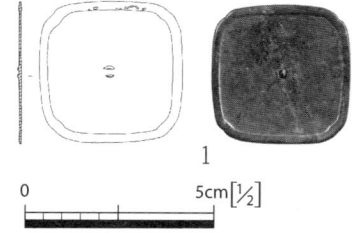

1

0   5cm[1/2]

['填土' 출토유물]

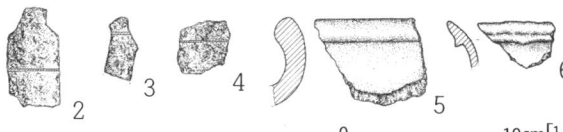

0   10cm[1/4]

2240호묘

(단위 : cm)

봉토	크 기 (길이×너비×높이)	?	연도	크 기 (길이×너비×높이)	?
	평면형태	?		연도위치	?
현실	장축방향	N-10°-E	두 향		?
	규 모 (길이×너비×높이)	228×118×52	바닥시설		니질토
	평면형태	장방형	천장형태		?
	시상/관대 (길이×너비×높이)	?	석재종류		현무암 판석·할석
유물	토 도 기	토기편			
	금 속 기	은제 귀이개(1)			
	옥 석 기	-			
	기 타	인골(3)			
	특기사항	인골은 총 3개체분으로, 모두 이차장이다. 북쪽의 두개골(A)는 성인 여성, 남쪽의 두개골 2개는 남성 으로 그중에서 서쪽 두개골(B)는 성인, 동쪽 두개골(C)는 30세 정도인다.			

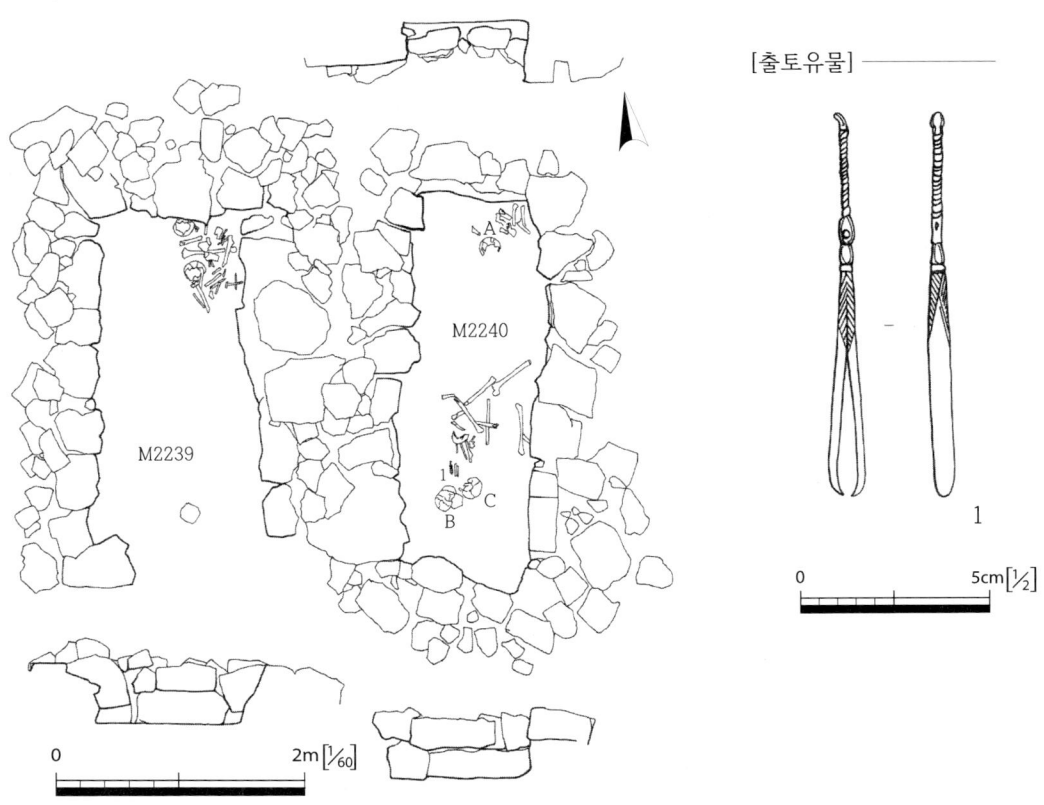

[출토유물]

1

0   5cm[1/2]

0   2m[1/60]

2241호묘

(단위 : cm)

봉토	크 기 (길이×너비×높이)	?	연도	크 기 (길이×너비×높이)	?
	평면형태	?		연도위치	?
현실	장축방향	N-20°-W		두 향	?
	규 모 (길이×너비×높이)	270×114×30		바닥시설	황갈색점토
	평면형태	장방형		천장형태	?
	시상/관대 (길이×너비×높이)	-		석재종류	현무암 판석·할석
유물	토 도 기	심발 구연부편(3)			
	금 속 기	동경(1), 금동제 비녀(2), 철제 관정(10), 철촉(1)			
	옥 석 기	-			
	기 타	인골(2)			
	특기사항	인골의 성별과 연령은 알 수 없고, 이차장으로 보인다.			

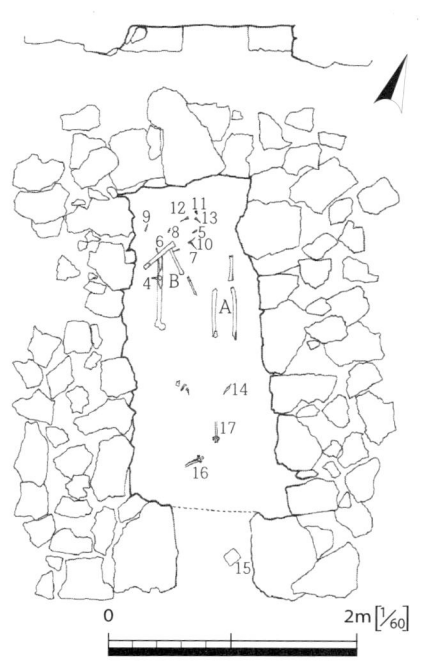

[유구사진]

['填土' 출토유물]

1

2

3

0   10cm[¼]

[출토유물]

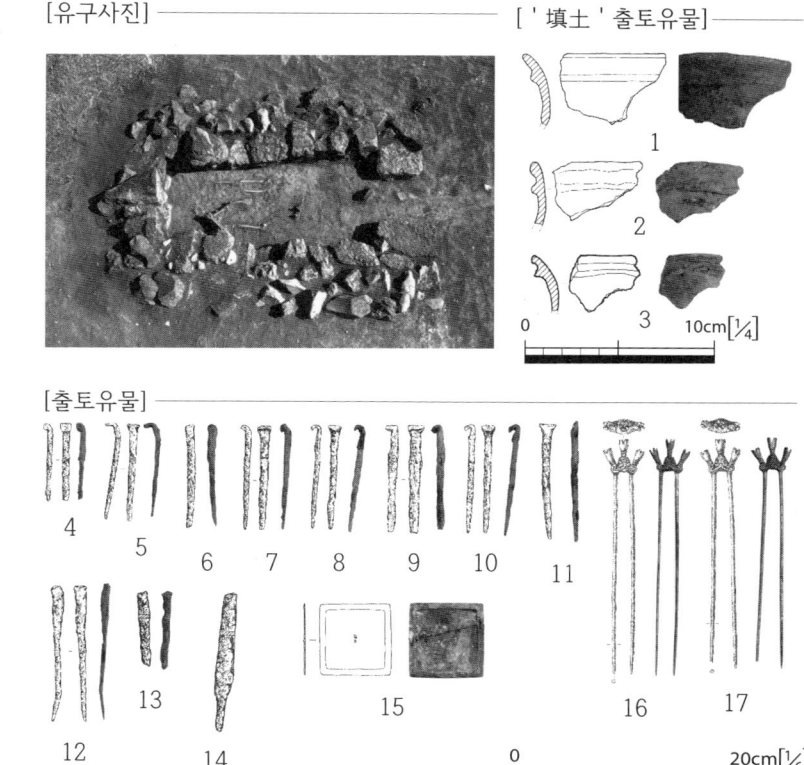

4   5   6   7   8   9   10   11   16   17

12   13   14   15

0   20cm[⅙]

0   2m[1/60]

2242호묘

(단위 : cm)

봉토	크 기 (길이×너비×높이)	?	연도	크 기 (길이×너비×높이)	?
	평면형태	?		연도위치	?
현실	장축방향	N-10°-W		두 향	?
	규 모 (길이×너비×높이)	250×90×48		바닥시설	흑회색 사질토
	평면형태	장방형		천장형태	?
	시상/관대 (길이×너비×높이)	-		석재종류	현무암 판석·할석
유물	토도기	호편, 심발편			
	금속기	-			
	옥석기	-			
	기 타	인골(2)			
특기사항	유물 도면 없음. 1점의 두개골과 2구의 사지골이 발견되어 2개체로 추정된다. 북측의 인골(A)는 두개골과 사지골이 함께 몰려 있으며 두개골 바닥에서는 운모판이 발견되었고, 50세 정도의 여성으로 추정된다. 중앙에 있는 인골(B)는 성별과 나이가 불명확하다.				

0   1m[1/40]

2243호묘

(단위 : cm)

봉토	크 기 (길이×너비×높이)	?	연도	크 기 (길이×너비×높이)	?
	평면형태	?		연도위치	?
현실	장축방향	N-10°-W		두 향	남향
	규 모 (길이×너비×높이)	(240+)×88×49		바닥시설	사질토
	평면형태	장방형		천장형태	?
	시상/관대 (길이×너비×높이)	-		석재종류	현무암 판석
유물	토도기	토기편			
	금속기	철제 관정(3), 철촉(1)			
	옥석기	-			
	기 타	인골(2)			
	특기사항	2개체분의 인골 모두 남성이며, 이차장이다.			

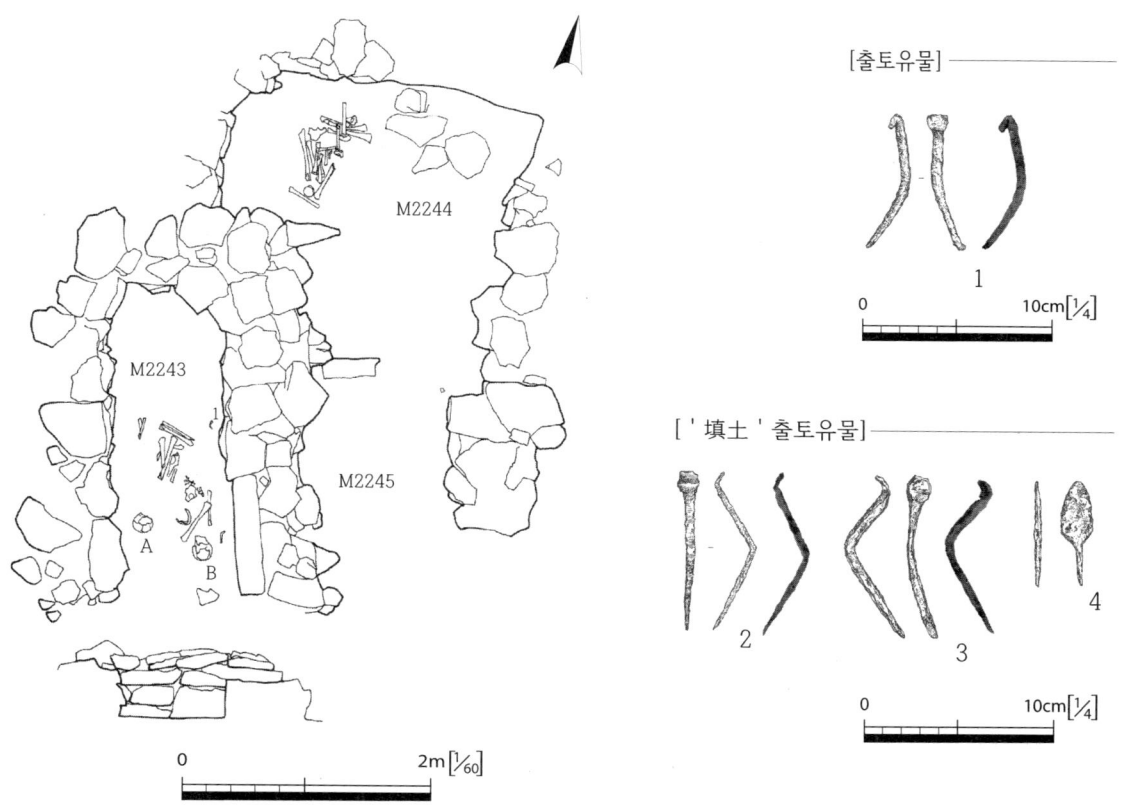

M2244

M2243

M2245

A

B

0   2m[1/60]

[출토유물]

1

0   10cm[1/4]

['塡土' 출토유물]

2   3   4

0   10cm[1/4]

2244호묘

(단위 : cm)

봉토	크 기 (길이×너비×높이)	?	연도	크 기 (길이×너비×높이)	?
	평면형태	?		연도위치	?
현실	장축방향	N-S		두 향	?
	규 모 (길이×너비×높이)	(224+)×220×32		바닥시설	?
	평면형태	?		천장형태	?
	시상/관대 (길이×너비×높이)	-		석재종류	할석
유물	토 도 기	심발 구연부편(1)			
	금 속 기	-			
	옥 석 기	-			
	기 타	인골편			
	특기사항	인골 한 더미가 발견되었는데 이차장으로 보이며, 이 중 30세 정도의 여성 인골도 있다. 훼손이 심해 원래 어떤 형태의 무덤이었는지 알 수 없다.			

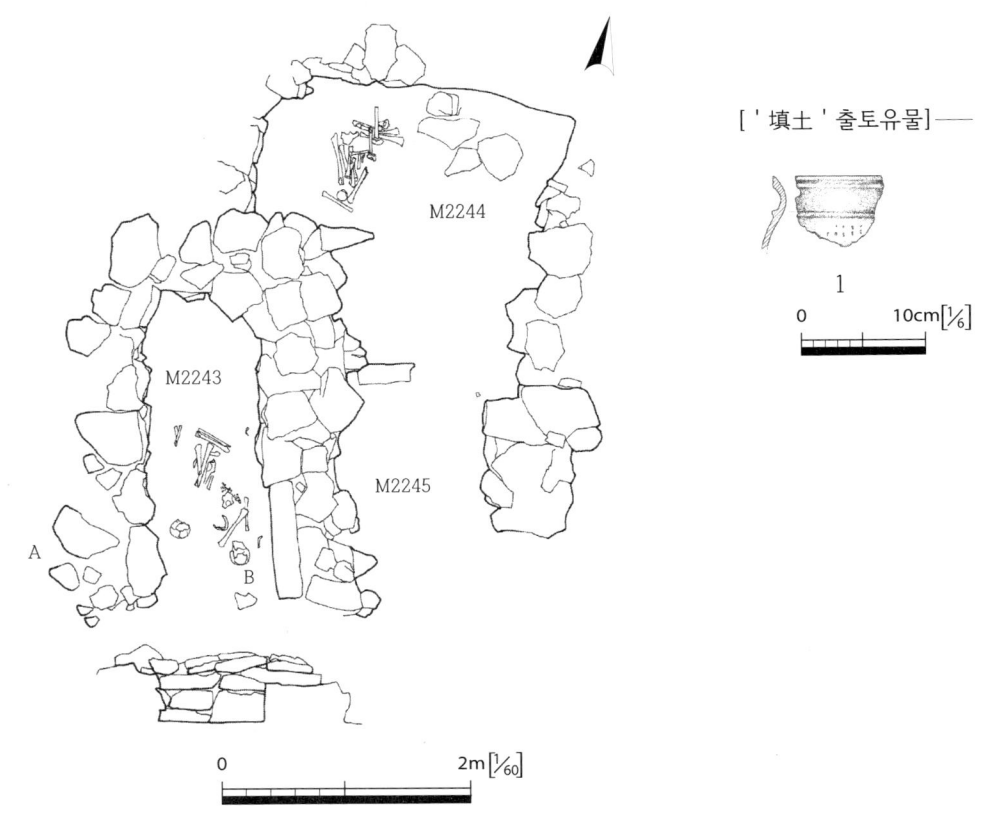

[' 填土 ' 출토유물]

1

0   10cm[⅙]

0   2m[¹/₆₀]

2245호묘

봉토	크 기 (길이×너비×높이)	?	연도	크 기 (길이×너비×높이)	?
	평면형태	?		연도위치	?
현실	장축방향	N–S		두 향	?
	규 모 (길이×너비×높이)	(126+)×115×33		바닥시설	?
	평면형태	?		천장형태	?
	시상/관대 (길이×너비×높이)	–		석재종류	판석
유물	토도기	심발 구연부편(1), 시문토기편(1)			
	금속기	철제 찰갑편(1)			
	옥석기	–			
	기 타	–			
	특기사항	훼손이 심해 원래 어떤 형태의 무덤이었는지 알 수 없다.			

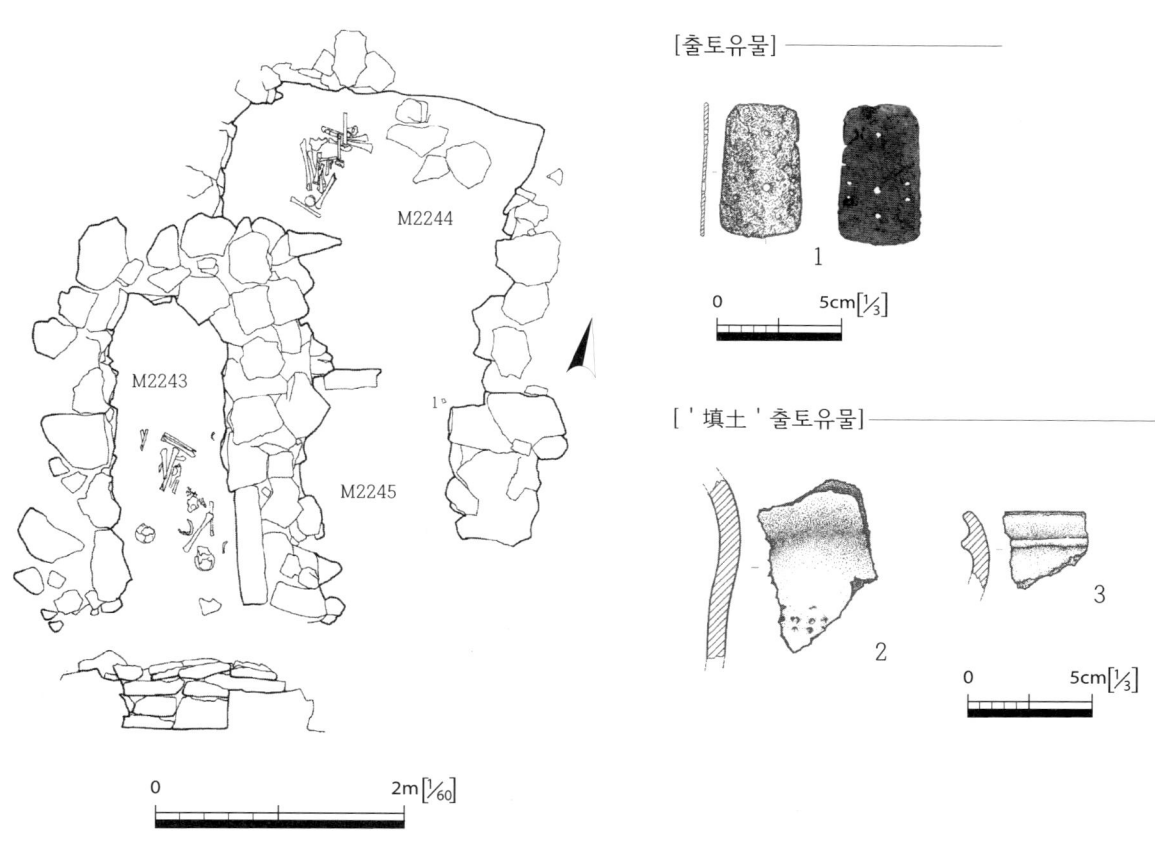

[출토유물]

1

0   5cm[⅓]

['填土' 출토유물]

2

3

0   5cm[⅓]

0   2m[1/60]

M2244

M2243

M2245

1°

2246호묘

(단위 : cm)

봉토	크 기 (길이×너비×높이)	?	연도	크 기 (길이×너비×높이)	?
	평면형태	?		연도위치	?
현실	장축방향	N-10°-W	두 향		남향
	규 모 (길이×너비×높이)	298×125×60	바닥시설		흑갈색 생토
	평면형태	장방형	천장형태		?
	시상/관대 (길이×너비×높이)	-	석재종류		현무암 판석
유물	토 도 기	심발 구연부편(2)			
	금 속 기	철제 관정(2)			
	옥 석 기	-			
	기 타	인골(1)			
	특기사항	1개체분의 인골이 서쪽에 있는데 25~30세 여성이고, 단인 일차장이다.			

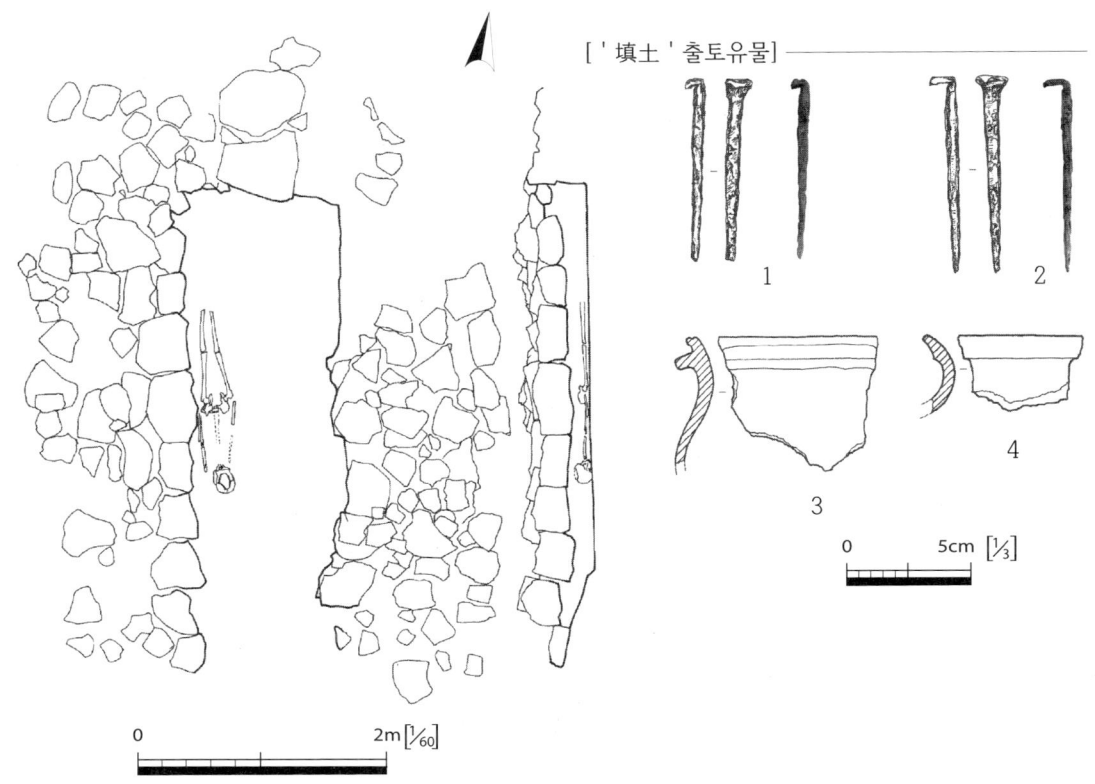

['填土' 출토유물]

1

2

3

4

0   5cm [⅓]

0   2m[1/60]

2247호묘

(단위 : cm)

봉토	크 기 (길이×너비×높이)	450×300×?	연도	크 기 (길이×너비×높이)	?
	평면형태	타원형		연도위치	?
현실	장축방향	N-10°-W		두 향	남향
	규 모 (길이×너비×높이)	228×102×88		바닥시설	회갈색 생토
	평면형태	장방형		천장형태	평
	시상/관대 (길이×너비×높이)	-		석재종류	현무암 판석·할석
유물	토 도 기	심발 구연부편(2)			
	금 속 기	철제 관정(1)			
	옥 석 기	-			
	기 타	인골(3)			
	특기사항	모두 3개체분의 인골이 발견되었는데, 일차장인 인골(A)는 25~30세 여성이고, 인골(A)의 서쪽에 있는 인골(B)와 서북쪽 모서리에 있는 인골(C)는 이차장으로 각각 유아와 30세 정도의 남성이다.			

[개석 노출 전]

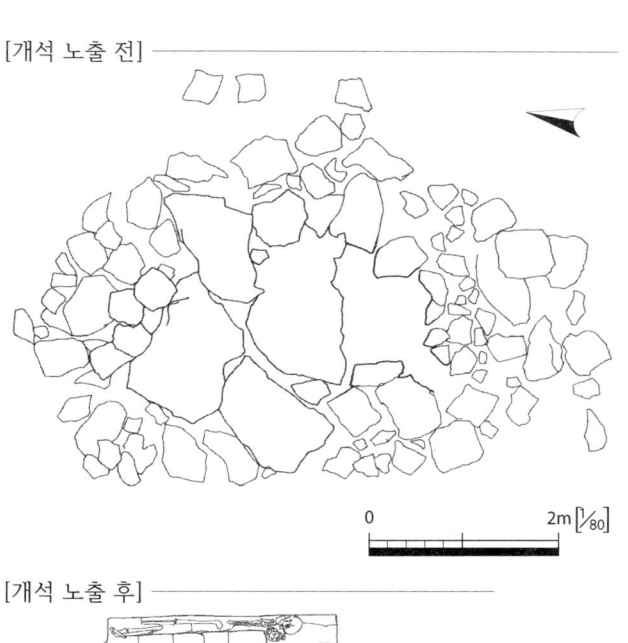

0   2m [1/80]

[개석 노출 후]

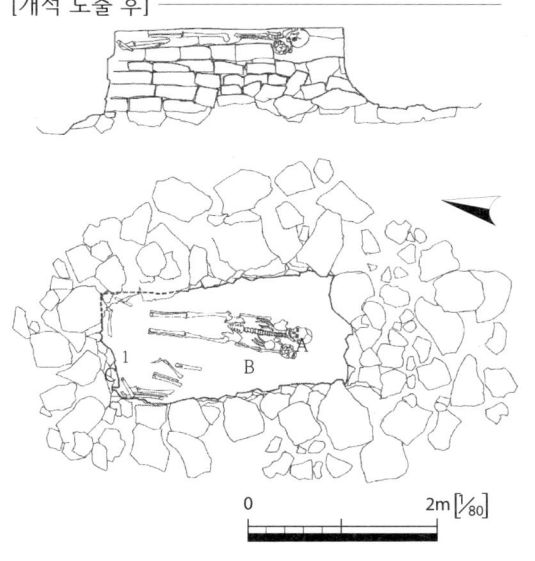

0   2m [1/80]

[출토유물]

0   5cm [1/3]

1

['填土' 출토유물]

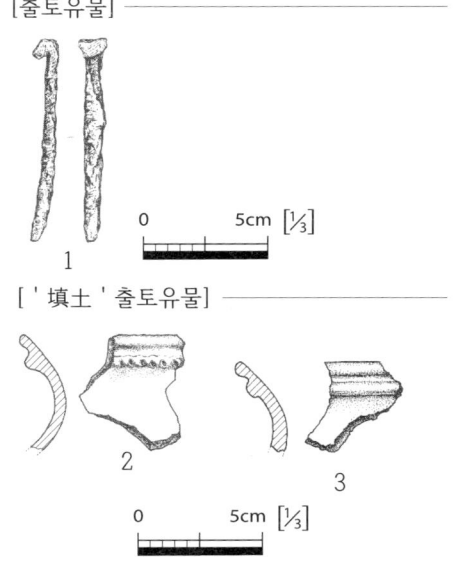

0   5cm [1/3]

2   3

2248호묘

봉토	크 기 (길이×너비×높이)	?	연도	크 기 (길이×너비×높이)	?
	평면형태	?		연도위치	?
현실	장축방향	N-20°-W		두 향	?
	규 모 (길이×너비×높이)	299×120×42		바닥시설	황갈색 생토
	평면형태	장방형		천장형태	?
	시상/관대 (길이×너비×높이)	-		석재종류	현무암 판석·할석
유물	토도기	호 구연부편(1), 심발 구연부편(3)			
	금속기	철제 칼손잡이 장식(1)			
	옥석기	-			
	기 타	인골(1)			
	특기사항	50세 정도의 여성 인골이 소량 발견되었다.			

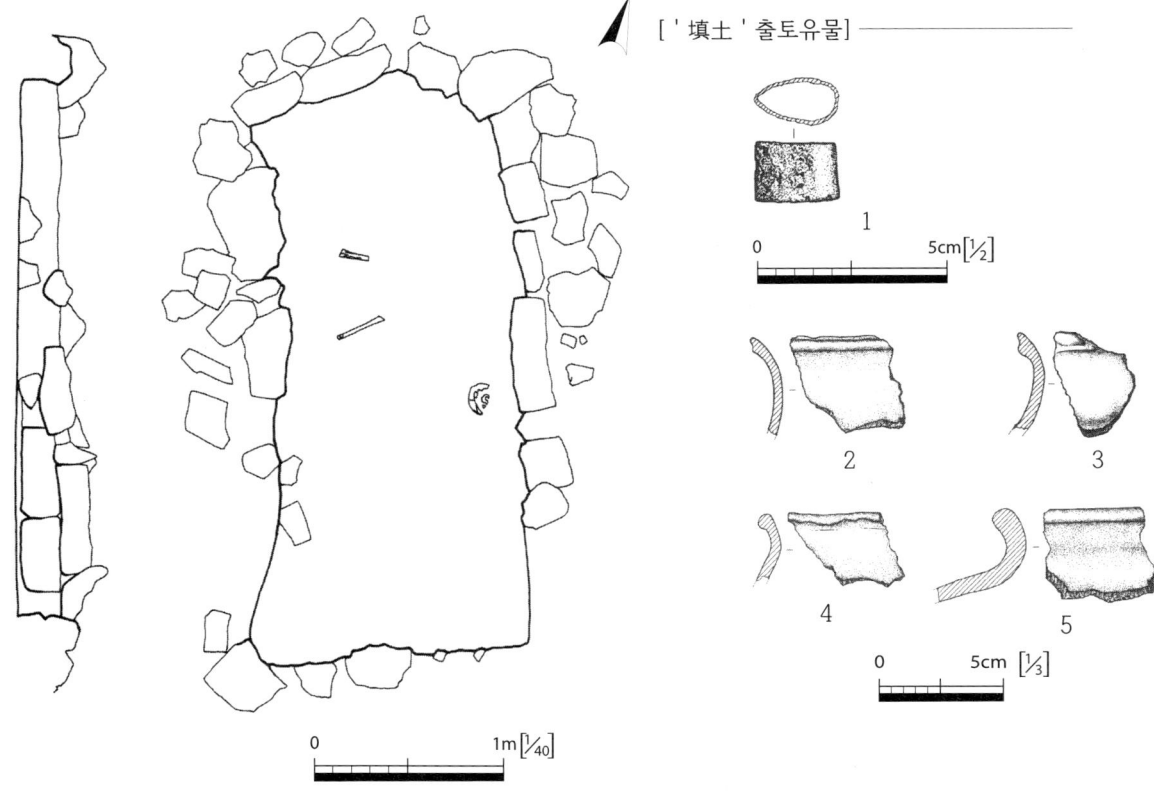

['填土' 출토유물]

1

0   5cm[½]

2   3

4   5

0   5cm [⅓]

0   1m[¹⁄₄₀]

2249호묘

봉토	크 기 (길이×너비×높이)	?	연도	크 기 (길이×너비×높이)	?
	평면형태	?		연도위치	?
현실	장축방향	N-50°-W		두 향	?
	규 모 (길이×너비×높이)	190×120×58		바닥시설	황갈색 점토
	평면형태	장방형		천장형태	?
	시상/관대 (길이×너비×높이)	-		석재종류	현무암 판석 · 할석
유물	토도기	호(1), 심발(2), 호 구연부편(5)			
	금속기	동제 귀걸이(1), 철제 관정(3), 철제 찰갑편(1)			
	옥석기	마노제 구슬(2)			
	기 타	-			
	특기사항	-			

[유구사진]

0   1m [1/40]

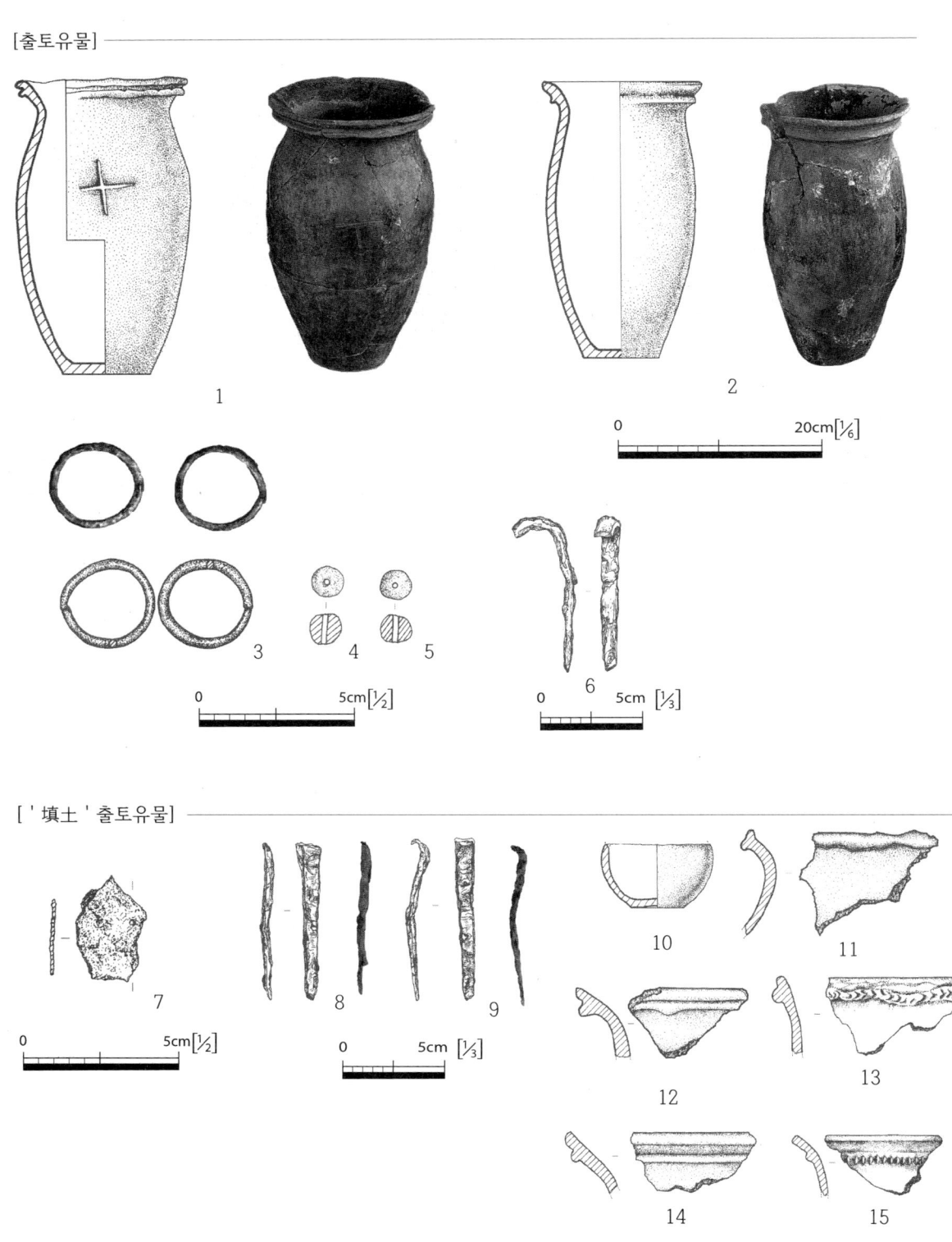

1

2

0   20cm[⅙]

3   4   5   6

0   5cm[½]   0   5cm [⅓]

[' 填土 ' 출토유물]

7   8   9   10   11

12   13

14   15

0   5cm[½]   0   5cm [⅓]

0   5cm [⅓]

2250호묘

(단위 : cm)

봉토	크 기 (길이×너비×높이)	?	연도	크 기 (길이×너비×높이)	?
	평면형태	?		연도위치	?
현실	장축방향	N−20°−W		두 향	?
	규 모 (길이×너비×높이)	186×90×80		바닥시설	황갈색 생토
	평면형태	장방형		천장형태	?
	시상/관대 (길이×너비×높이)	−		석재종류	현무암 판석·할석
유물	토 도 기	−			
	금 속 기	−			
	옥 석 기	−			
	기 타	인골(3)			
특기사항	인골은 3개체분으로 모두 이차장이다. 서쪽에서 북쪽에 있는 두개골(A)는 25~30세의 남성, 그 남쪽에 있는 두개골(B) 역시 남성, 서남쪽의 두개골(C)는 성별은 알 수 없으며 17~18세로 추정된다.				

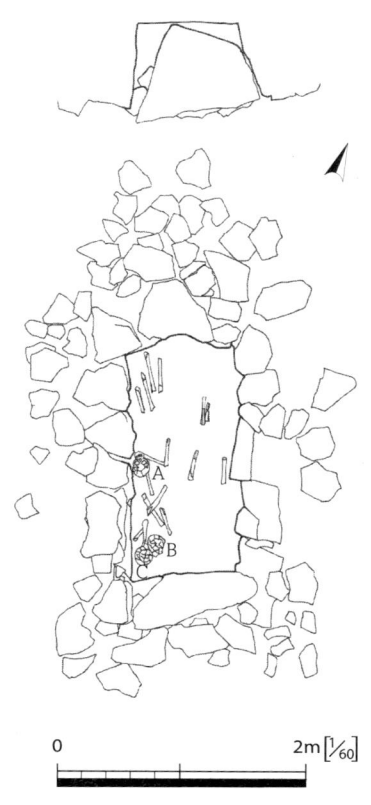

0   2m [1/60]

2151호묘

(단위 : cm)

묘광	크 기 (길이×너비×깊이)	?	주체부	크 기 (길이×너비×높이)	212×64×46
	장 폭 비	?		장 폭 비	3.31:1
	장축방향	N-45°-W	시상·관대	크 기 (길이×너비×높이)	-
	두 향	북서향		벽석종류	판석·할석
유물	토도기	-			
	금속기	-			
	옥석류	-			
	기 타	인골(1)			
	특기사항	인골은 성인 남성으로, 앙신직지 단인일차장이다.			

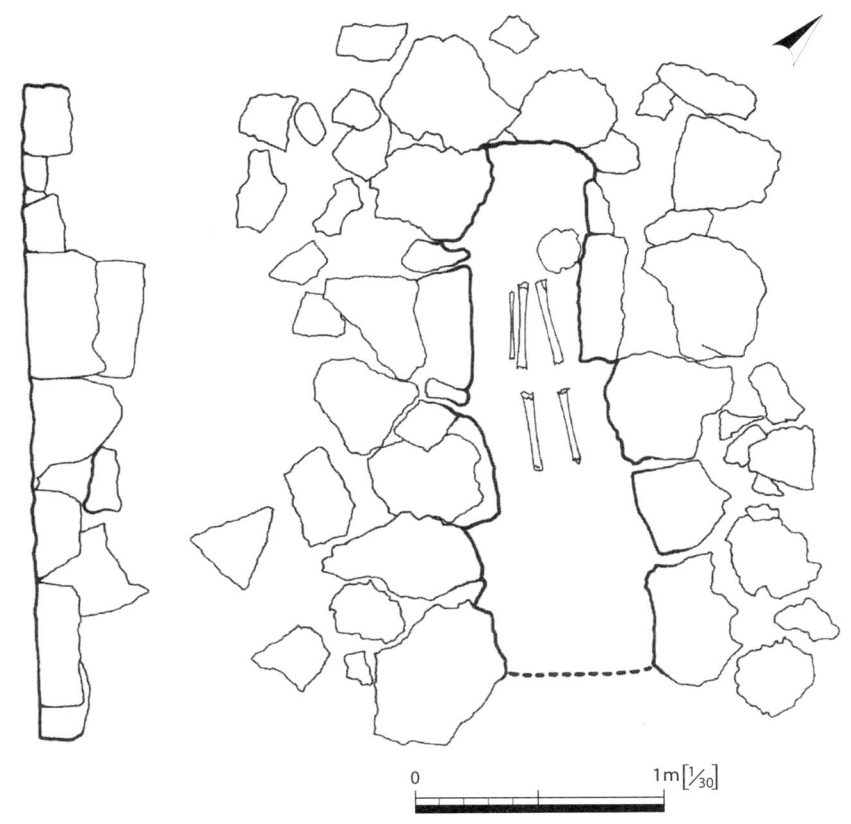

0   1m [1/30]

2252호묘

(단위 : cm)

봉토	크 기 (길이×너비×높이)	?	연도	크 기 (길이×너비×높이)	190×70×46
	평면형태	?		연도위치	중앙
현실	장축방향	N-35°-W		두 향	?
	규 모 (길이×너비×높이)	280×188×86		바닥시설	황색 니질토
	평면형태	장방형		천장형태	?
	시상/관대 (길이×너비×높이)	-		석재종류	현무암 판석·할석
유물	토도기	심발(2), 뚜껑(1) 호편(1), 호 구연부편(1), 단경호 구연부편(1), 심발 구연부편(1), 저부편(1)			
	금속기	철제 대롱 장식(4), 나선형 철기(12), 철제 고리(1), 미상 철기(1)			
	옥석기	참외모양 구슬(1), 관옥(1), 마노제 구슬(1)			
	기 타	인골(3)			
	특기사항	3점의 두개골과 소량이 사지골이 발견되었는데, 모두 이차장이다. 3개의 두개골은 모두 성인으로, 서남쪽에 있는 두개골(A)는 성별이 불분명하고 동남쪽에 있는 2개의 두개골(B, C)는 남성이다.			

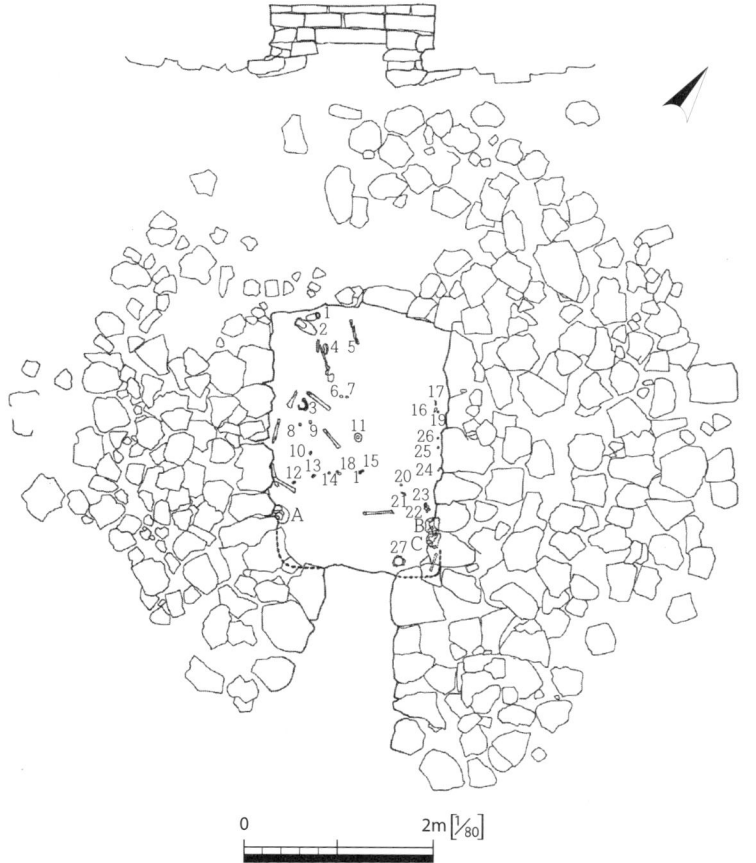

[유구사진]

0   2m [1/80]

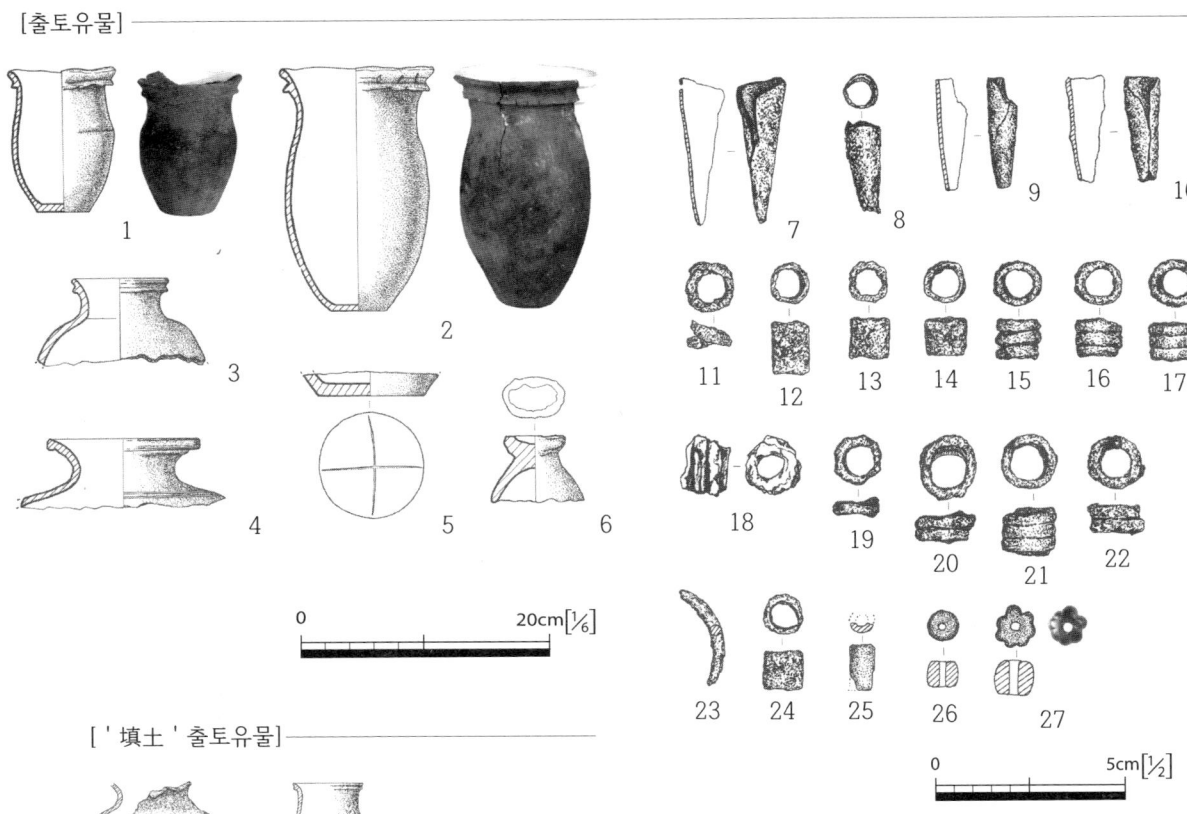

1

2

3

4

5

6

7

8

9

10

11

12

13

14

15

16

17

18

19

20

21

22

23

24

25

26

27

0   20cm[⅙]

0   5cm[½]

28

29

0   20cm[⅙]

2253호묘

(단위 : cm)

봉토	크 기 (길이×너비×높이)	?	연도	크 기 (길이×너비×높이)	103×70×35
	평면형태	?		연도위치	좌편재
현실	장축방향	N-5°-W		두 향	?
	규 모 (길이×너비×높이)	240×145×68		바닥시설	황색 니질토
	평면형태	장방형		천장형태	?
	시상/관대 (길이×너비×높이)	-		석재종류	현무암 판석·할석
유물	토 도 기	옹 구연부편(1)			
	금 속 기	-			
	옥 석 기	-			
	기 타	인골(2)			
	특기사항	이차장된 2점의 두개골을 발견하였는데, 북쪽에 있는 두개골(A)는 성별을 알 수 없는 유아이고, 남쪽에 있는 두개골(B)는 성인 여성이다.			

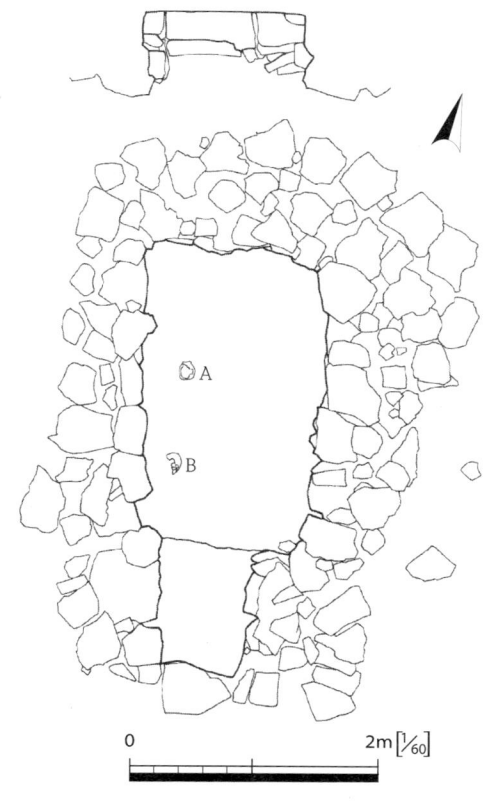

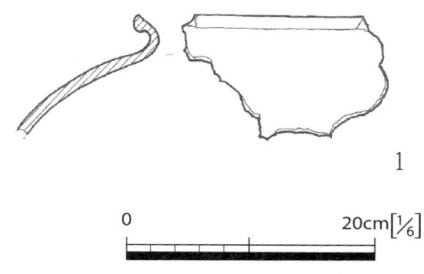

['塡土' 출토유물]

1

0   20cm[1/6]

0   2m[1/60]

2254호묘

봉토	크 기 (길이×너비×높이)	580×370×(50+)	연도	크 기 (길이×너비×높이)	126×98×36
	평면형태	타원형		연도위치	중앙
현실	장축방향	N-30°-W		두 향	?
	규 모 (길이×너비×높이)	260×194×70		바닥시설	황색 니질토
	평면형태	장방형		천장형태	?
	시상/관대 (길이×너비×높이)	-		석재종류	현무암 판석
유물	토 도 기	호(1), 단경호(1), 병(1), 심발(4), 옹 동체부편(1), 옹편(1)			
	금 속 기	동제 패식(1)			
	옥 석 기	-			
	기 타	인골(4)			
	특기사항	4점의 두개골과 소량의 사지골들이 발견되었는데, 모두 이차장이다. 현실 북쪽에 있는 두개골(A)는 성인 남성, 그 남쪽에 있는 두개골(B)는 성인 여성, 연도 북쪽에 있는 두개골(C)는 성인 남성, 그 남쪽에 있는 두개골(D)는 성인 여성이다.			

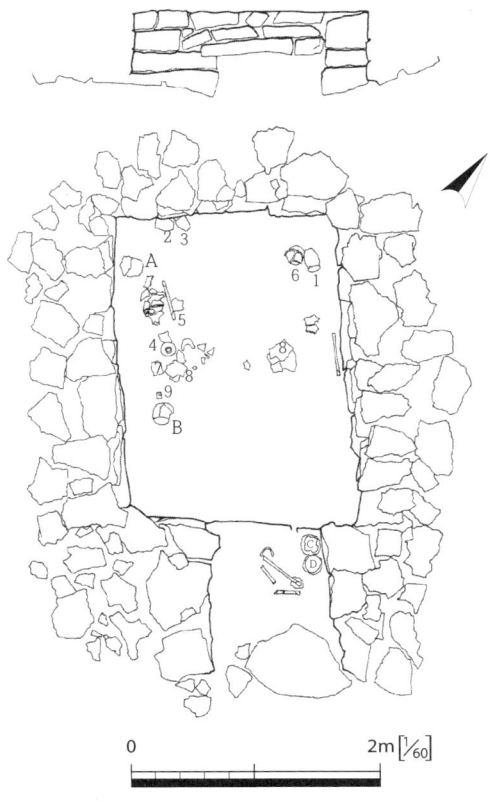

[출토유물]

0   2m [1/60]

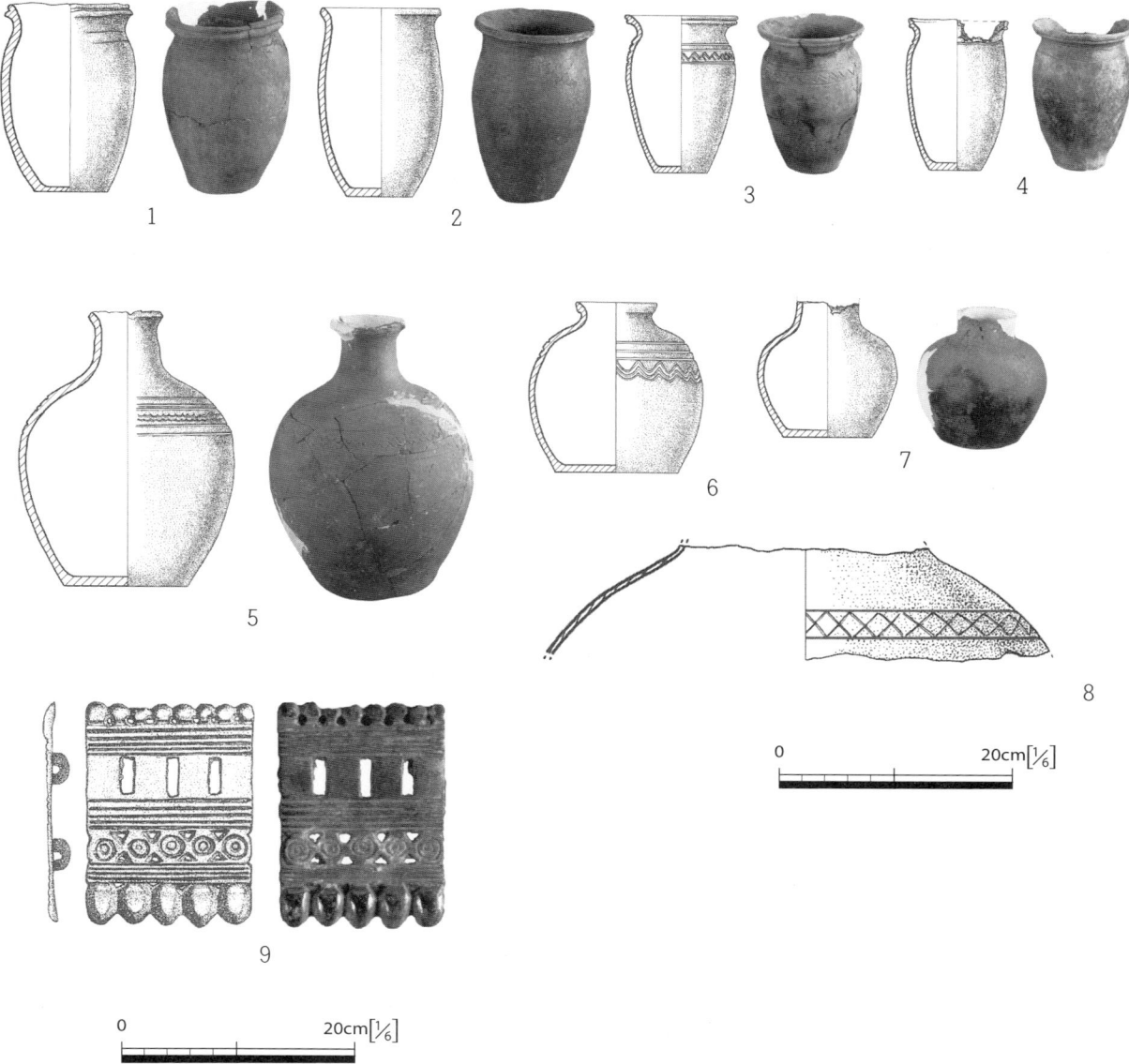

2255호묘

(단위 : cm)

봉토	크 기 (길이×너비×높이)	400×320×45	연도	크 기 (길이×너비×높이)	80×70×30
	평면형태	타원형		연도위치	중앙
현실	장축방향	N-5°-W		두 향	?
	규 모 (길이×너비×높이)	228×143×64		바닥시설	황색 니질토
	평면형태	장방형		천장형태	?
	시상/관대 (길이×너비×높이)	-		석재종류	현무암 판석
유물	토도기	심발(2), 완(1), 단경호 구연부편(1), 심발 구연부편(1), 저부편(1)			
	금속기	철제 관정(1), 철제 팔찌(3)			
	옥석기	-			
	기 타	인골(1)			
특기사항		현실 서쪽에서 35세 정도의 남성 인골이 발견되었는데, 단인 이차장이다.			

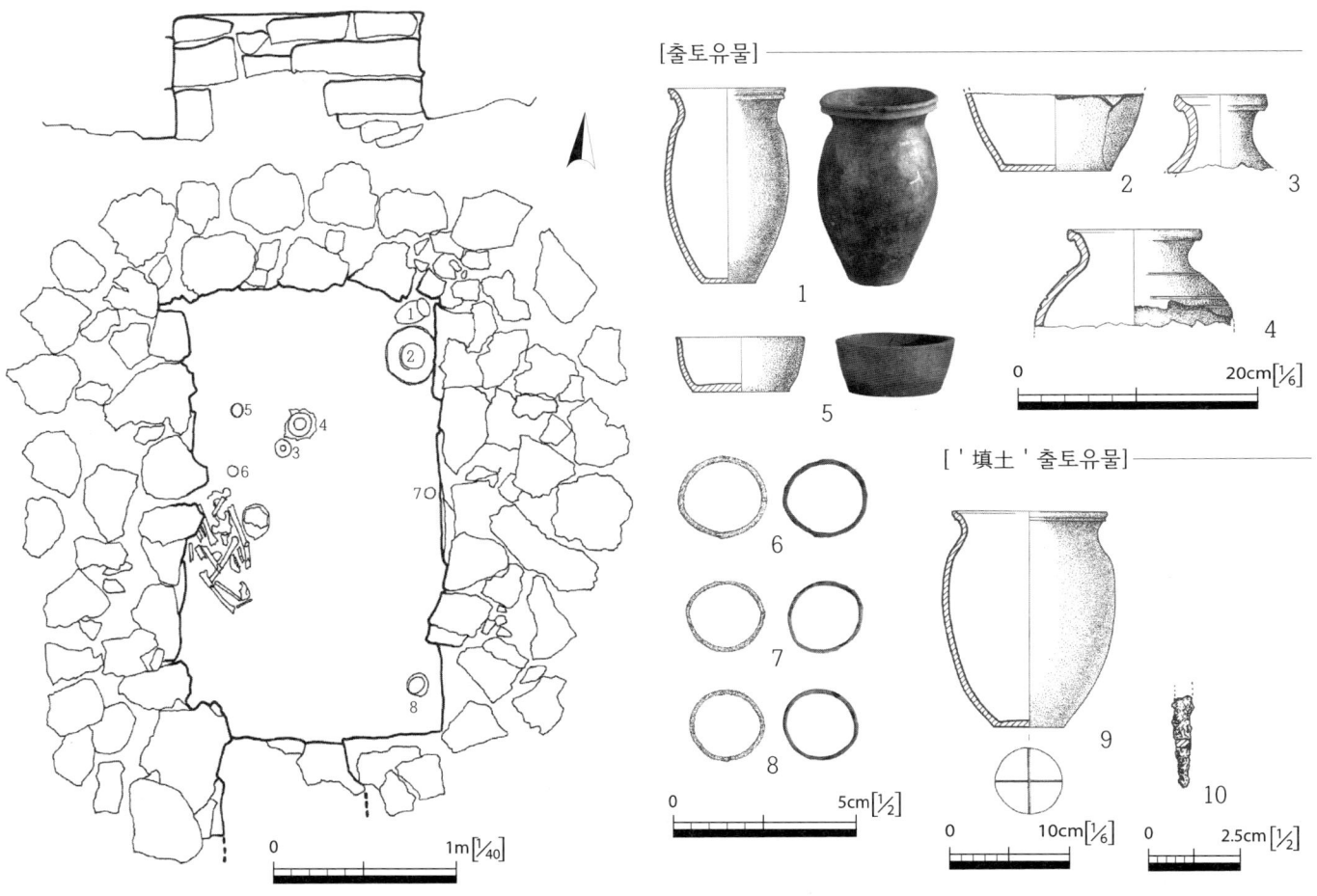

[출토유물]

['填土 ' 출토유물]

2256호묘

(단위 : cm)

봉토	크 기 (길이×너비×높이)	400×300×60	연도	크 기 (길이×너비×높이)	118×70×60
	평면형태	타원형		연도위치	우편재
현실	장축방향	N-5°-W	두 향		?
	규 모 (길이×너비×높이)	204×104×100	바닥시설		황색 생토층
	평면형태	장방형	천장형태		?
	시상/관대 (길이×너비×높이)	-	석재종류		할석
유물	토도기	호(1), 심발(3), 뚜껑(1)			
	금속기	동제 귀걸이(1), 철제 대금구(2)			
	옥석기	-			
	기 타	-			
	특기사항	-			

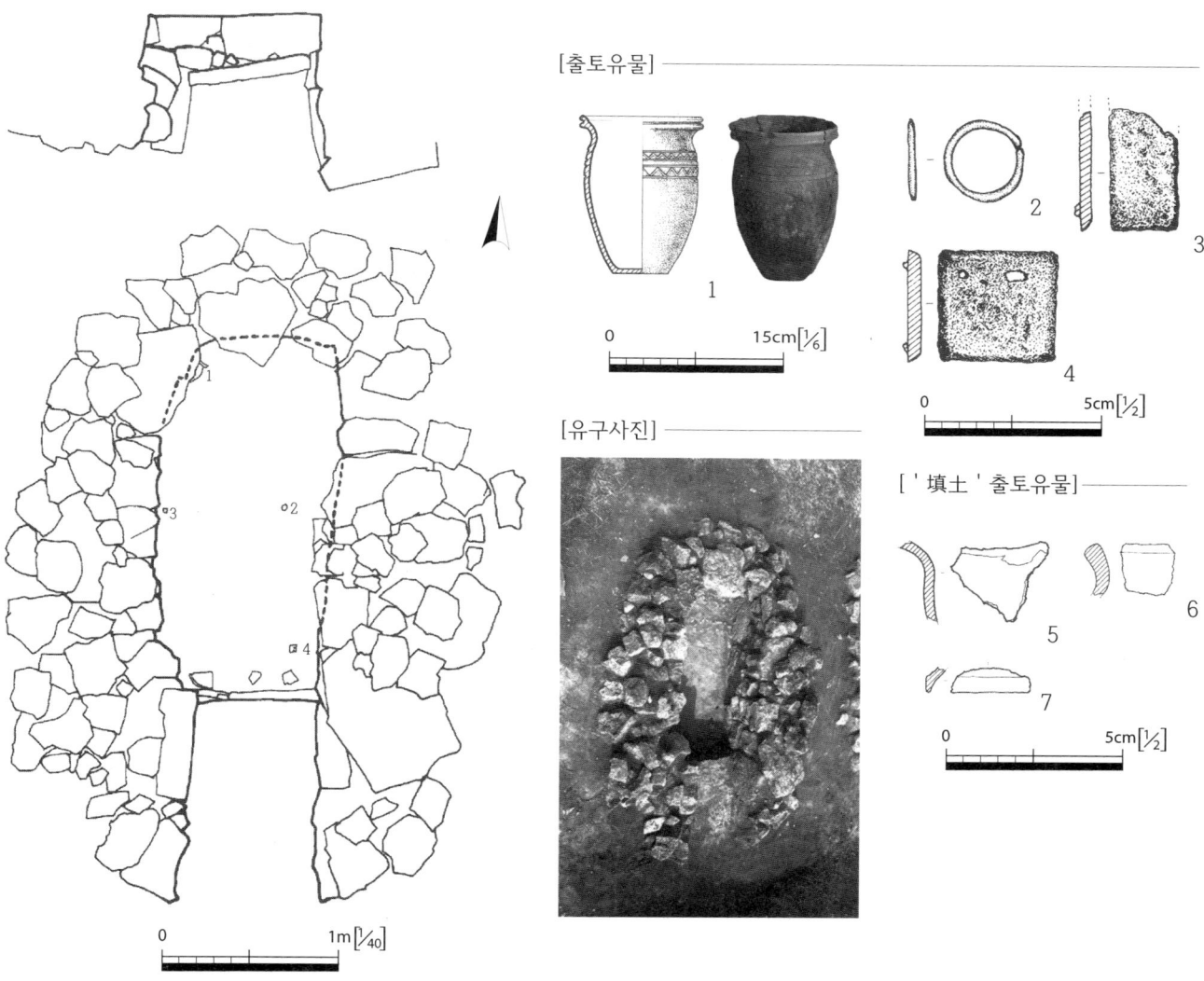

[출토유물]

0　　　　　　　　15cm[1/6]

[유구사진]

0　　　　　5cm[1/2]

['填土' 출토유물]

0　　　　　5cm[1/2]

2257호묘

(단위 : cm)

봉토	크 기 (길이×너비×높이)	?	연도	크 기 (길이×너비×높이)	112×80×25
	평면형태	?		연도위치	중앙
현실	장축방향	N-30°-W		두 향	?
	규 모 (길이×너비×높이)	274×205×55		바닥시설	황색 니질토
	평면형태	장방형		천장형태	?
	시상/관대 (길이×너비×높이)	-		석재종류	현무암 판석
유물	토 도 기	옹(1), 심발(4), 심발 구연부편(1)			
	금 속 기	동제 귀걸이(1)			
	옥 석 기	-			
	기 타	인골(2)			
	특기사항	1개의 두개골과 2개체분의 사지골이 발견되었는데, 모두 이차장에 속한다. 두개골(A)는 성인 여성이며, 사지골(B)는 성인 남성이다.			

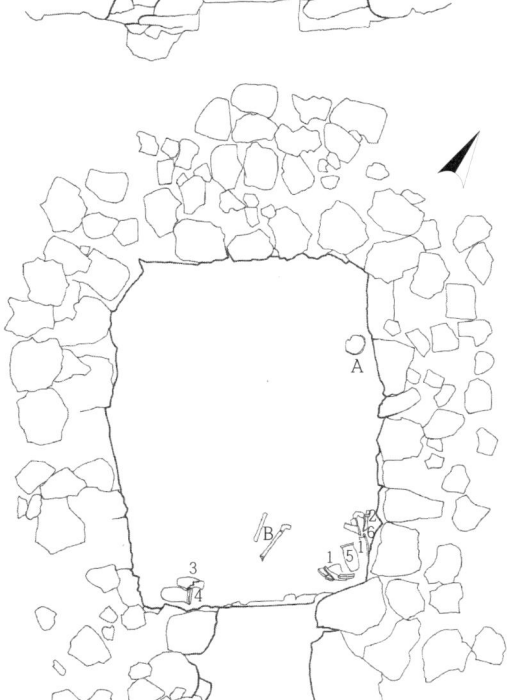

[유구사진]

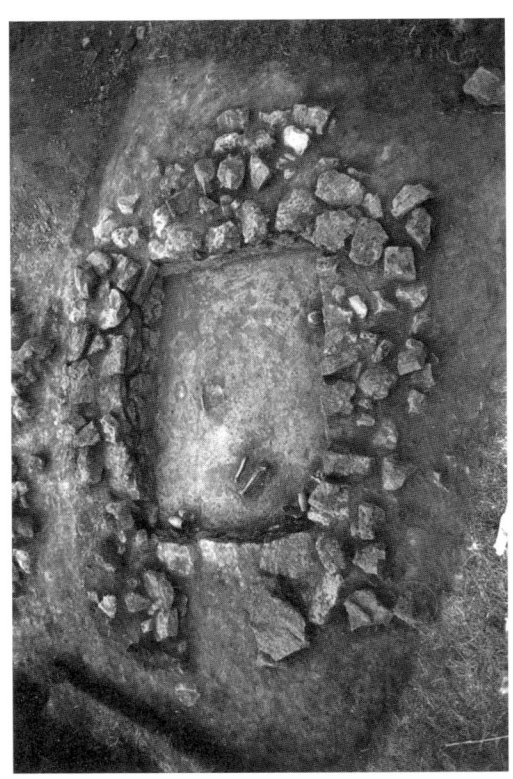

[출토유물]

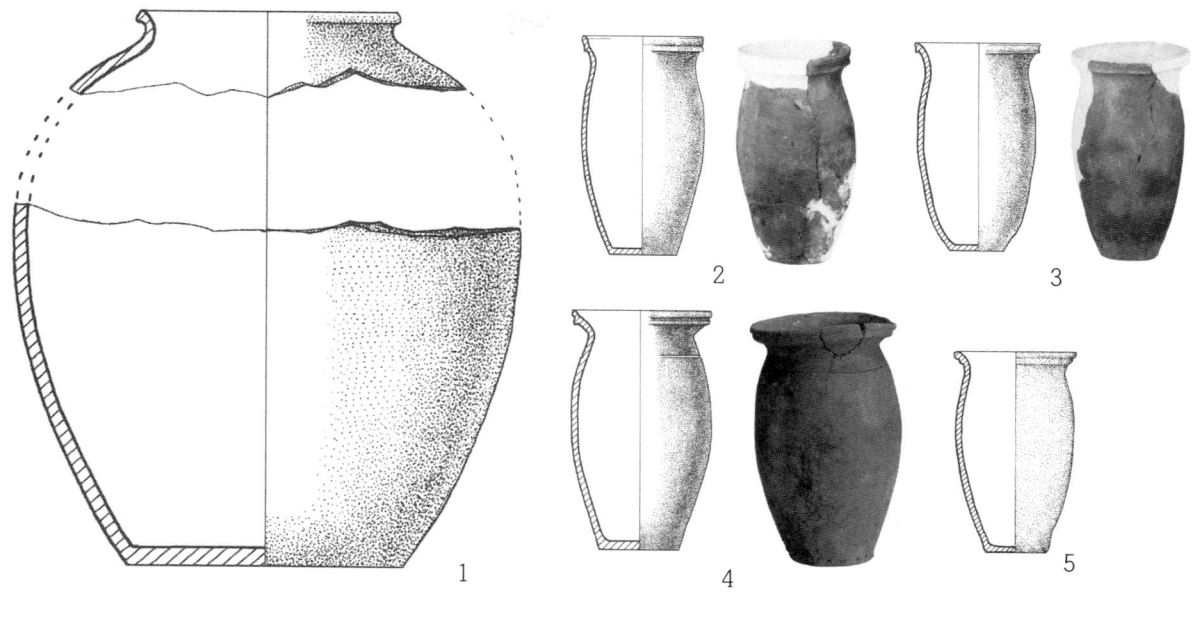

1 2 3 4 5

0   20cm[⅙]

6

0   5cm[½]

['填土' 출토유물]

7

0   10cm[⅙]

2258호묘

봉토	크 기 (길이×너비×높이)	?	연도	크 기 (길이×너비×높이)	123×70×50
	평면형태	?		연도위치	중앙
현실	장축방향	N-30°-W		두 향	?
	규 모 (길이×너비×높이)	246×155×83		바닥시설	황색 니질토
	평면형태	장방형		천장형태	?
	시상/관대 (길이×너비×높이)	-		석재종류	현무암 판석
유물	토도기	옹(1), 호(1), 옹 구연부편(2), 시문토기편(1)			
	금속기	동제 교구(1), 철제 대금구(7)			
	옥석기	-			
	기 타	인골(2)			
	특기사항	2개체분의 인골이 발견되었고, 모두 이차장에 속한다. 북쪽 좌측에 있는 두개골(A)는 35세 정도의 남성이고, 좌측에 있는 두개골(B)는 성인 여성이다.			

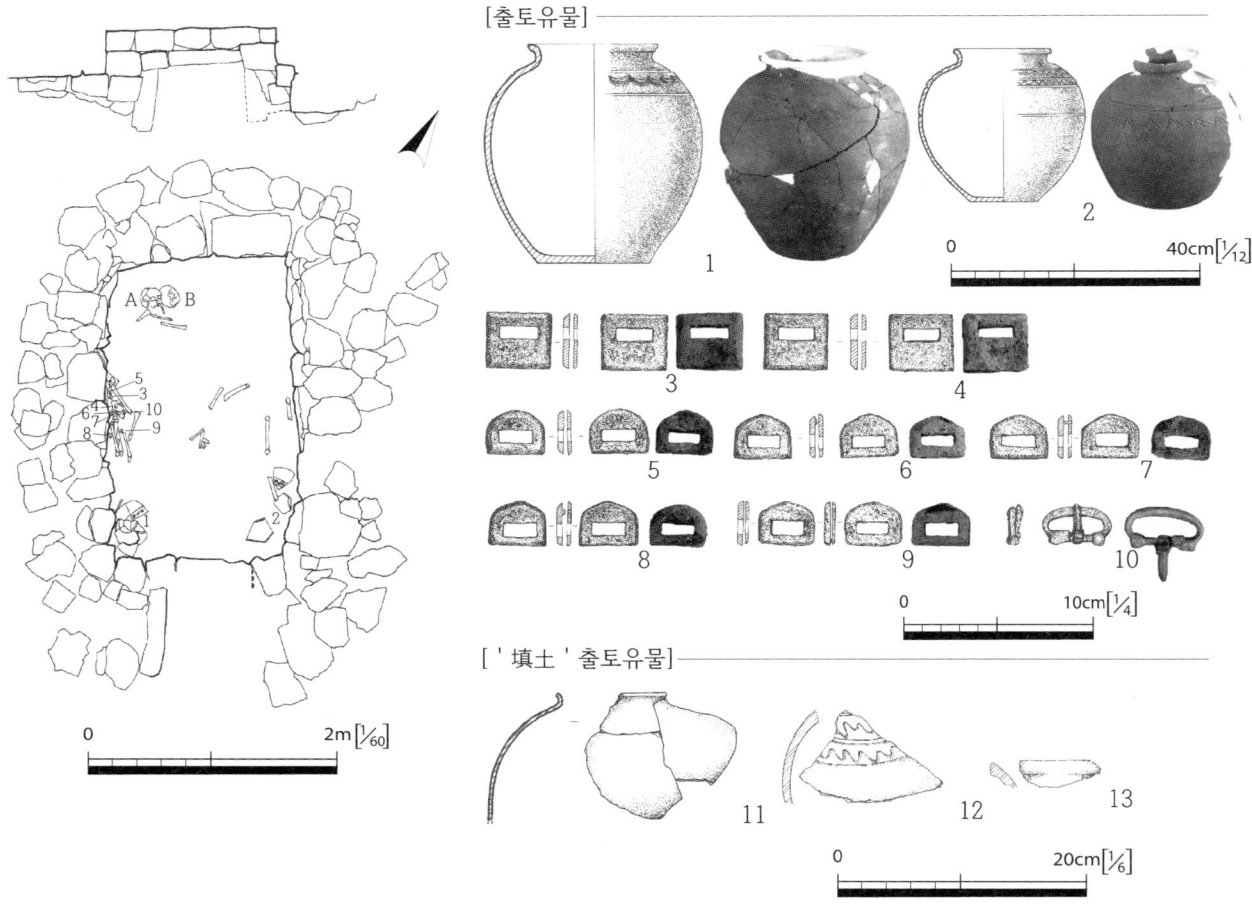

[출토유물]

['填土' 출토유물]

2259호묘

(단위 : cm)

봉토	크 기 (길이×너비×높이)	?	연도	크 기 (길이×너비×높이)	100×66×70
	평면형태	?		연도위치	우편재
현실	장축방향	N-35°-W		두 향	?
	규 모 (길이×너비×높이)	182×92×81		바닥시설	황갈색 생토층
	평면형태	장방형		천장형태	?
	시상/관대 (길이×너비×높이)	-		석재종류	현무암 판석·할석
유물	토도기	심발(1), 기와편(1)			
	금속기	철제 관정(1)			
	옥석기		-		
	기 타		-		
	특기사항		-		

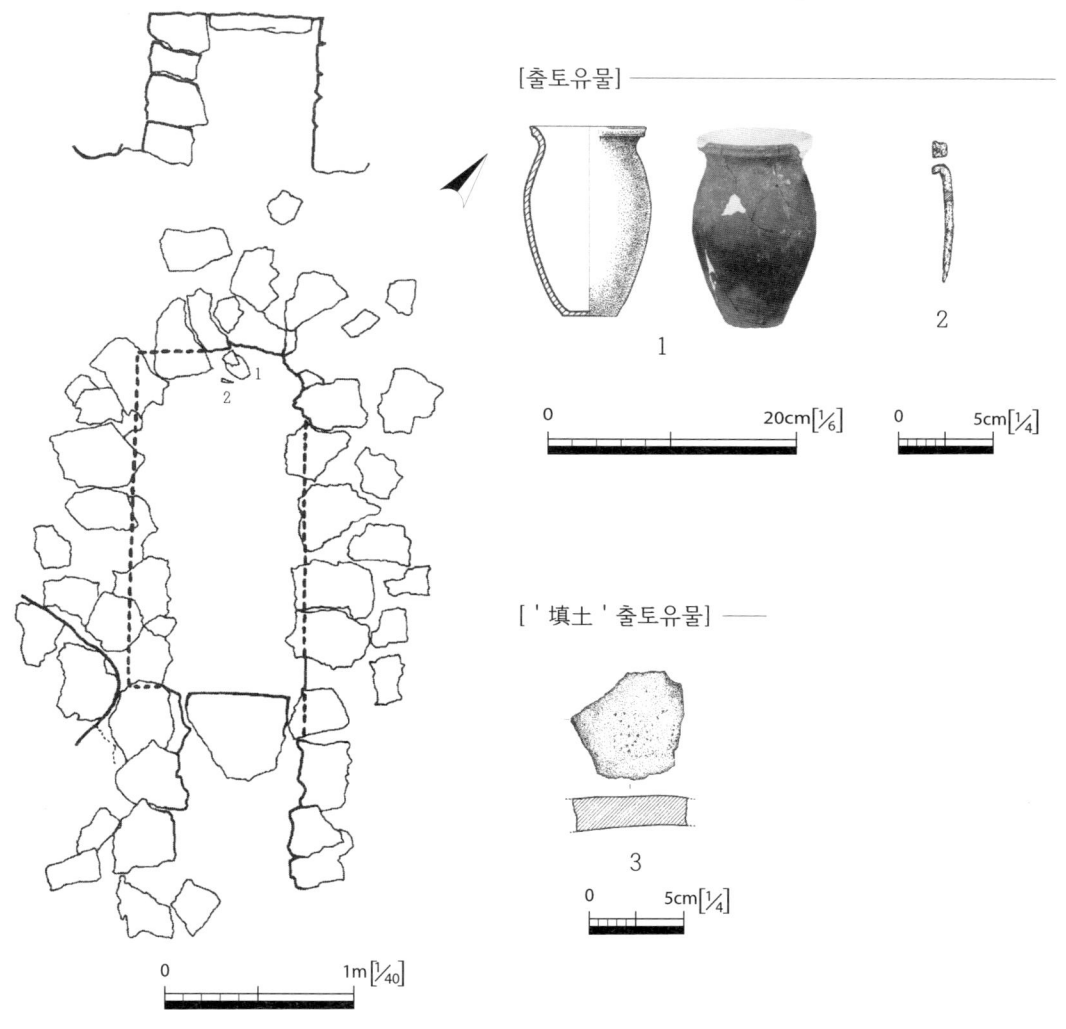

[출토유물]

1

2

0   20cm[⅙]   0   5cm[¼]

['塡土' 출토유물]

3

0   5cm[¼]

0   1m[¹⁄₄₀]

2260호묘

(단위 : cm)

봉토	크 기 (길이×너비×높이)	?	연도	크 기 (길이×너비×높이)	100×88×14
	평면형태	?		연도위치	중앙
현실	장축방향	N-5°-W		두 향	?
	규 모 (길이×너비×높이)	290×160×58		바닥시설	사질토
	평면형태	장방형		천장형태	?
	시상/관대 (길이×너비×높이)	-		석재종류	현무암 판석
유물	토도기	옹(1), 단경호(1), 심발 구연부편(1)			
	금속기	철촉(2)			
	옥석기	-			
	기 타	인골편			
	특기사항	성인의 두개골이 소량 발견되었으나 성별은 알 수 없다.			

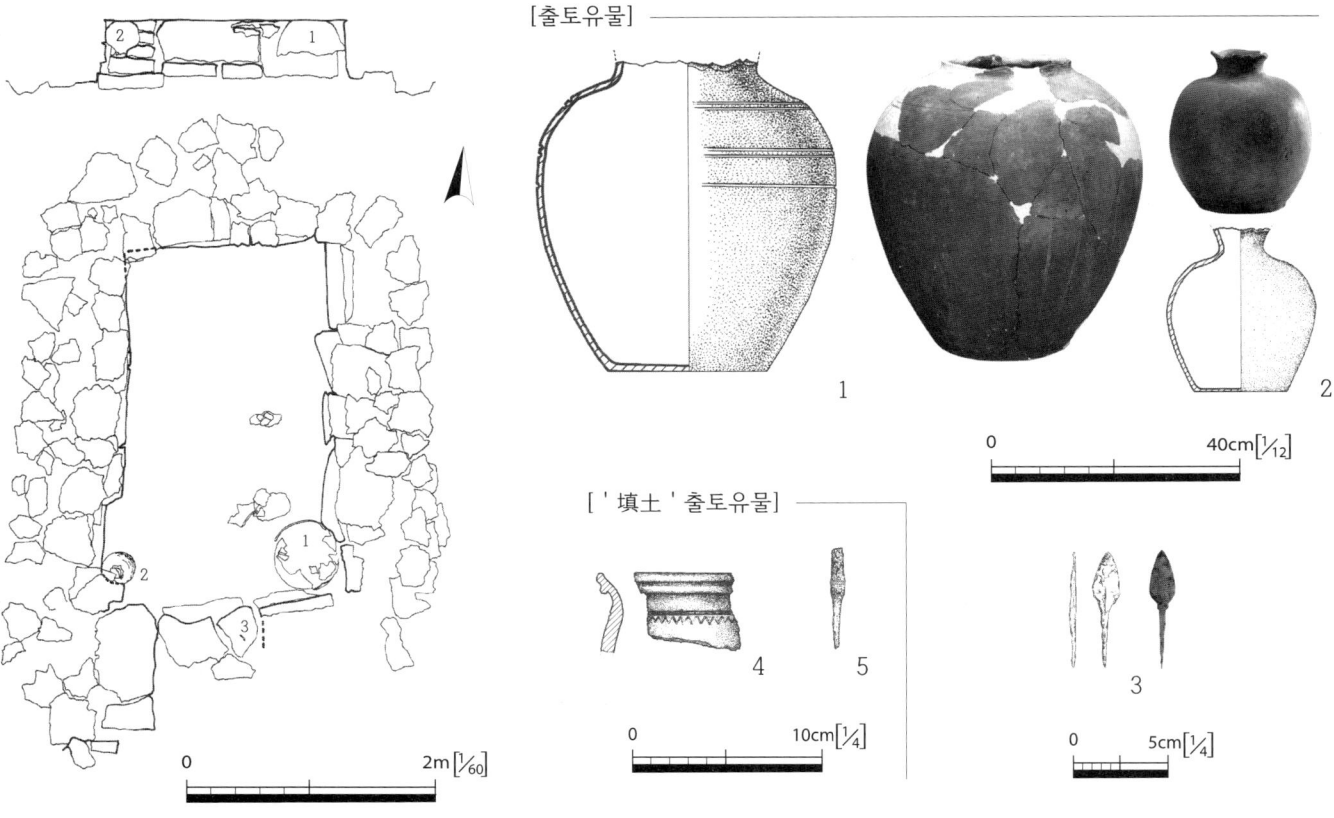

[출토유물]

1

2

0   40cm[1/12]

['塡土' 출토유물]

4   5

0   10cm[1/4]

3

0   5cm[1/4]

0   2m[1/60]

2261호묘

(단위 : cm)

봉토	크 기 (길이×너비×높이)	?	연도	크 기 (길이×너비×높이)	154×86×24
	평면형태	?		연도위치	중앙
현실	장축방향	N-5°-E		두 향	?
	규 모 (길이×너비×높이)	286×210×58		바닥시설	부석
	평면형태	장방형		천장형태	?
	시상/관대 (길이×너비×높이)	-		석재종류	현무암 판석·할석
유물	토도기	옹(1), 심발(2), 호 구연부편(2), 심발 구연부편(2)			
	금속기	은제 귀걸이(1), 철촉(3)			
	옥석기	청색 구슬(1), 마노제 구슬(26)			
	기 타	인골(2)			
	특기사항	2개체분의 성인 사지골을 발견했지만 성별은 알 수 없다.			

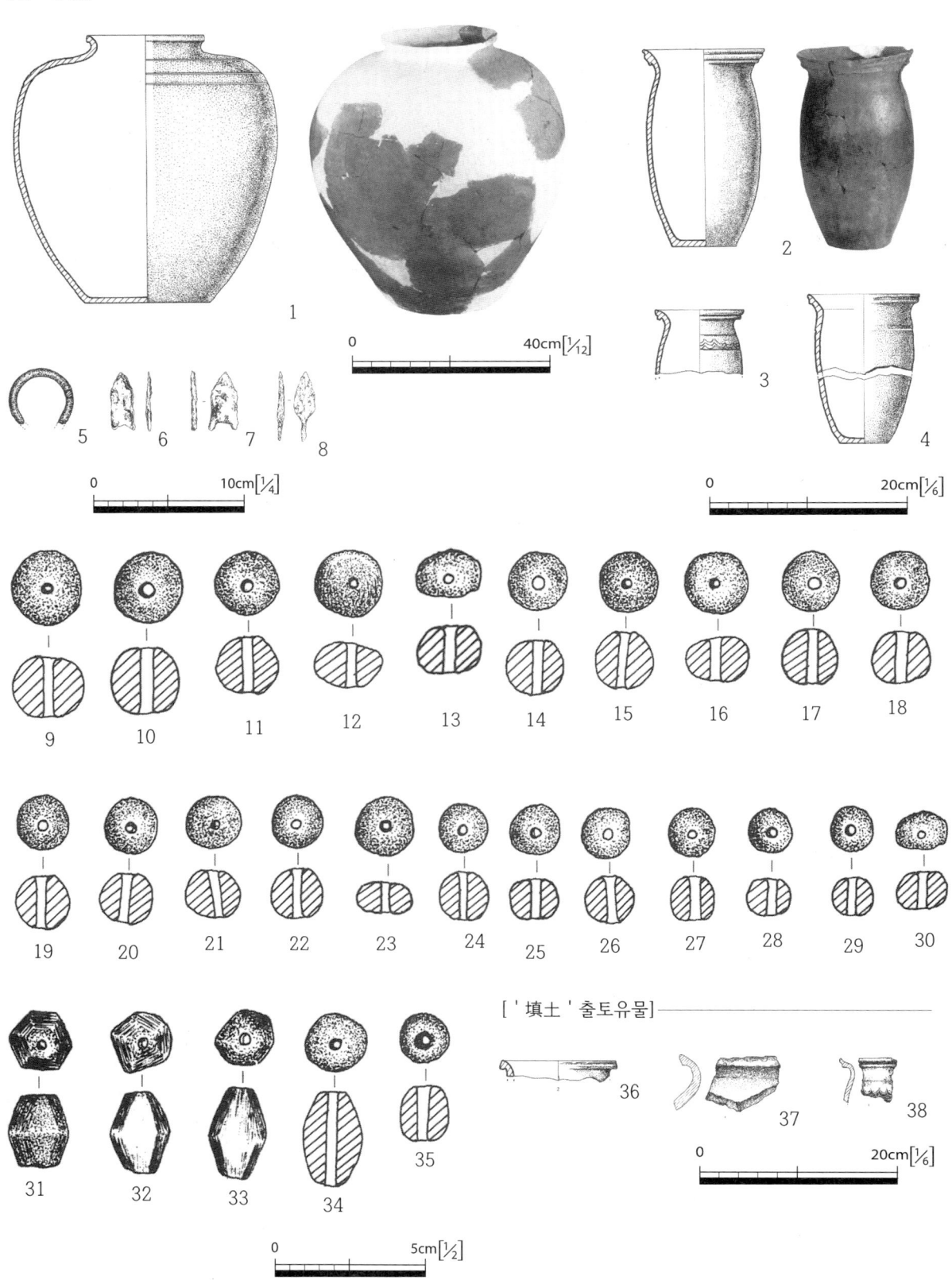

1

0   40cm[1/12]

2

3

4

5   6   7   8

0   10cm[1/4]

0   20cm[1/6]

9   10   11   12   13   14   15   16   17   18

19   20   21   22   23   24   25   26   27   28   29   30

['塡土' 출토유물]

31   32   33   34   35

36

37

38

0   20cm[1/6]

0   5cm[1/2]

2262호묘

(단위 : cm)

봉토	크 기 (길이×너비×높이)	450×400×(40+)	연도	크 기 (길이×너비×높이)	104×78×43
	평면형태	타원형		연도위치	중앙
현실	장축방향	N-S		두 향	?
	규 모 (길이×너비×높이)	240×194×70		바닥시설	황갈색 생토
	평면형태	장방형		천장형태	?
	시상/관대 (길이×너비×높이)	-		석재종류	현무암 판석·할석
유물	토도기	호(1), 심발(5), 단경호편(1)			
	금속기	철촉(1)			
	옥석기	-			
	기 타	인골(2)			
	특기사항	2개체분의 인골이 발견되었는데, 모두 이차장이다. 서북쪽 두개골(A)는 40~45세 여성, 현실 중앙의 사지골(B)는 유아의 것으로 보이는데 성별은 알 수 없다.			

[출토유물]

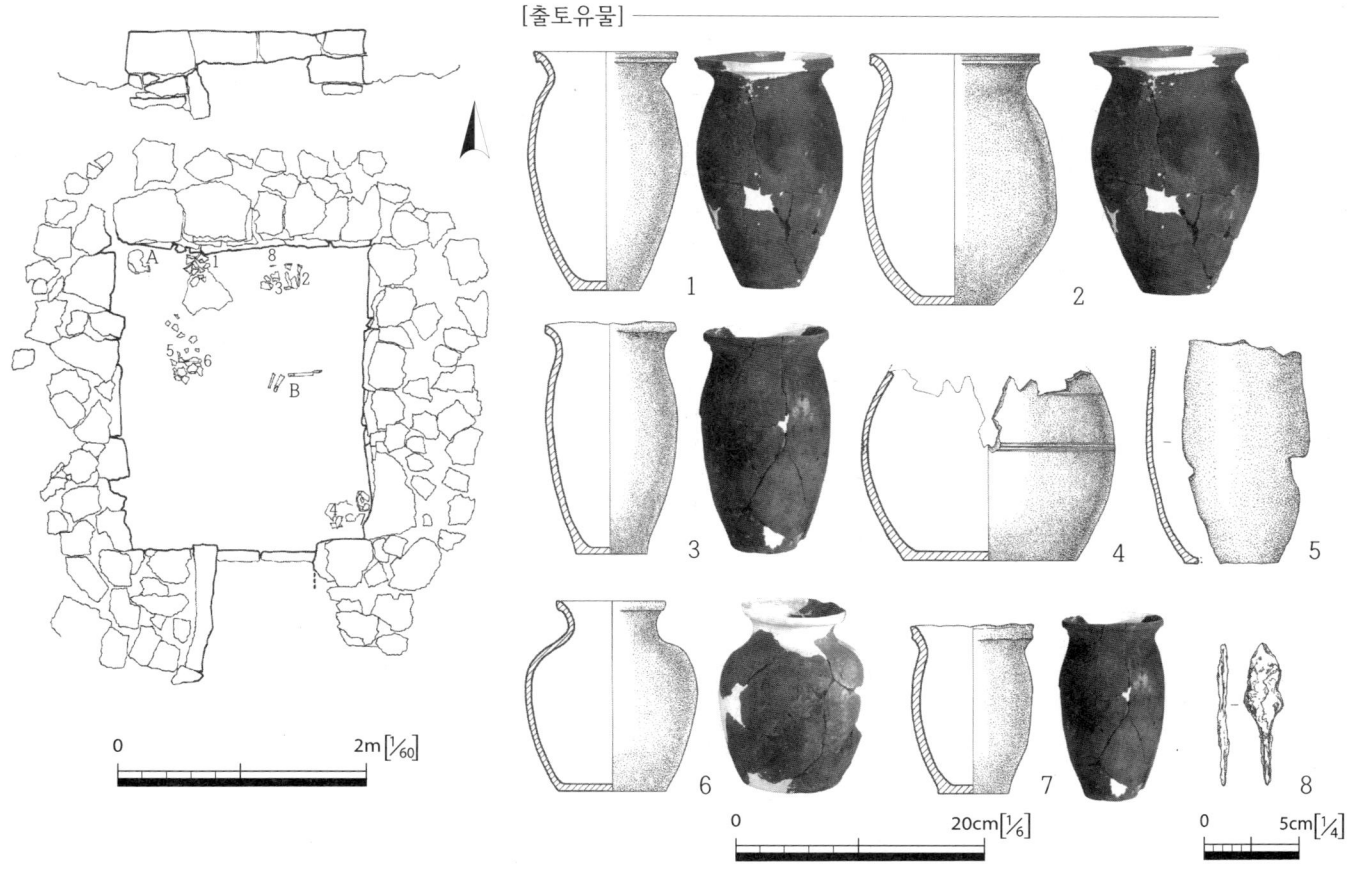

2263호묘

(단위 : cm)

봉토	크 기 (길이×너비×높이)	500×440×(50+)	연도	크 기 (길이×너비×높이)	100×80×43
	평면형태	타원형		연도위치	중앙
현실	장축방향	N-15°-W	두 향		?
	규 모 (길이×너비×높이)	260×162×76	바닥시설		황갈색 생토
	평면형태	장방형	천장형태		?
	시상/관대 (길이×너비×높이)	-	석재종류		현무암 판석·할석
유물	토 도 기	심발 구연부편(1)			
	금 속 기	-			
	옥 석 기	-			
	기 타	인골(1)			
특기사항		1개체분의 인골이 발견되었는데, 성별과 나이 모두 불분명하다.			

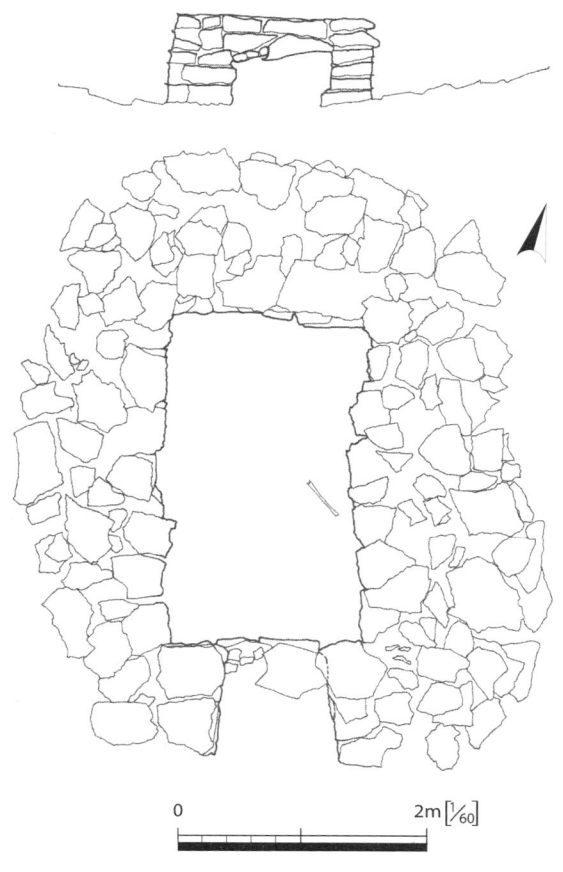

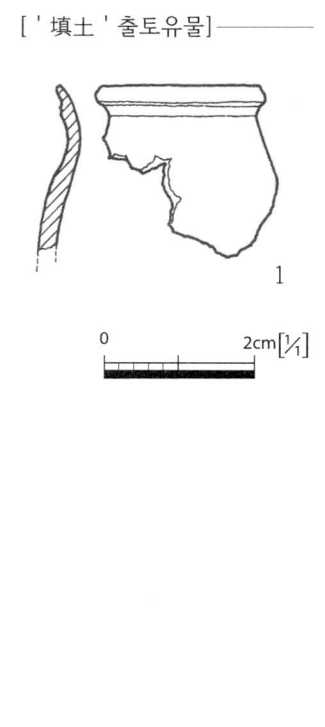

['填土' 출토유물]

1

0 _____ 2cm[1/1]

0 _____ 2m[1/60]

2264호묘

(단위 : cm)

봉토	크 기 (길이×너비×높이)	?	연도	크 기 (길이×너비×높이)	120×70×44
	평면형태	?		연도위치	중앙
현실	장축방향	N-10°-W		두 향	?
	규 모 (길이×너비×높이)	286×182×56		바닥시설	황갈색 생토
	평면형태	장방형		천장형태	?
	시상/관대 (길이×너비×높이)	-		석재종류	현무암 판석·할석
유물	토 도 기	솥(1), 심발(1), 옹편(1)			
	금 속 기	동제 귀걸이(1), 철촉(2)			
	옥 석 기	-			
	기 타	인골편			
	특기사항	동북쪽에서 성인 여성의 인골이 소량 출토되었다.			

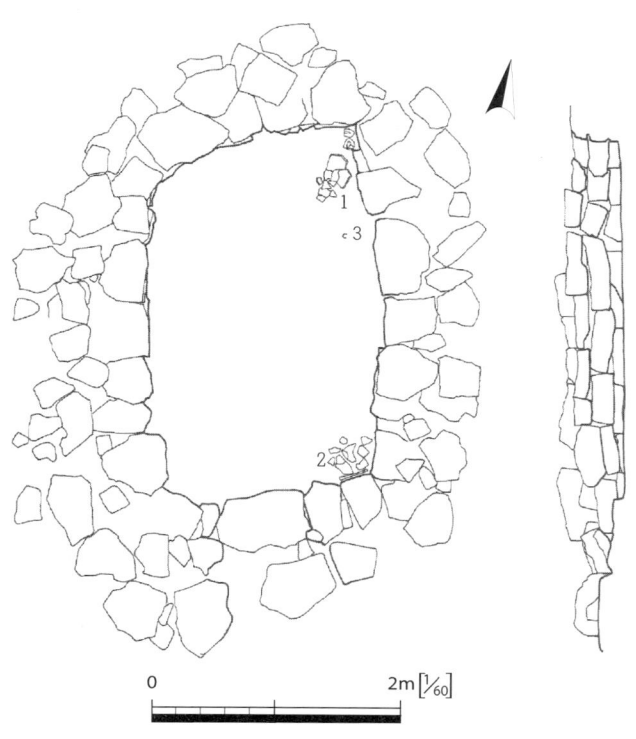

0 _____ 2m[1/60]

[유구사진]

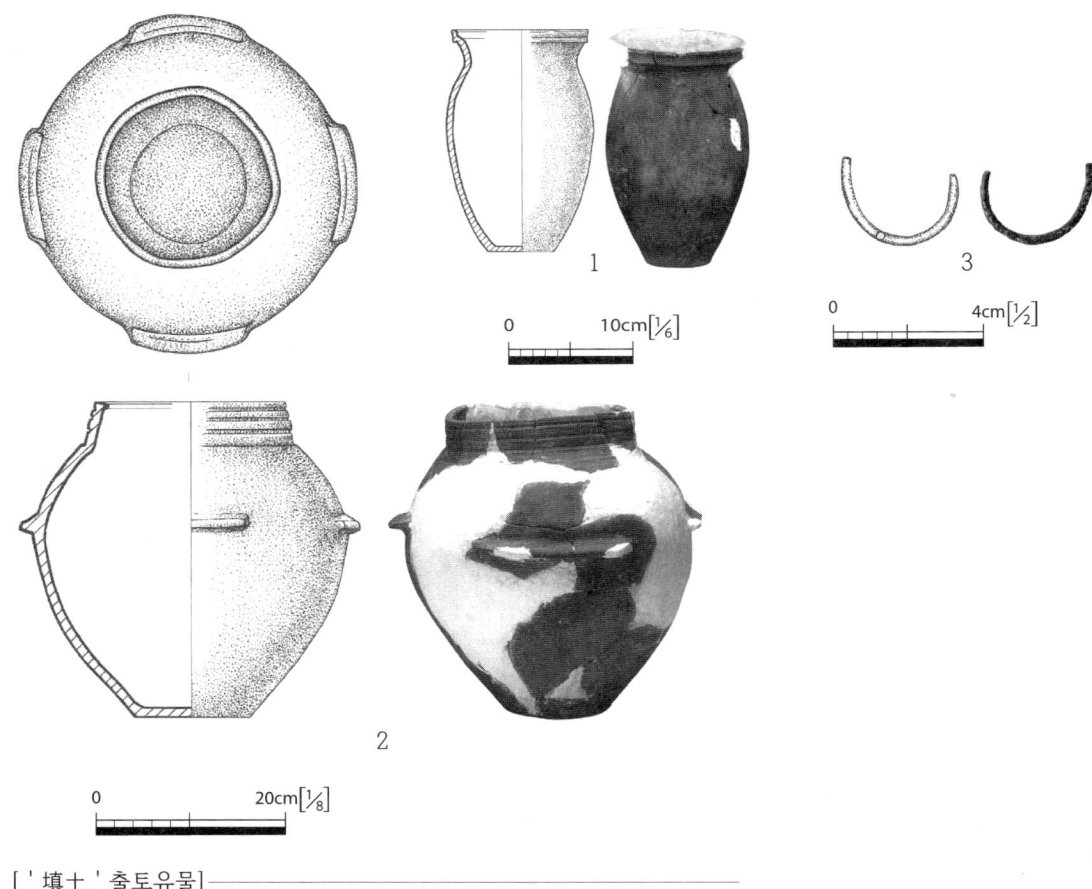

1

2

3

0   10cm[⅙]

0   4cm[½]

0   20cm[⅛]

['塡土' 출토유물]

4

5

6

0   10cm[⅙]

0   5cm[½]

2265호묘

(단위 : cm)

봉토	크 기 (길이×너비×높이)	?	연도	크 기 (길이×너비×높이)	64×52×50
	평면형태	?		연도위치	중앙
현실	장축방향	N-25°-W		두 향	?
	규 모 (길이×너비×높이)	254×125×78		바닥시설	부석
	평면형태	장방형		천장형태	?
	시상/관대 (길이×너비×높이)	-		석재종류	현무암 판석
유물	토 도 기	뚜껑편(1)			
	금 속 기	철제 도(1)			
	옥 석 기		-		
	기 타		-		
	특기사항		-		

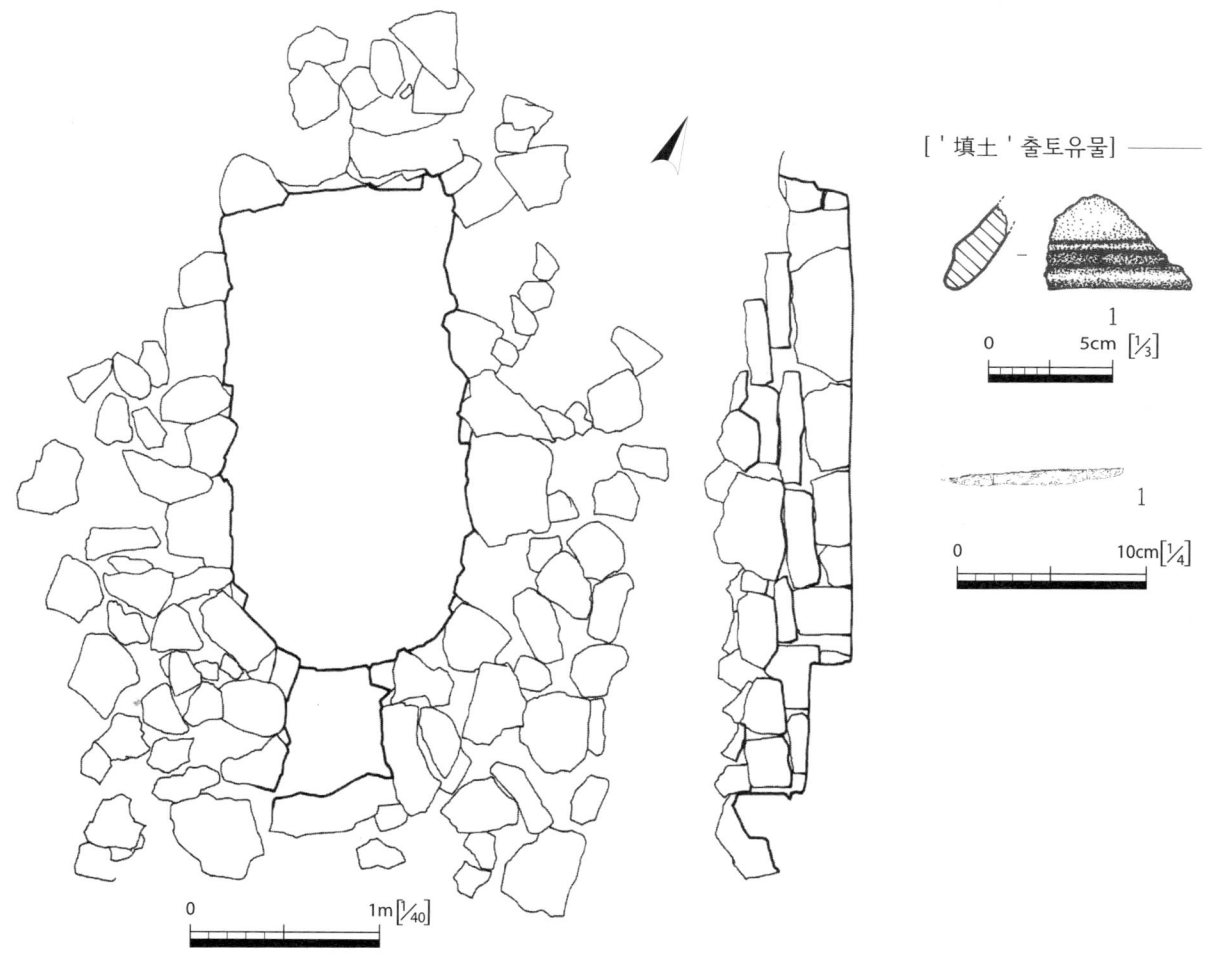

['塡土' 출토유물]

0   5cm [⅓]

1

0   10cm [¼]

1

2266호묘

(단위 : cm)

봉토	크 기 (길이×너비×높이)	?	석관	크 기 (길이×너비×높이)	120×60×38
	평면형태	?		장 폭 비	2.00:1
	장축방향	N-S	석곽	크 기 (길이×너비×높이)	-
	두 향	?		장 폭 비	-
	벽석종류	현무암 판석			
유물	토 도 기	옹(1), 저부편(1)			
	금 속 기	-			
	옥 석 류	-			
	기 타	-			
	특기사항	-			

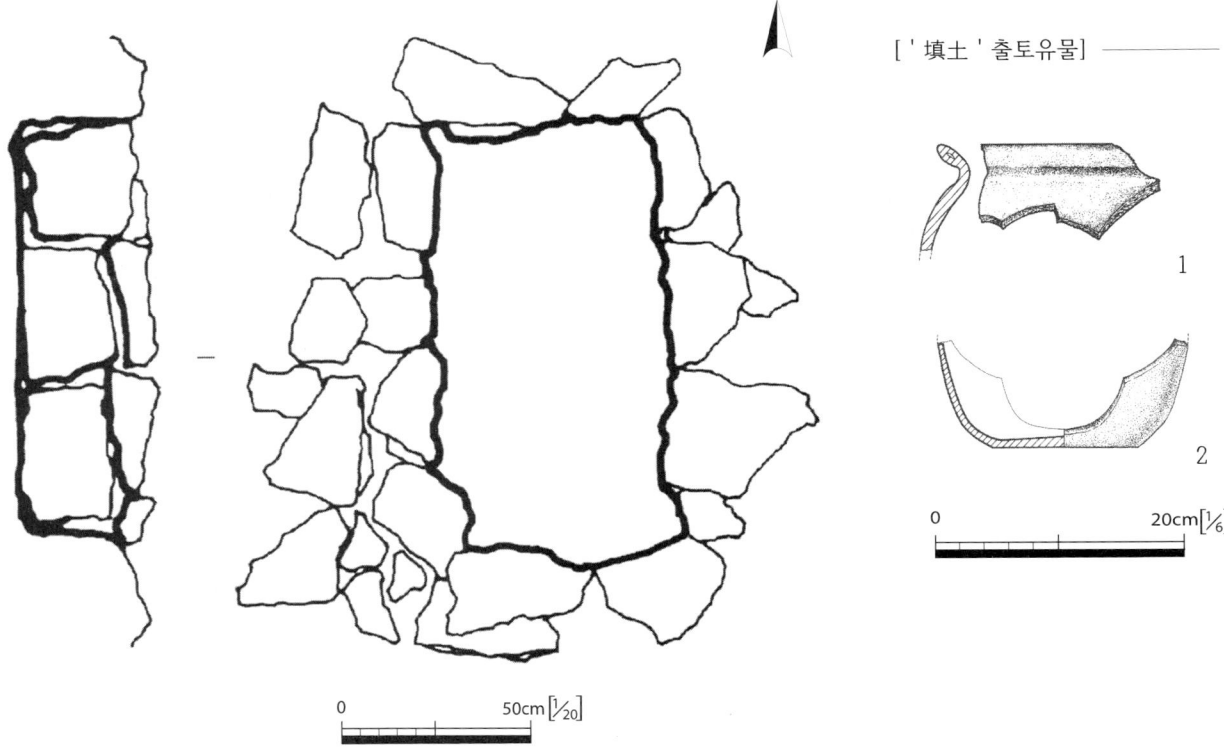

['填土' 출토유물]

1

2

0   20cm[1/6]

0   50cm[1/20]

2267호묘

(단위 : cm)

봉토	크 기 (길이×너비×높이)	?	연도	크 기 (길이×너비×높이)	90×72×50
	평면형태	?		연도위치	중앙
현실	장축방향	N-20°-W		두 향	?
	규 모 (길이×너비×높이)	275×115×65		바닥시설	전돌을 깔았음
	평면형태	장방형		천장형태	?
	시상/관대 (길이×너비×높이)	-		석재종류	전돌·현무암 판석
유물	토도기	호 구연부편(3), 심발 구연부편(1), 파수(1)			
	금속기	철제 관정(1)			
	옥석기	녹색 유리 연주옥(1), 남색 구슬(1), 마노제 구슬(3)			
	기 타	인골(3)			
특기사항		현실과 연도에서 3개체분의 두개골이 발견되었는데, 모두 이차장이다. 묘실 서쪽에서 발견된 두개골 (A)는 성별이 불분명한 유아, 동쪽에서 발견된 두개골(B)는 30세 정도의 여성, 연도에서 발견된 두개 골(C)는 성인 남성이다.			

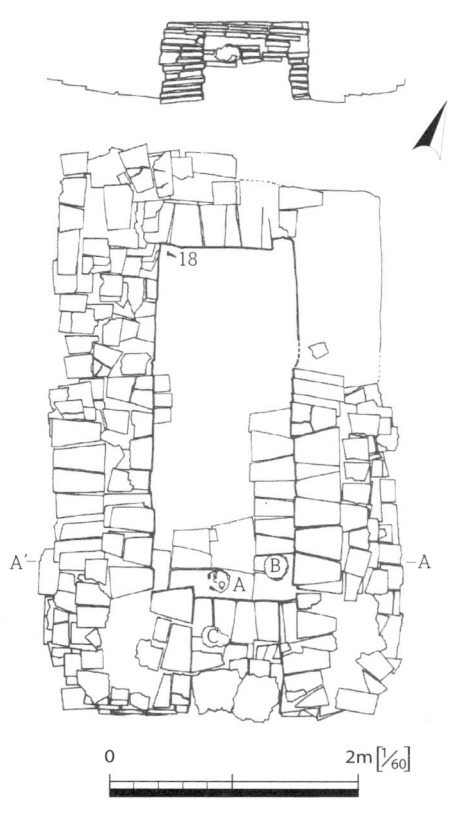

[유구사진]

[서측에서]

[출토유물]　　　　[ʼ塡土ʼ 출토유물]

2268호묘

(단위 : cm)

봉토	크 기 (길이×너비×높이)	700×480×(60+)	연도	크 기 (길이×너비×높이)	150×78×25
	평면형태	장방형		연도위치	중앙
현실	장축방향	N-20°-W		두 향	?
	규 모 (길이×너비×높이)	311×190×74		바닥시설	부석
	평면형태	장방형		천장형태	?
	시상/관대 (길이×너비×높이)	-		석재종류	현무암 판석·할석
유물	토 도 기	호(1), 심발(1), 뚜껑(1), 심발 저부편(1), 시문토기편(1)			
	금 속 기	동제 귀걸이(1)			
	옥 석 기	-			
	기 타	인골(2)			
	특기사항	동남쪽과 동북쪽에서 성인 여성의 인골이 1개체분씩 발견되었다.			

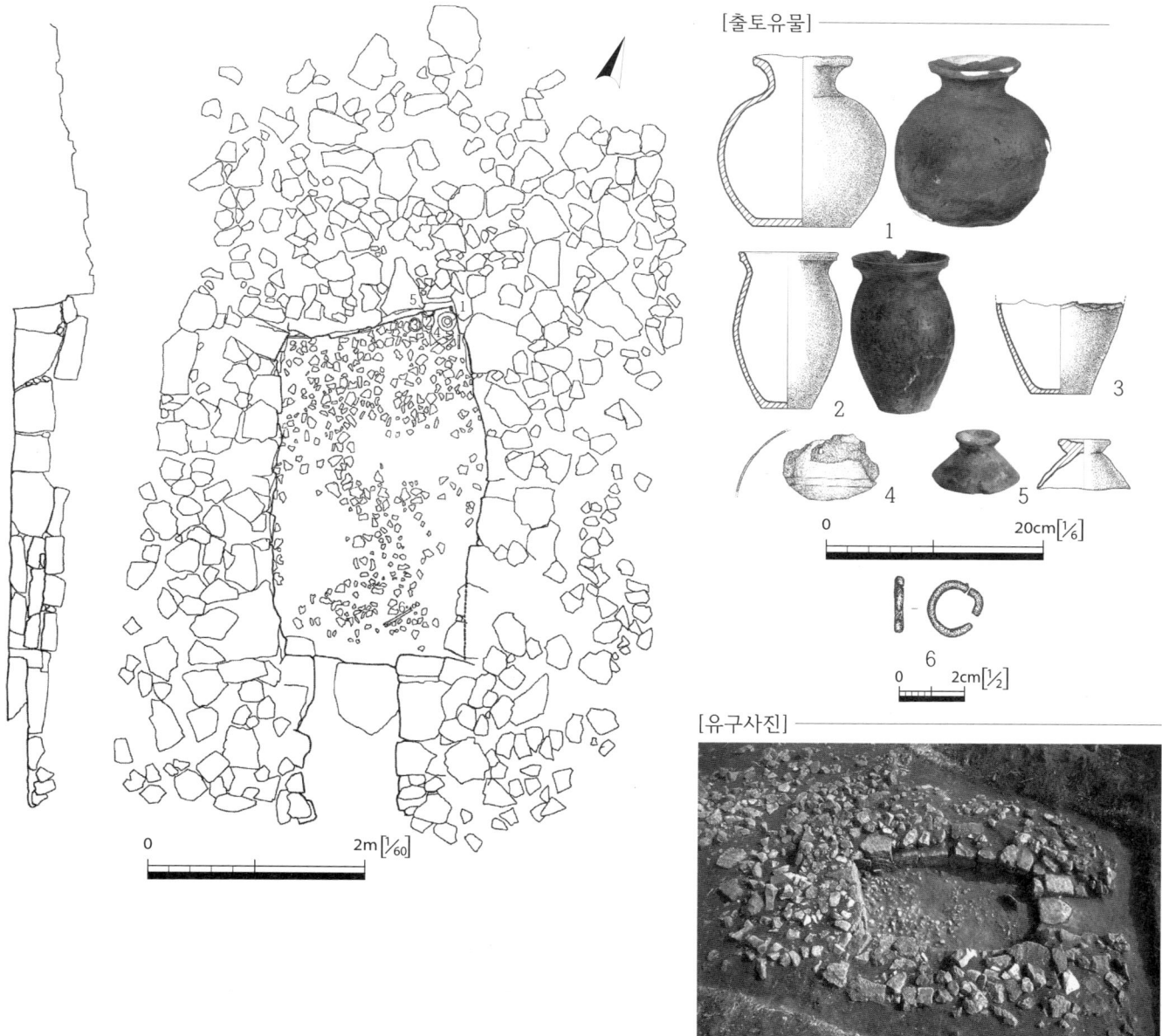

[출토유물]

1

2

3

4

5

0   20cm[1/6]

6

0   2cm[1/2]

[유구사진]

2269호묘

(단위 : cm)

봉토	크 기 (길이×너비×높이)	470×360×(70+)	연도	크 기 (길이×너비×높이)	117×80×60
	평면형태	장방형		연도위치	중앙
현실	장축방향	N-25°-W		두 향	?
	규 모 (길이×너비×높이)	243×142×80		바닥시설	부석
	평면형태	장방형		천장형태	?
	시상/관대 (길이×너비×높이)	-		석재종류	현무암 판석·할석
유물	토 도 기	-			
	금 속 기	-			
	옥 석 기	-			
	기 타	인골(1)			
	특기사항	1개의 비골이 발견되었는데, 성별이나 나이는 알 수 없다.			

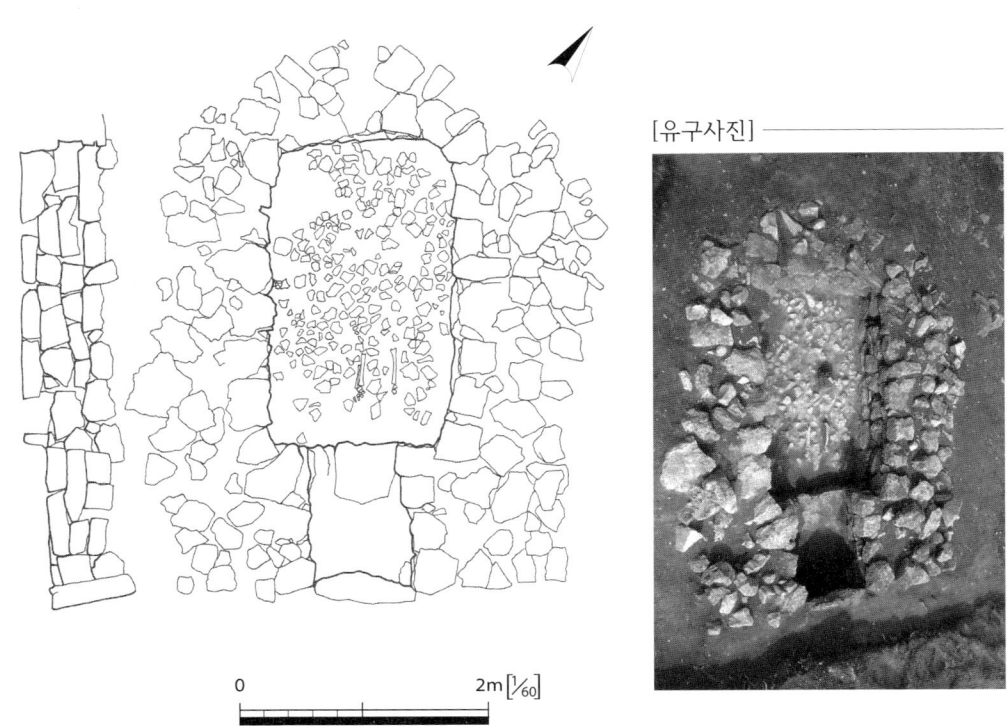

[유구사진]

0   2m [1/60]

2270호묘

(단위 : cm)

봉토	크 기 (길이×너비×높이)	?	연도	크 기 (길이×너비×높이)	98×87×?
	평면형태	?		연도위치	중앙
현실	장축방향	N-20°-W	두 향		?
	규 모 (길이×너비×높이)	253×144×62	바닥시설		흑갈색 생토
	평면형태	장방형	천장형태		?
	시상/관대 (길이×너비×높이)	-	석재종류		현무암 판석·할석
유물	토도기	호편(1)			
	금속기	-			
	옥석기	-			
	기 타	인골(1)			
특기사항		유물 도면 없음. 41세 정도 남성의 사지골이 발견되었는데 두개골은 없었다.			

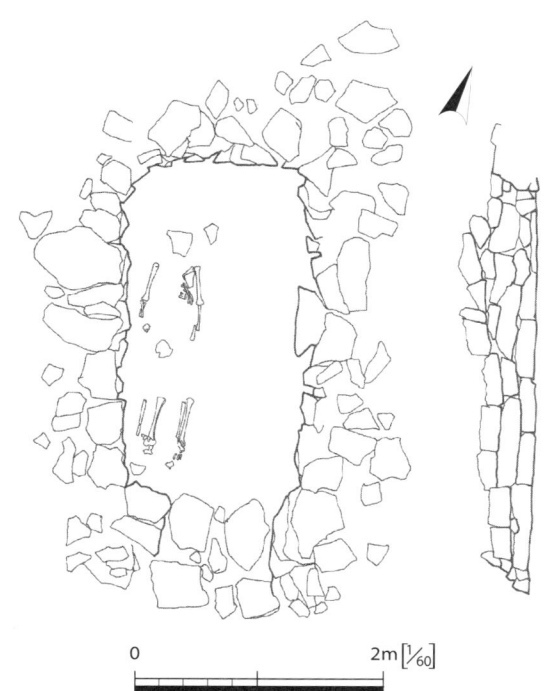

0   2m [1/60]

[유구사진]

2271호묘

(단위 : cm)

봉토	크 기 (길이×너비×높이)	400×300×50	연도	크 기 (길이×너비×높이)	?
	평면형태	장방형		연도위치	?
현실	장축방향	N-40°-W	두 향		?
	규 모 (길이×너비×높이)	242×113×49	바닥시설		회갈색 생토층
	평면형태	장방형	천장형태		?
	시상/관대 (길이×너비×높이)	-	석재종류		현무암 판석·할석
유물	토도기	토기편			
	금속기				
	옥석기				
	기 타	인골(1)			
	특기사항	유물 도면 없음. 인골은 1개체분이며, 성인 남성이다.			

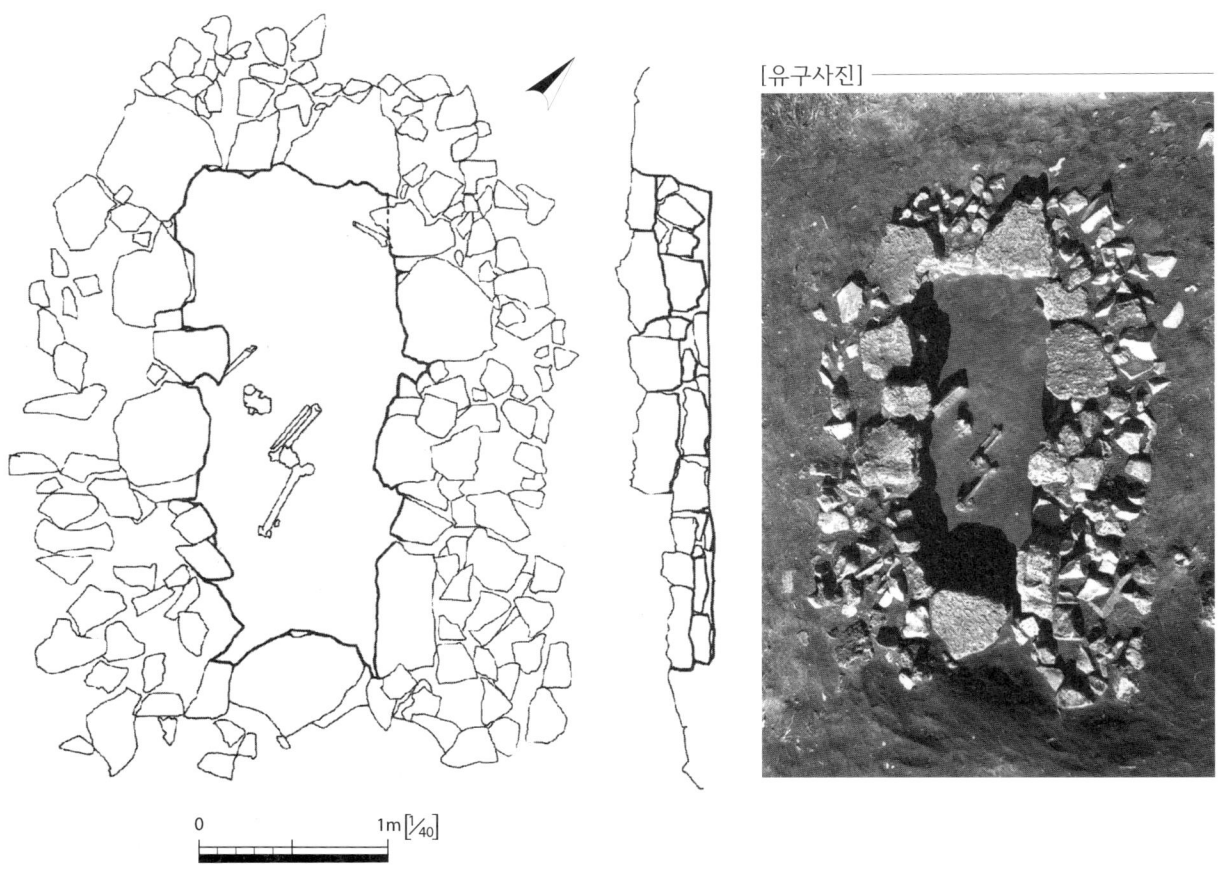

[유구사진]

0   1m [1/40]

2272호묘

봉토	크 기 (길이×너비×높이)	?×?×60	연도	크 기 (길이×너비×높이)	72×80×48
	평면형태	?		연도위치	우편재
현실	장축방향	N-15°-W	두 향		?
	규 모 (길이×너비×높이)	252×124×48	바닥시설		회갈토
	평면형태	장방형	천장형태		?
	시상/관대 (길이×너비×높이)	-	석재종류		현무암 판석·할석
유물	토도기	호(1)			
	금속기	철제 찰갑편(1)			
	옥석기	-			
	기 타	-			
	특기사항	-			

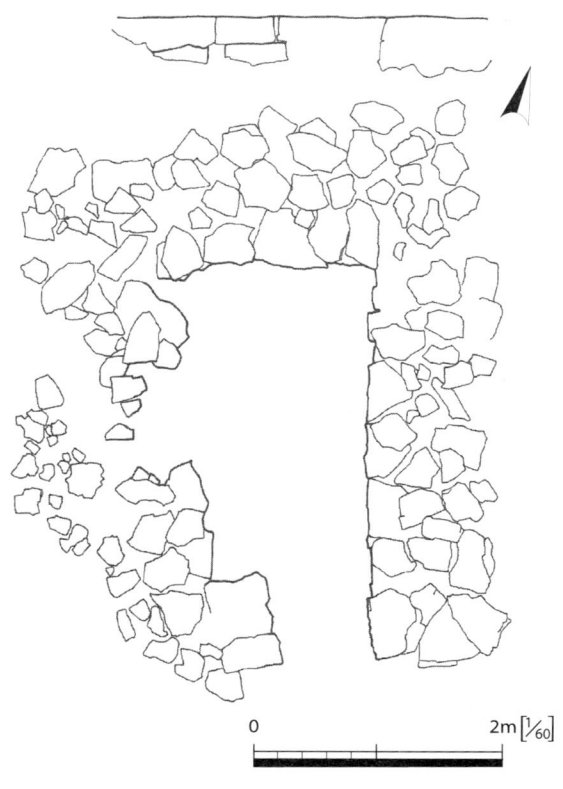

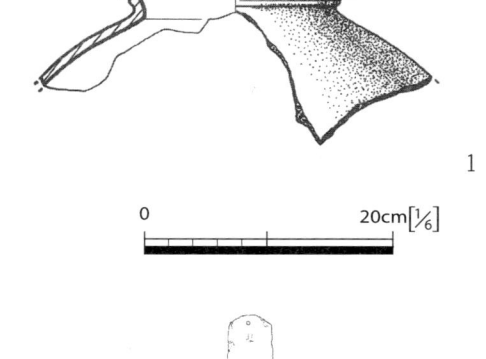

['填土' 출토유물]

1

0   20cm[1/6]

2

0   5cm[1/4]

0   2m[1/60]

2273호묘

(단위 : cm)

봉토	크 기 (길이×너비×높이)	?	연도	크 기 (길이×너비×높이)	?
	평면형태	?		연도위치	?
현실	장축방향	N-25°-W		두 향	?
	규 모 (길이×너비×높이)	260×132×68		바닥시설	황갈색 생토층
	평면형태	장방형		천장형태	?
	시상/관대 (길이×너비×높이)	-		석재종류	현무암 판석·할석
유물	토도기	토기편			
	금속기	-			
	옥석기	-			
	기 타	-			
	특기사항	-			

['塡土' 출토유물] ——

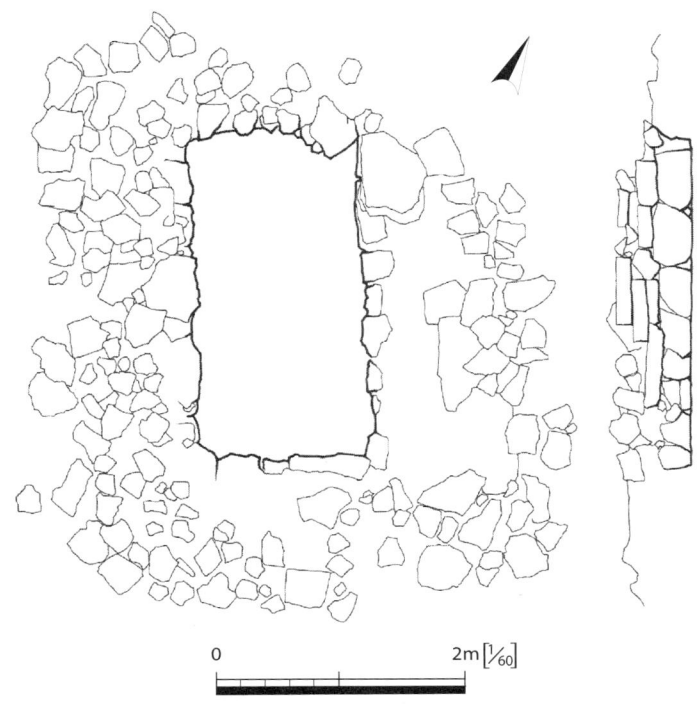

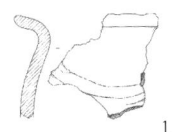

1

0   10cm[1/6]

0   2m[1/60]

2274호묘

(단위 : cm)

봉토	크 기 (길이×너비×높이)	?	석관	크 기 (길이×너비×높이)	220×60×48
	평면형태	?		장 폭 비	3.67:1
	장축방향	N-6°-W	석곽	크 기 (길이×너비×높이)	-
	두 향	?		장 폭 비	-
	벽석종류	현무암 판석			
유물	토 도 기	-			
	금 속 기	-			
	옥 석 류	-			
	기 타	-			
	특기사항	-			

0   1m [1/40]

2275호묘

(단위 : cm)

봉토	크 기 (길이×너비×높이)	?	석관	크 기 (길이×너비×높이)	189×76×40
	평면형태	?		장 폭 비	2.49:1
	장축방향	N-20°-W	석곽	크 기 (길이×너비×높이)	-
	두 향	?		장 폭 비	-
	벽석종류	현무암 판석			
유물	토도기	호(1)			
	금속기	-			
	옥석류	-			
	기 타	-			
	특기사항	-			

[봉토 아래 평면도]

['填土' 출토유물]

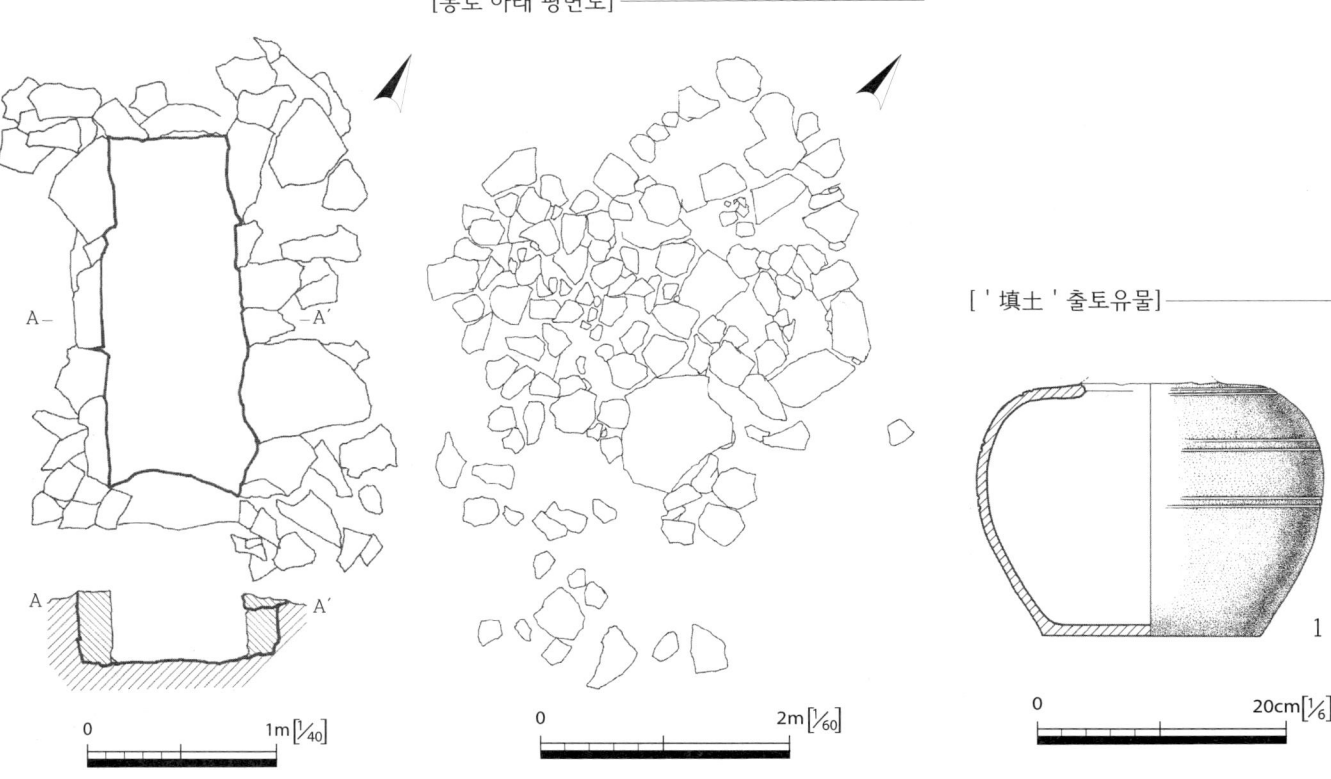

A— —A′

A ⌐ ¬ A′

0   1m[1/40]

0   2m[1/60]

0   20cm[1/6]

1

2276호묘

(단위 : cm)

봉토	크 기 (길이×너비×높이)	?	연도	크 기 (길이×너비×높이)	?
	평면형태	?		연도위치	?
현실	장축방향	N-25°-E		두 향	?
	규 모 (길이×너비×높이)	210×210×43		바닥시설	자갈을 깔았음
	평면형태	방형		천장형태	?
	시상/관대 (길이×너비×높이)	-		석재종류	활석
유물	토도기	토기편			
	금속기	-			
	옥석기	-			
	기 타	인골			
	특기사항	유물 도면 없음. 현실 서남쪽 모서리에서 불에 탄 성인 뼈 2점이 발견되었는데, 성별은 알 수 없다.			

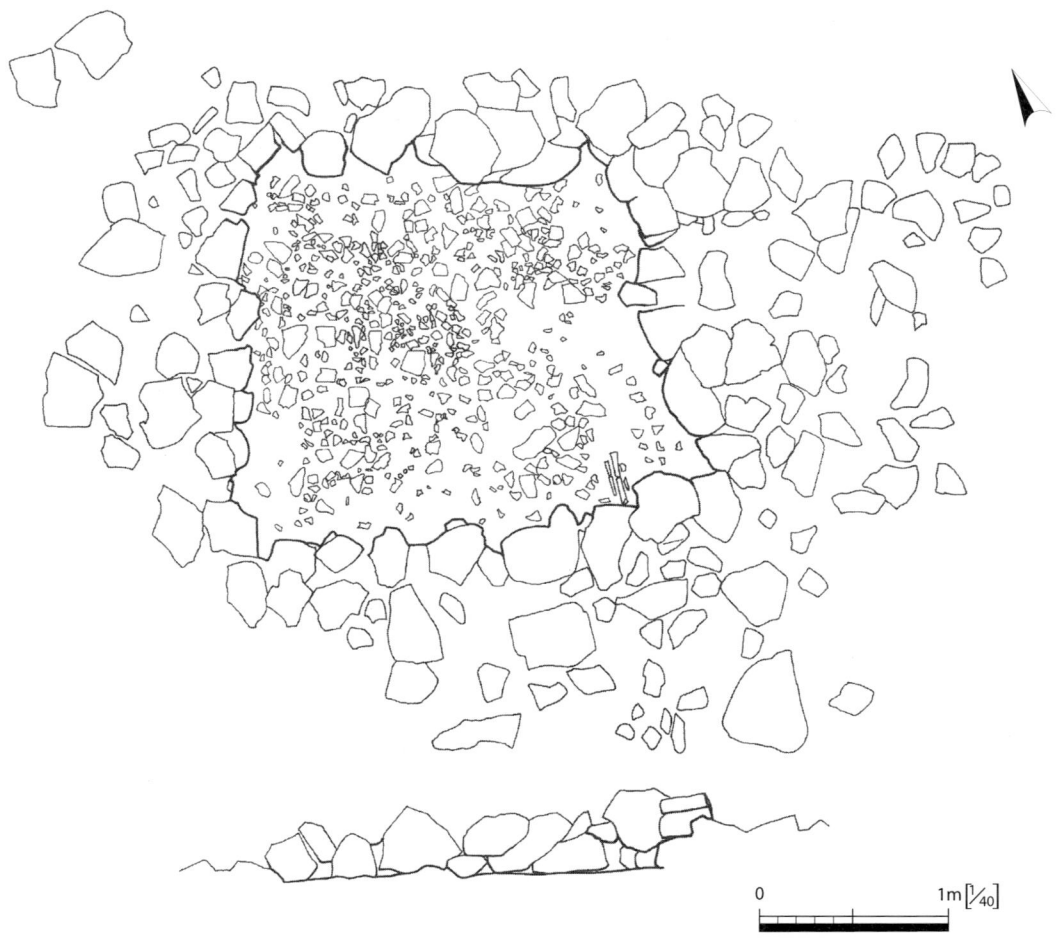

0   1m [1/40]

2277호묘

(단위 : cm)

봉토	크 기 (길이×너비×높이)	?	석관	크 기 (길이×너비×높이)	280×80×44
	평면형태	?		장 폭 비	3.50:1
	장축방향	N-S	석곽	크 기 (길이×너비×높이)	-
	두 향	?		장 폭 비	-
	벽석종류	활석			
유물	토도기	-			
	금속기	-			
	옥석류	-			
	기 타	인골(2)			
특기사항		인골은 총 2개체분이며, 이차장이다. 남쪽 가장자리에 있는 깨진 두개골(A)는 유아의 것으로 성별은 알 수 없으며, 또다른 인골(B)는 성인 여성이다.			

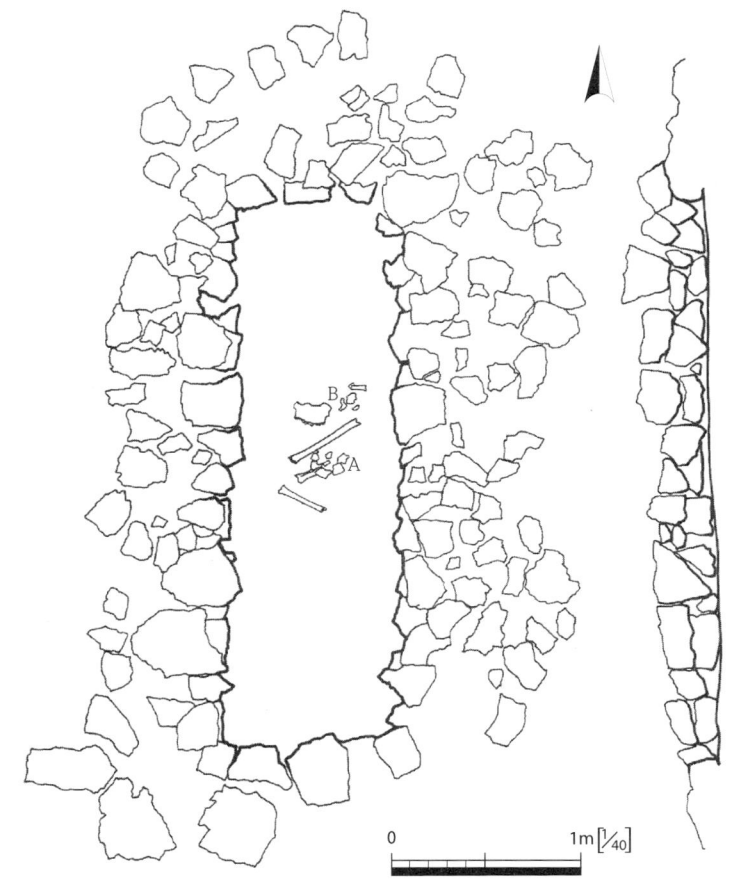

2278호묘

(단위 : cm)

봉토	크 기 (길이×너비×높이)	?×?×(50+)	연도	크 기 (길이×너비×높이)	113×86×?
	평면형태	?		연도위치	중앙
현실	장축방향	N-10°-E		두 향	?
	규 모 (길이×너비×높이)	212×150×48		바닥시설	회갈색 생토
	평면형태	장방형		천장형태	?
	시상/관대 (길이×너비×높이)	-		석재종류	현무암 판석 · 할석
유물	토 도 기	-			
	금 속 기	-			
	옥 석 기	-			
	기 타	인골(1)			
특기사항		동북쪽에서 성인 남성의 두개골 1점을 발견했다.			

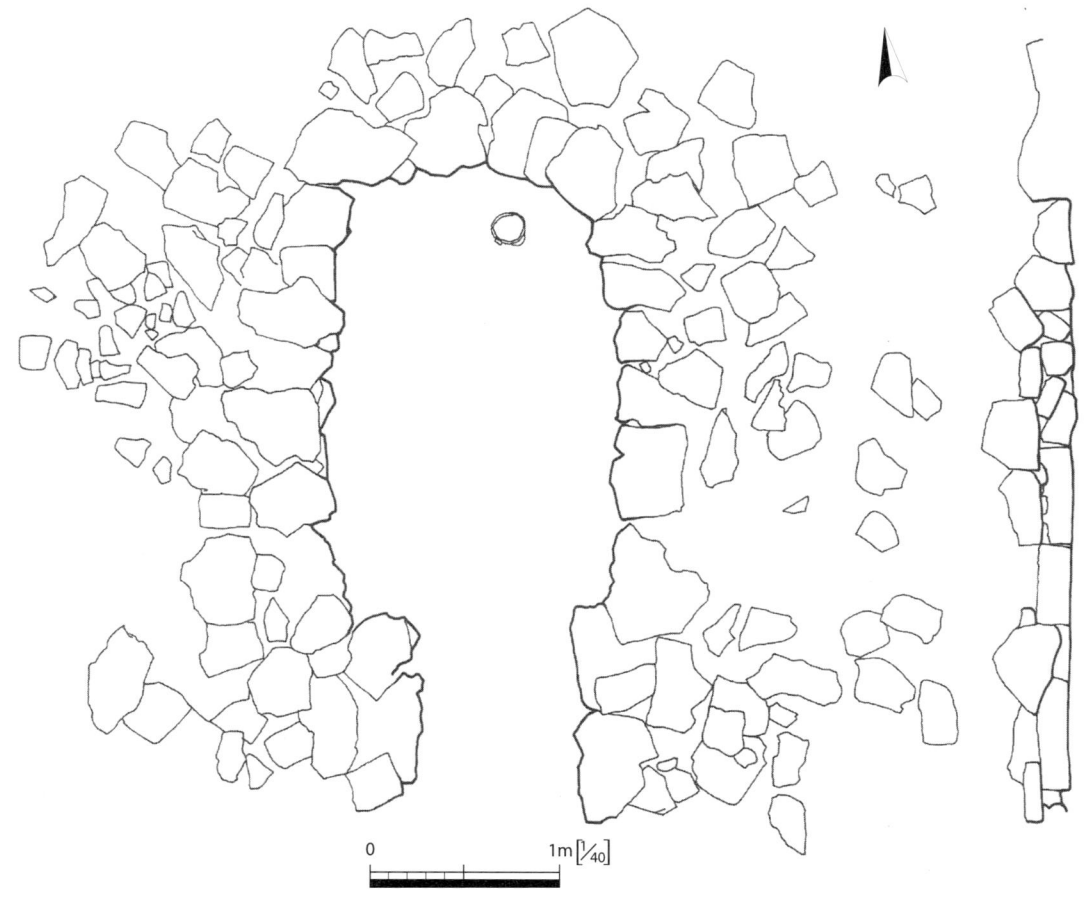

0   1m [1/40]

2279호묘

봉토	크 기 (길이×너비×높이)	600×450×(60+)	연도	크 기 (길이×너비×높이)	150×100×40
	평면형태	장방형		연도위치	중앙
현실	장축방향	N-S		두 향	?
	규 모 (길이×너비×높이)	260×176×74		바닥시설	현무암 판석, 전돌을 깔았음
	평면형태	장방형		천장형태	?
	시상/관대 (길이×너비×높이)	-		석재종류	현무암 판석·할석
유물	토도기	직구호(1), 완(1), 심발(2)			
	금속기	-			
	옥석기	-			
	기 타	인골(4)			
	특기사항	4개체분의 인골이 발견되었는데, 모두 이차장이다. 서쪽에 있는 사지골(A)와 중앙에 있는 사지골(B)는 성인 남성, 동쪽에 있는 사지골(C)는 40세 남성, 서남쪽에 있는 두개골(D)는 35~40세 정도의 여성이다.			

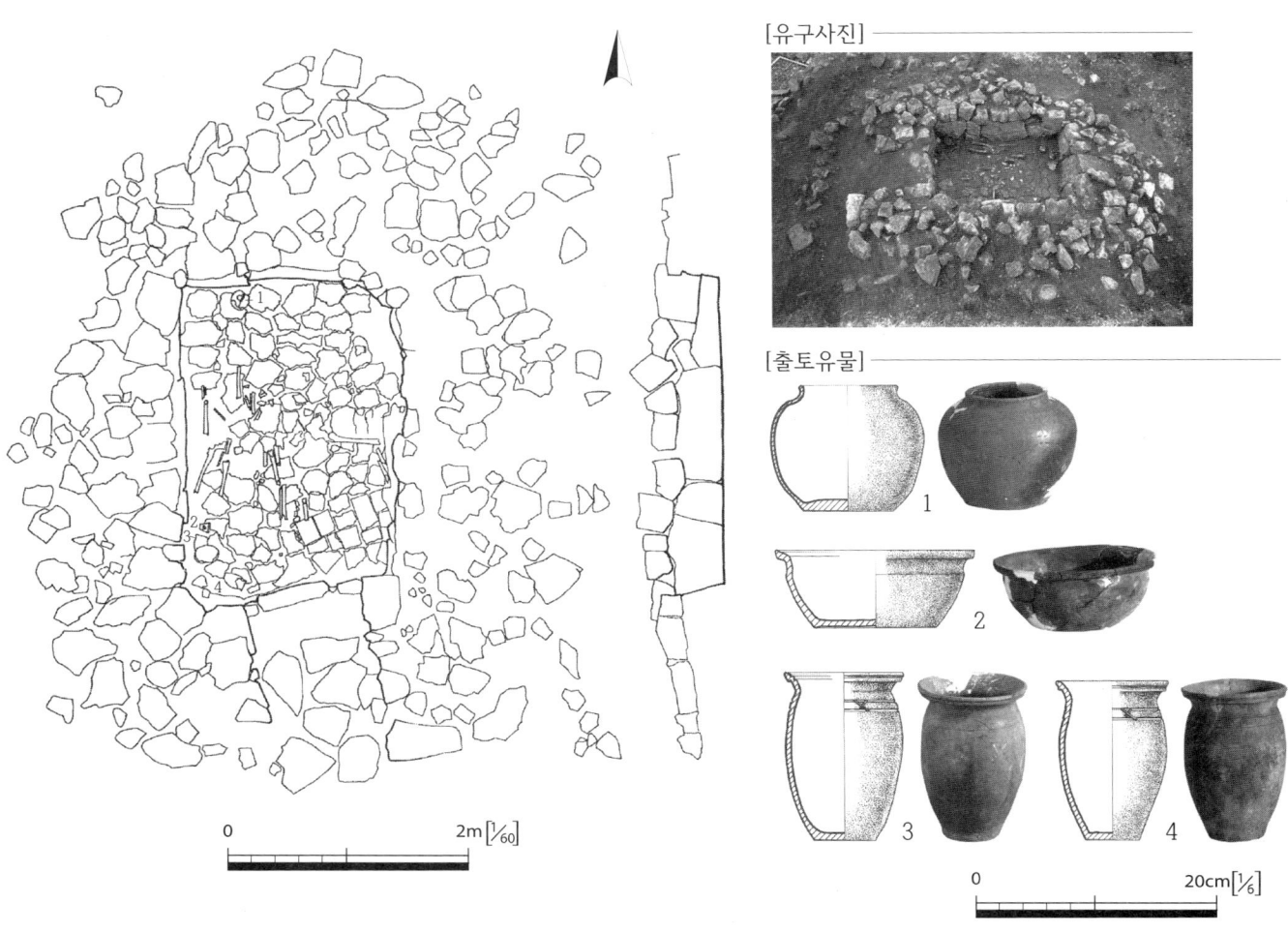

[유구사진]

[출토유물]

1

2

3   4

0   2m [1/60]

0   20cm [1/6]

2280호묘

(단위 : cm)

봉토	크 기 (길이×너비×높이)	520×400×(60+)	연도	크 기 (길이×너비×높이)	135×76×42
	평면형태	타원형		연도위치	중앙
현실	장축방향	N-25°-E		두 향	?
	규 모 (길이×너비×높이)	243×170×58		바닥시설	부석
	평면형태	장방형		천장형태	?
	시상/관대 (길이×너비×높이)	-		석재종류	현무암 판석
유물	토 도 기	심발(2), 완(1), 옹 구연부편(2)			
	금 속 기	철부(1), 철제 대금구(1), 철촉(1), 미상철기(1)			
	옥 석 기	-			
	기 타	인골(3)			
	특기사항	인골이 많이 결실되었으나 3개체분으로 볼 수 있으며, 모두 이차장이다. 동남쪽 두개골(A)는 10세 정도의 소아로 성별은 불분명하고, 서남쪽 사지골(B)는 성인 여성, 서북쪽 사지골(C)는 성인 남성이다.			

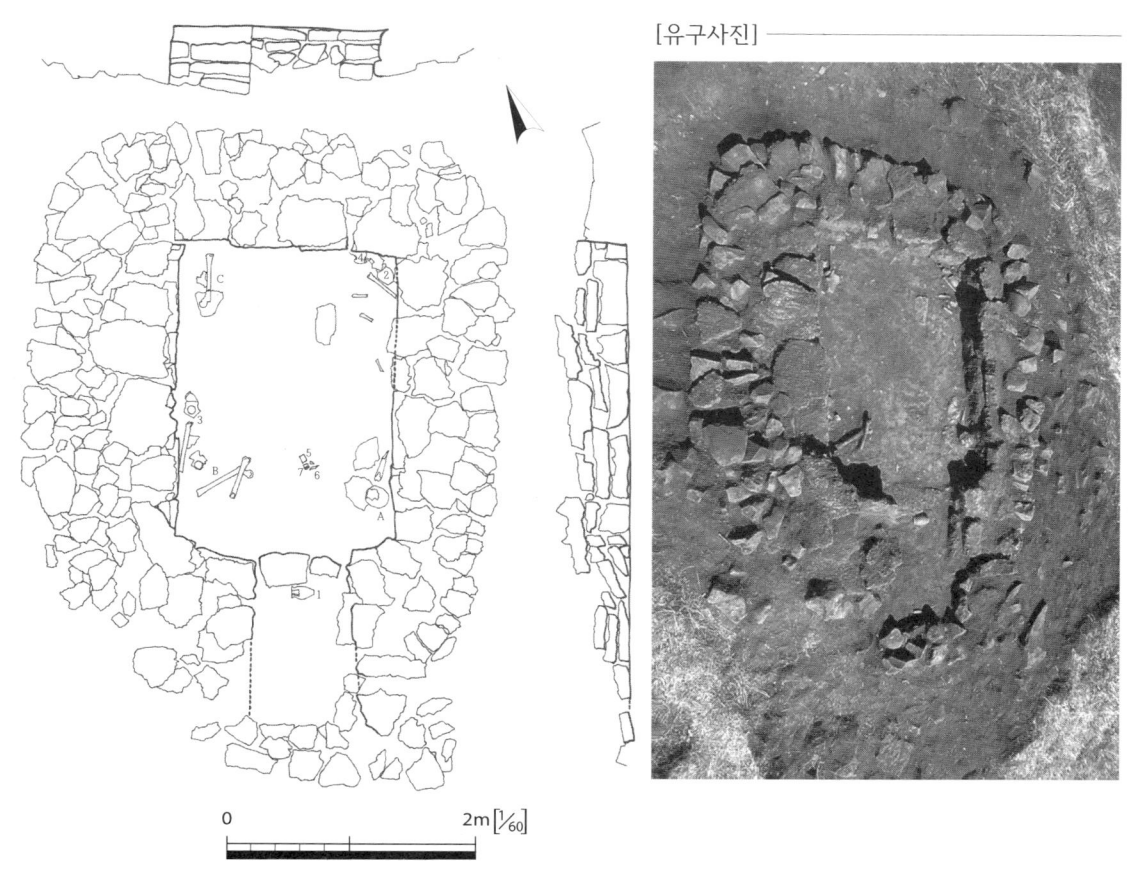

[유구사진]

0   2m [1/60]

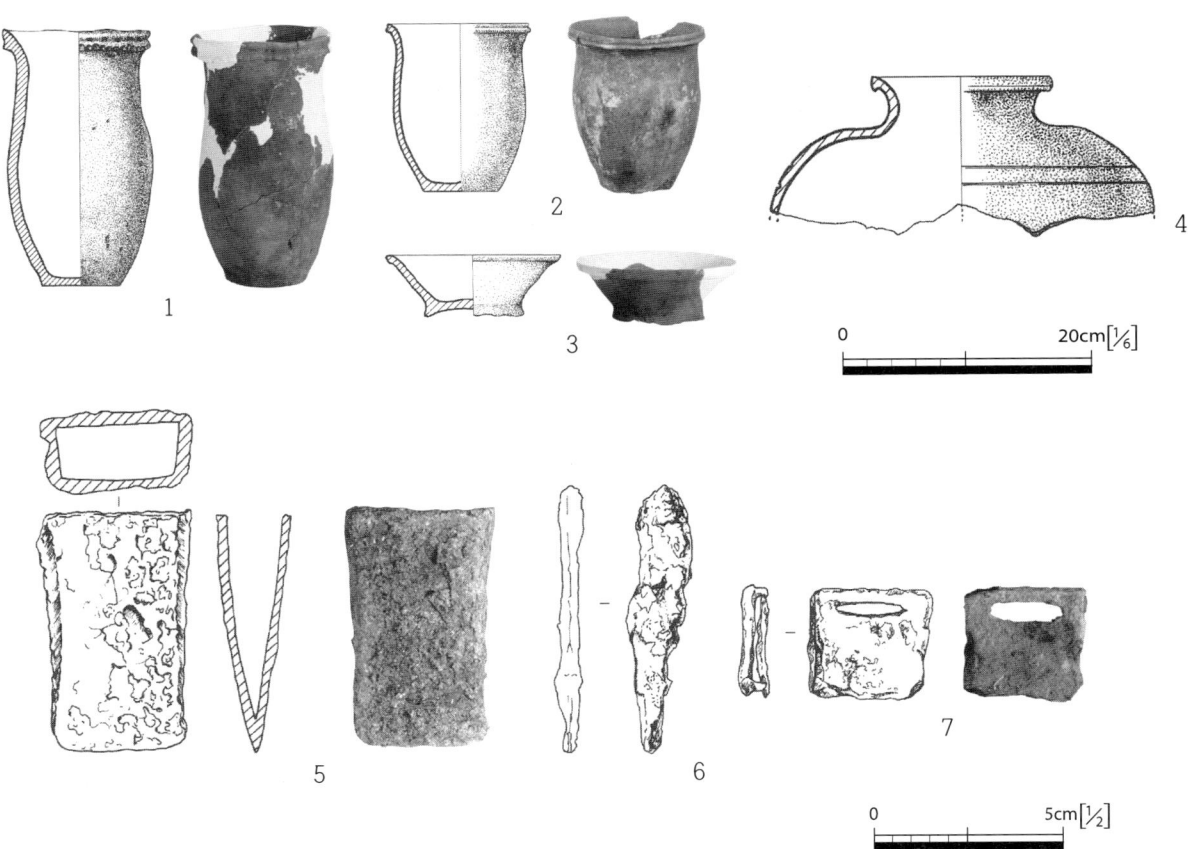

1

2

3

4

0   20cm[⅙]

5

6

7

0   5cm[½]

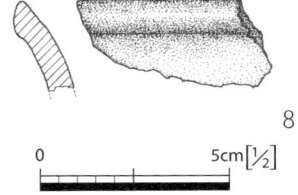

8

0   5cm[½]

2281호묘

(단위 : cm)

봉토	크 기 (길이×너비×높이)	?	연도	크 기 (길이×너비×높이)	?	
	평면형태	?		연도위치	?	
현실	장축방향	N-25°-E		두 향	?	
	규 모 (길이×너비×높이)	280×190×64		바닥시설	?	
	평면형태	장방형		천장형태	?	
	시상/관대 (길이×너비×높이)	–		석재종류	현무암 판석·할석	
유물	토 도 기	토기편				
	금 속 기	철촉(1)				
	옥 석 기	–				
	기 타	인골(1)				
	특기사항	성인 남성의 두개골과 사지골이 발견되었다.				

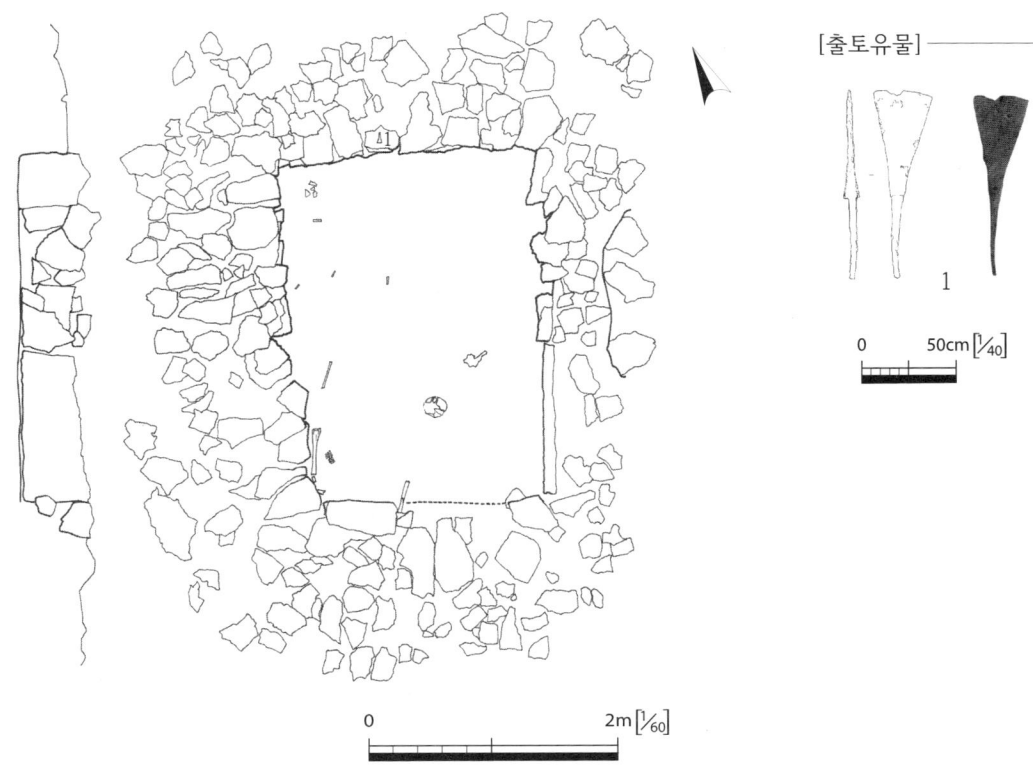

[출토유물]

1

0   50cm [1/40]

0   2m [1/60]

2282호묘

(단위 : cm)

봉토	크 기 (길이×너비×높이)	?	연도	크 기 (길이×너비×높이)	?	
	평면형태	?		연도위치	?	
현실	장축방향	N-10°-E		두 향	?	
	규 모 (길이×너비×높이)	236×122×9		바닥시설	흑갈토	
	평면형태	장방형		천장형태	?	
	시상/관대 (길이×너비×높이)	-		석재종류	현무암 판석·할석	
유물	토도기	토기편				
	금속기	철촉(1)				
	옥석기	-				
	기 타	인골(1)				
특기사항		인골은 1개체분이며, 이차장이고 25~30세의 여성이다.				

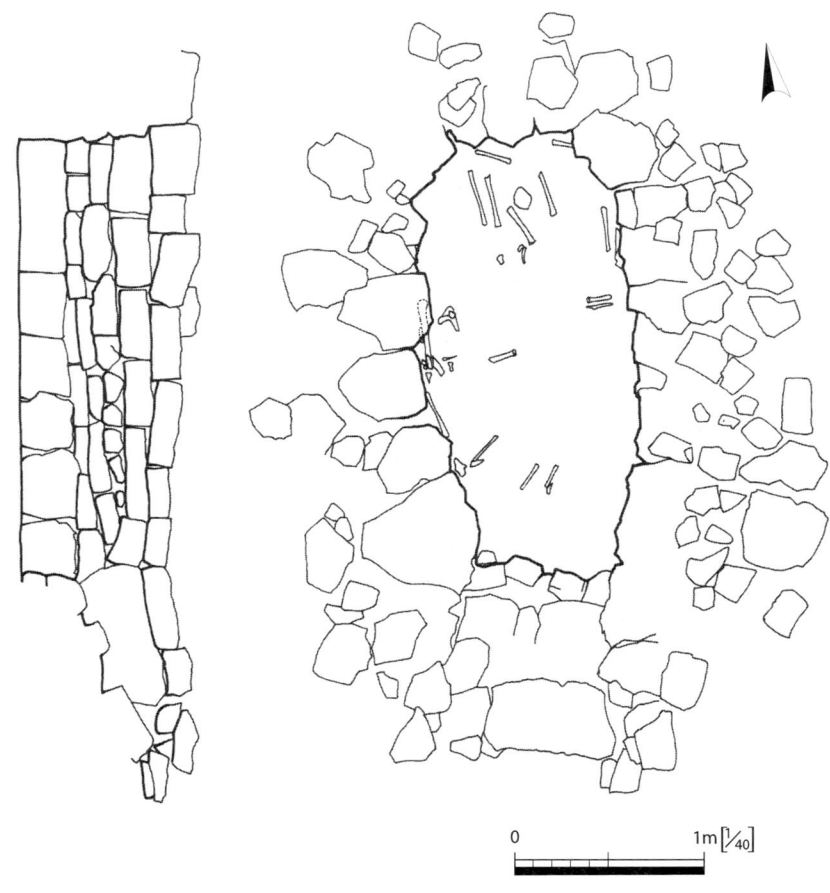

0   1m [1/40]

2283호묘

(단위 : cm)

봉토	크 기 (길이×너비×높이)	?	석관	크 기 (길이×너비×높이)	183×50×83
	평면형태	?		장 폭 비	3.80:1
	장축방향	N-5°-W	석곽	크 기 (길이×너비×높이)	-
	두 향	?		장 폭 비	-
	벽석종류	판석·할석			
유물	토도기	뚜껑(1), 심발(2), 옹(1), 토기편(1)			
	금속기	은제 귀걸이(1), 동제 나선형 장식(1), 동제 고리(1), 철제 찰갑편(1)			
	옥석류	-			
	기 타	-			
	특기사항	-			

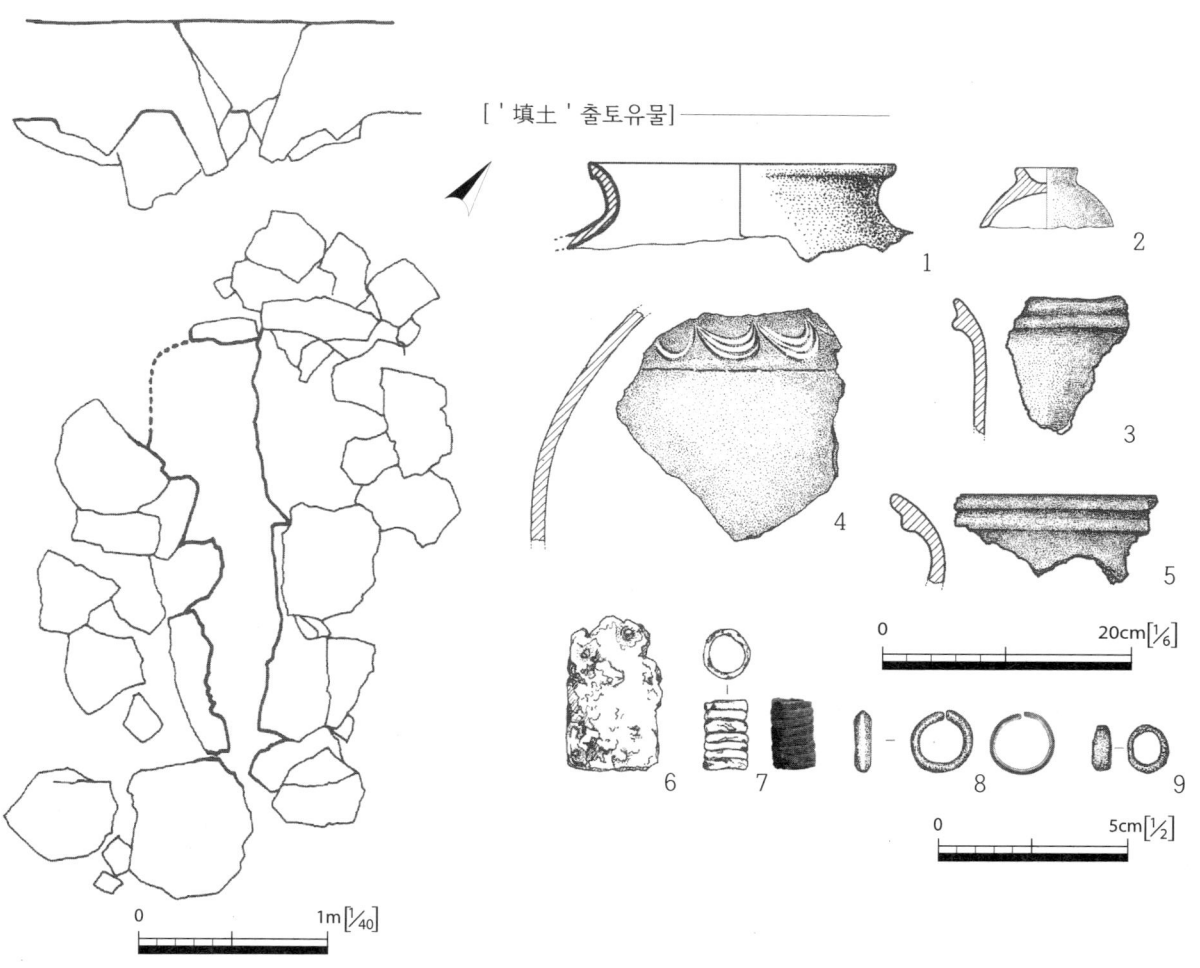

['填土' 출토유물]

1

2

3

4

5

6

7

8

9

0   20cm[1/6]

0   5cm[1/2]

0   1m[1/40]

2284호묘

(단위 : cm)

봉토	크 기 (길이×너비×높이)	?	석관	크 기 (길이×너비×높이)	232×59×37
	평면형태	?		장 폭 비	3.93:1
	장축방향	N-5°-W	석곽	크 기 (길이×너비×높이)	-
	두 향	남향		장 폭 비	-
	벽석종류	판석·할석			
유물	토도기	호 구연부편(1), 시루 저부편(1)			
	금속기	동제 장식(1), 동제 고리(2), 동제 팔찌(2)			
	옥석류	-			
	기 타	인골(1)			
	특기사항	유아의 인골 1개체분이 발견되었는데, 일차장으로 추정된다.			

['填土' 출토유물]

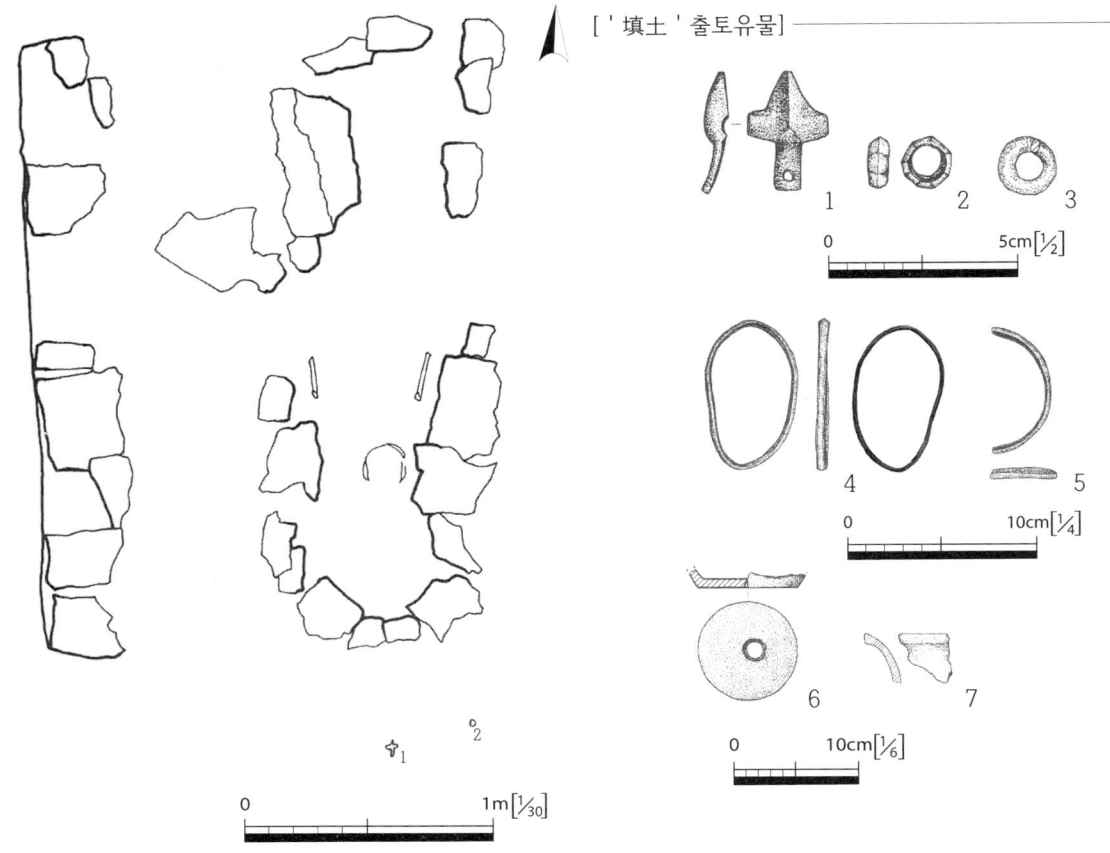

2285호묘

(단위 : cm)

봉토	크 기 (길이×너비×높이)	?	연도	크 기 (길이×너비×높이)	175×84×66
	평면형태	?		연도위치	중앙
현실	장축방향	N-80°-W		두 향	?
	규 모 (길이×너비×높이)	246×233×96		바닥시설	황갈색 생토
	평면형태	장방형		천장형태	?
	시상/관대 (길이×너비×높이)	-		석재종류	현무암 판석 · 할석
유물	토 도 기	병(1), 토기 저부편(1)			
	금 속 기	-			
	옥 석 기	-			
	기 타	-			
	특기사항	-			

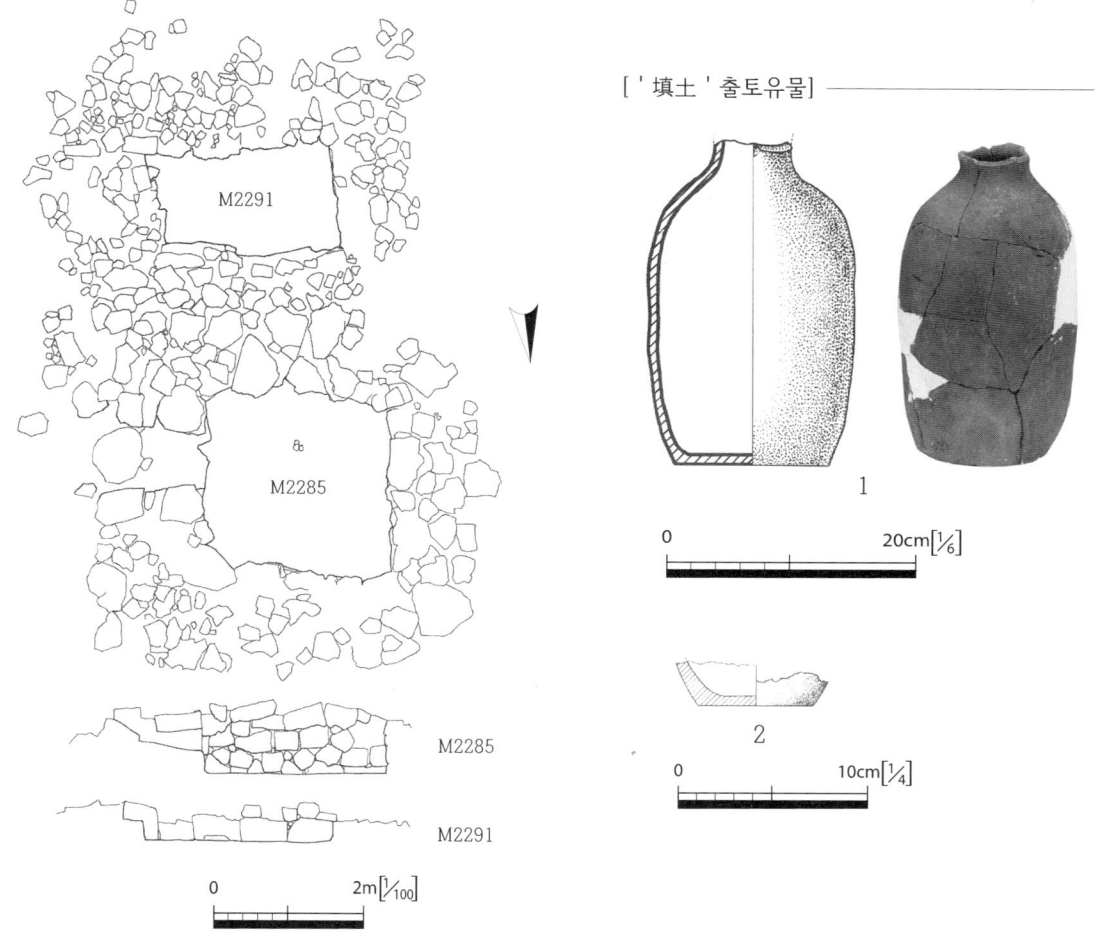

[' 填土 ' 출토유물]

1

0   20cm[⅙]

2

0   10cm[¼]

M2291

M2285

M2285

M2291

0   2m[1/100]

2286호묘

(단위 : cm)

봉토	크 기 (길이×너비×높이)	?	연도	크 기 (길이×너비×높이)	?
	평면형태	?		연도위치	?
현실	장축방향	N-10°-W		두 향	?
	규 모 (길이×너비×높이)	246×172×48		바닥시설	황갈색 생토층
	평면형태	장방형		천장형태	?
	시상/관대 (길이×너비×높이)	-		석재종류	현무암 판석
유물	토 도 기	뚜껑(1), 발(1), 병(1), 완(1)			
	금 속 기	은제 귀걸이(2), 철제 관정(1)			
	옥 석 기	옥 패식(1), 마노제 구슬(1)			
	기 타	인골			
	특기사항	현실 중앙에서 손가락뼈 몇 점이 발견되었는데, 성별과 나이는 알 수 없다.			

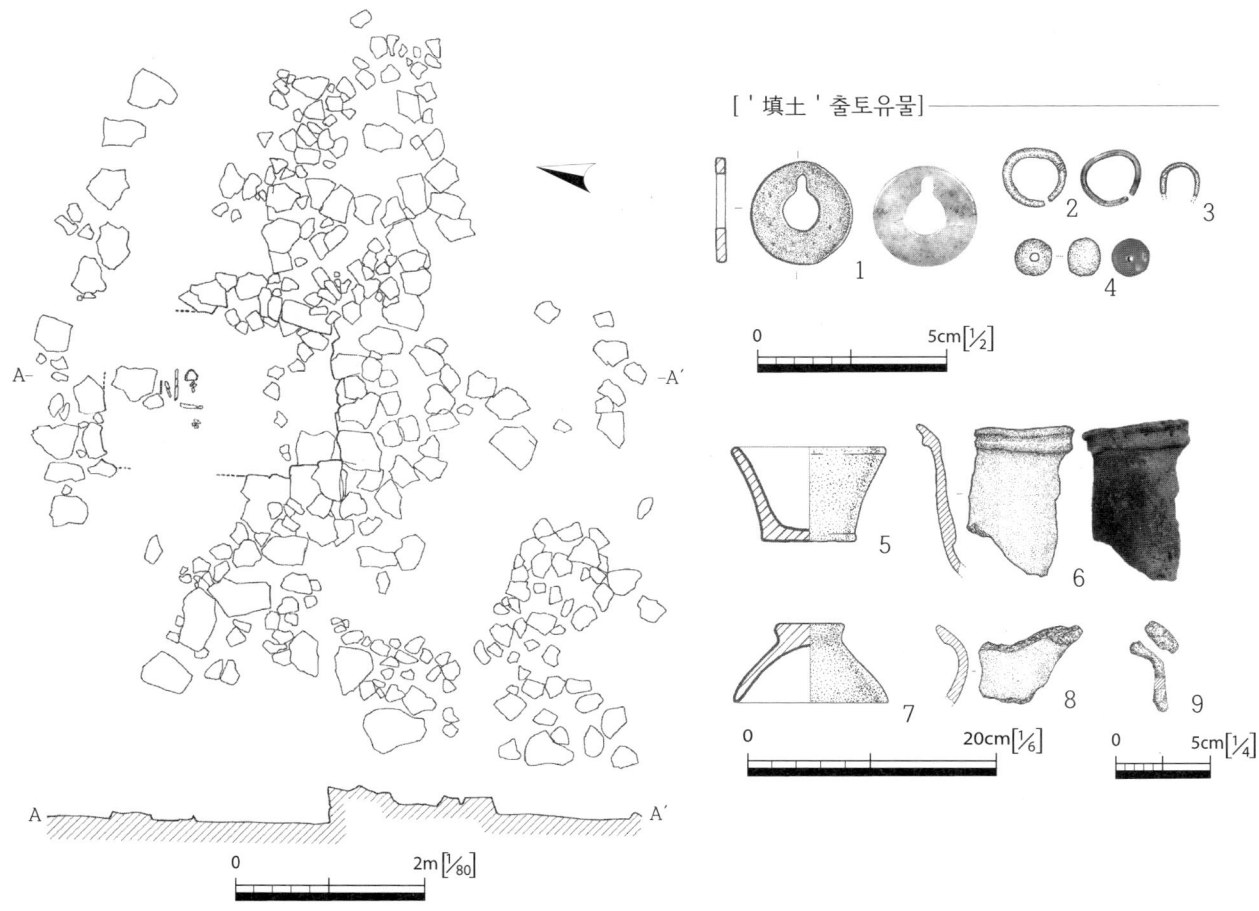

['塡土' 출토유물]

2287호묘

(단위 : cm)

봉토	크 기 (길이×너비×높이)	?	석관	크 기 (길이×너비×높이)	228×60×48
	평면형태	?		장 폭 비	3.80:1
	장축방향	N-30°-W	석곽	크 기 (길이×너비×높이)	-
	두 향	?			
	벽석종류	판석·할석		장 폭 비	-
유물	토 도 기	-			
	금 속 기	-			
	옥 석 류	-			
	기 타	인골(1)			
	특기사항	현실 남쪽에서 성인 남성 두개골 1점이 발견되었다.			

0   1m[1/30]

2288호묘

(단위 : cm)

봉토	크 기 (길이×너비×높이)	?	석관	크 기 (길이×너비×높이)	250×80×103
	평면형태	?		장 폭 비	3.13:1
장축방향		N-30°-W	석곽	크 기 (길이×너비×높이)	-
두 향		?		장 폭 비	-
벽석종류		판석·할석			
유물	토도기	심발(1)			
	금속기	동제 대금구(3), 동제 조두형 장식(1), 동제 사미(1), 동제 고리(12), 철제 관정(10)			
	옥석류	-			
	기 타	인골(1)			
특기사항		현실에서 성인 남성 뼈 두 조각이 발견되었다.			

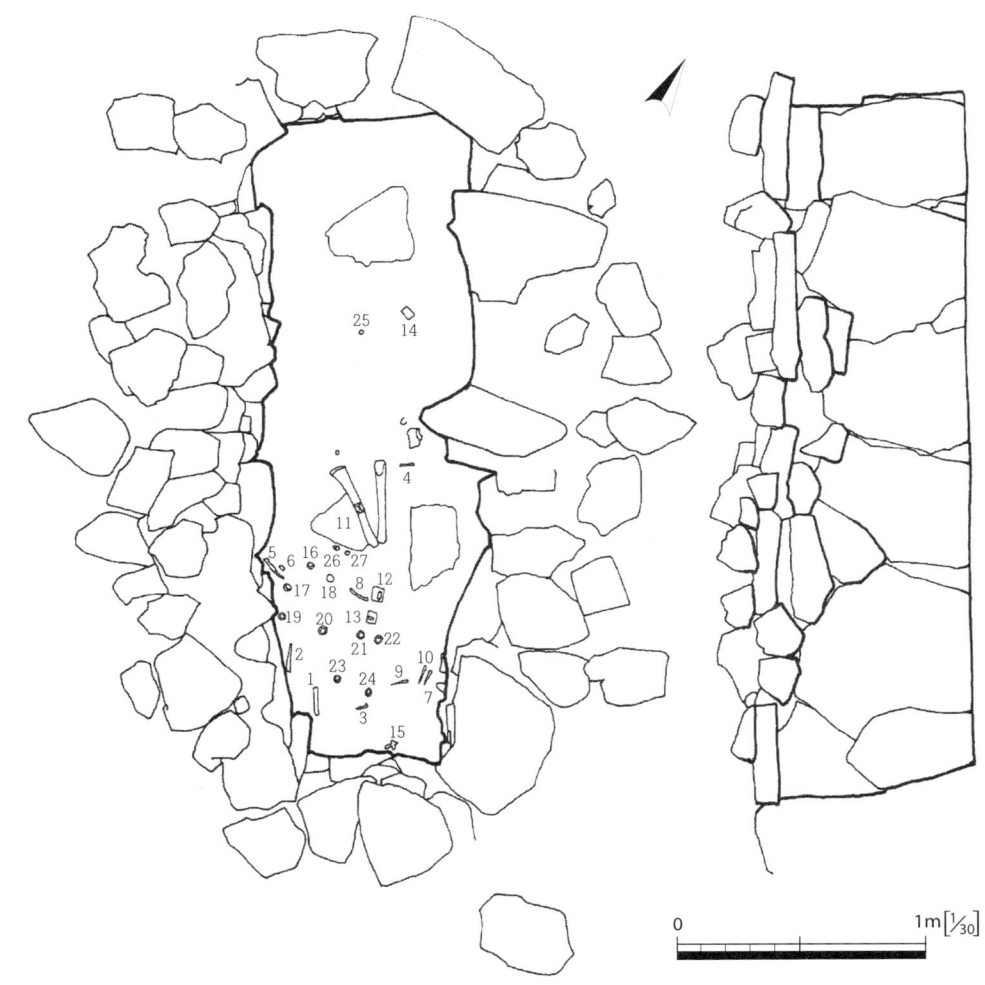

0   1m [1/30]

[출토유물]

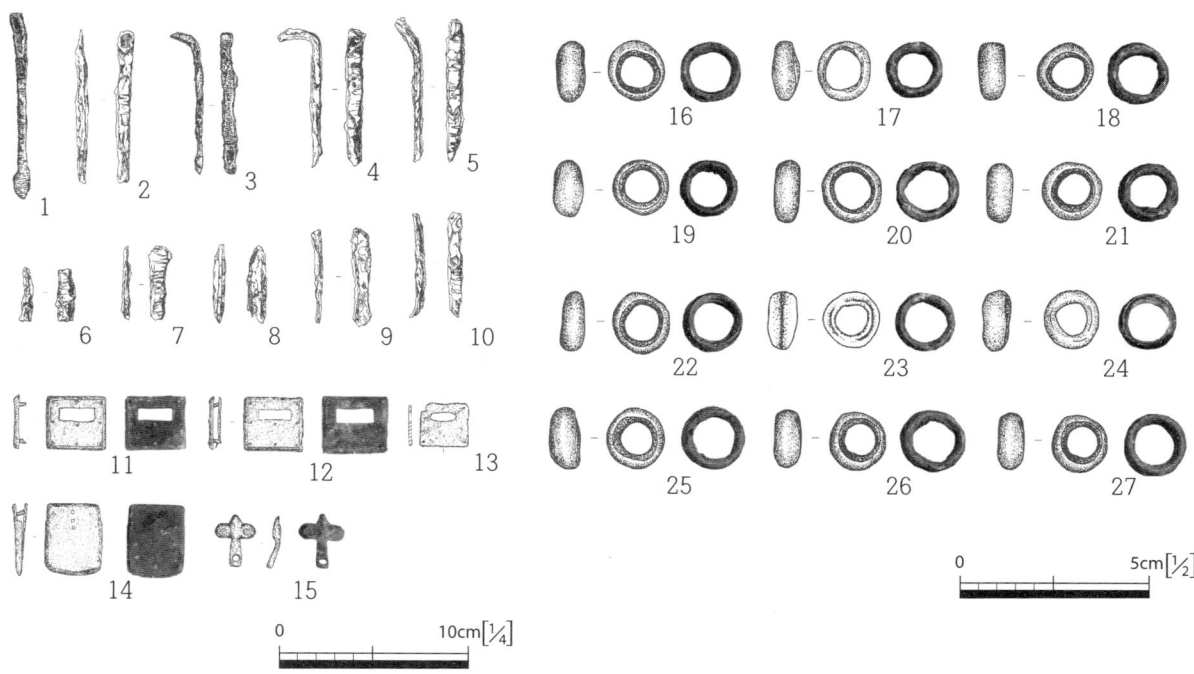

['填土' 출토유물]

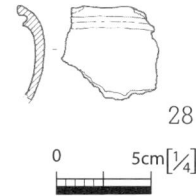

28

2289호묘

(단위 : cm)

봉토	크 기 (길이×너비×높이)	?	연도	크 기 (길이×너비×높이)	?
	평면형태	?		연도위치	?
현실	장축방향	N-30°-W	두 향		?
	규 모 (길이×너비×높이)	152×70×60	바닥시설		판석
	평면형태	장방형	천장형태		모줄임
	시상/관대 (길이×너비×높이)	-	석재종류		현무암 판석
유물	토도기	심발(1)			
	금속기	철제 관정(2)			
	옥석기	-			
	기 타	인골(1)			
특기사항		현실 북쪽에 유아의 두개골이 있으며, 성별은 알 수 없다.			

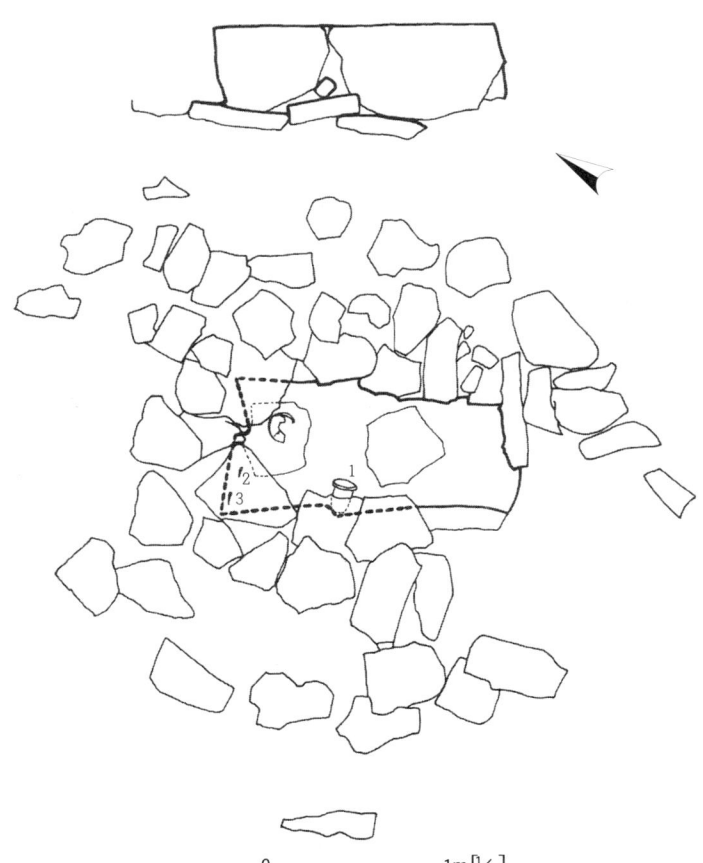

0　　　　　　　　　1m[1/40]

[유구사진]

[출토유물]

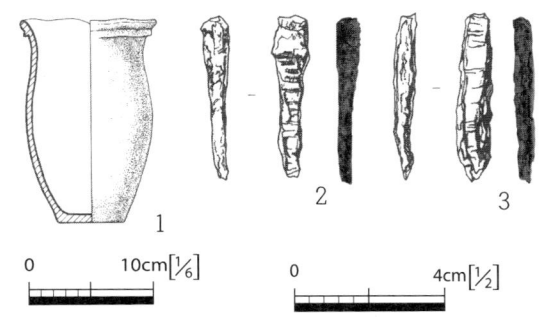

0　　　10cm[1/6]　　　0　　　　4cm[1/2]

2290호묘

(단위 : cm)

봉토	크 기 (길이×너비×높이)	?	연도	크 기 (길이×너비×높이)	?
	평면형태	?		연도위치	?
현실	장축방향	N-20°-E		두 향	?
	규 모 (길이×너비×높이)	162×76×22		바닥시설	흑갈색 생토
	평면형태	장방형		천장형태	?
	시상/관대 (길이×너비×높이)	-		석재종류	현무암 판석
유물	토도기	-			
	금속기	동제 사미(1)			
	옥석기	-			
	기 타	-			
	특기사항	-			

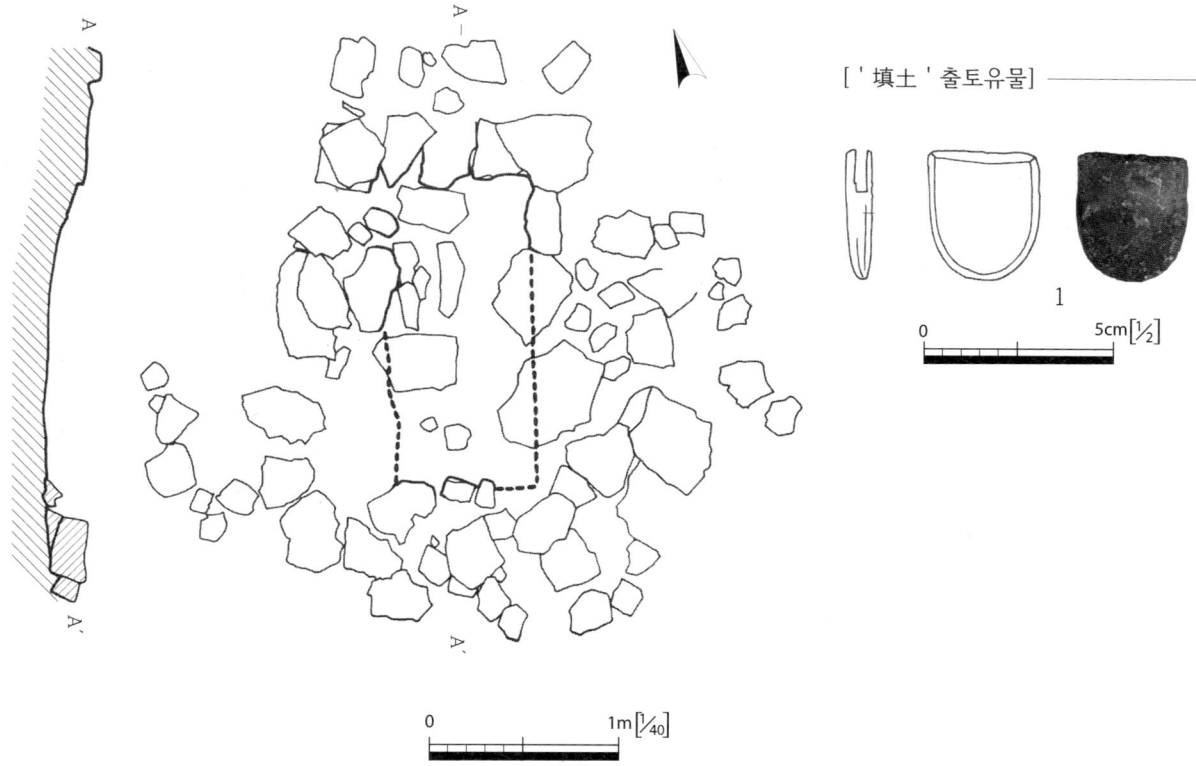

['填土' 출토유물]

1

0   5cm[½]

0   1m[⅟40]

2291호묘

(단위 : cm)

봉토	크 기 (길이×너비×높이)	?	연도	크 기 (길이×너비×높이)	?
	평면형태	?		연도위치	?
현실	장축방향	N-20°-E		두 향	?
	규 모 (길이×너비×높이)	224×138×48		바닥시설	황갈색 생토층
	평면형태	장방형		천장형태	?
	시상/관대 (길이×너비×높이)	-		석재종류	현무암 판석
유물	토도기	-			
	금속기	-			
	옥석기	-			
	기 타	-			
	특기사항	-			

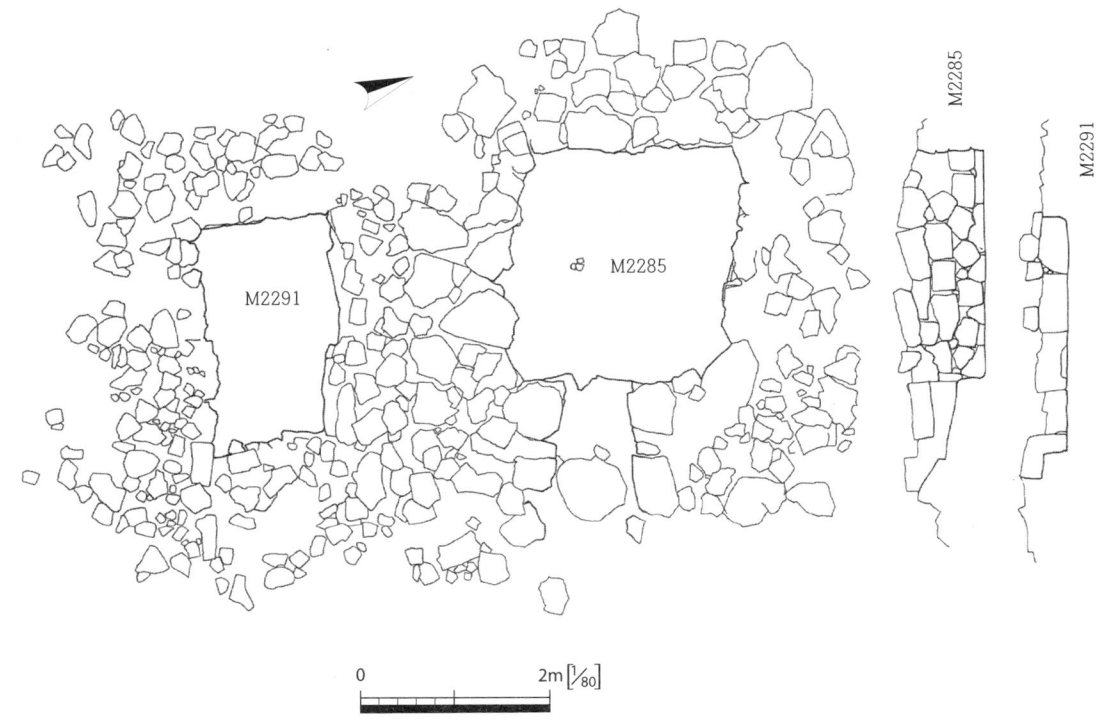

0   2m [1/80]

2292호묘

봉토	크 기 (길이×너비×높이)	?	연도	크 기 (길이×너비×높이)	?
	평면형태	?		연도위치	?
현실	장축방향	N-35°-E		두 향	?
	규 모 (길이×너비×높이)	120×56×31		바닥시설	흑갈색 생토
	평면형태	장방형		천장형태	?
	시상/관대 (길이×너비×높이)	-		석재종류	현무암 판석
유물	토 도 기	토기편			
	금 속 기	동제 조두형 장식(1)			
	옥 석 기	-			
	기 타	인골(1)			
	특기사항	유소아 뼈 1점이 발견되었는데, 성별은 분명치 않다.			

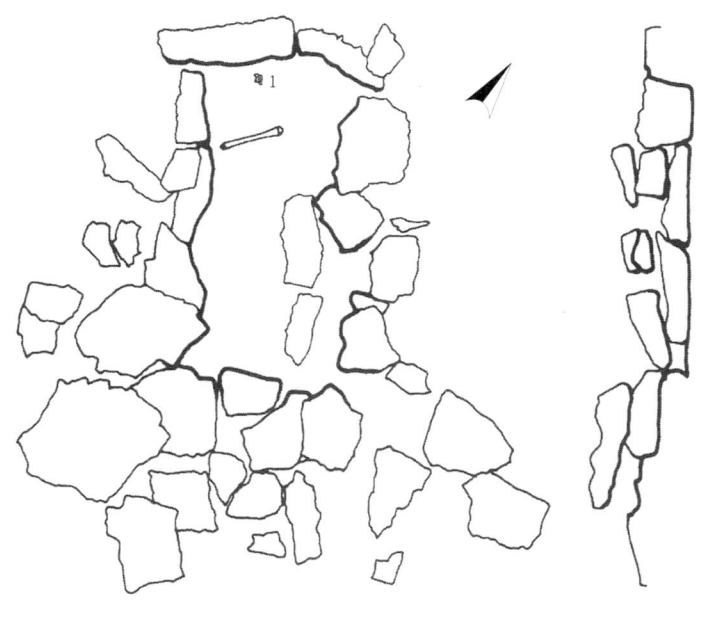

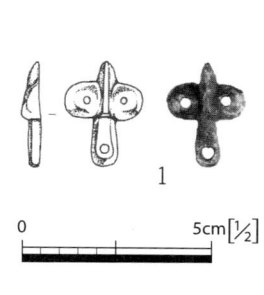

[출토유물]

1

0   5cm[½]

0   1m[⅟30]

2293호묘

(단위 : cm)

봉토	크 기 (길이×너비×높이)	?×?×15	연도	크 기 (길이×너비×높이)	128×82×40
	평면형태	?		연도위치	우편재
현실	장축방향	N-33°-W		두 향	?
	규 모 (길이×너비×높이)	182×134×40		바닥시설	?
	평면형태	장방형		천장형태	?
	시상/관대 (길이×너비×높이)	-		석재종류	할석
유물	토 도 기	심발(1)			
	금 속 기	-			
	옥 석 기	-			
	기 타	-			
	특기사항	-			

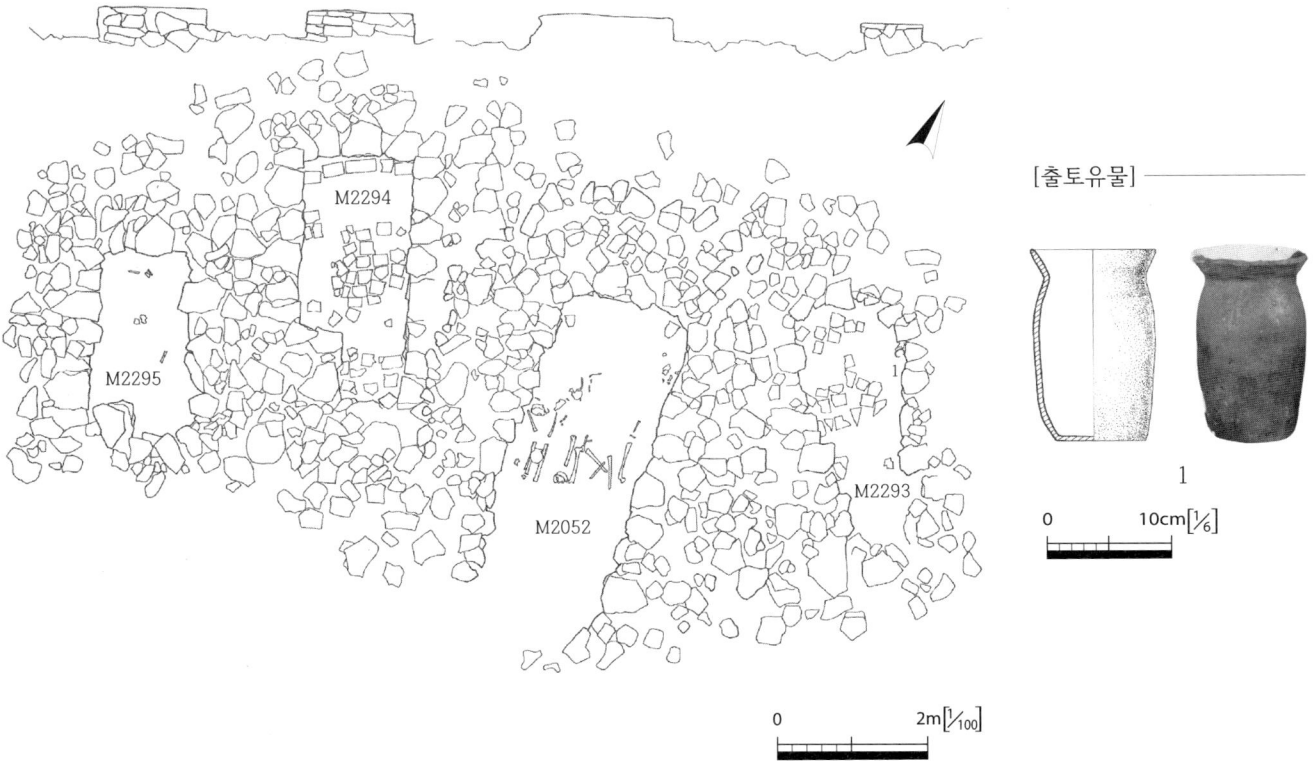

[출토유물]

1

0   10cm[1/6]

0   2m[1/100]

2294호묘

(단위 : cm)

봉토	크 기 (길이×너비×높이)	?×?×25	연도	크 기 (길이×너비×높이)	94×78×40
	평면형태	?		연도위치	우편재
현실	장축방향	N-25°-W		두 향	?
	규 모 (길이×너비×높이)	228×140×40		바닥시설	붉은 벽돌을 깔았음
	평면형태	장방형		천장형태	?
	시상/관대 (길이×너비×높이)	-		석재종류	붉은 벽돌·천석
유물	토도기	심발(1)			
	금속기	-			
	옥석기	-			
	기 타	-			
	특기사항	-			

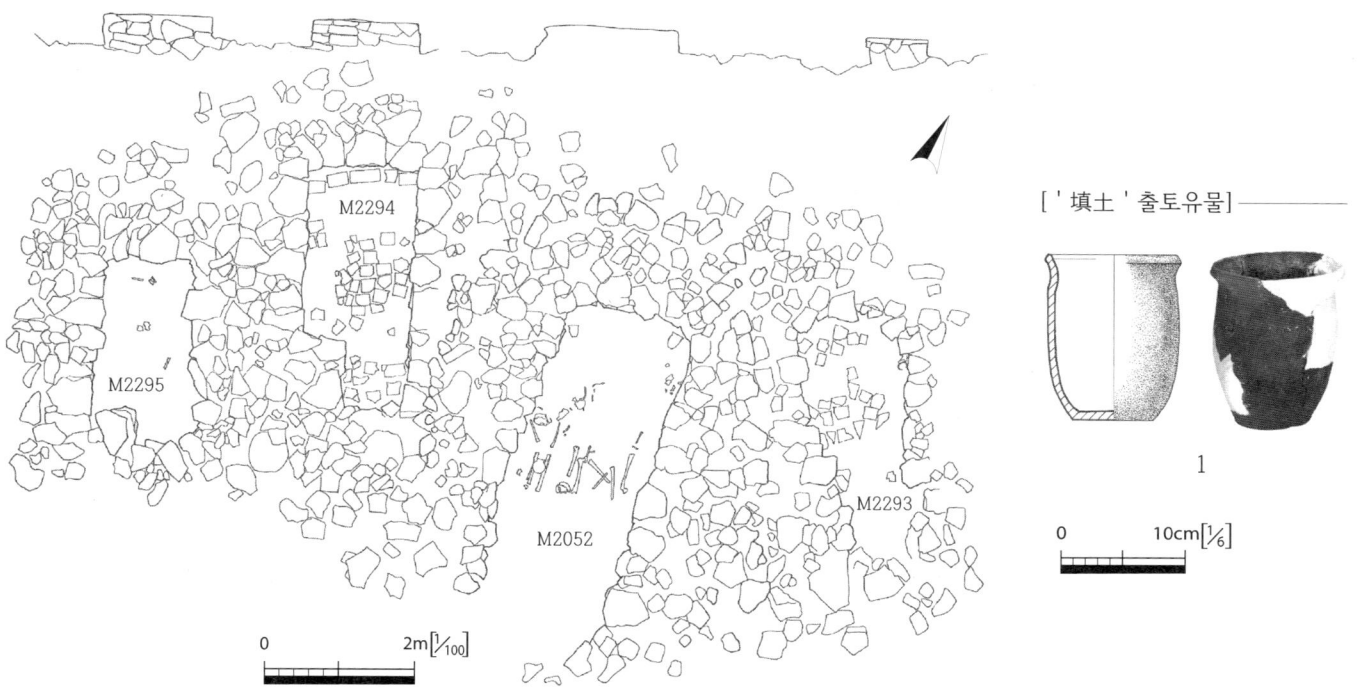

['填土' 출토유물]

1

0   10cm[1/6]

0   2m[1/100]

M2294
M2295
M2052
M2293

2295호묘

(단위 : cm)

봉토	크 기 (길이×너비×높이)	?×?×25	연도	크 기 (길이×너비×높이)	68×48×?
	평면형태	?		연도위치	우편재
현실	장축방향	N-25°-W		두 향	?
	규 모 (길이×너비×높이)	194×119×58		바닥시설	?
	평면형태	장방형		천장형태	?
	시상/관대 (길이×너비×높이)	-		석재종류	판석·할석
유물	토도기	-			
	금속기	-			
	옥석기	-			
	기 타	인골			
특기사항		현실 내에서 인골편들이 발견되었는데, 성별과 나이는 알 수 없다.			

2296호묘

(단위 : cm)

봉토	크 기 (길이×너비×높이)	?	연도	크 기 (길이×너비×높이)	?
	평면형태	?		연도위치	?
현실	장축방향	N-50°-E		두 향	?
	규 모 (길이×너비×높이)	221×142×58		바닥시설	흙갈색 생토층
	평면형태	장방형		천장형태	?
	시상/관대 (길이×너비×높이)	-		석재종류	현무암 판석
유물	토도기	옹(1), 호(1), 토기편(1)			
	금속기	철제 찰갑편(16)			
	옥석기		-		
	기 타		-		
특기사항			-		

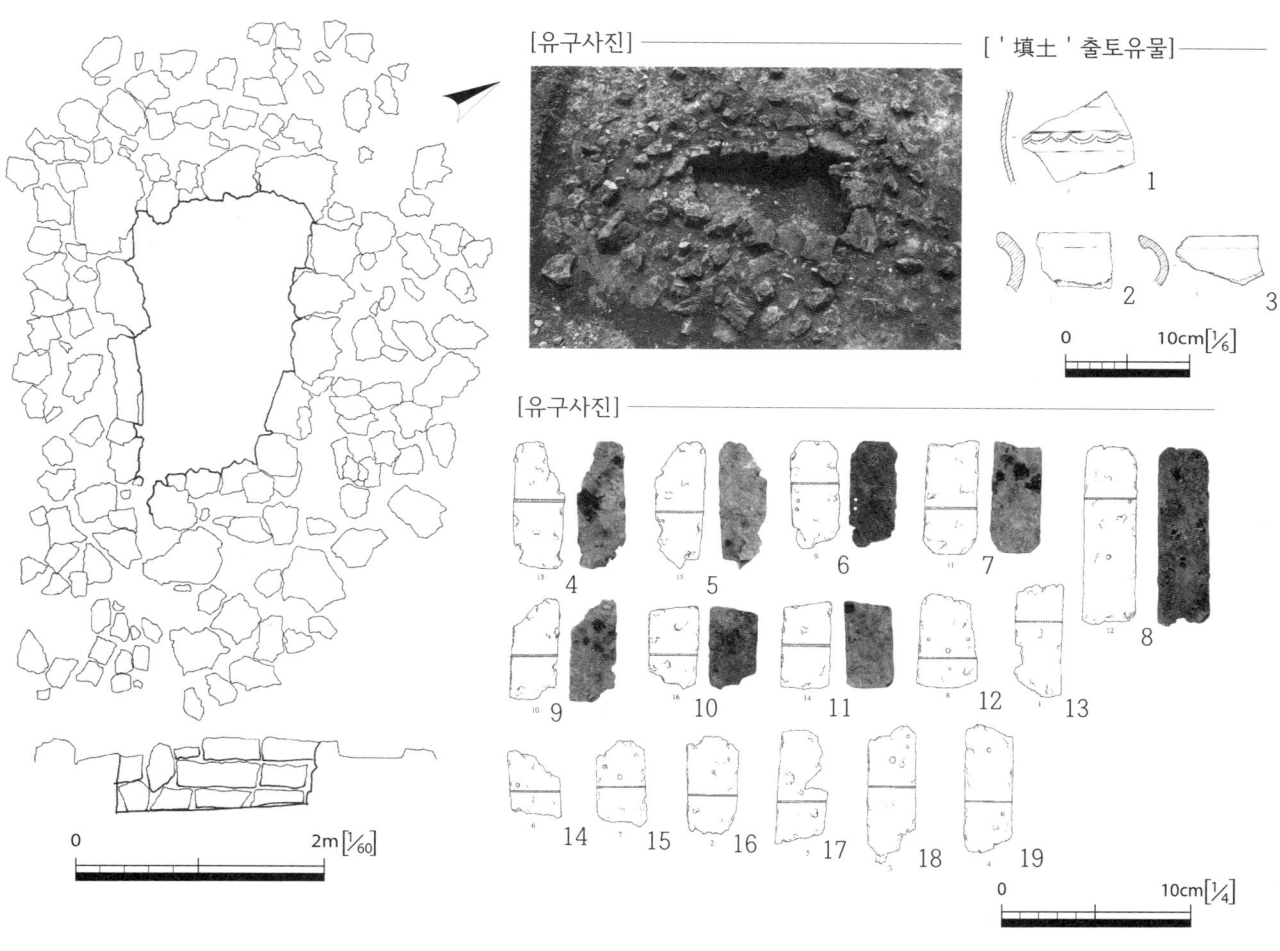

[유구사진]

['塡土' 출토유물]

1
2
3

0   10cm[⅙]

[유구사진]

4   5   6   7

8

9   10   11   12   13

14   15   16   17   18   19

0   2m[1/60]

0   10cm[¼]

2297호묘

봉토	크 기 (길이×너비×높이)	450×380×?	연도	크 기 (길이×너비×높이)	80×50×20
	평면형태	타원형		연도위치	중앙
현실	장축방향	N-65°-W		두 향	?
	규 모 (길이×너비×높이)	229×154×40		바닥시설	자갈이 섞인 생토
	평면형태	장방형		천장형태	?
	시상/관대 (길이×너비×높이)	-		석재종류	현무암 판석·할석
유물	토도기	심발(1), 단경호(1), 옹 구연부편(1)			
	금속기	철제 도(1)			
	옥석기	-			
	기 타	-			
	특기사항	-			

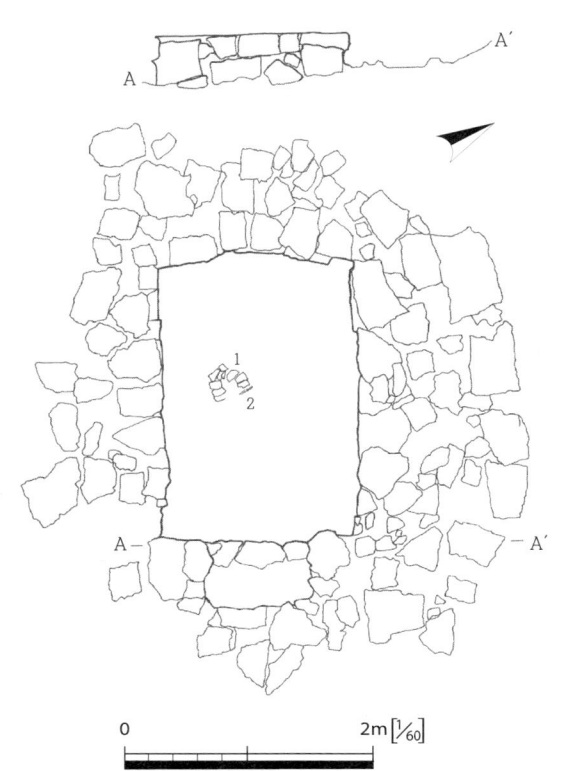

[유구사진]

[출토유물]   ['填土' 출토유물]

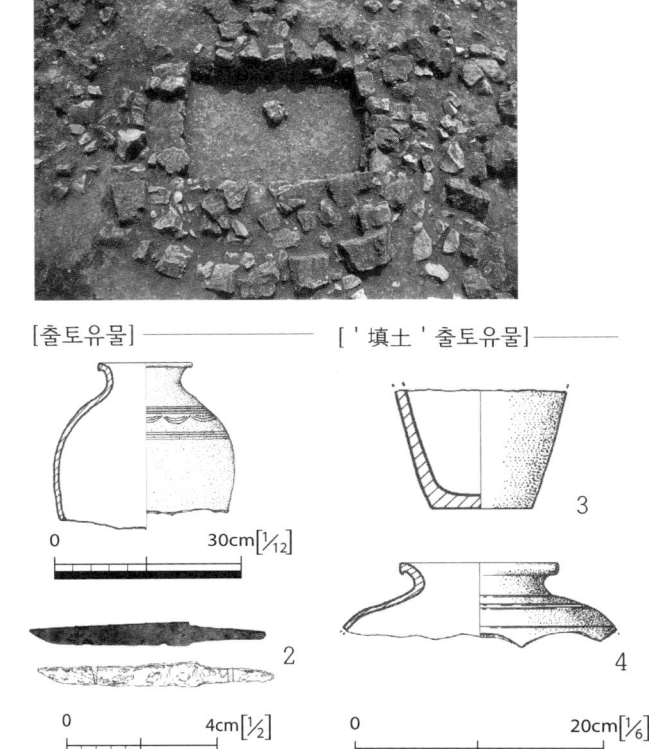

2298호묘

봉토	크 기 (길이×너비×높이)	?	연도	크 기 (길이×너비×높이)	113×70×?
	평면형태	?		연도위치	중앙
현실	장축방향	N-65°-W		두 향	?
	규 모 (길이×너비×높이)	196×150×71		바닥시설	부석
	평면형태	장방형		천장형태	?
	시상/관대 (길이×너비×높이)	-		석재종류	현무암 판석
유물	토도기	심발(2), 호 구연부편(1), 옹 구연부편(1), 시문토기 편(1)			
	금속기	-			
	옥석기	-			
	기 타	-			
	특기사항	-			

[' 填土 ' 출토유물]

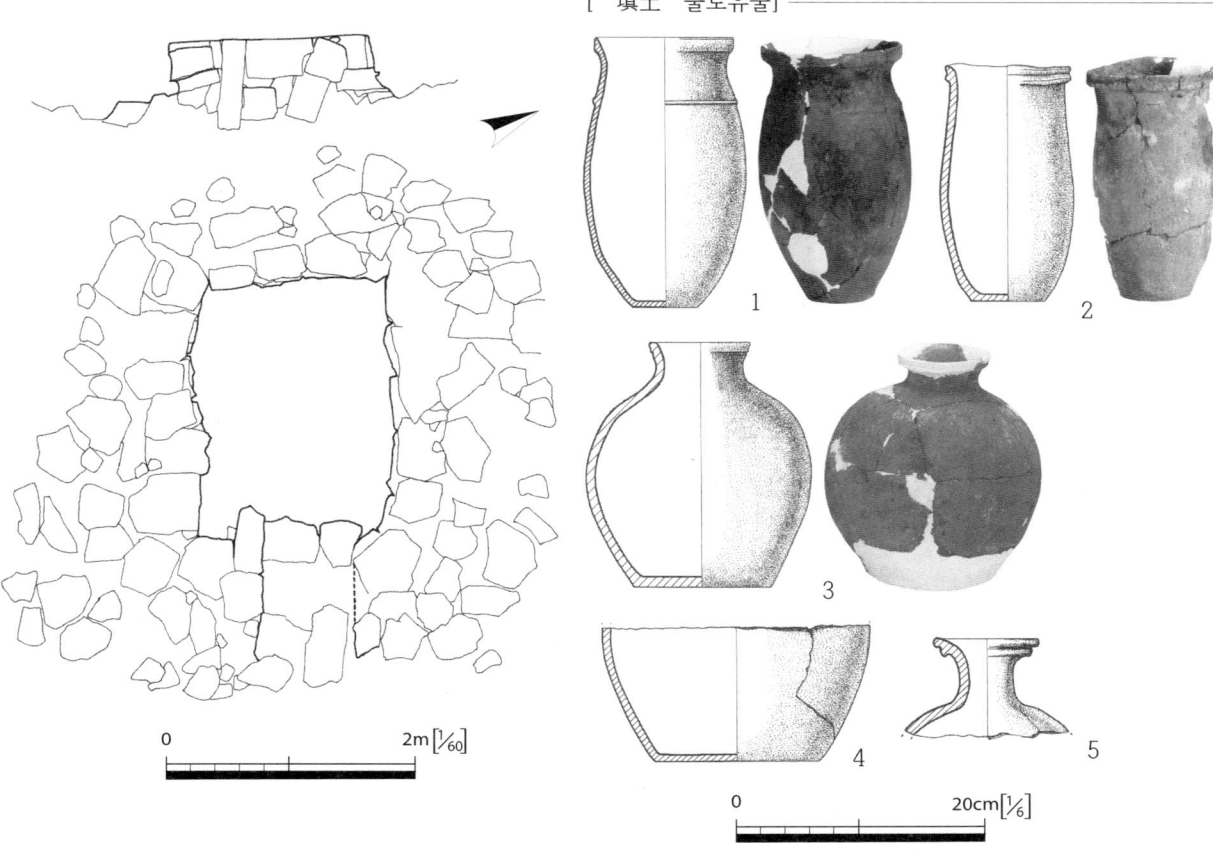

1

2

3

4

5

2299호묘

(단위 : cm)

봉토	크 기 (길이×너비×높이)	500×400×60	연도	크 기 (길이×너비×높이)	?
	평면형태	타원형		연도위치	?
현실	장축방향	N-80°-E		두 향	?
	규 모 (길이×너비×높이)	270×120×52		바닥시설	모래층
	평면형태	장방형		천장형태	?
	시상/관대 (길이×너비×높이)	-		석재종류	현무암 판석·할석
유물	토 도 기	심발(1), 옹-(2)			
	금 속 기	철제 관정(2), 철촉(1)			
	옥 석 기		-		
	기 타		-		
	특기사항		-		

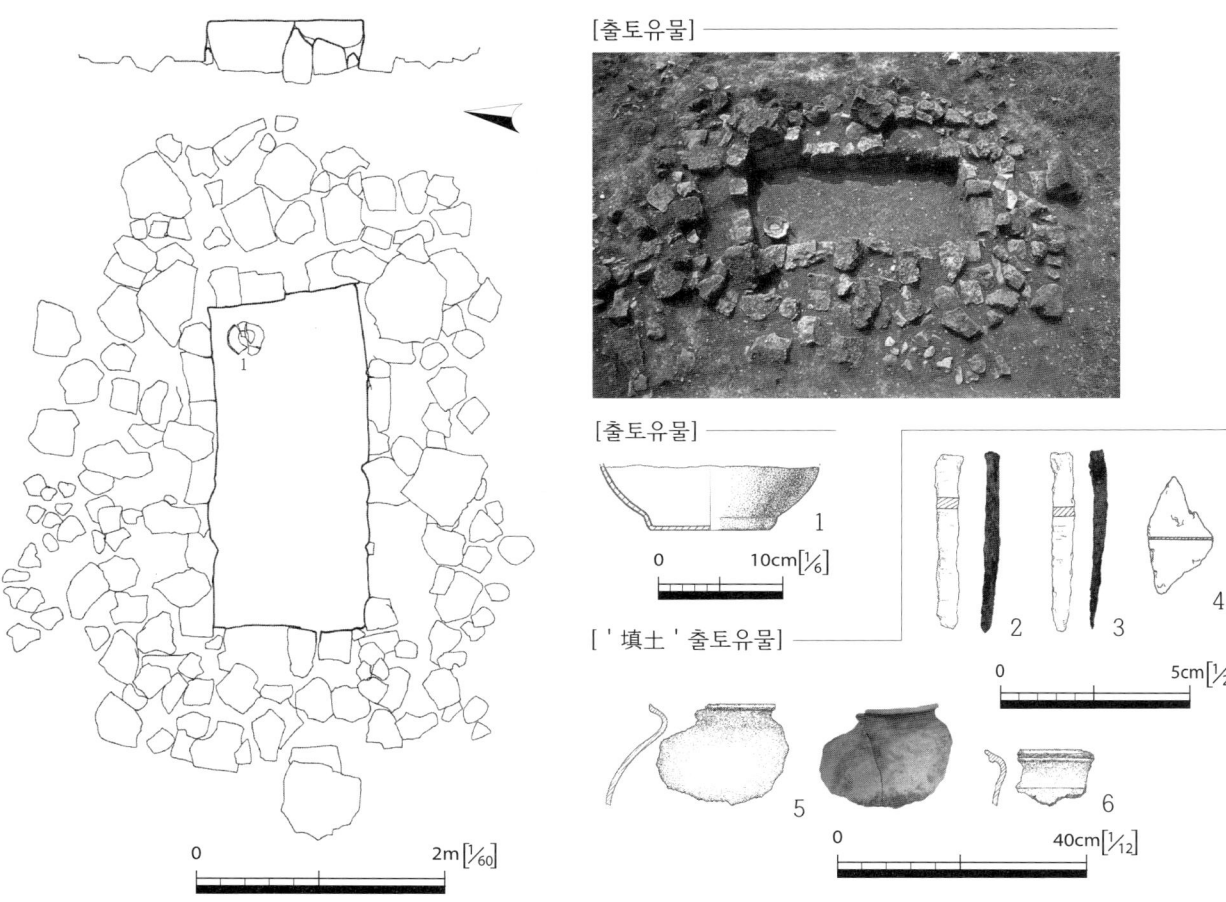

[출토유물]

[출토유물]

1

0   10cm[1/6]

['填土' 출토유물]

2   3

4

0   5cm[1/2]

5

6

0   40cm[1/12]

2300호묘

(단위 : cm)

봉토	크 기 (길이×너비×높이)	?	연도	크 기 (길이×너비×높이)	?
	평면형태	?		연도위치	?
현실	장축방향	?	두 향		?
	규 모 (길이×너비×높이)	?	바닥시설		?
	평면형태	?	천장형태		?
	시상/관대 (길이×너비×높이)	-	석재종류		할석
유물	토 도 기	뚜껑(1)			
	금 속 기	동제 고리(2)			
	옥 석 기	마노제 구슬(3)			
	기 타	-			
	특기사항	-			

[' 填土 ' 출토유물]

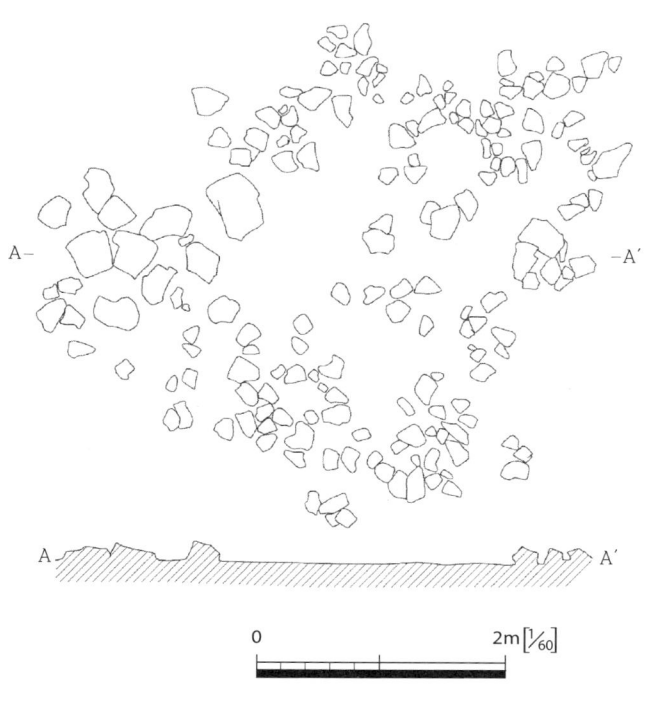

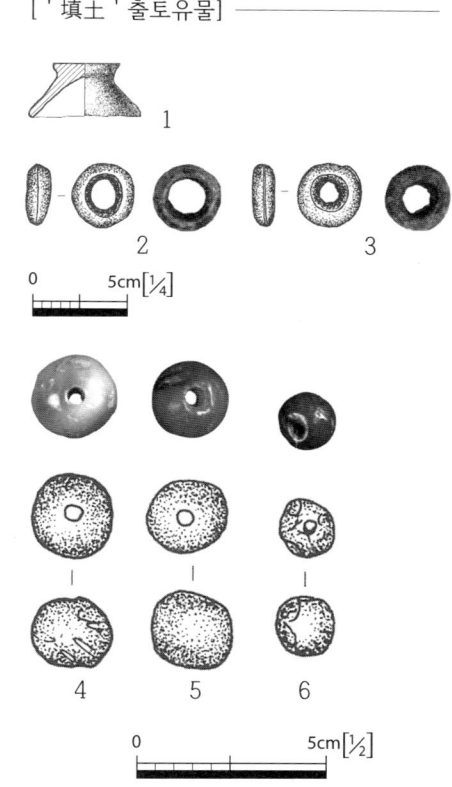

1

2   3

0   5cm[¼]

4   5   6

0   5cm[½]

0   2m[¹⁄₆₀]

2301호묘

(단위 : cm)

봉토	크 기 (길이×너비×높이)	480×380×40	연도	크 기 (길이×너비×높이)	?
	평면형태	타원형		연도위치	?
현실	장축방향	N-20°-W		두 향	?
	규 모 (길이×너비×높이)	225×108×94		바닥시설	흑갈색 생토층
	평면형태	장방형		천장형태	?
	시상/관대 (길이×너비×높이)	-		석재종류	현무암 할석
유물	토 도 기	-			
	금 속 기	동제 대금구(5)			
	옥 석 기	-			
	기 타	인골(1)			
	특기사항	성인 여성의 뼈 조각이 발견되었다.			

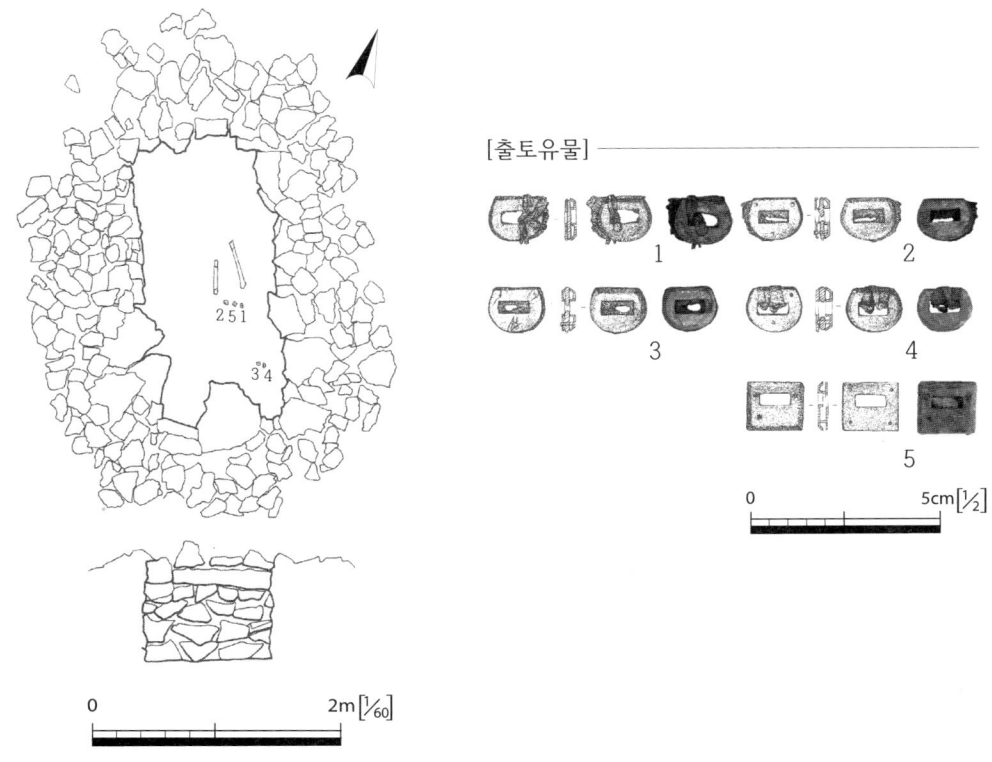

[출토유물]

0   5cm[½]

0   2m[1/60]

2302호묘

(단위 : cm)

봉토	크 기 (길이×너비×높이)	?	석관	크 기 (길이×너비×높이)	258×11×82
	평면형태	?		장 폭 비	2.35:1
	장축방향	N-20°-W	석곽	크 기 (길이×너비×높이)	-
	두 향	?		장 폭 비	-
	벽석종류	현무암 판석·할석			
유물	토도기	토기편, 토기 저부(1)			
	금속기	-			
	옥석류	-			
	기 타	인골			
	특기사항	성별은 알 수 없으며, 성인이다.			

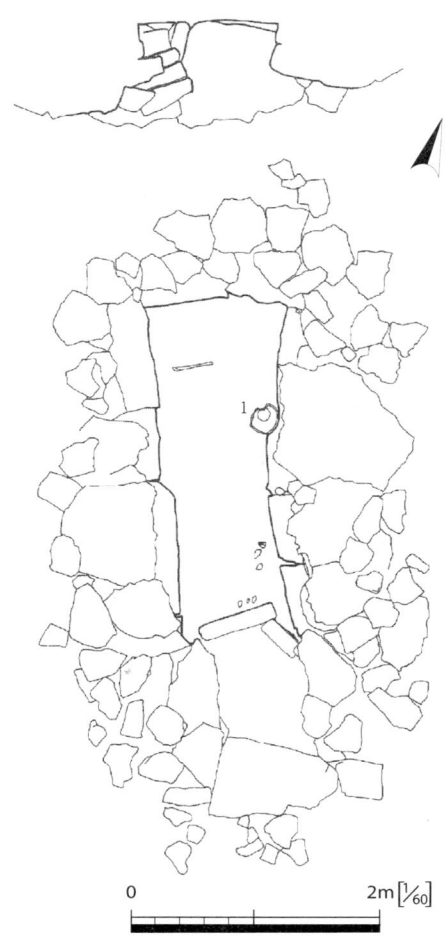

[출토유물]

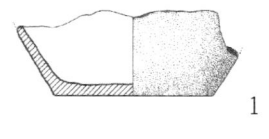

1

0　　　　　　　　　20cm[⅙]

0　　　　　　　　　2m[⅟60]

2303호묘

(단위 : cm)

봉토	크 기 (길이×너비×높이)	?	연도	크 기 (길이×너비×높이)	?
	평면형태	?		연도위치	?
현실	장축방향	N-16°-W		두 향	?
	규 모 (길이×너비×높이)	(330+)×181×26		바닥시설	?
	평면형태	장방형		천장형태	?
	시상/관대 (길이×너비×높이)	-		석재종류	현무암 할석
유물	토 도 기	심발편(1)			
	금 속 기	-			
	옥 석 기	-			
	기 타	-			
	특기사항	유물 도면 없음.			

2304호묘

(단위 : cm)

봉토	크 기 (길이×너비×높이)	?	연도	크 기 (길이×너비×높이)	?
	평면형태	?		연도위치	?
현실	장축방향	N-5°-W		두 향	?
	규 모 (길이×너비×높이)	260×(182+)×26		바닥시설	?
	평면형태	장방형		천장형태	?
	시상/관대 (길이×너비×높이)	?		석재종류	현무암 판석
유물	토도기	갈색 토기편(1)			
	금속기	철제 관정(1)			
	옥석기	-			
	기 타	-			
	특기사항	-			

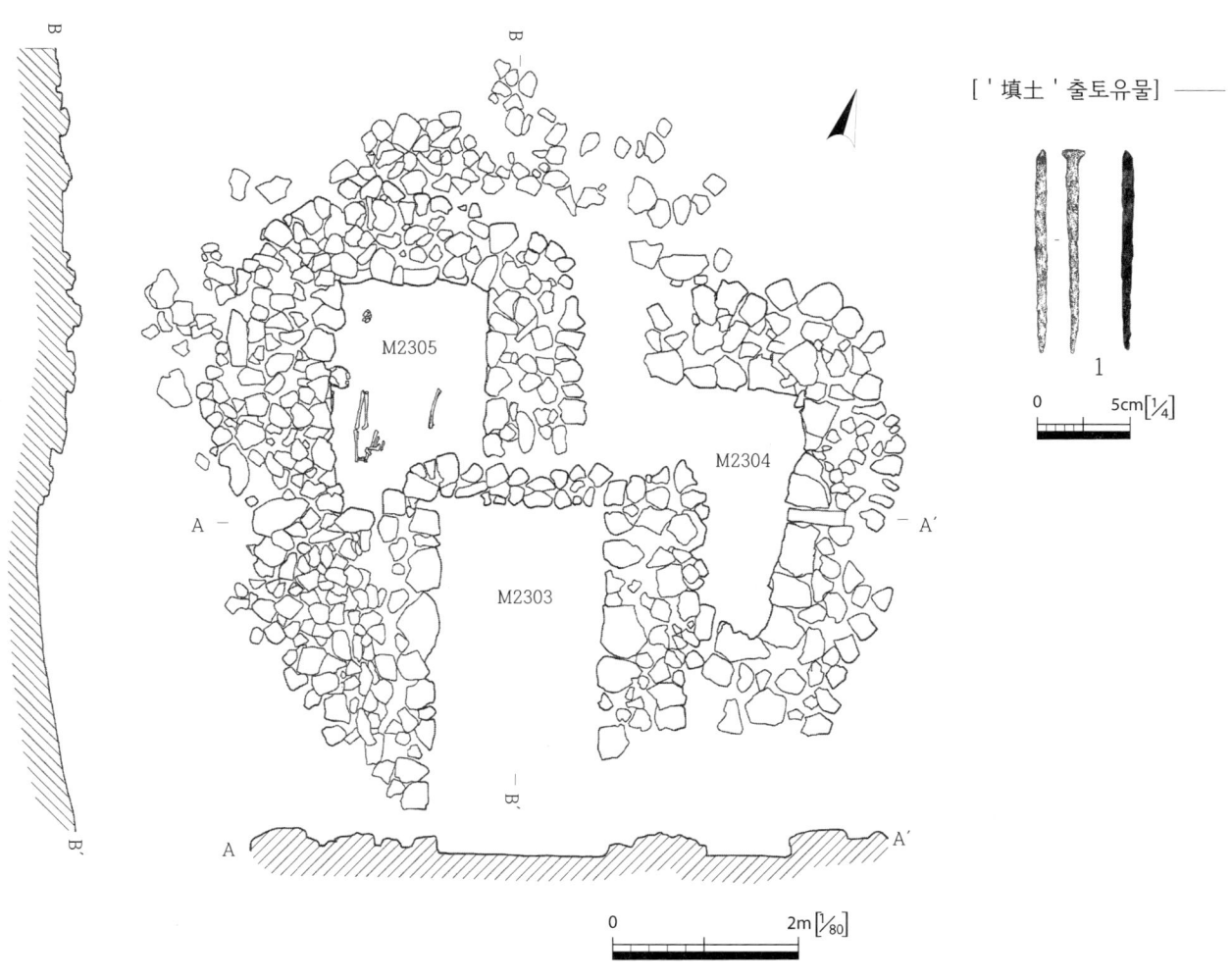

[' 填土 ' 출토유물]

1

0   5cm[¼]

0   2m[⅟₈₀]

2305호묘

(단위 : cm)

봉토	크 기 (길이×너비×높이)	?	연도	크 기 (길이×너비×높이)	?
	평면형태	?		연도위치	?
현실	장축방향	N-16°-W	두 향		?
	규 모 (길이×너비×높이)	(242+)×(168+)×47	바닥시설		갈색 생토
	평면형태	장방형	천장형태		?
	시상/관대 (길이×너비×높이)	-	석재종류		현무암 판석·할석
유물	토도기	갈색 토기편			
	금속기		-		
	옥석기		-		
	기 타	인골편			
특기사항		유물 도면 없음. 현실 남쪽에서 성인 남성의 두개골 1개와 사지골이 발견되었다.			

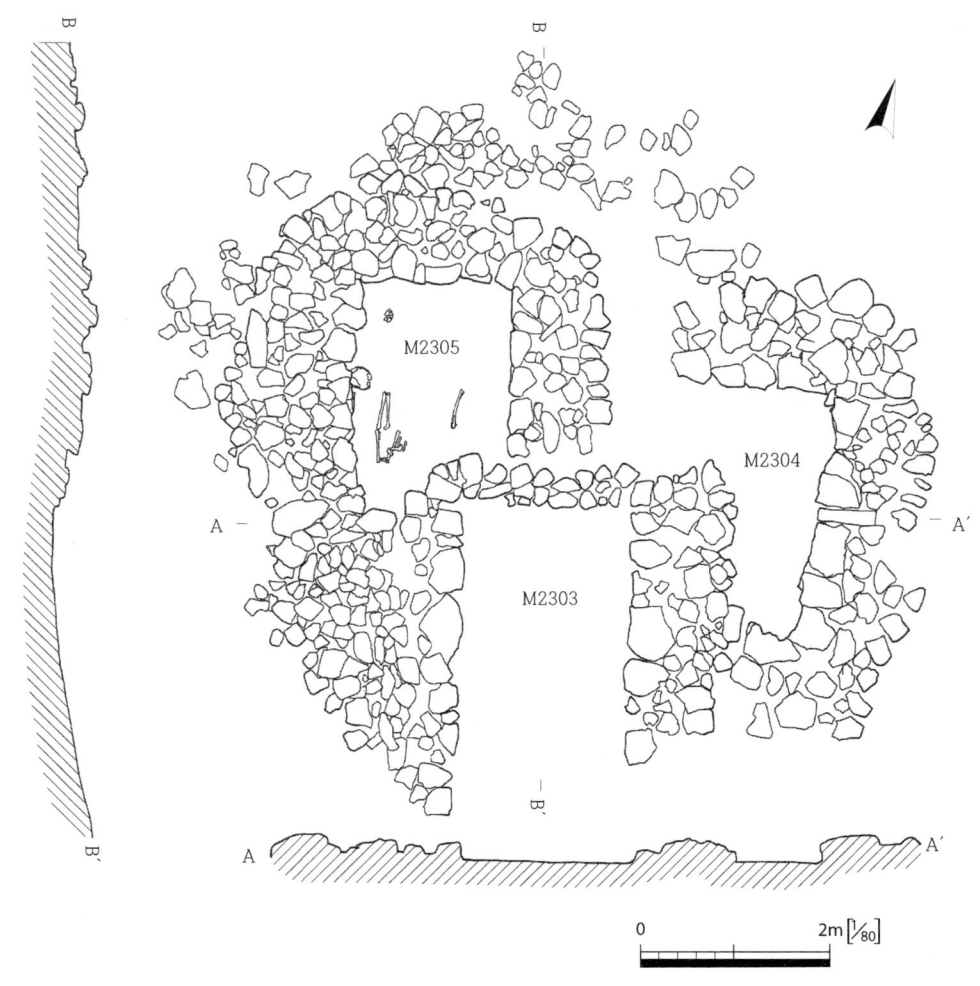

0   2m [1/80]

2306호묘

봉토	크 기 (길이×너비×높이)	?	연도	크 기 (길이×너비×높이)	?
	평면형태	?		연도위치	?
현실	장축방향	N-10°-W		두 향	남향
	규 모 (길이×너비×높이)	334×80×106		바닥시설	사질 점토층
	평면형태	세장방형		천장형태	?
	시상/관대 (길이×너비×높이)	-		석재종류	판석·할석
유물	토 도 기	-			
	금 속 기	-			
	옥 석 기	-			
	기 타	인골(1)			
특기사항		인골은 1개체분이며, 일차장이다. 두향은 남쪽이고 얼굴은 서쪽을 향하고 있다. 35세 전후의 여성이다.			

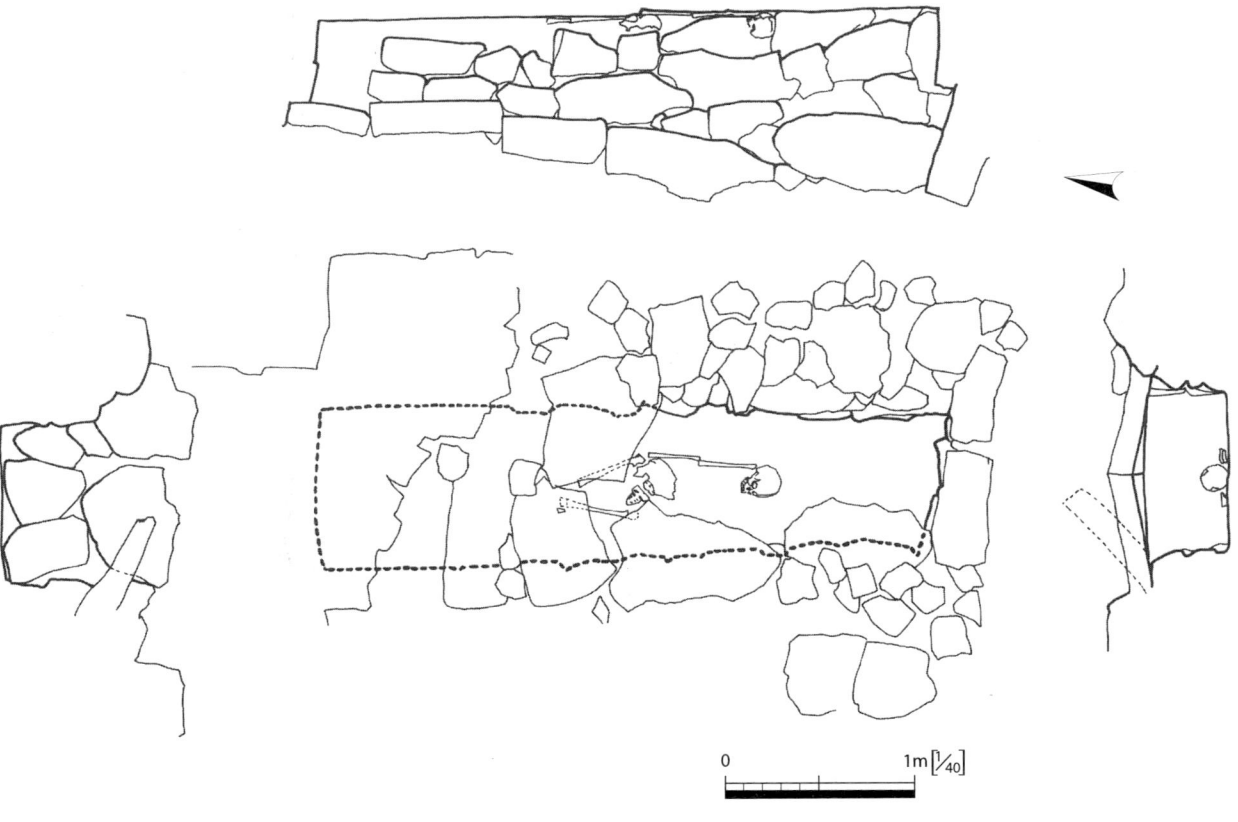

0   1m [1/40]

401

흑룡강성 영안시 홍준어장 고분군

2307호묘

봉토	크 기 (길이×너비×높이)	?	연도	크 기 (길이×너비×높이)	?
	평면형태	?		연도위치	?
현실	장축방향	N-S		두 향	?
	규 모 (길이×너비×높이)	220×90×53		바닥시설	생토층
	평면형태	장방형		천장형태	?
	시상/관대 (길이×너비×높이)	–		석재종류	현무암 판석
유물	토 도 기	파수부호(1), 옹 잔편			
	금 속 기	동제 대금구(5)			
	옥 석 기	–			
	기 타	인골(1)			
	특기사항	현실 남반부에서 1개체분의 하지골이 발견되었으며, 성별과 나이 알 수 없다.			

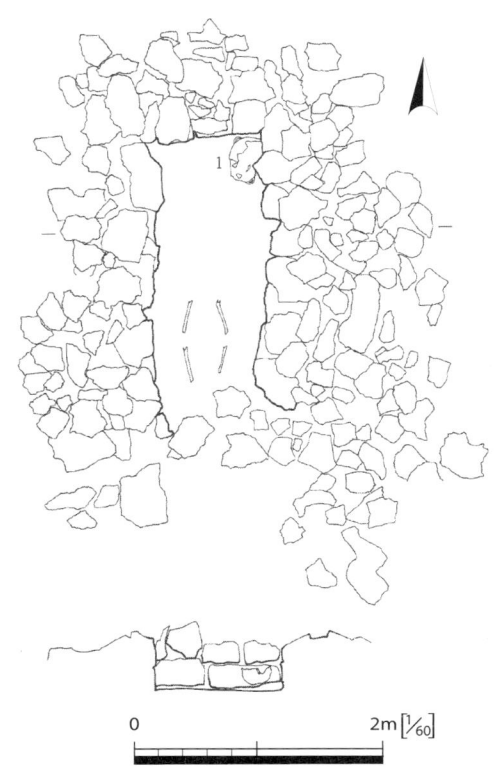

[출토유물]

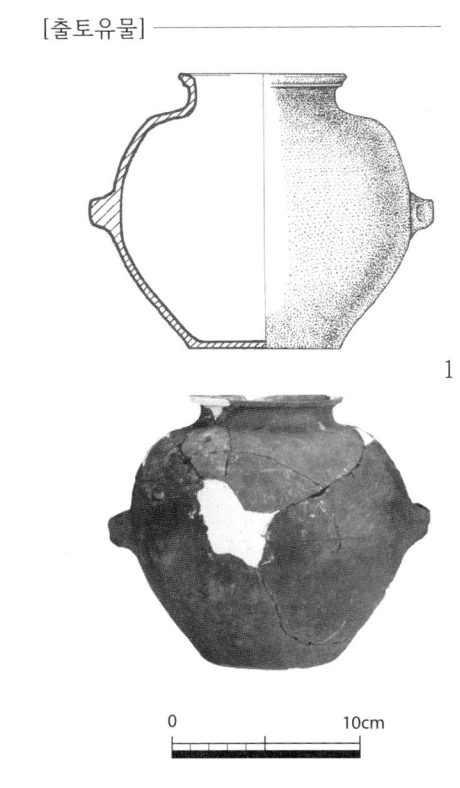

1

0 _____ 2m [1/60]

0 _____ 10cm

2308호묘

(단위 : cm)

봉토	크 기 (길이×너비×높이)	?	연도	크 기 (길이×너비×높이)	?
	평면형태	?		연도위치	?
현실	장축방향	N-30°-W		두 향	?
	규 모 (길이×너비×높이)	320×260×40		바닥시설	?
	평면형태	장방형		천장형태	?
	시상/관대 (길이×너비×높이)	-		석재종류	판석
유물	토도기	단경호(1), 장경호(1)			
	금속기	금조각(1), 동제 원형 장식(3), 동제 귀걸이(1), 동제 나선형 장식(1), 동제 사미(1), 철제 교구(2), 철제 나선형 장식(1), 철제 관정(6), 철촉(2), 철조각(1), 미상철기(1)			
	옥석기	마노제 구슬(22), 남색 구슬(15), 톱니바퀴형 녹색 구슬(1), 황색 구슬(5), 흑색 구슬(1)			
	기 타	목주(1), 인골(1)			
특기사항		현실 바깥쪽에 방단을 쌓았는데, 현재 한단만 남아 있다. 지표면에 판석을 깔았으며, 동서 길이 6.96m, 남북 너비 7.36m이다. 현실 안에서 이차장 인골이 발견되었는데 성인 여성이다.			

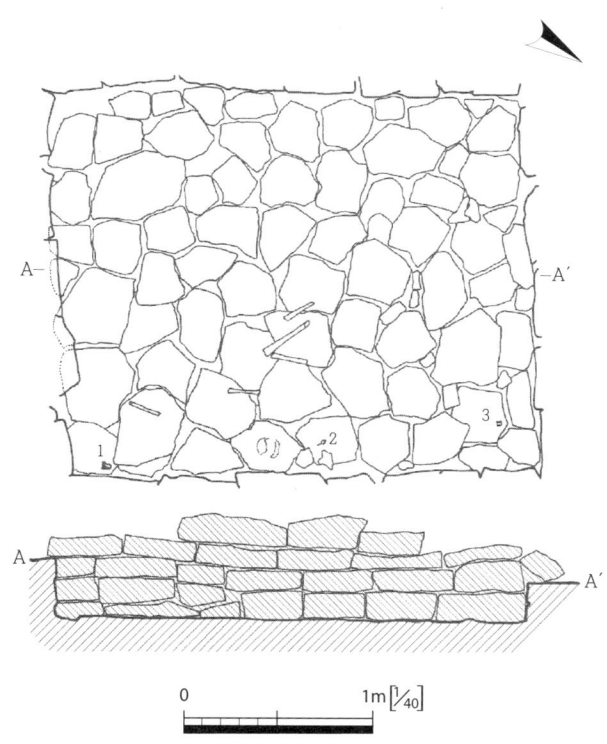

0   1m [1/40]

[유구사진]

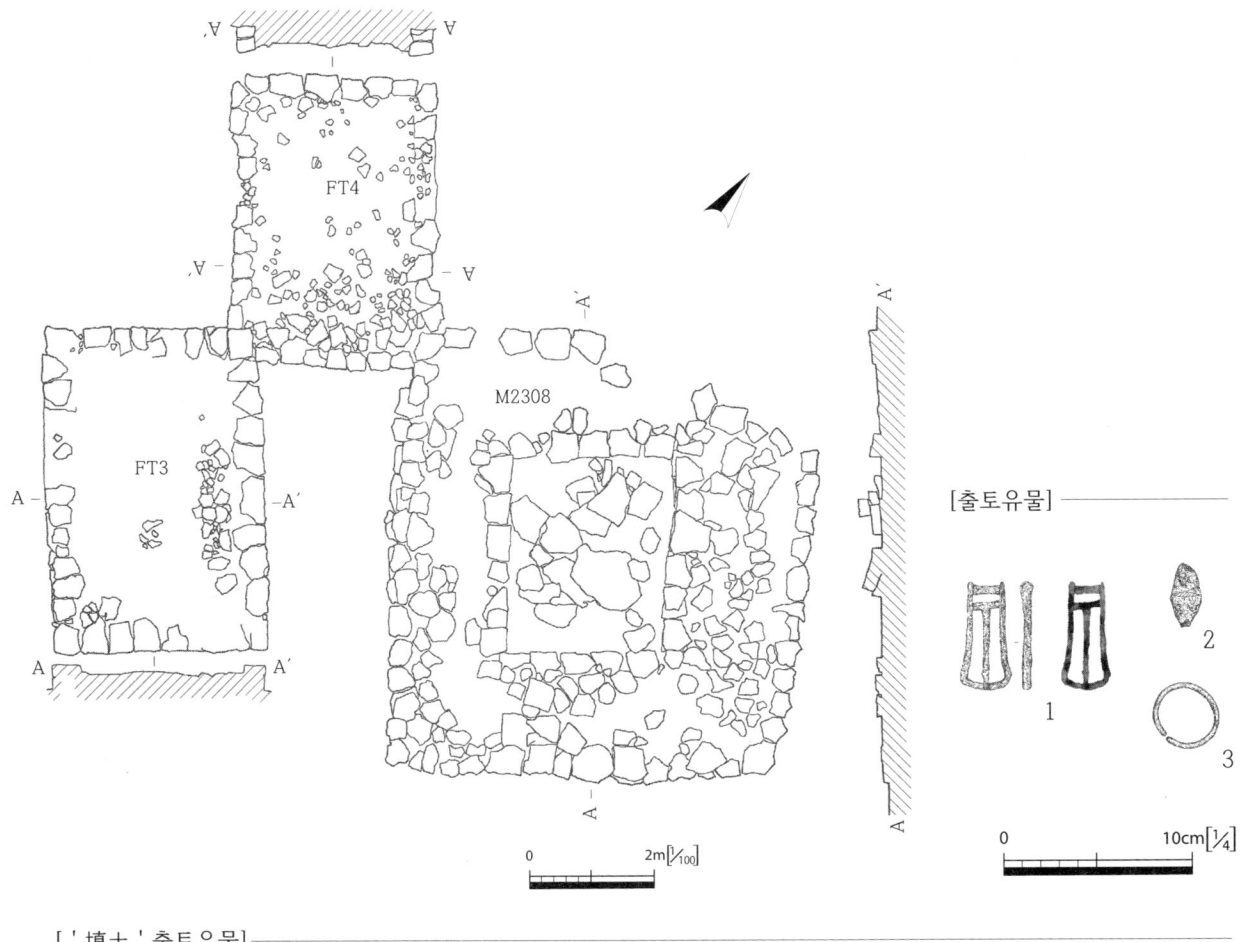

FT4

A' - A'
A - A'

FT3

A - A'

M2308

A'

A'

[출토유물]

1

2

3

0   10cm[¼]

0   2m[¹⁄₁₀₀]

['填土' 출토유물]

4

5

0   20cm[¹⁄₆]

6
7
8
9
10
11
12
13
14
15
16
17
18
19
20

0   10cm[¼]

21

22

23

24

25
26
27
28

29

0   5cm[½]

0   1cm[¹⁄₁]

2309호묘

(단위 : cm)

봉토	크 기 (길이×너비×높이)	500×380×50	연도	크 기 (길이×너비×높이)	59×87×45
	평면형태	장방향		연도위치	우편재
현실	장축방향	N-5°-W		두 향	?
	규 모 (길이×너비×높이)	293×195×45		바닥시설	(사질토)
	평면형태	장방형		천장형태	?
	시상/관대 (길이×너비×높이)	-		석재종류	현무암 판석·할석
유물	토도기	완(1)			
	금속기	동제 교구(1), 동제 대금구(2), 동제 사미(1)			
	옥석기	-			
	기 타	인골(1)			
특기사항		현실 중간에서 1개체분의 사지골 3점이 발견되었다.			

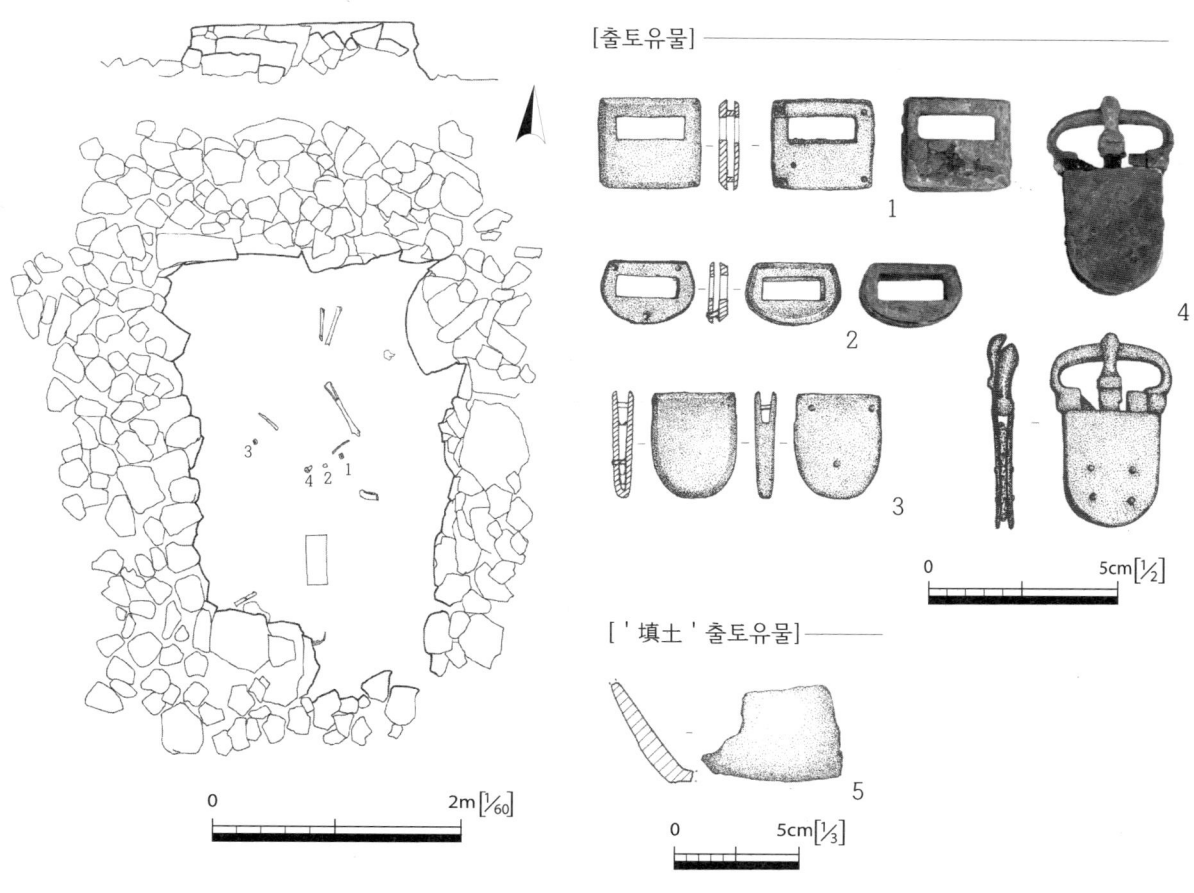

[출토유물]

[' 填土 ' 출토유물]

2310호묘

(단위 : cm)

봉토	크 기 (길이×너비×높이)	?	연도	크 기 (길이×너비×높이)	80×60×?
	평면형태	?		연도위치	중앙
현실	장축방향	N-S		두 향	?
	규 모 (길이×너비×높이)	299×130×35		바닥시설	사질토
	평면형태	장방형		천장형태	?
	시상/관대 (길이×너비×높이)	-		석재종류	활석
유물	토 도 기	심발(1)			
	금 속 기	동제 팔찌(1). 철제 팔찌(1)			
	옥 석 기	-			
	기 타	인골(2)			
	특기사항	서쪽에서 2개체분의 인골이 발견되었는데, 일차장으로 추정된다. 동쪽에 있는 인골(A)는 50세 정도의 남성, 서쪽에 있는 인골(B)는 성인 여성이다. 동북쪽 모서리가 둥글게 휘었다.			

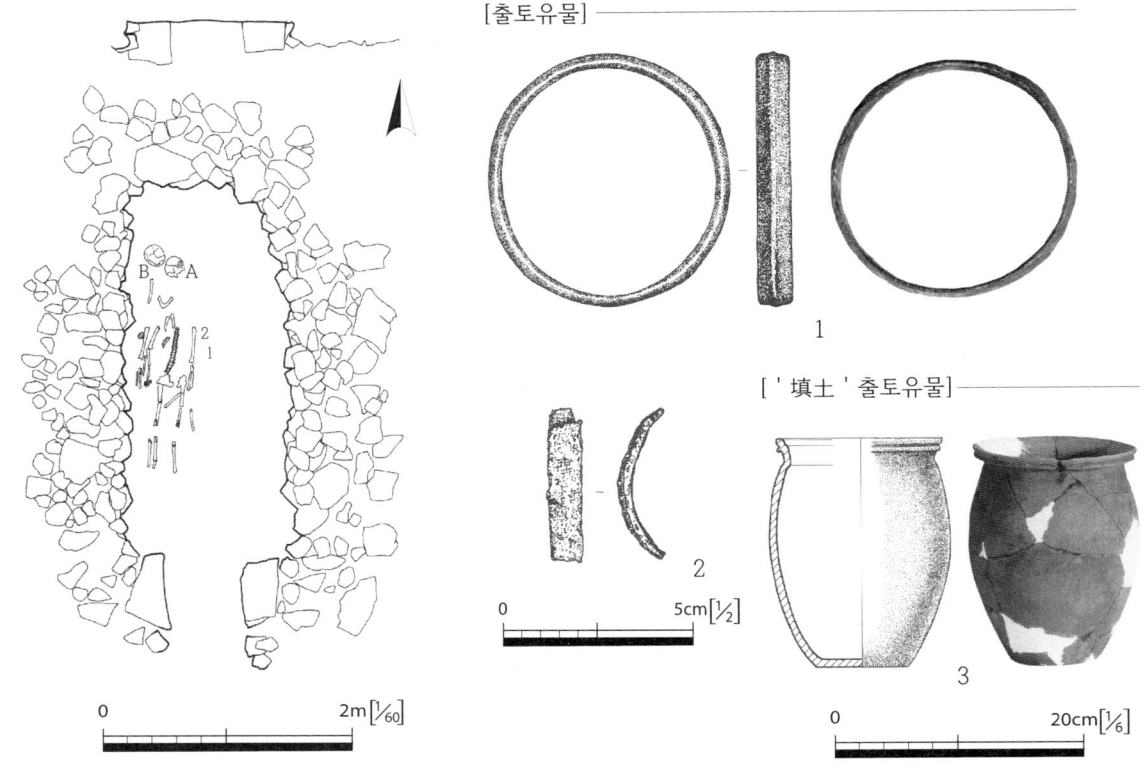

[출토유물]

1

['填土' 출토유물]

2

0   5cm[½]

3

0   2m[1/60]

0   20cm[1/6]

2311호묘

(단위 : cm)

봉토	크 기 (길이×너비×높이)	?	석관	크 기 (길이×너비×높이)	134×30×43
	평면형태	?		장 폭 비	3.28:1
	장축방향	N-15°-W	석곽	크 기 (길이×너비×높이)	-
	두 향	?		장 폭 비	-
	벽석종류	할석			
유물	토 도 기	옹(1), 심발(1)			
	금 속 기	-			
	옥 석 류	-			
	기 타	인골(1)			
	특기사항	영아의 두개골 1점이 발견되었는데, 성별은 알 수 없다.			

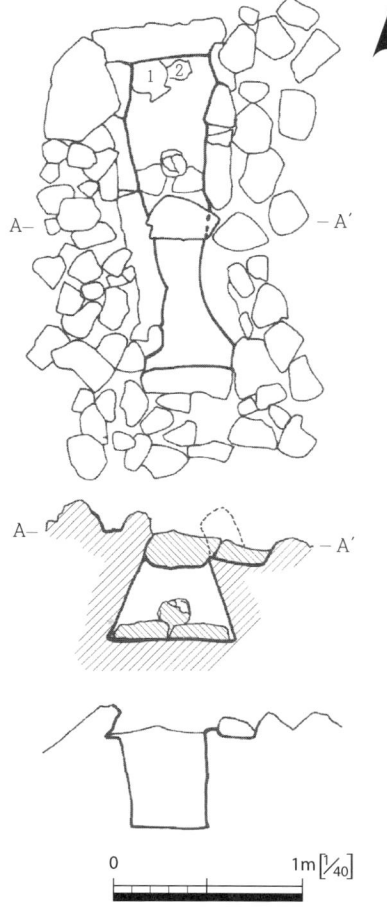

[출토유물]

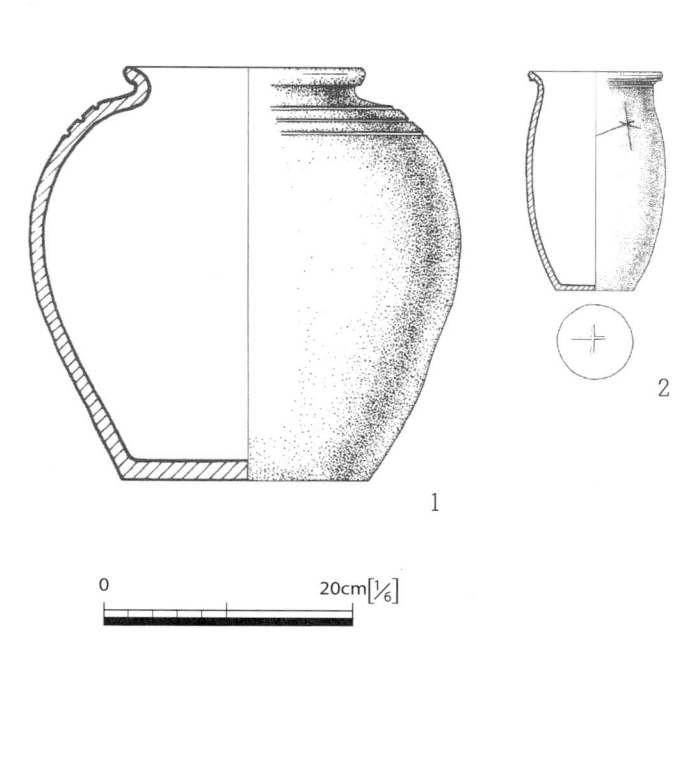

1

2

0   20cm[1/6]

0   1m[1/40]

2312호묘

(단위 : cm)

봉토	크 기 (길이×너비×높이)	?	석관	크 기 (길이×너비×높이)	134×30×43
	평면형태	?		장 폭 비	3.28:1
	장축방향	N-15°-W	석곽	크 기 (길이×너비×높이)	-
	두 향	?		장 폭 비	-
	벽석종류	할석			
유물	토 도 기	-			
	금 속 기	-			
	옥 석 류	-			
	기 타	-			
	특기사항	바닥은 생토층이다.			

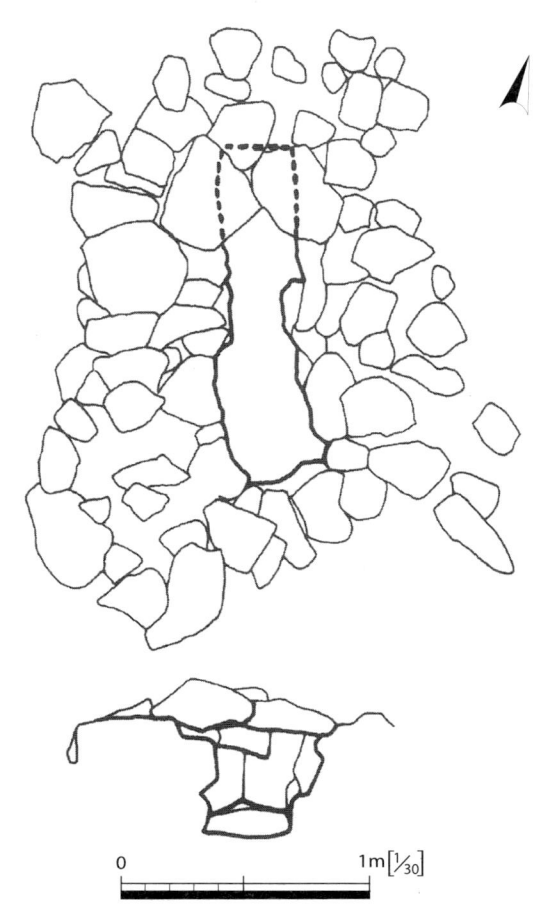

0   1m[1/30]

2313호묘

봉토	크 기 (길이×너비×높이)	?	연도	크 기 (길이×너비×높이)	106×70×60
	평면형태	?		연도위치	우편재
현실	장축방향	N-5°-E		두 향	?
	규 모 (길이×너비×높이)	205×118×60		바닥시설	(사질토)
	평면형태	장방형		천장형태	?
	시상/관대 (길이×너비×높이)	-		석재종류	현무암 판석
유물	토도기	심발(1), 단경호(1)			
	금속기	철제 도(1)			
	옥석기	-			
	기 타	인골(2)			
	특기사항	인골은 총 2개체분이며, 모두 일차장이다. 동쪽 가장자리에 있는 인골(A)는 50세 전후의 남성이며, 서쪽 가장자리에 있는 인골(B)는 35세 전후의 여성이다.			

[출토유물]

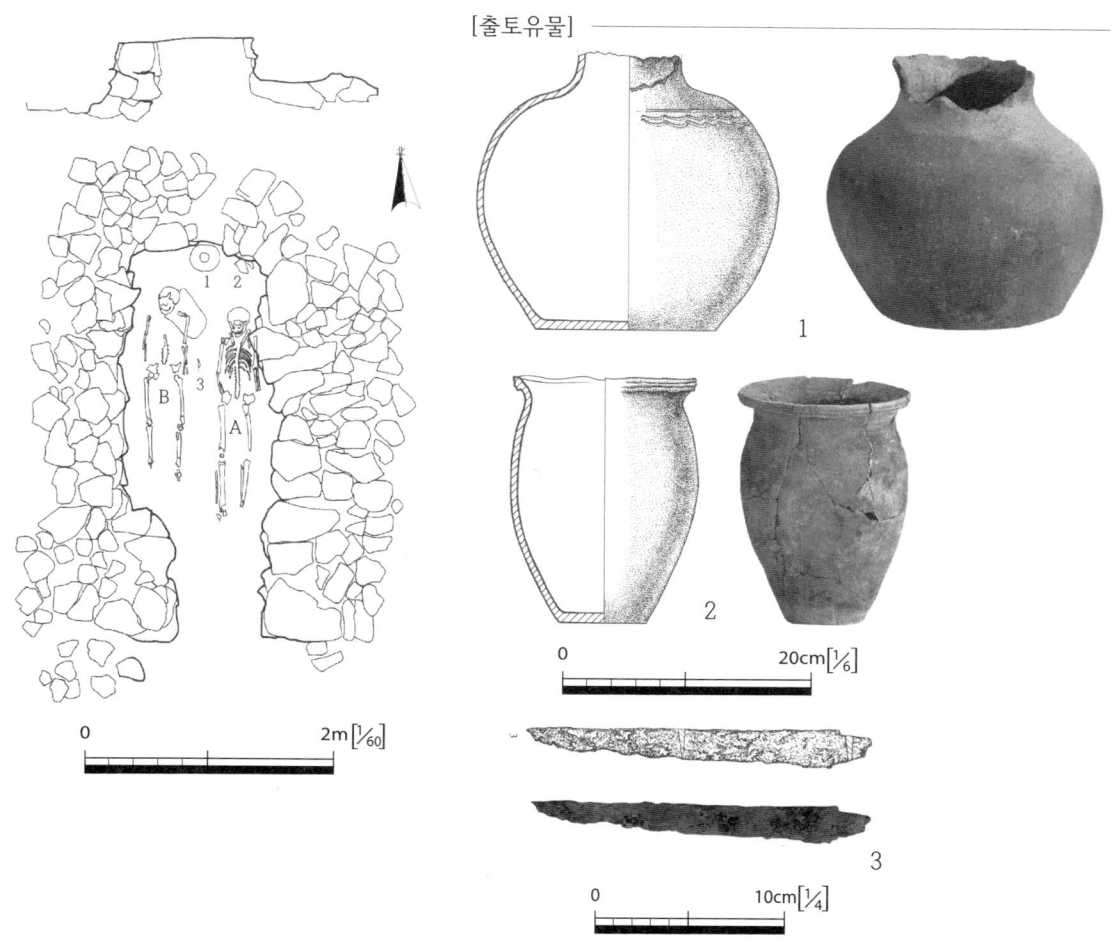

2314호묘

(단위 : cm)

봉토	크 기 (길이×너비×높이)	?	석관	크 기 (길이×너비×높이)	172×31×36
	평면형태	?		장 폭 비	5.55:1
	장축방향	N-S	석곽	크 기 (길이×너비×높이)	-
	두 향	?		장 폭 비	-
	벽석종류	판석			
유물	토 도 기	-			
	금 속 기	-			
	옥 석 류	-			
	기 타	인골(1)			
	특기사항	평면 세장방형의 석곽묘이다. 바닥은 현무암 판석 4장을 평평하게 깔았다. 어린아이의 뼈 한점이 발견되었는데, 성별은 알 수 없다.			

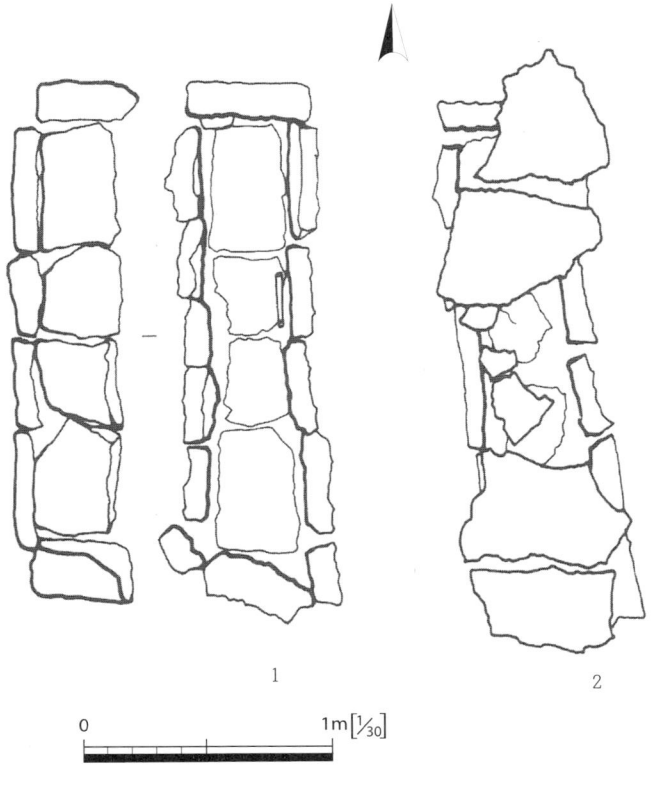

1   2

0   1m[1/30]

[유구사진]

2315호묘

봉토	크 기 (길이×너비×높이)	?	석관	크 기 (길이×너비×높이)	180×60×60
	평면형태	?		장 폭 비	3.00:1
	장축방향	N-15°-E	석곽	크 기 (길이×너비×높이)	-
	두 향	?			
	벽석종류	현무암 판석		장 폭 비	-
유물	토 도 기	토기편			
	금 속 기	-			
	옥 석 류	-			
	기 타	-			
	특기사항	평면 세장방형의 석곽묘로서, 바닥에는 현무암 판석 7장을 엇갈려 깔았다.			

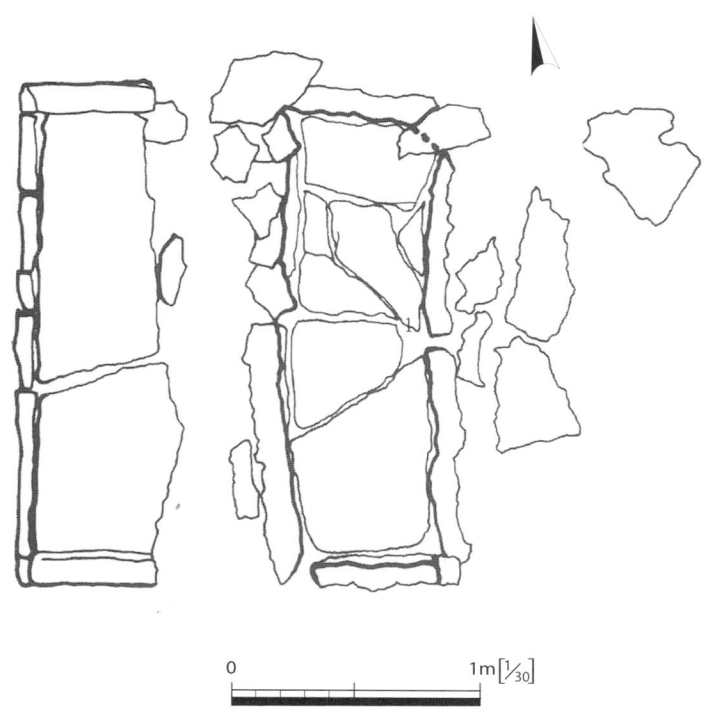

0   1m [1/30]

[유구사진]

2316호묘

(단위 : cm)

봉토	크 기 (길이×너비×높이)	?	연도	크 기 (길이×너비×높이)	?
	평면형태	?		연도위치	?
현실	장축방향	N-15°-W		두 향	?
	규 모 (길이×너비×높이)	224×92×68		바닥시설	황갈색 생토층
	평면형태	장방형		천장형태	?
	시상/관대 (길이×너비×높이)	-		석재종류	현무암 판석
유물	토 도 기	-			
	금 속 기	-			
	옥 석 기	-			
	기 타	인골(1)			
특기사항		현실 동북쪽 모서리에서 성인 두개골 1점이 발견되었는데, 성별은 알 수 없다.			

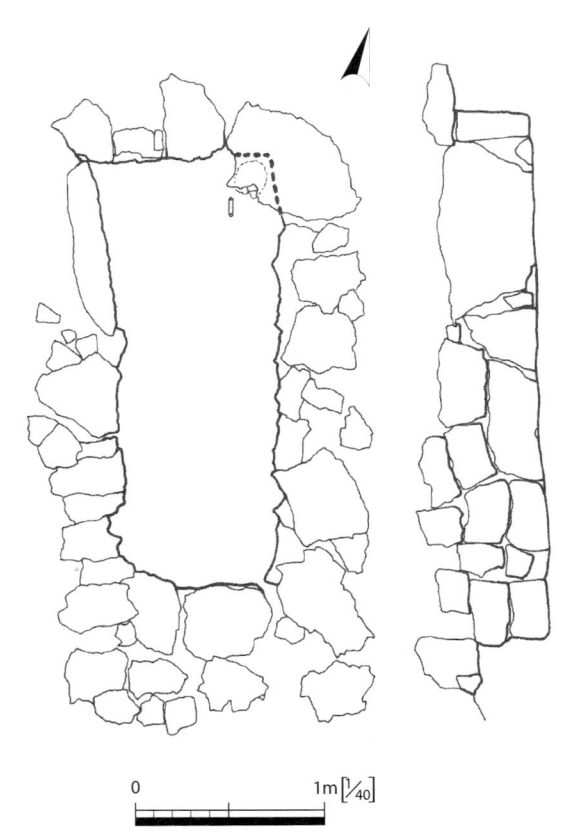

0   1m [1/40]

2317호묘

(단위 : cm)

봉토	크 기 (길이×너비×높이)	?	연도	크 기 (길이×너비×높이)	?
	평면형태	?		연도위치	?
현실	장축방향	N-10°-W		두 향	?
	규 모 (길이×너비×높이)	244×130×70		바닥시설	생토층
	평면형태	장방형		천장형태	?
	시상/관대 (길이×너비×높이)	-		석재종류	현무암 판석
유물	토 도 기	-			
	금 속 기	-			
	옥 석 기	-			
	기 타	-			
	특기사항	-			

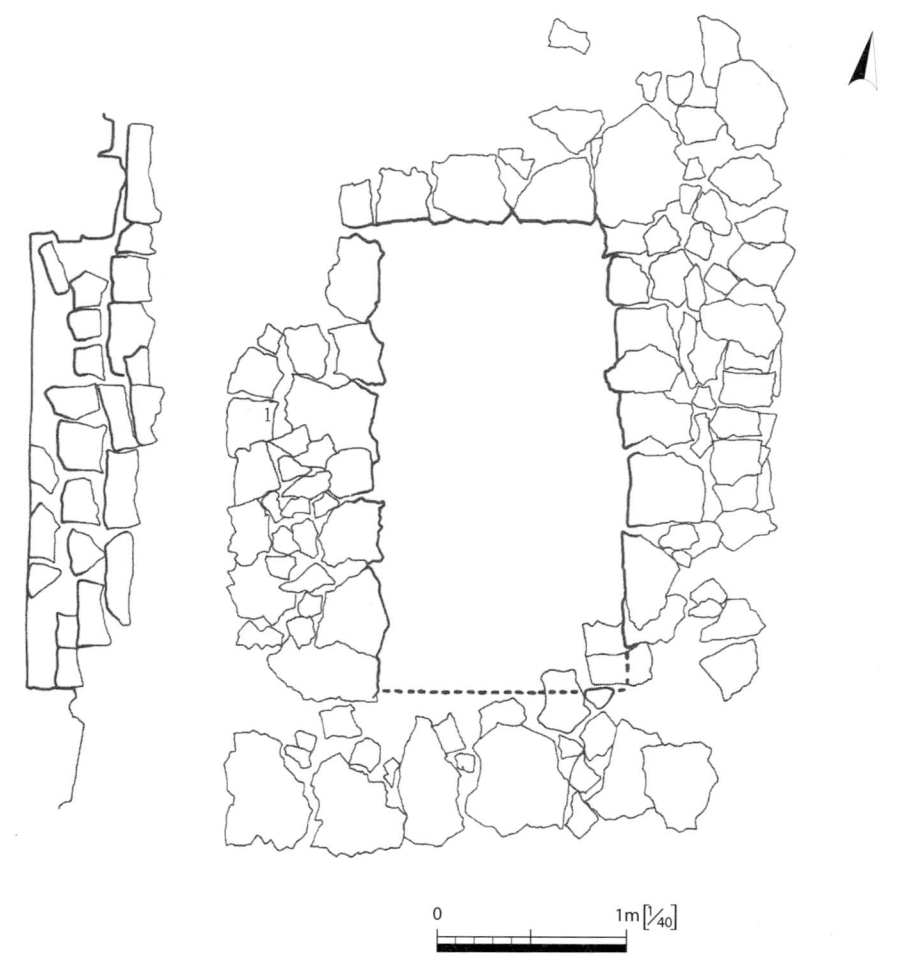

0   1m [1/40]

2318호묘

(단위 : cm)

봉토	크 기 (길이×너비×높이)	?	석관	크 기 (길이×너비×높이)	178×68×54
	평면형태	?		장 폭 비	3.00:1
	장축방향	N-25°-E	석곽	크 기 (길이×너비×높이)	-
	두 향	?		장 폭 비	-
	벽석종류	판석			
유물	토도기	심발(1), 직구호(1)			
	금속기	-			
	옥석류	-			
	기 타	-			
	특기사항	평면 세장방형의 석곽묘로서, 바닥에는 자갈을 한겹 깔았다.			

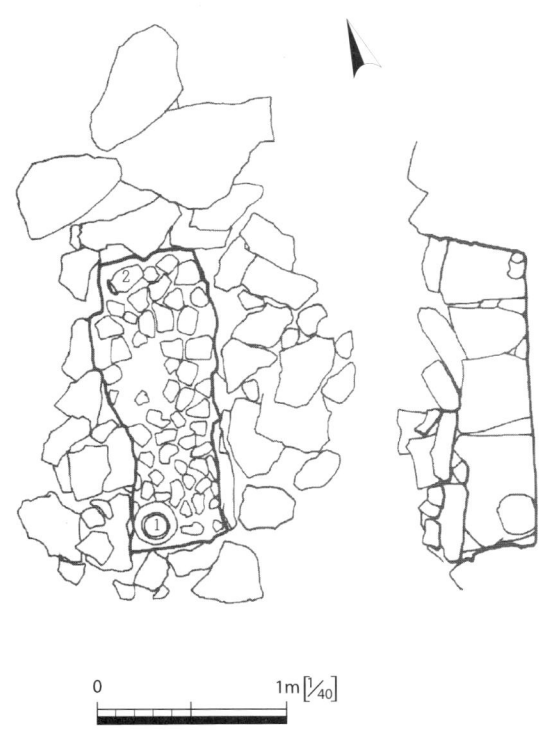

0   1m[1/40]

[유구사진]

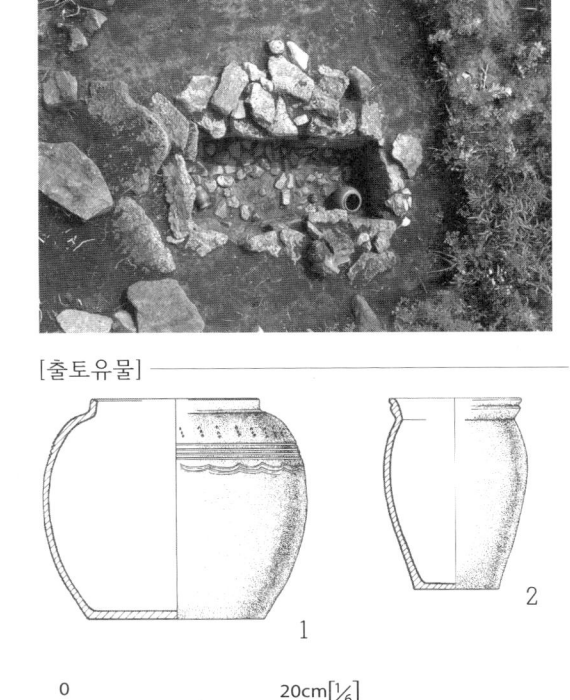

[출토유물]

1

2

0   20cm[1/6]

2319호묘

(단위 : cm)

봉토	크 기 (길이×너비×높이)	?	연도	크 기 (길이×너비×높이)	120×66×40
	평면형태	?		연도위치	우편재
현실	장축방향	N-10°-W	두 향		?
	규 모 (길이×너비×높이)	220×126×40	바닥시설		?
	평면형태	장방형	천장형태		?
	시상/관대 (길이×너비×높이)	-	석재종류		판석·할석
유물	토 도 기	-			
	금 속 기	동제 나선형 장식(1), 동제 대금구(1)			
	옥 석 기	-			
	기 타	인골(2)			
특기사항		인골은 총 2개체분이며, 인골(A)는 일차장으로 35세 전후의 남성이다. 동쪽에 몇 조각의 뼈(B)가 있는데 불에 그을려 검은색으로 변했으며, 성별과 나이는 알 수 없다.			

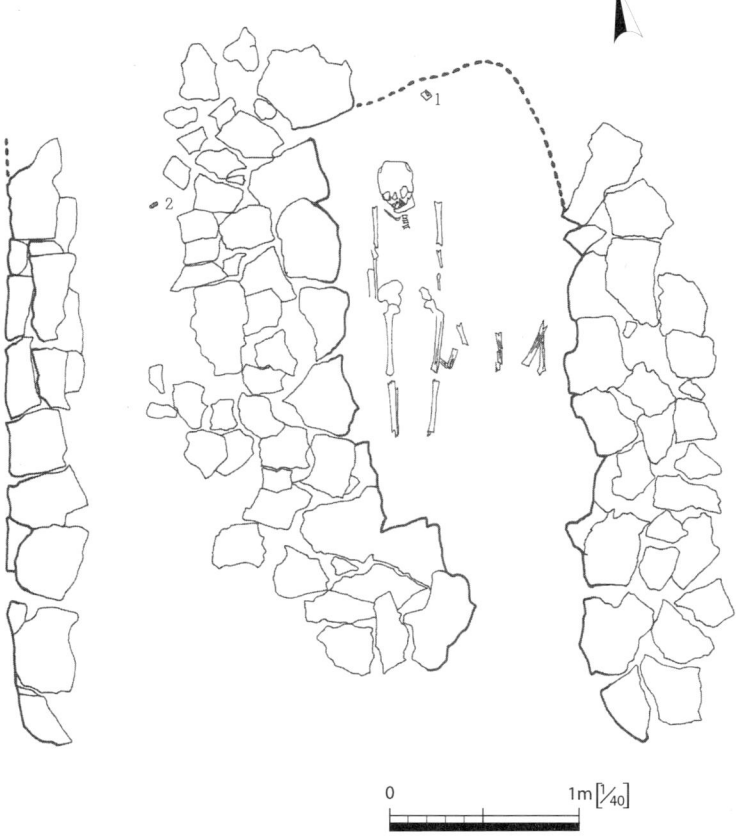

[유구사진]

[출토유물]

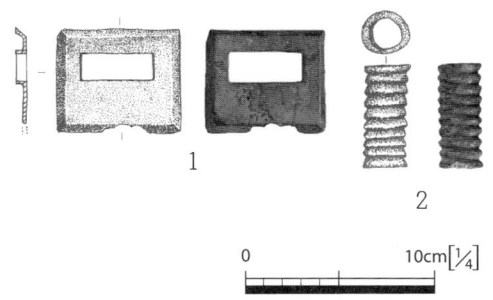

2320호묘

(단위 : cm)

봉토	크 기 (길이×너비×높이)	?	연도	크 기 (길이×너비×높이)	?
	평면형태	?		연도위치	?
현실	장축방향	N-25°-E		두 향	?
	규 모 (길이×너비×높이)	304×301×48		바닥시설	?
	평면형태	방형		천장형태	?
	시상/관대 (길이×너비×높이)	-		석재종류	현무암 할석
유물	토 도 기	발(2), 호(1)			
	금 속 기	-			
	옥 석 기	-			
	기 타	인골(8)			
특기사항	인골은 총 8개체분이며, 모두 이차장이다. 서북쪽에 있는 인골(A)는 50세 전후의 남성, (B)는 40~45세의 남성이다. 서쪽 중간에 있는 두개골(C)는 40세 전후의 여성, 서남쪽 모서리에 있는 인골(D)는 50세 전후의 남성이다. 현실 중앙에 있는 두개골(F)는 성인 여성이며, 그 남쪽에 있는 두개골(E)는 성별을 알 수 없다. 현실에서 가장 북쪽에 있는 두개골(G)는 35세 전후의 여성이다. 동북쪽 모서리에 있는 두개골(H)는 25~30세의 여성이다.				

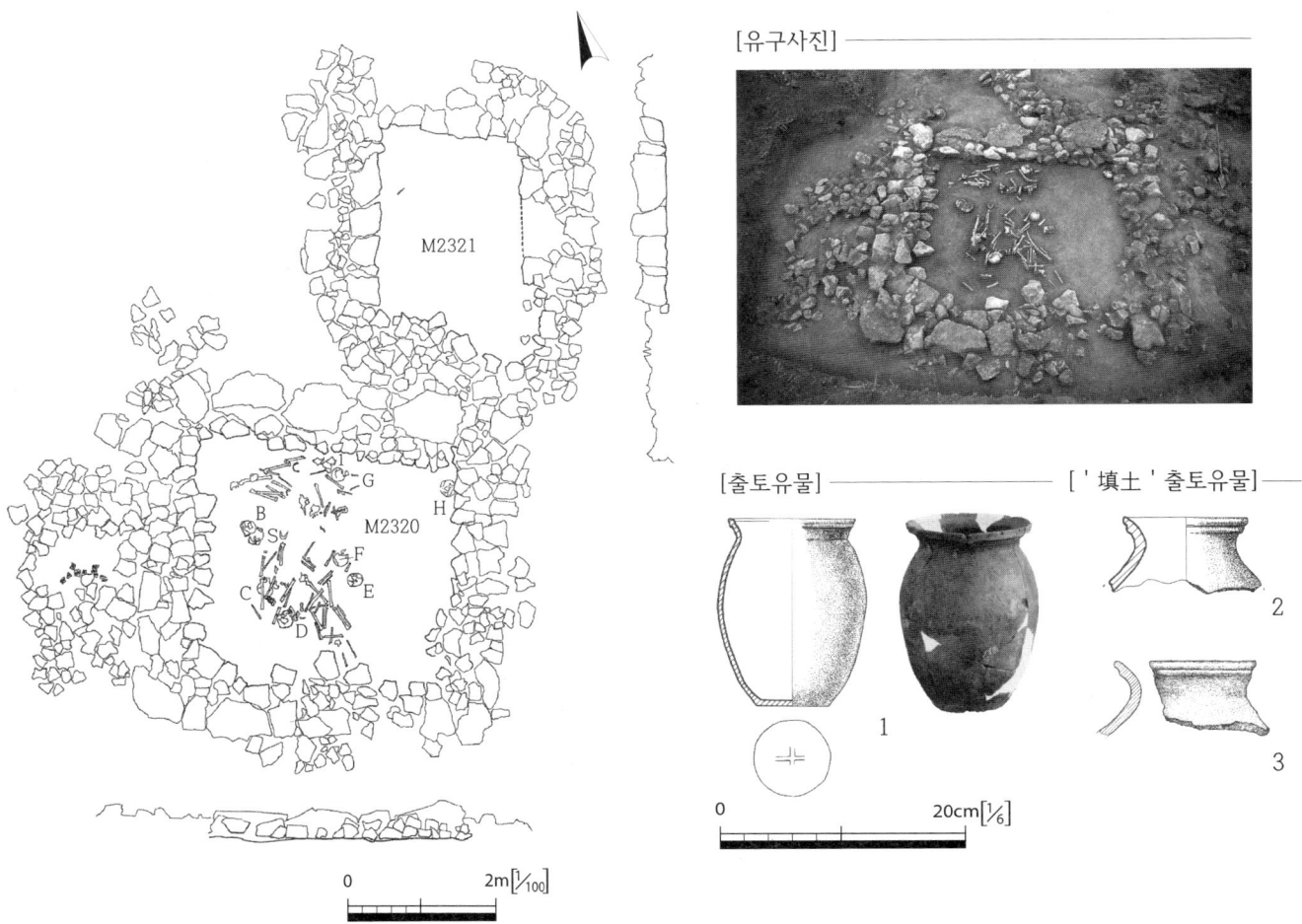

[유구사진]

[출토유물]

['填土'출토유물]

0   2m[1/100]

0   20cm[1/6]

2321호묘

봉토	크 기 (길이×너비×높이)	?	연도	크 기 (길이×너비×높이)	?
	평면형태	?		연도위치	?
현실	장축방향	N-20°-W		두 향	?
	규 모 (길이×너비×높이)	246×180×48		바닥시설	?
	평면형태	장방형		천장형태	?
	시상/관대 (길이×너비×높이)	-		석재종류	현무암 판석·할석
유물	토 도 기	심발(1), 옹(1)			
	금 속 기	철제 도(1)			
	옥 석 기	-			
	기 타	-			
	특기사항	-			

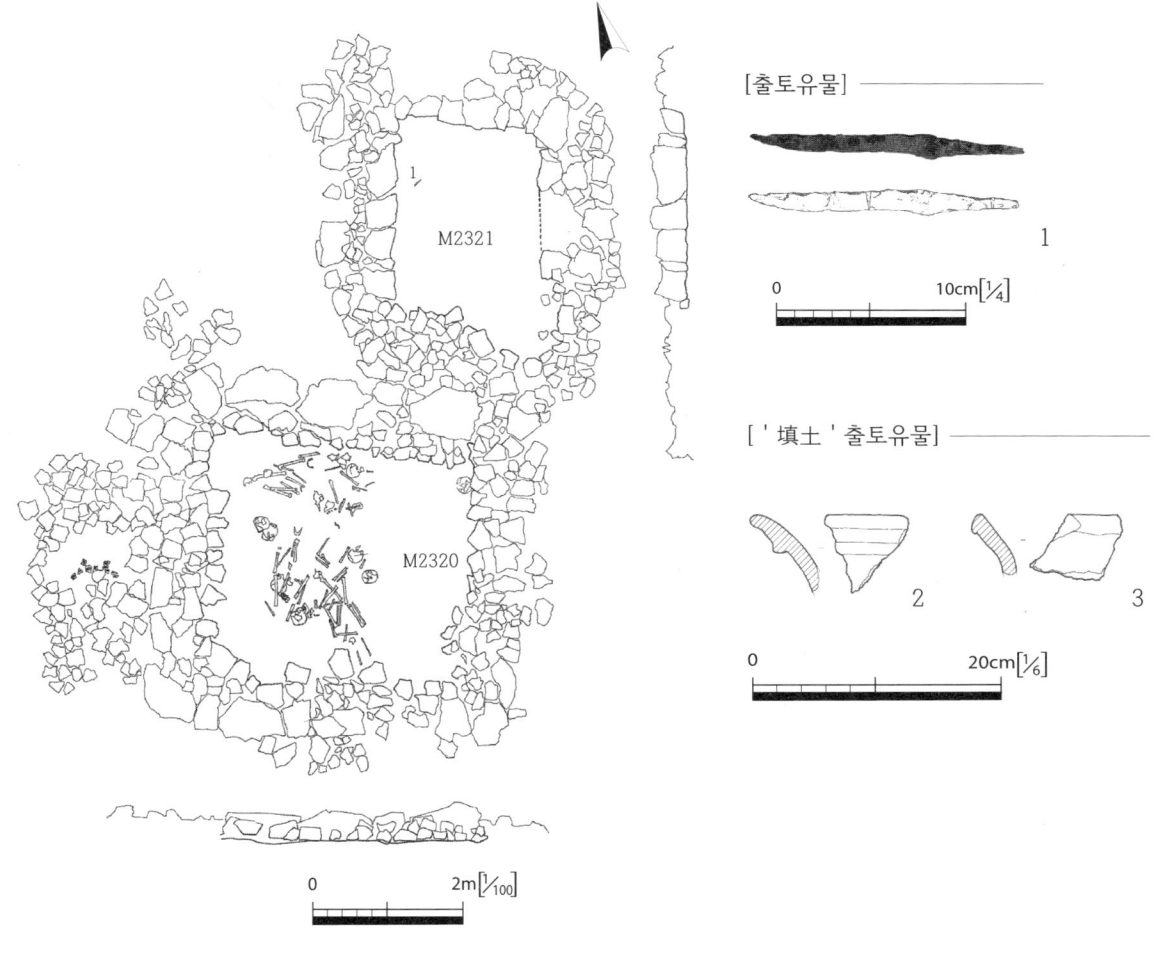

[출토유물]

1

0   10cm[¼]

['填土' 출토유물]

2   3

0   20cm[⅙]

M2321

M2320

0   2m[¹⁄₁₀₀]

2322호묘

(단위 : cm)

봉토	크 기 (길이×너비×높이)	?	연도	크 기 (길이×너비×높이)	?
	평면형태	?		연도위치	?
현실	장축방향	N-25°-E		두 향	?
	규 모 (길이×너비×높이)	146×92×46		바닥시설	생토층
	평면형태	장방형		천장형태	?
	시상/관대 (길이×너비×높이)	-		석재종류	현무암 판석·할석
유물	토도기	심발(1)			
	금속기		-		
	옥석기		-		
	기 타	인골(1)			
특기사항		서북쪽에서 1개의 두개골이 발견되었는데, 성별과 나이는 불분명하다.			

[출토유물]

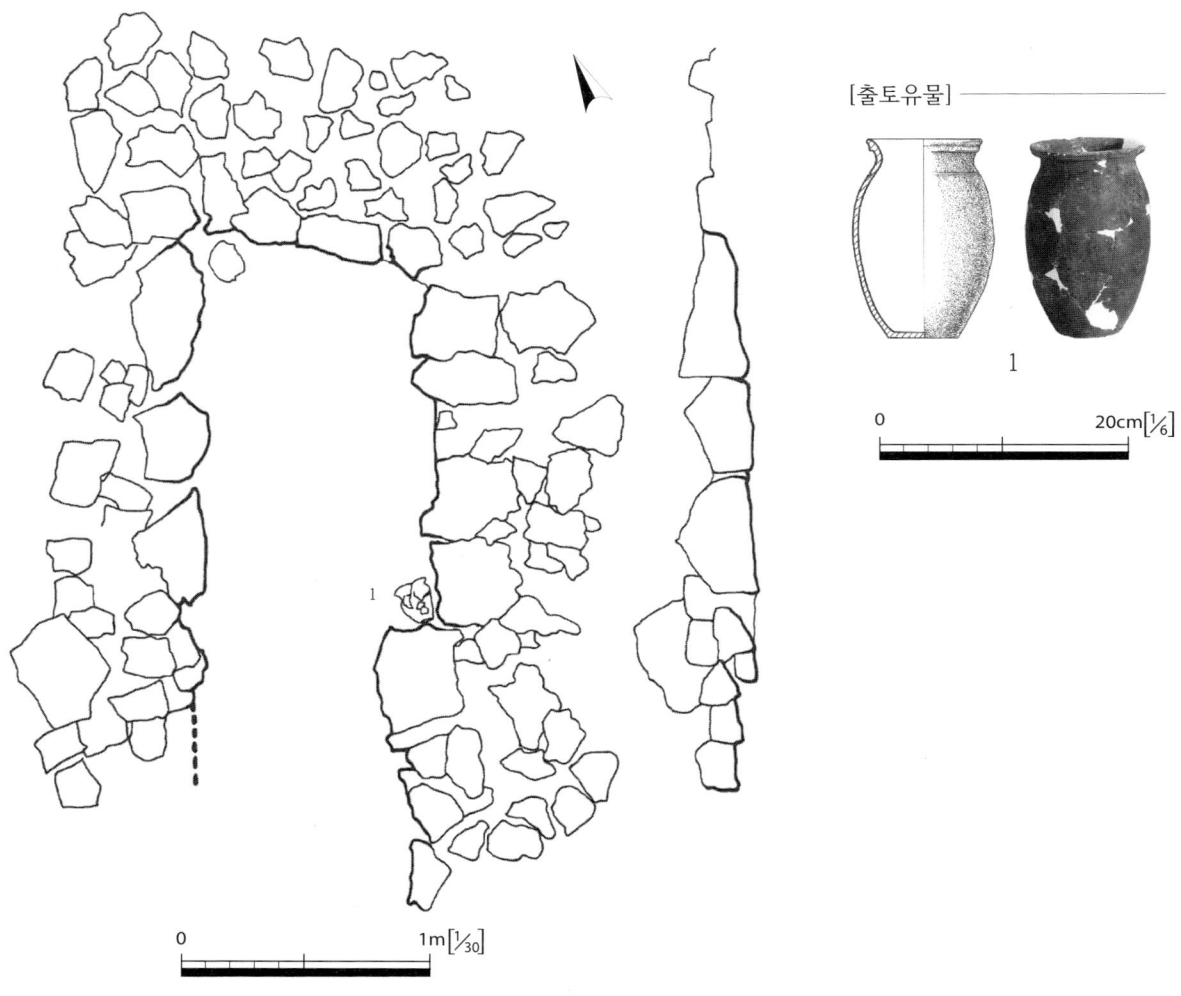

1

0   20cm[⅙]

0   1m[¹⁄₃₀]

2323호묘

봉토	크 기 (길이×너비×높이)	?	연도	크 기 (길이×너비×높이)	?
	평면형태	?		연도위치	?
현실	장축방향	N-25°-E		두 향	?
	규 모 (길이×너비×높이)	214×130×19		바닥시설	생토층
	평면형태	장방형		천장형태	?
	시상/관대 (길이×너비×높이)	-		석재종류	현무암 판석·할석
유물	토 도 기	-			
	금 속 기	동제 팔찌(1), 철제 관정(5)			
	옥 석 기	-			
	기 타	인골(2)			
	특기사항	동쪽 가장자리에 있는 뼈(A)는 35~40세의 여성, 서쪽 가장자리에 있는 인골(B)는 45세 전후의 남성으로서, 모두 일차장이다.			

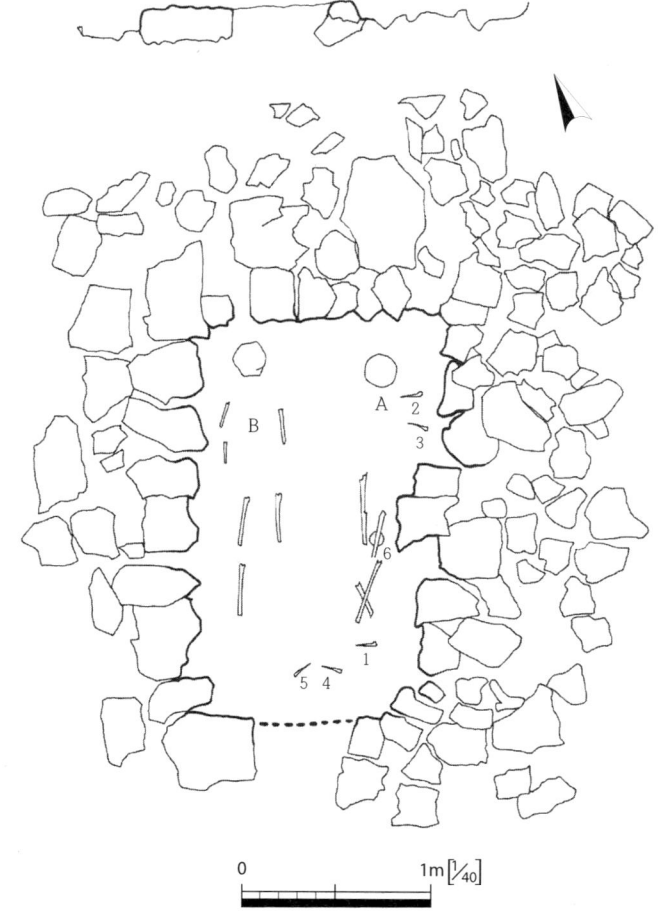

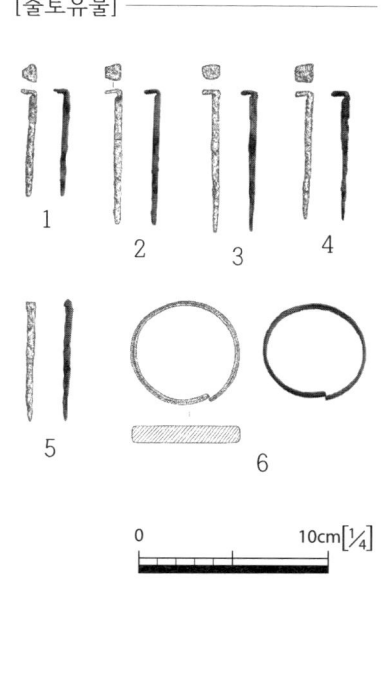

[출토유물]

0   1m[¼₀]

0   10cm[¼]

흑룡강성 임구현 북참 고분군 黑龍江省 林口縣 北站 古墳群

조사연혁	1958. 04. 발견(黑龙江省博物館) 1983. 05. 시굴(黑龙江省文物考古工作队)
유적위치	흑룡강성 임구현 북참진(北站镇)에 있는 마을에서 서쪽으로 1.5km 떨어진 서산의 동남쪽 구릉 일대에 위치한다.
유적입지	마을의 서쪽 산에서 동남쪽으로 이어지는 완만한 구릉지대에 입지하고 있다.
조사현황	52기의 고분이 발견되었고, 그 중 3기를 시굴하였다.
내　용	조사된 3기의 고분은 그 구조가 육정산, 대주둔, 두도하자, 북대 고분과 유사하다.
주요유물	-
참고사항	-
참고문헌	黑龙江省博物館, 1960, 「牡丹江中下游考古调查简报」, 『考古』1960-4期, 科学出版社. 黑龙江省文物考古研究所, 1987, 「黑龙江海林北站渤海墓试掘」, 『北方文物』1987-1期, 北方文物出版社. 최무장, 1988, 「발해의 문화」, 『발해의 기원과 문화』, 한국학술정보. 김시준, 1999, 「만주의 발해 부여 유적 답사 보고」, 『한반도와 중국 동북 3성의 역사 문화』, 서울대학교출판부. 홍보식, 2009, 「북참고분군」, 『한국고고학전문사전-고분편』, 국립문화재연구소.

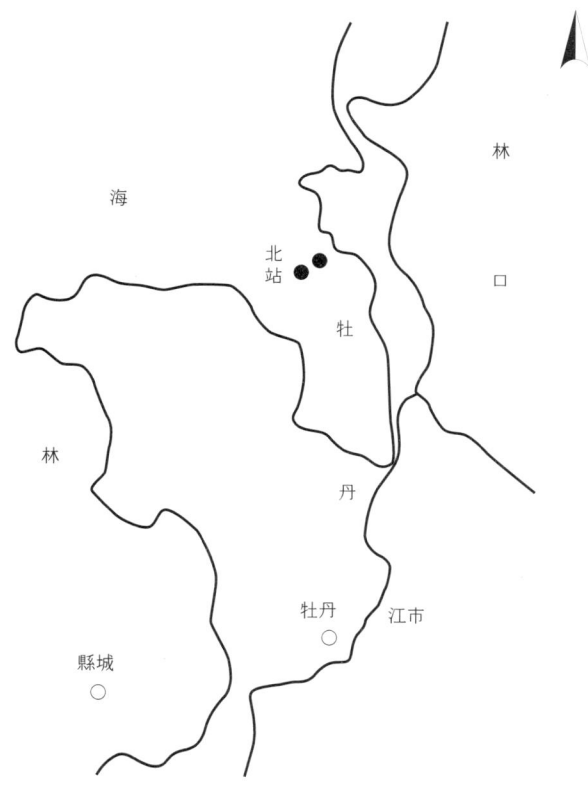

[개념도]

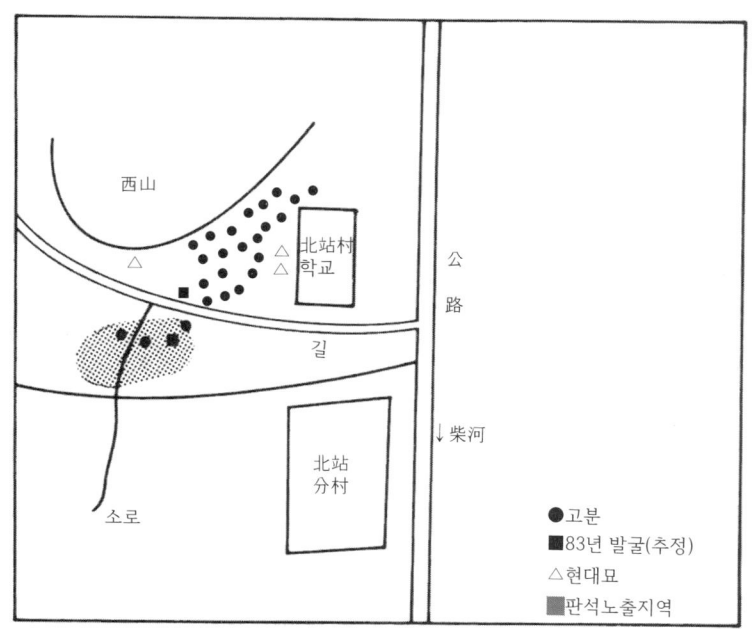

●고분
■83년 발굴(추정)
△현대묘
▨판석노출지역

1호묘

(단위 : cm)

봉토	크 기 (길이×너비×높이)	?	연도	크 기 (길이×너비×높이)	?
	평면형태	?		연도위치	좌편재
현실	장축방향	N-18°-W		두 향	?
	규 모 (길이×너비×높이)	240×130×95		바닥시설	?
	평면형태	장방형		천장형태	평
	시상/관대 (길이×너비×높이)	-		석재종류	판석·할석
유물	토 도 기	호(1)			
	금 속 기	철촉(2), 철제 도(1), 철제 착(1)			
	옥 석 기	-			
	기 타	인골편, 목탄			
	특기사항	불에 탄 인골이 어지럽게 널려 있다.			

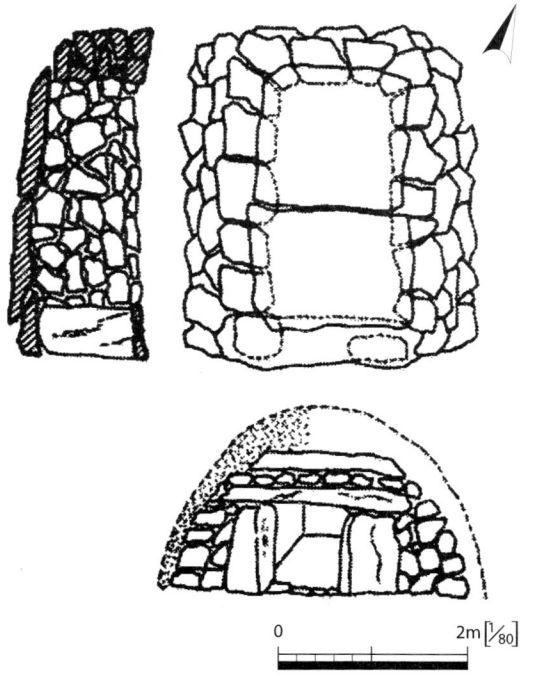

[출토유물]

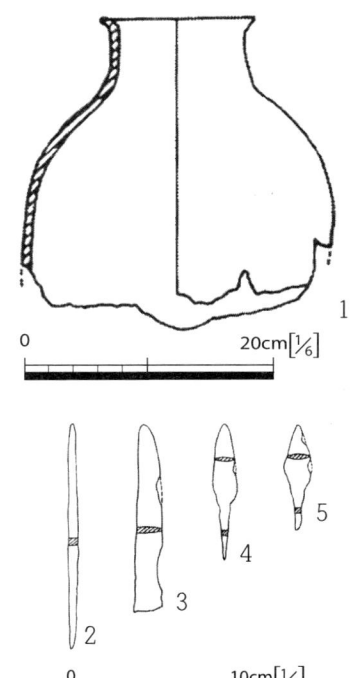

2호묘

(단위 : cm)

봉토	크 기 (길이×너비×높이)	?	연도	크 기 (길이×너비×높이)	220×180×?
	평면형태	?		연도위치	좌편재
현실	장축방향	N-30°-E		두 향	?
	규 모 (길이×너비×높이)	220×180×75		바닥시설	?
	평면형태	장방형		천장형태	(평)
	시상/관대 (길이×너비×높이)	-		석재종류	판석
유물	토 도 기	심발(1)			
	금 속 기	-			
	옥 석 기	-			
	기 타	인골편			
특기사항		유구 도면 없음. 동북쪽 모서리와 중앙부에서 사지골이 발견되었고, 널려 있는 인골들 사이에서 두개골도 발견되었다.			

[출토유물]

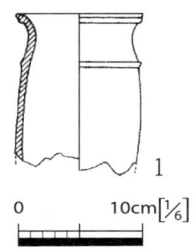

1

0   10cm[1/6]

3호묘

(단위 : cm)

봉토	크 기 (길이×너비×높이)	?	연도	크 기 (길이×너비×높이)	?
	평면형태	?		연도위치	?
현실	장축방향	N-35°-E		두 향	?
	규 모 (길이×너비×높이)	300×210×70		바닥시설	?
	평면형태	장방형		천장형태	(평)
	시상/관대 (길이×너비×높이)	-		석재종류	?
유물	토 도 기	심발(2)			
	금 속 기	은제 귀걸이(2)			
	옥 석 기	마노제 구슬(1)			
	기 타	인골(4)			
	특기사항	유구 도면 없음. 동북쪽, 서북쪽, 서벽 내측, 북벽 내측에서 각각 1개체분의 인골을 발견하였는데, 이차장된 것으로 추정된다.			

[출토유물]

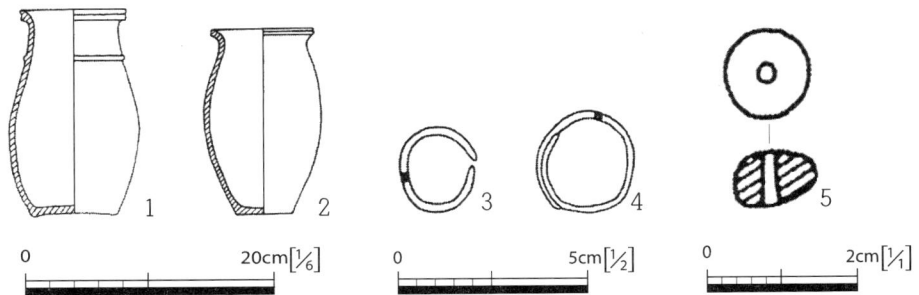

흑룡강성 해림시 동사 고분군 黑龍江省 海林市 東沙 古墳群

조사연혁	1983. 조사(黑龙江省文物考古工作队·牡丹江市文物管理所·海林县 文化科)
유적위치	흑룡강성 해림시 동북쪽 약 60km 지점으로서 목단강(牡丹江) 중하류 유역에 해당된다.
유적입지	야산 동편 사면에 입지하고 있는데 서고동저의 지형이다.
조사현황	고분 3기가 발굴조사되었다.
내 용	3기의 고분은 남북 방향으로 가지런히 배치되어 있다. 석실 벽체 일부가 지표에 노출되어 있었는데 도굴로 인해 조사 시에 인골이나 부장품은 확인되지 않았다. 인근 주민이 무덤에서 출토된 청동 그릇과 청동기를 소장하고 있다고 한다.
주요유물	-
참고사항	-
참고문헌	黑龙江省文物考古研究所, 1991, 「黑龙江省海林二道河子考古调查」, 『北方文物』1998-3期, 北方文物出版社. 양시은, 2009, 「동사고분군」, 『한국고고학전문사전-고분편』, 국립문화재연구소.

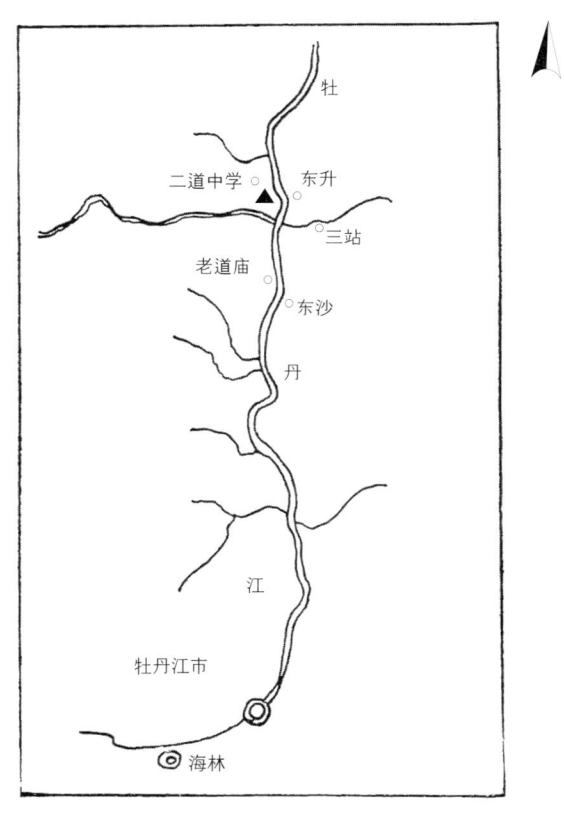

1호묘

(단위 : cm)

봉토	크 기 (길이×너비×높이)	?	연도	크 기 (길이×너비×높이)	-
	평면형태	?		연도위치	-
현실	장축방향	N-S		두 향	?
	규 모 (길이×너비×높이)	310×300×40		바닥시설	?
	평면형태	방형		천장형태	?
	시상/관대 (길이×너비×높이)	-		석재종류	?
유물	토 도 기	-			
	금 속 기	-			
	옥 석 기	-			
	기 타	-			
	특기사항	-			

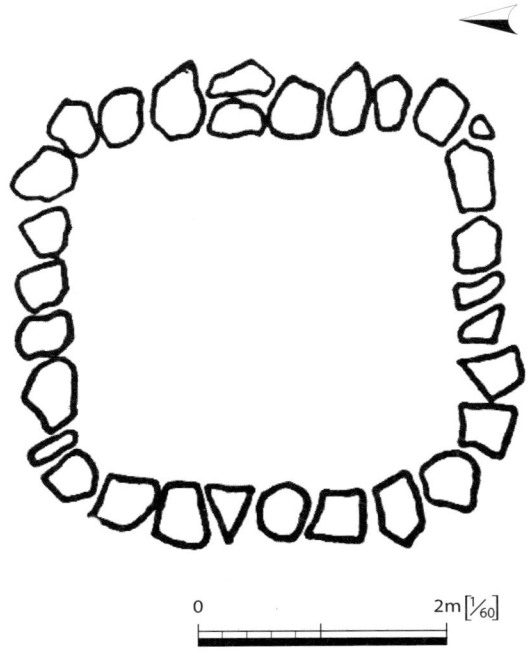

0   2m[1/60]

2호묘

(단위 : cm)

봉토	크 기 (길이×너비×높이)	?	연도	크 기 (길이×너비×높이)	-
	평면형태	?		연도위치	-
현실	장축방향	N-90°-W		두 향	?
	규 모 (길이×너비×높이)	310×300×40		바닥시설	?
	평면형태	장방형		천장형태	평
	시상/관대 (길이×너비×높이)	-		석재종류	?
유물	토 도 기	-			
	금 속 기	-			
	옥 석 기	-			
	기 타	-			
특기사항		-			

0　　　　　　　　　2m〔1/60〕

3호묘

(단위 : cm)

봉토	크 기 (길이×너비×높이)	?	연도	크 기 (길이×너비×높이)	-
	평면형태	?		연도위치	-
현실	장축방향	N-90°-W		두 향	?
	규 모 (길이×너비×높이)	380×380×50		바닥시설	?
	평면형태	원형		천장형태	?
	시상/관대 (길이×너비×높이)	-		석재종류	?
유물	토 도 기	-			
	금 속 기	-			
	옥 석 기	-			
	기 타	-			
	특기사항	현실 가운데에 남북 두 개의 방으로 나누기 위한 돌이 있다.			

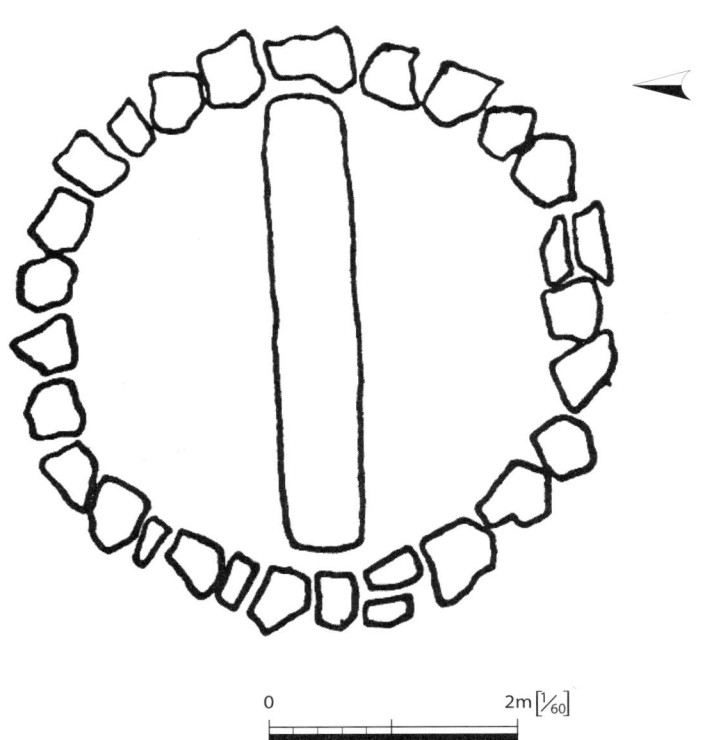

0   2m [1/60]

흑룡강성 해림시 두도하자 고분군 黑龍江省 海林市 頭道河子 古墳群

조사연혁	1958. 정리(黑龙江省文化局) 1981. 05. 23.~1981. 06. 30. 발굴(黑龙江省文物考古工作队) 1996. 08~09. 발굴(黑龙江省文物考古硏究所)
유적위치	흑룡강성 해림시 자하진(紫河镇) 일원으로, 두도하자촌(头道河子村) 동남쪽으로 약 3km, 양초구(羊草沟) 마을 동북쪽으로 약 1km에 해당된다.
유적입지	1구역은 목단강(牡丹江) 우안 강변 바로 옆, 2구역은 1구역의 서남쪽으로 약 200m 떨어진 곳, 3구역은 강 맞은편 사면에 해당된다.
조사현황	조사구역은 3개의 구역으로 나뉘는데, 1구역에서 65기, 2구역에서 47기, 3구역에서 10의 고분이 확인되었다.
내 용	모두 석실봉토분으로서, 방형 혹은 장방형으로 돌을 쌓아 현실을 만들고 그 위에 여러 매의 큰 판석을 덮어 평천장으로 마감하였다. 현실 바닥에는 자갈을 간 석실이 많은데, 201호의 경우는 전돌을 깔았다. 한쪽 벽 에 연도를 만들고 현실과 연도 사이에는 긴 돌을 이용해 현문을 만들었다. 현문의 위치는 동·남·향이 모 두 있으나, 서향만 보이지 않는다.
주요유물	철제 찰갑
참고사항	두도하자 고분군과 양초구 고분군은 동일 유적으로, 조사단은 1958년에 발굴한 2기를 두도하자 고분군으 로, 1996년에 발굴한 26기를 양초구 고분군으로 보고하였다.
참고문헌	呂遵禄, 1962, 「黑龙江宁安林口发现的古墓葬群」, 『考古』1962-11期, 科学出版社. 黑龙江省文物考古研究所, 1998, 「黑龙江省海林市羊草沟墓地的发掘」, 『北方文物』1998-3期, 北方文物出版社. 조선유적유물도감 편찬위, 2002, 「두도하자 1, 2호 무덤」, 『발해의 유적과 유물』, 서울대학교출판부. 양시은, 2009, 「두도하자고분군」, 『한국고고학전문사전-고분편』, 국립문화재연구소.

[유적 위치도]

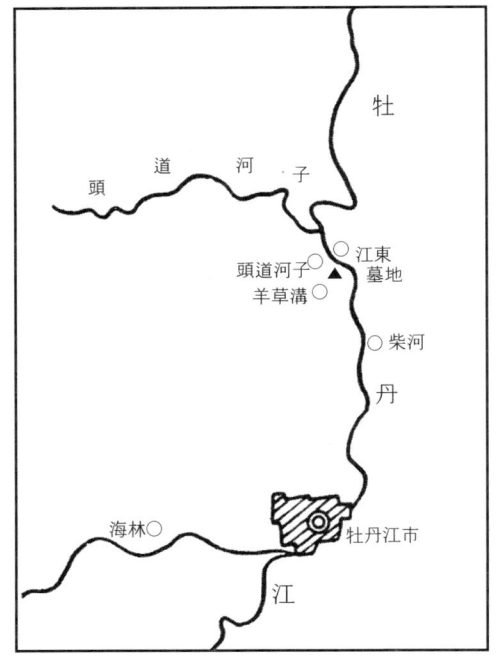

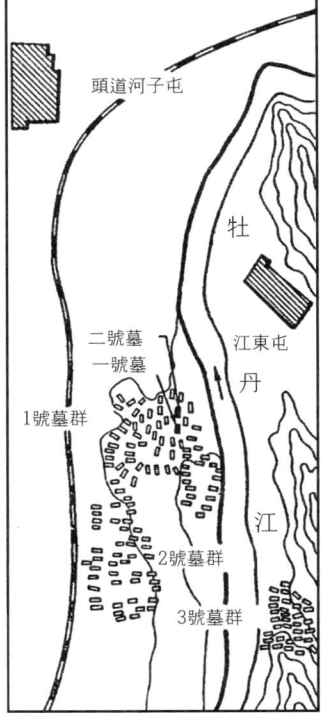

頭道河子屯

牡

江東屯

丹

二號墓
一號墓

1號墓群

2號墓群

3號墓群

江

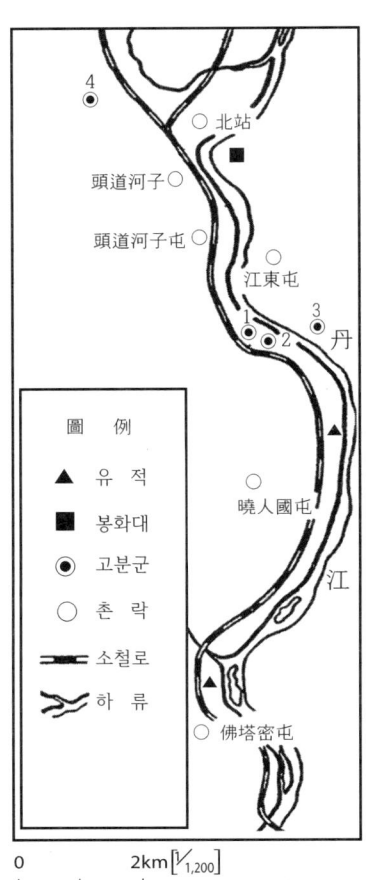

4

北站

頭道河子

頭道河子屯

江東屯

1 2 3 丹

曉人國屯

佛塔密屯

江

圖 例

▲ 유 적
■ 봉화대
◉ 고분군
○ 촌 락
소철로
하 류

0   2km [1/1,200]

[남쪽 구역 유구분포도]

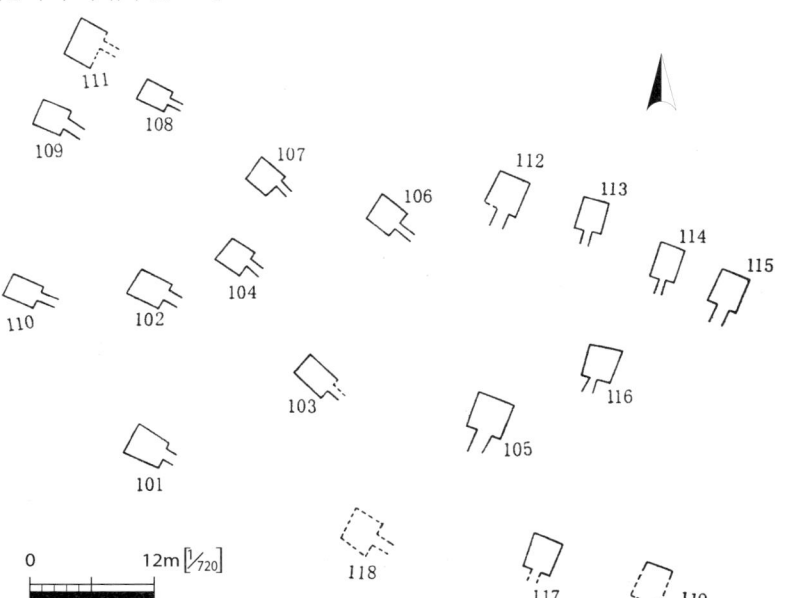

111
109 108
107
106 112
113
104 114
110 102 115
103 116
105
101
118 117 119

0   12m [1/720]

[북쪽 구역 유구분포도]

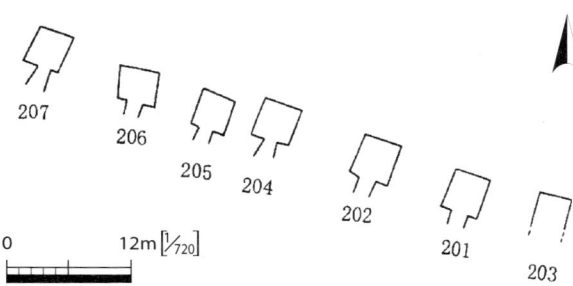

207
206
205 204
202
201
203

0   12m [1/720]

430

발해의 고분 문화 I - 흑룡강성 -

1호묘

(단위 : cm)

봉토	크 기 (길이×너비×높이)	?	연도	크 기 (길이×너비×높이)	?
	평면형태	?		연도위치	?
현실	장축방향	N-76°-W		두 향	?
	규 모 (길이×너비×높이)	350×250×140		바닥시설	천석
	평면형태	장방형		천장형태	평
	시상/관대 (길이×너비×높이)	-		석재종류	판석·막돌
유물	토도기	구연부편(1)			
	금속기		-		
	옥석기		-		
	기 타	인골			
	특기사항	현실 북쪽에서 두개골과 사지골 조각들이 발견되었는데, 두개골이 아래를 향하고 있어 신전장일 가능성도 보이나, 교란되어 원위치가 아닐 가능성도 있다.			

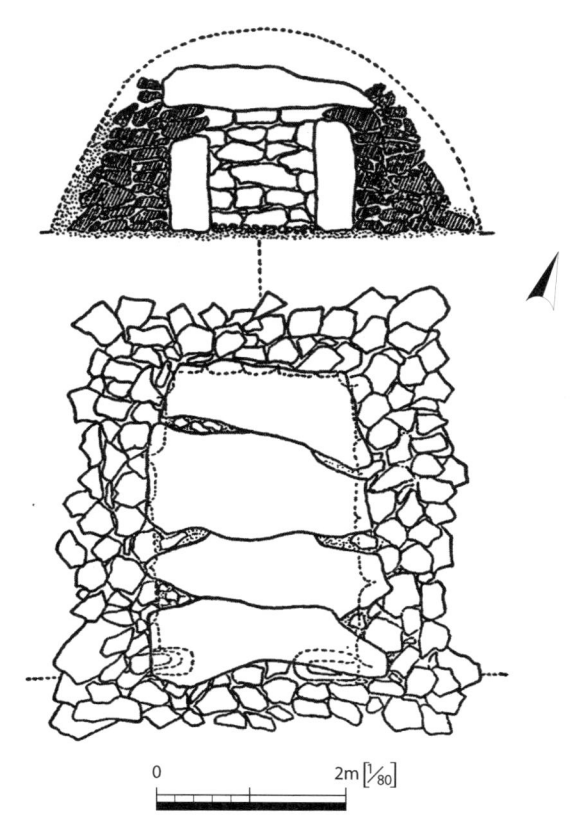

0   2m [1/80]

2호묘

(단위 : cm)

봉토	크 기 (길이×너비×높이)	?	연도	크 기 (길이×너비×높이)	?
	평면형태	?		연도위치	?
현실	장축방향	N-62°-W		두 향	?
	규 모 (길이×너비×높이)	320×250×90		바닥시설	부석
	평면형태	장방형		천장형태	?
	시상/관대 (길이×너비×높이)	-		석재종류	?
유물	토 도 기	-			
	금 속 기	-			
	옥 석 기	-			
	기 타	-			
	특기사항	-			

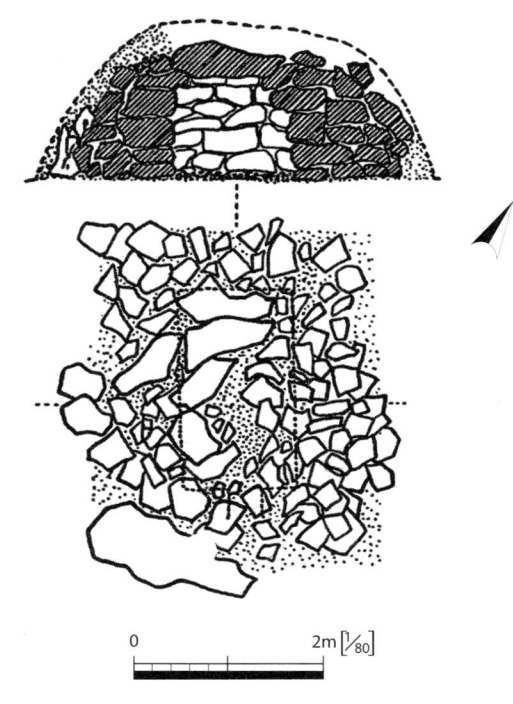

0   2m [1/80]

101호묘

(단위 : cm)

봉토	크 기 (길이×너비×높이)	?	연도	크 기 (길이×너비×높이)	?
	평면형태	?		연도위치	?
현실	장축방향	N-70°-W		두 향	?
	규 모 (길이×너비×높이)	260×250×90		바닥시설	?
	평면형태	방형		천장형태	?
	시상/관대 (길이×너비×높이)	-		석재종류	할석
유물	토 도 기	구연부편(1)			
	금 속 기	-			
	옥 석 기	-			
	기 타	인골(3)			
	특기사항	유구·유물 도면 없음.			

102호묘

(단위 : cm)

봉토	크 기 (길이×너비×높이)	?	연도	크 기 (길이×너비×높이)	?
	평면형태	?		연도위치	?
현실	장축방향	N-73°-W		두 향	?
	규 모 (길이×너비×높이)	280×240×50		바닥시설	천석
	평면형태	장방형		천장형태	?
	시상/관대 (길이×너비×높이)	-		석재종류	?
유물	토 도 기	심발(1), 구연부편(6), 저부편(2)			
	금 속 기	-			
	옥 석 기	-			
	기 타	인골(3~4)			
	특기사항	유구 도면 없음.			

[출토유물]

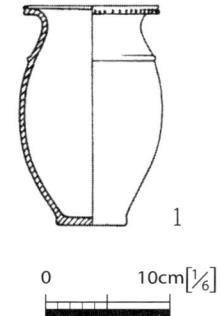

1

0   10cm[⅙]

103호묘

(단위 : cm)

봉토	크 기 (길이×너비×높이)	?	연도	크 기 (길이×너비×높이)	?
	평면형태	?		연도위치	?
현실	장축방향	N-53.5°-W		두 향	?
	규 모 (길이×너비×높이)	250×220×50		바닥시설	황토
	평면형태	장방형		천장형태	?
	시상/관대 (길이×너비×높이)	-		석재종류	?
유물	토 도 기	심발(1), 구연부편(1)			
	금 속 기	철촉(1), 철제 도(1)			
	옥 석 기	-			
	기 타	인골(1)			
	특기사항	유구 도면 없음.			

104호묘

(단위 : cm)

봉토	크 기 (길이×너비×높이)	?	연도	크 기 (길이×너비×높이)	?
	평면형태	?		연도위치	?
현실	장축방향	N-54.5°-W		두 향	?
	규 모 (길이×너비×높이)	220×210×50		바닥시설	?
	평면형태	방형		천장형태	?
	시상/관대 (길이×너비×높이)	-		석재종류	?
유물	토 도 기	심발(2), 구연부편(3)			
	금 속 기	철제 관정(2)			
	옥 석 기	-			
	기 타	인골(3~4)			
	특기사항	유구 도면 없음.			

[103호묘 출토유물]

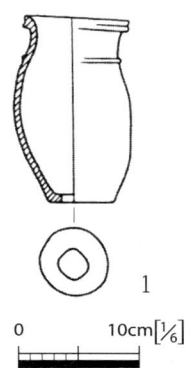

0   10cm[⅙]

[104호묘 출토유물]

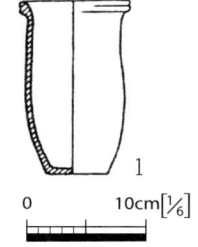

0   10cm[⅙]

105호묘

(단위 : cm)

봉토	크 기 (길이×너비×높이)	?	연도	크 기 (길이×너비×높이)	?
	평면형태	?		연도위치	?
현실	장축방향	N-25°-E		두 향	?
	규 모 (길이×너비×높이)	300×290×60		바닥시설	?
	평면형태	방형		천장형태	?
	시상/관대 (길이×너비×높이)	-		석재종류	할석
유물	토 도 기	심발(2)			
	금 속 기	은제 고리(1), 철제 도(1), 철제 관정(3), 철제 조각(1)			
	옥 석 기	-			
	기 타	인골(1)			
	특기사항	유구 도면 없음.			

[출토유물]

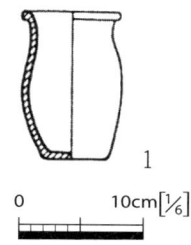

1

0   10cm[⅙]

106호묘

(단위 : cm)

봉토	크 기 (길이×너비×높이)	?	연도	크 기 (길이×너비×높이)	?
	평면형태	?		연도위치	?
현실	장축방향	N-56.5°-W		두 향	?
	규 모 (길이×너비×높이)	220×210×60		바닥시설	?
	평면형태	방형		천장형태	?
	시상/관대 (길이×너비×높이)	-		석재종류	할석
유물	토도기	심발(3), 구연부편(3)			
	금속기	철촉(6), 철제 관정(3), 철제 도(1), 철제 대금구(1)			
	옥석기	-			
	기 타	인골(1~2)			
특기사항		유구 도면 없음.			

[출토유물]

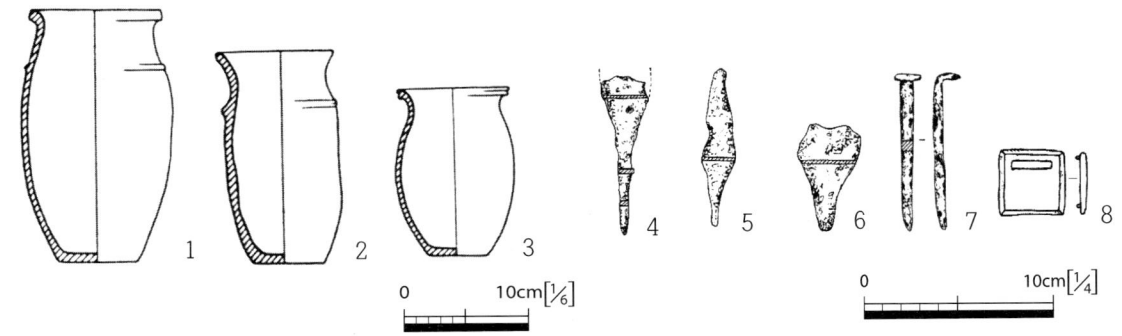

0   10cm[⅙]

0   10cm[¼]

107호묘

(단위 : cm)

봉토	크 기 (길이×너비×높이)	?	연도	크 기 (길이×너비×높이)	?
	평면형태	?		연도위치	?
현실	장축방향	N-42°-W		두 향	?
	규 모 (길이×너비×높이)	230×220×70		바닥시설	황사토
	평면형태	방형		천장형태	?
	시상/관대 (길이×너비×높이)	-		석재종류	?
유물	토 도 기	심발(2)			
	금 속 기	철제 관정(9), 고리모양 철기(1)			
	옥 석 기	-			
	기 타	-			
	특기사항	유구 도면 없음.			

[출토유물]

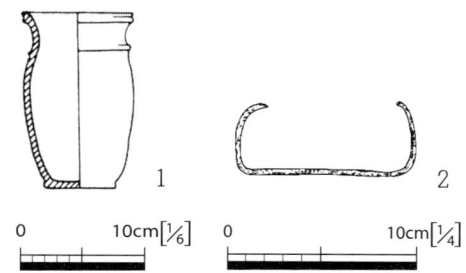

0   10cm[⅙]   1   0   10cm[¼]   2

108호묘

(단위 : cm)

봉토	크 기 (길이×너비×높이)	?	연도	크 기 (길이×너비×높이)	140×32×?
	평면형태	?		연도위치	중앙
현실	장축방향	N-58°-W		두 향	?
	규 모 (길이×너비×높이)	260×200×(60+)		바닥시설	?
	평면형태	장방형		천장형태	?
	시상/관대 (길이×너비×높이)	-		석재종류	할석
유물	토 도 기	심발(5), 구연부편(1)			
	금 속 기	철촉(1), 철제 도(1), 철제 관정(1), 철제 찰갑(1)			
	옥 석 기	-			
	기 타	인골(1)			
	특기사항	유물 도면 없음.			

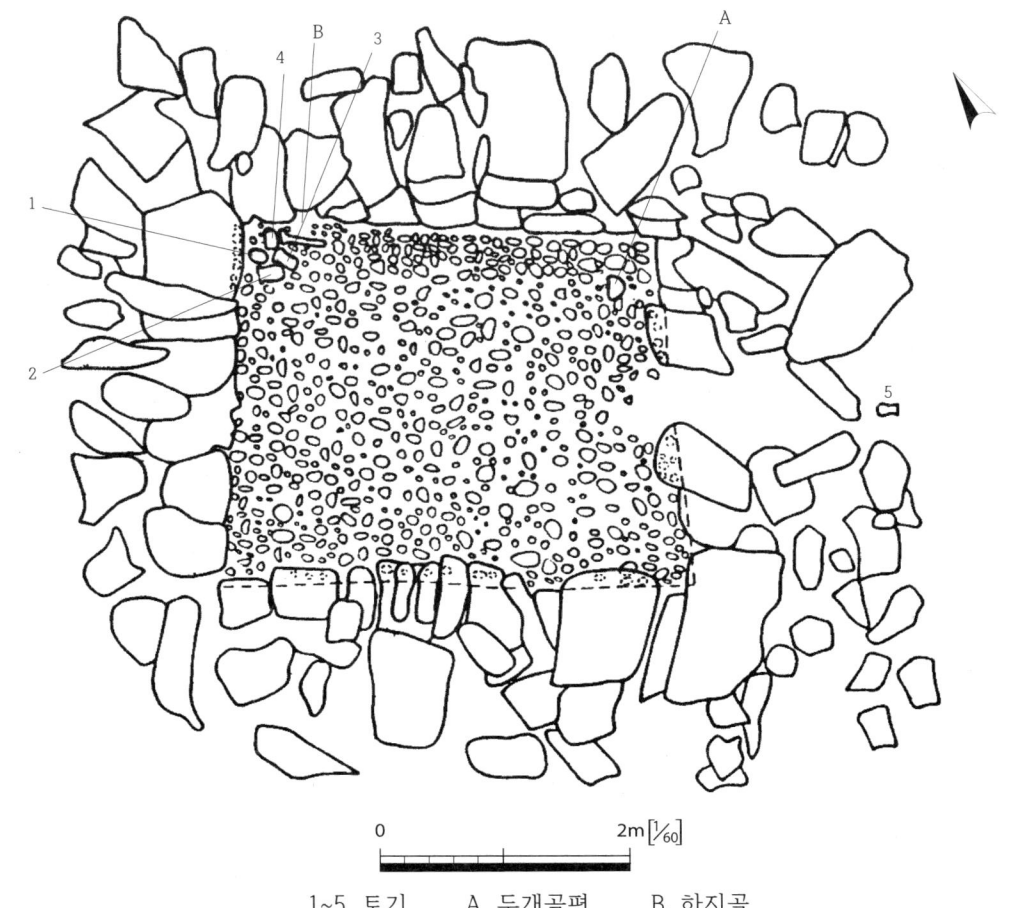

1~5. 토기   A. 두개골편   B. 하지골

109호묘

(단위 : cm)

봉토	크 기 (길이×너비×높이)	?	연도	크 기 (길이×너비×높이)	?
	평면형태	?		연도위치	?
현실	장축방향	N-60°-W		두 향	?
	규 모 (길이×너비×높이)	240×220×70		바닥시설	판석
	평면형태	방형		천장형태	?
	시상/관대 (길이×너비×높이)	-		석재종류	?
유물	토 도 기	심발(4), 구연부편(1)			
	금 속 기	철제 대금구(1), 철촉(5)			
	옥 석 기	구슬(2)			
	기 타	인골(1)			
	특기사항	유구 도면 없음.			

[출토유물]

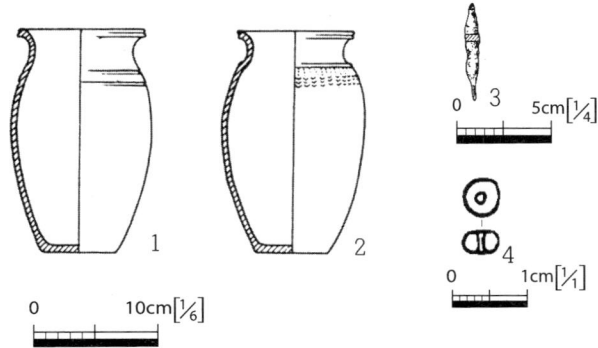

110호묘

(단위 : cm)

봉토	크 기 (길이×너비×높이)	?	연도	크 기 (길이×너비×높이)	?
	평면형태	?		연도위치	?
현실	장축방향	N-67°-W		두 향	?
	규 모 (길이×너비×높이)	250×200×80		바닥시설	판석·할석
	평면형태	장방형		천장형태	?
	시상/관대 (길이×너비×높이)	-		석재종류	?
유물	토도기	심발(5), 호(1), 구연부편(1)			
	금속기	동제 교구(1), 철촉(4), 철제 도(2), 철제 관정(3), 철제 찰갑(75), 미상 철기(3)			
	옥석기	-			
	기 타	인골(1+), 목제 촉(1)			
특기사항		유구 도면 없음.			

[출토유물] ────────────────────────────────

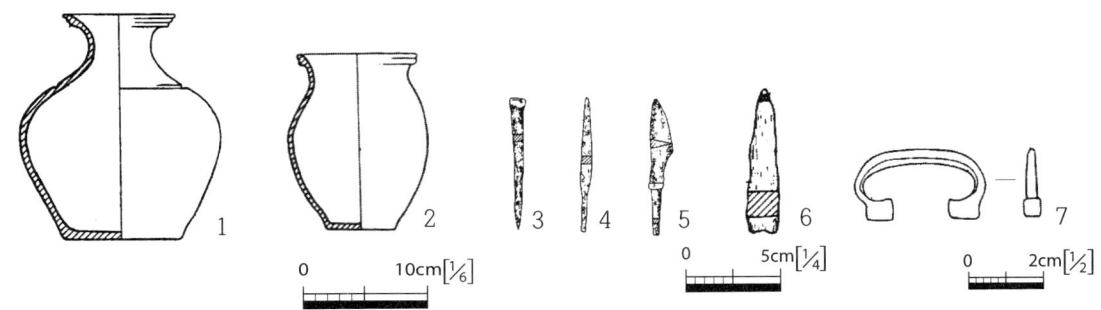

111호묘

(단위 : cm)

봉토	크 기 (길이×너비×높이)	?	연도	크 기 (길이×너비×높이)	130×50×?
	평면형태	?		연도위치	?
현실	장축방향	(N-25°-E)		두 향	?
	규 모 (길이×너비×높이)	360×192×(50+)		바닥시설	(황사토)
	평면형태	장방형		천장형태	?
	시상/관대 (길이×너비×높이)	-		석재종류	?
유물	토도기	심발(2)			
	금속기	철제 환(2), 철촉(1)			
	옥석기	-			
	기 타	인골(2)			
	특기사항	동북쪽 모서리에서 두개골 잔편(A)와 2개의 하지골(B)가, 서쪽에서는 7개의 치아가 발견되어 2개체분 이 매장되었을 것으로 추정된다.			

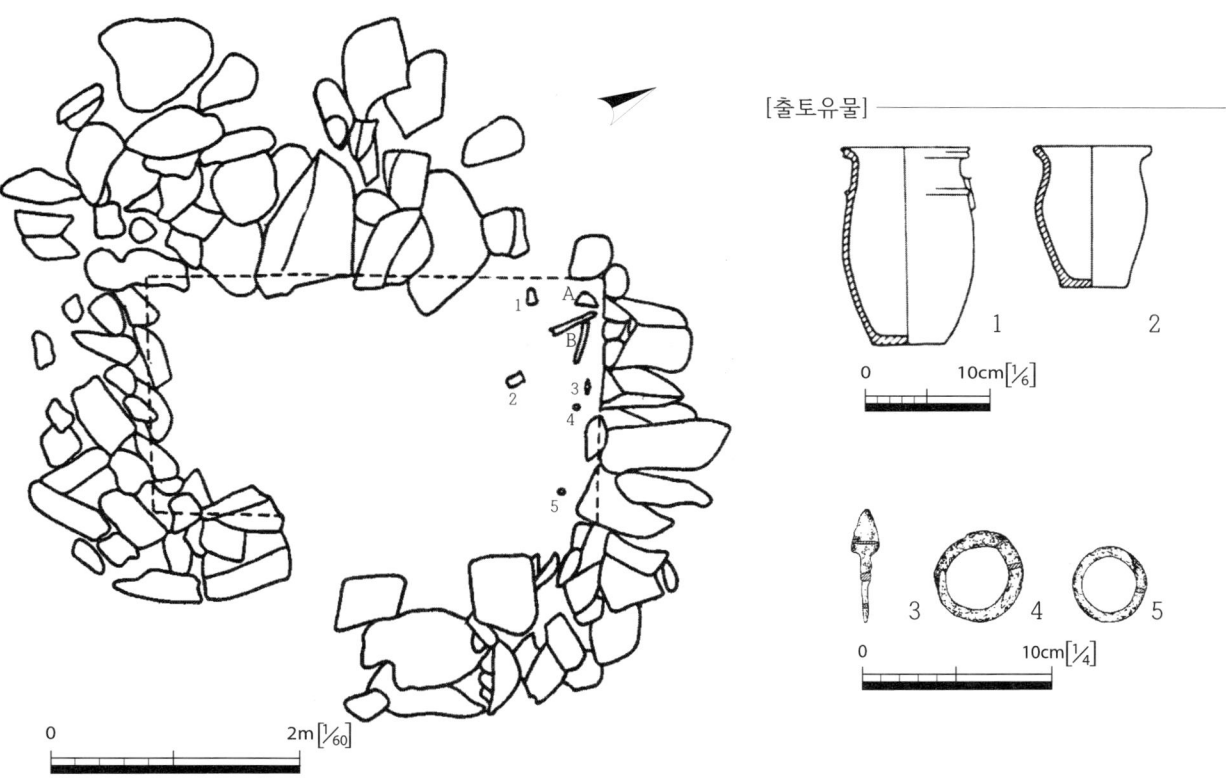

[출토유물]

0   10cm[⅙]

1   2

3   4   5

0   10cm[¼]

0   2m[1/60]

112호묘

(단위 : cm)

봉토	크 기 (길이×너비×높이)	?	연도	크 기 (길이×너비×높이)	130×50×?
	평면형태	?		연도위치	?
현실	장축방향	N-20°-E		두 향	?
	규 모 (길이×너비×높이)	280×260×50		바닥시설	?
	평면형태	방형		천장형태	?
	시상/관대 (길이×너비×높이)	-		석재종류	활석
유물	토 도 기	심발(1), 구연부편(2), 저부편(2)			
	금 속 기	동제 대금구(1), 철제 관정(4)			
	옥 석 기	-			
	기 타	인골(2)			
	특기사항	유구 도면 없음.			

[출토유물]

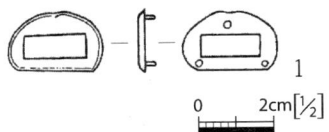

0   2cm[1/2]   1

113호묘

(단위 : cm)

봉토	크 기 (길이×너비×높이)	?	연도	크 기 (길이×너비×높이)	?
	평면형태	?		연도위치	?
현실	장축방향	N-16°-E		두 향	?
	규 모 (길이×너비×높이)	250×230×60		바닥시설	?
	평면형태	방형		천장형태	?
	시상/관대 (길이×너비×높이)	-		석재종류	활석
유물	토 도 기	구연부편(3)			
	금 속 기	철제 도(1), 철제 관정(1)			
	옥 석 기	구슬(1)			
	기 타	인골(2)			
	특기사항	유구 도면 없음.			

[출토유물]

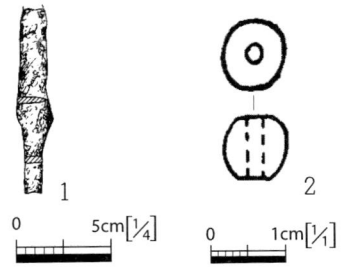

0   5cm[1/4]   0   1cm[1/1]

1   2

114호묘

봉토	크 기 (길이×너비×높이)	?	연도	크 기 (길이×너비×높이)	110×70×?
	평면형태	?		연도위치	중앙
현실	장축방향	N-16°-E	두 향		?
	규 모 (길이×너비×높이)	280×190×(60+)	바닥시설		?
	평면형태	장방형	천장형태		?
	시상/관대 (길이×너비×높이)	-	석재종류		활석
유물	토 도 기	심발(1), 호(1)			
	금 속 기	철제 관고리(1), 철제 관정(3), 철제 착(1)			
	옥 석 기	-			
	기 타	인골(1)			
	특기사항	현실 북쪽에서 두개골 1점이 발견되었고, 주위에 사지골들이 흩어져 있다.			

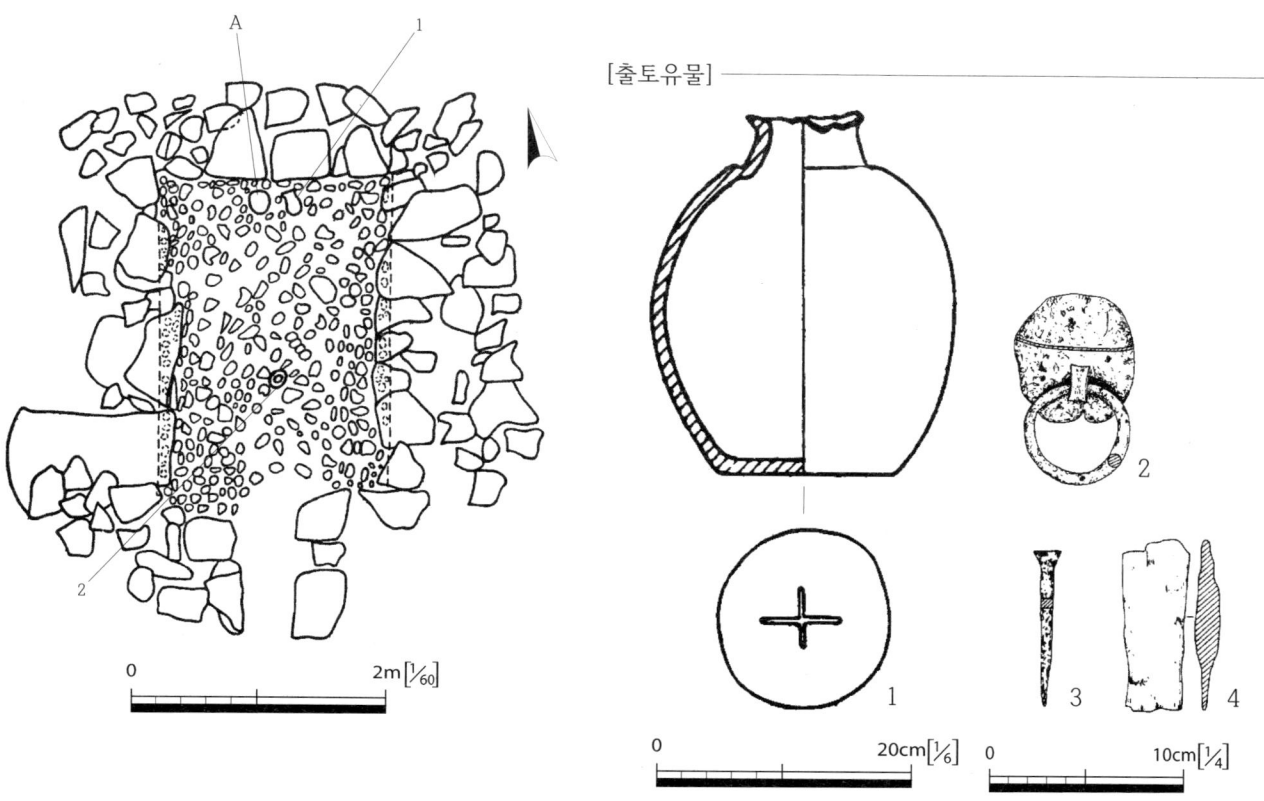

[출토유물]

흑룡강성 해림시 두도하자 고분군

115호묘

(단위 : cm)

봉토	크 기 (길이×너비×높이)	?	연도	크 기 (길이×너비×높이)	170×90×?
	평면형태	?		연도위치	중앙
현실	장축방향	N-9°-E		두 향	?
	규 모 (길이×너비×높이)	290×200×(50+)		바닥시설	?
	평면형태	장방형		천장형태	?
	시상/관대 (길이×너비×높이)	-		석재종류	활석
유물	토도기	심발(3), 구연부편(1)			
	금속기	철모(1), 철제 관정(2)			
	옥석기	-			
	기 타	인골(2)			
	특기사항	서벽 중간에 2개체분의 비교적 온전한 두개골과 사지골 일부가 발견되었는데, 불에 탄 흔적이 있다.			

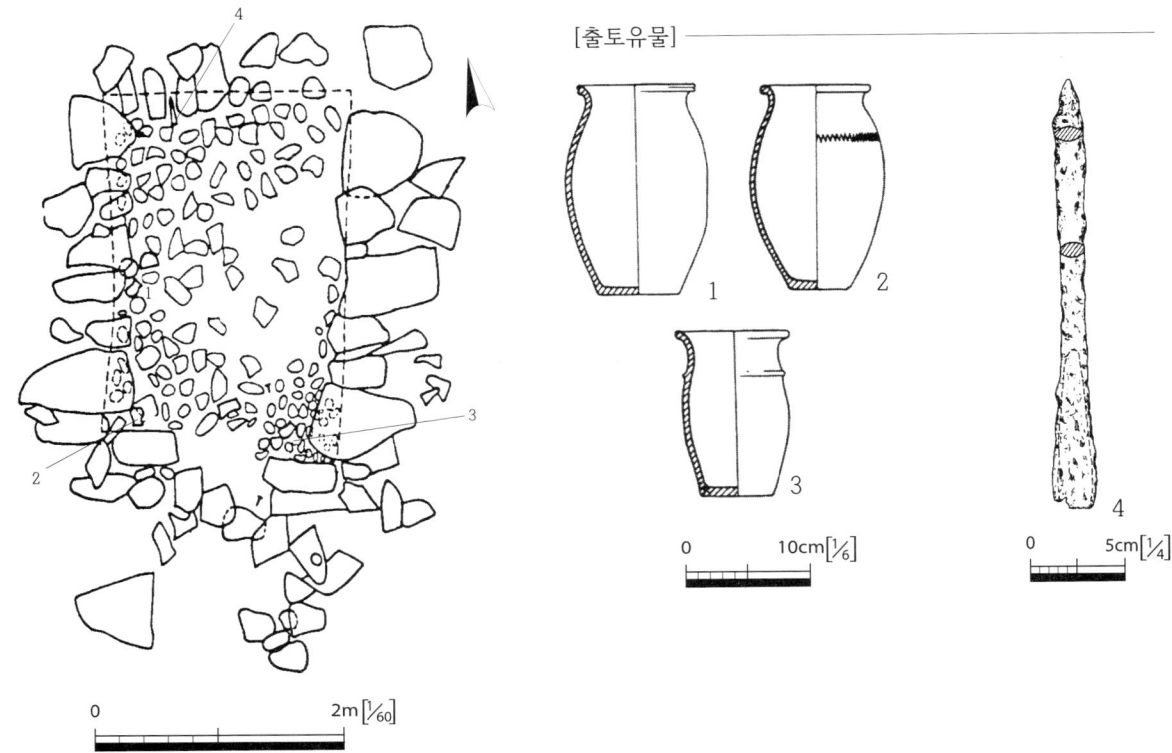

[출토유물]

0   2m[1/60]

0   10cm[1/6]

0   5cm[1/4]

116호묘

(단위 : cm)

봉토	크 기 (길이×너비×높이)	?	연도	크 기 (길이×너비×높이)	?
	평면형태	?		연도위치	?
현실	장축방향	N-21°-E		두 향	?
	규 모 (길이×너비×높이)	250×230×60		바닥시설	황토
	평면형태	방형		천장형태	?
	시상/관대 (길이×너비×높이)	-		석재종류	?
유물	토 도 기	-			
	금 속 기	-			
	옥 석 기	-			
	기 타	-			
	특기사항	유구·유물 도면 없음.			

117호묘

(단위 : cm)

봉토	크 기 (길이×너비×높이)	?	연도	크 기 (길이×너비×높이)	170×90×?
	평면형태	?		연도위치	중앙
현실	장축방향	N-13°-E		두 향	?
	규 모 (길이×너비×높이)	270×230×20		바닥시설	부석
	평면형태	?		천장형태	?
	시상/관대 (길이×너비×높이)	?		석재종류	?
유물	토 도 기	심발(3)			
	금 속 기	동제 대금구(2), 철모(2), 철촉(1)			
	옥 석 기	-			
	기 타	인골(2)			
	특기사항	유구 도면 없음.			

[출토유물]

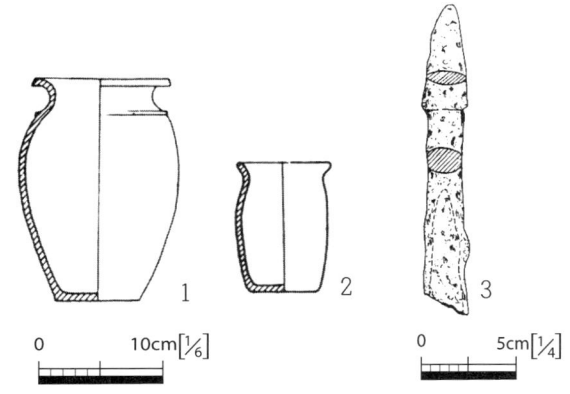

1   2   3

0   10cm[⅙]   0   5cm[¼]

118호묘

(단위 : cm)

봉토	크 기 (길이×너비×높이)	?	연도	크 기 (길이×너비×높이)	?
	평면형태	?		연도위치	?
현실	장축방향	N-57.5°-W		두 향	?
	규 모 (길이×너비×높이)	260×240×?		바닥시설	?
	평면형태	방형		천장형태	?
	시상/관대 (길이×너비×높이)	-		석재종류	활석
유물	토 도 기	호(1), 심발(1), 구연부편(1)			
	금 속 기	동제 대금구(1), 철촉(1), 철제 가위(1), 철제 관정(2)			
	옥 석 기	-			
	기 타	-			
특기사항		유구 도면 없음.			

[출토유물]

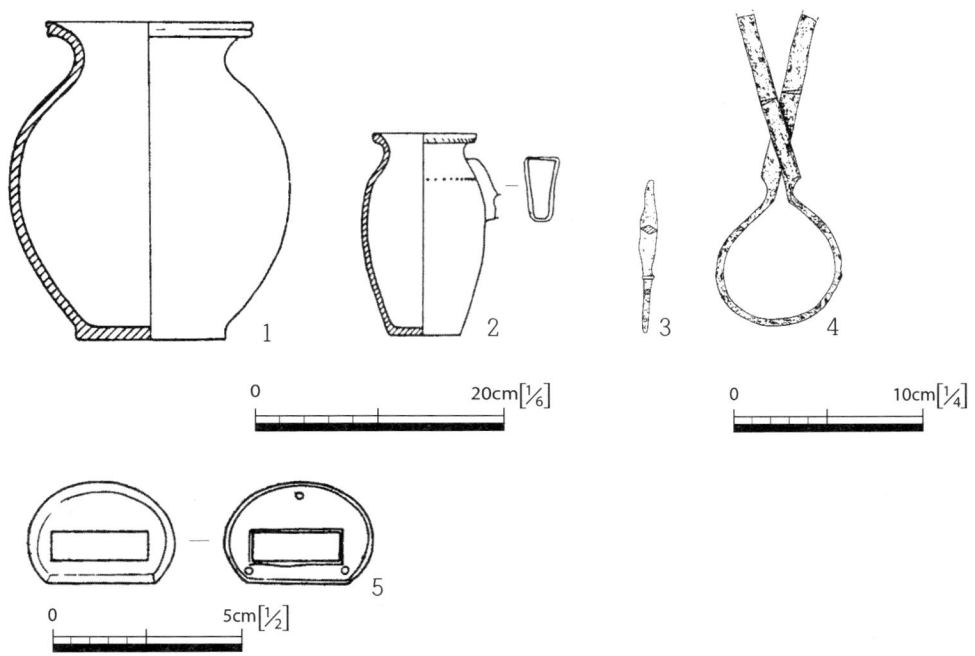

1   2   3   4

0   20cm[1/6]

0   10cm[1/4]

5

0   5cm[1/2]

119호묘

봉토	크 기 (길이×너비×높이)	?	연도	크 기 (길이×너비×높이)	?
	평면형태	?		연도위치	?
현실	장축방향	N-22°-E		두 향	?
	규 모 (길이×너비×높이)	280×180×70		바닥시설	황토
	평면형태	장방형		천장형태	?
	시상/관대 (길이×너비×높이)	-		석재종류	?
유물	토 도 기	-			
	금 속 기	-			
	옥 석 기	-			
	기 타	-			
	특기사항	유구 도면 없음.			

201호묘

(단위 : cm)

봉토	크 기 (길이×너비×높이)	?	연도	크 기 (길이×너비×높이)	100×?×?
	평면형태	?		연도위치	중앙
현실	장축방향	N-22°-E	두 향		?
	규 모 (길이×너비×높이)	295×240×90	바닥시설		부석
	평면형태	장방형	천장형태		?
	시상/관대 (길이×너비×높이)	-	석재종류		할석·전돌
유물	토도기	심발(1), 호(2)			
	금속기	은제 고리(4), 동제 고리(1), 철제 관정(?)			
	옥석기	구슬(1)			
	기 타	인골(5~6)			
	특기사항	현실 중앙 남쪽에서 4개의 두개골과 사지골이, 서북쪽 모서리에서 1개의 두개골이, 북벽 근처에서 1개의 하악골과 사지골이 발견되었다.			

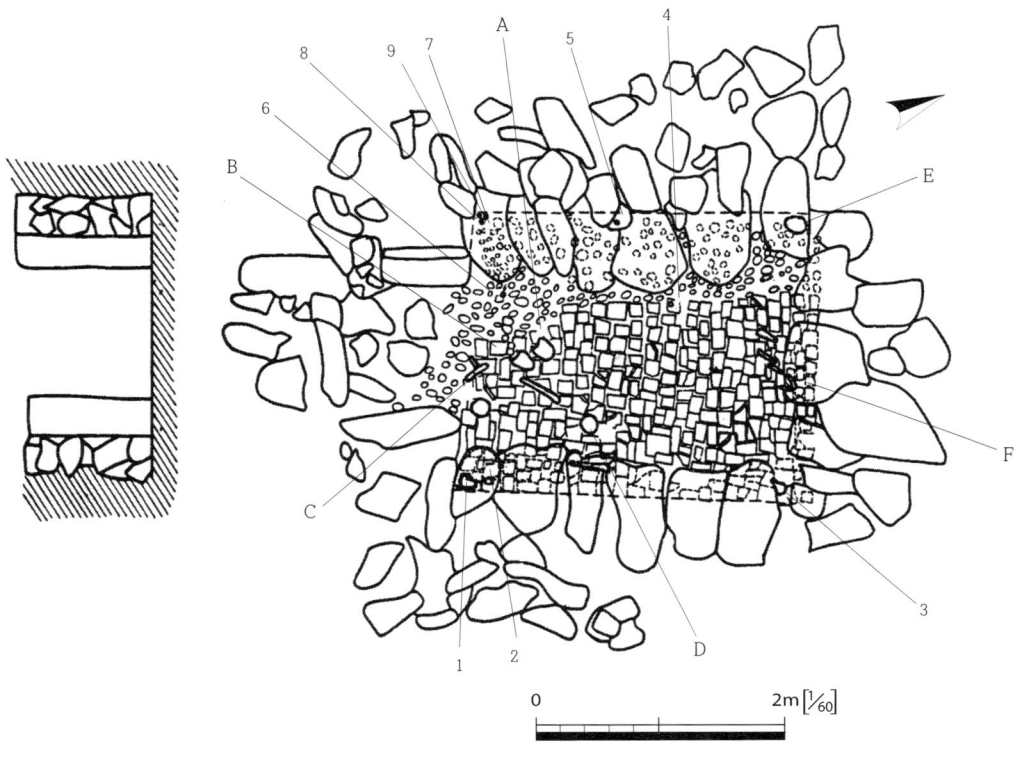

1~3. 토기   4~7. 은제 고리   8. 동제 고리   9. 구슬   A~E. 두개골   F. 하악골

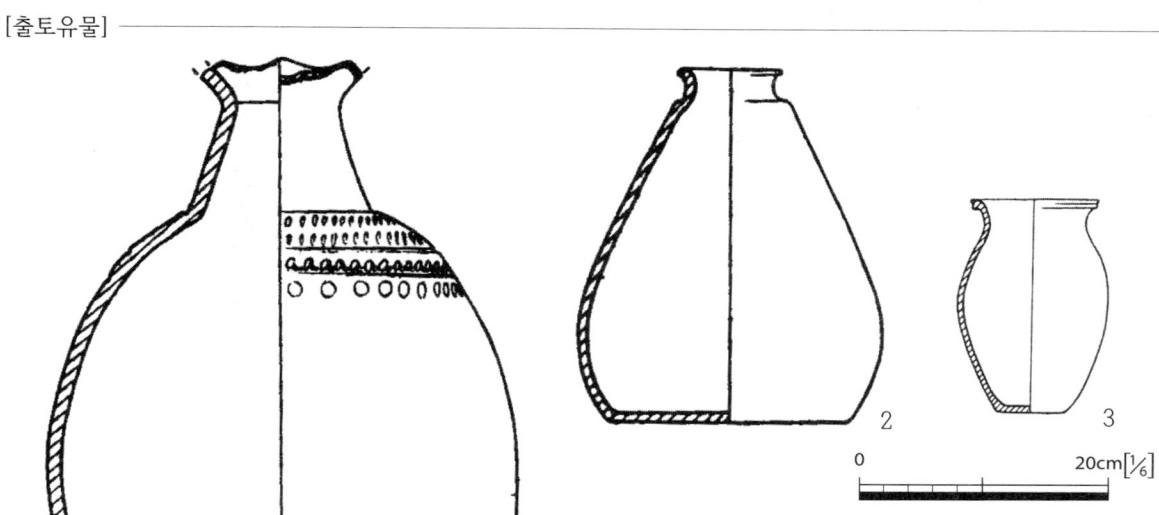

202호묘

(단위 : cm)

봉토	크 기 (길이×너비×높이)	?	연도	크 기 (길이×너비×높이)	?
	평면형태	?		연도위치	?
현실	장축방향	N-25°-E		두 향	?
	규 모 (길이×너비×높이)	300×290×60		바닥시설	부석
	평면형태	방형		천장형태	?
	시상/관대 (길이×너비×높이)	-		석재종류	?
유물	토 도 기	심발(3), 구연부편(2)			
	금 속 기	동제 대금구(1), 철촉(2), 철제 도(3), 철제 관정(2)			
	옥 석 기	-			
	기 타	인골(4~5)			
	특기사항	유구 도면 없음.			

[출토유물]

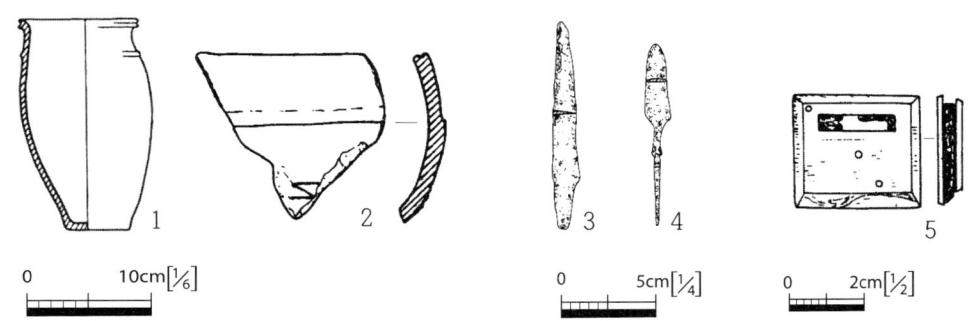

0   10cm[⅙]

0   5cm[¼]

0   2cm[½]

203호묘

(단위 : cm)

봉토	크 기 (길이×너비×높이)	?	연도	크 기 (길이×너비×높이)	?
	평면형태	?		연도위치	?
현실	장축방향	N-15°-E		두 향	?
	규 모 (길이×너비×높이)	230+×230×80		바닥시설	?
	평면형태	(방형)		천장형태	?
	시상/관대 (길이×너비×높이)	-		석재종류	활석
유물	토도기	심발(4)			
	금속기	철제 도(1), 철제 관정(1)			
	옥석기	-			
	기 타	-			
특기사항		유구 도면 없음.			

[출토유물]

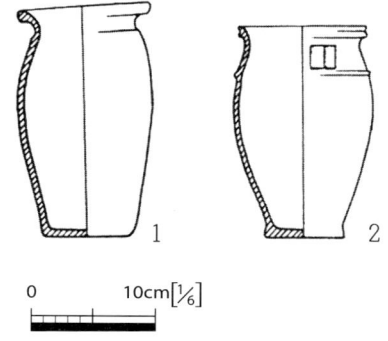

1   2

0   10cm[⅙]

204호묘

봉토	크 기 (길이×너비×높이)	?	연도	크 기 (길이×너비×높이)	?
	평면형태	?		연도위치	?
현실	장축방향	N-24°-E		두 향	?
	규 모 (길이×너비×높이)	280×160×100		바닥시설	판석
	평면형태	장방형		천장형태	?
	시상/관대 (길이×너비×높이)	-		석재종류	?
유물	토도기	구연부편(1)			
	금속기	동제 교구(1), 철촉(1), 철제 도(1), 철제 관정(2)			
	옥석기	구슬(1)			
	기 타	인골(2~3), 장방형 목기(1)			
	특기사항	유구 도면 없음.			

[출토유물]

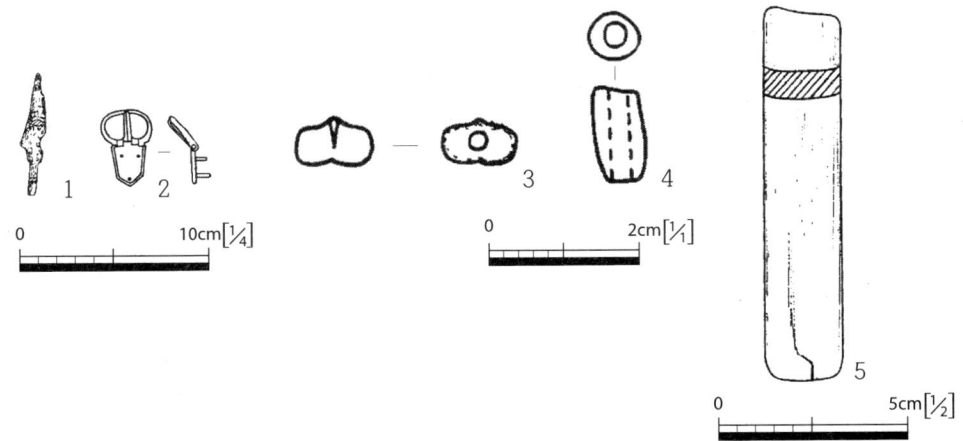

0   10cm[1/4]

0   2cm[1/1]

0   5cm[1/2]

205호묘

(단위 : cm)

봉토	크 기 (길이×너비×높이)	?	연도	크 기 (길이×너비×높이)	110×100×?
	평면형태	?		연도위치	중앙
현실	장축방향	N-17°-E		두 향	?
	규 모 (길이×너비×높이)	260×230×100		바닥시설	모래
	평면형태	사다리꼴		천장형태	?
	시상/관대 (길이×너비×높이)	-		석재종류	?
유물	토 도 기	심발(1), 토기편			
	금 속 기	-			
	옥 석 기	-			
	기 타	인골(1)			
특기사항		동북쪽 모서리에서 인골이 출토되었다.			

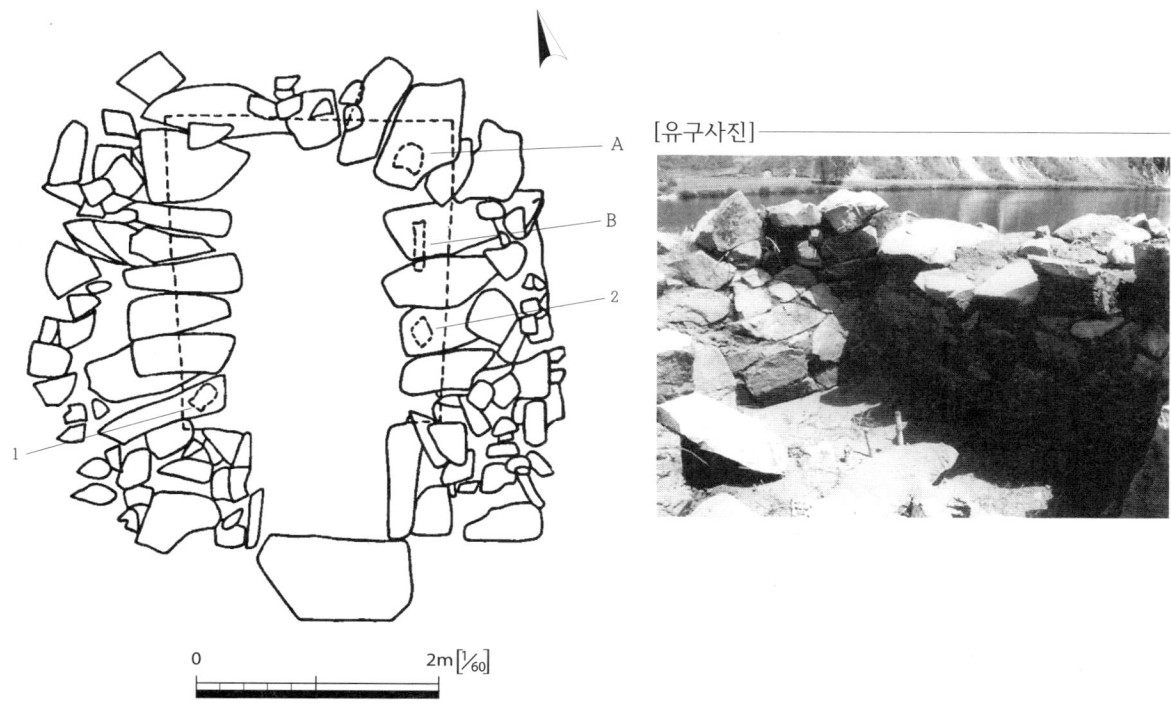

[유구사진]

0   2m[1/60]

1. 심발 2. 토기편 A. 두개골 B. 지골

206호묘

(단위 : cm)

봉토	크 기 (길이×너비×높이)	?	연도	크 기 (길이×너비×높이)	110×100×?
	평면형태	?		연도위치	중앙
현실	장축방향	N-16°-E		두 향	?
	규 모 (길이×너비×높이)	260×250×60		바닥시설	관석·할석
	평면형태	장방형		천장형태	?
	시상/관대 (길이×너비×높이)	-		석재종류	?
유물	토 도 기	호(1), 심발(1), 구연부편(1)			
	금 속 기	은제 고리(2), 동제 고리(1), 철촉(2), 철제 관정(4), 미상 철기(1)			
	옥 석 기	-			
	기 타	인골(5~6)			
	특기사항	유구 도면 없음.			

[출토유물]

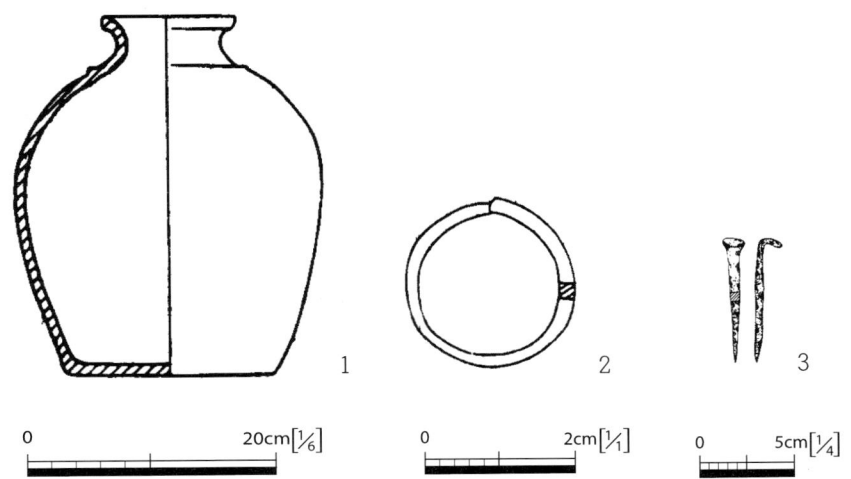

1

2

3

0	20cm[⅙]

0	2cm[⅟₁]

0	5cm[¼]

207호묘

(단위 : cm)

봉토	크 기 (길이×너비×높이)	?	연도	크 기 (길이×너비×높이)	110×100×?
	평면형태	?		연도위치	중앙
현실	장축방향	?	두 향		?
	규 모 (길이×너비×높이)	290×260×100	바닥시설		부석
	평면형태	장방형	천장형태		?
	시상/관대 (길이×너비×높이)	-	석재종류		?
유물	토 도 기	구연부편(1), 토기편			
	금 속 기	-			
	옥 석 기	-			
	기 타	인골(1+)			
특기사항		유구·유물 도면 없음. 4벽에 석회를 발랐다.			

흑룡강성 해림시 산저자 고분군 黑龍江省 海林市 山咀子 古墳群

조사연혁	1966. 11. 조사(黑龙江省博物館·海林县文教科·海林县文教馆) 1997. 05. 조사(黑龙江省博物館·海林县文教科·海林县文教馆)
유적위치	흑룡강성 해림시 신안진(新安镇) 산저자촌(山咀子村)의 주민 거주지 동쪽의 황토 구릉 위에 위치한다.
유적입지	서쪽 500m 지점에 해랑하(海浪河), 북쪽 350m 지점에 철도가 동쪽으로 뻗어 있다.
조사현황	고분군은 남북 2개의 구역으로 나뉘고, 전체 130여 기 중에 29기가 조사되었다.
내　용	대형 적석묘, 소형 적석묘, 방형 석판대묘의 3가지 유형으로 구분되는데 대부분이 대형 적석묘에 속한다. 소형 적석묘는 모두 유아를 매장하였다.
주요유물	금동제 대금구
참고사항	－
참고문헌	孙秀仁, 1979, 「略论海林山咀子渤海墓葬的形制, 传统和文物特征」, 『中国考古学会第一次年会论文集』, 中国考古学会. 홍보식, 2009, 「산저자고분군」, 『한국고고학전문사전-고분편』, 국립문화재연구소. 金太順, 2012, 「黑龙江省海林市山咀子渤海墓葬」, 『고구려발해연구』42, 고구려발해학회.

1호묘

(단위 : cm)

봉토	크 기 (길이×너비×높이)	?	연도	크 기 (길이×너비×높이)	?
	평면형태	?		연도위치	?
현실	장축방향	N-S		두 향	남향
	규 모 (길이×너비×높이)	?		바닥시설	?
	평면형태	?		천장형태	?
	시상/관대 (길이×너비×높이)	-		석재종류	?
유물	토 도 기	-			
	금 속 기	-			
	옥 석 기	-			
	기 타	인골(8)			
특기사항		현실 내에서 총 8개체분의 인골(A~H)가 확인되었는데, 인골(A)는 여성으로 앙신직지로 안치되었으며 일차장이다. 그 왼쪽에 있는 B와 서북쪽 모서리에 흩어져 있는 6개체분의 인골(C~H)는 모두 남성으로 이차장이다. 6개체분의 두개골은 복수의 사지골과 중첩되어 있다.			

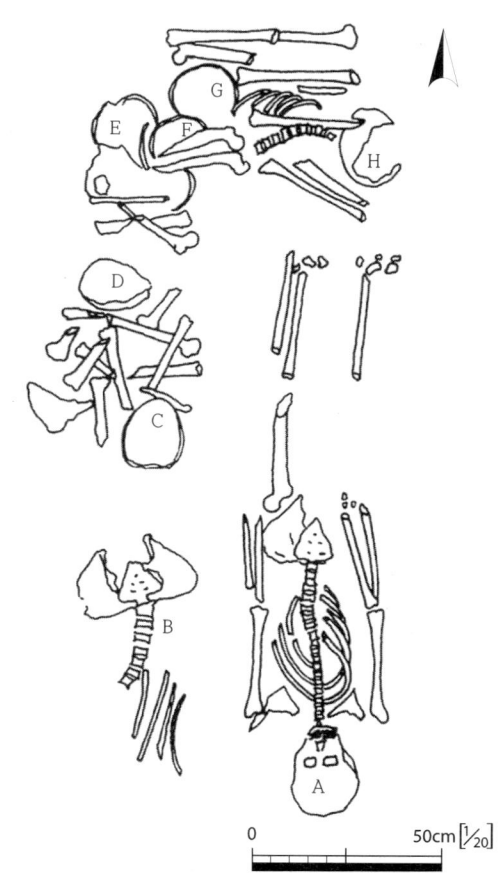

0   50cm [1/20]

2호묘

(단위 : cm)

봉토	크 기 (길이×너비×높이)	?	연도	크 기 (길이×너비×높이)	?
	평면형태	?		연도위치	?
현실	장축방향	N-S		두 향	?
	규 모 (길이×너비×높이)	275×180×60		바닥시설	?
	평면형태	장방형		천장형태	?
	시상/관대 (길이×너비×높이)	-		석재종류	?
유물	토 도 기	-			
	금 속 기	동제 팔찌(1)			
	옥 석 기	-			
	기 타	인골(15)			
특기사항		유물 도면 없음. 현실 북쪽에 치우쳐서 15개체분의 인골이 확인되었는데, 모두 이차장이다. 제1층에서는 12점의 두개골과 사지골이 확인되었는데, 사지골은 무덤 벽에 가까이 붙어 배열되었고 두개골은 그 위쪽에 배열되었다. 제2층에서는 3점의 두개골이 발견되었다. 15개체분 중 6점의 두개골은 남성의 것이고, 아이의 두개골(B)도 확인되었으며, 나머지 두개골은 성별이 불확실하다. 두개골(G) 아래에 있는 요골 아래에서 동제 팔찌 1점이 출토되었다.			

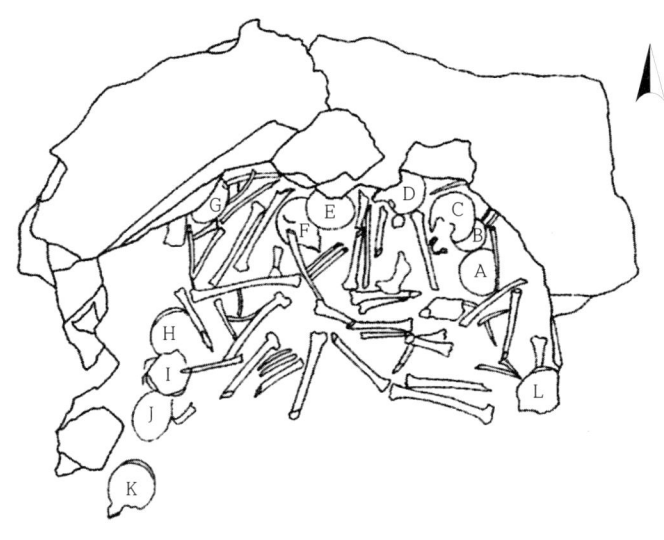

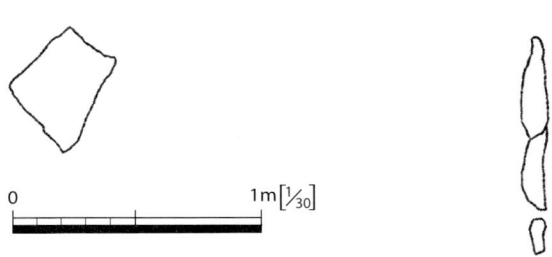

0   1m[1/30]

3호묘

(단위 : cm)

봉토	크 기 (길이×너비×높이)	?	연도	크 기 (길이×너비×높이)	?
	평면형태	?		연도위치	?
현실	장축방향	?		두 향	?
	규 모 (길이×너비×높이)	?		바닥시설	?
	평면형태	?		천장형태	?
	시상/관대 (길이×너비×높이)	-		석재종류	?
유물	토 도 기	흑도관(1)			
	금 속 기	동제 대금구(3)			
	옥 석 기	?			
	기 타	?			
특기사항		유구·유물 도면 없음.			

5호묘

봉토	크 기 (길이×너비×높이)	?	석관	크 기 (길이×너비×높이)	140×74~86×35
	평면형태	?		장 폭 비	1.62~1.89:1
	장축방향	N-S	석곽	크 기 (길이×너비×높이)	-
	두 향	?		장 폭 비	-
	벽석종류	판석			
유물	토 도 기	-			
	금 속 기	-			
	옥 석 류	-			
	기 타	인골(1)			
	특기사항	발견된 두개골은 어린 아이의 것이나 성별이나 연령이 정확하지 않다.			

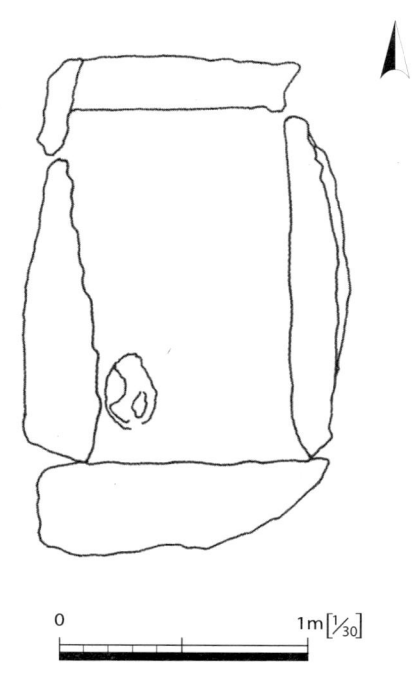

0   1m[1/30]

발해의 고분 문화 I - 흑룡강성 -

6호묘

(단위 : cm)

봉토	크 기 (길이×너비×높이)	?	석관	크 기 (길이×너비×높이)	120×60×35
	평면형태	?		장 폭 비	2.00:1
장축방향		N-S	석곽	크 기 (길이×너비×높이)	–
두 향		?		장 폭 비	–
벽석종류		판석			
유물	토 도 기	–			
	금 속 기	–			
	옥 석 류	–			
	기 타	–			
특기사항		–			

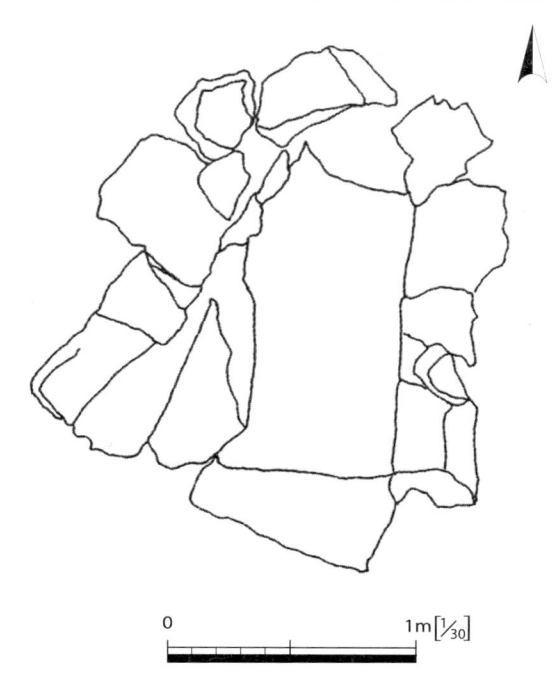

0   1m [1/30]

13호묘

(단위 : cm)

봉토	크 기 (길이×너비×높이)	?	석관	크 기 (길이×너비×높이)	103×54×43
	평면형태	?		장 폭 비	1.91:1
	장축방향	-	석곽	크 기 (길이×너비×높이)	-
	두 향	?		장 폭 비	-
	벽석종류	판석			
유물	토 도 기	-			
	금 속 기	-			
	옥 석 류	-			
	기 타	-			
	특기사항	-			

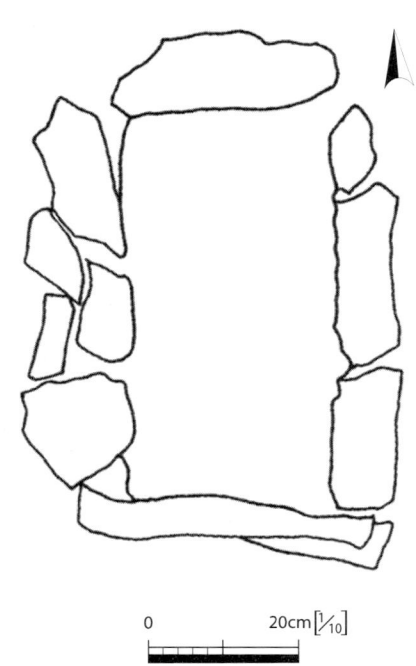

0   20cm [1/10]

15호묘

(단위 : cm)

봉토	크 기 (길이×너비×높이)	?	연도	크 기 (길이×너비×높이)	?
	평면형태	?		연도위치	?
현실	장축방향	?	두 향		?
	규 모 (길이×너비×높이)	?	바닥시설		?
	평면형태	?	천장형태		?
	시상/관대 (길이×너비×높이)	–	석재종류		?
유물	토 도 기	합(1)			
	금 속 기	–			
	옥 석 기	–			
	기 타	–			
	특기사항	유구·유물 도면 없음.			

16-A호묘

(단위 : cm)

봉토	크 기 (길이×너비×높이)	?	연도	크 기 (길이×너비×높이)	?	
	평면형태	?		연도위치	?	
현실	장축방향	N-S		두 향	남향	
	규 모 (길이×너비×높이)	?×120×?		바닥시설	?	
	평면형태	?		천장형태	?	
	시상/관대 (길이×너비×높이)	-		석재종류	?	
유물	토 도 기	-				
	금 속 기	동제 연판형대금구(2), 동제 연판형교상대금구(2), 동제 대금구(10), 동제 팔찌(2), 철제 관정(5)				
	옥 석 기	-				
	기 타	인골(3)				
특기사항		3개체분의 인골(A~C)가 확인되었는데, 인골(A)는 앙신직지로 안치된 50세 정도의 여성으로 일차장 이다. 인골(A)의 오른쪽 대퇴골과 정강이뼈가 합쳐지는 아래쪽에는 절반 정도 잔존한 어린 아이의 두 개골(B)가 확인되었다. 인골(A)에서 동쪽에는 어린 소녀의 두개골(C)가 확인되었다.				

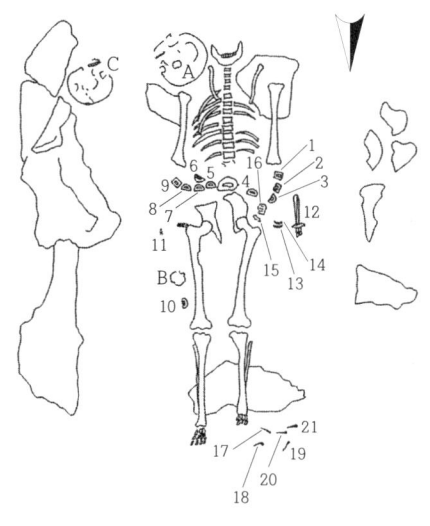

[출토인골]

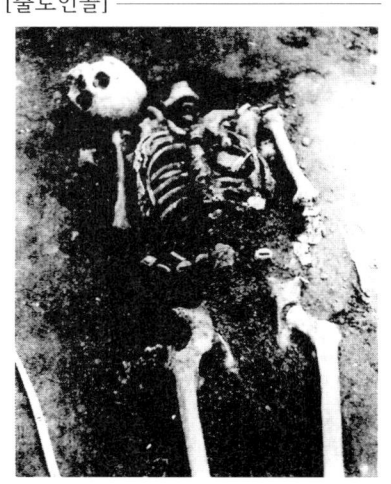

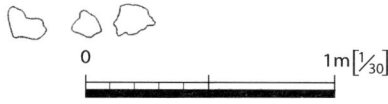

0　　　　　　　　　　1m[1/30]

[출토유물]

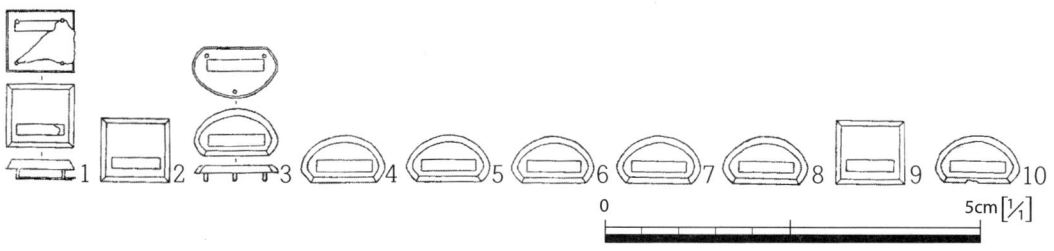

0　　　　　　　5cm[1/1]

16-B호묘

(단위 : cm)

봉토	크 기 (길이×너비×높이)	?	연도	크 기 (길이×너비×높이)	?
	평면형태	?		연도위치	?
현실	장축방향	N-S		두 향	?
	규 모 (길이×너비×높이)	?		바닥시설	?
	평면형태	장방형		천장형태	?
	시상/관대 (길이×너비×높이)	-		석재종류	?
유물	토 도 기	-			
	금 속 기	-			
	옥 석 기	-			
	기 타	인골(7)			
	특기사항	7개체분의 인골이 발견되었는데, 3구는 일차장이고 4구는 이차장이다.			

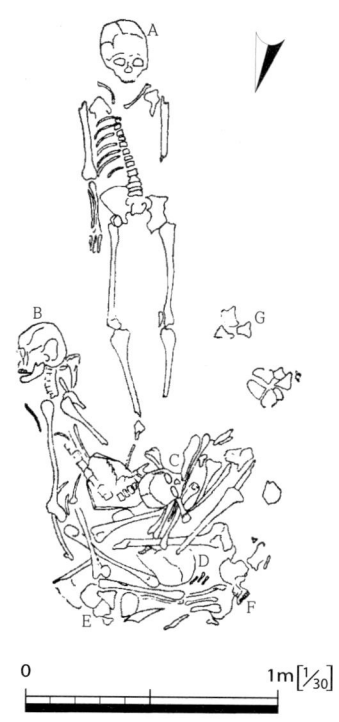

0   1m[¹⁄₃₀]

23호묘

(단위 : cm)

봉토	크 기 (길이×너비×높이)	?	연도	크 기 (길이×너비×높이)	?
	평면형태	?		연도위치	우편재
현실	장축방향	N-5°-E	두 향		남향
	규 모 (길이×너비×높이)	260×140×36	바닥시설		?
	평면형태	장방형	천장형태		?
	시상/관대 (길이×너비×높이)	-	석재종류		?
유물	토 도 기	-			
	금 속 기	철제 관정(3)			
	옥 석 기	-			
	기 타	인골(?)			
특기사항		유구·유물 도면 없음.			

0   1m [1/40]

24호묘

(단위 :　cm)

봉토	**크 기** (길이×너비×높이)	?	**연도**	**크 기** (길이×너비×높이)	?
	평면형태	?		**연도위치**	?
현실	**장축방향**	?		**두 향**	?
	규 모 (길이×너비×높이)	?		**바닥시설**	?
	평면형태	?		**천장형태**	?
	시상/관대 (길이×너비×높이)	-		**석재종류**	?
유물	**토 도 기**	-			
	금 속 기	철제 대금구(2)			
	옥 석 기	-			
	기 타	-			
	특기사항	유물 도면 없음.			

27호묘

(단위 : cm)

봉토	크 기 (길이×너비×높이)	?×?×10~40	연도	크 기 (길이×너비×높이)	?
	평면형태	타원형		연도위치	?
현실	장축방향	N-5°-W		두 향	남향
	규 모 (길이×너비×높이)	250×80×60		바닥시설	?
	평면형태	장방형		천장형태	(평)
	시상/관대 (길이×너비×높이)	-		석재종류	판석·할석
유물	토도기	토기편(?)			
	금속기	철제 팔찌(2)			
	옥석기		-		
	기 타	인골(1), 목탄(?)			
특기사항		유물 도면 없음. 인골은 성년 여성으로 앙신직지로 안치되었고, 일차장이다.			

[유구사진]

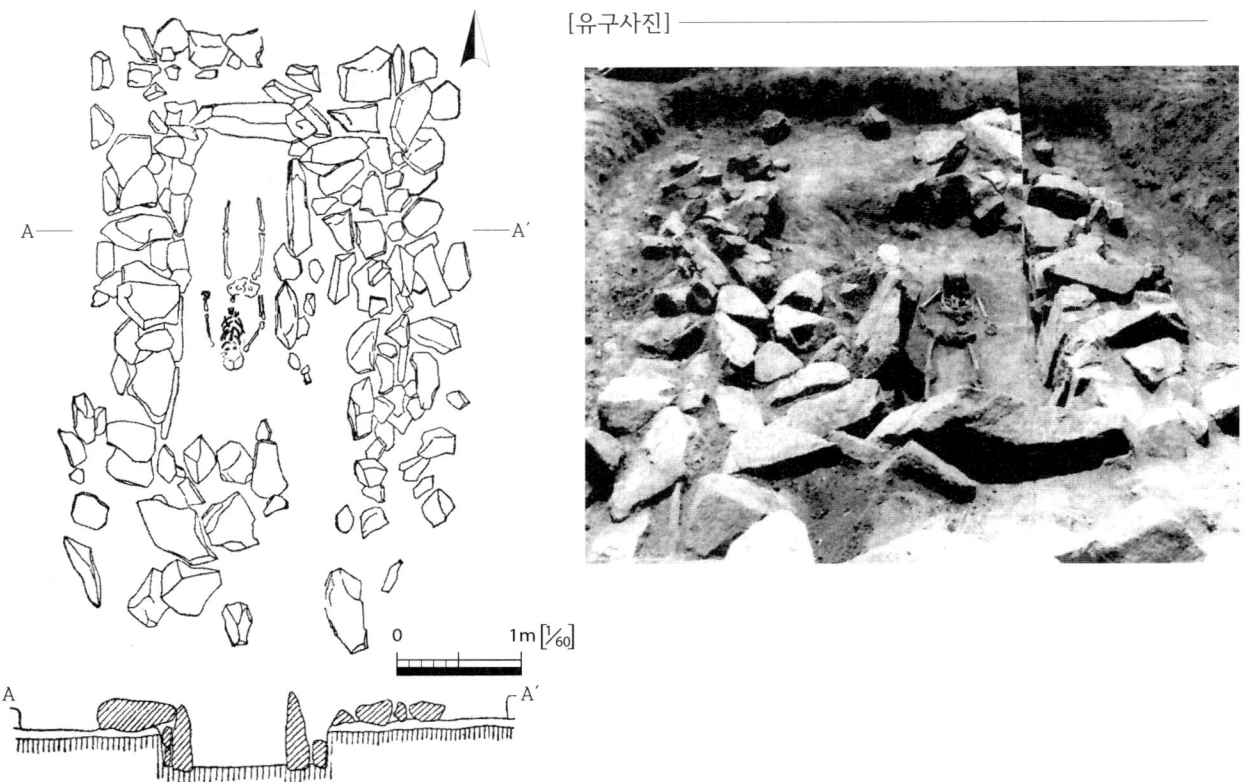

0   1m [1/60]

28호묘

(단위 : cm)

봉토	크 기 (길이×너비×높이)	?	연도	크 기 (길이×너비×높이)	?
	평면형태	?		연도위치	?
현실	장축방향	?	두 향		?
	규 모 (길이×너비×높이)	?	바닥시설		?
	평면형태	?	천장형태		?
	시상/관대 (길이×너비×높이)	-	석재종류		?
유물	토 도 기	-			
	금 속 기	철제 고리(1)			
	옥 석 기	-			
	기 타	-			
특기사항		유구·유물 도면 없음.			

29호묘

(단위 : cm)

봉토	크 기 (길이×너비×높이)	660×650×?	연도	크 기 (길이×너비×높이)	200×120×?
	평면형태	정방형		연도위치	중앙
현실	장축방향	N-25°-E	두 향		남향
	규 모 (길이×너비×높이)	270×230×(200+)	바닥시설		부석
	평면형태	장방형	천장형태		?
	시상/관대 (길이×너비×높이)	-	석재종류		판석·할석
유물	토도기	흑도반구반(1), 대옹편(1), 토기편(2)			
	금속기	철촉(1)			
	옥석기	-			
	기 타	-			
	특기사항	유물 도면 없음. 지면을 평평하게 정지하고 깊이 약 0.2m의 장방형 묘광을 판 다음 제1층 판석을 넣어 깔고 빈틈은 흙을 매워 견고하게 하였고, 제1층 위쪽으로는 차례대로 2~4층 돌을 쌓았다. 제1층, 제2층 안팎으로는 계단식으로 들여서 쌓았으며, 제2층과 제3층은 수직으로 쌓아 올렸다.			

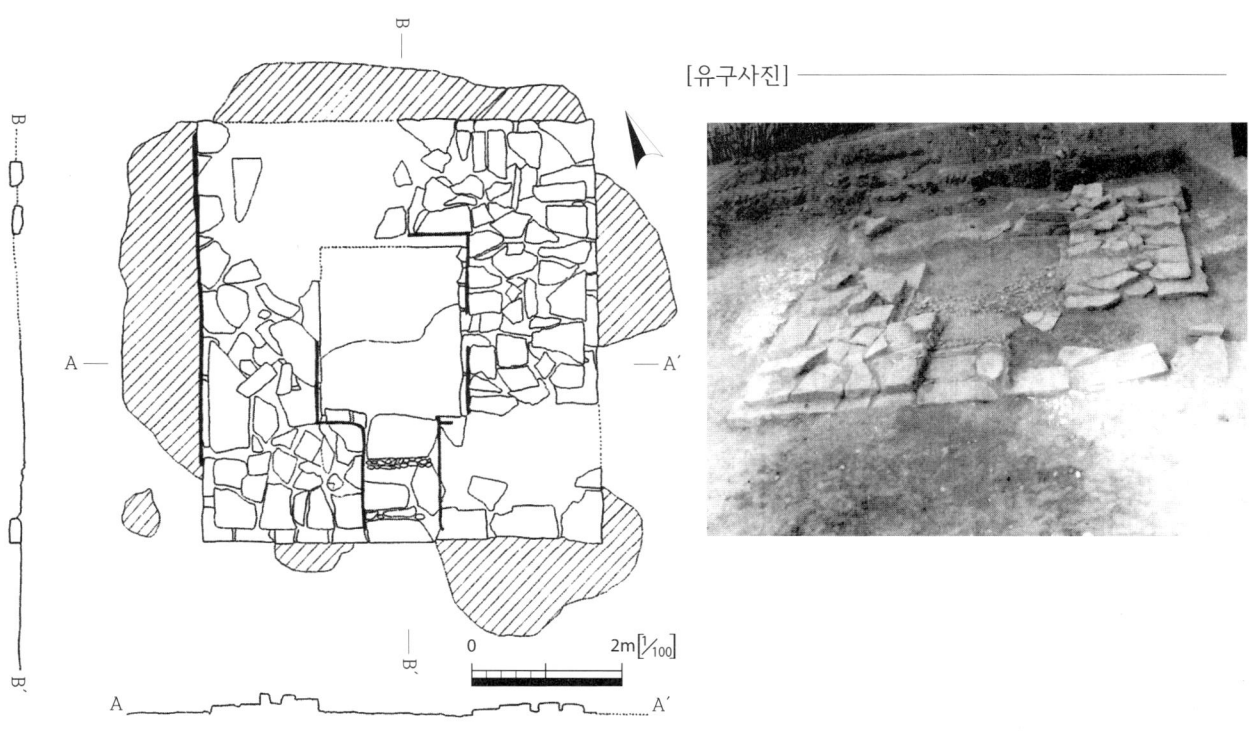

[유구사진]

0   2m[1/100]

흑룡강성 해림시 삼도하자 고분군黑龍江省 海林市 三道河子 古墳群

조사연혁	1993. 발굴조사(黑龙江省文物考古研究所·吉林大学历史系考古专业)
유적위치	흑룡강성 해림시 삼도하자(三道河子) 부근에 위치한다.
유적입지	삼면이 산으로 둘러싸여 있고, 목단강(牡丹江)이 흐르는 평탄한 개활지를 바라보는 입지조건이다.
조사현황	수십 기의 고분이 발굴되었다고 한다.
내　용	귀족 가문의 무덤으로 추정된다.
주요유물	-
참고사항	-
참고문헌	李陳奇, 1999, 「靺鞨-渤海考古學的新進展」, 『北方文物』1999-1期, 北方文物出版社. 양시은, 2009, 「삼도하자고분군」, 『한국고고학전문사전-고분편』, 국립문화재연구소.

7호묘

(단위 : cm)

봉토	크 기 (길이×너비×높이)	?	연도	크 기 (길이×너비×높이)	?
	평면형태	?		연도위치	?
현실	장축방향	?		두 향	?
	규 모 (길이×너비×높이)	380×360×?		바닥시설	전돌
	평면형태	방형		천장형태	?
	시상/관대 (길이×너비×높이)	–		석재종류	?
유물	토 도 기	?			
	금 속 기	?			
	옥 석 기	?			
	기 타	?			
특기사항	유구·유물 도면 없음.				

흑룡강성 해림시 양초구 고분군黑龍江省 海林市 羊草溝 古墳群

조사연혁	1981. 05. 23.~1981. 06. 30. 조사(黑龙江省文物考古工作队·吉林大学 历史系考古专业)
유적위치	흑룡강성 해림시 사란공사(沙兰公社) 양초구촌(羊草沟村)에서 동남쪽으로 0.5km 떨어진 지점이다.
유적입지	현무암 대지 위에 입지한다.
조사현황	2개의 구역으로 나뉘며, 1호묘와 2호묘의 보존상태가 양호한 편이다.
내 용	1호묘는 현무암 재질의 할석을 이용하여 축조하였으며, 묘광은 장방형이고 6개의 매장공간으로 이루어져 있다. 2호묘 역시 현무암 할석을 이용하여 축조하였으며 평면형태는 불규칙하다.
주요유물	-
참고사항	원도면에는 1호묘와 2호묘의 도면이 뒤바뀌어 있음.
참고문헌	黑龙江省文物考古工作队, 1983, 「宁安县镜泊湖地区文物普查」, 『黑龙江文物丛刊』 1983-2期, 黑龙江文物出版社. 양시은, 2009, 「양초구고분군」, 『한국고고학전문사전-고분편』, 국립문화재연구소.

[유적 위치도]

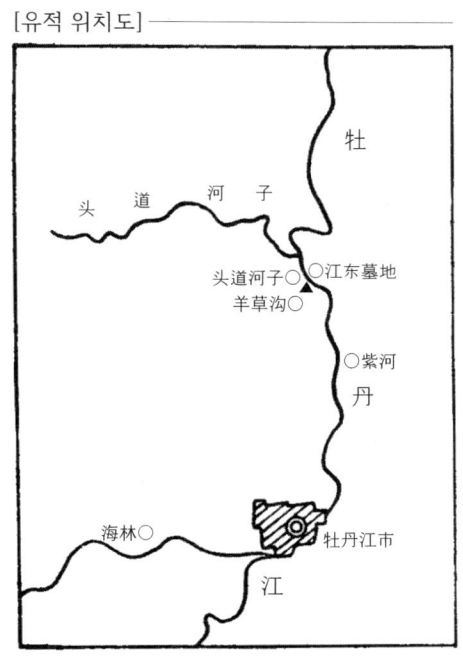

1호묘

(단위 : cm)

분구	평면형태	장방형		크 기 (길이×너비×높이)		?
	기단有無	無		계단단수		-
주체부	기 수	6				
	장축방향	a	N-45°-W	크 기 (길이×너비×높이)	a	?
		b	N-45°-W		b	?
		c	N-45°-W		c	275×100×120
		d	N-45°-W		d	?
		e	N-45°-E		e	?
		f	N-45°-E		f	?
	바닥시설	a	?	장 폭 비	a	?
		b	?		b	?
		c	?		c	2.75:1
		d	?		d	?
		e	?		e	?
		f	?		f	?
	두 향	a	?	석재종류	a	현무암
		b	?		b	현무암
		c	?		c	현무암
		d	?		d	현무암
		e	?		e	현무암
		f	?		f	현무암
유물	토도기	?				
	금속기	?				
	기 타	?				
특기사항		도면 축척이 확실하지 않음. 보고서의 도면에는 'M2'로 표기되어 있으나, 유구 설명으로 볼 때 M1일 것으로 추정된다. 6기의 석실이 연접되어 있는 형태이다.				

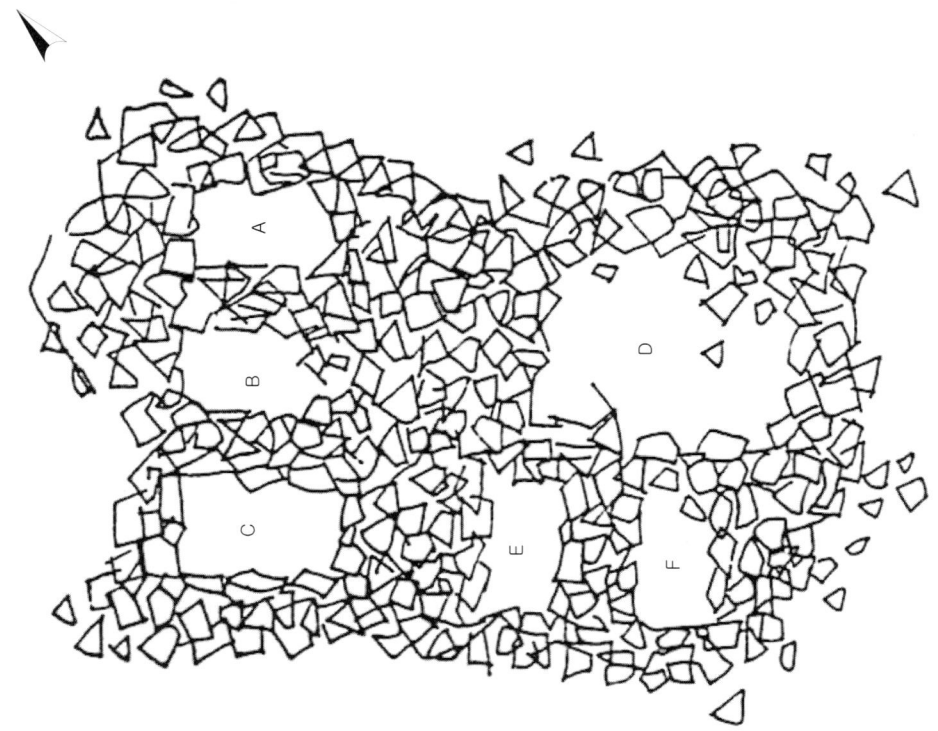

2호분

(단위 : cm)

분구	평면형태	?	크 기 (길이×너비×높이)	?
	기단有無	?	계단단수	?
주체부	장축방향	N–S		
	기 수	1	크 기 (길이×너비×높이)	300×170×(100+)
	바닥시설	?	장 폭 비	1.76:1
	두 향	?	석재종류	현무암
유물	토도기	?		
	금속기	?		
	기 타	?		
특기사항		도면 축척이 확실하지 않음. 원도면에는 'M1'로 표기되어 있으나, 유구 설명의 내용을 볼 때 M2일 것으로 추정된다. 북쪽 동편에 1개의 타원형 석축(1000×900)이 붙어 있고, 반대쪽에도 凸자형 석축 (300×150)이 붙어 있다.		

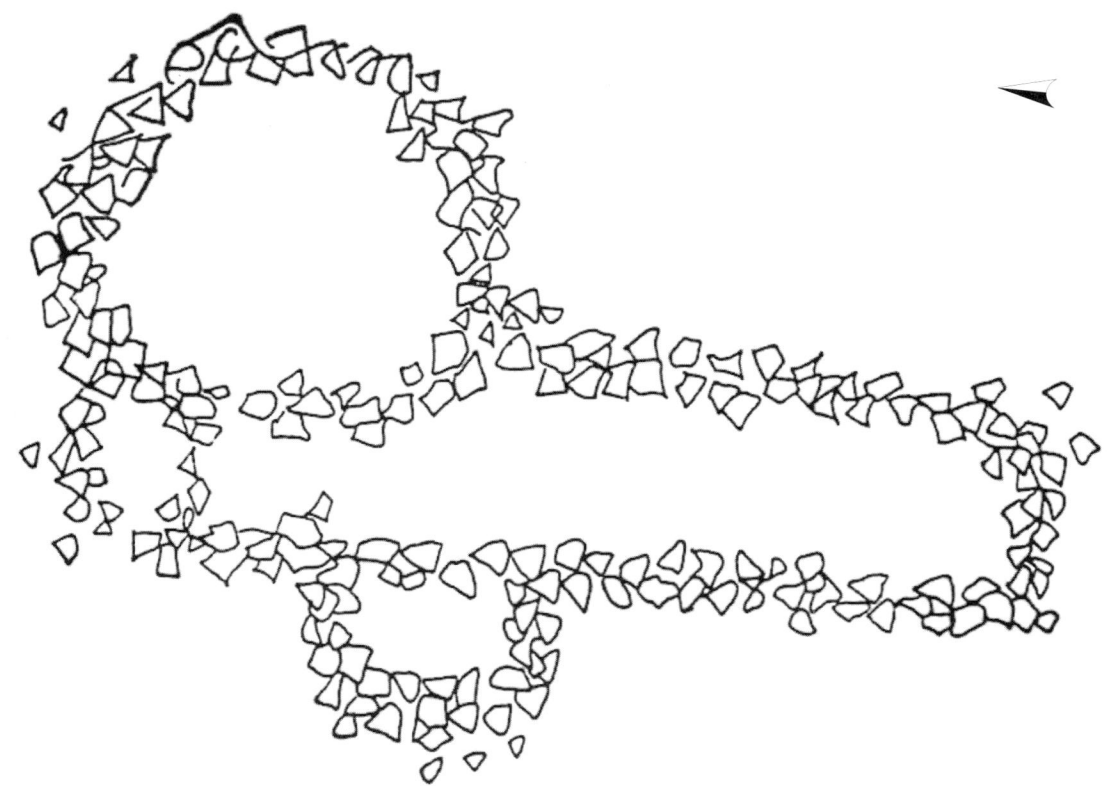

흑룡강성 해림시 이도하자 고분군 黑龍江省 海林市 二道河子 古墳群

조사연혁	1979. 조사(黑龙江省文物考古研究所) 1983. 5. 발굴(黑龙江省文物考古研究所)
유적위치	흑룡강성 해림시 이도하자중학(二道河子中学) 부근에 위치한다.
유적입지	목단강(牡丹江) 좌안의 비교적 평탄한 개활지에 입지하고 있다.
조사현황	20여 기가 분포하는데 1983년에 4기가 발굴조사되었다.
내 용	4호묘는 대형 봉토석실묘로서 1개의 주실과 2개의 측실로 구성되어서 대성자 1호묘와 비슷하다. 연도가 서쪽을 향하고 있는 점이 주목된다.
주요유물	철제 찰갑편
참고사항	-
참고문헌	黑龙江省文物考古研究所, 1987, 「黑龙江海林北站渤海墓试掘」, 『北方文物』1987-1期, 北方文物出版社. 최무장, 1988, 「발해의 문화」, 『발해의 기원과 문화』, 한국학술정보. 사회과학원 고고학연구소, 2009, 「발해의 무덤」, 『조선고고학전서』42, 진인진. 양시은, 2009, 「이도하자고분군」, 『한국고고학전문사전-고분편』, 국립문화재연구소.

[유적 위치도]

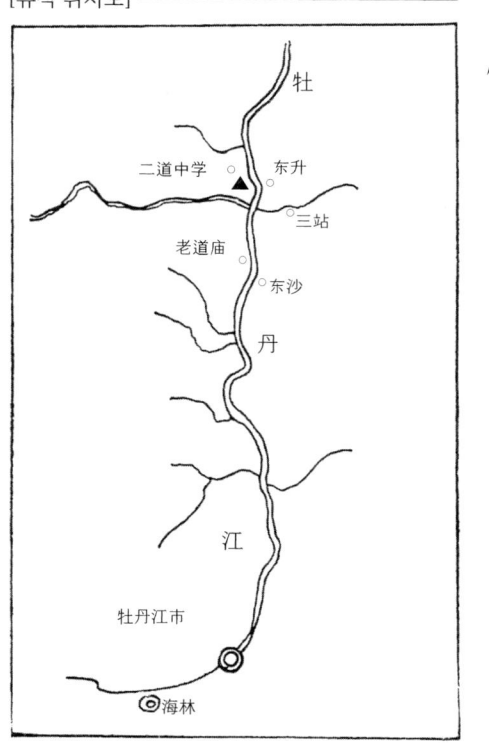

1호묘

(단위 : cm)

봉토	크 기 (길이×너비×높이)	300×300×(40+)	연도	크 기 (길이×너비×높이)	?
	평면형태	원형		연도위치	?
현실	장축방향	N-90°-E		두 향	?
	규 모 (길이×너비×높이)	195×100×110		바닥시설	(황사토)
	평면형태	장방형		천장형태	?
	시상/관대 (길이×너비×높이)	-		석재종류	판석 · 할석
유물	토도기	잔(3), 도관편(2)			
	금속기	철제 찰갑편(6)			
	옥석기	-			
	기 타	인골편			
특기사항		-			

[출토유물]

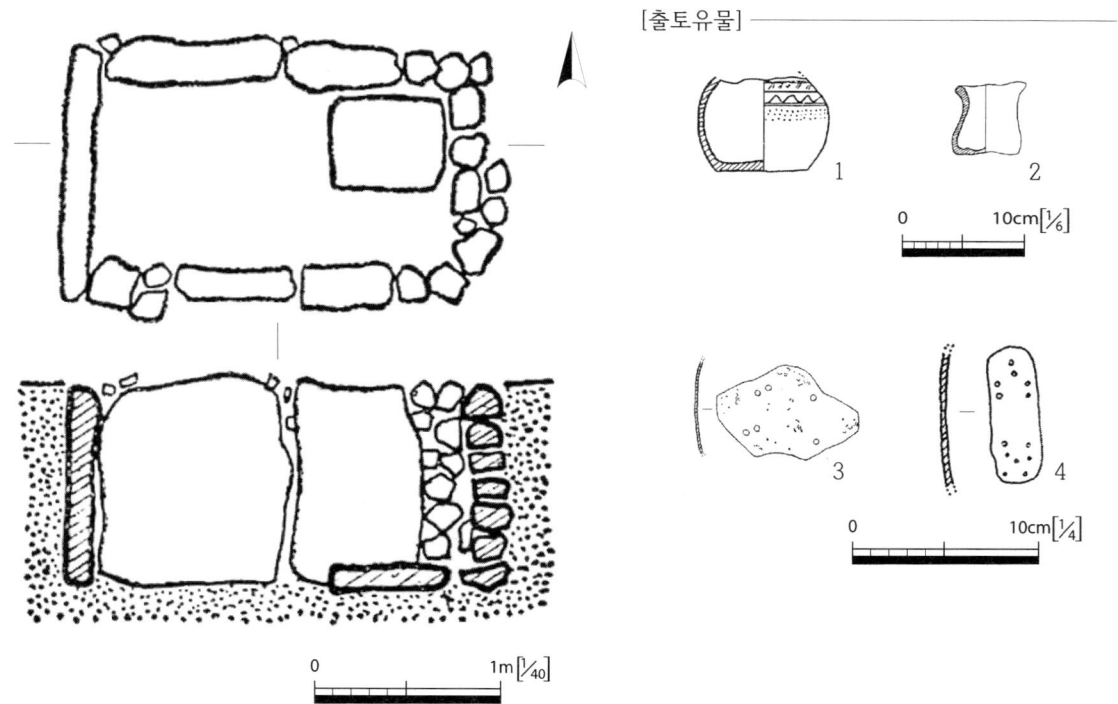

2호묘

(단위 : cm)

봉토	크 기 (길이×너비×높이)	?	연도	크 기 (길이×너비×높이)	?
	평면형태	?		연도위치	?
현실	장축방향	?		두 향	?
	규 모 (길이×너비×높이)	200×90×130		바닥시설	?
	평면형태	장방형		천장형태	?
	시상/관대 (길이×너비×높이)	-		석재종류	판석
유물	토 도 기	토제 방추차(1), 평저발(1), 토기편(?)			
	금 속 기	-			
	옥 석 기	-			
	기 타	인골편			
	특기사항	유구 도면 없음. 현실 내부는 2층으로 구분되는데, 상층은 할석이 섞인 흑색의 사질토로 두께 0.6m이고 하층은 두께 0.7m의 황흑색 사질토로 덮혀 있다.			

[출토유물] ─────────────

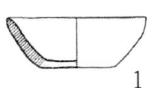 1   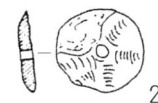 2

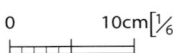 0   10cm[⅙]   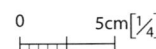 0   5cm[¼]

3호묘

(단위 : cm)

봉토	크 기 (길이×너비×높이)	?	연도	크 기 (길이×너비×높이)	?
	평면형태	?		연도위치	?
현실	장축방향	N-75°-W		두 향	?
	규 모 (길이×너비×높이)	500×200×70		바닥시설	?
	평면형태	장방형		천장형태	?
	시상/관대 (길이×너비×높이)	-		석재종류	판석
유물	토 도 기	토기편(3)			
	금 속 기	-			
	옥 석 기	-			
	기 타	-			
	특기사항	유물 도면 없음. 현실의 서쪽 판석의 양쪽에 각각 1개의 판석을 덧대었다.			

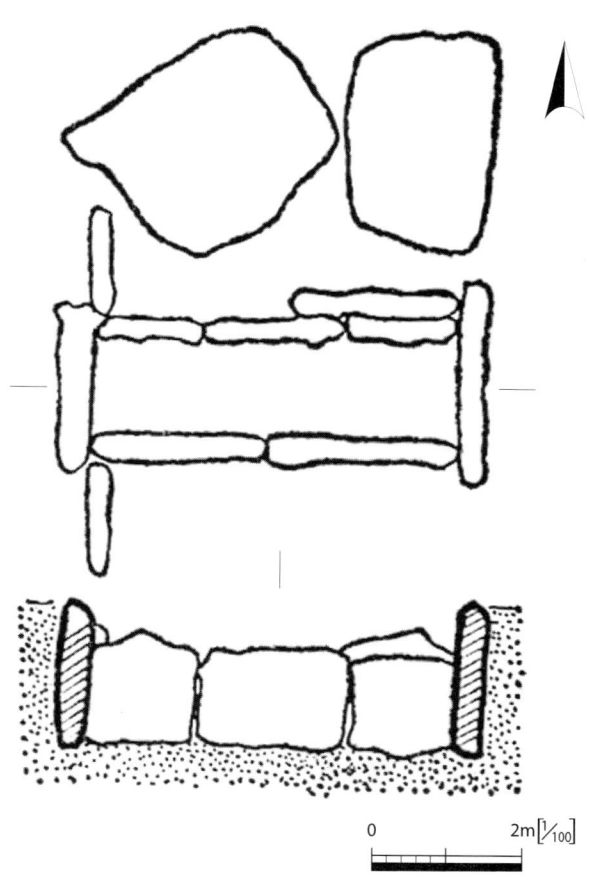

0   2m[1/100]

4호묘

(단위 : cm)

봉토	크 기 (길이×너비×높이)	?	연도	크 기 (길이×너비×높이)	?
	평면형태	?		연도위치	중앙
현실	장축방향	N-85°-E		두 향	?
	규 모 (길이×너비×높이)	290×270×(80+)		바닥시설	(황사토)
	평면형태	장방형		천장형태	?
	시상/관대 (길이×너비×높이)	-		석재종류	잡석
유물	토도기	토기(2), 토기편			
	금속기	철제 찰갑편(1), 철제 팔찌(1)			
	옥석기	?			
	기 타	말 뼈(?)			
	특기사항	현실의 남(210×60×40+)·북(250×180×40+)으로 2개의 측실이 확인된다. 슬개골 1개와 말의 어금니 1개가 출토되었다.			

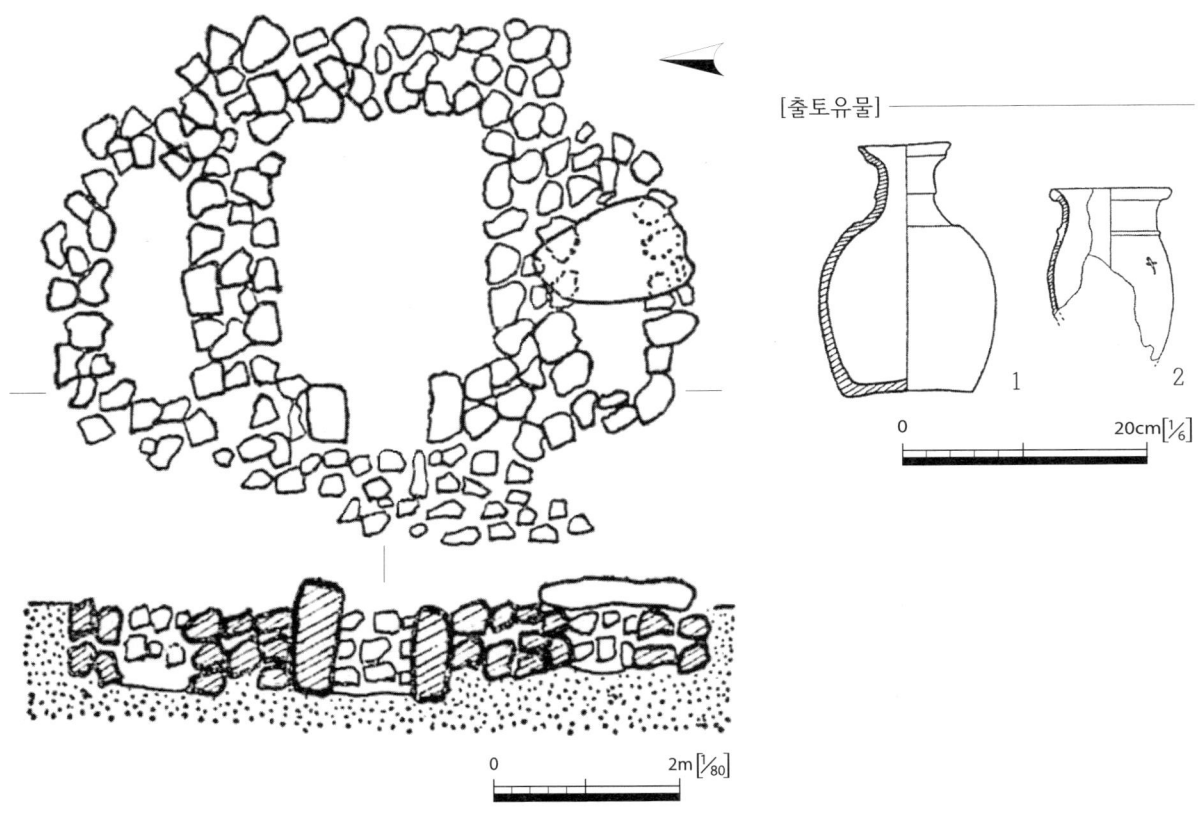

[출토유물]

1 2

0   20cm[1/6]

0   2m[1/80]

흑룡강성 해림시 합달둔 고분군 黑龍江省 海林市 哈達屯 古墳群

조사연혁	1966. 발굴조사(黑龙江省博物館)
유적위치	흑룡강성 해림시에 위치한다.
유적입지	?
조사현황	30여 기의 고분이 발굴되었다.
내 용	고분은 모두 석축분이며 규모가 비교적 작은 편이다.
주요유물	-
참고사항	합달만 고분군과 동일한 유적이다.
참고문헌	李陳奇, 1999, 「鞅鞨-渤海考古學的新進展」, 『北方文物』1999-1期, 北方文物出版社. 정영진, 2006, 「고분구조로 본 발해 문화의 고구려 계승성」, 『동북아역사재단 연구총서 19-고분문화로 본 발해 문화의 성격-』, 동북아역사재단. 홍보식, 2009, 「합달둔고분군」, 『한국고고학전문사전-고분편』, 국립문화재연구소.